ARTY AIKIDO AIRBAG AKTIE AKUPRESSUR
NCHORMAN ANDROLOGIE ANLEGER-
A BACH-BLÜTENTHERAPIE BACK-UP
EX BILLIGLOHNLAND BIONIK
OKBUILDING BOOTLEG BOSMAN
N-OUT-SYNDROM BUSINESS REENGINEERING
STOR CD-ROM CHAMPIONS LEAGUE
CHPOTATO CYBERSEX CYBERSPACE
DOLBY SURROUND DOW-JONES
ELEKTROAUTO ELEKTROSMOG E-MAIL
IE ENERGYDRINK
FTING FAIRTRADE
GIK G 7 GENERATION
LISIERUNG GOLDEN GOAL GPS
ING HIP-HOP HISBOLLAH HIV
RESOURCES HYPE HYPERLINKS
SCHÄFTE INTERNET IRONMAN
ME KARAOKE KAROSHI KERNSPIN
DIZIN LEAN MANAGEMENT LEIHMUTTER
A MARSBAKTERIEN MELATONIN
BOARD MUKOVISZIDOSE MULTIPLEXING
COMPUTER NLP NOTEBOOK NULLENERGIE
EL ORPHAN DRUGS OUTPLACEMENT
MILIE PAYCARD PEANUTS PENDOLINO
TFOLIO POWERWALKING PRIMETIME
NDRUCK RADIÄSTHESIE RAFTING RAVE
RENTENREFORM ROLLENDE LANDSTRASSE

Lexikon der aktuellen Begriffe

RTY AIKIDO AIRBAG AKTIE AKUPRESSUR ALTERSPILLE AI
CHORMAN ANDROLOGIE ANLEGER-STRESSFAKTOR ANOREXI
BACH-BLÜTENTHERAPIE BACK-UP BARCODE BAUBIOLOGI
EX BILLIGLOHNLAND BIONIK BIT BLACKBOX BLAUHELM
OKBUILDING BOOTLE BOSM -URTEIL BOSSING BPM BRA
N-OUT-SYNDROM BU ERING CAD CALCETT
TOR CD-RO CHAT GROUP CHILI
HPOTATO CYBERSEX CYBERSPACE DAILY SOAP DATENAUTO
DOLBY SURROUND X DOWNSIZING DRE
ELEKTROAUTO ELEKTROSMOG E-MAIL EMOTIONALE INTEL
E ENERGYDRINK ERBANLAGENSCREENING ERLEBNISGASTRO
TING FAIRTRADE FAKE FANTASY FCKW FENG SHUI FEST
IK G 7 GENERATION X GENERIKA GENETISCHER FINGERAB
LISIERUNG GOLDEN GOAL GPS GRUNGE GUARANA HACKE
NG HIP-HOP HISBOLLAH HIV HOMEBANKING HOMEPAG
RESOURCES HYPE HYPERLINKS IDNDR IMAX-KINO INDI
SCHAFTE INTERNET IRONMAN ISDN JAVA JINGLE JOBSHA
E KARAOKE KAROSHI KERNSPINTOMOGRAMM KINDERKANA
IZIN LEAN MANAGEMENT LEIHMUTTER LIPOSOME LOVE PA
MARSBAKTERIEN MELATONIN MERCHANDISING MOBBING
BOARD MUKOVISZIDOSE MULTIPLEXKINO NAIL-ART NANO
COMPUTER NLP NOTEBOOK NULLNUMMER OFFENER KANA
EL ORPHAN DRUGS OUTPLACEMENT OUTSOURCING OVER
MILIE PAYCARD PEANUTS PENDOLINO PHYTOTHERAPIE PIER
TFOLIO POWERWALKING PRIMETIME PRIONEN PRODUCTPLA
NDRUCK RADIASTHESIE RAFTING RAVE REBIRTHING RECHT
RENTENREFORM ROLLENDE LANDSTRASSE ROOMING-IN RS

ABFALLTOURISMUS ABM ABS ADVERTAINMENT AFTER-HO
ERSPYRAMIDE AMALGAM AMNIOZENTESE ANABOLIKA AN
AROMATHERAPIE ARTDIRECTOR AUTISMUS AUTOPILOT AYU
EACHVOLLEYBALL BENCHMARKING BEUTEKUNST BIG-MA
LOCKBUSTER BLUESCREEN BODY-MASS-INDEX BODYSTYLIN
NDRAIN BROKER BSE BUG BUNGEEJUMPING BÜRGERGELD
CALL-BACK CANDIDA CANNABIS CARSHARING CARTRIDGE
UT-ROOM CLUBWEAR COCOONING CORPORATE IDENTITY
AHN DAX DECODER DESIGNERDROGEN DIGITALES FERNS
ITERAUTO EBOLA-VIRUS E-CASH ECSTASY EDELSTEINTHER
IGENZ EMPOWERMENT ENDLAGERUNG ENDORPHINE ENDO
OMIE ETA ETHNOFOOD EURO EVENT EWWU EXPO F
LATTE FIXING FRAKTAL FREECLIMBING FSF FUTURES FUZ
RUCK GENOM GENPALÄONTOLOGIE GEOMANTIE GIRLIES G
HAIREXTENSIONS HALFPIPE HAMAS HARDWARE HDTV HI
HOMÖOPATHIE HOOLIGAN HOTLINE HOTSHOT HOUSE HU
NDOOR INFOMERCIAL INFOTAINMENT INLINESKATING INSI
ING JOINTVENTURE JO-JO-EFFEKT JOYSTICK JUNGLE JUST-I
KLIMAGIPFEL KLONEN KÜNSTLICHE INTELLIGENZ KVP LASE
ADE LUFTTAXI MAGNETBAHN MAILBOX MAINSTREAM M
MOBILES BÜRO MOBILFUNK MODEM MONDKALENDER MO
ECHNOLOGIE NAVIGATIONSLEITSYSTEM NEUE NOMADEN N
ÖKO-AUDIT ÖKOBILANZ ONLINEDIENSTE OPTIONS ORGAN
OOKING OZONLOCH PARAGLIDING PARALYMPICS PATCHWO
ING PLOT PMS POLEPOSITION POLITICAL CORRECTNESS
EMENT PROFITCENTER PROVIDER QI QIGONG QUARKS Q
CHREIBREFORM REGENERATIVE ENERGIEN REIKI REM RE

Lexikon der aktuellen Begriffe

1000 Schlüsselwörter zum Verständnis der Welt von heute

Verlag Das Beste Stuttgart · Zürich · Wien

AUTOREN:
Dr. Susanne Cramer, Roland Karle, Dagmar Ortolf,
Norbert Rupp, Sabine Schulz, Cord Christian Troebst,
Tillmann Wegst, Dr. Roland Weis

REDAKTION: Dirk Katzschmann (Projektleitung),
Olaf Rappold, Meike Reinkowski, Marianne Schulze
REDAKTIONELLE MITARBEIT: Angelika Lenz, Frauke Napierala,
Dagmar Ortolf, Birgit Scheel, Christine Unrath
KORREKTUR: Siglinde Huber
GRAFIK: Anette Vogt (Projektleitung), Gunthara Michaelis
GRAFISCHE MITARBEIT: Joseph Guy Hamiter
BILDREDAKTION: Uwe Rattay (Projektleitung), Christina Horut,
Ellen Miller
BILDRESEARCH: Gabriele Forst, M.A.
PRODUKTION: Sanja487Ančić, Sven Sost-Wolter

RESSORT BUCH
REDAKTIONSDIREKTORIN: Suzanne Koranyi-Esser
REDAKTIONSLEITERIN: Mina Langheinrich
ARTDIRECTOR: Rudi K.F. Schmidt

MATERIALWIRTSCHAFT
DIREKTOR MATERIALWIRTSCHAFT: Joachim Forster
LEITUNG PRODUKTION BUCH: Joachim Spillner

Satz und Reproduktion: Lihs, Satz und Repro, Ludwigsburg
Druck und Binden: Brepols N.V., Turnhout, Belgien

Printed in Belgium
ISBN 3 87070 691 0

VORWORT

Täglich begegnen uns neue Begriffe, aktuelle Schlagwörter und unbekannte Abkürzungen – die moderne Welt verändert sich immer schneller und mit ihr wandelt und erweitert sich unser Sprachschatz. Das *Lexikon der aktuellen Begriffe* mit seinen rund 1000 alphabetisch geordneten Schlüsselwörtern aus Politik, Kultur, Wirtschaft, Medizin, Natur, Freizeit und Sport hilft die neuesten Entwicklungen auf diesen Gebieten besser zu verstehen und immer auf der Höhe der Zeit zu bleiben.

Die Artikel zu den einzelnen Stichwörtern enthalten Verweise auf andere Lexikoneinträge, sodass neben der schnellen, prägnanten Information die Möglichkeit besteht sich ein umfassendes Bild von einem ganzen Themenbereich zu verschaffen. Darüber hinaus werden Spezialgebiete wie Börse, Internet, Computerwelt und Esoterik auf Sonderseiten behandelt, die einen schnellen Überblick über die wichtigsten Begriffe dieser Bereiche liefern.

Zahlreiche farbige Abbildungen und eine Fülle von anschaulichen Illustrationen und Grafiken machen dieses Buch, das als aktuelles Lexikon die reformierte Rechtschreibung benutzt, zu einem informativen und unterhaltsamen Nachschlagewerk, das dort weiterhilft, wo herkömmliche Lexika die Auskunft schuldig bleiben.

Die Redaktion

INHALT

Spezialthemen

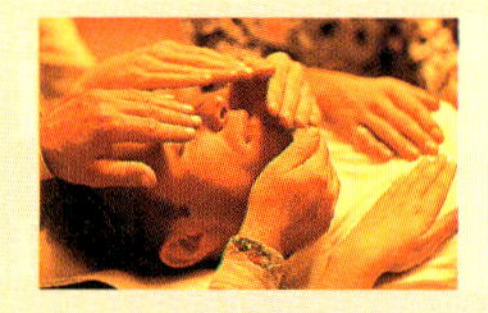

Abfalltourismus

Eine Plastikflasche, die man irgendwo in Frankfurt in den Müll geworfen hat, landet nicht etwa

auf der nächstgelegenen Mülldeponie oder Müllverbrennungsanlage. Je nach Entsorgungsfirma (► **Duales System**, ► **Entsorgung**) wird sie vielleicht in Darmstadt, Kassel oder noch weiter weg zwischengelagert, dann über die Grenze verfrachtet, von einem französischen Entsorger per Schiff nach Fernost gebracht und dort in einem Entwicklungsland endgelagert, verbrannt oder wieder verwertet. Dieser so genannte Abfalltourismus ist durch das Geflecht internationaler Müllentsorgungsverträge durchaus üblich. Er wird aber heute öffentlich angeprangert, denn die langen Transportstrecken belasten die Umwelt und außerdem haben die Deponien im Ausland oft einen sehr niedrigen ökologischen Standard. Diese Tatsache ist besonders bedenklich, weil es beim internationalen Abfalltourismus meist um Sondermüll geht. Nicht alle Mülltransporte gehen jedoch in einen anderen Kontinent, sondern häufig ins benachbarte Ausland oder in andere Bundesländer. Aber auch der normale Hausmüll hat im Inland oft einen langen Weg zurückzulegen. Noch 1970 gab es in der Bundesrepublik rund 50000 kommunale Müllablagerungsplätze, die in den letzten Jahren zunehmend von zentralen Deponien oder Müllverbrennungsanlagen abgelöst wurden. Die Transporte von den einzelnen Gemeinden zu diesen Sammelstellen sorgen ebenfalls für einen lebhaften regionalen Abfalltourismus.

Abfindung

Angesichts der anhaltend schlechten Arbeitsmarktlage fürchten immer mehr Menschen um ihren Arbeitsplatz. Viele Arbeitnehmer, denen gekündigt worden ist (► **Kündigungsschutz**, ► **Outplacement**), schließen mit ihrer Firma einen Aufhebungsvertrag, in dem sie der baldigen Trennung zustimmen und ihnen im Gegenzug manchmal zugesagt wird, dass man ihnen den unfreiwilligen Abschied durch eine Abfindung erleichtert. Dabei handelt es sich um eine einmalige Geldzahlung, die für den Verlust des Arbeitsplatzes entschädigen soll. Oft kommt es allerdings auch nicht zu einer gütlichen Einigung, sondern zu einem Prozess vor dem Arbeitsgericht. Falls der Richter dabei feststellt, dass die Kündigung unwirksam ist, aber beiden Parteien nicht zugemutet werden kann das Arbeitsverhältnis fortzusetzen, wird ebenfalls eine Abfindungssumme gezahlt. Deren Höhe richtet sich u. a. nach dem Alter des Gekündigten und der Dauer seiner Betriebszugehörigkeit.

Abgasgrenzwerte

Bei bestimmten Witterungsverhältnissen drohen immer wieder ganze Städte im Smog zu versinken. Um die dadurch entstehenden gesundheitlichen Beeinträchtigungen für die Bevölkerung in Grenzen zu halten geht man gezielt gegen einen der Hauptverursacher der Luftverschmutzung, den Kraftfahrzeugverkehr, vor. So soll in Zukunft bei bestimmten Schadstoffkonzentrationen das Autofahren völlig verboten werden; Ausnahme: alle Autos mit Dreiwegekatalysatoren (► **Katalysator**). Außerdem hat man sich in der EU auf Grenzwerte bei den Abgasen verständigt. Sie gelten teilweise seit 1996 und beschränken den Ausstoß von Kohlenmonoxid, Stickoxiden,

Mexiko-Stadt gehört zu den Städten, die am meisten unter der Luftverschmutzung leiden.

Kohlenwasserstoffen, Ruß und ► **Benzol**. Auch die Besteuerung der Kraftfahrzeuge richtet sich nach ihrem jeweiligen Schadstoffausstoß. Bei Autos ohne Schadstoffminderung erhöht sich die Steuer und besonders schadstoffarme Autos werden niedrig besteuert oder sogar eine Zeit lang davon befreit. Trotz dieser Maßnahmen, so fürchten viele Experten, wird sich die Luftqualität auf Dauer allerdings kaum wesentlich steigern, da die wachsende Zahl der Autos die erreichten Verbesserungen wieder zunichte machen wird.

Ablösesumme

Mit dem Aufsehen erregenden ► **Bosman-Urteil**, das am 15. Dezember 1995 die Fußballwelt erschütterte, setzte der Europäische Gerichtshof in Luxemburg das im Berufssport bis dahin übliche System der Ablösesumme außer Kraft. Bei diesem Betrag, der aus verschiedenen Faktoren wie dem aktuellen Spielergehalt, dem neuen Angebot des bisherigen Arbeitgebers, dem Angebot des interessierten Vereins und dessen Wirtschaftskraft errechnet wird, soll der verkaufende Verein für den Verlust des Spielers, dessen Wert sich in Zukunft noch steigern kann, entschädigt werden. In Deutschland wurde das Verfahren in der Fußballsaison 1963/64 eingeführt, als die Bundesliga und der Berufsfußball Premiere hatten. Die Spieler erhielten damals ein Einheitsgehalt und die Ablösesummen waren festgelegt. Bei dem bisher spektakulärsten Wechsel im europäischen Fußball bezahlte der englische Spitzenverein Newcastle United für den Stürmer Alan Shearer über 30 Mio. DM an dessen ehemaligen Klub. Das Urteil bringt spürbare Einbußen nicht zuletzt für kleine Vereine mit sich, die sich bisher bei dem Weggang eines jungen Talents wenigstens mit der Ablösesumme trösten konnten. Betroffen sind auch Teams, die zum Teil erhebliche Gelder in den Aufbau ihrer Mannschaft investiert haben und nun beim Vereinswechsel eines ihrer Hoffnungsträger auf Millioneneinnahmen verzichten müssen. Nur wenn ein Spieler vor Ablauf seines Vertrags den Verein wechselt, wird weiterhin eine Ablösesumme fällig. Ablösesummen gibt es nicht nur beim Fußball, sondern auch in anderen Sportarten wie Eishockey oder Basketball. Vor allem in den USA, wo diese Art Kauf und Verkauf zuerst üblich war, wechseln Stars für Millionen Dollar ihre Teams, wobei sie oft keinen Einfluss auf ihren Verkauf haben, da sie als Besitz des Arbeitgebers gelten. Diese Spitzenspieler werden allerdings so gut bezahlt, dass sie selbst einen von ihnen nicht gewollten Wechsel in den meisten Fällen klaglos akzeptieren.

Für Superstars wie Alan Shearer (großes Bild), Wayne Gretzky (ganz links) und Michael Jordan zahlen finanzkräftige Vereine Millionenbeträge.

ABM

Abk. für Arbeitsbeschaffungsmaßnahme

Nach der Vereinigung der beiden deutschen Staaten war es eine der Hauptsorgen der Politiker, die Weiterbeschäftigung der Menschen in den neuen Bundesländern zu sichern. Deshalb mussten für viele, die arbeitslos geworden waren, Stellen geschaffen werden – der Begriff ABM war plötzlich in aller Munde. Dabei existierte diese Einrichtung in der Bundesrepublik bereits seit Ende der 60er-Jahre (► **Zweiter Arbeitsmarkt**). Die Grundidee dabei ist, Arbeitsplätze an Arbeitslose, und vor allem solche, die schwer vermittelbar sind, zu vergeben. Diese Arbeit im Rahmen der ABM muss gemeinnützig und zusätzlich sein, sie darf also nicht in Konkurrenz zu bereits bestehenden Arbeitsplätzen der Privatwirtschaft treten – eine Forderung, die in den neuen Bundesländern allerdings nicht immer erfüllt wird, weil dort ABM-Firmen manchmal private Betriebe preislich unterbieten. Nach Möglichkeit sollen aus ABM-Plätzen Dauerarbeitsplätze werden. In Ostdeutschland schaffte laut Bundesanstalt für Arbeit in Nürnberg (BfA), die die Gelder dafür bereitstellt, die Hälfte aller Menschen, die zwischen 1991 und 1993 an einem ABM-Projekt teilgenommen hatten, tatsächlich wieder einen neuen Start ins Berufsleben, aber in jüngster Zeit gelang das nur noch rund 10 % (► **Aufschwung Ost**). Finanziert werden Arbeitsbeschaffungsmaßnahmen normalerweise für ein Jahr. Die so Beschäftigten sind voll sozialversicherungspflichtig. Um Kosten einzusparen wurde 1995 und 1997 die Bezahlung der ABM-Beschäftigten jeweils um 10 % gekürzt. Ihr Entgelt macht damit nur noch 80 % des Betrages aus, den man auf dem ersten Arbeitsmarkt für eine vergleichbare Tätigkeit erhält. Außerdem wurden wegen der knappen Kassen bis zur Jahrtausendwende die ABM-Mittel drastisch beschnitten.

ABS

Abk. für Antiblockiersystem

Sicherheit ist das oberste Gebot bei allen technischen Neuerungen, die das Auto betreffen (► **Airbag**, ► **Seitenaufprallschutz**), und besonders wichtig sind gute Bremsen. Da an Autos älterer Bauweise beim Bremsen oft die Räder blockierten, entwickelte man eine Art elektronische Stotterbremse, die dafür sorgt, dass der Wagen in der Spur bleibt. Sensoren messen dazu während des Bremsvorgangs ständig an allen vier Rädern die augenblicklichen Drehzahlen um festzustellen, ob das Rad rollt oder ob es zu blockieren droht. Ist Letzteres der Fall, schicken sie ein entsprechendes Signal an den ABS-Computer, der über einen Regler veranlasst, dass der Druck im jeweiligen Bremszylinder herabgesetzt wird. Während weniger Millisekunden dreht sich das Rad daraufhin wieder schneller, selbst wenn der Fahrer das Bremspedal noch mit aller Kraft niederdrückt. Anschließend steigt der Druck im Bremszylinder kurzzeitig an und sinkt bei erneuter Blockiergefahr wieder. Dieser Vorgang wiederholt sich 5- bis 15-mal pro Sekunde. Eine an das ABS anknüpfende Neuheit ist die Antischlupfregelung (ASR). Zusammen mit dem Antiblockiersystem sorgt sie dafür, dass die Räder beim plötzlichen Anfahren und Beschleunigen nicht durchdrehen.

Während das rechte Auto ausbricht, bleibt das linke mit ABS in der Spur.

Abschiebung

Im Mai 1996 bestätigte das Bundesverfassungsgericht in Karlsruhe im Großen und Ganzen den Asylkompromiss aus dem Jahr 1993 (► **Asylrecht**). Es ist also weiterhin rechtens, dass Flüchtlinge, die aus sicheren Herkunftsländern stammen oder über sichere Drittstaaten eingereist sind, nach einem verkürzten Verfahren bzw. ohne Verfahren abgeschoben werden können. Eine solche Abschiebung, d.h. die Ausweisung eines Ausländers, der sich unberechtigt auf deutschem Staatsgebiet aufhält, ist unzulässig, wenn dem Betroffenen in dem Land, in das er zurückgeschickt werden soll, Verfolgung droht. Außerdem sollen auch Kettenabschiebungen verhindert werden, indem man Drittländer, die Abgeschobene gleich weiter in ihr Heimatland zurückbefördern, als nicht sicher erklärt. Nach der so genannten Flughafenregelung können auch Asylbewerber, deren Anträge offensichtlich unbegründet sind oder die keine Papiere haben, innerhalb weniger Tage zu ihrem Abflughafen zurückgeschickt werden. Und besteht der Verdacht, dass ein Asylbewerber das Land nicht freiwillig wieder verlassen wird, darf man ihn in Abschiebehaft nehmen. Die Abschiebungspraxis, die oft auf Widerspruch stößt, ist kein rein deutsches Problem. In Frankreich wurden z.B. 1996 illegale Einwanderer aus Afrika, die in einer Pariser Kirche Zuflucht gesucht hatten, nachdem ihr Asylantrag abgewiesen worden war, unter dem Protest zahlreicher Menschen abgeschoben.

Abschreibung

Niemand zahlt gern Steuern und deshalb wurden viele Methoden ersonnen die Last der Abgaben zu verringern. Dazu zählt auch die Abschreibung, d.h. die stufenweise Wertminderung von Anlagegütern, die am Ende jedes Geschäftsjahres vorgenommen wird. Sie trägt der Tatsache Rechnung, dass durch Gebrauch und Abnutzung, durch technischen Fortschritt oder Zerstörung der Wert etwa von Gebäuden, Maschinen, Fuhrpark oder Büroausstattungsgegenständen sinkt. Wichtig für die Abschreibung ist die voraussichtliche betriebliche Nutzungsdauer des betreffenden Objekts, die vom Finanzamt festgelegt wird – beispielsweise zehn Jahre für ein Blockheizkraftwerk oder 20 Jahre für einen Panzerschrank. Für einen ► **PC** im heimischen Arbeitszimmer werden vier Jahre zugrunde gelegt. Allerdings wird bei diesen Vorgaben das Entwicklungstempo elektronischer Geräte nicht immer berücksichtigt. Obwohl man unter Umständen seine Anlage alle zwei Jahre auf den aktuellen Stand bringen muss, darf man sie nicht in diesem Zeitraum abschreiben.

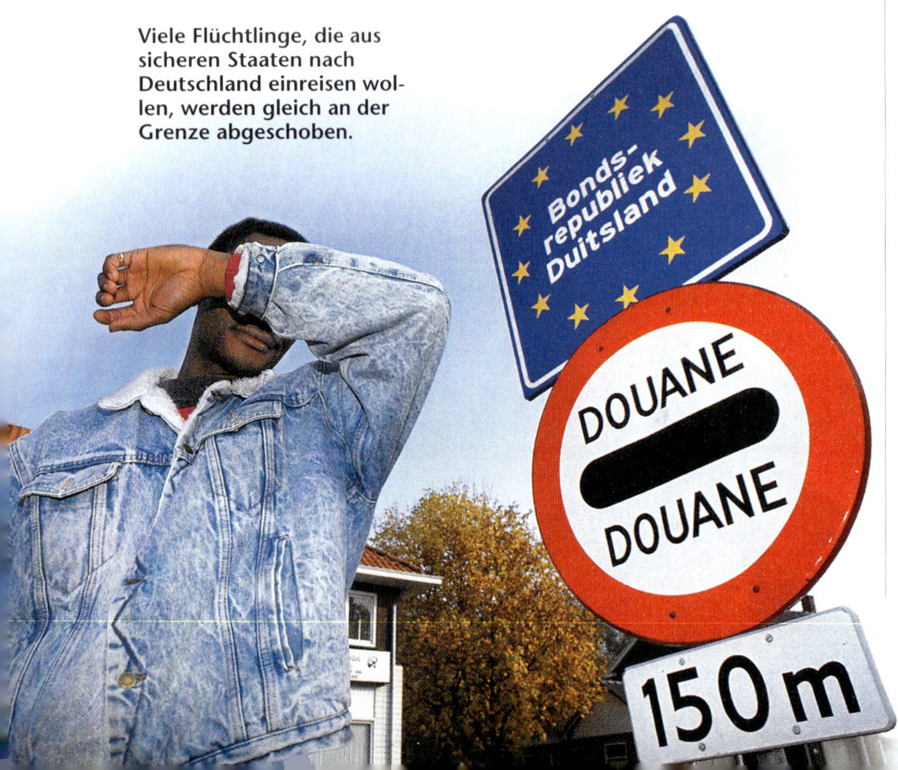

Viele Flüchtlinge, die aus sicheren Staaten nach Deutschland einreisen wollen, werden gleich an der Grenze abgeschoben.

Abtreibungspille

Seit 1995 bleibt in Deutschland eine Frau, die nach einer Beratung in den ersten zwölf Wochen der Schwangerschaft abgetrieben hat, straffrei (► **Fristenregelung**). Ebenfalls straffrei ist ein Schwangerschaftsabbruch nach der medizinischen Indikation – wenn also Leben oder körperliche bzw. seelische Gesundheit der Mutter gefährdet ist oder wenn das Kind voraussichtlich schwer behindert zur Welt käme (► **Amniozentese**) – oder nach der kriminologischen Indikation, d.h. nach einer Verge-

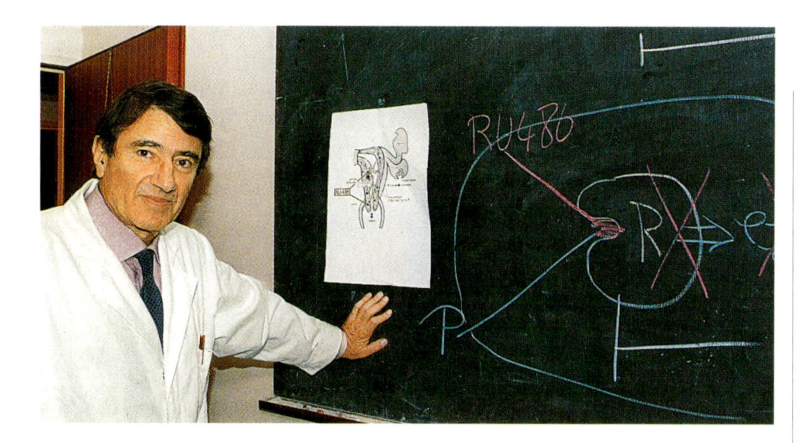

Der französische Wissenschaftler Etienne Baulieu hat die Abtreibungspille RU 486 entwickelt.

waltigung. Im Allgemeinen wird in Deutschland operativ durch die Absaugmethode oder durch eine Ausschabung abgetrieben – beide Methoden sind sehr belastend für die Gesundheit der Frau. Wesentlich schonender ist der medikamentöse Schwangerschaftsabbruch mit der so genannten Abtreibungspille, die 1988 in Frankreich unter der Bezeichnung RU 486 – ein Kürzel des Namens der Herstellerfirma Roussel Uclaf, einer Tochter der Hoechst AG – auf den Markt kam. In Deutschland hingegen ist das Präparat noch nicht zugelassen. Aus Sorge vor einem Imageverlust hat Hoechst die Produktion 1997 eingestellt und die Rechte an den französischen Arzt Edouard Sakiz übertragen, der an der Entwicklung von RU 486 mitgewirkt hat. Das Mittel eignet sich nur für einen Abbruch in einem frühen Schwangerschaftsstadium. Die Frau muss dazu dreimal kurz in eine Klinik. Dort wird ihr das Medikament in Tablettenform verabreicht, beim dritten Mal mit einem Wehenmittel, wodurch es dann zur Abtreibung der Leibesfrucht kommt.

Abwicklung

Wenn sich eine Gesellschaft, ein Verein oder eine Firma freiwillig auflöst, kommt es nicht zu einem Konkurs (► **Anschlusskonkurs**), sondern zur Liquidation oder zur Abwicklung der Geschäfte. Dieser schon lange bekannte Begriff aus dem Bereich der Betriebswirtschaftslehre erhielt in den Jahren nach der Vereinigung der beiden deutschen Staaten für manche einen negativen Beigeschmack. Von 1990 bis Ende des Jahres 1994 war es die Aufgabe der Treuhandanstalt (► **Treuhand**), die volkseigenen Betriebe der ehemaligen DDR zu privatisieren. Dies gelang oft nur, indem ein großer Teil der Arbeitsplätze abgebaut wurde, und wieder andere Firmen mussten ganz aufgelöst werden. Insgesamt gingen durch die Abwicklung, wie man bald allgemein die Arbeit der Treuhandanstalt nannte, von rund vier Millionen Stellen etwa 2,5 Millionen verloren. Schlagzeilen machte im Jahr 1993 der spektakuläre Hungerstreik der Kumpel aus dem Kalibergwerk Bischofferode. Abgewickelt wurde aber nicht nur im Osten, auch im Westen gab es in jüngerer Zeit Beispiele, so 1996 die Auflösung der Traditionsfirma AEG.

Autos, die in hohem Bogen durchs Feuer fliegen, sind typische Elemente eines Actionthrillers.

Actionthriller

Im modernen Kino haben sich die Gattungen sehr stark spezialisiert. Es gibt nicht mehr nur den

Thriller, sondern man kann, wenn man sich einen spannenden Film ansehen will, zwischen Psychothriller, Horrorthriller und einem Actionthriller wählen. Wie viele andere Neuheiten aus Kino und TV hat dieses Filmgenre seinen Ursprung in den USA und setzt neben dem Thrill, d. h. dem Nervenkitzel, auf eine atemberaubende, aktionsreiche Handlung. Während im klassischen Thriller, wozu etwa die Filme von Alfred Hitchcock gehören, der Nervenkitzel dadurch erzeugt wird, dass es fast immer um Mord oder eine Morddrohung geht und das Ganze in mysteriöser Atmosphäre spielt, sind es im Actionthriller vor allem Aufsehen erregende Verfolgungsjagden, Schießereien, explodierende Gebäude und Fahrzeuge sowie berstende Raumflugkörper, die das vorwiegend jugendliche Publikum begeistern. Die eigentliche Geschichte (► **Plot**) tritt in diesen Streifen, die meist mit einem hohen tricktechnischen Aufwand (► **Special Effects**) erzeugt werden, in den Hintergrund. Filme wie *Eraser* oder *Stirb langsam* und *Terminator*, von denen gleich mehrere Fortsetzungen gedreht wurden, lockten Millionen von Zuschauern in die Kinos und zählen somit zu den ► **Blockbustern** dieser Gattung. Einige der bekanntesten Stars (► **Hotshot**), die nicht zuletzt durch ihre Mitwirkung in erfolgreichen Actionthrillern große Popularität erlangten, sind Arnold Schwarzenegger, Bruce Willis, Mel Gibson und Jean-Claude van Damme. In diesem ausgesprochen von Männern dominierten Filmgenre bleiben Frauen in der Regel nur schmückendes Beiwerk und dürfen nur selten tragende Rollen spielen.

Nichts für müde Urlauber ist der Spaß mit Sonne, Wasser und Wakeboard.

Activity-Urlaub

engl. activity = Tätigkeit

Für Menschen, denen ein reiner Bade- oder Erholungsurlaub schon nach einigen Tagen zu langweilig wird, erfanden Touristikmanager den Activity-Urlaub: Entspannung ja, aber nur in Verbindung mit einer interessanten Tätigkeit. Zwar gab es schon immer Menschen, die im Urlaub begeistert Berge bestiegen oder mit dem Fahrrad unterwegs waren, aber heute kann man auch Urlaubswochen buchen, in denen zahlreiche sportliche Aktivitäten oder kreative Beschäftigungen, etwa Mal-, Bastel- oder Töpferkurse, angeboten werden. Besonders begehrt bei Jung und Alt sind natürlich Sportarten wie Skifahren oder Wandern, aber auch Ball- und Bewegungsspiele, Tischtennis, Rudern oder Ausgefalleneres, beispielsweise ► **Freeclimbing** oder Tauchen, erfreuen sich großer Beliebtheit. Für manche Menschen ist es das höchste Ferienvergnügen sich mit Kelle und Pinsel an einer archäologischen Ausgrabung zu beteiligen oder sogar Intelligenz und Gedächtnis zu schulen, indem sie an einem Intensivkurs in einer Fremdsprache teilnehmen. Die Wurzeln des organisierten Activity-Urlaubs liegen in den USA. Im Jahr 1969 eröffnete der Disney-Konzern in Florida die erste Ferienakademie für Erwachsene. Auf der ungefähr

36 ha großen Anlage konnten und können die Gäste auch heute noch Kurse aus acht Hauptthemen belegen: Kochen, Design, Unterhaltung, Umwelt, Lifestyle, Jugendprogramm, Literatur sowie Sport und Fitness.

Advertainment

siehe S. 422

Aerobic

Unter den vielen meist kurzlebigen Trends im Fitnessbereich hat sich Aerobic in zahlreichen Abwandlungen lange gehalten und erfreut sich immer noch einiger Beliebtheit. Die von dem amerikanischen Arzt Kenneth H. Cooper für die US-Astronauten entwickelten Turnübungen tragen dazu bei, die Sauerstoff-Aufnahmefähigkeit des Organismus zu steigern um körperliche Ausdauer und Leistungskraft zu erhöhen. Daher auch der Name: Aerobic setzt sich zusammen aus den griechischen Wörtern *aer* für Luft und *bios* für Leben und bedeutet „unter Einfluss von Sauerstoff". Da mit Musik meist alles besser geht, entstand aus der Gymnastik in den 70er-Jahren der Aerobic-Tanz, bei dem die Übungen mit tänzerischen Bewegungsabläufen kombiniert wurden. Ihn machte die amerikanische Filmschauspielerin Jane Fonda besonders bei Frauen populär. Angefeuert durch die Kommandos einer Vortänzerin brachten und bringen heute noch Tausende so ihren Kreislauf in Schwung und ihre Figur in Form. Zu den heutigen Aerobic-Varianten gehört beispielsweise die so genannte sanfte Form, bei der Sprünge verpönt sind und immer ein Fuß am Boden bleibt. Dabei werden die Gelenke geschont und der Puls steigt selten auf mehr als 140 Schläge pro Minute. Andere Unterarten sind Step-Aerobic, eine Art Treppensteigen auf der Stelle, oder das Aqua-Aerobic, das im Wasser stattfindet (► **Aquagymnastik**). Viele schwören auf Karat-Robic, eine Mischung aus verschiedenen Kampfsportarten und der Gymnastik, oder auf Box-Aerobic, wobei Turnübungen und die fürs Boxen typischen kraftvollen Armbewegungen miteinander verbunden werden. Für manche Leute ist Aerobic allerdings schon längst nicht mehr voll im Trend, sie halten sich lieber mit anderen Methoden wie ► **Callanetics**, ► **Qigong** oder ► **Stretching** fit.

Klassische Aerobic-Übungen trainieren alle Muskelpartien des Körpers.

After-Hour-Party

engl. after = danach
engl. hour = Stunde

Wer die Nacht bei lautstarker Musik (► **BPM**) in einer Diskothek durchgetanzt hat, ist morgens reif für die After-Hour-Party. Auf dieser Veranstaltung kann er „abtanzen" und langsam wieder zur Ruhe kommen, übrigens ähnlich wie in einem ► **Chill-out-Room**. After-Hour-Partys spielen sich meist in privatem Rahmen ab, manchmal aber auch in Diskotheken. Sie finden statt, wenn der übliche Amüsierbetrieb die Pforten schließt, also vorwiegend in den Morgenstunden, und können sich bis zum Mittag hinziehen. Zu den beliebtesten Musikrichtungen für diese ausgedehnte Erholungsphase gehört die ► **Trance Music** mit ihren entspannenden Klängen, die die gestressten Nachtschwärmer sanft wieder in den Alltag zurückholen.

After-Sun-Produkte

Da die Ozonschicht in der Atmosphäre immer dünner und somit durchlässiger für die schädliche ultraviolette Strahlung wird, leidet die Haut heute mehr denn je unter der Einwirkung des Sonnenlichts. Vor allem nach einem ausgiebigen Sonnenbad lechzt sie geradezu nach Feuchtigkeit. Die Kosmetikindustrie hat für diesen Zweck spezielle Pflegemittel mit reizlindernden, kühlenden und feuchtigkeitspendenden Zusätzen entwickelt. Diese After-Sun-Produkte enthalten in der Regel weniger Fett als die sonst üblichen Körperlotionen. Stattdessen weisen sie einen recht hohen Wassergehalt auf, der in Kombination mit anderen Wirkstoffen wie z. B. Kamillen- oder ► **Aloe-vera**-Extrakten die sonnengestresste Haut erfrischen und beruhigen soll. Die meist als Lotion, Gel oder Balsam angebotenen Präparate lassen sich wegen ihrer dünnflüssigen Beschaffenheit leicht auftragen und ziehen schnell ein. Zur Behandlung eines Sonnenbrandes sind sie jedoch nicht geeignet.

Aids

engl. acquired immune deficiency syndrome = erworbenes Immunschwächesyndrom

Laut Schätzungen der Weltgesundheitsorganisation (► **WHO**) in Genf leiden zurzeit rund 20 Millionen Personen an Aids und über fünf Millionen sind bisher an den Folgen gestorben. Die Krankheit bleibt damit eine der schlimmsten Geißeln der Menschheit, auch wenn sie sich in Deutschland nicht so stark wie befürchtet ausgebreitet hat. Zum ersten Mal registriert wurden die Symptome 1981 in den USA. Damals trat in Los Angeles und New York unter jungen Männern gehäuft das Kaposisarkom, ein seltener Hautkrebs, auf. Man vermutete als Auslöser ein neues Virus, das dann 1983 auch tatsächlich nachgewiesen werden konnte und später ► **HIV** genannt wurde. Damit hatte eine weltweite Epidemie ihren Anfang genommen, die in Schwarzafrika manche Staaten in den Ruin treibt und auf deren Konto in den westlichen Industrieländern inzwischen der größte Teil der Todesfälle bei Männern unter 45 Jahren geht. Während in den 80er-Jahren noch hauptsächlich Homosexuelle betroffen waren, breitet sich die Krankheit mittlerweile vermehrt unter Heterosexuellen aus. Die Ansteckung, die sich durch einen ► **Aidstest** nachweisen lässt, erfolgt durch ungeschützten Geschlechtsverkehr (► **Safersex**), Blutübertragungen (► **Blutpräparate**) oder bei Drogenabhängigen durch die Benutzung verunreinigter Spritzen. Die Inkubationszeit kann

Auf dem Falschfarbenfoto erkennt man die Viren, die beim Menschen die Immunschwächekrankheit Aids auslösen können.

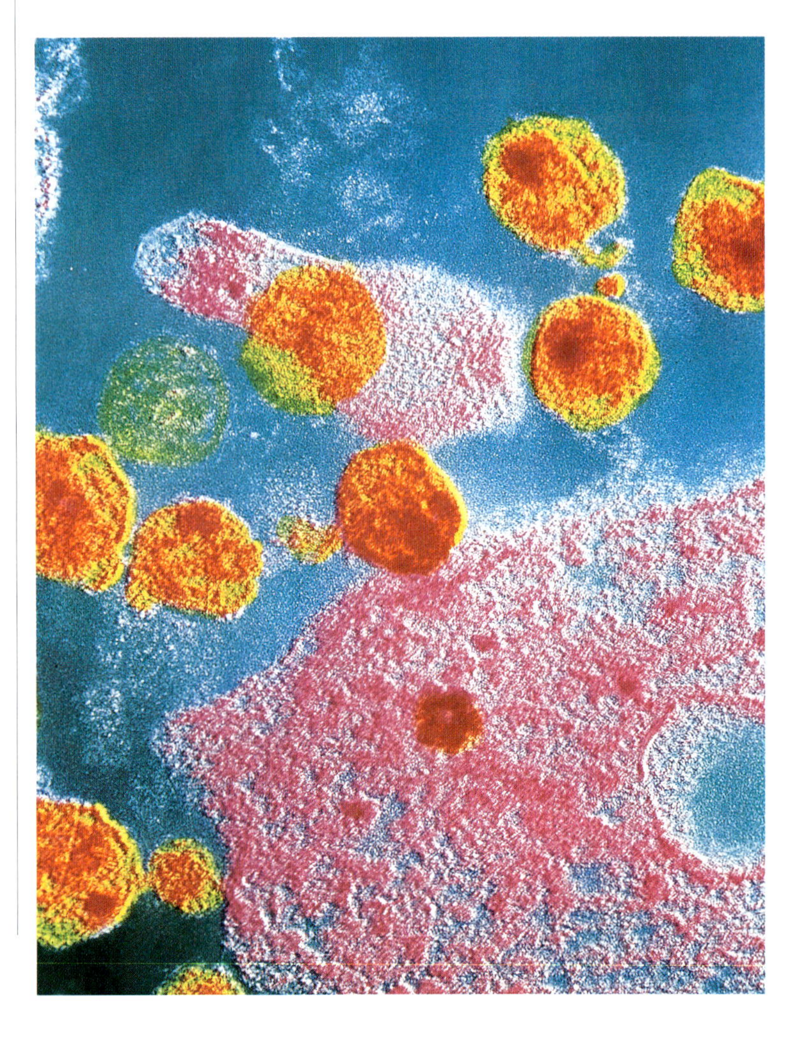

unterschiedlich lang sein, manchmal vergehen Jahre, bis die ersten Symptome auftreten. Da das Virus die Abwehrkräfte schwächt – daher der Name Aids – , wird der Erkrankte anfällig für verschiedene Infektionen, die einem Menschen mit gesundem Immunsystem nichts anhaben können. Bisher gibt es weder Medikamente, die den Verlauf der stets tödlich ausgehenden Immunschwäche auf Dauer aufhalten können, noch eine Impfung. Die Arzneimittel, die man zurzeit anwendet, mildern lediglich die Symptome.

Aidstest

Wer befürchtet sich mit dem HI-Virus (► **Aids**, ► **HIV**) infiziert zu haben, kann sich mithilfe eines medizinischen Tests Klarheit verschaffen. Da virologische Tests, bei denen auf einem Nährmedium Erreger gezüchtet werden, sehr zeitaufwendig und teuer sind, ebenso wie Untersuchungen mit einem Elektronenmikroskop, machte man sich die Tatsache zunutze, dass das Blut infizierter Menschen Antikörper gegen Aids enthält, die man nachweisen kann. Das dabei meistens verwendete preiswerte und schnelle Verfahren, ELISA genannt – ein Test mit radioaktiv markierten Substanzen –, liefert zuverlässige Resultate, vor allem nur sehr wenige so genannte falschnegative Ergebnisse, d.h. scheinbar gesunde Befunde bei einer mit Aids infizierten Person. In der Regel kann jedes Krankenhaus einen Aidstest vornehmen, darf dies allerdings nur auf ausdrücklichen Wunsch bzw. mit der Einwilligung des Betroffenen tun.

Beim Aikido wird der Gegner durch Drehbewegungen niedergezwungen.

Aikido

jap. ai = Harmonie
jap. ki = geistige Kraft
jap. do = Weg

Die heute weit verbreitete Angst vor Überfällen hat dazu geführt, dass sich viele Menschen, unter ihnen zahlreiche Frauen, in der japanischen Kampfkunst Aikido üben. Diese Technik zur Selbstverteidigung, die jahrhundertealte Wurzeln hat, wurde in den 20er-Jahren von Morihei Ueshiba (1883–1969) entwickelt und gilt auch als dynamische Form der Meditation, bei der man Stress abbauen kann. Sie zielt nicht darauf ab, den Angreifer ernsthaft zu verletzen. Er soll nur mehrfach zu Boden geworfen und zur Aufgabe gezwungen werden. Typisch für Aikido sind deshalb Drehbewegungen. Der Angreifer wird vom Angegriffenen überraschend gepackt und dann durch geschicktes Drehen zu Fall gebracht. Dabei ist kein besonders großer Kraftaufwand vonnöten.

Airbag

engl. air = Luft
engl. bag = Sack

Das Luftkissen im Auto, das bei einem Unfall die Insassen vor den Folgen des Aufpralls schützen soll, wird von zahlreichen Automobilherstellern schon serienmäßig geliefert, und zwar entweder nur für den Sitz des Fahrers, für Fahrer und Beifahrer oder sogar für die Passagiere im Fond. Es ist so konstruiert, dass es sich bei einem Zusammenstoß in Bruchteilen von Sekunden explosionsartig aufbläst, denn auch schon bei geringeren Geschwindigkeiten heben die Körper der Fahrzeuginsassen bei einem Crash bereits nach vier Hundertstelsekunden vom Sitz ab. In Verbindung mit dem Sicherheitsgurt, mit ► **Seitenaufprallschutz** und ► **ABS** hat der Airbag dazu beigetragen, die Zahl der schweren Verletzungen bei Autounfällen um fast die Hälfte zu senken. Damit jedoch kein Airbag unnötig aufgeblasen wird, also keine vermeidbaren Kosten entstehen, prüfen in den modernsten Ausführungen Sonden, welche Sitze belegt sind.

Zur Airbus-Flotte gehört auch das Transportflugzeug Super Guppy.

Airbus

Seit 1974 fliegen viele Linien mit dem Airbus, der sowohl für kurze wie für mittlere Strecken mit hohem Passagieraufkommen eingesetzt wird. Die gleichnamige Herstellerfirma mit Sitz in Toulouse wurde bereits 1970 aus einem Zusammenschluss französischer, deutscher, britischer und spanischer Flugzeuggesellschaften gegründet.
Sie setzte sich zum Ziel, das sicherste Flugzeug der Welt zu entwickeln. Tatsächlich glichen die ersten Jahre nach dem Jungfernflug des Modells A 300, das unter allen Wetterbedingungen vollautomatisch landen konnte, einer Erfolgsstory. Doch seit 1988 kam es zu mehreren Abstürzen verschiedener Airbus-Modelle, bei denen zwölf Maschinen zu Bruch gingen. Bis 1994 fanden 800 Menschen dabei den Tod. Die Gründe für diese Katastrophen konnten nicht in allen Fällen ermittelt werden. Für die Zeit nach der Jahrtausendwende plant Airbus ein Großraumflugzeug (► **Superjumbo**), das über drei Stockwerke verfügen und bis zu 750 Passagiere aufnehmen wird.

Ajatollah

pers. ajatollah = Zeichen Gottes

Allgemein bekannt geworden ist der Titel durch Ajatollah Khomeini (1900–89), der 1979 die Macht im Iran übernahm und ein fundamentalistisch-islamisches Regime errichtete. Die Zeit dieses Potentaten ist zwar vorbei, aber die Ajatollahs haben immer noch sehr viel politischen Einfluss, obwohl im Iran Präsident und Parlament vom Volk gewählt worden sind. Der Ehrentitel Ajatollah wird an islamische Gelehrte verliehen, die ihr theologisches und rechtliches Wissen an einer Hochschule erworben haben und die nach schiitischer Lehre dafür Sorge tragen, dass der richtige Glaube sowohl im religiösen wie im weltlichen Leben erhalten bleibt. In diesen Aufgabenbereich fällt u. a. die Aufsicht darüber, dass die religiösen Riten streng eingehalten werden, sowie der Erlass, dass Frauen sich traditionell kleiden, also verschleiern müssen. Außerdem dürfen Ajatollahs in bestimmten islamischen Sekten eigenständig Rechtsfragen klären, die nicht im Koran abgehandelt worden sind. Unter den Ajatollahs stehen in der Rangstufe der Geistlichkeit die ► **Mullahs**, die ebenfalls beträchtlichen politischen Einfluss ausüben. Das Herrschaftssystem des Ajatollah Khomeini wurde aus diesem Grund auch das Regiment der Mullahs genannt.

Ajatollah Khomeini, einst der starke Mann im Iran

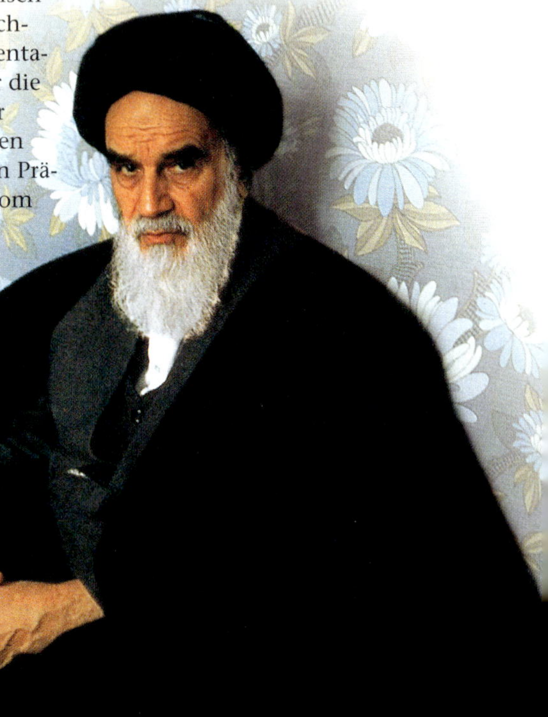

Aktie

Aufgrund des anhaltend niedrigen Zinsniveaus gewinnt die Aktie auch für Leute, die nur kleinere Geldbeträge anlegen wollen, allmählich an Attraktivität. Immer mehr Interessierte erwerben damit entweder als Kleinaktionäre oder in größerem Umfang verbrieftes Eigentum am Grundkapital einer ► **Aktiengesellschaft**, wodurch sie u. a. Anspruch darauf haben, dass ihnen eine ► **Dividende** ausgezahlt wird. Daneben erhält der Aktionär noch das Stimmrecht auf der Hauptversammlung. Nach dem deutschen Aktiengesetz lauten Aktien normalerweise auf einen festen Betrag, meist auf 50 DM. In letzter Zeit haben aber immer mehr Unternehmen auch Aktien mit einem niedrigeren Betrag ausgegeben, um einen größeren Kreis von Kapitalanlegern anzusprechen. Der Nennwert einer Aktie entspricht jedoch nicht ihrem Kurswert, mit dem sie an der ► **Börse** gehandelt wird – diesen bestimmen Angebot und Nachfrage. Zu unterscheiden ist zwischen Stamm- und Vorzugsaktien. Während erstere allen Aktionären die gleichen Rechte einräumen, gewähren letztere gewisse Vorrechte wie etwa eine höhere Dividende, bedeuten aber meist den Verlust des Stimmrechts.

Aktiengesellschaft

Ein Unternehmen, das ► **Aktien** an der ► **Börse** platziert um sich dadurch leichter Kapital zu beschaffen, nennt man Aktiengesellschaft oder kurz AG. Voraussetzung für die Gründung einer AG sind mindestens fünf Gründungsmitglieder und ein Kapital von 100000 DM. Die AG hat drei Hauptorgane: Vorstand, Aufsichtsrat und Hauptversammlung. Der Vorstand führt die Geschäfte und vertritt die Gesellschaft nach außen. Er wird vom Aufsichtsrat ernannt. Dieses Kontrollgremium wiederum soll die Geschäftsführung überwachen, was allerdings in jüngster Zeit bei einigen Firmen nicht immer gelang. Gewählt wird der Aufsichtsrat von der Hauptversammlung, d. h. den Aktionären.

Aktionskünstler

Viele moderne Künstler wenden sich heute vom Kunstobjekt, beispielsweise dem Gemälde oder der Skulptur, ab und ersetzen es durch die künstlerische Aktion, die spontan oder geplant sein kann und bei der manchmal auch das Publikum Hand anlegen darf. Dahinter steht die Absicht überkommene Beschränkungen in der Kunst zu

Im Sommer 1995 verhüllte der Aktionskünstler Christo den Berliner Reichstag.

durchbrechen und den Mitmenschen Erlebnisse zu bieten, die alle Sinne ansprechen. In die Kategorie der Aktionskünstler gehört z. B. der Österreicher André Heller, der als Sänger, Schriftsteller und Schauspieler wirkt, aber auch als Regisseur groß angelegter Spektakel mit Feuerwerken und akrobatischen Vorführungen. Den in Bulgarien geborenen Verpackungskünstler Christo, bekannt geworden u. a. durch die Verhüllung des Berliner Reichstags, zählt man ebenfalls zu den Aktionskünstlern, genauso wie die vielen Multimediakünstler, die versuchen neue Technologien und Kunst miteinander in Einklang zu bringen. Die Wurzeln der Aktionskunst liegen im Dadaismus, einer Art Antikunst aus den 20er-Jahren, in der Regeln und Systeme durch das Prinzip Zufall ersetzt wurden. Ebenfalls wegbereitend wirkten die Happenings und Performances der 60er- und 70er-Jahre, provozierende Kunstveranstaltungen, bei denen das Publikum ins Geschehen eingreifen konnte.

Akupressur

lat. acus = Nadel
lat. pressura = Druck

Viele Menschen stehen der modernen Apparatemedizin skeptisch gegenüber und vertrauen lieber auf überkommene Naturheilverfahren. Dazu gehört auch die Akupressur, eine Mischung aus Massage und ► **Akupunktur**. Sie wurde ursprünglich in China praktiziert und gelangte über Japan, wo man sie zum ► **Shiatsu** weiterentwickelte, in die westlichen Länder. Die Akupressur dient dazu, Schmerzen zu lindern, leichte Beschwerden zu beheben oder bei Erschöpfung neue Kräfte zu mobilisieren. Man presst oder reibt mit Daumen bzw. Fingerkuppen oder manchmal mit einer stumpfen Nadel einige Minuten lang bestimmte Druckpunkte auf der Haut. Dadurch sollen Blockaden in den Meridianen, unsichtbar unter der Haut verlaufenden Kanälen, in denen die Körperenergie strömt, aufgehoben werden.

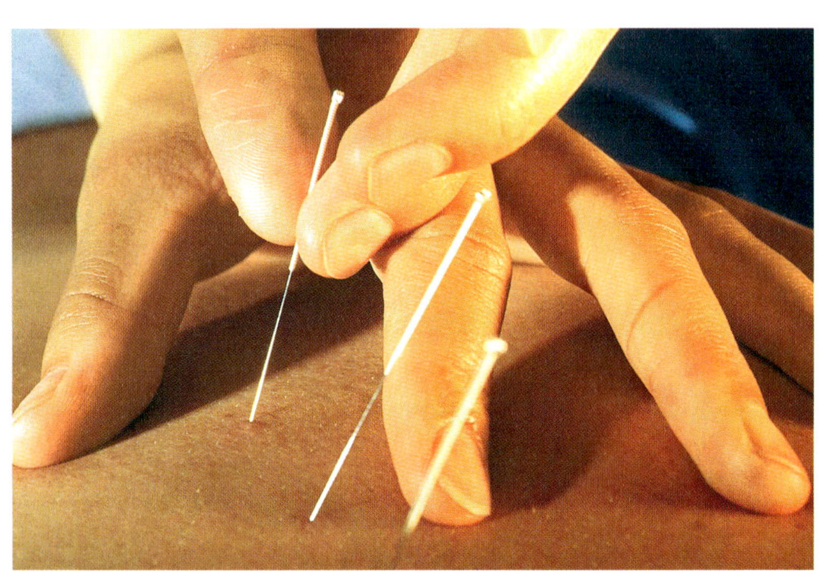

Akupunktur

lat. acus = Nadel
lat. punctura = Stechen

Dieses seit etwa 4000 Jahren angewandte Verfahren der chinesischen Heilkunde wird seit den 70er-Jahren vermehrt auch im Westen eingesetzt. Grundlage der Akupunktur ist wie bei der ► **Akupressur** die altchinesische Vorstellung von der Funktion des menschlichen Leibes. Danach gibt es im Körper 14 Meridiane, die den Strom der Lebensenergie leiten und mit den Organen in Verbindung stehen. Diese Lebensenergie basiert auf den gegensätzlichen, aber sich ergänzenden Kräften ► **Yin und Yang**, zwischen denen bei einem gesunden Menschen Gleichgewicht herrscht. Nach dem Verlauf der Meridiane hat man die Akupunkturpunkte festgelegt, in die der Arzt oder ► **Heilpraktiker** mit dünnen Nadeln aus Gold, Silber oder Edelstahl einsticht. Die Nadeln lässt man meist einige Minuten, manchmal aber auch bis zu einer Stunde stecken mit dem Ziel das Gleichgewicht zwischen den Lebenskräften des Betroffenen wiederherzustellen. Das soll u. a. dazu beitragen, Entzugserscheinungen zu lindern, psychosomatische Probleme zu verringern und vor allem Schmerzen auszuschalten. Eine der Wirkungsweisen der Akupunktur beruht, so wird vermutet, darauf, dass durch den Einstich vermehrt körpereigene Opiate, die ► **Endorphine**, in das zentrale Nervensystem gelangen.

Es tut nicht weh und es fließt auch kein Blut, wenn die Akupunkturnadeln gesetzt werden.

Viele Küstenlinien auf der ganzen Erde sind mit einem dichten Geflecht aus Algen überzogen.

Algenpest

Vor einigen Jahren drohte dem italienischen Badetourismus eine ernste Gefahr: die Algenpest. Bestimmte Meeresalgen hatten sich explosionsartig vermehrt und nicht nur wie früher kleinere Strandabschnitte, sondern kilometerweite Bereiche an den Küsten der Apenninenhalbinsel mit einer schmutzig gelben Schicht überzogen. Der Grund für das aus den Fugen geratene Wachstum: Durch die Flüsse und Kanäle wurden so große Mengen Abfallstoffe, von denen sich die Algen ernähren, ins Meer geschwemmt, dass die Einzeller sich rasant vermehren konnten. Um den Tourismus zu retten mussten die Behörden tätig werden. Sie ergriffen Maßnahmen, die dazu führten, dass sich die Schadstoffeinleitungen stark verringerten, und mit der Zeit wurden die Strände und das strandnahe Wasser wieder ausreichend sauber. Dennoch bleibt die so genannte Algenblüte eine Gefahr für die italienische Tourismusbranche, denn fast jedes Jahr flackert sie an irgendeiner Strandregion wieder auf.

Allergien

Zu den Krankheitsbildern, die in jüngster Zeit gehäuft auftreten, gehören die Allergien. Bis zu 20% der Bevölkerung, darunter immer mehr Kinder, leiden heute daran, vor allem an Heuschnupfen. Als Allergene, also Auslöser der Überempfindlichkeitsreaktion, können die unterschiedlichsten Substanzen wirken, z. B. Pollen, Tierhaare, Hausstaub, Ruß, aber auch Nahrungsmittel wie Erdbeeren oder Nüsse, Arzneien, Kosmetika usw. Das Leiden äußert sich auf vielfältige Art – beispielsweise mit Niesanfällen, Atemnot und heftig juckenden Hautausschlägen. Die Symptome treten meist unmittelbar nach dem Kontakt mit dem Allergen auf. Sie sind die Folge eines Kampfes, der im Körper stattfindet, und zwar zwischen diesem Allergen und Antikörpern, die der Organismus zur Verteidigung produziert. Bei dieser Auseinandersetzung werden bestimmte chemische Stoffe, Histamine, freigesetzt. Als hilfreich gegen Allergien haben sich daher Antihistaminika erwiesen, also Medikamente, die die Wir-

Die Pollen von blühenden Wiesenblumen rufen oft Allergien hervor.

kung der Histamine abschwächen, und in schweren Fällen Kortisonpräparate. Wenn die Beschwerden nicht allzu stark ausgeprägt sind, können Entspannungstechniken helfen, da allergische Reaktionen häufig durch Stress oder Angst verstärkt werden. Zur Vorbeugung wird oft eine ► **Desensibilisierung** empfohlen. Die Veranlagung eine Allergie zu bekommen ist meist angeboren, aber sehr unterschiedlich ausgeprägt. Manche Ärzte meinen die Krankheit nehme zu, weil durch den Fortschritt der Hygiene das Immunsystem nicht mehr ausreichend trainiert werde. Offenbar hängt die steigende Zahl von Erkrankungen jedoch ebenfalls mit anderen Lebensumständen in den westlichen Industrieländern zusammen, etwa der modernen Wohnungsausstattung mit Teppichböden und dicht schließenden Fenstern, denn seit 1992 hat die Zahl der Allergiefälle auch in den neuen Bundesländern stark zugenommen.

Allopathie

griech. allos = anders
griech. pathos = Krankheit

Der Begründer der ► **Homöopathie**, der deutsche Arzt Samuel Hahnemann (1755–1843), nannte die konventionelle Medizin seiner Zeit allopathisch. Er wollte damit ausdrücken, dass die Schulmedizin bei der Behandlung Medikamente einsetzt, die den Krankheitssymptomen entgegenwirken und bei denen die Höhe der Dosis in direktem Zusammenhang mit der Stärke der Symptome steht. Die Homöopathie hingegen verwendet nach dem Grundsatz „Ähnliches mit Ähnlichem" zu heilen Substanzen, die denen, die die Krankheit auslösen, gleichen. In der Diagnose geht die Allopathie davon aus, dass ein nachvollziehbarer Zusammenhang zwischen den Schädigungen oder den Substanzen, die die Krankheit auslösen, und der Krankheit selbst besteht. Diese Zusammenhänge bilden die tragenden Säulen, auf denen das Gebäude der Schulmedizin noch heute ruht.

Aloe vera

→ siehe S. 275

Alternative Energien

Da in einigen Hundert Jahren die Kohle- und Erdölvorräte der Erde aufgebraucht sein werden und die Atomenergie nach wie vor mit Risiken behaftet bleibt, ist die Suche nach alternativen Energien zwingend notwendig. Man bezeichnet mit diesem Begriff einen Ersatz für die herkömmlichen, nicht erneuerbaren Energien, die aus der Verbrennung fossiler Brennstoffe, d. h. Kohle, Erdgas und Erdöl, und aus der Kernspaltung gewonnen werden. Die alternativen Energien sind demgegen-

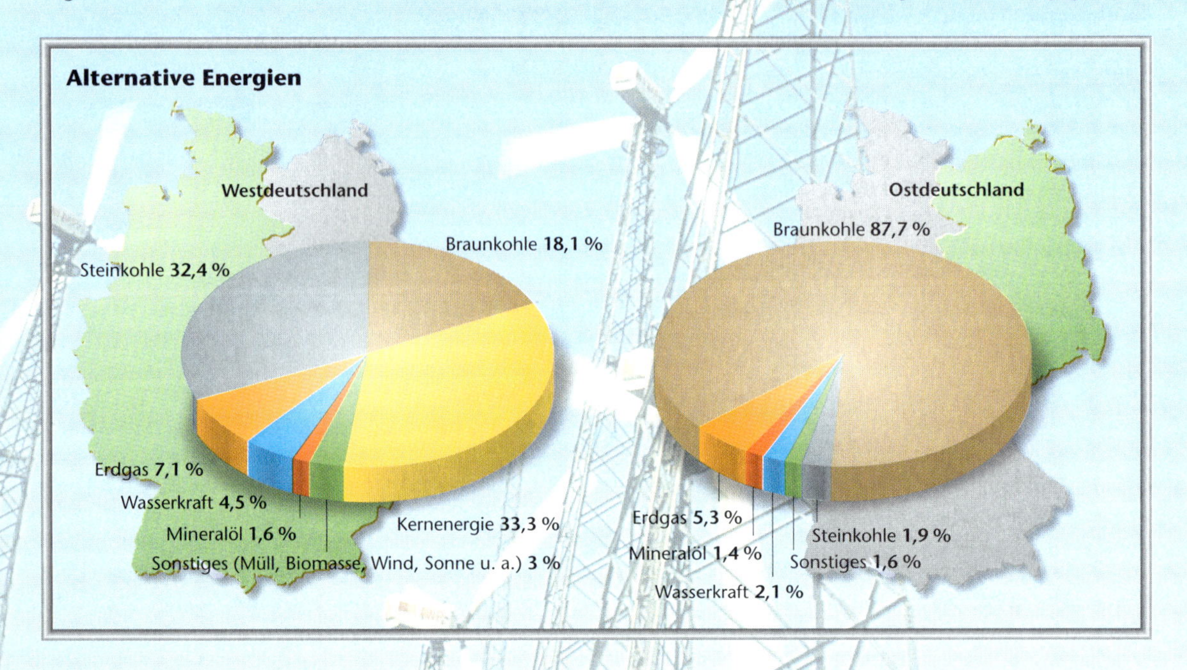

über regenerativ, also erneuerbar, und umweltfreundlicher. Zu ihnen zählt man die Energie aus Wind- und Wasserkraft sowie die ► **Solarenergie**. Wind- und Wasserkraft sind als Energiespender schon lange bekannt – Wasserkraft nutzte man bereits im 3. Jh. v. Chr. in Kleinasien und die ► **Windenergie** seit dem Mittelalter, als die Perser die Windmühle mit vertikaler Welle entwickelten. Die größte Hoffnung setzt man heutzutage allerdings auf die Sonnenenergie, die erst in der zweiten Hälfte des 20. Jh. an Bedeutung gewonnen hat. Daneben verwertet man bereits in manchen Küstenregionen wie etwa der Bretagne die Gezeitenenergie, die auf der Anziehungskraft des Mondes basiert und mit Wellenkraftwerken die Bewegungsenergie des Meeres ausnutzt, sowie die in den oberen Schichten der Meere und des Erdbodens gespeicherte Wärmeenergie. Von allen genannten alternativen Energiequellen hat die Wasserkraft in Deutschland – besonders im Westteil des Landes – die größte Bedeutung. Weltweit gesehen liegt ihr Anteil an der Energiegewinnung in Kanada beispielsweise bei ungefähr 60 % und in Ländern wie Sambia, Paraguay und Norwegen schon annähernd bei 100 %.

Altersgrenze

Um die Rentenkassen zu entlasten (► **Rentenreform**) und Gelder für die Beamtenpensionen einzusparen soll die Regelung des Vorruhestands nicht mehr so großzügig gehandhabt werden wie bisher; es sollen also mehr Arbeitnehmer als in den letzten Jahren bis zum Erreichen der Altersgrenze berufstätig sein. Außerdem will man ebendiese Altersgrenze allgemein heraufsetzen. Die bisherige Regelung sah vor, dass Männer bis zum Alter von 63 bis 65 Jahren und Frauen bis zum Alter von 60 bis 65 Jahren berufstätig sein mussten. Für die Zukunft ist nun vorgesehen, dass nach der Jahrtausendwende sowohl Männer als auch Frauen in der Regel bis zur Vollendung des 65. Lebensjahres arbeiten sollen. In Deutschland wurde diese Grenze zum Rentnerleben, die nicht in allen Ländern einheitlich ist, im Jahr 1923 eingeführt. Während der großen Wirtschaftskrise wollte der Arbeitgeber Staat damit verhindern, dass der Beamtenapparat überaltert, und gleichzeitig sollten dadurch Planstellen für den Nachwuchs geschaffen werden.

Alterspille

Jugendlicher Schwung ist in der westlichen Gesellschaft mehr gefragt als Altersweisheit und folglich ist die Nachfrage nach Medikamenten, die die Folgeerscheinungen des Alterns mildern, groß. Solche Geriatrika, mit denen die körperliche und geistige Leistungsfähigkeit im Alter gesteigert werden soll, umfassen Multivitaminpräparate, ► **Anabolika**, Arzneien für die Gefäße sowie Geschlechtshormone. Dazu zählen aber auch Mittel und Anwendungen der Reizkörperbehandlung, die das Immunsystem künstlich stimulieren, etwa indem Fieber ausgelöst wird, oder die so genannte Frischzellentherapie. Die Wirkung dieser Geriatrika ist umstritten, die Frischzellentherapie ist wegen teilweise tödlich verlaufender Immunreaktionen inzwischen sogar verboten. Dennoch wird weitergeforscht, zurzeit vor allem an Medikamenten, die das Hormon ► **Melatonin** enthalten. Doch trotz aller intensiven Suche wird es in absehbarer Zeit wohl keine Pille geben, die wie ein Jungbrunnen aus ► **Senioren** Jugendliche macht, denn das Altern ist ein höchst komplizierter, genetisch genau festgelegter Vorgang, dessen Einzelheiten man noch längst nicht genau kennt.

Ein Wunschtraum vieler Menschen: im Alter so fit zu sein wie dieser Wassersportler

Alterspyramide

Um das Jahr 1900 hatte die Altersstruktur in Deutschland die Form einer Pyramide; es gab wesentlich mehr Kinder und Jugendliche als Menschen mittleren Alters und den geringsten Anteil an der Bevölkerung hatten die nicht mehr im Berufsleben stehenden ► **Senioren**. Heute bietet eine grafische Darstellung der Altersstruktur ein völlig anderes Bild. Ein schon seit vielen Jahren zu beobachtender stetiger Geburtenrückgang hat zu deutlichen Verschiebungen im Bevölkerungsaufbau geführt. Während die Basis der Pyramide allmählich schrumpft, wird deren Spitze zunehmend stumpfer und verbreitert sich. Aller Voraussicht nach wird sich dieser Trend, der nicht auf Deutschland begrenzt ist, in den nächsten Jahrzehnten noch verstärken. Die mittlere Lebenserwartung in den Industrieländern hat in diesem Jahrhundert um mehr als 20 Jahre zugenommen; bei Männern liegt sie bei 73 Jahren, während Frauen im Durchschnitt etwa 80 Jahre alt werden. Unter den vielen Ursachen ist der medizinische Fortschritt zweifellos die wichtigste. Die zunehmende Überalterung der Bevölkerung ist eines der Hauptprobleme unserer Zeit und spielt besonders im Zusammenhang mit der Rentendiskussion eine bedeutende Rolle. Immer mehr Senioren müssen von immer weniger jungen Menschen durch deren Beitragszahlungen versorgt werden. Damit ist der ► **Generationenvertrag** als einer der wichtigsten Pfeiler des sozialen Systems in Deutschland ernsthaft gefährdet.

Altersteilzeit

Um der ► **Frühverrentung** entgegenzuwirken beschloss das deutsche Bundeskabinett Anfang 1996 die Förderung der Altersteilzeit, des gleitenden Übergangs von der Vollbeschäftigung in den Ruhestand. Sie gilt für Arbeitnehmer, die älter als 55 Jahre sind. Die Altersteilzeitbeschäftigung muss mindestens 18 Arbeitsstunden pro Woche betragen, darf aber im Höchstfall die Hälfte der regulären Wochenarbeitszeit nicht überschreiten. Durch diese Regelung sollen zum einen die Rentenkassen entlastet, zum andern die Arbeitslosigkeit gesenkt werden: Arbeitnehmer haben nun die Möglichkeit ohne gravierenden Lohnverlust die Zahl ihrer wöchentlichen Arbeitsstunden zu reduzieren und infolgedessen werden Arbeitsplätze für jüngere Arbeitslose und Auszubildende frei. Damit das Modell auch für die Arbeitgeber interessant ist, erhalten diese als Anreiz von der Bundesanstalt für Arbeit (BfA) einen Zuschuss von 20 % zum Lohn oder Gehalt eines jeden neu eingestellten Arbeitnehmers, der steuer- und sozialabgabenfrei ist. Die BfA stockt außerdem die niedrigeren Rentenbeiträge der Teilzeiter so auf, dass deren spätere Rente kaum

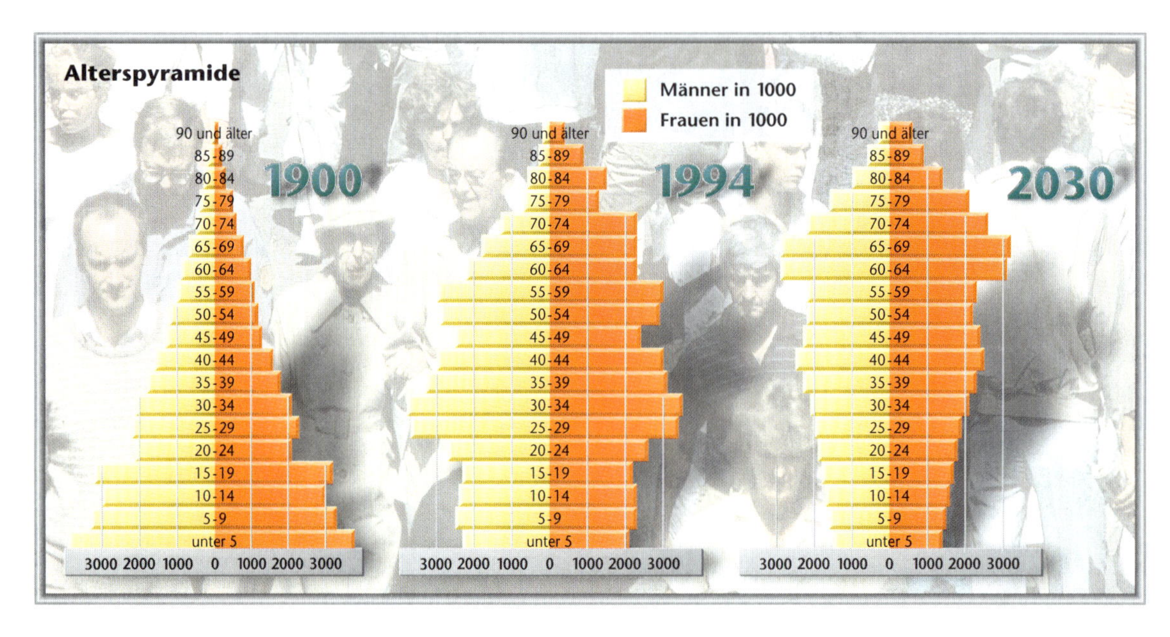

geschmälert wird. Befürworter der Altersteilzeit gehen davon aus, dass dadurch bis zum Jahr 2003 rund 17 Mrd. DM bei der Rentenversicherung eingespart werden. Sie verweisen in diesem Zusammenhang auch auf ähnliche, gut funktionierende Modelle in anderen europäischen Ländern. So lag z.B. Anfang 1996 die Teilzeitquote in den Niederlanden, in Norwegen und Schweden zwischen 33 und 25%; in Deutschland hingegen betrug sie nur 12%.

Altlasten

Zu den größten ökologischen Problemfällen zählen ehemalige Mülldeponien, vergiftete Bodenschichten unter stillgelegten Industrieanlagen (► **Dekontamination**) und durch Schadstoffe belasteter Untergrund auf früherem Militärgelände. Die Beseitigung dieser Altlasten – Anfang 1996 waren mehr als 140000 vermutlich verseuchte Flächen ausgewiesen – ist vor allem in den neuen Bundesländern mit erheblichen Kosten verbunden. Einer besonders umfangreichen Sanierung bedürfen die Abraumhalden des Uranbergwerks Wismut, der Chemiestandort Leuna-Buna-Bitterfeld sowie die Braunkohlenreviere. Da für 90% aller Altlasten die Kommunen, Landkreise, Länder oder der Bund zuständig sind, ihnen jedoch die notwendigen Finanzmittel fehlen, geht die ► **Entsorgung** nur schleppend voran. So konnten z. B. 1995 erst 200 verseuchte Flächen saniert werden. Neue Techniken sind erforderlich um die Böden und Gewässer zu reinigen und es entsteht ein zukunftsträchtiger Industriezweig. Das Wissen, das dabei erworben wird, lässt sich weltweit vermarkten, sofern die betroffenen Länder finanziell in der Lage sind ihre ökologischen Probleme anzugehen.

Alzheimerkrankheit

Dass die Gehirnleistung im Alter nachlässt, ist schon lange bekannt. Geistig aktive Menschen sind dieser Gefahr allerdings in geringerem Maß ausgesetzt, denn durch stetiges Training des Gehirns kann der Vorgang verlangsamt bzw. stark hinausgezögert werden. Wenig hingegen hilft solches ► **Gehirnjogging** bei der senilen Demenz, die auch als Altersschwachsinn bezeichnet wird. Dabei handelt es sich um eine Erkrankung, die gewöhnlich im siebten Lebensjahrzehnt mit einem allmählichen Abbau der Gehirnsubstanz einsetzt und in zunehmendem Maß zu Merkfähigkeits- und Denkstörungen führt. Der Ablauf ist vermutlich weitgehend genetisch bestimmt. Bereits im sechsten Lebensjahrzehnt kann dagegen die frühzeitig auftretende Form der Demenz beginnen, die von dem Münchener Neurologen Alois Alzheimer um die Jahrhundertwende entdeckt wurde. Die amerikanische Filmschauspielerin Rita Hayworth etwa bekam die Krankheit Anfang 50 und litt bis zu ihrem Tod 15 Jahre später zunehmend an geistiger Verwirrung. Die Symptome entwickeln sich schleichend; eine Diagnose ist erst nach dem Tod anhand von Gehirngewebeproben möglich. Neben einer starken Abnahme der Gehirnmasse findet man an den Nerven viele Ablagerungen

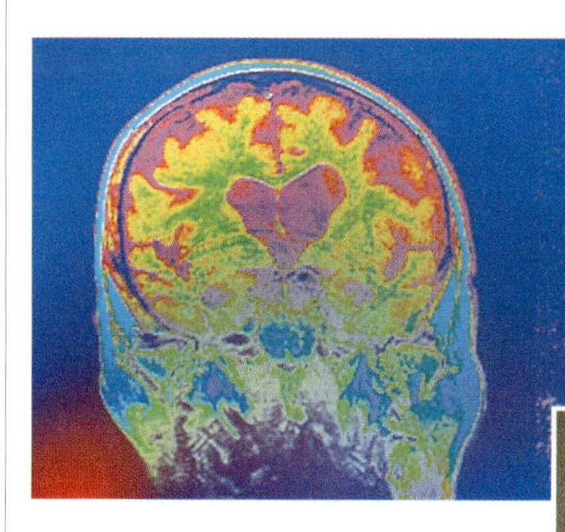

Kennzeichen der Alzheimerkrankheit ist ein allmählicher Abbau der Gehirnsubstanz; dies wird in der Aufnahme oben deutlich sichtbar (links das Gehirn eines Erkrankten, rechts das eines Gesunden). Auch der frühere amerikanische Präsident Ronald Reagan ist davon betroffen.

eines offenbar zerstörerisch wirkenden Eiweißes. Als Auslöser gelten u.a. bestimmte Viren, Giftstoffe wie Aluminium, Störungen im Gehirnstoffwechsel und Gendefekte. Die Krankheit ist bisher nicht heilbar.

Amalgam

lat. amalgama = das Erweichende

Diese grauschwarze Legierung aus Quecksilber mit Anteilen von Silber, Kupfer, Zink und Zinn findet als Zahnfüllstoff Verwendung. In den letzten Jahren wird es immer stärker für verschiedene Krankheitsbilder, wie Kopfschmerz, Hautausschlag oder Haarausfall, verantwortlich gemacht. Das hat u.a. dazu geführt, dass sich viele Patienten ihre Amalgamfüllungen entfernen ließen und auf relativ teuren Zahnersatz, z.B. Gold, ausgewichen sind (► **Inlay**). Als gesundheitsgefährdender Bestandteil im Amalgam gilt das Quecksilber, dessen Salze hochgradig giftig sind. Über Wirkstoffe im Speichel und durch die Säuren im Mund werden aus den Amalgamfüllungen bestimmte Quecksilbermengen abgeschieden. Nach Ansicht zahlreicher Forscher dürfte selbst bei empfindlichen Menschen die Einwirkung der als sehr gering eingestuften Quecksilbermenge kaum eine Rolle spielen. Diese Auffassung wird jedoch durch die Ergebnisse der bisher größten Feldstudie über Amalgam infrage gestellt. Die an der Universität Tübingen durchgeführte und Anfang 1996 veröffentlichte Untersuchung wies nach, dass mit steigender Zahl von Amalgamfüllungen im Mund die Quecksilberkonzentration im Speichel zunimmt. Die gemessenen Werte lagen dabei wesentlich höher als bisher angenommen. Daher wird an neuen hochwertigen Ersatzstoffen für Zahnfüllungen verstärkt geforscht, doch Erfolge zeichnen sich frühestens für das Jahr 2000 ab.

Amnesty International

griech. amnestia = Vergebung

1996 feierte diese internationale Hilfsorganisation für politische Gefangene ihren 35. Gründungstag. Entstanden ist sie 1961 in London, wo der britische Rechtsanwalt Peter Benenson die Menschen in der ganzen Welt aufforderte sich für die Freilassung von Gefangenen einzusetzen, die aus politischen, weltanschaulichen oder religiösen Gründen in Haft sind. Inzwischen hat Amnesty International über eine Million Mitglieder und Förderer in mehr als 150 Ländern und ist zu einer weltweiten Bewegung geworden. Zu ihren Grundprinzipien gehört politische Neutralität. Mitglieder der Organisation suchen regelmäßig Staaten auf, in denen die Menschenrechte gefährdet scheinen, und besichtigen dort die Gefängnisse oder sprechen bei den Regierungen vor. Jährlich erscheint ein Bericht, der über den aktuellen Stand der Menschenrechte informiert und neben den eigenen Unterlagen auch die Protokolle anderer humanitärer Organisationen wie ► **Human Rights Watch** berücksichtigt. Im Jahr 1995 wurden über 3000 Fälle von Folter und Misshandlungen in 120 Staaten bekannt gemacht und mehr als 2900 Hinrichtungen in 41 Ländern angeprangert.

Unterschriften werden gesammelt um auf Menschenrechtsverletzungen aufmerksam zu machen.

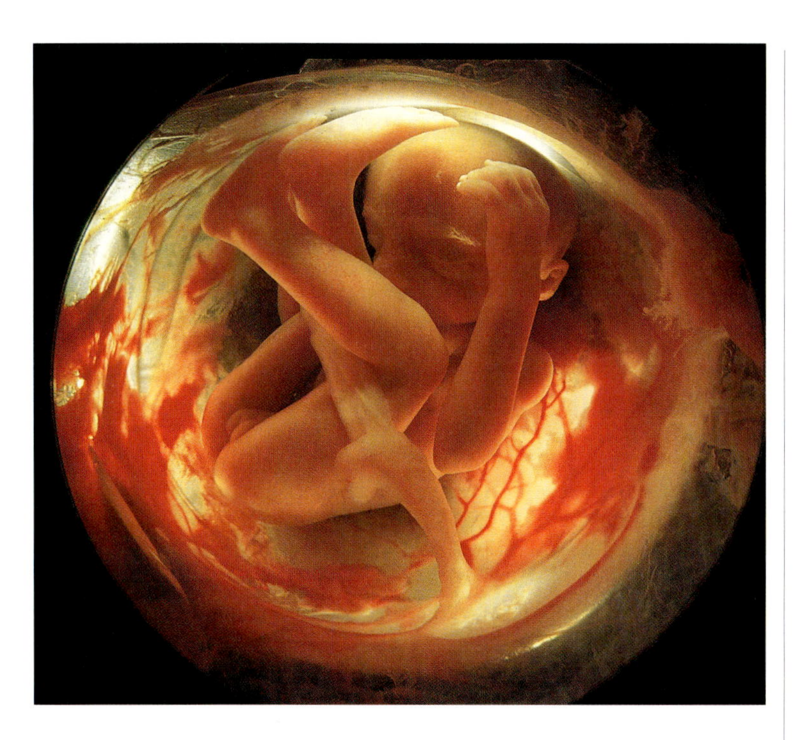

Aus der Fruchtblase wird Flüssigkeit für die Amniozentese entnommen.

Amniozentese

griech. amnion = Schafshaut
griech. kentesis = das Stechen

Da heute der Anteil der Frauen, die mit 35 Jahren und darüber hinaus erstmals schwanger werden, immer größer wird und damit auch das Risiko einer Missbildung, gewinnt die Amniozentese zunehmend an Bedeutung. Sie erlaubt es in der 14.–16. Woche der Schwangerschaft das für eine vorgeburtliche Diagnose notwendige Fruchtwasser zu entnehmen. Dabei punktiert man nach örtlicher Betäubung meist durch die Bauch- und Gebärmutterwand, während die Lage der eingeführten Kanüle auf einem Ultraschallbild betrachtet wird. Das Fruchtwasser enthält neben Glukose, Harnstoff und anderen Substanzen auch abgestoßene Zellen des Kindes, die auf ihren Chromosomensatz hin geprüft werden (► **Erbanlagenscreening**). Durch genetische Defekte bedingte Krankheiten wie Mongolismus werden dadurch frühzeitig erkannt und die betroffenen Eltern können entscheiden, ob sie eine Abtreibung vornehmen lassen wollen oder nicht. Die Amniozentese ist vor allem ratsam, wenn Erbkrankheiten in der Familie vorliegen, und wird prinzipiell bei Schwangeren über 40 durchgeführt.

Amoklauf

Voller Entsetzen reagierte die Öffentlichkeit im März 1996 auf die Nachricht, dass ein 43-jähriger Pfadfinderführer in die Turnhalle einer Grundschule im schottischen Dunblane eingedrungen war und dort 16 Schüler und deren Lehrerin ermordet hatte. Weltweites Aufsehen erregte nur wenige Wochen später ein Australier, der im tasmanischen Port Arthur innerhalb weniger Stunden insgesamt 35 Menschen tötete und damit für einen traurigen Rekord sorgte – nie zuvor waren bei einem Amoklauf mehr Menschen gestorben. Die Bluttaten von Dunblane und Port Arthur sind keine Einzelfälle; immer öfter berichten die Medien von derart spektakulären Massenmorden. Sie werden meist von Männern begangen und häufig sind die Täter einzelgängerische Waffennarren, die ohne einen ersichtlichen Anlass wahllos in die Menge schießen. Überdurchschnittlich viele Amokläufe verzeichnet die Statistik in den USA und in Australien, wo der Großteil der Bevölkerung Waffen besitzt. Nach solchen Taten gibt es in diesen Ländern immer wieder Versuche den Erwerb von Schnellfeuerwaffen gesetzlich zu erschweren, doch diese Bestrebungen scheitern meist am Widerstand einflussreicher Interessenverbände. Obwohl die Häufung von Amokläufen als eine Erscheinung unserer immer gewalttätiger werdenden Zeit gilt, hat der Begriff eine lange Tradition. Er geht auf das malaiische Wort *amuk* zurück, das wütend bzw. rasend bedeutet und von europäischen Kolonialbeamten verwendet wurde, wenn Eingeborene – die vermutlich unter Opiumeinfluss standen – wahllos Menschen attackierten.

Amtlicher Handel

→ siehe S. 78

Anabolika

griech. ana = (hin)auf
griech. ballein = werfen

Im Mittelpunkt des spektakulärsten Dopingfalls (► **Doping**) in der Geschichte der Olympischen Spiele stand der kanadische Sprinter Ben Johnson, der 1988 in Seoul mithilfe von Anabolika einen – später annullierten – Jahrhundertweltrekord über 100 m aufstellte. Bei den Anabolika handelt es sich um so genannte synthetische Steroide, deren bekanntester natürlicher Vertreter das männliche Geschlechtshormon Testosteron ist. Dieses sorgt dafür, dass in der Pubertät die Muskulatur kräftiger wird. Gleichzeitig fördert es das Längenwachstum der Knochen und bewirkt die Ausprägung der männlichen Geschlechtsmerkmale. Bereits in den 30er-Jahren wurde das natürliche Hormon bei Krankheiten mit starkem Körpergewichtsverlust sowie bei Entwicklungs- und Wachstumsstörungen eingesetzt. Nach dem Zweiten Weltkrieg entdeckten Viehzüchter, dass man mit synthetischen Steroiden die Muskelmasse beim Tier hervorragend aufbauen kann, während Sporttrainer feststellten, dass sich beim Menschen – und zwar bei Frauen wie Männern – durch die Muskel bildenden Präparate Kraft und Schnelligkeit steigern lassen. Sportler, die besondere Höchstleistungen erbringen, geraten nicht selten in den Verdacht irgendwelche Dopingmittel verwendet zu haben. Ob jemand Anabolika einnimmt, ist allerdings nur schwer zu ermitteln.
Doch all diese Stoffe zeigen unerwünschte Nebenwirkungen. So besteht beispielsweise bei Frauen die Gefahr der Vermännlichung und allgemein können Überlastungsschäden an Sehnen, Bändern und Gelenken auftreten.

Der Nachweis eines Anabolikums stürzte den kanadischen Sprinter Ben Johnson vom olympischen Gipfel.

Symbolfigur des ANC ist Nelson Mandela, der Staatspräsident Südafrikas.

ANC

engl. African National Congress
= Afrikan. Nationalkongress

Das Ende der ► **Apartheid**, der Rassentrennung zwischen weißer, schwarzer und farbiger Bevölkerung in der Republik Südafrika, ist nicht zuletzt ein Verdienst des ANC, des *African National Congress.*
Seit seiner Gründung im Jahr 1912 bildete er die Oppositionsbewegung und Interessenvertretung der schwarzen Bevölkerungsmehrheit im Land. Als Hauptorganisator und wichtigste Kraft im Kampf gegen die Apartheidsgesetze hat sich der ANC heute als größte politische Macht etabliert. Nach Jahrzehnten der Unterdrückung und des Verbots (1960–90) wurde einer seiner bedeutendsten Führer, Nelson Mandela, 1994 zum Staatspräsidenten gewählt. Doch der Weg dorthin war lang und von Gewalt geprägt. Nach dem Verbot des ANC formierte sich aus seinen Reihen eine auf Sabotageunternehmen ausgerichtete Gruppe unter der Führung von Mandela, der daraufhin 1964 zu lebenslanger Haft verurteilt wurde. Im Jahr 1969 öffnete sich der ANC für Weiße, Mischlinge

und Inder und erhielt drei Jahre später sogar Beobachterstatus bei den Vereinten Nationen. Anfang 1990 wurde er von der neuen südafrikanischen Regierung unter Frederik Willem de Klerk wieder zugelassen. Aus den ersten allgemeinen Wahlen vom April 1994 ging der ANC als wichtigste politische Kraft hervor.
Trotz einer bislang weitgehend positiven Entwicklung, an der die große Integrationsfigur Nelson Mandela entscheidenden Anteil hat, steht der ANC vor einer sehr schwierigen Zukunft. Erhebliche Differenzen mit anderen politischen Gruppierungen stellen ebenso ein Problem dar wie die hohen Erwartungen, die die schwarze Bevölkerung an die Zukunft hat. Schon jetzt deutet sich an, dass die mancherorts enttäuschten Hoffnungen auf eine rasche Verbesserung der persönlichen wirtschaftlichen Lage besonders in den Großstädten zu einem deutlichen Anstieg der Kriminalitätsrate führen.

Anchorman

Wie viele andere Wörter aus der Welt der Medien ist der Begriff in seiner aktuellen Bedeutung angloamerikanischen Ursprungs. Im englischen Sprachraum bezeichnete man mit *anchorman* (wörtl.: Ankermann, im Sinn von Mann, der alles zusammenhält) bis vor einigen Jahren vor allem den Koordinator einer Nachrichtensendung, der im Hintergrund die Fäden zieht und die Themenauswahl wesentlich mitbestimmt. In letzter Zeit hat sich jedoch die Bedeutung erweitert und heute gilt nicht nur der für das Fernsehpublikum unsichtbare Koordinator als Anchorman, sondern auch diejenige Person, die vor der Kamera steht. Diese prägt durch ihre Ausstrahlung eine Sendung derart, dass sie zu ihrem unverwechselbaren Markenzeichen wird. In Deutschland erwarb sich vor allem der 1995 verstorbene Fernsehjournalist Hanns Joachim Friedrichs, der die ARD-Nachrichtensendung *Tagesthemen* moderierte und die Sendung zu einem wesentlichen Teil selbst gestaltete, den Ruf eines souveränen Anchorman. In seine Fußstapfen trat 1991 Ulrich Wickert, der wegen seiner markanten Persönlichkeit und seiner Fähigkeit, komplizierte Sachverhalte leicht verständlich zu formulieren, ebenfalls zum Anchorman und Medienstar wurde. Besonders im privaten Fernsehen werden häufig auch Moderatoren von Shows oder Gesprächsrunden als Anchormen bezeichnet, wenn ihr Name untrennbar mit der von ihnen präsentierten Sendung verbunden ist und herausragende ► **Einschaltquoten** garantiert. Anchormen im Sinn dieser Definition sind beispielsweise Thomas Gottschalk, Hans Meiser oder auch der Sportmoderator Reinhold Beckmann. Im Zuge der Gleichberechtigung müsste auch Margarethe Schreinemakers, die schon mehreren großen Privatsendern mit ihren populären Sendungen ein Millionenpublikum beschert hat, als Anchorwoman tituliert werden – diese Bezeichnung ist jedoch bisher nur wenig verbreitet.

Als Inbegriff des souveränen Anchorman gilt der populäre Nachrichtenmoderator Ulrich Wickert, der auch als Buchautor sehr erfolgreich ist.

Andrologie

griech. andros = Mann
griech. logos = Denklehre

Immer mehr junge Paare in Deutschland leiden darunter, dass ihr Wunsch nach einem Kind unerfüllt bleibt. In solchen Fällen wird der Mann nicht selten vom Hausarzt an einen Andrologen – einen Facharzt für Männerheilkunde – überwiesen. Dort untersucht man zunächst einmal das Sperma um in Erfahrung zu bringen, ob bei ihm z. B. infolge einer Samenfehlbildung eine Fruchtbarkeitsstörung (► **Infertilität**) vorliegt. Auch Probleme bei der Erektion und Potenzstörungen sind häufig Gegenstand der Analyse.

Ob das Sperma eines Mannes fehlgebildet ist oder nicht, wird beim Andrologen untersucht.

Außerdem wird der Hormonhaushalt des Patienten überprüft, vor allem die Funktion der männlichen Geschlechtshormone. Oft fällt der andrologische Befund jedoch negativ aus, d. h., es konnten keine körperlichen Störungen nachgewiesen werden. Viele der betroffenen Paare ziehen daraufhin eine künstliche Befruchtung (► **In-vitro-Fertilisation**) in Erwägung.

Angepasste Technologie

In der Regel können Dritte-Welt-Länder zwar auf ein großes Angebot an Arbeitskräften zurückgreifen, aber das Ausbildungsniveau und der Facharbeiteranteil sind meist ausgesprochen niedrig. Die von den Industrienationen an Entwicklungsländer geleistete technologische Unterstützung muss daher den dortigen Verhältnissen angepasst sein. Den Menschen ist deshalb mit dem Einsatz von Kapital sparenden und arbeitsintensiven Kleintechniken weit besser gedient als mit komplizierter und empfindlicher Großtechnologie. Ein anschauliches Beispiel für einen erfolgreich praktizierten ► **Technologietransfer** liefert der afrikanische Staat Niger. Hier fördert eine deutsche, privat geführte Internatsschule seit über 25 Jahren Brunnenprojekte in den Dürregebieten der Sahelzone. Die dafür notwendigen Geldmittel werden über Erlöse aus Schulveranstaltungen bereitgestellt und belaufen sich inzwischen auf eine Gesamtsumme von rund 750 000 DM. Das Dorf, in dem ein Brunnen gebaut werden soll, wählt das nigerianische Ministerium für Wasserwirtschaft aus. Dorthin reisen dann oftmals

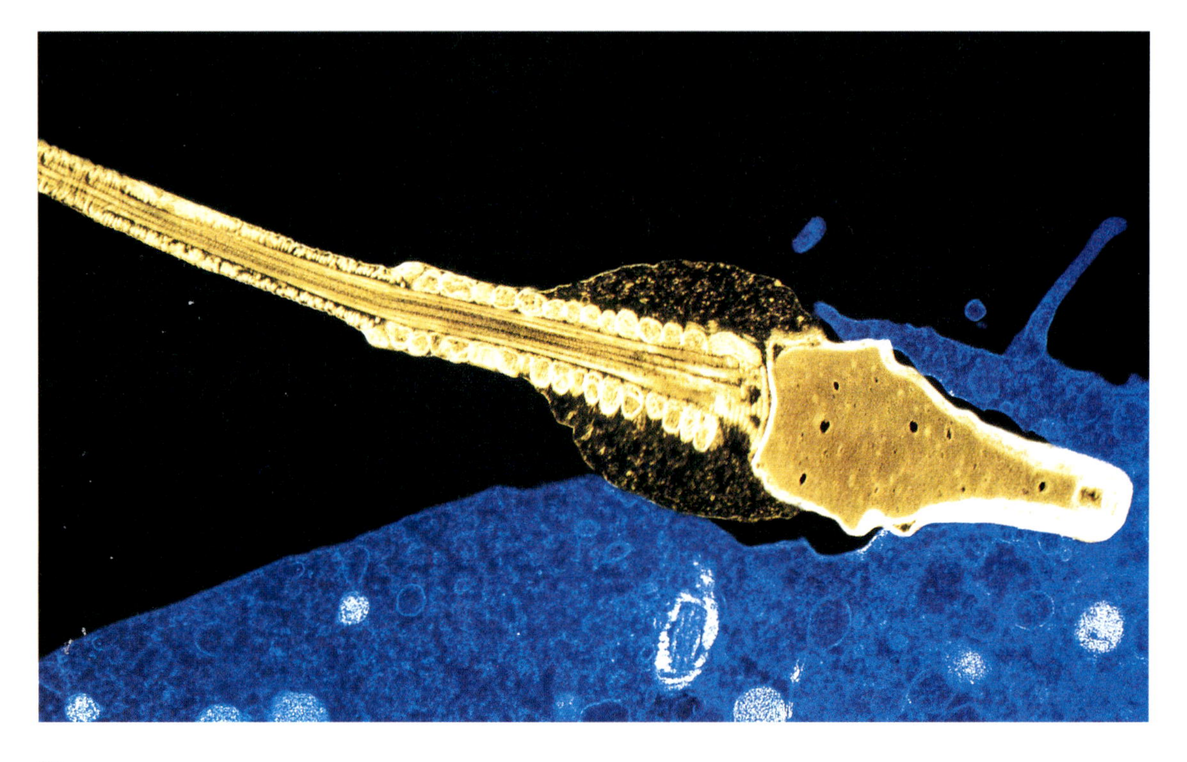

Der Animateur gibt sich jede Mühe den Feriengästen einen abwechslungsreichen Urlaub zu bieten.

Schüler und Lehrer des Internats, um sich aktiv an der Durchführung des Projekts zu beteiligen. So besitzt der Ort Boborgou-Sdarba seit 1982 einen Brunnen, der den Dorfbewohnern einen stundenlangen Marsch zur Wasserstelle erspart.

Animateur

franz. animateur = Unterhalter

In den letzten Jahren ist ein steigender Trend zum organisierten Sport- und Freizeiturlaub, wie er vor allem von Ferienklubs angeboten wird, zu beobachten. Als „Launemacher vom Dienst" arbeiten dort Animateure, und das oft von frühmorgens bis spät in die Nacht – eine 80-Stunden-Woche gilt als normal. Die Tätigkeit des Animateurs wurde in Frankreich erfunden: Der Club Mediterranée stellte in den 60er-Jahren erstmals junge Männer und Mädchen ein, die die Gäste dazu ermuntern sollten, an Spielen, Unterhaltungsabenden und sportlichen Aktivitäten (► **Activity-Urlaub**) teilzunehmen. Doch viele Jahre lang gab es kein einheitliches Berufsbild, sodass Klubbetreiber ihre eigenen Bedingungen stellen konnten. Im Frühsommer 1996 startete nun die Environmental Protection Services GmbH in Bonn gemeinsam mit der deutschen Tourismuswirtschaft im Rahmen des Arbeitsförderungsgesetzes das Ausbildungsprogramm zum Animateur und Reiseleiter. Auf dem Lehrplan stehen u.a. Moderation, Planung und Teamleitung, dazu Tanz, Schauspiel sowie Projektmanagement. Am Ende der einjährigen Ausbildung absolvieren die Teilnehmer ein Praktikum bei großen Reiseunternehmen.

Anleger-Stressfaktor

Während der Kauf festverzinslicher Wertpapiere bei Investoren als sichere Geldanlage mit garantierten ► **Renditen** gilt, unterliegen ► **Aktien** durch den freien Handel an der ► **Börse** mitunter starken Kursschwankungen. Daher können Anlagen, die neben großen Gewinnchancen auch die Gefahren beträchtlicher Verluste beinhalten, das Nervenkostüm ihrer Käufer erheblich strapazieren. Man spricht in diesem Zusammenhang von einem Anleger-Stressfaktor, der die Renditeaussichten in ein Verhältnis zur Höhe des eingegangenen Risikos bringt. Einen extrem hohen Stressfaktor besitzen Anlagen, die einerseits die Aussicht auf überdurchschnittlichen Ertrag bieten, andererseits jedoch die Gefahr des Totalverlustes in sich bergen.

Anorexie

griech. anorexia = appetitlos sein

Je schlanker, desto schöner – so lautet seit geraumer Zeit das Motto der Modewelt, dem allerdings nur wenige gerecht werden. Doch der Wunsch dem Ideal des ► **Supermodels** zu entsprechen nimmt vor allem bei Teenagern und jungen Frauen zwanghafte Formen an und gilt daher als eine der möglichen Ursachen für eine Krankheit, die früher nahezu unbekannt war: die Magersucht oder *Anorexia nervosa*. Auch Schwierigkeiten sich mit der weiblichen Geschlechterrolle zu identifizieren sowie familiäre Probleme zählen zu den auslösenden Faktoren. Extremer Gewichtsverlust, schwere körperliche Störungen und panische Angst vor Gewichtszunahme, die oft mit künstlich herbeigeführtem Erbrechen (► **Bulimie**) einhergehen, prägen das Krankheitsbild. Wichtig ist die psychotherapeutische Betreuung, bei der versucht wird die seelischen Störungen zu ermitteln und zu beseitigen.

Anschlusskonkurs

Wenn im Fall eines verschuldeten Unternehmens ein ► **Vergleich** scheitert, weil z. B. nicht genügend Mittel vorhanden sind um die Mindestquote von 35 % an die Gläubiger zahlen zu können, wird direkt im Anschluss daran ein Konkursverfahren eingeleitet. Darin wird vor Gericht festgelegt, wie sämtliche Gläubiger anteilig befriedigt werden können. Traurige Berühmtheit erlangte der Begriff durch das Schicksal der Bremer Vulkan Verbund AG, nachdem im April 1996 der Vergleichsantrag gescheitert war. Über Wochen befassten sich die Medien mit der dramatischen Situation des Unternehmens, für dessen Erhaltung die betroffenen Werftarbeiter und zahlreiche Bremer Bürger demonstrierten. Wegen der anhaltend ungünstigen Wirtschaftslage im Land blieb der juristische Fachbegriff im weiteren Verlauf des Jahres ein oft erwähntes Wort. Beispielsweise ereilte auch die Escom AG, einen der größten PC-Hersteller (► **PC**) in Deutschland, das Schicksal des Anschlusskonkurses.

Werftarbeiter demonstrieren für die Rettung der Vulkan Verbund AG.

Anthroposophische Medizin

griech. anthropos = Mensch
griech. sophia = Weisheit

Dieser Zweig der Medizin ist Teil der Anthroposophie, einer Weltanschauungslehre, die von Rudolf Steiner (1861–1925) begründet wurde. Nach dieser Theorie besteht der menschliche Leib aus vier Schichten, von denen jede eine besondere Funktion hat: Der Stoffleib bildet die materielle Grundlage, der Lebens- oder Ätherleib umfasst sämtliche Lebensvorgänge wie Wachstum, Denken usw., der Seelen- oder Astralleib ist Träger der unbewussten Empfindungen und Reflexe und der Ichleib schließlich organisiert dieses ganze System und vermittelt zwischen Leib und Geist. Ist das System im Gleichgewicht, ist der Mensch gesund; ist es gestört, wird der Mensch krank. Bei der Therapie von Krankheiten baut die anthroposophische Medizin vor allem auf die Selbstheilungskräfte des Körpers und fördert diese durch Heilmittel, die aus tierischen, pflanzlichen und mineralischen Bestandteilen gewonnen werden. Zu den bevorzugten Heilmethoden zählen die schon vor 200 Jahren begründete ► **Homöopathie**, verschiedene Arten der Naturheilkunde und Physiotherapie mit jeweils zahlreichen Spezialverfahren wie etwa der ► **Bach-Blütentherapie** u. Ä. sowie künstlerische Therapieformen. Fernöstliche Methoden wie die ► **Akupunktur** werden gelegentlich, allerdings fälschlicherweise, dazugerechnet.

Rudolf Steiner, Begründer der Anthroposophie

Antibabyspritze für Männer

Im Zeitalter der Gleichberechtigung fühlen sich auch viele Männer für die Empfängnisverhütung verantwortlich und deshalb suchen die Wissenschaftler verstärkt nach einer Antibabyspritze für den Mann, vergleichbar der Antibabypille für Frauen. Allerdings steht man hier wesentlich größeren Problemen gegenüber als bei der Entwicklung der Pille, denn während bei einer Frau im gebärfähigen Alter monatlich nur ein Ei heranreift, stößt der Mann bei jeder Ejakulation 300–600 Millionen Spermien aus. Diesen biologischen Mechanismus gilt es zu unterbinden, ohne dass jedoch die Zeugungsfähigkeit endgültig erlischt und ohne dass das Lustempfinden geschmälert wird, das ebenso wie die Entwicklung der Samenzellen vom männlichen Hormon Testosteron abhängt. Zurzeit wird geprüft, ob es möglich ist, durch die wöchentlich verabreichte Injektion einer bestimmten Testosteronvariante die Spermienzahl pro Samenerguss unter eine kritische Marke zu senken, bei der normalerweise keine Schwangerschaft eintreten kann.

Antibiotikaresistenz

griech. anti = gegen
griech. bios = Leben
lat. resistere = widerstehen

Nachdem in den 40er-Jahren Penizillin in ausreichend großen Mengen industriell hergestellt werden konnte, glaubte man ein für alle Mal die bakteriellen Infektionen besiegt zu haben. Nach einigen Jahren verflog jedoch der Optimismus, denn Krankheiten wie Typhus oder Cholera flammten weltweit immer wieder auf. Außerdem treten vor allem in jüngster Zeit zahlreiche Bakterienstämme auf, die gegen die bekannten Antibiotika immun sind. Offenbar hat der Mensch die Fähigkeiten der Bakterien unterschätzt. Zahlreichen Stämmen der Einzeller ist es nämlich entgegen vielen wissenschaftlichen Prognosen gelungen sich an die veränderten Lebensbedingungen anzupassen. Der Grund für dieses Phänomen: Bakterien vermehren sich mit rasantem Tempo und die Generationen folgen schnell aufeinander. Bei jeder Generationenfolge können genetische Veränderungen auftreten, von denen manche durch Zufall die Widerstandskraft eines Bakteriums gegen den chemischen Angriff stärken. Und dieser Sieger im Überlebenskampf gibt dann die Fähigkeit sofort an die ungezählten Nachkommen, aber möglicherweise auch noch gleichzeitig an viele Zeitgenossen weiter.

Mikroaufnahme einer Pilzkultur, aus der Penizillin gewonnen wird

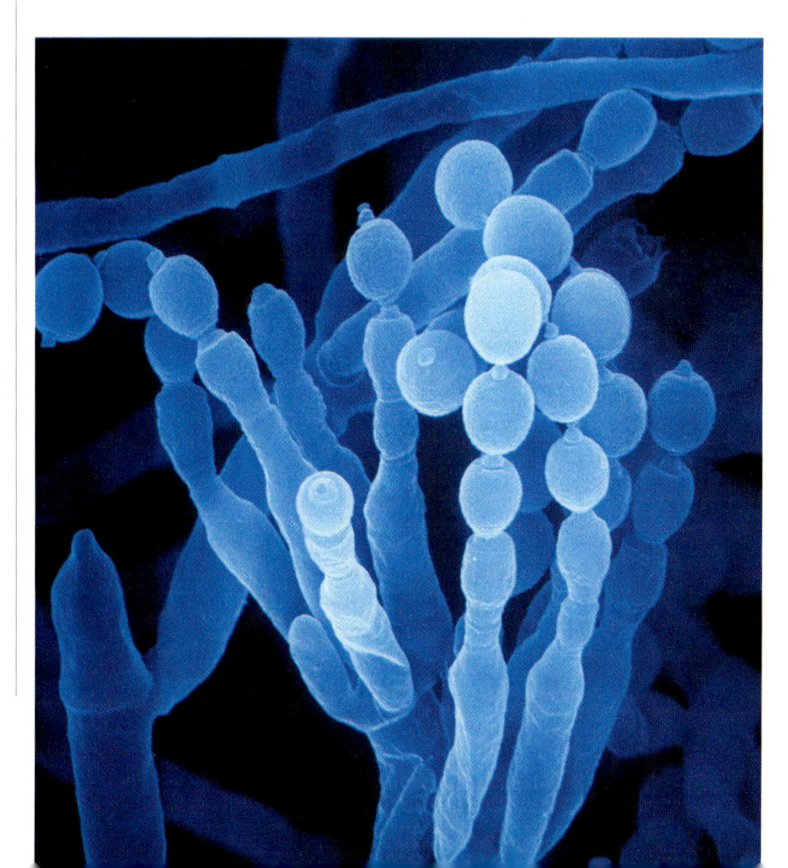

Antipasti

Die Italiener kennen zahlreiche kleine Leckerbissen, die sie normalerweise vor den Nudelgerichten, also *anti pasti*, essen. Antipasti sind folglich nichts anderes als italienische Vorspeisen. Die Zutaten und die Zubereitungsarten dieser Leckereien sind so vielfältig wie die Regionen in Italien. An der Küste z. B. bevorzugt man oft Meeresfrüchte, im Landesinneren dagegen meist deftigere Spezialitäten. Hierzu gehört etwa *bruschetta*, geröstete

Mit Fahnen und T-Shirts demonstrieren Jugendliche gegen die Apartheid.

Weißbrotscheiben, die mit Knoblauchzehen eingerieben und mit gebratenen Zucchini- oder Champignonscheiben bzw. Tomatenwürfeln belegt werden, oder der berühmte luftgetrocknete Parmaschinken kombiniert mit süßen Melonenschnitzen.

Apartheid

afrikaans = Trennung

1991 erlangten die Farbigen in der Republik Südafrika formell die gleichen Rechte wie die weiße Bevölkerung und deshalb ist seit der Zeit das Wort Apartheid eigentlich ein historischer Begriff. Er bezeichnet die Politik der strikten Rassentrennung, die ab 1948 praktiziert wurde und das Herrschaftssystem der weißen Minderheit im Land sichern sollte. Ein ausgeklügeltes Netzwerk von Gesetzen bestimmte, was die farbigen Bewohner des Landes durften und was ihnen verboten war. Beispielsweise hatten sie kein politisches Wahlrecht und es war ihnen auch untersagt, sich ihren Wohnort frei zu wählen. In öffentlichen Einrichtungen wie Schulen oder Kindergärten war Apartheid oberstes Gebot und Protestversuche gegen diese Vorschriften wurden von der Polizei gewaltsam unterdrückt. Erst unter Staatspräsident Frederik de Klerk bahnte sich 1989 eine Wende an und 1990 begannen mit dem wieder zugelassenen ► **ANC** Gespräche über eine Machtteilung. Dennoch sprachen sich im März 1992 bei einer Volksbefragung 68,7% der weißen Bevölkerung dafür aus, die Apartheidpolitik fortzusetzen. Das Nobelpreiskomitee war jedoch anderer Meinung und verlieh den Überwindern der Apartheid, Frederik de Klerk und Nelson Mandela, 1993 gemeinsam den Friedensnobelpreis.

APEC

In den letzten Jahren verzeichneten weite Regionen in Asien einen ungeheuren wirtschaftlichen Aufschwung (► **Tigerstaaten**). Um diesen Trend zu stärken schlossen sich die Staaten Brunei, Indonesien, Malaysia, Philippinen, Singapur und Thailand sowie ihre wichtigen Handelspartner Australien, Japan, Kanada, die Republik Korea, Neuseeland und die USA 1989 zu einer Organisation zusammen, die nach den Anfangsbuchstaben der englischen Bezeichnung für asiatisch-pazifische wirtschaftliche Zusammenarbeit (Asia-Pacific Economic Cooperation) benannt ist. Seit 1991 gehören ihr auch China, Hongkong und Taiwan, seit 1993 Mexiko und Papua-Neuguinea und seit 1995 Chile an. Der Verbund hat das Ziel Handelshemmnisse abzubauen und auf lange Sicht eine Freihandelszone wie etwa die amerikanische ► **NAFTA** zu errichten. Obwohl unter den Mitgliedern keineswegs immer Eintracht herrscht – man denke an den Streit 1996 zwischen den USA und China über die chinesische Produktpiraterie –, ist ihr Einfluss auf die Weltwirtschaft groß.

Apfelmännchen

Dass der Computer tiefe Einblicke in die Welt der Formen gewährt, bewies in den 70er-Jahren der französisch-amerikanische Mathematiker und Künstler Benoit Mandelbrot. Er entdeckte, dass die ► **Fraktale**, geometrische Figuren, in denen sich dieselben Formen in den verschiedensten Maßstäben wiederholen, mathematisch erfassbar und damit grafisch darstellbar sind, und zwar in manchmal äußerst reizvollen Gebilden. Das Apfelmännchen ist ein besonders eindrucksvolles Beispiel einer fraktalen Grafik, deren Hauptmerkmal erst am Bildschirm eines Computers sichtbar wird. Vergrößert man nämlich einen beliebigen Ausschnitt, dann erkennt man in jedem Teilbereich alle Formen, die im ganzen Gebilde enthalten sind – in diesem Fall also auch in den kleinsten Verzweigungen am

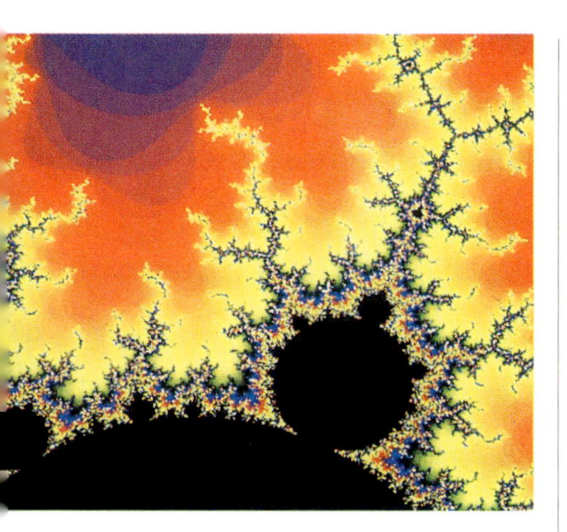

Formschöne Computergrafik eines Apfelmännchens

Rand der Figur wieder ein ganzes Apfelmännchen und in dessen kleinsten Verästelungen ebenso. Dieses Phänomen der Selbstähnlichkeit findet sich ansatzweise in der Natur, etwa in den Verästelungen der Bronchien oder in manchen Küstenlinien, und es spielt auch in der ► **Chaostheorie** eine Rolle.

Appetitzügler

Üppige Körperformen sind out, die schlanke Linie, wie sie die Topmodels besonders augenfällig verkörpern, ist in. Kein Wunder also, dass laut Statistik jede zweite Frau mindestens eine Schlankheitskur hinter sich hat. Bleibt der erwünschte Effekt jedoch aus, dann folgt nicht selten der Griff zu den so genannten Appetitzüglern. Das sind in Apotheken teilweise rezeptfrei erhältliche Medikamente, die ihren Namen chemischen Wirkstoffen verdanken, die das Hungergefühl hemmen. Sie sollen den Betroffenen helfen Diäten einzuhalten und sich auf kalorienärmere Mahlzeiten umzustellen. Ärzte raten aber dringend davon ab, solche Mittel länger als vier Wochen einzunehmen, da die Gefahr besteht abhängig zu werden, weil die Diätpillen kurzfristig ein künstliches Hochgefühl erzeugen. Außerdem lässt die Wirkung mit der Zeit nach und bei längerem Gebrauch können schwere Nebenwirkungen wie Depressionen, Leistungsschwäche oder Schlafstörungen auftreten.

Aquagymnastik

lat. aqua = Wasser

Sanfte Therapieformen sind heute sehr gefragt und auch die Aquagymnastik steht derzeit hoch im Kurs. Wenn sich ein Mensch bis zur Brust im Wasser befindet, hat sein Skelett nur die Hälfte des Gewichts zu tragen. Aquagymnastik wird aus diesem Grund besonders für

Ballgymnastik im Wasser ist gut für die Gesundheit und macht Spaß.

ältere oder geschwächte Menschen empfohlen. Wasser trägt aber nicht nur, es bietet auch wesentlich mehr Widerstand als Luft, sodass 45 Minuten Lauftraining im nassen Element rund zwei Stunden Jogging an Land entsprechen. Deswegen wendet man die Aquagymnastik in der Rehabilitationstherapie an, etwa nach der Ausheilung von Gelenk- oder Gliederbrüchen. Auf schonende Weise werden dabei die Muskeln wieder gekräftigt. Abgesehen vom therapeutischen Nutzen wird die Aquagymnastik auch in zahlreichen Vereinen als Freizeitsport betrieben.

Arbeitslosenzeitung

Nachdem sich in den 70er-Jahren Arbeitslose zu ersten Interessengruppen zusammengeschlossen hatten, entstand allmählich ein bundesweites Netz von Einrichtungen, die sich unabhängig von den jeweiligen Arbeitsämtern der Betroffenen annahmen. Manche dieser Stellen gaben Informationsbroschüren heraus. Auf diese Weise entstanden die ersten Arbeitslosenzeitungen, die ähnlich wie die ► **Obdachlosenzeitungen** ihre Leser nicht nur unterhalten wollen. Sie bieten auf lokaler Ebene Hinweise und Auskünfte, die für Arbeitslose wichtig sind: Informationen über neue Gesetze, Arbeitsrecht und Urteile, eine Übersicht über die Situation am Arbeitsmarkt. Als Redakteure fungieren häufig Arbeitslose. Seit Mitte der 80er-Jahre mussten jedoch viele dieser Blätter, die anfangs oft von Gewerkschaften, Kirchen, karitativen Organisationen sowie mit Spenden und Mitteln der öffentlichen Hand unterstützt wurden, aus Geldmangel ihr Erscheinen einstellen. Die dadurch entstandene Informationslücke füllt die überregionale Arbeitslosenzeitung *QUER*, die ursprünglich monatlich herauskam, seit 1996 jedoch, da auch ihr die Fördergelder gekürzt wurden, nur noch alle zwei Monate erscheint.

Arbeitsplatzexport

Im Zusammenhang mit der ► **Standortdebatte** werden die Klagen der Arbeitgeber über die hohen Lohnnebenkosten in Deutschland immer lauter. Bereits in den 60er- und 70er-Jahren hatten einige Unternehmen aus diesem Grund damit begonnen, bestimmte Bereiche ihrer Produktion in ► **Billiglohnländer** zu verlagern. Den Anfang machte die Textilindustrie – vor allem Oberhemden werden in Asien gefertigt –, gefolgt von Firmen der Elektronik- und Autoindustrie. Die entsprechenden Arbeitsplätze in Deutschland gehen dadurch verloren, sie werden sozusagen exportiert, ein Verlust, der die deutsche Volkswirtschaft empfindlich trifft. In der ersten Hälfte der 90er-Jahre beispielsweise büßte man auf diese Weise in Westdeutschland annähernd 1,2 Millionen Stellen ein.

Arbeitsplatzgifte

Obwohl seit einiger Zeit vermehrt Wert darauf gelegt wird, dass die Arbeitsplätze für Arbeitnehmer gesundheitlich verträglich sein müssen, sind noch viele Menschen in Deutschland bei ihrer Berufsausübung zahlreichen Giften ausgesetzt. Wer beispielsweise mit Materialien zur Oberflächenbehandlung wie bestimmten Farben oder Lacken zu tun hat, kommt dabei häufig mit Stoffen, die hoch toxisch sind, in Kontakt. Aber auch der vermeintlich gesündere Arbeitsplatz im Büro ist oft giftverseucht. Fotokopierer z. B. setzen, wenn sie in Betrieb sind, wegen der hohen elektrischen Ladung das Reizgas Ozon frei; die Röhren von Computerbildschirmen senden die verschiedensten Arten von elektromagnetischen Strahlen, so genannten ► **Elektrosmog**, aus und selbst viele simple Radiergummis stecken voller Schadstoffe und Weichmacher. Die Beschwerden, die auf das Konto

Ein Maler muss bei der Arbeit oft mit gifthaltigen Farben hantieren.

der Gifte am Arbeitsplatz gehen, reichen von Kopfschmerzen und Atemwegsproblemen bis hin zu schweren Schädigungen der inneren Organe und gleichen oft denen der ► **Neubaukrankheit**.

Arbeitszeitkonto

Die meisten Arbeitnehmer wünschen sich heutzutage flexible Arbeitszeiten. Ein Weg dorthin führt über das so genannte Arbeitszeitkonto, das sich vor allem für den Dienstleistungszweig eignet, der in Deutschland den Großteil aller Arbeitsplätze stellt. Man legt dafür, je nach Branche, eine Mindestarbeitszeit von jährlich 1600–1700 Stunden zugrunde, die der Arbeitnehmer in Absprache mit dem Arbeitgeber entsprechend der Auftragslage selbst einteilen kann. Leistet er mehr, dann wird ihm das nicht in Mark und Pfennig ausgezahlt, sondern als Freizeit gutgeschrieben, die er weitgehend nach seinen zeitlichen Vorstellungen nehmen darf.
Die Vorteile dieser Regelung: Der Arbeitnehmer hat mehr Zeit für private Besorgungen, wenn wenig zu tun ist, und er kann durch Mehrarbeit zusätzliche Urlaubstage ansammeln. Die Arbeitgeber wiederum können Großaufträge kostengünstiger erledigen, da Überstundenzuschläge wegfallen. Außerdem können sie so Fachkräfte auch in Zeiten einer Flaute halten.

Die Anzahl der geleisteten Arbeitsstunden wird elektronisch festgehalten.

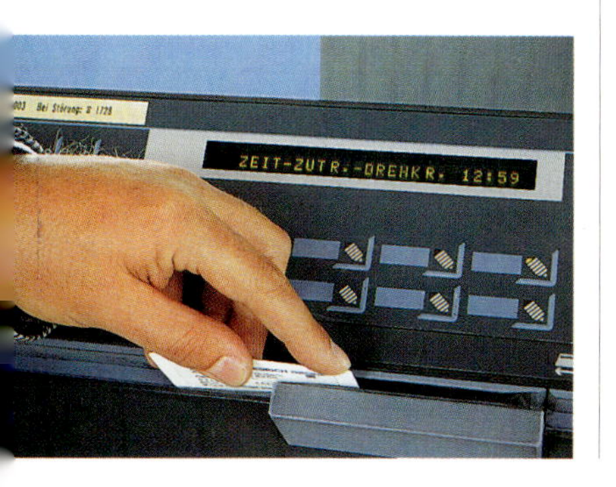

Modell der Ariane 5, flankiert von Blitzableitern

Ariane

Am 4. Juni 1996 war der Name Ariane 5 das Hauptthema der Weltnachrichten: Bei ihrem Jungfernflug wurde eine Rakete dieses Typs wenige Sekunden nach dem Start in Kourou, dem europäischen Raumfahrtzentrum in Französisch-Guayana, gesprengt, weil ein Bordcomputer falsche Signale übermittelte.
Wie ihre Vorgängerinnen aus der Ariane-Reihe war auch diese Trägerrakete im Auftrag der europäischen Weltraumbehörde ESA entwickelt worden um Raumsonden und Satelliten, etwa zum Zweck der ► **Telekommunikation**, in eine geostationäre Umlaufbahn zu bringen. Europas Weltraumtechnologie wollte sich damit von der US-amerikanischen Raumfahrtbehörde NASA unabhängig machen. Bisher galt die Ariane als besonders sicher: Von 74 Starts waren seit dem Beginn der kommerziellen Flüge 1979 bis zum Juni 1995 nur sieben gescheitert. Die Ariane 5, deren Entwicklung und Produktion mehrere Milliarden Mark verschlang, ist 51,37 m hoch. Sie verfügt über eine Schubkraft von 1200 t und bewältigt eine Nutzlast von 6,8 t – das sind 60 % mehr als ihre Vorgängerin.

ARBEITSWELT

Pflichtsprache Englisch

Ein Controller testet die Belastbarkeit eines Werkstücks.

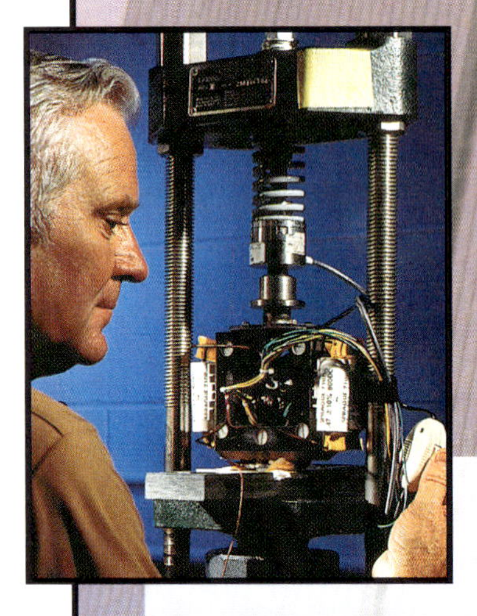

Consulter

Englische Berufsbezeichnungen werden immer alltäglicher und so nennen sich viele Unternehmensberater heute Consulter (engl. *to consult* = zurate ziehen). Im Auftrag der Firmenleitung sollen sie Schwachstellen analysieren und Lösungen vorschlagen.

Human Resources

Besonders in Unternehmen mit britischen oder amerikanischen Beteiligungen heißt die Personalabteilung oft Human Resources (menschliche Ressourcen). Die englische Bezeichnung bringt zum Ausdruck, dass die Leiter dieser Abteilung in Zusammenarbeit mit den Chefs der einzelnen Ressorts Verantwortung dafür tragen, dass die Mitarbeiter ihr Leistungspotenzial zielgerichtet ausschöpfen können. Darüber hinaus müssen sie die Interessen von Firmenleitung und Angestellten in Einklang bringen.

Informationsbroker

Im Auftrag seiner Kunden sichtet ein Informationsbroker (engl. *broker* = Makler) die Fülle von Informationen, die in mehreren Tausend über verschiedene Netzwerke erreichbaren Datenbanken gespeichert sind. Damit die weltumspannende Recherche effektiv durchgeführt werden kann, muss der Informationsbroker in einem Vorgespräch mit seinem Auftraggeber das Untersuchungsgebiet möglichst genau eingrenzen. Informationsbroker arbeiten häufig für Unternehmen, die die Ergebnisse der Recherche hinsichtlich neuer Marketingstrategien auswerten.

Controller

Die Aufgabe des Controllers besteht in der computergestützten Analyse der betriebswirtschaftlichen Daten eines Unternehmens, die er im Rahmen des Berichtswesens interpretiert und dadurch Grundlagen für die weitere Planung schafft. In manchen Unternehmen verwendet man die Bezeichnung Controller für die Angestellten, die die Verantwortung für die Qualitätskontrolle der hergestellten Produkte tragen.

Artdirector

In Verlagen und Werbeagenturen ist der Artdirector der kreative Kopf der Grafikabteilung und somit für das visuelle Erscheinungsbild der Produkte verantwortlich.

In-House-Supporter

Unternehmen mit vielen Abteilungen haben manchmal einen In-House-Supporter, der keine speziellen Aufgaben besitzt, sondern abteilungsübergreifend bei der Lösung anfallender Probleme hilft. Aufgrund seiner Kenntnis der verschiedenen Unternehmensbereiche sorgt er dafür, dass innovative Ideen nicht nur in der Abteilung umgesetzt werden, aus der sie stammen, sondern in der ganzen Firma auf ihre Eignung hin geprüft werden.

Key-Account-Manager

Der wirtschaftliche Erfolg vieler Unternehmen gründet auf der Zusammenarbeit mit einigen Großkunden, die einen beachtlichen Teil des Geschäfts ausmachen. Diese Schlüsselkunden (engl. = *key accounts*) werden von Key-Account-Managern betreut, die neben ausgeprägter **Kundenorientierung** die Bereitschaft zum Reisen besitzen müssen und mehrere Fremdsprachen beherrschen sollten.

Ein Salesmanager informiert den Geschäftsführer telefonisch über eine neue Verkaufsstrategie.

Marketingmanager

Dem Marketingdirektor eines Unternehmens direkt unterstellt koordiniert der Marketingmanager die Vermarktung einer bestimmten Produktpalette. Er arbeitet dabei eng mit den Produktmanagern zusammen, die sich um den Absatz der Einzelprodukte kümmern.

Onlineredakteur

Heute veröffentlichen immer mehr Verlage ihre Publikationen auch elektronisch im **Internet**. Ein Onlineredakteur baut die Seiten so auf, dass sie von den Benutzern am Bildschirm aufgerufen werden können, wobei er häufig auch für die grafische Gestaltung verantwortlich ist. Oft bieten die Zeitungen den Benutzern im Internet Zusatzinformationen, die vom Onlineredakteur ständig aktualisiert werden.

Operator

In manchen Unternehmen mit einem internen Computernetzwerk obliegen dem Operator die Überwachung und Steuerung der Gesamtanlage. Darüber hinaus kümmert er sich um die Probleme der Benutzer, die er entweder selbst betreut oder an eine spezielle Abteilung im Haus, den **User**-Helpdesk, vermittelt. Manchmal werden zur Unterstützung externe Mitarbeiter herangezogen.

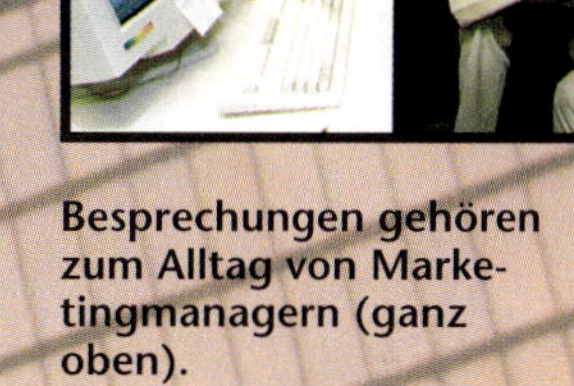

Besprechungen gehören zum Alltag von Marketingmanagern (ganz oben).

Onlineredakteure begutachten am Bildschirm die Seite einer elektronischen Zeitschrift (oben).

Salesmanager

Die Verkaufsaktivitäten einer Firma werden von Salesmanagern koordiniert. Sie halten ständigen Kontakt zu Lieferanten und Kunden und entwickeln neue Vertriebsstrategien.

Outplacement

Das englische Wort entspricht dem deutschen Wort Freisetzung, das den Tatbestand der Entlassung verschleiern soll. Outplacementberater betreuen insbesondere Führungskräfte, die ihre Stelle verloren haben, und unterstützen sie bei der Suche nach einer neuen Aufgabe. Manchmal beraten sie bei bevorstehenden Entlassungen auch die Geschäftsführung und informieren in deren Auftrag die Betroffenen.

Aromatherapie

Duftende Pflanzenöle können belebend, ja sogar heilend wirken – so die Vertreter der Aromatherapie, eines alternativen medizinischen Verfahrens, das sich wachsender Beliebtheit erfreut.

Ein aromatischer Duft weckt die Lebensgeister.

Die Wirkstoffe werden dabei entweder eingenommen, eingerieben oder eingeatmet und sollen die Selbstheilungskräfte eines Menschen so stimulieren, dass das bei einem Kranken gestörte Gleichgewicht innerhalb des Körpers wieder ins Lot kommt. Dahinter steht der Gedanke, dass Pflanzen Energien in sich bergen, die sie auf den Menschen übertragen können. Wissenschaftlich erwiesen ist jedoch lediglich, dass bestimmte Duftmoleküle den Hirnstoffwechsel beeinflussen – die erotisierende Wirkung von Parfums ist ja bekannt – und dass manche ätherischen Öle Erkältungssymptome lindern.

Der Große Panda gehört zu den besonders gefährdeten Tierarten.

Artdirector

siehe S. 422

Artenschutz

Die biologische Vielfalt auf unserem Planeten ist ernsthaft in Gefahr. Nach den Angaben des Naturschutzverbands World Wide Fund for Nature sterben jeden Tag an die 200 der rund 1,4 Millionen erfassten Tier- und Pflanzenarten aus. Der Großteil davon lebt in den Tropengürteln, aber auch in Deutschland sind Tausende von Spezies bedroht, insbesondere bei Fischen, Kriechtieren und Pilzen. Verursacht wird dieses Massensterben durch den Menschen, der Raubbau an der Natur betreibt und damit die Lebensbedingungen vieler Arten zerstört. Allein in einer Generation wurde nahezu die Hälfte des tropischen Regenwaldes (▶ **Tropenwälder**), der den Lebensraum für zahllose verschiedene Lebewesen bildet, vernichtet. Inzwischen hat man allerdings die wachsende Gefahr für unser Ökosystem erkannt. Schon im Washingtoner Artenschutzabkommen von 1973, das viele Länder unterzeichnet haben, wird der Handel mit wild lebenden, in ihrem Bestand bedrohten Arten (▶ **Rote Liste**) verboten. Und nach neuesten Erkenntnissen scheint diese Politik erste Früchte zu tragen: Bei mehreren Hundert unter Schutz stehenden Arten haben sich die Bestände inzwischen deutlich vergrößert.

Artothek

lat. ars = Kunst
griech. theke = Abstellort

Wer Kunstsinn beweisen will, braucht sich nicht unbedingt teure Bilder und Skulpturen selbst anzuschaffen, er kann sie sich in einer Artothek ausleihen und für eine bestimmte Zeit in seinem Haus platzieren. Bei einer solchen Artothek, einer Neuschöpfung der Kunst- und Kulturbranche, die auf ein amerikanisches Vorbild aus dem Jahr 1973 zurückgeht, handelt es sich um Galerien oder Museen, die sich zur normalen Ausstellungstätigkeit mit dem Verleih von Bildern und Plastiken eine zusätzliche Einnahmequelle erschlossen haben. Der Schwerpunkt der ausgeliehenen Objekte liegt derzeit bei moderner Malerei und klassischer Bildhauerei. Zu den Kunden gehören nicht nur kunstinteressierte Privatleute, sondern auch Firmen oder Behörden, die sich beispielsweise bei einer Jubiläumsfeier oder einem ähnlichen Anlass einen kulturell anspruchsvollen Anstrich geben wollen.

Asbest

griech. asbestos = unzerstörbar

Bis vor einigen Jahren galt das natürlich vorkommende Fasermaterial Asbest als ein idealer Werkstoff, denn es ist unbrennbar, unempfindlich gegen Säuren und Laugen, leicht verspinnbar und hat ausgezeichnete Isoliereigenschaften. Aus diesem Mineral, dessen größtes Abbaugebiet am Osthang des Ural liegt, werden Dichtungs- und Isoliermaterial, Bremsbeläge, Bauelemente, Asbestbeton und feuerfeste Schutzkleidung hergestellt – sein Schmelzpunkt liegt zwischen 1100 und 1500 °C. Untersuchungen ergaben jedoch, dass die Stäube, die bei der Verarbeitung von Asbest entstehen, die Schleimhäute reizen und, längere Zeit eingeatmet, zu Lungenkrebs und bösartigen Geschwulsten im Rippen- und Bauchfell führen können. Asbest wird deshalb seit einigen Jahren als Krebs erregender Arbeitsstoff (► **Arbeitsplatzgifte**) eingestuft und in zahlreichen Ländern immer weniger eingesetzt. Viele Gebäude, bei deren Bau in den 60er- und 70er-Jahren Asbest verwendet wurde, sind heute unbenutzbar und müssen aus diesem Grund umweltgerecht saniert werden. Beispielsweise gehört zu diesen ► **Altlasten** auch der Berliner Palast der Republik, in dem früher die Volkskammer der DDR tagte.

Zahlreiche Bauwerke, bei denen der giftige mineralische Faserstoff Asbest (oben) verwendet wurde, müssen aufwendig saniert werden (rechts).

Die ► **Entsorgung** der Asbestabfälle muss auf speziellen Deponien erfolgen.

Assessmentcenter

engl. to assess = abwägen

Diese Institution ist zahlreichen Arbeitnehmern, die schon weiter oben auf der Karriereleiter stehen, wohl bekannt, denn mit Assessmentcenter bezeichnet man das betriebsinterne Auswahlverfahren, mit dem größere Unternehmen unter mehreren Kandidaten den für sie geeignetsten aussuchen. Viele Firmen gehen dabei so vor: Jeweils vier bis sechs Bewerber werden zu einer Gruppensitzung eingeladen. Dabei betraut man sie mit Aufgaben, die im Team zu lösen sind, lässt sie über allgemeine Themen diskutieren, um ihre Urteilsfähigkeit und ihren Informationsstand zu überprüfen, und befragt sie zu Problemen, die speziell das eigene Unternehmen betreffen. Danach folgen oft Einzelinterviews mit den jeweiligen Diskussionsleitern, die in der Regel Führungskräfte des Betriebs sind. Anschließend tauschen diese ihre Beurteilungen aus und entscheiden sich dann, häufig nach Absprache mit einem Psychologen, für einen der Kandidaten. In der Regel wird auch den Bewerbern, die abgelehnt wurden, gesagt, aus welchen Gründen man sich gegen sie entschieden hat.

Astra strahlt digitale Hörfunk- und Fernsehprogramme ab.

Astra-Fernsehsatellit

lat. astra = Stern

Wer die Fernsehprogramme der öffentlich-rechtlichen Sender ARD und ZDF anschaut, profitiert seit dem Frühjahr 1996 von der Arbeit des Rundfunksatelliten Astra 1F. Dieser digital ausstrahlende Satellit ist das zweite Exemplar aus der Astra-Reihe E bis H, die bis in wenigen Jahren rund 500 Programme anbieten wird. Angefangen hatte die Serie mit Astra 1A, der 1988 das Zeitalter des europäischen ► **Satellitenfernsehens** einleitete. Astra 1E strahlte 1996 als erster Satellit Digital-TV-Programme (► **digitales Fernsehen**) ab. Und um die Jahrtausendwende soll Astra 1H sogar über einen Rückkanal verfügen – also senden und empfangen können – und damit große Nutzungsmöglichkeiten im ► **Internet** eröffnen. Alle Astra-Satelliten der Einerreihe sind in 19° Ost über dem Äquator in rund 36000 km Entfernung von der Erde positioniert und deshalb kann man in ganz Europa alle von ihnen abgestrahlten Programme mit einer einzigen Antenne empfangen. Am Abendhimmel sind die Trabanten mit einem guten Teleskop als kleine Lichtpünktchen zu erkennen. Da die Schwerkraft wie etwa die des Mondes oder auch die des Himalaya ständig auf sie einwirkt, müssen sie alle 14 Tage neu positioniert werden, indem man die Steuertriebwerke kurz zündet. Ihre Stellung in Bezug auf die Entfernung zur Bodenstation kann man dabei auf 3 m genau bestimmen; ebenso lässt sich auch der Winkel zur Erde bis auf ein tausendstel Grad exakt festlegen.

Astromedizin

Als russische Kosmonauten von ihren ersten längeren Weltraumflügen zurückkehrten (► **Raumstation**), konnten sie nach der Landung zunächst nicht selbstständig gehen und mussten gestützt werden. Die lange Zeit der Schwerelosigkeit hatte sich auf ihre körperliche Verfassung, die ja auf die irdische Schwerkraft abgestimmt ist, ausgewirkt und ihre Knochen geschwächt. Außerdem war ihr ► **Biorhythmus** durcheinander geraten, denn innerhalb eines Raumschiffes sind die natürlichen Abfolgen von Tag und Nacht aufgehoben. Die Auswirkungen dieser beiden Phänomene auf den menschlichen Körper zu untersuchen ist Aufgabe der noch sehr jungen Disziplin der Astro- oder Weltraummedizin (► **Biodynamik**), die auch im Alltag verwertbare Erkenntnisse gebracht hat. So konnten z. B. inzwischen Medikamente gegen den lästigen ► **Jetlag** entwickelt werden und viele Sportler richten sich bei ihrem Training nach den Erfahrungswerten, die sie über ihre täglichen und monatlichen Leistungsschwankungen gewonnen haben. Auch für den Fall, dass das Gleichgewichtsorgan im Innenohr beeinträchtigt wird, etwa bei der Seekrankheit, kann die Astromedizin wirksame Hilfe anbieten.

A(S)U

Abk. für Abgas(sonder)untersuchung

Ein Mensch benötigt pro Tag 10 m³ Luft, ein Auto verbraucht diese Menge bei Tempo 100 in nur sechs Minuten. Nach Berechnungen des Heidelberger Umwelt- und Prognose-Instituts macht ein einziges Auto mit herkömmlichem Benzinmotor 30 Bäume krank und bringt drei zum Absterben (► **Emission**). Schuld daran sind vor allem die Schadstoffe Kohlenmonoxid, Kohlendioxid und Stickoxid, die zusammen mit einer Reihe weiterer Klimakiller von Kraftfahrzeugen ausgestoßen werden. 1984 wurden Höchstgrenzen des zulässigen Schadstoffausstoßes (► **Abgasgrenzwerte**) festgelegt, die nach Hubraumgröße gestaffelt sind und deren Einhaltung in regelmäßigen Abständen überprüft wird, und zwar bei Autos ohne ► **Katalysator** in der Abgassonderuntersuchung und bei Dieselfahrzeugen und Autos mit Katalysator in der Abgasuntersuchung. Wenn das Ergebnis dieses Tests, den meist Autohändler und -werkstätten vornehmen, zufriedenstellend ist, erhält man eine Prüfplakette.

In regelmäßigen Abständen ist die Abgas(sonder)-untersuchung fällig.

Asylant

griech. asylon = Freistatt

Asylbewerber und Asylanten sind Personen, die in einem fremden Land Zuflucht suchen, weil sie in ihrer Heimat aus politischen, rassischen oder religiösen Gründen verfolgt werden. Innerhalb der Europäischen Union werden die meisten Asylanträge in der Bundesrepublik Deutschland gestellt. Die Großzahl der Antragsteller kam seit dem Ausbruch des ► **Balkankonflikts** aus den Gebieten des ehemaligen Jugoslawien und auch aus der Türkei. Ins Bewusstsein der Öffentlichkeit rückte das Thema ► **Asylrecht** ab 1973, als immer mehr Menschen um Asyl nachsuchten. Nach jahrelangen Diskussionen innerhalb der Parteien wurde schließlich 1993 ein Kompromiss geschlossen, der festlegte, welche Bewerber wieder abgeschoben werden durften (► **Abschiebung**). Daraufhin, und weil die Grenzen jetzt stärker überwacht wurden, ging 1994 die Zahl der Asylsuchenden in Deutschland um 60 % zurück und blieb konstant niedrig.

Asylrecht

Nachdem in den 80er-Jahren die Zahl der ► **Asylanten** sprunghaft angestiegen war, wurde 1993 zwischen den politischen Par-

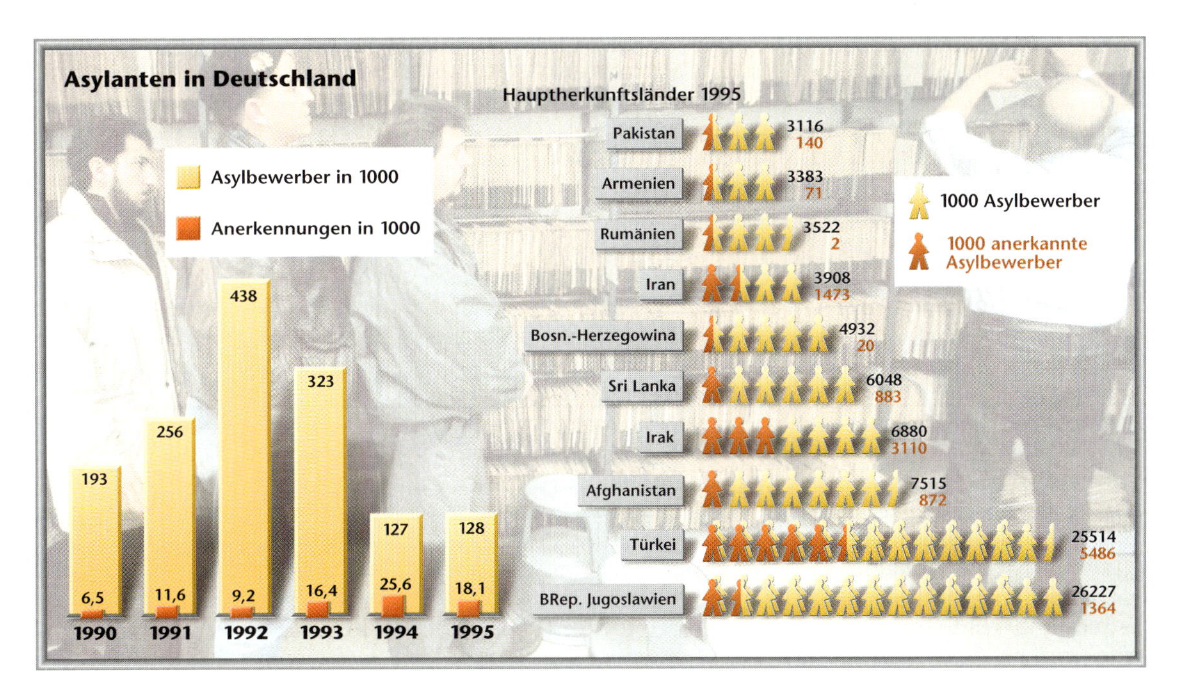

teien der so genannte Asylkompromiss geschlossen. Er hob das Recht auf Asyl, das in Deutschland entgegen den Gepflogenheiten in den meisten anderen Ländern in der Verfassung verankert ist, zwar nicht auf, schränkte es aber ein (► **Abschiebung**). Die Ausnahmesituation der Bundesrepublik in Bezug auf das Asylrecht geht auf die Erfahrungen mit dem nationalsozialistischen Regime zurück, die deutlich gemacht haben, wie verhängnisvoll es für manche Menschen sein kann, wenn ihnen die Zuflucht in einem anderen Land verwehrt wird. Die Geschichte des Asylrechts ist alt – schon in der Antike durften sich Verfolgte in den Tempeln oder an anderen Kultstätten sicher fühlen. Später – manchmal auch heute noch – übernahmen Kirchen und vor allem Gesandtschaften diese Funktion – wie etwa im Jahr 1989 die deutschen Botschaften in Prag und Budapest, die Flüchtlingen aus der DDR Zuflucht gewährten.

Atemtherapie

Zu den zahlreichen alternativen medizinischen Verfahren, die zurzeit hoch im Kurs stehen, gehört auch die Atemtherapie. Durch Dehnungen, so genannte Druckpunktübungen und das „schweigende Tönen" soll der automatische Vorgang des Atmens zu einem bewussten, erfahrbaren Erlebnis werden. Diese Übungen gelten als Beitrag zur inneren Harmonisierung, die ja im Mittelpunkt vieler alternativer medizinischer Techniken steht. Unter Atemtherapie versteht man ebenfalls eine schulmedizinische physiotherapeutische Methode, die bei bestimmten Störungen der Lungenfunktion angewendet wird. Dehnungsübungen, Hustentechniken, Atmen gegen Widerstand usw. sind dabei gebräuchliche Methoden, die die Belüftung der Lunge verbessern. Dieses Verfahren, das auch Atemschule genannt wird, erweist sich u.a. bei Wirbelsäulendeformierungen (► **Rückenschule**) und in der Schwangerschaft als ausgesprochen hilfreich.

Atommüll

Die Krawalle im Jahr 1997, die den CASTOR-Transport (► **CASTOR**) nach Gorleben begleiteten, rückten das Problem des atomaren Abfalls erneut ins Bewusstsein der Öffentlichkeit. Bei der kommerziellen Nutzung der Atomkraft, speziell in Kraftwerken, aber auch in wissenschaftlichen Labors oder bei der Waffenherstellung, entstehen radioaktive Rückstände, die umgangssprachlich als Atommüll bezeichnet werden. Der größte Teil dieser Abfälle ist schwach oder mittelstark radioaktiv, aber der Müll, der bei der Wiederaufbereitung (► **Wiederaufbereitungsanlage**) anfällt, sowie abgebrannte Brennelemente aus Kernkraftwerken sind hoch radioaktiv. Letztere müssen etwa alle vier Jahre ausgewechselt und dann eine festgelegte Zeit in einem Abklingbecken gelagert werden, damit ihre Radioaktivität absinkt. Da die Frage der ► **Endlagerung** nach wie vor nicht geklärt ist, muss der anfallende Atommüll zwischengelagert werden (► **Zwischenlager**). Der dafür notwendige Transport der strahlenden Fracht stößt bei militanten Atomkraftgegnern immer wieder auf erbitterten Widerstand.

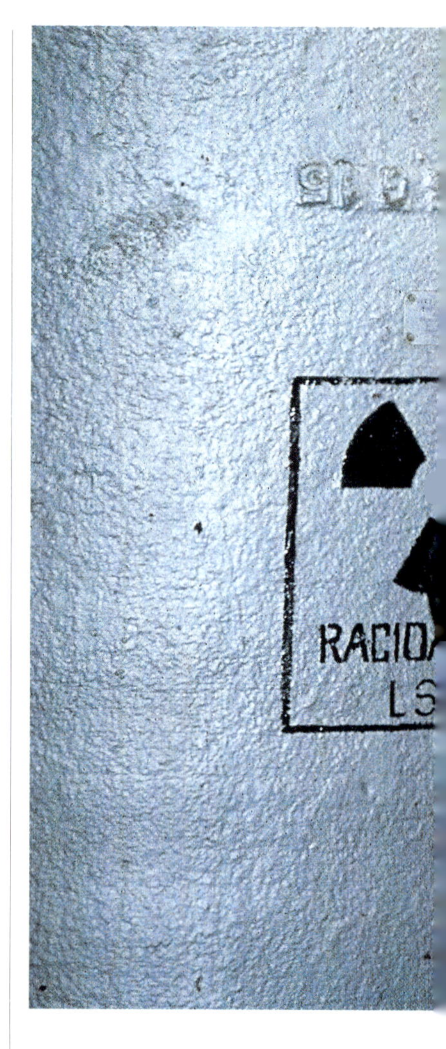

In solchen Behältern werden flüssige radioaktive Abfälle transportiert.

Atomschmuggel

Am 10. August 1994 wurde auf dem Münchener Flughafen ein Kolumbianer verhaftet, der in einem Koffer an Bord einer Luft-

hansamaschine illegal mehr als 350 g Plutonium von Moskau nach Deutschland gebracht hatte. Dieser Fall – bei dem die deutschen Behörden allerdings eine undurchsichtige Rolle spielten, weil sie angeblich die Einfuhr der brisanten Fracht selbst veranlasst hatten –, aber ebenso der Fund von stark radioaktivem Material in einer Hinterhofgarage in einem Ort am Bodensee zeigen ein neues Betätigungsfeld für Kriminelle auf: den Atomschmuggel. Genauer gesagt müsste es eigentlich Plutoniumschmuggel heißen, denn meist handelt es sich bei dem Schmuggelgut um angereichertes ► **Plutonium**. Es ist aufgrund internationaler Verträge und Vereinbarungen nicht frei auf dem Weltmarkt verkäuflich, aber als wichtigster Bauteil bestimmter Kernwaffen äußerst begehrt. Als Hauptquellen gelten Russland und die Ukraine, Nachfolgestaaten der Sowjetunion, in denen man leichter als in anderen Ländern an dieses Material herankommt. Potenzielle Abnehmer der heißen Ware sind international tätige Waffenhändler oder halboffiziell fungierende Vertreter mancher Staaten. Besorgnis besteht dabei vor allem hinsichtlich verschiedener Länder, die in der Lage wären Atomwaffen herzustellen, aber nicht dem Atomwaffensperrvertrag beigetreten sind.

ATP-Tour

Die Abkürzungen in dem Namen bedeuten zwar auf Deutsch Vereinigung der Berufstennisspieler (auf Englisch Association of Tennis Professionals), aber trotzdem sind keineswegs nur Spitzenspieler, sondern auch Turnierveranstalter und Sponsoren Mitglieder der ATP-Tour. Gegründet wurde die Vorgängerin dieser Organisation 1981, aber ihr rasanter Aufstieg begann 1988, als man übereinkam, dass sich die besten Tennisspieler zusammenschließen und den weißen Sport zum Nutzen der Zuschauer, der Spieler und des Nachwuchses reformieren müssten. Das Direktorium besteht seither nicht aus Funktionären, sondern aus Vertretern der Spieler und der Veranstalter. Man arbeitet eng mit anderen Tennisorganisationen zusammen und fördert gezielt den Nachwuchs. Besondere Abteilungen kümmern sich um Versicherungsfragen, andere sind für die Vermarktung der Turniere zuständig. Schon 1990 war die ATP-Tour zur größten Organisation im Herrentennis geworden, 1995 richtete sie 85 Turniere in 38 Ländern aus und für die Zukunft ist geplant die ATP-Tour World Championships im Jahr 2000 im Rahmen der Expo-2000-Veranstaltungen erneut in Hannover abzuhalten.

Aufschwung Ost

Wer die Situation in Ostdeutschland vor und nach der Vereinigung der beiden deutschen Staaten vergleicht, stellt fest, dass sich die Lage fast überall positiv verändert hat. Anfangs boomte die Bauindustrie, das Handwerk verzeichnete einen kräftigen Aufschwung, die Infrastruktur, beispielsweise die ► **Telekommunikation**, hat sich deutlich verbessert. Die Einkommenslücke zwischen den Verdiensten in Ost und West schließt sich immer mehr und die Gesamtwirtschaft wuchs einige Jahre lang zwischen 7 und 10%. Die Investitionen in- und ausländischer Firmen (► **Treuhand**) und die Hunderte von Milliarden Mark betragenden Transferleistungen aus öffentlichen Mitteln, die teils in die Wirtschaft, zum großen Teil aber auch in Form von Sozialleistungen in die Privathaushalte fließen, zeigten Wirkung. Doch im Jahr 1996 wurde der Trend gebremst und von einem selbsttragenden Aufschwung kann nicht die Rede sein. Vielmehr gingen in den neuen Bundesländern die Wachstumsraten drastisch zurück, die Zahl der Pleiten stieg und die Arbeitslosigkeit ist unvermindert hoch (► **ABM**). Die Hoffnungen auf ein zweites Wirtschaftswunder haben sich also nicht ganz erfüllt, aber in Zukunft werden zweifellos hinsichtlich der Wirtschaft Ost und West keine Gegensätze mehr sein, sondern man wird wie heute schon im Westen nach Regionen differenzieren müssen.

Auslandsanleihen

Bei einem niedrigen Zinssatz sind für manche Anleger neben ► **Aktien** auch Auslandsanleihen verlockend. Zwischen 8 und 10% kann man mit einigen Fremdwährungsanleihen, also Schuldverschreibungen ausländischer Emittenten (Ausgeber), die u.a. auf Recheneinheiten wie den ► **ECU** ausgestellt sein können, erzielen. Allerdings bergen sie ein Risiko, denn eine Anleihe ist z.B. dann nutzlos, wenn deren zugrunde liegende Währung während der Laufzeit gegenüber der harten Mark an Wert verliert. Um dieses Problem zu umgehen, ist es möglich so genannte DM-Auslandsanleihen zu erstehen, die von Emittenten mit Sitz außerhalb der deutschen Grenzen, jedoch in deutscher Währung aufgelegt werden. Damit entfällt zwar das Wechselkursrisiko, aber keineswegs die Gefahr sich zu verspekulieren, denn oft bieten gerade Länder bzw. Unternehmen aus Ländern, die auf den Kapitalmärkten in eher schlechtem Ruf stehen, die verlockendsten Zinskonditionen an.

Aussperrung

Bei jedem Arbeitskampf, der ins Haus steht, drohen die Arbeitgeber als Antwort auf die Streikdrohung mit der Aussperrung. Sie bewirkt, dass allen Arbeitnehmern, auch den arbeitswilli-

gen, der Zugang zum Arbeitsplatz verwehrt ist und sie keinen Lohn mehr erhalten. Da in diesem Fall auch die Gewerkschaften nichts aus der Streikkasse zahlen, wird den Betroffenen die Existenzgrundlage entzogen. Einen jahrzehntelangen Streit zwischen beiden Lagern versuchte das Bundesarbeitsgericht zu entschärfen, indem es die Aussperrung im Hinblick auf Umfang und Dauer genauso an Regeln knüpfte wie das Verfahren in einem Streik. 1991 bestätigte das Bundesverfassungsgericht, dass die Aussperrung zulässig sei, gegenüber den Streikmaßnahmen jedoch angemessen sein müsse. Falls es im Zusammenhang mit Aussperrungen zu gerichtlichen Auseinandersetzungen kommt, werden die Gerichte diesen dehnbaren Begriff wohl jeweils verbindlich festlegen müssen.

Bei einem Streik können die Arbeitgeber mit Aussperrung reagieren.

Im Spielfilm *Rain Man* kommen sich ein Autist (Dustin Hoffman) und sein Bruder (Tom Cruise) auf einer Reise durch die USA näher.

Autismus

griech. autos = selbst

Diese relativ seltene seelische Entwicklungsstörung ist nach wie vor rätselhaft, wurde aber durch den Film *Rain Man*, der 1988 in den Kinos lief und in dem Dustin Hoffman einen Autisten mimte, auch einer breiten Öffentlichkeit bekannt. Autistische Kinder und Jugendliche sind extrem selbstbezogen und kontaktarm. Sie leben isoliert in ihrer eigenen Welt und reagieren auf Versuche ihren Panzer zu durchdringen häufig mit aggressiven Ausbrüchen, verfallen danach aber oft wieder übergangslos in die vorherige Teilnahmslosigkeit. Während sie sich vor Menschen und Tieren zurückziehen, fühlen sich einige von technischen Geräten angezogen. Obwohl nur ungefähr die Hälfte dieser Kinder, die hochintelligent und kreativ sein können, sprechen lernt, gelingt es manchen, sich mithilfe einer Schreibmaschine oder eines PC mitzuteilen. Als Ursache für den Autismus, dessen Anlage ererbt ist, vermuteten die Wissenschaftler einen hirnorganischen Defekt. Dieser bildet eine Art Barriere, welche den Betroffenen vor der Flut von Umweltreizen schützt, die auf ihn einstürmen und die er als bedrohlich empfindet.

Autofreie Stadt

Um die Städte von der Last der Autos zu befreien unternehmen die jeweiligen Stadtverwaltungen eine Reihe von Anstrengungen. Sie alle laufen darauf hinaus den Personenverkehr so weit wie möglich einzuschränken. Die Vision einer gänzlich autofreien Stadt konnte bisher noch nicht verwirklicht werden. Allerdings sind in Ländern wie Großbritannien und Deutschland, zunehmend aber auch in Frankreich (Straßburg) und einigen anderen Nachbarländern, nahezu autofreie Innenstadtkerne weit verbreitet. Kurzparkzonen und hohe Parkgebühren sollen Pendler und Besucher dazu bringen auf öffentliche Verkehrsmittel umzusteigen. Tempo 30 gilt in vielen Städten innerhalb der Wohngebiete. In Graz, wo diese Geschwindigkeitsbegrenzung flächendeckend eingeführt wurde, verringerte sich die Zahl der Schwerverletzten um 40 %, in Heidelberg waren es 20 %. Wie Messungen der Universität Graz zeigten, änderten sich allerdings nach Einführung des Tempolimits die ► **Emissionen** kaum. Nicht zuletzt um dieses Problem zu lösen experimentieren manche Städte mit elektronischen Leitsystemen. Durch ein kundenfreundliches Streckennetz hat es Zürich geschafft 40 % des Personenverkehrs mit öffentlichen Nahverkehrsmitteln abzudecken.

In Zermatt und auf Juist dürfen Autos, die herkömmlichen Kraftstoff benötigen, nur mit Sondergenehmigung fahren.

Autogenes Training

griech. autos = selbst
griech. genos = hervorgebracht

Viele Menschen fühlen sich heute den ständig wachsenden Anforderungen des Alltags und den Belastungen durch Verkehrslärm und andere Umweltfaktoren nicht gewachsen. Die Folge davon ist oft Stress, der nicht selten mit körperlichen Beschwerden wie etwa Kopfweh einhergeht. Um sich zu entspannen werden deshalb immer öfter meditative Techniken angewandt. Eine sehr häufig praktizierte Methode ist das autogene Training. Hier soll man durch eine Art Selbsthypnose zunächst über verschiedene Stufen lernen sich von seinen Problemen gedanklich zu lösen. Durchgeführt wird sie in bequemen und entspannten Körperhaltungen im Sitzen oder Liegen. Indem man sich auf bestimmte Körperbereiche konzentriert, z. B. das Sonnengeflecht im Bauchbereich oder die Gliedmaßen, wird zunächst versucht ein Gefühl der Schwere, Kälte oder Wärme zu erreichen. Schrittweise lernt man dann Atem- und Herztätigkeit zu beeinflussen; Geübten gelingt es sogar die eigene Hirnwellentätigkeit zu steuern (► **Biofeedback**). Zahlreiche Krankheiten wie etwa Asthma, Schlaf- und Verdauungsstörungen, Bluthochdruck und Migräne werden damit oft erfolgreich behandelt.

Autoimmunkrankheit

griech. autos = selbst
lat. immunis = befreit, verschont

Ohne das körpereigene Immunsystem wäre der Mensch eindringenden Keimen wehrlos ausgesetzt. Allerdings kann es auch wie bei den ► **Allergien** überreagieren oder sich gegen Gewebe und Substanzen des eigenen Körpers wenden. In diesem Fall spricht man von Autoimmun- oder Autoaggressionskrankheiten. Dabei werden Autoantikörper gebildet, die den vermeintlichen Feind angreifen und zerstören. Die Autoantikörper kann man mithilfe spezieller Tests im Blut nachweisen und es gilt als gesichert, dass eine ganze Reihe schwerer Erkrankungen auf einer solchen Autoimmunreaktion beruht. Dazu zählen bestimmte Formen der Anämie sowie einige Schilddrüsen-, Nieren- und Nebennierenerkrankungen. Eine der bekanntesten Autoimmunkrankheiten ist die rheumatoide Arthritis, bei der sich die Knorpelsubstanz der Gelenke zersetzt. Wenn eine Behandlung etwa durch eine Transplantation nicht durchführbar ist oder erfolglos verläuft, hilft meist nur eine lebenslange medikamentöse Immununterdrückung. Hoffnung für die Zukunft bietet jedoch die ► **Gentherapie**, bei der man versucht das Immunsystem durch eingeschleuste Gene zu reparieren.

Autonome

Als Chaoten und Steinewerfer, oft schwarz vermummt, sind sie bei fast allen Großdemonstrationen und Hausbesetzungen ins Blickfeld der Öffentlichkeit gerückt. Der Name, der sich aus dem Griechischen ableitet und so viel wie Unabhängige oder Selbstständige bedeutet, spricht für sich: Autonome pochen auf ihr Recht auf Selbstbestimmung und setzen sich gegen gesellschaftliche Regeln und eine Gesetzgebung, die sie oft als Bevormundung empfinden, heftig zur Wehr. Eine einheitliche Ideologie existiert nicht und gewöhnlich haben die meist jugendlichen Autonomen kein parteipolitisches Interesse. Einigkeit besteht nur in ihrer Gewaltbereitschaft gegen Rechtsradikale sowie gegen Repräsentanten und Einrichtungen des Staates. In den 70er-Jahren traten die autonomen Gruppen erstmals im Zuge der Anti-Atomkraftwerk-Demonstrationen in Erscheinung. Erneut in die Schlagzeilen gerieten sie im August 1995 bei den so genannten ► **Chaostagen** in Hannover, wo es zu gewaltsamen Auseinandersetzungen zwischen Jugendlichen und der Polizei kam. Ihre genaue Zahl lässt sich schwer bestimmen, da sie nicht straff organisiert sind; das Bundesamt für Verfassungsschutz geht aber von 3000–5000 radikalen Autonomen in Deutschland aus.

Bei Demonstrationen, wie hier im deutschen Northeim gegen Neonazis, stehen vermummte Autonome oft an vorderster Front.

Autonome Gebiete

Darunter versteht man allgemein Teilgebiete eines Staates, die überwiegend dem Schutz ethnischer oder nationaler Minderheiten dienen und in bestimmten Bereichen, z. B. Bildung, Gesundheit und Wirtschaft, das

Recht auf Selbstbestimmung haben. Vor allem im Zusammenhang mit den ehemals israelisch besetzten Zonen Gazastreifen und Westjordanland ist von autonomen Gebieten die Rede. Im Juni 1994 gingen diese Regionen im Rahmen des Nahost-Friedensprozesses in eine palästinensische Selbstverwaltung über. Die politische Macht wird nun für fünf Jahre von einem im Januar 1996 gewählten Autonomierat unter Jasir Arafat, dem Führer der palästinensischen Befreiungsorganisation PLO, ausgeübt. Nach Ablauf dieser Zeit soll eine neue Regelung getroffen werden. Auch im Staatenbund der ► **GUS** (Gemeinschaft Unabhängiger Staaten), die 1991 nach dem Zerfall der Sowjetunion gegründet wurde, gibt es neben zahlreichen Teilrepubliken und Regionen zehn autonome Distrikte. Diese unterstehen der Verwaltung der Regionen, während die Republiken eine eigene Verfassung haben. Die Innere Mongolei, eines von fünf autonomen Gebieten der Volksrepublik China, wird von der Zentralregierung verwaltet, kann aber Abgeordnete in das chinesische Parlament entsenden.

Autopilot

griech. autos = selbst
ital. piloto = Steuermann

Mit der Entwicklung automatischer Steuerungsanlagen für Flugzeuge, Schiffe, Torpedos und später auch Raketen wurde bereits vor dem Ersten Weltkrieg begonnen. Im August 1913 hatte der amerikanische Pilot L. Sperry in einem Flugboot des Typs Curtiss erstmals demonstriert, dass Kurs und Flughöhe automatisch gehalten werden konnten. Inzwischen hat die Mikroelektronik in nahezu allen Bereichen der Technik Einzug gehalten und eine immer weitergehende Automatisierung bewirkt. Im Kraftfahrzeugbau finden heute elektronisch gesteuerte Geräte Verwendung, die man als Autopiloten bezeichnet. Sie sorgen dafür, dass eine beliebig gewählte Fahrgeschwindigkeit konstant eingehalten wird, und zwar nicht nur auf ebener Strecke, sondern auch bei Steigung oder Gefälle. Der Fahrer kann in dieser Zeit den Fuß vom Gaspedal nehmen. Muss er bremsen, dann schaltet sich der Autopilot vorübergehend aus und beschleunigt nach dem Bremsvorgang wieder auf die ursprünglich gewählte Geschwindigkeit. Der Einsatz ist allerdings nur sinnvoll, wenn ein gleichmäßiges Tempo über längere Strecken möglich ist. Auch im modernen Flugverkehr werden selbstständige Gerätesysteme wie der Autopilot eingesetzt. Dieser kann den Piloten entlasten oder sogar vollständig ersetzen. Sensoren ermitteln dabei laufend alle notwendigen Flugdaten wie Richtung, Geschwindigkeit und Höhe, die vom Bordcomputer erfasst, ausgewertet und in entsprechende Anweisungen umgesetzt werden.

Der Einsatz modernster Technik im Cockpit wird durch die Hilfe des Autopiloten erleichtert.

Av

Abk. für audiovisuell
lat. audire = hören
lat. videre = sehen

Wenn alle Sinne funktionieren, wird die Außenwelt auf fünferlei Weise wahrgenommen: Man hört, sieht, riecht, schmeckt und fühlt seine Umgebung. Mit Radio bzw. Grammophon und

Stummfilm wurden Medien entwickelt, die entweder über akustische oder optische Reize auf jeweils nur einen der Sinne einwirkten. Der Tonfilm hat die beiden Medien zum ersten audiovisuellen Medium zusammengeführt. Pädagogen wissen, dass ein Lernstoff besser im Gedächtnis behalten wird, wenn er mehrere Sinne gleichzeitig anspricht. In Schule, Universität und Weiterbildung setzt man deshalb häufig audiovisuelle Medien wie Lehrfilme und Diaschauen ein. Der Computer, der zunächst nur den Sehsinn angesprochen hat, ist in den letzten Jahren ebenfalls zum audiovisuellen Träger geworden. Er verfügt nun meist sowohl über einen Monitor, auf dem er Texte und Bilder zeigt, als auch über eine ► **Soundkarte** und Lautsprecher um Sprache, Musik u. Ä. wiederzugeben. Die Weiterentwicklung in Richtung ► **Multimedia** wird allerdings die Zahl der angesprochenen Sinne vermutlich nicht erhöhen: Geruchs-, Geschmacks- und Tasterlebnisse wird auf absehbare Zeit nicht einmal die ► **virtuelle Realität** bieten.

AWACS

Seit 1992 setzte die NATO im ► **Balkankonflikt** AWACS-Flugzeuge in der Adria ein um das Embargo gegen Jugoslawien und das militärische Flugverbot im bosnischen Luftraum zu überwachen. Maschinen dieses Typs hatten sich bereits im Golfkrieg gegen den irakischen Diktator Saddam Hussein bewährt. AWACS ist eine Abkürzung der englischen Bezeichnung *Airborne Early Warning And Control System*, ein fliegendes Frühwarn- und Kontrollsystem, das in den USA entwickelt und Anfang der 80er-Jahre in Dienst gestellt wurde. AWACS-Maschinen sind umgerüstete Flugzeuge vom Typ Boeing 707, die als Elektronik- und Radarstationen in etwa 12 000 km Höhe fliegen und im Beobachtungsgebiet alle Luft- und Bodenbewegungen auf eine Entfernung bis zu rund 500 km kontrollieren können. Aufgrund der sehr großen Radarreichweite galt AWACS bei seiner Einführung als eine hervorragende Ergänzung zu dem Anfang der 70er-Jahre in Betrieb genommenen NADGE (*NATO Air Defense Ground Environment*), ein bodengestütztes Luftverteidigungssystem der NATO, das aus über 80 großen Radaranlagen und aus verbunkerten Gefechtsständen besteht und dessen Schwachpunkt die durch die Erdkrümmung bedingte geringere Radarreichweite ist. In einem AWACS-Flugzeug kann man auf mehreren Bildschirmen, die Detailausschnitte oder einen umfassenden Überblick ermöglichen, den augenblicklichen Zustand der Luft- und Bodenbewegungen überwachen und ► **digital** an die zuständigen Kommandobehörden der NATO oder auch an andere AWACS übermitteln. Darüber hinaus können mit den Informationen, die das Frühwarn- und Kontrollsystem liefert, Jagdflugzeuge an ein Zielobjekt herangeführt werden. Doch neben Verteidigungsaufgaben spielen auch andere Funktionen eine Rolle. So vermag AWACS den Funkverkehr und Radaranlagen zu stören oder es kann bei Luftangriffen eigene Flugzeuge steuern, auf gegnerische Verteidigung aufmerksam machen und um Gebiete mit dichter Abwehr herumlenken.

AWACS-Flugzeuge der NATO, die u. a. im Golfkrieg und während des Balkankonflikts eingesetzt wurden, sind mit großen Radaranlagen ausgerüstet.

Der Stirnölguss wird gegen Schlaflosigkeit und stressbedingte Krankheiten angewendet.

Ayurveda

Sanskrit ayur = langes Leben
Sanskrit veda = Wissen

Zum Ende des 20. Jh. hat die 3000 Jahre alte, ursprünglich indische Heilmethode des Ayurveda Eingang in die europäische Kultur gefunden. Sie stützt sich auf einen ganzheitlichen Ansatz: Der Mensch und nicht die Krankheit wird behandelt, und zwar mithilfe von Philosophie, Psychologie, Physiotherapie und der richtigen Ernährung. Das Ziel liegt darin das körperliche, geistige und seelische Wohlergehen dauerhaft zu erhalten. Im ayurvedischen System besteht jede Substanz aus fünf Elementen, nämlich Äther, Luft, Feuer, Wasser und Erde. Das Leben selbst setzt sich aus drei grundlegenden Kräften zusammen, die im Sanskrit *vata, pitta* und *kapha* heißen. Das Verhältnis ihrer Anteile zueinander bestimmt dabei den Menschen- oder Konstitutionstyp. Für jeden der drei Typen empfiehlt Ayurveda ganz bestimmte Lebens- und Verhaltensregeln sowie die passende Ernährung. Die Behandlung beruht auf dem Einsatz von Massagen, Kräuterölen und Dampfbädern, aber auch ► **Yoga** und Meditation gehören zu den traditionellen Bestandteilen einer Ayurvedatherapie. Heilerfolge werden bei Krankheiten wie Gelenkentzündungen, Asthma, Migräne, Stoffwechselstörungen, Bronchitis, Magen-Darm-Beschwerden und Hautkrankheiten erzielt. Die verwendeten Medikamente sind Mischungen aus Pflanzenteilen, Mineralien und Metallen, u. a. auch mit Quecksilber. Etwa 5000 Kräuter werden für die Arzneiherstellung herangezogen, die – in traditioneller Weise durchgeführt – sehr zeitaufwendig ist. Wurzeln müssen zerschnitten und im Mörser pulverisiert werden, Öle köcheln tagelang in großen Kupferkesseln.
In Indien erfolgt heute die Ausbildung zum Ayurvedaarzt an 45 Universitäten und an 110 staatlichen Colleges; westliche Mediziner können sich dagegen die Grundzüge der Heilmethode in Kursen aneignen. In Deutschland wird Ayurveda in vier so genannten Gesundheitszentren praktiziert, außerdem gibt es rund 200 nichtärztliche Gesundheitsberater. Auch werden in europäischen Reisekatalogen beispielsweise zweiwöchige Kuren auf Sri Lanka angeboten. In den Ländern, in denen sie entstand, ist die Heilmethode für die Bevölkerung ein Teil ihrer Kultur und eine vertraute Behandlungsform; für den Europäer gehört sie zu den alternativen Therapien, die die Methoden der Schulmedizin ergänzen.

Babyboomer

engl. boom = Aufschwung

Der allgemeine Trend zur Kategorisierung macht auch vor den Generationen nicht Halt. Neben den ▶ **Senioren** und der ▶ **Generation X** gibt es nun die Babyboomer, ursprünglich eine Bezeichnung für die geburtenstarken Jahrgänge in Amerika nach dem Zweiten Weltkrieg. Entsprechend groß war dann der Konkurrenzdruck, als die Betroffenen ins erwerbsfähige Alter kamen und sich ihre berufliche Stellung im Wirtschaftsleben regelrecht erkämpfen mussten. In den USA nennt man sie deshalb auch die „erste Verlierergeneration". In Deutschland sind es die 60er-Jahrgänge, die jetzt als Babyboomer den gleichen Problemen gegenüberstehen wie einst ihre Namensvettern. Doch inzwischen ist die Zahl der Geburten rückläufig – ein Trend, der seit den 70er-Jahren anhält.

In spielerischer Konkurrenz versuchen diese unternehmungslustigen Babys eine der ersten Hürden ihres Lebens zu überwinden.

Bach-Blütentherapie

Die Krankheiten, die negativen Umwelteinflüssen zugeschrieben werden, haben in den vergangenen Jahren rapide zugenommen. Zu ihnen gehören beispielsweise die ▶ **Allergien**, bei deren Behandlung der klassischen Schulmedizin oft Grenzen gesetzt sind. Alternative Heilverfahren gewinnen daher zunehmend an Bedeutung, u. a. die Bach-Blütentherapie, eine der ▶ **Homöopathie** ähnliche Methode, die vor allem bei Patienten mit seelischen Problemen und zur Entspannung angewendet wird. Ihr Begründer, der englische Arzt Edward Bach (1886–1936), definierte 38 negative Seelenzustände. Jeder einzelne davon äußert sich seiner Lehre zufolge in klar zu bestimmenden Beschwerden, die jeweils mithilfe einer genau festgelegten wild wachsenden Pflanze bzw. über den aufbereiteten wässrigen Aufguss ihrer Blüten zu kurieren sind. Die Blütenmittel sollen die positive energetische und geistige Kraft der Pflanzen enthalten, die die negativen seelischen Reaktionen beseitigen kann.

Da ein wissenschaftlicher Nachweis für die Wirksamkeit fehlt, sind die Bach-Blütenmittel in Deutschland nicht als Arzneimittel zugelassen. Viele Fallstudien und Berichte zeugen jedoch von einer heilenden Wirkung. Diese soll aber nach Meinung von Schulmedizinern vor allem auf dem so genannten ▶ **Placebo**effekt beruhen, bei dem die positive Einstellung des Patienten zum Medikament eine entscheidende Rolle spielt.

Backstage

Ob der unverwüstliche britische Rockmusiker Joe Cocker hinter der Bühne eine Flasche Whisky stehen hat oder der Rolling-Stones-Gitarrist Keith Richards einen Joint raucht – Privatsache. Jedenfalls früher. Neuerdings ist das, was Backstage passiert, also hinter den Kulissen oder in der Garderobe, durchaus auch der Öffentlichkeit zugänglich. Die Popsängerin Madonna hat unter dem Titel *In Bed With Madonna* einen Backstagefilm gedreht, in dem sie dem Publikum voyeuristische Einblicke in ihr Garderobenleben bot. Pop- und Rockgruppen sind dazu übergegangen Backstagekarten für ihre Konzerte zu verkaufen bzw. an ausgesuchtes Publikum zu vergeben. Einen Fall von Backstagevermarktung findet man an völlig unvermuteter Stelle, nämlich bei den Bregenzer Festspielen. Eintrittskarten gibt es hier sowohl für die Darbietung selbst als auch für den Besuch hinter der berühmten Seebühne, wo man Kulissenwechsel, Kostümwechsel, Bühnentechnik, Regie- und Beleuchtungsabläufe live erleben kann.

Back-up

Jeder, der mit dem Computer arbeitet, kennt die Sorge, dass seine wertvollen Daten verloren gehen könnten. Für einen Datenverlust gibt es viele Ursachen: Ein Stromausfall beispielsweise kann den Hauptspeicher löschen, ▶ **Disketten** können verbogen werden bzw. einem Magneten zu nahe kommen oder ▶ **Computerviren** treiben ihr böses Spiel. Und schließlich sitzt in Gestalt des Benutzers eine nicht zu unterschätzende Fehlerquelle vor dem Bildschirm. Denn wahrscheinlich hat jeder schon einmal versehentlich eine Datei gelöscht oder gar eine Tasse Kaffee über der Tastatur verschüttet. Gründe genug also, regelmäßig Sicherheitskopien, im Computerjargon mit dem englischen Wort *back-ups* bezeichnet, anzulegen, damit man nicht gleich die Arbeit von Tagen oder Wochen zunichte macht. Die notwendige Absicherung wird heute auf vielfältige Weise von der ▶ **Software** unterstützt. Gute Textverarbeitungsprogramme erzeugen nämlich immer dann, wenn man eine Datei abspeichert, automatisch eine Sicherheitskopie des vorhergehenden Zustands, sodass ein Rückgriff auf den Stand vor den letzten Änderungen möglich ist. Damit man nicht selbst an das Speichern denken muss, kann man Computer so programmieren, dass die Daten nach einer bestimmten Zahl von Minuten automatisch gesichert werden. Allgemein sollten Kopien auf getrennten Speichermedien abgelegt werden und um ganz sicher zu gehen ist es ratsam sie sogar an einem anderen Ort aufzubewahren. Bei ▶ **Datenbanken**, an die besonders hohe Sicherheitsanforderungen gestellt werden, etwa jene, die man in der Flugsicherung oder in Kreditinstituten einsetzt, wird dafür gesorgt, dass alle Daten zu jeder Zeit mehrfach und auf verschiedene Speicher verteilt vorliegen, damit ein einzelner Fehler nicht zum Datenverlust führen kann. Um zu verhindern, dass Sicherungskopien zu viel Platz verschlingen, kann man Komprimierungsverfahren einsetzen, die Text auf etwa ein Fünfzigstel der ursprünglichen Datenmenge verkleinern.

Baisse

→ siehe S. 79

Balkankonflikt

Am 21. November 1995, nach Vermittlung des amerikanischen Präsidenten Bill Clinton, wurde der Friedensvertrag von Dayton durch die Führer der ehemaligen Kriegsgegner Serbien, Bosnien-Herzegowina und Kroatien unterzeichnet. Ein vier Jahre dau-

Die Präsidenten Bosniens, Serbiens und Kroatiens unterzeichnen den Friedensvertrag für Bosnien-Herzegowina.

ernder Krieg, in dem sich die Vereinten Nationen, die Europäische Union und die NATO um eine Beilegung des Konflikts und den Schutz der Zivilbevölkerung bemüht hatten, war formell zu Ende gegangen. Hintergrund der Kämpfe sind die schon seit Jahrzehnten andauernden Nationalitätenkonflikte im ehemaligen Vielvölkerstaat Jugoslawien. Diese weiteten sich 1991 zu einem Krieg aus, als sich die Teilrepubliken Slowenien, Kroatien und ein Jahr später Bosnien-Herzegowina für unabhängig erklärten. Die serbische Bevölkerung war zwar in jedem der Länder nur mit einer Minderheit vertreten, hatte aber zur Zeit des Kommunismus eine dominierende Rolle gespielt und befürchtete nun Machteinbußen. So ließ der jugoslawische Präsident Slobodan Milošević seine Truppen in Kroatien und Bosnien-Herzegowina einmarschieren um alle Nichtserben aus den serbisch beanspruchten Gebieten zu vertreiben. Gemeinsam mit Serbien und Montenegro, die seit 1992 die Bundesrepublik Jugoslawien bilden, wollte man ein Großserbien schaffen. Auf die Rückeroberungsversuche der kroatischen Armee reagierten die Serben mit Raketenbeschuss der Hauptstadt Zagreb. Mitte 1995 eskalierten die Kämpfe zwischen den verschiedenen Gruppen, bis endlich nach mehrfach gebrochenen Waffenstillständen der Friedensvertrag von Dayton im US-Bundesstaat Ohio unterschrieben werden konnte. Etwa 250000 Opfer forderten die gewaltsamen Auseinandersetzungen und führten zur größten Flüchtlingswelle in Europa nach dem Zweiten Weltkrieg, bei der rund 4,5 Millionen Menschen ihre Heimat verlassen mussten. 320000 bosnische Flüchtlinge fanden in Deutschland Zuflucht. Schätzungen der Weltbank zufolge belaufen sich die Gesamtkosten für den Wiederaufbau auf 85 Mrd. DM, die vor allem von den Ländern der Europäischen Union sowie den USA getragen werden sollen. Ob der ausgehandelte Frieden jedoch von Dauer ist, bleibt ungewiss. Denn die Nationalitätenkonflikte zwischen den verschiedenen Bevölkerungsgruppen sowie die unterschiedlichen Religionszugehörigkeiten, die seit der Gründung Jugoslawiens wesentlich dazu beitrugen, dass es zu Autonomiebestrebungen einzelner Teilrepubliken kam, bestehen weiterhin.

Ballondilatation

lat. dilatare = breiter machen

Der Herzinfarkt ist eine der häufigsten Todesursachen in den westlichen Industrieländern, wobei ihm mehr Männer als Frauen zum Opfer fallen. Zum Infarkt kommt es, wenn sich eines oder mehrere Herzkranzgefäße, die den Herzmuskel über das Blut mit Sauerstoff und Nährstoffen versorgen, z. B. durch ein Blutgerinnsel verschließen. Es gibt verschiedene medizinische Verfahren die Adern wieder durchgängig zu machen. So wird mithilfe eines ► **Bypasses** das verstopfte Gefäß umgangen, etwa wie bei einer Umleitung nach einem Verkehrsunfall. Außerdem besteht seit den 70er-Jahren die Möglichkeit die blockierte Stelle wieder mechanisch zu öffnen. Der Chirurg führt dabei einen Katheter entweder am offenen

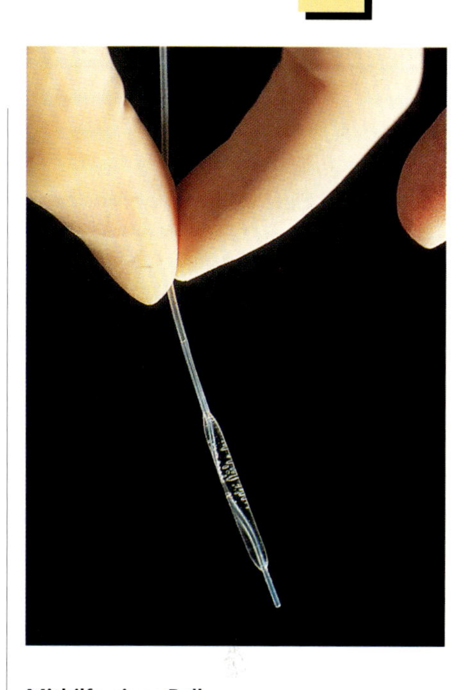

Mithilfe eines Ballonkatheters gelingt es verstopfte Blutgefäße wieder passierbar zu machen.

Herzen oder, wie es häufiger der Fall ist, unter Beobachtung am Röntgenbildschirm durch die Haut direkt in das defekte Gefäß ein. An dessen Spitze befindet sich ein kleiner Ballon, den man während des Vorgangs langsam aufbläst. Dadurch wird das Blutgerinnsel allmählich in der Mitte zertrennt und ringsum fest an die Gefäßwand gepresst. So kann das Blut wieder ungehindert fließen. Allerdings muss das Verfahren meist nach einigen Jahren wiederholt werden, da sich die festgedrückten Teile des Blutgerinnsels mit der Zeit von den Gefäßwänden lösen. Es besteht auch die Gefahr, dass brüchige Aderwände beim Eingriff reißen und es zu Blutungen kommt. Deshalb geht man dazu über den Ballon durch einen ► **Laser** zu ersetzen. Dieser verdampft das Gerinnsel nahezu vollständig; Restteilchen werden vom Blut weggschwemmt.

Barcode

In den letzten 15 Jahren ist der Barcode, zu Deutsch Strichkode, fester Bestandteil der Warenauszeichnung geworden. Man findet ihn aufgedruckt auf Verpackungen von Lebensmitteln, Haushalts- und Elektroartikeln sowie vielen anderen Gegenständen des täglichen Gebrauchs. Er besteht aus verschieden breiten schwarzen Strichen, die in unterschiedlichen Abständen parallel nebeneinander stehen; unter der Strichleiste befinden sich Ziffern. Der im Handel übliche Barcode ist die europäische Artikelnummerierung, kurz EAN-Kode genannt, der auf einer 13-stelligen Zahl basiert und Artikelnummer, Preis, Hersteller und Produktionsland der Ware angibt. So bedeuten z. B. die Anfangsziffern 40, dass die Ware in Deutschland hergestellt wurde. Die Informationen der Strichleiste werden mithilfe eines Lesestifts oder eines Laserabtasters (► **Scanner**) leicht, schnell und vor allem sehr sicher entschlüsselt. Die Lesegeräte setzt man sowohl bei der Aufnahme neuer Waren als auch bei der Abrechnung an der Kasse ein. Sie sind mit einem Computer verbunden, der Ein- und Ausgänge registriert sowie Abrechnungen und Nachbestellungen automatisch veranlasst. Auch Bibliotheken, Freibäder und Skiliftbetriebe versehen seit einigen Jahren ihre Bücher, Ausweise bzw. Dauerkarten mit einem Barcode, den man durch einen Schlitzlaser erfassen kann.

Der Barcode dient dazu Waren leicht, schnell und sicher zu registrieren.

Baubiologie

Der Mensch war in früheren Zeiten gezwungen für seine Behausung natürliche Baumaterialien wie Holz, Lehm, Stroh und Kalk zu verwenden, die er in seiner unmittelbaren Umgebung fand. Das gilt sowohl für die Lehmbauten der Pueblos in New Mexico als auch für die Fachwerkhäuser unserer Breiten. Im Zuge der Industrialisierung und der Entwicklung moderner Technik wurden dann neuartige Baustoffe, z. B. Beton und Stahl, geschaffen, die eine schnellere und vor allem preiswertere Bauweise ermöglichten. In den letzten Jahren hat jedoch die Forschungsrichtung der Humanökologie die Vorzüge herkömmlicher Materialien entdeckt und eine darauf aufbauende Lehre mit der Bezeichnung Baubiologie formuliert. Sie handelt von der ganzheitlichen Beziehung zwischen Lebewesen und ihrer bebauten Umwelt. Die Verwendung natürlicher Baustoffe wird u. a. deswegen empfohlen, weil sie eine gute Wärmedämmung gewährleisten und für eine Regulierung der Luftfeuchtigkeit und des Luftaustauschs sorgen. Außerdem spielt die Erkenntnis eine wichtige Rolle, dass eine entsprechende Gestaltung der Umgebung – dazu gehört auch die naturnahe Bepflanzung von Gartenflächen – einen wesentlichen Faktor für Gesundheit und Wohlbefinden der Hausbewohner darstellt.

Die Verwendung natürlicher Baumaterialien und eine naturnahe Gartengestaltung sind Grundsätze der Baubiologie.

Baukastensystem

In der modernen Industrie wird das Baukastensystem bei der Herstellung von komplizierten technischen Geräten oder Anlagen eingesetzt, indem man sie aus wenigen, möglichst vielseitig verwendbaren Grundelementen zusammenfügt. Berühmtestes und zugleich teuerstes Beispiel für ein derartiges Projekt ist die russische ► **Raumstation** Mir. An deren Basis, die seit 1986 im All schwebt, wurden inzwischen mehrere Funktionseinheiten angedockt, zuletzt ein 20 t schweres Forschungslabor. In der industriellen Serienproduktion, z. B. im Fahrzeugbau, bietet das Baukastensystem die Möglichkeit den Fertigungsablauf zu vereinfachen und dennoch eine große Typenvielfalt zu gewährleisten. Ein Baukastenelement wird gegen ein anderes ausgetauscht – Fließheck statt Stufenheck – und schon rollt ein anderer Fahrzeugtyp vom Fließband. Vielfache Verwendung findet das Baukastensystem auch im Fertighausbau, wo neben den in Großserie hergestellten Grundformen eine Reihe von Sonderelementen (Balkon, Giebel, Erker usw.) Spielraum für eine persönliche Gestaltung bietet.

Beachvolleyball

Bei den Olympischen Spielen 1996 in Atlanta, USA, war Beachvolleyball zum ersten Mal olympische Disziplin und zählte sofort zu den populärsten Sportarten der Wettkämpfe. Vom Hallenvolleyball abgeleitet wurde das Spiel in den 50er-Jahren erfunden, und zwar – wie so viele Freizeitvergnügen – in Kalifornien. Bei einem Volleyballspiel in Santa Monica soll eine Scheibe der Sporthalle zu Bruch gegangen sein. Als die frische Meeresluft hereinströmte, beschlossen die Spieler spontan an den Beach, also den Strand, zu gehen und dort weiterzuspielen – natürlich barfuß. Bald eroberte der Sport die Strände der Welt, von Rio bis Sylt, aber es fanden auch schon Spiele auf von Lkw herangeschafftem Sand auf dem Alexanderplatz in Berlin statt. Die Regeln sind einfach: Gespielt wird in Zweierteams. In den Vorrunden besteht ein Match aus einem Satz (wie beim Hallenvolleyball bis 15 Punkte, zwei Punkte Vorsprung, nur die aufschlagende Mannschaft kann einen Punkt machen). Nach jeweils fünf erzielten Punkten werden die Seiten gewechselt und die Teams haben ein Recht auf eine Pause von 30 Sekunden. In der Finalrunde gibt es zwei Sätze bis zwölf Punkte, bei Satzgleichstand wird der dritte Satz im so genannten Tiebreak (ebenfalls bis zwölf Punkte) entschieden. Dabei entsteht zusätzliche Spannung, denn jeder Ballwechsel führt zum Punkt, unabhängig davon, welche Mannschaft das Aufschlagsrecht erkämpft hat.

Strandspaß mit Dynamik und Eleganz: Der neue Trendsport Beachvolleyball gilt als sexy, spannend und knallhart.

Nach einem Atomtest auf dem Eniwetok-Atoll wird die ausgetretene Radioaktivität gemessen.

Becquerel

Im April 1986 ereignete sich der Reaktorunfall von Tschernobyl Durch diese Katastrophe, die vielen Menschen hauptsächlich in Weißrussland und der Ukraine großen gesundheitlichen Schaden zufügte, wurde die physikalische Einheit Becquerel, die die Stärke der Radioaktivität angibt, ein allgemein bekannter Begriff. Die Bezeichnung für diese Maßeinheit geht auf den französischen Naturwissenschaftler Antoine Henri Becquerel zurück, der im Jahr 1896 erstmals das Phänomen der Radioaktivität an Uran beobachtete. Damals hat man festgelegt, dass ein Becquerel dem Zerfall eines Atomkerns in der Sekunde entspricht. Wie viel Becquerel für den einzelnen Menschen schädlich bzw. gerade noch verträglich sind, kann allerdings nicht angegeben werden. Deshalb lässt sich auch nicht vorhersagen, welche langfristigen gesundheitlichen Beeinträchtigungen aufgrund des Reaktorunfalls etwa die Menschen in bestimmten Regionen Süddeutschlands möglicherweise davongetragen haben, wo kurze Zeit nach dem Unglück wegen der damaligen Witterungsverhältnisse radioaktive Stoffe niedergegangen sind.

Benchmarking

engl. benchmark = Maßstab

In der Produktion ist Kopieren verpönt (► **Markenpiraterie**), aber im Industriemanagement steht es unter dem Namen Benchmarking hoch im Kurs. Bei diesem Verfahren, das nach ► **TQM** (Total Quality-Management) und ► **KVP** (Kontinuierlicher Verbesserungsprozess) die neueste Wunderwaffe im Kampf um das ökonomische Überleben ist, wird nachgeahmt, so gut es geht, und das nicht einmal heimlich. Im Gegenteil: Betriebe schließen mit einem Unternehmen, das anerkannt gute Geschäftsabläufe in einem Bereich hat, Kooperationsverträge ab um durch den Vergleich mit dieser Firma die eigenen Prozesse zu verbessern und die Wettbewerbsfähigkeit zu erhöhen. Besonders verbreitet ist das Benchmarking bei den Japanern. Beispielsweise haben sie das System, wie in amerikanischen Supermärkten die Regale nachgefüllt werden, in ihrer Automobilindustrie übernommen und zum Vorbild für das ► **Just-in-Time**, ein modernes Zulieferungsverfahren, gemacht.

Benutzeroberfläche

Wenn Menschen miteinander kommunizieren, wenden sie sich das Gesicht zu, zeigen durch Sprache, Gestik und Mimik Absichten und innere Vorgänge an und nehmen umgekehrt mit den Sinnesorganen die Äußerungen ihrer Gesprächspartner auf. Damit der Mensch mit einer Maschine kommunizieren kann, muss auch diese ihre inneren Abläufe sichtbar machen und sich dem Benutzer mitteilen. Das geschieht im Fall des Computers über die Benutzeroberfläche auf dem Bildschirm. Auf ihr zeigt ein laufendes Programm an, in welchem Zustand es sich befindet, welche Funktionen es bietet und wie der Benutzer (► **User**) sie aktivieren kann, und über diese ► **Schnittstelle** zur Außenwelt nimmt es auch Eingaben (► **Maus**, ► **Joystick**) von seinem menschlichen Gegenüber entgegen um danach wieder in die vorherige „Erwartungshaltung" zurückzukehren. Benutzeroberflächen haben sich im Lauf der Zeit schrittweise von Schalttafeln über Lochkarten und Kommandozellen zu den bedienerfreundlichen Formen entwickelt, die heutzutage auf jedem ► **Betriebssystem** verfügbar sind. Gute Exemplare sind übersichtlich und in sich einheitlich, sie bieten Hilfe an, wenn der Benutzer nicht mehr weiterweiß, sie melden Vorgänge verständlich und warnen bei Eingabefehlern und sie lassen sich sogar in Bezug auf die Hintergrundfarbe an den persönlichen Geschmack anpassen.

Farblich und grafisch ansprechende Benutzeroberflächen erleichtern die Arbeit am Laptop.

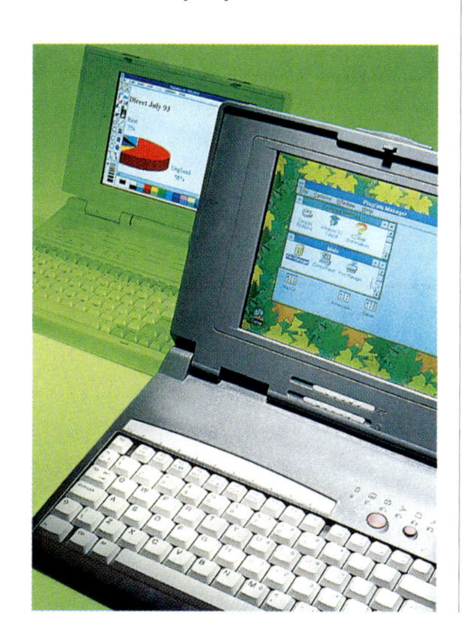

Benzol

Bis zum Ende des Jahres 1997 müssen fast alle Tankstellen, ausgenommen kleinere Betriebe, über so genannte Saugrüssel verfügen, die die beim Tanken frei werdenden schädlichen Dämpfe absaugen und zurückleiten (► **Biodiesel**). Diese Dämpfe stammen vom Benzol, einem aromatisch riechenden Kohlenwasserstoff, der dem Benzin zugesetzt wird um die Oktanzahl zu erhöhen. Benzol ist ein Gift, das Kopfschmerzen und Übelkeit und bei längerer Einwirkung u.a. Knochenmarkschädigungen und Krebs (► **Karzinogen**) hervorrufen und zu tödlichen Vergiftungen führen kann. Neben der Verwendung als Benzinzusatz wird Benzol, das aus Erdöl und Steinkohle gewonnen wird, noch bei der Herstellung von Arzneimitteln, Waschpulvern, Schmierfetten und Wachsen sowie als Lösungsmittel und als Ausgangssubstanz für bestimmte chemische Verbindungen wie Anilin und Phenol eingesetzt, aus denen man Kunststoffe und Farben macht.

Beim Tanken werden die schädlichen Benzoldämpfe durch einen kleinen Kanal im Einfüllschlauch zurückgeleitet.

Berufsarmee

Viele Menschen sprechen sich dafür aus, die allgemeine Wehrpflicht abzuschaffen. Sie meinen, dass nur die Mitglieder einer Berufsarmee bei Friedensmissionen auch außerhalb des NATO-Bereichs eingesetzt werden dürften (► **Balkankonflikt**). Außerdem sind sie der Ansicht, dass es unwirtschaftlich sei, junge Rekruten erst gründlich an den hochkomplizierten technischen Geräten auszubilden und dann nach Ablauf ihrer Dienstzeit wieder zu entlassen. Dem halten die Verfechter des heutigen Systems entgegen, dass eine Berufsarmee teurer käme, u.a. weil ein Gehalt und nicht nur ein Wehrsold gezahlt werden müsste. Bedenklicher aber sei die Gefahr, dass die Bundeswehr nicht mehr einen Querschnitt der Bevölkerung repräsentieren würde und auch nicht mehr der gesellschaftlichen Kontrolle durch zahlreiche kritische junge Menschen ausgesetzt wäre.

Bestseller

Ein Anfang der 90er-Jahre erschienenes Buch sprengte in kürzester Zeit sämtliche Verkaufsrekorde: *Sofies Welt*, ein romanhaft geschriebener philosophischer Streifzug durch die Jahrhunderte von dem norwegischen Schriftsteller Jostein Gaarder. Es wurde in Deutschland insgesamt über 1,5 Millionen Mal aufgelegt. Einen vergleichbaren Erfolg hatten bisher nur wenige andere Bestseller, darunter der *Medicus* von Noah Gordon oder *Die Firma* von John Grisham. Eingeführt wurde diese Bezeichnung für Kassenschlager auf dem Büchermarkt in den USA, wo 1895 die ersten Bestsellerlisten erschienen. Heute publiziert die *New York Times* die aktuelle amerikanische Bücherhitparade, die in die Rubriken Romane und Sachbücher unterteilt ist. In Deutschland wurden solche Listen erstmals in den 50er-Jahren herausgegeben und heute erscheinen sie regelmäßig in verschiedenen Zeitungen und Zeitschriften. Nicht zuletzt durch diese Veröffentlichung erhält mancher ohnehin rekordverdächtige Titel noch zusätzlichen Auftrieb.

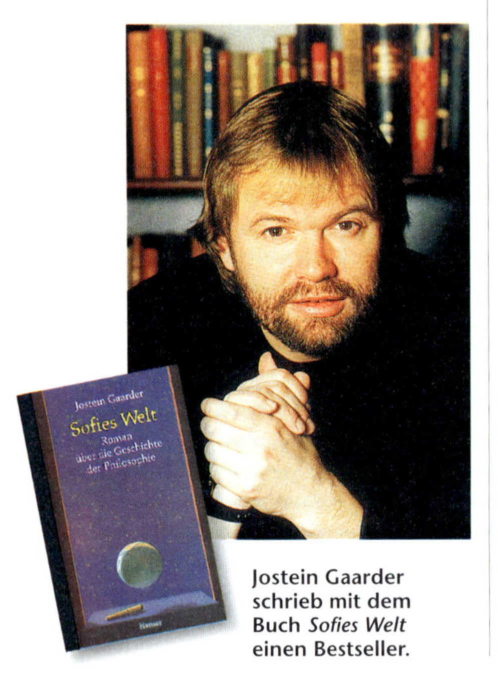

Jostein Gaarder schrieb mit dem Buch *Sofies Welt* einen Bestseller.

Betablocker

Viele Menschen fühlen sich heutzutage im Privatleben und im Beruf überfordert und um die damit zusammenhängenden Stresssymptome zu verringern nehmen manche Betroffene Arzneien, und zwar häufig Betarezeptorenblocker oder, kurz, Betablocker. Diese rezeptpflichtigen Medikamente greifen in das Hormonsystem ein. Sie docken an den Betarezeptoren der Zellen, d.h. den Empfängern bestimmter Reize, an und beeinflussen das Zellinnere direkt, indem sie die Rezeptoren blockieren – daher der Name des Medikaments. Als Folge dieser Blockade wird die Ausschüttung des Stresshormons Adrenalin unterbunden; damit sinkt der Blutdruck und der Herzschlag verlangsamt sich, der Betroffene wird also ruhiger. Die Einnahme von Betablockern muss durch den Arzt streng kontrolliert werden, da es häufig zu Nebenwirkungen kommt. Vor allem wenn man das Mittel zu rasch absetzt, können ernste Gesundheitsprobleme auftreten.

Betriebssystem

Sobald man einen Computer einschaltet oder „hochfährt", wie es im Fachjargon heißt, wird auch die grundlegende ► **Software** aktiviert, ohne die der geregelte Betrieb der komplizierten Maschine nicht möglich wäre. Diese Art Software wird als Betriebssystem bezeichnet. Sie kontrolliert die Rechenanlage von innen und erleichtert dem Benutzer (► **User**) den Umgang mit ihr bzw. macht ihn überhaupt erst möglich. Das Betriebssystem steht als Mittler zwischen der ► **Hardware** und den Anwendungsprogrammen, die auf ihr ausgeführt werden. Seine Organisationsprogramme sorgen u.a. für den korrekten Start der Anlage, überwachen die Ausführung von Anwendungsprogrammen, lesen Tastatureingaben, geben Zeichen auf dem Bildschirm aus und stellen den Anwendungsprogrammen eine Vielzahl von Funktionen zur Verfügung, sodass diese nicht direkt mit der Hardware in Verbindung treten müssen. Das Betriebssystem bietet beispielsweise auch das einheitliche

Dateisystem. Die damit zusammenhängenden Funktionen werden sowohl von den Anwendungsprogrammen wie vom Benutzer verwendet, sodass ihm auf diese Weise ebenfalls der direkte Umgang mit den sehr unterschiedlichen Details der verschiedenen Speichermedien wie etwa ► **Disketten**, ► **Festplatten**, Magnetbänder usw. erspart bleibt. Einige Betriebssysteme sind in der Lage mehrere Programme praktisch gleichzeitig auszuführen, mehrere Benutzer gleichzeitig zu bedienen oder mehrere Rechner im Verbund koordiniert zu betreiben. Zum Betriebssystem gehören die so genannten Dienstprogramme, mit denen der Benutzer einfache Arbeiten ausführen kann, beispielsweise Dateien und Verzeichnisse anlegen, umbenennen, löschen, sortieren usw. Hinzugerechnet werden auch Übersetzungsprogramme, deren Aufgabe es ist, den Programmkode in den Kode der jeweiligen Maschine zu übersetzen.

Beutekunst

Ein großer Teil aller Kunstschätze der Welt ist eigentlich Beutekunst; es handelt sich also um Kunstwerke, die die Sieger in einem Krieg beschlagnahmt und mit nach Hause transportiert haben. Das kam zu allen Zeiten vor, beispielsweise nahmen die Westgoten, als sie im Jahr 410 Rom eroberten, alles mit, was nicht niet- und nagelfest war. Die Spanier schleppten, was immer sie nach der Entdeckung der Neuen Welt in Mittel- und Südamerika an Gold- und Silberschmuck oder -kultgegenständen ergattern konnten, mit nach Europa. Und in unserem Jahrhundert betätigten sich die Nationalsozialisten als Kunsträuber in großem Stil. Wenn heute das Wort Beutekunst erwähnt wird, meint man damit allerdings wohl immer die Kulturgüter, die die Sowjets nach dem Ende des Zweiten Weltkrieges 1945 mit nach Osten nahmen. Darunter befinden sich sowohl ganze Bibliotheken als auch wertvolle Einzelstücke aus Privatsammlungen – z. B. Werke französischer Impressionisten. Im Jahr 1995 wurden sie sogar auf einer Ausstellung in St. Petersburg, betitelt *Verborgene Schätze*, öffentlich gezeigt. Um die Rückführung dieser erbeuteten Kunstschätze gibt es erhebliche Meinungsverschiedenheiten zwischen Russland und Deutschland.

Schmuck und goldene Gebrauchsgegenstände aus Troja sowie Paul Cézannes *Badende* gehören zu den in Russland zurückgehaltenen Beutestücken.

Obwohl die Rechtslage eindeutig ist – in den von Bonn und Moskau geschlossenen Verträgen aus den Jahren 1990 und 1992 ist festgehalten, dass Beutekunst zurückgegeben werden muss –, verweigert die russische Regierung bisher die Herausgabe.

Bevölkerungsexplosion

Der Platz auf unserem Planeten wird immer knapper. Während sich am Anfang des 19. Jh. rund eine Milliarde Menschen die Erde teilten, sind es jetzt schon knapp 5,7 Milliarden. Nach den Angaben der Vereinten Nationen wächst die Weltbevölkerung jährlich um ungefähr 90 Millionen Menschen und wenn das in dieser Geschwindigkeit weitergeht, wird sich die Menschheit in 35 Jahren verdoppelt haben. In den europäischen Staaten verläuft die Entwicklung zwar moderater, in manchen Ländern ist die Zahl der Einwohner sogar rückläufig, aber in der Dritten Welt, insbesondere den afrikanischen Staaten, vermehrt sich die Bevölkerung rasend schnell. Mangelhafte sexuelle Aufklärung sowie religiöse Erwägungen und vor allem die Tatsache, dass Kinder nach wie vor für viele Menschen die einzige soziale Sicherung im Alter bilden, sind die wichtigsten Gründe für das Phänomen der Bevölkerungsexplosion. Die Folgen sind gravierend: Der Bedarf an Wasser, Nahrungsmitteln und Energie steigt ständig, die in vielen Weltgegenden herrschende Armut lässt sich nur schwer bekämpfen und möglicherweise rollen aus diesen Gründen im nächsten Jahrhundert riesige Flüchtlingswellen (► **Migration**) auf die reichen Industrienationen zu. Auch die durch das ungehinderte Bevölkerungswachstum um die ► **Megastädte** entstehenden Ballungsräume werden eine bedeutende Herausforderung der kommenden Jahrzehnte werden.

Big-Mac-Index

Wenn man die Kaufkraft der Währung eines Landes ermitteln will, hilft oft die einfache Frage: Wie viel kostet hier ein Big Mac? Tatsächlich bietet der jeweilige Preis für einen Burger von McDonald's gute Vergleichswerte, denn es gibt kaum einen Artikel, der weltweit so bekannt und außerdem überall so einheitlich ist wie das berühmte Brötchen mit Frikadelle, sei es nun in den USA, in europäischen Ländern oder in China zubereitet worden. Wenn beispielsweise ein Big Mac irgendwo in der Landeswährung etwa dreimal so viel wie in Dollar kostet, dann bedeutet das, grob gesehen, dass der Wechselkurs zwischen Dollar und Landeswährung mit einiger Wahrscheinlichkeit ungefähr bei 1:3 liegt. Obwohl dieser Index anfangs nur spaßig gemeint war, wird er mit der Zeit immer ernster genommen, denn seine Aussagekraft ist nicht von der Hand zu weisen. Außerdem ist er besonders unproblematisch zu erstellen, denn er kommt ohne ein Heer von Statistikern aus und ist auch nicht auf den berühmten Warenkorb angewiesen, der mit zahlreichen lebenswichtigen Dingen des täglichen Bedarfs angefüllt ist, die als Berechnungsgrundlage herangezogen werden.

Beim Telefonieren mit dem Bildschirmhandy kann man sein Gegenüber sowohl hören als auch sehen.

Bildtelefon

Seit Mitte der 90er-Jahre wird eine neue Generation von Bildtelefonen entwickelt, Geräten also, mit denen man bei einem Telefongespräch seinen Partner nicht nur hören, sondern auch sehen kann. Es handelt sich dabei um eine Kombination aus Telefon, Fernsehkamera und farbigem Bildschirm. Ein besonders handliches Modell hat der japanische Elektronikkonzern Panasonic 1996 auf der Computermesse CeBIT in Hannover vorgestellt, nämlich einen akkubetriebenen Apparat in Handygröße (► **Handy**), der gut 550g wiegt und einen Bildschirm mit 43 × 55 mm Größe hat. Wie bei allen anderen Bildtelefonen moderner Bauart bietet auch das Bildschirmhandy beiden Teilnehmern die Möglichkeit sich während des Gesprächs jederzeit selbst auszublenden, wenn sie lieber ungesehen bleiben möchten. Trotz aller technischen Neuerungen ist aber nach wie vor die Bewältigung der riesigen Datenmenge, die notwendig ist, um bewegte Bilder in beide Richtungen zu übertragen, das Hauptproblem beim Bildtelefon. Dafür braucht man besonders aufwendige Einrichtungen (► **ISDN**), doch rückt das im Aufbau befindliche Breitbandfernmeldenetz wirtschaftlich arbeitende Bildtelefone allmählich in greifbarere Nähe.

Bildungsgutschein

Um die wachsende Finanzmisere der deutschen Hochschulen und Universitäten zu beheben erörtert man seit Anfang der 90er-Jahre, in welcher Form die Studenten an den Studienkosten beteiligt werden können. 1996 wurden die Bildungsgutscheine ins Gespräch gebracht. Bei diesem Modell sollen Studenten ein Gutscheinheft erhalten, das ihnen erlaubt, während einer festgelegten Anzahl von Semestern Hochschulveranstaltungen und -einrichtungen kostenlos zu besuchen. Sind die Gutscheine verbraucht, bevor der Student mit dem Studium fertig ist, dann muss er sich neue Gutscheine besorgen, diesmal allerdings für jeweils 1000 DM pro Semester. Soziale Härtefälle will man jedoch davon ausnehmen.

Billiglohnland

Steigende Löhne und vor allem steigende Lohnnebenkosten haben Arbeit in Deutschland teuer gemacht. Deshalb weichen viele Unternehmen mit ihrer Produktion in so genannte Billiglohnländer aus, wo die Herstellung von Waren weniger kostet. Während schon in den 70er-Jahren manche Arbeitgeber, vor allem aus der Textil- und der Automobilindustrie, Arbeitsplätze etwa nach Portugal oder nach Asien verlegten, geht seit dem Fall des Eisernen Vorhangs der Trend in Richtung europäischer Osten. In Ländern wie Ungarn, Polen oder der Tschechischen Republik, die nach dem Zusammenbruch des kommunistischen Gesellschafts- und Wirtschaftssystems mit schweren Problemen zu kämpfen haben, sind die für deutsche Arbeitgeber anfallenden Kosten wesentlich geringer als am Standort Deutschland (► **Standortdebatte**), und zwar hauptsächlich wegen des starken Währungsgefälles. Allerdings zahlt sich dieser ► **Arbeitsplatzexport** nicht immer aus, da der Transport zusätzliche Kosten verursacht und manchmal bei der im Ausland hergestellten Ware schwere Qualitätsmängel zu verzeichnen sind. Mancher Unternehmer hat daher die Produktion in Billiglohnländern aufgegeben und lässt wieder in Deutschland herstellen.

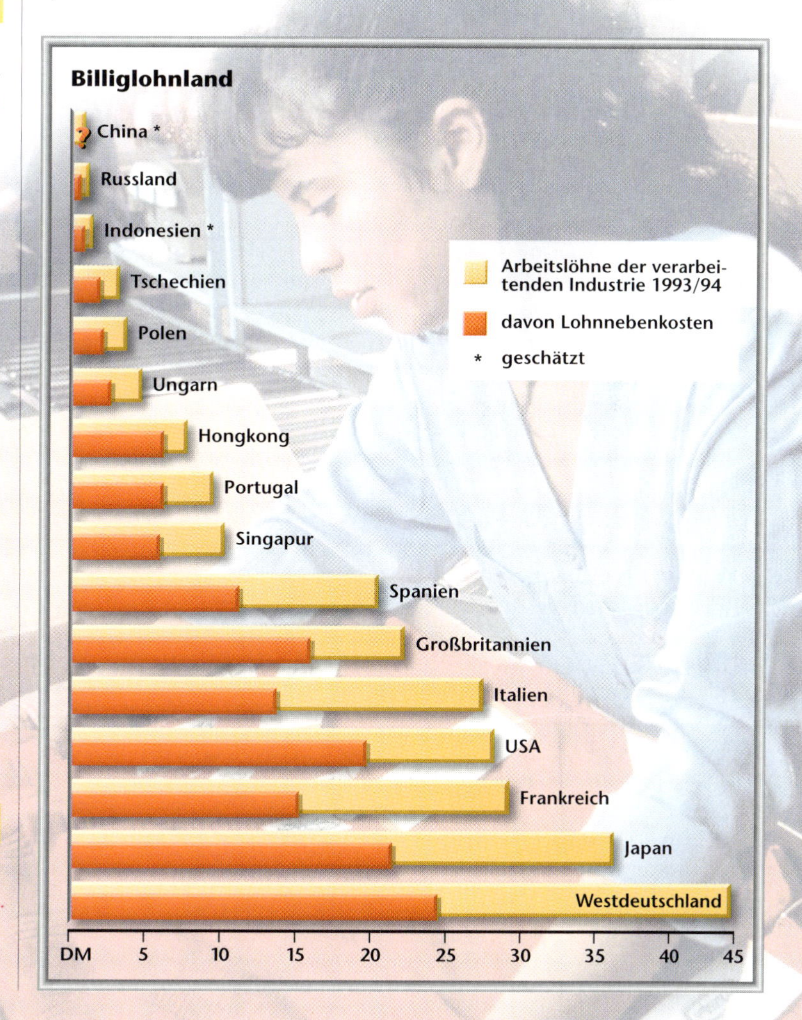

Biodiesel

Aus Gründen des Umweltschutzes wollen manche Kraftfahrer von Normal- auf Biodiesel umsteigen und das ist bei modernen Autos – je nach Marke und Baujahr mit oder ohne relativ geringfügige Umrüstung – auch möglich. Mittlerweile gibt es schon über 500 Tankstellen, die Biodiesel vertreiben – 1995 wurden rund 45 000 l verkauft. Dass die Abgase von Autos (► **A(S)U**, ► **Emission**), die mit Biodiesel betrieben werden, insgesamt weniger Schadstoffe enthalten und damit die Luft weniger belasten, bestätigte Mitte der 90er-Jahre ein Großversuch in Freiburg, an dem u.a. die örtliche Taxizentrale beteiligt war. Biodiesel, der in der Regel aus zu Rapsmethylester veredeltem Rapsöl besteht, enthält nämlich keinen Schwefel und setzt bei der Verbrennung weniger Kohlendioxid frei. Was die Beschleunigungskraft des Motors betrifft,

Biodiesel aus raffiniertem Rapsöl macht dem herkömmlichen Diesel Konkurrenz.

werden offenbar ähnliche Werte wie beim herkömmlichen Diesel verzeichnet. Dennoch hat der Biodiesel große Nachteile: Er ist bei der Herstellung relativ teuer und der Verbrauch ist höher. Die Umweltexperten sind nicht ganz einig, ob er ökologisch wirklich nützlich ist, denn ein intensiver Rapsanbau würde durch den Einsatz von Dünge- und Unkrautvertilgungsmitteln Luft und Wasser erheblich belasten.

Biodynamik

griech. bios = Leben
griech. dynamis = Kraft

Als Eigenschaftswort ist der Begriff wohl vertraut: beispielsweise bei biodynamisch erzeugtem Salat oder biodynamisch angebauten Kartoffeln. Doch während diese Attribute eine besondere Form des ► **ökologischen Landbaus** bezeichnen, handelt es sich bei der Biodynamik um einen Zweig der ► **Astromedizin**. Dabei steht der Wortteil Bio für Menschen, Tiere oder Pflanzen, deren Organismen hochkomplizierte und anpassungsfähige biologische Systeme darstellen. Der Begriff Dynamik bezeichnet ein Teilgebiet der Mechanik, das lineare Vorgänge wie die Beschleunigung oder die Verlangsamung untersucht, also etwa wie sich ein Auto verhält, das plötzlich abgebremst wird. Die Biodynamik befasst sich nun mit solchen oder ähnlichen Vorgängen an Lebewesen und im Besonderen mit den Auswirkungen der Schwerelosigkeit bei der Raumfahrt (► **Raumstation**). Aus diesem Grund nehmen Astronauten auf ihren Flügen ins Weltall gewöhnlich einige Tiere und manchmal auch Pflanzen mit.

Bioethik

griech. bios = Leben
griech. ethos = Sitte

In der modernen Heilkunde sind dank des technischen Fortschritts Therapien und Eingriffe machbar geworden, die vor einigen Jahren noch unmöglich waren. Aber es drängt sich die Frage auf, ob tatsächlich alles, was machbar ist, auch wünschenswert ist bzw. erlaubt sein darf. Ist es beispielsweise vertretbar, einem Menschen ein Affenherz einzupflanzen? Ist es zulässig, wie im Sommer 1996 in Großbritannien geschehen, dass eine Frau, die Zwillinge erwartet, einen Fetus abtreiben lässt? Darf eine Mutter die Kinder ihrer eigenen Tochter gebären? Und was geschieht mit den Embryos, die bei einer künstlichen Befruchtung im Reagenzglas entstehen, aber nicht ausgetragen werden? Die Wissenschaft, die auf diese und ähnliche Fragen Antworten sucht, bezeichnet man als Bioethik. Sie erörtert ethische Probleme, die eine biologische Dimension haben, also etwa mit Geburt, Leben und Tod zusammenhängen. Dort, wo biologisch-medizinische Forschung und Therapie neue Möglichkeiten eröffnen, will sie Forschern und Ärzten moralische Unterstützung bieten oder aber Grenzen aufzeigen, die nicht überschritten werden sollten. Das gilt u.a. für Versuche an kranken und gesunden Menschen, für Fragen der ► **Gentechnik**, für die Forschung am Embryo, für künstliche Befruchtung, die so genannte Leihmutterschaft (► **Leihmutter**), Sterilisation, Kastration, Schwangerschaftsabbruch, Organtransplantation (► **Organspende**) und ► **Sterbehilfe.** Um verbindliche Richtlinien erstellen zu können hat man internationale Institutionen wie den Lenkungsausschuss für Bioethik geschaffen (► **Ethikkommission**). Die von seinen Mitgliedern entworfene Bioethikkonvention wurde gegen die Stimme Deutschlands vom Europarat angenommen, denn nach deutscher Ansicht ist in diesem Papier der Schutz von Patienten nicht ausreichend gewährleistet, ebenso wenig der Embryonenschutz sowie der Schutz vor Eingriffen ins menschliche Erbgut.

Biofeedback

griech. bios = Leben
engl. feedback = Rückkopplung

Zu den Praktiken der alternativen Therapien, die jedoch auf wissenschaftlichen Grundlagen beruhen, zählt man auch das Bio-feed-back. Bei diesem medizinischen Verfahren, das in den großen Rahmen des ► **autogenen Trainings** gehört, werden körperliche Signale wie Herzschlag, Muskelströme und Hauttemperatur, die man sonst nicht registriert, mithilfe technischer Apparate erfasst und sichtbar oder hörbar gemacht, sodass sie dem Betroffenen bewusst werden. Der Patient soll so in die Lage versetzt werden durch entsprechende Übung und mithilfe seiner Vorstellungskraft scheinbar unwillkürliche körperliche Vorgänge gezielt zu beeinflussen, also etwa seinen Herzschlag zu verlangsamen oder zu beschleunigen. Nach einer gewissen Zeit sind dann möglicherweise diese im Körper ablaufenden Prozesse so automatisiert, dass eine Rückkopplung mit Messgeräten nicht mehr notwendig ist. Profitieren können von diesem Verfahren u.a. Patienten mit Migräne, mit Bluthochdruck, Angstattacken und Herzbeschwerden.

Sensoren messen Körperfunktionen, die der Patient beeinflussen soll.

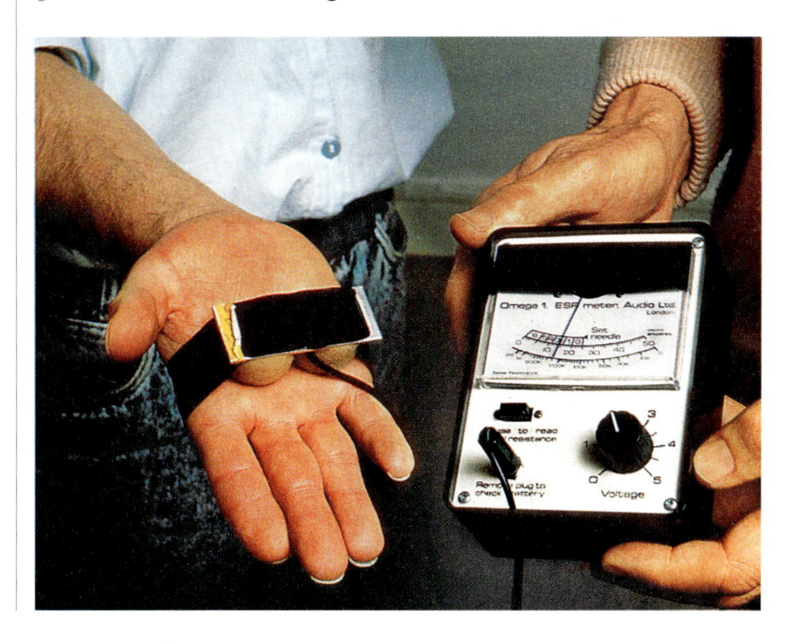

Bioindikatoren

griech. bios = Leben
lat. indicare = anzeigen

Bestimmte Organismen wie Pilze und Flechten stellen ganz spezielle Ansprüche an ihren Lebensraum. Flechten brauchen beispielsweise eine hohe Luftfeuchtigkeit, die sie direkt aufnehmen und mit ihr auch alle darin enthaltenen Substanzen. Dabei speichern sie weitaus mehr Schadstoffe als andere Pflanzen, vor allem Metallsalze, radioaktive Elemente sowie Fluor, und reagieren auf saure Luftverunreinigungen, besonders Schwefeldioxid, sehr empfindlich. So wurde mit steigender Industrialisierung eine ständige Abnahme bestimmter Flechtenarten, wie etwa Bartflechten, in Parkanlagen der Städte und industrienahen Standorten beobachtet. Aus dem Vorkommen bzw. Fehlen solcher so genannter Bioindikatoren lassen sich daher Rückschlüsse auf die Umweltqualität ziehen. Vögel, die am Ende der Nahrungskette stehen, sind gute Bioindikatoren für langlebige Schadstoffe wie die Chlorkohlenwasserstoffe. Diese reichern sich im Fettgewebe der Tiere und im Eidotter an. Aufschluss über den Verschmutzungsgrad von Gewässern geben neben Fischen, u. a. dem Lachs, auch Insekten. Larven von Steinfliegen und Lidmücken lassen z. B. auf besonders sauberes Wasser schließen.

Biokunststoff

Die Entwicklung von Biokunststoffen aus Produkten der Landwirtschaft steht noch am Anfang. Der französische Kunststoffkonzern Rhône Poulenc etwa hat völlig neuartige Folien auf der Basis von Kartoffeln und Zellulose entwickelt und testet sie derzeit in Zusammenarbeit mit ausgesuchten europäischen Universitäten. Ihr großes Plus: problemlose Entsorgung und Kompostierbarkeit. Ebenfalls eine Neuheit ist „synthetisches Holz“. Hier wird u. a. bestimmten Biokunststoffen Lignin – der Stoff, der dem Holz seine Festigkeit verleiht – beigesetzt, woraus sich dann Möbel, Spielzeug oder Autoinnenverkleidungen herstellen lassen. Aus Sojabohnen und Rapsölen wiederum gewinnt man kautschukartige Kunststoffe, die durch Pressen in die gewünschte Form gebracht werden und als Dichtungen oder Kabelummantelungen geeignet sind.

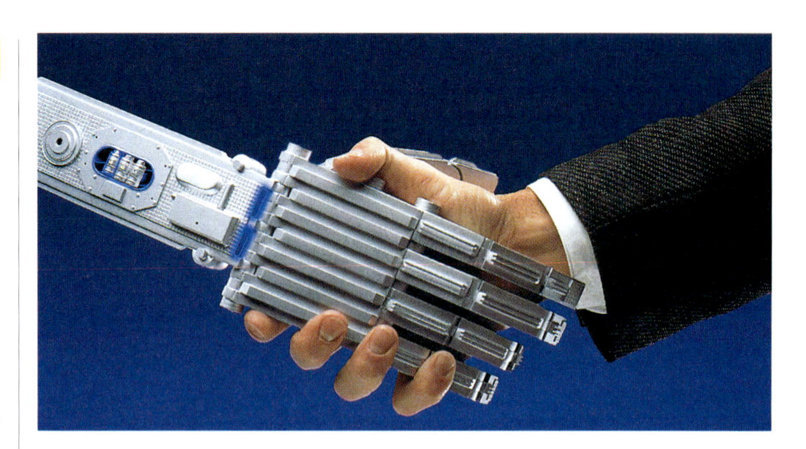

Mithilfe der Bionik werden Armprothesen entwickelt, die in Kontakt mit dem Nervensystem stehen und so beweglich sind wie ihr biologisches Vorbild.

Bionik

Natur und Technik erscheinen oft als unversöhnliche Gegensätze. In dem modernen Wissenschaftszweig der Bionik hingegen – ein Begriff, der sich aus den Wörtern Biologie und Technik herleitet – lassen sich Ingenieure bei ihren Entwürfen von den natürlichen Gesetzmäßigkeiten inspirieren. So dient etwa der spannungsarme Wuchs von Bäumen, deren Stämme und Äste auch bei schweren Stürmen nicht abbrechen, als Vorbild für die Konstruktion von Baukränen, Brillenbügeln oder Knochennägeln. Ein anderes Beispiel stellt eine klettertaugliche Laufmaschine dar, die u. a. in engen Kanälen oder schwer zugänglichen Höhlen zum Einsatz kommen soll. Sie funktioniert wie der Bewegungsapparat von Heuschrecken, deren Gliedmaßen nicht zentral gesteuert werden, sondern sich gewissermaßen selbst lenken. Ein neueres Teilgebiet der Bionik ist die Neurobionik, die die Funktion der Gehirnzellen und des Nervensystems untersucht um daraus Rückschlüsse u. a. für den Computerbau oder den Einsatz medizinischer Prothesen zu gewinnen. Zu den ehrgeizigsten Zielen der bionischen Wissenschaft gehört die Nachahmung der Photosynthese, ein chemischer Prozess, bei dem aus Kohlendioxid und Wasser unter Einwirkung des Sonnenlichts organische Verbindungen, z. B. Zucker, entstehen.

Biorhythmus

Die körperliche, seelische und geistige Verfassung des Menschen wird von biologischen Rhythmen beeinflusst, die sich zwar in verschieden langen, aber regelmäßigen Abständen wiederholen. Der körperliche Rhythmus dauert 23 Tage und beeinflusst u. a. die Leistungsfähigkeit sowie das sexuelle Verlangen. Über 28 Tage erstreckt sich der seelische Rhythmus, er wirkt sich z. B. auf Stimmungen aus. Einen Zeitraum von 33 Tagen umfasst schließlich der geistige Rhythmus, der auf Gedächtnis und Lernfähigkeit Einfluss nimmt. Jeder Rhythmus kann als Kurve dargestellt werden, die sich über und unter einer horizontalen Linie, der kritischen Linie, bewegt. Sie geben einen raschen Überblick über Höhen und Tiefen sowie über kritische Tage, an denen das Risiko eines Missgeschicks sehr groß ist. Schulmediziner halten den Biorhythmus für zu ungenau um auf seiner Basis den Zustand eines Patienten vorauszubestimmen.

Biosensoren

lat. sensus = Sinn, Wahrnehmung

In der medizinischen Spitzentechnologie wird bereits vielfach mit Biosensoren gearbeitet. Mit ihrer Hilfe kann man heute in einem medizinischen Labor schnelle Diagnosen stellen und relativ einfach Blutzuckerwerte, Blutfette, Harnstoff oder Cholesterin bestimmen. Dabei tritt die zu untersuchende Substanz mit einer genau definierten, biologischen Komponente des Biosensors, z. B. einem Enzym, in Wechselwirkung. Es kommt zu einer chemischen Reaktion, die als Signal wirkt. Dieses wird vom so genannten Transducer in einen elektronischen Impuls umgewandelt und über einen Computer ausgewertet. Man hofft in Zukunft tragbare Diagnosegeräte zu entwickeln, die u. a. Organfunktionen überwachen.

Biosphäre

Im Jahr 1991 startete in einem Tal im US-Bundesstaat Arizona ein weltweit beachtetes, privat finanziertes und organisiertes

In luftdicht abgeschlossenen Glashäusern, einer Miniaturausgabe der Erde, wurde das Leben als Weltraumkolonie erprobt.

Experiment, das den Namen Biosphäre II trug. Der Fachbegriff Biosphäre – eine Kurzform aus den Wörtern Bio- und Atmosphäre – steht für alle Bereiche der Erde, also der Biosphäre I, die von Lebewesen besiedelt werden. Auf einem Areal von der Größe mehrerer Fußballfelder unter einer luft- und wasserdichten Kuppel aus Glas und Beton wurde ein von der Außenwelt völlig unabhängiger Mikrokosmos geschaffen. Er umfasste Miniaturausgaben von Ökosystemen der Erde, nämlich tropischen Regenwald, Savanne, Wüste, Marschland und Ozean mit rund 3800 Arten von Pflanzen und Tieren sowie eine unbekannte Zahl an Kleinstlebewesen, dazu einen Bauernhof und schließlich den Siedlungsbereich. Durch den Einsatz einer hochkomplizierten Technik gelang es die verschiedenen Lebensbereiche gegeneinander abzugrenzen. Ein Team von acht Wissenschaftlern ließ sich für zwei Jahre in dieser Arche einschließen, wobei alle Luft zum Atmen, das gesamte Trinkwasser sowie sämtliche Lebensmittel selbstständig hergestellt und in einem Kreislaufprozess wieder verwendet wurden. Mit dem Experiment wollte man die Zusammenhänge der heutigen Umwelt erforschen und gleichzeitig die künstliche Biosphäre auf ihre Weltraumtauglichkeit hin untersuchen. Obwohl es wegen einer Fülle von Defekten und mehreren technisch bedingten Unterbrechungen viele kritische Stimmen gab, wurde der Versuch am Ende von einigen der Initiatoren als Beweis dafür gewertet, dass es dem Menschen möglich sein müsste in Weltraumstationen so genannte Lebenserhaltungssysteme zu errichten.

Biotechnologie

In diesem Teilgebiet der Mikrobiologie und Biochemie sucht man nach Möglichkeiten biologische Prozesse im Rahmen technischer Verfahren und industrieller Produktion einzusetzen sowie unter wirtschaftlichen Gesichtspunkten zu nutzen. Einen wichtigen Bereich stellt dabei die ► **Gentechnik** dar, die in den Pharmaunternehmen schon jetzt eine große Rolle spielt. Einen Markt für Biotechnologie gibt es erst seit Mitte der 80er-Jahre. Das gesamte Spektrum reicht von der Lebensmitteltechnologie, Ernährungswissenschaft und Landwirtschaft über Medizin und Pharmakologie bis hin zum Umweltschutz und zur Informations- und Kommunikationstechnologie. So werden etwa Bakterien zunehmend in Kläranlagen zum Abbau organischer Stoffe verwendet oder sie reinigen in Biofiltern die Abluft von Betrieben. Außerdem dienen Mikroorganismen als biologische Messsysteme, indem sie u.a. Umweltschadstoffe anzeigen. Von großer Bedeutung sind zukünftig die Kleinstlebewesen auch in der Energiegewinnung. Hier wird nach Meinung der Forscher das Bakteriorhodopsin, ein Farbstoff der so genannten Halobakterien, eine entscheidende Rolle spielen. Federführend auf dem biotechnischen Weltmarkt sind die USA mit rund 1300 Unternehmen (weltweit gibt es etwa 2000), in Deutschland liegt die Zahl bisher noch unter 100. Doch im Rahmen des Wettbewerbs Bio-Regio, der von 1997 bis zum Ende des Jahres 2001 läuft, hat das Bundesforschungsministerium mit der Summe von 220 Mio. DM einen Anreiz geschaffen, um Deutschland auf dem Gebiet der Biotechnologie schneller voranzubringen.

Biotop

griech. bios = Leben
griech. topos = Ort, Gegend

Einen Lebensraum, in dem charakteristische Umweltbedingungen herrschen und der von ganz bestimmten pflanzlichen und tierischen Lebewesen besiedelt wird, nennt man Biotop. Es kann sich dabei um einen Bach, ein Moor, einen See, eine

Feuchtwiese oder einen Trocken- bzw. Magerrasen handeln. Viele Biotope gehen fließend ineinander über und lassen ein Abwandern von Populationen zu. So können z. B. Wasserfrösche *(Rana esculenta)*, die im Einzugsbereich eines Gewässers leben, im Lauf der Zeit auf eine angrenzende Feuchtwiese ausweichen. Lebensräume, die durch menschliche Einflussnahme geschaffen wurden, wie etwa Baggerseen, Hohlwege, Kiesgruben, Steinbrüche und Trockenmauern, nennt man Sekundärbiotope. Anfang des Jahres 1992 wurde der Biotopschutz in Deutschland gesetzlich verankert. Er umfasst alle Maßnahmen, die dazu dienen den Wohnraum einer speziell darauf abgestimmten Lebensgemeinschaft aus Pflanzen und Tieren zu schützen, vor allem dann wenn es sich um seltene und bedrohte Arten handelt. Er gilt deshalb als eine wesentliche Voraussetzung für den ► **Artenschutz**. Die praktische Umsetzung des Biotopschutzes erweist sich jedoch oft als problematisch, beispielsweise wenn neue Baugebiete auszuweisen oder Erschließungsstraßen zu errichten sind. Kommt etwa eine seltene Heuschreckenart auf einem stillgelegten Fluggplatzgelände vor, auf dem ein modernes Gewerbegebiet entstehen soll, so wird nach neuem Recht keine Baugenehmigung für das Projekt erteilt.

Unverbaute Bachabschnitte zählen zu den schützenswerten Biotopen.

Bit

Im Alltag rechnet man mit dem Zehner- oder Dezimalsystem. Ein Computer dagegen arbeitet mit dem Binär- oder Dualsystem. Das Wort binär stammt

vom lateinischen *binarius*, das „zwei enthaltend“ bedeutet. In diesem System werden alle Zahlen mithilfe von nur zwei Ziffern, Null und Eins, dargestellt. Ein Bit entspricht einem dieser Binärzeichen (engl. *binary digit*) und ist die kleinste Informations- und Speichereinheit, mit der ein Computer arbeitet. Jede beliebige Information kann durch die Aneinanderreihung dieser Ziffern dargestellt werden. Wenn ein Computer im Binärsystem rechnet, hat Null für ihn die Bedeutung „Strom fließt nicht“; bei Eins tritt ein elektrischer Impuls auf und die Unterbrechung des Stromflusses ist aufgehoben.
Die nächstgrößere Informationseinheit, in der man die ► **Speicherkapazität** in Computern angibt, ist das Byte, bei dem acht Bit zusammengefasst werden, sodass $2^8 = 256$ Kombinationen aus Null und Eins zur Verfügung stehen. Ein Byte genügt daher um 256 verschiedene Informationen zu vertreten, also ausreichend für die Buchstaben, Ziffern und Satzzeichen der europäischen Sprachen. Wesentlich mehr Platz brauchen die Japaner und Chinesen, deren Schriften mehrere Tausend Zeichen umfassen. Um diese in das Binärsystem umzukodieren benötigt man jeweils zwei Byte mit $2^{16} = 65536$ verschiedenen Kombinationen. Gespeichert werden Daten nach demselben Prinzip, in dem eine Spannung im Hauptspeicher angelegt (= Eins) oder abgeschaltet (= Null) wird bzw. über magnetisierte Stellen auf ► **Diskette**, ► **Festplatte** und ► **Cartridge** oder durch das Abtasten der Vertiefungen und Erhebungen einer ► **CD-ROM**.

Blackbox

engl. black = schwarz
engl. box = Kasten

Kurz nach dem Start stürzte im Februar 1996 eine Boeing 757 der türkischen Charterfluggesellschaft Birgen Air vor der Nordküste der Dominikanischen Republik ins Meer. 189 Menschen kamen bei dieser Flugzeugkatastrophe in der Karibik ums Leben. Dass ein Instrumentenfehler und menschliches Versagen für den Absturz verantwortlich waren, brachte erst die Auswertung der Blackbox des Flugschreibers ans Tageslicht, der von Tauchern aus dem Wrack des Flugzeugs geborgen wurde. Der Begriff „schwarzer Kasten“ entstammt dem Slang amerikanischer Nachrichtentechniker des Zweiten Weltkrieges. Im Innern eines kleinen, geschützten Kästchens wurden empfindliche Elektronikteile zu geschlossenen Funktionseinheiten bzw. Modulen zusammengesetzt. Diese konnten, wenn sie nicht mehr richtig arbeiteten, durch einfaches Umstecken ausgetauscht werden. Schon bald bezeichnete man die in der Regel schwarz gespritzten Behältnisse als *black box*. Der Begriff wurde auf den Flugschreiber übertragen, der in zerstörungssicheren, allerdings meist orange oder rot gefärbten Kästen untergebracht ist. Magnetbänder oder Computerchips speichern hier bis zu 600 wichtige Flugdaten. Gemeinsam mit dem ► **Voicerecorder** im Cockpit, der die Gespräche der Mannschaft aufzeichnet, hilft er bei der Unfallaufklärung. Als unbestechlicher Zeuge muss die Blackbox beim Aufprall das Tausendfache ihres Eigengewichts aushalten. Da der Kasten aus robustem Metall besteht und im Heck der Maschine – dieses schlägt meist zuletzt auf – untergebracht ist, übersteht die Blackbox den Aufprall normalerweise ohne größere Beschädigung. 30 Tage lang und bis zu einer Wassertiefe von 6000 m strahlt die Blackbox dann über einen Tonsender Ultraschallsignale aus, die z. B. von der Schleppsonde auf einem Suchschiff geortet werden können.

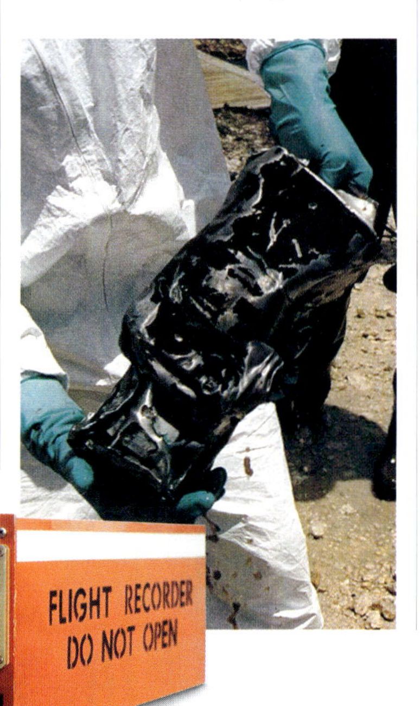

Spurensuche nach einem Flugzeugabsturz: Die Daten der Blackbox helfen bei der Unfallaufklärung.

Blauhelme

Seit 1948 sind die Vereinten Nationen (UN) für die Aufrechterhaltung der internationalen Sicherheit zuständig. Zu diesem Zweck werden vom ► **UN-Sicherheitsrat** zivile Beobachter oder Militäreinheiten in die Krisenregionen der Welt entsandt. Bei den Letztgenannten hat sich wegen der Kopf-

UN-Blauhelmsoldaten sollen in Krisenregionen, wie im Balkan oder im Nahen Osten, Friedensprozesse sichern.

bedeckung der beteiligten Soldaten – blaue Helme und Mützen – die Bezeichnung Blauhelme eingebürgert. Der Einsatz von Friedenstruppen steht an, wenn Beobachtermissionen allein unzureichend erscheinen, um ein Aufflammen von Auseinandersetzungen zu verhindern, oder bei Tätigkeiten wie etwa der Organisation von Lebensmittelkonvois. Außerdem überwachen die mit leichten Waffen ausgerüsteten Soldaten beispielsweise, ob Truppenrückzugs- oder Waffenstillstandsabkommen eingehalten werden. Immer mehr übernehmen sie aber auch andere Aufgaben, z. B. in der Verwaltung oder im humanitären Bereich, etwa beim Austausch von Gefangenen sowie der Rückführung von Flüchtlingen. Die Blauhelmtruppen setzten sich bisher aus Mannschaften verschiedener neutraler Mitgliedsländer der Vereinten Nationen zusammen. Bei der Aufstellung militärischer Verbände beteiligen sich die UN-Mitgliedsstaaten auf freiwilliger Basis, d. h., eine feste Streitkraft existiert nicht. Trotz großer Erfolge der friedensichernden Operationen in den letzten Jahrzehnten hat vor allem der Kriegsschauplatz des ehemaligen Jugoslawien (► **Balkankonflikt**) gezeigt, dass die abschreckende Wirkung der Blauhelme wegen ihres eindeutig auf Verteidigung ausgerichteten Charakters sehr gering ist. Deshalb wird seit dem Jahr 1992 die Forderung gestellt eine ständige schnelle Eingreiftruppe unter Kontrolle der UN einzurichten, die in kürzester Zeit an Krisenpunkte entsandt werden kann.

Blinddate

Die Zahl der Singlehaushalte wird vor allem in den Großstädten immer größer. Gleichzeitig besteht das Bedürfnis nach gesellschaftlichen Beziehungen, doch häufig lässt der berufliche Alltag nur wenig Spielraum um Freundschaften zu pflegen oder um neue Kontakte zu knüpfen.

Eine mittlerweile oft in Anspruch genommene Möglichkeit der ungewollten Einsamkeit zu entgehen ist das Blinddate – der englische Begriff für ein Treffen zwischen zwei Personen, die sich „blind“ verabreden, also ohne sich jemals zuvor gesehen oder voneinander gehört zu haben. Um den Kontakt herzustellen ist alles erlaubt: die Anzeige in einer Zeitung, die Vermittlung über Singlepartys oder durch Radio und Fernsehen. Die Shows, in denen junge, erlebnishungrige Singles auf Kontaktsuche gehen, werden immer zahlreicher. Zu den Spitzenreitern in der Gunst der Zuschauer zählt inzwischen die Fernsehsendung *Herzblatt* mit dem Österreicher Reinhard Fendrich (► **Dating Show**) und viele Radiosender ziehen nach. In privatem Rahmen bieten sich Freunde für die Vermittlerrolle an. Wichtig ist in erster Linie der Kitzel sich mit jemandem zu verabreden, den man nicht kennt. Die Wahrscheinlichkeit, dass sich daraus eine dauerhafte Beziehung ergibt, ist sehr gering.

Im *Nachtmagazin* der ARD wird der Moderator durch die Bluescreen-Technik mit dem künstlich erstellten Studiohintergrund verbunden.

Blockbuster

siehe S. 234

Bluescreen

engl. blue = blau
engl. screen = Schirm, Leinwand

Immer mehr Fernsehsendungen entstehen seit Mitte der 90er-Jahre in virtuellen Studios, in denen die Dekorationen durch elektronische Bilder ersetzt werden, was zu einer erheblichen Einsparung von Produktionskosten führt. Die Vordergrundhandlung im Studio kann mit jedem beliebigen Hintergrund kombiniert werden, wobei die Personen im leeren Studio meist vor einer blauen Stellwand *(blue screen)* agieren. Mithilfe von Blaufiltern vor den Studiokameras verschwinden alle blauen Filmanteile, die nun computertechnisch durch die gewünschten Bilder ersetzt werden. Zu den ersten Sendungen aus virtuellen, mit dem Bluescreen-Verfahren arbeitenden Studios gehörten 1996 das ARD-*Nachtmagazin* und *Focus TV*. Auch bei zahlreichen Kinoproduktionen, die mit ► **Computeranimation** arbeiten, spielt die Bluescreen-Technik eine wichtige Rolle. Sie ermöglichte beispielsweise in dem Erfolgsfilm *Forrest Gump* das Zusammentreffen des von dem Hollywoodschauspieler und Regisseur Tom Hanks verkörperten Hauptdarstellers mit dem ehemaligen amerikanischen Präsidenten John F. Kennedy, der zur Zeit der Dreharbeiten bereits 30 Jahre tot war. Verantwortlich für die meisten Tricks zeichnete Ken Ralston, der schon viermal den Oscar für seine außergewöhnlichen Spezialeffekte (► **Special Effects**) gewonnen hat. Bei einem der größten Glanzpunkte des deutschen Kinos, der *Unendlichen Geschichte*, bedienten sich die Kameraleute und Tricktechniker ebenfalls des Bluescreen-Verfahrens. Alle spektakulären Flugszenen mit dem Glücksdrachen Fuchur wurden in den Bavaria Studios in München vor einer riesigen blauen Leinwand aufgenommen.

Blutpräparate

Blutpräparate, mit denen die Pharmaindustrie allein in Deutschland rund 500 Mio. DM umsetzt, haben im Zusammenhang mit ► **Aids** eine traurige Berühmtheit erlangt. Durch sie wurden bis Mitte 1996 u. a. zahlreiche Bluter, die auf die ständige medikamentöse Zufuhr von Gerinnungsfaktoren angewiesen sind, mit dem HI-Virus (► **HIV**) infiziert. In Deutschland, Frankreich und anderen europäischen Ländern sowie in den USA hat es deswegen bereits eine Reihe von Prozessen gegeben. Plasmapräparate unterzieht man in der Regel einer Behandlung, bei der man die Viren inaktiviert, oder sie werden bis zu einer erneuten Überprüfung des Spenders sechs Monate lang gelagert. Dieses Verfahren eignet sich jedoch für Blutkonserven bei Operationen nicht. Denn hier ist man auf lebende Blutzellen angewiesen, die durch den Prozess zerstört werden. Das Infektionsrisiko kann aber inzwischen mit neuen ► **Aidstest**-Methoden nahezu vollständig ausgeschlossen werden.

Blutpräparate, die bei –76 °C gelagert werden, sind länger haltbar.

B-Movies

amerik. = B-Filme, Zweitfilme

Zwar handelt es sich bei B-Movies häufig um ► **Lowbudget**-Produktionen, doch haben sich manche dieser Filme gerade wegen ihrer miserablen Qualität zu regelrechten Kultfilmen in den Programmkinos entwickelt. So gab es Mitte der 90er- Jahre eine Retrospektive der Filme von Ed Wood, dem „schlechtesten Regisseur der Welt“. Hollywoodstar Johnny Depp verkörperte den Regisseur 1994 in dem Kinofilm *Ed Wood*, der beachtlichen Erfolg hatte. Ursprünglich bezeichnete der Ausdruck B-Movies den zweiten Film in einem Doppelprogramm, wie es von amerikanischen Kinoketten oft angeboten wurde. In solchen Vorführungen zahlte der Besucher Eintritt für zwei Filme, von denen der erste die Attraktion, der zweite meist nur ein schnell gedrehter Lückenfüller war.

Boarding

engl. boarding = an Bord gehen

„Der Lufthansaflug 4711 nach Köln ist jetzt zum Einsteigen bereit. Die Passagiere werden gebeten sich zum Ausgang A zu begeben und die Bordkarte bereitzuhalten.“ Auf diese Weise fordert eine Lautsprecherdurchsage die Menschen im Warteraum vor dem Ausgang des Flughafengebäudes auf sich in das Flugzeug zu begeben. Boarding ist die internationale Bezeichnung für diesen Vorgang. Beim Einsteigen betreten die Fluggäste die Maschine entweder über eine Brücke oder man wird mittels Zubringerbus (► **Shuttle**) vom Gebäude zum Flugzeug gefahren. Am Eingang nimmt das Personal die Bordkarte des Passagiers entgegen und weist ihm seinen Sitzplatz zu.

Body

engl. body = Körper

Die wohl wichtigste Wäscheerfindung der 80er-Jahre hieß Bodysuit, kurz auch Body genannt. Dieser hautnahe Körperanzug aus leichten elastischen Stoffen gilt als modische Weiterentwicklung des einteiligen Mieders, wie es etwa Marilyn Monroe 1953 in dem Film *Blondinen bevorzugt* trug. Die heutigen Bodysuits sind mittlerweile in allen nur erdenklichen Arten zu haben: tief dekolletiert oder hochgeschlossen, kurz- oder langarmig, aus Satin, Samt oder Baumwollstoffen und nicht zuletzt verführerisch mit hauchzarten Spitzen. Geschätzt werden sie jedoch vor allem wegen ihrer vielseitigen Verwendbarkeit. Denn je nach Design dienen Bodys nicht nur als Unterwäsche, sondern auch als vollwertiges Oberteil, das man anstelle von Blusen, Pullis oder T-Shirts trägt. Zurückhaltend indessen begegnet die Männerwelt dem neuen Modetrend. Hier finden eher sportliche und nostalgische Modelle Anklang, wie beispielsweise die an altmodische Ringeranzüge oder an Unterwäsche im Westernstil erinnernden Bodysuits.

Bodyfashion

engl. body = Körper
engl. fashion = Mode

Dank der aus den USA nach Europa importierten Fitnesswelle ist das Schönheitsideal für Männer und Frauen ein durchtrainierter Körper (► **Bodystyling**). Mit dem gestiegenen Körperbewusstsein wuchs das Interesse an hautnaher und zugleich bequemer Unterwäsche, die die athletisch wohlgeformte Figur besonders gut zur Geltung bringt. Angelehnt an die Sportkleidung entstanden so ganz neue Wäscheformen wie beispielsweise ► **Body** und ► **Bustier**. Aber nicht nur das Design wandelte sich, man entwickelte auch neue, extrem weiche Elastikstoffe (► **Hightechstoffe**). Für die so modernisierte Unterwäsche schien der altmodische Begriff Miederwaren nicht länger angebracht und man erfand die Bezeichnung Bodyfashion. Ungefähr seit den 80er-Jahren hält nun schon der ► **Boom** der Dessousbranche ungebrochen an. Wie bei allen Modeartikeln sind Frauen die Hauptkunden, aber allmählich wird das Geschäft mit der Herrenunterwäsche immer reger. Selbst renommierte ► **Modedesigner** erkennen die Zeichen der Zeit und widmen in ihren Kollektionen dem Wäschethema große Aufmerksamkeit.

Body-Mass-Index

Wer früher feststellen wollte, ob er mit seinem Gewicht zufrieden sein durfte, benutzte häufig die Formel: Körperlänge in Zentimetern minus 100 ergibt das Normalgewicht in Kilogramm. Bei dieser Berechnung stellte sich mit der Zeit jedoch heraus, dass sie zu ungenaue Werte angab, was viele Menschen, vor allem Frauen, dazu führte, eine Diät nach der anderen auszuprobieren – meist ohne anhaltenden Erfolg (► **Jo-Jo-Effekt**). Heute beurteilt man sein Gewicht nach dem so genannten Body-Mass-Index (BMI), also Körpermasseindex, der die Bereiche Unter-, Normal- und Übergewicht präziser angibt. Er wird errechnet, indem man sein Körpergewicht in Kilogramm durch das Quadrat der Körpergröße in Metern teilt. Die so ermittelte Zahl zeigt Normalgewicht an, wenn sie zwi-

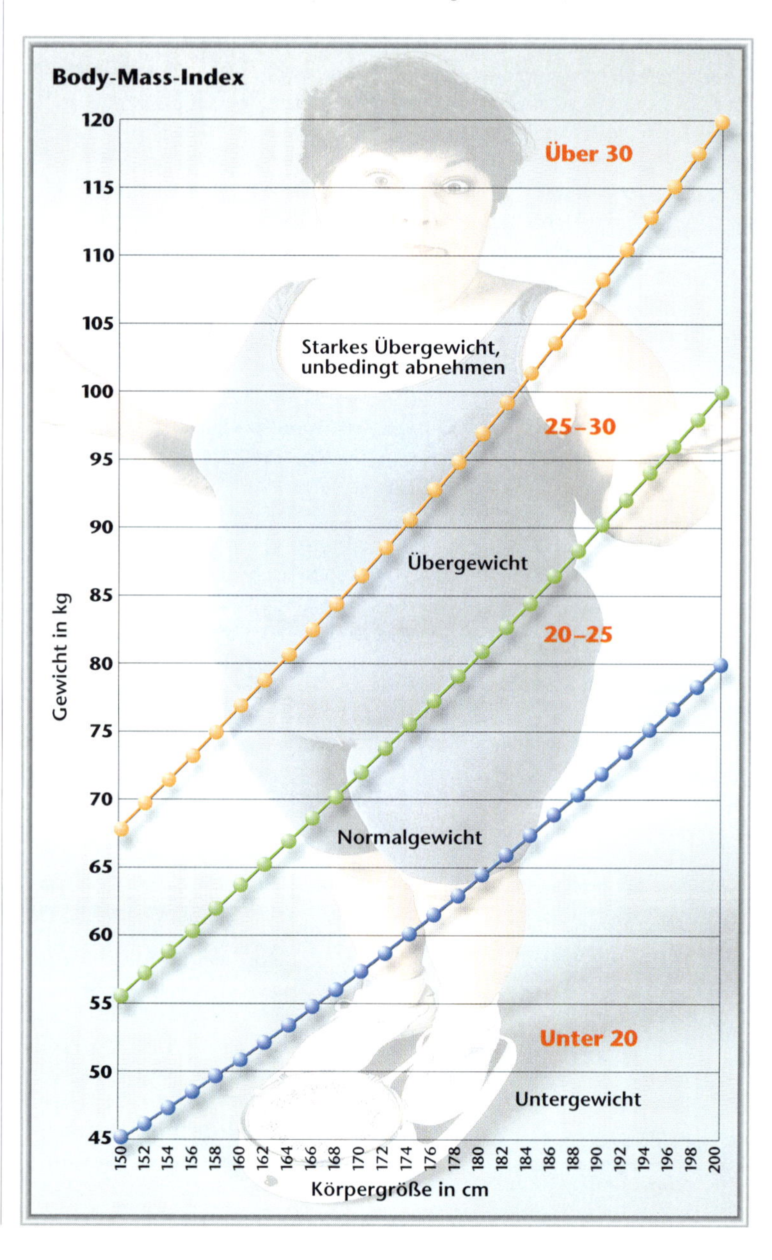

schen 20 und 25 liegt; bis 30 spricht man von leichtem, darüber von schwerem Übergewicht. Wer 20 Punkte nicht erreicht, ist zu mager. Es gibt noch eine weitere, etwas genauere Methode, bei der man mit einer Schieblehre den größten Durchmesser seines Ellbogengelenks misst und diesen Wert in die Rechnung mit einbezieht. Am genauesten ist jedoch ein Verfahren, das meist nur in Kliniken angewandt werden kann. Dabei wird das Verhältnis von Körperwasser, Fett-, Bindegewebs- und Muskelzellen ermittelt, das relativ unabhängig vom Körpergewicht angibt, ob man zu viel Speck mit sich herumträgt. Nach Ansicht der Mediziner ist es für die Gesundheit eines Menschen keineswegs gleichgültig, wo seine überflüssigen Pfunde sitzen, denn das Fett am Bauch ist für Stoffwechsel und Kreislauf deutlich schädlicher als das Fett auf den Hüften.

Bodypainting

engl. body = Körper
engl. painting = Malerei

Wem es nicht genügt, sich durch die Kleidung das gewünschte ► **Outfit** zuzulegen, der kann seinem Geschmack und seinem Lebensgefühl auf der bloßen Haut Ausdruck verleihen – mit Bodypainting. Für diese Körperbemalung (► **Tattoo**), die aus reinen Ornamenten, aber auch aus Tier- und Pflanzenformen bestehen kann, verwendet man u.a. Wasser-, Fett- und flüssige Nassschminkfarben. Ein zusätzlicher Effekt wird mit Federn, Flitter oder Stofffetzen erzielt. Schon vor einigen Jahren zeigte sich das Fotomodell Veruschka in einem höchst extravaganten Aufzug: Sie trug einen maßgeschneiderten Herrenanzug – täuschend echt auf die nackte Haut gemalt. In solchen Fällen wird die körpernahe Kunst von Profis hergestellt, die für ihr Metier neben einer ausgefeilten Technik auch über gute anatomische Kenntnisse verfügen müssen. Heute wird ihr Können oft bei Schmuckpräsentationen oder auch in anderen Bereichen der Werbung eingesetzt.

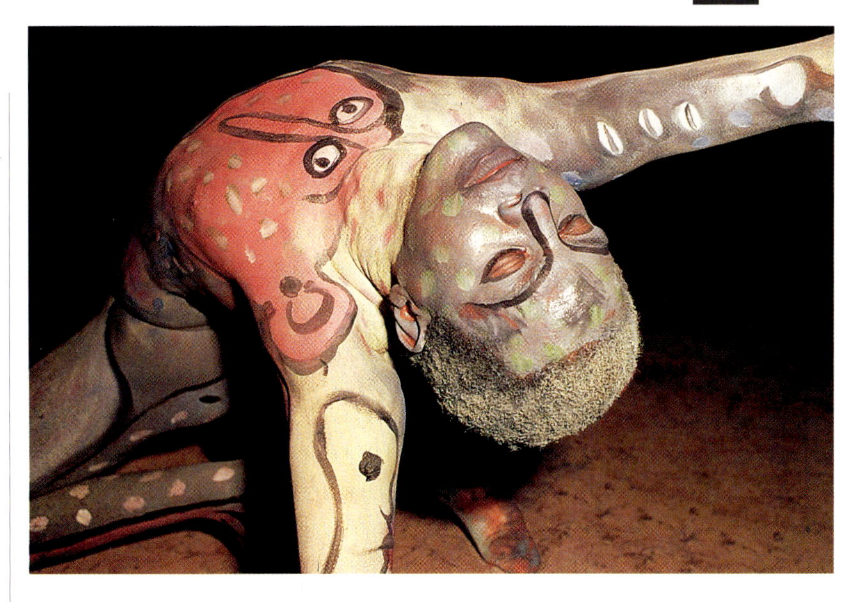

Bodypainting ist nicht nur ein Schmuck, es kann auch Ausdruck eines ganz eigenen Lebensgefühls sein.

Bodyshaper

engl. body = Körper
engl. to shape = formen

Frauen, die ihre Silhouette verbessern wollen, können sich heutzutage in Fitnessstudios oder Gymnastikkursen straffere Formen erarbeiten, sie können überflüssige Pfunde abhungern oder vielleicht sogar absaugen lassen (► **Fettabsaugung**), aber sie können auch zu figurformenden Hilfsmitteln greifen, nämlich dem Bodyshaper. Hinter diesem modernen Sammelbegriff verbirgt sich nichts anderes als das althergebrachte Korsett und seine Verwandten wie etwa körperbetonende Bodys, Slips, schenkellange Höschen und Strumpfhosen. Während solche und ähnliche Wäschestücke früher beim Tragen oft einengten und unangenehm zwickten, sind sie heute um einiges bequemer, da sie aus raffinierten ► **Hightechstoffen** hergestellt werden. Es ist also nicht verwunderlich, dass es auf diesem Markt, ähnlich wie bei der normalen ► **Bodyfashion**, boomt, zumal sogar einige modisch besonders mutige Frauen das Korsett zur Oberbekleidung aufwerten. Ihr Vorbild ist die berühmte amerikanische Popsängerin und Filmschauspielerin Madonna, die schon Anfang der 80er-Jahre in einem provokativ-freizügigen Korsett des französischen ► **Modedesigners** Jean-Paul Gaultier unter dem Jubel ihrer Fans auf der Bühne posierte.

Mit sanftem Training im Fitnessstudio bringen Frauen beim Bodystyling ihre Figur in Form.

Bodystyling

engl. body = Körper
engl. styling = Formgebung

Seit einiger Zeit schon orientiert sich das weibliche Schönheitsideal nicht mehr an üppigen Rundungen, sondern zunehmend an sportlich wohl trainierten Körperformen. Vorbei sind die Zeiten, als Muskeln nur für Männer erstrebenswert waren. Trotzdem verlegen sich die meisten Frauen nicht auf ein ausgesprochenes Krafttraining oder Bodybuilding, denn nur wenige wollen wie die weibliche Version eines Arnold Schwarzenegger aussehen. Als Vorbilder dienen vielmehr Schwimmstars wie Franziska van Almsick oder die Topsprinterin Merlene Ottey. Um diesen Idealen näher zu kommen besuchen zahlreiche Frauen regelmäßig ein Fitnessstudio, wo sie sich dem Bodystyling widmen. Das ist ein speziell für Frauen geeignetes Trainingsprogramm zur Ausbildung der Körpermuskulatur, das in den späten 80er-Jahren entwickelt wurde und meist mit Gymnastikübungen kombiniert wird. Dabei geht es vor allem darum, den weiblichen Problemzonen buchstäblich zu Leibe zu rücken. Je nach Bedarf können ganz gezielt Gesäß und Oberschenkel gestrafft sowie die Bauch-, Arm- und Brustmuskeln gestärkt werden. Im Gegensatz zum Bodybuilding werden bei dieser modernen Trainingsmethode die Muskelpartien nicht übermäßig stark ausgebildet, sondern einfach nur gefestigt und in Form gehalten, denn das angestrebte Ziel ist eine gesunde und natürlich wirkende Ausstrahlung.

Bookbuilding

Wie gut oder schlecht eine neue ► **Aktie** an der ► **Börse** startet, hängt zum großen Teil von ihrem ► **Einführungskurs** ab. Damit dieser Kurs nicht ein Mondpreis, sondern marktgerecht ist, ermittelt man ihn seit kurzem mit dem Verfahren des Bookbuilding, das in den USA und in Großbritannien schon länger angewandt wird. Nachdem die Banken bei Investoren und Unternehmen erste Gebote für die Aktie eingeholt haben, legen sie zusammen mit der betroffenen ► **Aktiengesellschaft** eine Preisspanne fest und innerhalb dieser Marge können Anleger in der Regel zwei Wochen lang Aktien zeichnen. Aus diesen Orders errechnet sich dann der endgültige Emissionspreis, der folglich nicht mehr ein starrer Festpreis ist, sondern sich nach der Nachfrage richtet.

Boom

Der heute häufig verwendete englische Begriff Boom, zu Deutsch Aufschwung oder Hochkonjunktur, lässt sich auf die verschiedensten Lebensbereiche anwenden. Beispielsweise sorgten Steffi Graf und Boris Becker durch ihre Erfolge dafür, dass der einstmals elitäre weiße Sport boomte und geradezu eine Massenbewegung wurde. Der Absatz an Tennisartikeln stieg sprunghaft und kurzzeitig konnte diese Sportart sogar Fußball in der Gunst der Fernsehzuschauer von Platz eins verdrängen. Mitte der 90er-Jahre sind nun ► **Inlineskating** und ► **Beachvolleyball** die Trends, die die Jugend begeistern und damit ein entsprechendes Geschäft garantieren. Auch das ► **Internet** boomt. Die Zahl der Anbieter und Nutzer explodiert. Überhaupt ist der weite Bereich der ► **Telekommunikation** der Boom-Markt schlechthin. In Ostdeutschland gelten Dresden und Leipzig als Boom-Städte und mit zweistelligen Wachstumsraten sind die ► **Tigerstaaten** Südostasiens eine Boom-Region. Doch leider ist ein Boom keine verlässliche Größe, denn was heute in ist, kann morgen wieder out sein, und ein neuer Trend setzt sich durch.

Bootleg

engl. bootleg = illegal verkauft

Die meisten jungen Leute begeistern sich für die neuesten Popsongs, aber nicht jeder Fan ersteht die Titel seines Lieblingssängers oder seiner Lieblingsgruppe auf dem regulären Markt. Viele versorgen sich wesentlich preisgünstiger auf speziellen Platten- oder CD-Börsen (► **CD**) mit so genannten Bootlegs. Das sind Raubkopien bzw. Schwarzpressungen, also vom Künstler nicht genehmigte und nicht lizenzierte Vervielfältigungen. Ursprünglich stammt der Begriff aus den USA. Dort wurde zur Zeit der Prohibition in den 20er-Jahren in großem Stil Alkohol schwarzgebrannt und geschmuggelt und der, der das tat, war ein Bootlegger.

Börse

→ siehe S. 78

Bosman-Urteil

Am 15. Dezember 1995 fällte der Europäische Gerichtshof ein für den Berufsfußball wichtiges Urteil, dem eine fünfjährige Vorgeschichte vorausging. Damals, im Sommer 1990, wollte der Fußballspieler Jean-Marc Bosman vom FC Lüttich zum französischen Zweitligisten Dünkirchen wechseln, aber der konnte die vom FC Lüttich geforderte ► **Ablösesumme** von 800000 Dollar nicht bezahlen. Bosman verklagte daraufhin seinen ehemaligen Klub mit der Begründung, man verweigere ihm das Recht auf die freie Wahl des Arbeitsplatzes. Im selben Jahr noch befand ein belgisches Gericht, dass Bosman wechseln dürfe – jetzt zum französischen Drittligisten St-Quentin –, und zwar ohne dass dieser eine Ablöse zahlen müsse. Auf die Gegenklage des FC Lüttich wurde im Mai 1991 entschieden, dass Bosman tatsächlich das Recht hatte zu wechseln. Um diese Frage in ganz Europa einheitlich zu regeln kam es zum entscheidenden Prozess am Europäischen Gerichtshof. Während Bosmans Anwälte Schadensersatz verlangten, protestierte die ► **FIFA** nachdrücklich dagegen, das im Fußballsport übliche System der Spielertransfers aufzuheben. Doch vor Gericht wurde zugunsten von Bosman entschieden und außerdem wurde festgelegt, dass die bis dahin übliche Handhabung der Ablösesumme unrechtmäßig sei und dass die Zahl spielberechtigter Ausländer in Profimannschaften nicht mehr begrenzt werden dürfe. Der Profisport musste sich aufgrund dieses Urteils umstellen.

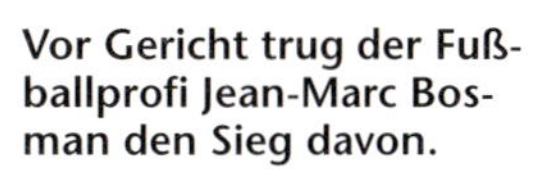

Vor Gericht trug der Fußballprofi Jean-Marc Bosman den Sieg davon.

Börse

Das Geschäft mit dem Geld

Nach einem Blick auf die neuesten Aktienkurse gibt dieser Broker die Zahlen an seine Kunden weiter.

Börse

Der Begriff Börse bezeichnet den Markt für Wertpapiere, **Devisen** und Waren und den Ort, an dem die Geschäfte getätigt werden. Im engeren Sinn ist die Wertpapierbörse gemeint, an der Makler vor allem mit **Aktien** und Rentenpapieren handeln. Neben der New Yorker Börse ist die Börse in Tokio der weltweit bedeutendste Handelsplatz für Wertpapiere; in Europa gilt die Stock Exchange in London als der wichtigste Börsensitz. Einen Aufschwung erlebt der Handel mit Aktien derzeit in Deutschland, wo die Frankfurter Wertpapierbörse die führende Stellung einnimmt. Dort wird täglich der Deutsche Aktienindex (DAX) ermittelt.

Wall Street

Die größte und berühmteste Börse der Welt, die New York Stock Exchange, wird meist nach ihrem Standort in der Wall Street im Stadtteil Manhattan genannt. Ihre Anfänge reichen bis in das Jahr 1792 zurück; die ersten europäischen Börsen wurden bereits im 15. Jh. gegründet.

Amtlicher Handel

Der Wertpapierhandel an der Börse weist drei Marktsegmente auf, die sich durch verschiedene Zulassungsbestimmungen für die Kapitalgesellschaften unterscheiden: amtlicher Handel, geregelter Markt und Freiverkehr. Für den amtlichen Handel gelten die strengsten Vorschriften, u. a. die Vorlage eines detaillierten Prospekts, regelmäßige Zwischenberichte und eine Mindestmenge der zuzulassenden Wertpapiere.

Geregelter Markt

Eine Art Vorstufe zum amtlichen Handel stellt der geregelte Markt dar. Auch hier gelten für die Teilnehmer gewisse Mindestanforderungen, doch diese sind leichter zu erfüllen. Die vorgeschriebene Kapitalbasis ist erheblich niedriger und die Auflagen hinsichtlich des öffentlichen Berichtswesens sind weniger streng.

Freiverkehr

Wertpapiere, die weder im amtlichen Handel noch im geregelten Markt notiert werden, handelt man im Freiverkehr, für den es nur wenige Zugangsvoraussetzungen gibt. Der Kauf von **Aktien** im Freiverkehr ist daher mit einem größeren Risiko verbunden als in den anderen Segmenten.

An der Wall Street herrscht hektische Betriebsamkeit.

Hauptversammlung einer Aktiengesellschaft (ganz oben)

An Wertpapierbörsen werden vor allem Aktien gehandelt (oben).

DAX

Die Abkürzung DAX steht für den Deutschen Aktienindex, der die Kursentwicklung der Anteilsscheine von 30 großen deutschen Unternehmen aus verschiedenen Branchen repräsentiert. Da der Handel mit diesen Standardwerten rund 80% des Börsenumsatzes ausmacht, spiegelt der DAX die Entwicklung des deutschen Aktienmarktes wider und gibt vielen Anlegern Aufschluss über die Entwicklung ihres Wertpapiervermögens.

Baisse

Wenn die Börsenkurse eine stetig fallende Tendenz aufweisen, spricht man von einer Baisse (franz. = Sinken). Spekulanten, die auf diese im Gegensatz zur Hausse stehende Entwicklung am Aktienmarkt setzen, werden als Baissiers bezeichnet.

Viele Börsengeschäfte werden am Computer getätigt.

Kassakurs

Für den Großteil der börsennotierten **Aktien** wird einmal täglich auf der Basis von Angebot und Nachfrage der Einheits- oder Kassakurs ermittelt, der als Grundlage für die Aktiengeschäfte der meisten Kleinanleger dient. Für besonders umsatzstarke Unternehmen gibt es neben dem Kassakurs noch fortlaufende Notierungen, die nur für Geschäfte gelten, bei denen eine Mindestmenge von Aktien gehandelt wird.

Broker

Im Unterschied zu den freien Maklern, die Geschäfte zwischen den Teilnehmern am Börsenhandel vermitteln dürfen, jedoch nicht im Auftrag von Privatanlegern tätig sind, haben die an der englischen und amerikanischen Börse makelnden Broker das Recht auch Privatkunden zu betreuen.

Termingeschäfte

Bei dieser Form des Börsenhandels, die **Options, Futures** und den **Derivatenhandel** umfasst, liegen der Zeitpunkt des Geschäftsabschlusses und die Vertragserfüllung zeitlich auseinander. Termingeschäfte erfordern eine sehr gute Kenntnis des Marktes und werden meist von Anlageprofis getätigt.

Crash

Nichts wird von den Anlegern so sehr gefürchtet wie ein plötzlicher Kurseinbruch, der den Großteil der börsennotierten **Aktien** betrifft. Der berühmteste Crash der Geschichte war am 24. Oktober 1929, als ein deutlicher Kursrückgang zu einer schweren Weltwirtschaftskrise führte. Einen drastischen Kursverfall verzeichneten die internationalen Börsen auch am 19. Oktober 1987; der amerikanische **Dow-Jones-Index** verlor an diesem Tag 22,9%. Inzwischen hat sich dieser Index jedoch deutlich erholt und zahlreiche Rekorde aufgestellt.

Bossing

Wenn die Kollegen einen ärgern, handelt es sich um ► **Mobbing**, und wenn der Chef durch rüde Behandlung einem Untergebenen das Leben schwer macht, dann nennt man das heute Bossing, abgeleitet von dem englischen Begriff Boss für Vorgesetzter. Die Methoden des Bossing sind unterschiedlich; beispielsweise gehört es zum Repertoire, den Mitarbeiter sozial zu isolieren, schon das kleinste Fehlverhalten als Abmahnung zu ahnden oder einen Irrtum bei der Spesenabrechnung als Betrug auszulegen. Das Ziel des Bossing ist es, einen unliebsamen Mitarbeiter loszuwerden, und man versucht ihn seelisch so mürbe zu machen, dass er schließlich selbst kündigt. In dem Fall muss nämlich meist keine ► **Abfindung** gezahlt werden. Frauen werfen in solchen Situationen schneller entnervt das Handtuch als männliche Arbeitnehmer, aber auch diese können das Bossing nur schlecht verkraften. Der Betroffene hat in der Regel nur wenig Chancen sich zu wehren. Falls er z. B. als Vertreter in ein Gebiet geschickt wird, wo er kaum Aufträge einholen kann, wird er möglicherweise bald bereit sein die Firma zu wechseln. Und wenn er diesen Auftrag erst gar nicht akzeptiert, dann kann das als Arbeitsverweigerung ausgelegt werden, und auch das ist ein Kündigungsgrund.

Boxenstopp

Nachdem Michael Schumacher 1994 und 1995 Weltmeister in der Formel 1 geworden war, stieg das allgemeine Interesse am Grand Prix deutlich an. Der Deutsche gewann die spannenden Rennen, die er sich mit seinem Gegner Damon Hill geliefert hatte, nicht nur weil er vielleicht zum jeweils aktuellen Zeitpunkt der Bessere war oder gar den besseren Wagen fuhr, sondern auch weil sein Team beim Boxenstopp meist flinker war. Bei diesem kurzen Halt zum Reifenwechseln und Tanken muss jeder Handgriff sitzen. Wenn der Pilot mit der erlaubten Höchstgeschwindigkeit von 120 km/h an die Box gerast kommt, stehen alle parat. Einige Männer betanken den Rennwagen: Über 10 l Benzin pro Sekunde strömen dabei unter Druck durch den überdicken Schlauch. Gleichzeitig wechseln weitere Helfer bei Bedarf alle vier Reifen, und zwar in Sekundenschnelle. Die Reifen wurden übrigens zuvor mit Heizdecken auf 80 °C vorgewärmt, um die angestrebte Betriebstemperatur von 100 °C schneller zu erreichen. Je nach Boxenlage und ihrer Ein- und Ausfahrt verliert ein Fahrer beim Boxenstopp im Schnitt 25–35 Sekunden.

Beim Boxenstopp im Grand Prix geht es um Bruchteile von Sekunden.

BPM

engl. beats per minute = Taktschläge pro Minute

Bei vielen modernen Musikrichtungen wie ► **Techno**, ► **Hardcore**, ► **House** oder ► **Jungle** hat das herkömmliche Qualitätsmerkmal der Melodie an Bedeutung verloren und spielt teilweise nicht einmal mehr eine untergeordnete Rolle. Bei Musikstücken dieser Stile steht stattdessen für die Fans eine ganz andere Eigenschaft im Vordergrund, nämlich die Zahl der Taktschläge pro Minute, wobei der Zeitgeschmack in die Richtung geht: je schneller, desto besser. Die *beats per minute* bilden eine elektronisch erzeugte Bass- oder Keyboardgrundlage, über die die Techno-Interpreten dann ihren Klangteppich legen.

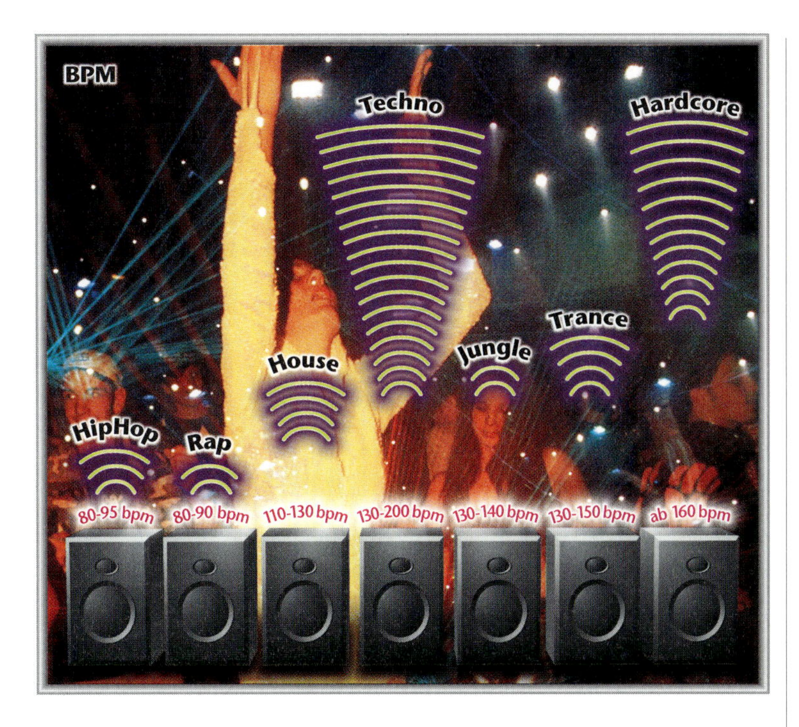

Manche der modernen Titel erreichen die Frequenz von Presslufthämmern und anderen Straßenbaumaschinen – es war wohl kein Zufall, dass die frühen Techno-Diskjockeys (► **DJ**) in Bauarbeitermontur auftraten. Der heutige Techno-Star Marusha arbeitet im Bereich von 120–180 BPM; Sven Väth, Deutschlands populärster Techno-DJ, steigt bei 150 BPM ein und kommt bis 200, und sogar diese Hürde wurde schon genommen. Zum Vergleich: Das altehrwürdige *Yesterday* von den Beatles bringt es auf etwa 80 BPM.

Braindrain

engl. brain = Gehirn
engl. drain = Abfluss

Chronischer Geldmangel an den Hochschulen, überfüllte Hörsäle und mangelnde Akzeptanz in der Bevölkerung, beispielsweise im Bereich der ► **Gentechnik**, bringen es mit sich, dass zahlreiche Forscher und Wissenschaftler Deutschland verlassen und ins Ausland, bevorzugt in die USA, abwandern. Sie hoffen dort für ihre Zwecke besser geeignete Rahmenbedingungen vorzufinden: mehr Geld für die Forschung, in vielen Universitäten – vor allem den sehr teuren privaten Hochschulen, die nur eine begrenzte Anzahl von Studenten aufnehmen – ein entspanntes Arbeitsklima, enge Zusammenarbeit zwischen Industrie und Forschung. Besonders der akademische Nachwuchs unter den Naturwissenschaftlern, und zwar nicht nur aus Deutschland, sondern aus vielen europäischen Ländern und beispielsweise auch aus Japan, nimmt diese Chancen vermehrt wahr. Die Folgen dieses so genannten Braindrains für die Heimatländer sind gravierend, denn dort fehlt dann das entsprechende geistige Kapital und mit der Zeit droht das wissenschaftliche Niveau zu sinken.

Brainfood

engl. brain = Gehirn
engl. food = Nahrung

Dass Essen Leib und Seele zusammenhält, weiß man schon lange, aber erst in letzter Zeit sind die Zusammenhänge zwischen der Nahrungsaufnahme und der körperlichen und geistigen Leistungsfähigkeit erforscht worden. Man hat dabei festgestellt, dass bestimmte Nahrungsstoffe, Brainfood genannt, das menschliche Gehirn positiv beeinflussen können, indem sie Funktionen wie Konzentrationsfähigkeit, Gedächtnisleistung oder geistige Belastbarkeit unterstützen. Beispielsweise lässt sich die geistige Wachheit durch ein sehr eiweißreiches Frühstück verbessern und für das Gedächtnis ist die Substanz Cholin besonders zuträglich, die in Getreide (► **Cerealien**), Leber und Eigelb enthalten ist. Auch die Aufnahme von Vitaminen und Mineralstoffen wirkt sich positiv auf die Gehirnfunktionen aus. So fördern die Vitamine B_1 und B_3, die beide in Hülsenfrüchten, Geflügel und Eiern enthalten sind, die geistige Leistungs- und Konzentrationsfähigkeit und der Mineralstoff Magnesium, der u. a. in Spinat und Naturreis vorkommt, stärkt die Nervenzellen im Gehirn, die für die Nachrichtenübermittlung zuständig sind. Insgesamt gesehen besteht das beste Brainfood aus einer vollwertigen Ernährung mit viel frischem Obst und Gemüse, Milchprodukten und fettarmem Fleisch.

Brainstorming

Grün ist die irische Nationalfarbe. Wie wäre es also mit grünem Bier zum Nationalfeiertag? Eine verrückte Idee, aber das gab es tatsächlich in den USA. Solche Einfälle sind die Ergebnisse von Brainstormings, die man unter dem immer stärker werdenden ► **Innovationsdruck** einsetzt, wenn es um pfiffige Werbung oder Ideen für neue Produkte geht. Die Beteiligten setzen sich zusammen und hoffen bei diesen lebhaften Brainstorming-Sessions auf möglichst viele und ausgefallene Geistesblitze (amerikanisch *brainwaves*) um das Problem zu lösen. Ob diese durchführbar sind oder nicht, bleibt zunächst unberücksichtigt; sie werden nur protokolliert und erst später auf die praktische Verwertbarkeit hin überprüft.

Break-even-Point

engl. = Kostendeckungspunkt

Nicht nur in der jetzigen schwierigen Wirtschaftslage hat jeder Unternehmer das Bestreben, dass sein Betrieb schwarze Zahlen schreibt. Der aus der Kostenrechnung stammende Begriff des Break-even-Points bezeichnet eine Situation, in der die Geldbeträge, die ein Unternehmen beim Verkauf von Produkten oder für eine Dienstleistung eingenommen hat, genau den angefallenen Gesamtkosten entsprechen. Liegen die Erlöse aus dem Umsatz höher als die Kosten, macht die Firma Gewinn, fallen sie niedriger aus, entsteht Verlust. Langfristig kann ein Betrieb nur dann existieren, wenn er mindestens eine volle Deckung seiner Gesamtkosten erzielt. Mit der Formel des Break-even-Points kann nun festgestellt werden, welche Absatzmenge ein Unternehmen erzielen muss um ein negatives Betriebsergebnis zu vermeiden. Wenn eine Firma z. B. einen Wert von 80 % hat, so bedeutet dies, dass sie bei einer Kapazitätsauslastung von 80 % genau die Kosten deckt. Auch als Schwellenpunkt für Energie sparende Investitionen verwendet man den Begriff. Er ist dann erreicht, wenn sich die Aufwendungs- und Einsparungsbeträge die Waage halten.

Briefing

engl. brief = kurz

Wie so viele der heute gängigen Modewörter stammt der Ausdruck Briefing aus dem Englischen, genau genommen aus dem angloamerikanischen Rechtswesen. Geht ein Anwalt in die Berufung, legt er dem dafür zuständigen Gericht erst einmal als Vorausinformation ein so genanntes *brief* vor, eine Kurzfassung seines Falles. Im Zweiten Weltkrieg erhielten alliierte Bomberbesatzungen vor dem Einsatz in einem Briefing die wichtigsten Fakten über Ziel, Kurs und gegnerische Abwehr. Heute wird das Wort für jede Art von Anweisung und Informationsgespräch verwendet, die im Voraus erfolgen, wobei die ursprüngliche Bedeutung von Kurzfassung oft nicht mehr zutrifft.

Broker

→ siehe S. 79

Broteinheit

Immer mehr Nahrungsmitteletiketten, Kochbücher und Ernährungstabellen geben neben Kalorien bzw. Joule auch die enthaltenen Broteinheiten an. Dieser Wert ist für die Zuckerkranken oder Diabetiker wichtig, deren Zahl in den letzten Jahrzehnten stark zugenommen hat. Die Betroffenen leiden an einer chronischen Fehlfunktion der Bauchspeicheldrüse, wodurch Zucker im Blut angereichert wird. Die Broteinheiten kennzeichnen den Brennwert der Kohlenhydrate, die in einem Lebensmittel enthalten sind, wobei eine Broteinheit (1 BE) 12 g Kohlenhydraten entspricht. So kann der Diabetiker aus der Höhe des Wertes ersehen, ob ein Nahrungsmittel für ihn geeignet ist oder nicht. Nach neueren Ergebnissen ist für die Diät der Zuckerkranken jedoch nicht nur die Menge an Kohlenhydraten bedeutsam, sondern auch deren Art und Verarbeitung sowie die weiteren Inhaltsstoffe des Lebensmittels. Daher stellen Fachkreise den Wert von Broteinheiten in letzter Zeit zunehmend infrage.

Brückentag

Gesetzliche Feiertage, die auf einen Dienstag oder Donnerstag fallen, sind bei Arbeitnehmern besonders beliebt, da meist die Möglichkeit besteht den Montag bzw. den Freitag als Urlaubstag zu nehmen. Durch diesen so genannten Brückentag hat man dann vier Tage hintereinander frei, Weihnachten sogar mehr. Einige Unternehmen ordnen in solchen Fällen oft Zwangsurlaub an. Viele Zeitungen weisen als Leserservice rechtzeitig auf derartige Konstellationen hin.

BSE

Nach den Skandalen um Kalbfleisch, in dem Hormonrückstände gefunden wurden, und um Hühnerfleisch, das mit ► **Salmonellen** infiziert war, hat nun die seit Ende der 80er-Jahre auftretende Rinderseuche BSE zu einem weiteren Rückgang des Fleischverbrauchs geführt. BSE ist das Kurzwort für die wissenschaftliche Bezeichnung ***b**ovine **s**pongiforme **E**nzephalopathie*, besser bekannt unter dem Begriff Rinderwahnsinn. Bei dieser Krankheit, die Rinder im Alter zwischen drei und fünf Jahren befällt, verwandelt sich das Gehirn langsam in eine schwammartige Masse. Ehemals friedliche Tiere werden aggressiv, reagieren äußerst schreckhaft und leiden unter Gleichgewichtsstörungen. 1986 stellte man den Rinderwahnsinn erstmals in England fest. Wissenschaftler vermuten, dass eine sonst nur bei Schafen auftretende Krankheit, genannt Scrapie, auf Rinder übertragen wurde. Als Auslöser stehen nicht ausreichend sterilisierte und zu Kraftfutter aufbereitete Schlachtabfälle im Verdacht, die man an Rinder zu Mastzwecken verfütterte. Damit hätte der immer noch unbekannte Erreger (► **Prionen**) die Artenbarriere überschritten, was extrem selten ist. Seit 1988 ist daher die Verfütterung von Tiermehl in Großbritannien untersagt. Das Verbot wird jedoch bis heute oft nicht eingehalten und kaum kontrolliert. Anfang des Jahres 1996 gab man dann in Großbritannien widerwillig bekannt, dass BSE vermutlich beim Menschen eine Variante der sonst sehr seltenen ► **Creutzfeldt-Jakob-Krankheit** auslöst. Um die völlig verunsicherten Verbraucher in den anderen EU-Ländern zu schützen wurde Großbritannien mit einem totalen Exportverbot für Rindfleisch und dessen Nebenprodukte belegt und reagierte daraufhin unverzüglich mit der Drohung die Zusammenarbeit in der Europäischen Union zu blockieren. Besonders betroffen von den immer neuen Enthüllungen im Zusammenhang mit BSE sind die Rinderzüchter. Um ihre Existenz zu retten versucht man durch klare Qualitäts- und Herkunftsbezeichnungen das Vertrauen der Verbraucher zurückzugewinnen. So ist seit einiger Zeit Rindfleisch in Metzgereien oft mit einem Gütesiegel versehen, das die Unbedenklichkeit der Ware garantieren soll.

In britischen Verbrennungsanlagen werden mit BSE infizierte Tiere vernichtet. Irische Bauern indessen garantieren dem Verbraucher, dass ihre Ware unbedenklich ist.

Bug

siehe S. 101

Bulimie

griech. boulimia = Heißhunger

Spätestens seit einem Fernsehinterview mit Prinzessin Diana 1995 ist die Ess- und Brechsucht, in der Fachsprache Bulimie genannt, in das Bewusstsein der Öffentlichkeit gerückt. Die Krankheit zeichnet sich durch periodische Heißhungeranfälle aus, bei denen in kürzester Zeit große Mengen an Nahrungsmittel zwanghaft verschlungen werden – oft über 10000 Kalorien (42000 kJ). Die Bulimiekranken, meist junge Frauen im Alter zwischen 15 und 35, erbrechen die Nahrung anschließend sofort wieder um eine Gewichtszunahme zu verhindern. Häufig machen die Betroffenen auch eine Fastenkur. Außerdem werden oft Abführmittel eingenommen, wobei der ständige Missbrauch zu einer Beeinträchtigung der Darmschleimhäute führt. Die Bulimie ist mit der ► **Anorexie** eng verwandt und tritt nicht selten im Wechsel mit ihr auf.

Bündnisfall

Seit dem Krieg im ehemaligen Jugoslawien (► **Balkankonflikt**) wird in der deutschen Parteien- und Medienlandschaft eine umfassende Diskussion über die deutsche Sicherheitspolitik geführt. In diesem Zusammenhang ist häufig von einem Bündnisfall die Rede. Darunter versteht man ein Abkommen zwischen Staaten, sich im Rahmen eines Sicherheitspaktes im Kriegsfall gegenseitig zu unterstützen. Eine derartige Übereinkunft wurde z. B. von den Mitgliedern der NATO im Nordatlantikvertrag vom 4. April 1949 getroffen. Das Bundesverfassungsgericht erklärte dann 1994 Einsätze der Bundeswehr außerhalb des NATO-Vertragsgebietes für verfassungskonform. Man geht aber davon aus, dass die Bundeswehr in solchen Fällen nur zusammen mit den Bündnispartnern und mit Zustimmung der UNO eingesetzt wird. Kampfeinsätze und Friedensmissionen im Ausland muss der Bundestag billigen.

Bungeejumping

engl. bungee = Gummiseil
engl. jump = Sprung

In unserem normalen Alltag, der in der Regel bar jeglichen Abenteuers und Nervenkitzels ist, nimmt der Drang zu, sich bewusst Gefahren auszusetzen. Immer mehr Zulauf haben deshalb ► **Extremsportarten** wie das Bungeejumping, das als eine

Beim Bungeejumping, wie hier von der Gondel einer Seilbahn, springt man kopfüber in die Tiefe – nur gesichert durch ein dehnbares Hüft- oder Fußseil.

Mutprobe besonderer Art auf der Südseeinsel Pentecost für junge Männer erfunden wurde: der Sprung von hohen Bambusgerüsten kopfüber in die Tiefe, nur gesichert durch ein um die Füße geschlungenes Seil aus Lianenfasern. In der modernen Variante übernimmt eine elastische Spezialleine aus Latex diese Aufgabe. Am Anfang sprangen Einzelne meist von Brücken aus in die Tiefe, doch dann wurde ein Geschäft daraus: Zwischen 100 und 150 DM zahlt man heute für einen Sprung etwa von einem Baukran – die übliche Sprunghöhe beträgt 50–70 m –, aber auch noch viel höhere Sprünge von Fernsehtürmen, Hubschraubern oder Seilbahngondeln werden angeboten. Der Spaß bei diesen höchst gefährlichen Aktionen dauert nur einige Sekunden. Bungeejumping fasziniert vor allem junge Leute, die meisten Springer sind unter 30.

Bürgergeld

Wenn von der Kürzung der Sozialleistungen die Rede ist, fällt häufig der Begriff Bürgergeld. Er bezeichnet eine staatliche Leistung für den Bürger – gedacht ist an eine steuerfinanzierte Grundversorgung –, die laut Vorschlag von FDP und Teilen der CDU die bisherigen rund 150 einzelnen Sozialleistungen ersetzen soll. Ziel des Bürgergeldes ist es, das Sozialrecht zu vereinfachen und damit Verwaltungskosten einzusparen. Erwerbslose sollen einen Anreiz zur Aufnahme auch einer niedrig bezahlten Arbeit erhalten, indem nur die Hälfte des Arbeitseinkommens auf das Bürgergeld angerechnet wird.

Überarbeitung und Hektik im Berufsleben führen in Verbindung mit den Anforderungen des Privatlebens immer öfter zur völligen psychischen Erschöpfung.

Burn-out-Syndrom

engl. to burn out = ausbrennen

Der ständig wachsende Konkurrenzdruck am Arbeitsplatz, mit dem oft ein Gefühl der Überforderung einhergeht, führt bei immer mehr Menschen zum so genannten Burn-out-Syndrom. Bei einer psychologischen Untersuchung konnten bestimmte Symptome beobachtet werden, die auf alle Burn-out-Patienten gleichermaßen zutrafen: Die Opfer fühlten sich lustlos, hilflos, deprimiert, eben ausgebrannt, und ihr Selbstwertgefühl war stark erschüttert. Außerdem traten Erschöpfungszustände auf, oft fanden die Betroffenen weder Schlaf noch Ruhe. Um dem Leistungsdruck und dem Stress besser standhalten zu können wird nicht selten zu Aufputschmitteln oder Alkohol gegriffen. Doch meist verschlimmert sich dadurch der Zustand und das Frustrationsgefühl wächst.

Business Reengineering

engl. business = Unternehmen
engl. to reengineer = umbauen

Das Konzept für die Neuordnung eines Unternehmens im Bestseller *Business Reengineering* von den Firmenberatern Hammer und Champy wurde zum Allheilmittel für krisengeschüttelte Firmen. Zu den Hauptgründen, die man für die wirtschaftliche Misere verantwortlich macht, zählt die traditionelle hierarchische Betriebsstruktur. So haben Führungskräfte oft kein Interesse daran das Wissen ihrer Fachkräfte, die direkt am Herstellungsprozess beteiligt sind, für Verbesserungen zu nutzen. Nicht selten herrscht auch zwischen den einzelnen Abteilungen ein starkes Konkurrenzdenken, sodass der erforderliche Austausch von Informationen und Ideen unterbleibt. Der neuen Strategie zufolge sollen deshalb Rangordnungen abgebaut werden: Der Manager wird zum Coach, der die Mitarbeiter begeistert und fördert (► **Empowerment**). Letztere erhalten mehr Entscheidungsfreiheit und Selbstverantwortung. Dabei sind umfangreiche Qualifizierungsmaßnahmen etwa in Form von Weiterbildungen oder Schulungen notwendig um die Mitarbeiter nicht zu überfordern und sie mit den neuen Zuständigkeiten vertraut zu machen. Durch die innerbetrieblichen Veränderungen hofft man die Gesamtkosten, die in einem Unternehmen anfallen, zu senken. Außerdem sollen z. B. kürzere Bearbeitungszeiten von Reklamationen die Serviceleistung (► **Kundenorientierung**) und eine geringere Fehlerquote die Produktqualität verbessern.

Vor allem junge Frauen tragen anstelle eines Büstenhalters gern ein sportliches Bustier.

Bustier

franz. buste = Büste; weibliche Brustpartie

In den 70er-Jahren verbannte die emanzipierte Frau den als unpraktisch und einengend empfundenen Büstenhalter aus ihrer Garderobe. Ein Jahrzehnt später, im Zuge der Gegenbewegung, holten die ► **Modedesigner** das verpönte Kleidungsstück wieder aus der Versenkung. Die Wäschebranche verjüngte daraufhin ihr BH-Sortiment, indem sie u.a. eine extrem sportliche Linie ohne romantische Schnörkel schuf. Anregungen dafür lieferten die flotten Sporttrikots aus den Ballettsälen, die bunte ► **Gym-Mode** der Fitnessstudios und die trageleichte Strandbekleidung. Auf diese Weise entstand das leibchenähnliche und nur knapp zur Taille reichende Bustier, das besonders bei jungen Mädchen mit wenig Busen Gefallen fand. Dieses Wäschestück, das eher an das Oberteil eines zweiteiligen Badeanzugs erinnert, hatte weniger den stützenden Charakter eines BH als die wärmende Funktion eines eng anliegenden, etwas zu kurz geratenen Unterhemdchens. Seit das kurvenreiche Dekolleté Anfang der 90er-Jahre wieder stärker ins Rampenlicht rückte, ist das jugendliche Bustier mit seinen klaren Linien auch in weiblicheren Variationen zu haben – raffiniert spitzenbesetzt und mit ausgearbeiteten Büstenschalen. Ebenso wie der ► **Body** gilt das Bustier als ein Zwitterwesen zwischen Dessous und Freizeitmode, daher kann es getrost anstelle eines Shirts neckisch unter dem Blazer hervorblitzen.

Bypass

engl. bypass = Umleitung

Nicht zuletzt durch die Herzerkrankung des russischen Präsidenten Boris Jelzin im Herbst 1996 ist diese Operationsmethode der Herzchirurgie ins Blickfeld der Öffentlichkeit gerückt. Der Eingriff wird erforderlich, wenn eines der Kranzgefäße, die den Herzmuskel mit Blut versorgen, wegen eines Pfropfens oder Kalkablagerungen blockiert ist und andere Maßnahmen – wie die Gabe gerinnungshemmender Substanzen oder eine ► **Ballondilatation** – nicht ausreichend oder aus medizinischer Sicht wenig ratsam sind. In solchen Fällen überbrückt der Chirurg den verstopften Gefäßbereich, indem er einen Bypass legt. Dazu entnimmt er Teile von Arterien aus der Brustwand oder von Venen aus dem Bein des Patienten und pflanzt sie an der entsprechenden Stelle des Herzmuskels ein. Da es sich dabei um eigenes Körpergewebe handelt, kommt es nicht wie bei anderen Transplantationen zu der gefürchteten Abstoßungsreaktion, vielmehr verläuft die Wundheilung komplikationslos. Die Erfolgsaussichten sind gewöhnlich sehr gut und zu 80–90 % gelingt es die Überbrückungen offen zu halten. Die Kosten für eine Bypassoperation liegen zwischen 22000 und 25000 DM, wobei jährlich allein in Deutschland an rund 40000 Patienten der Eingriff vorgenommen wird. Neben der herkömmlichen chirurgischen Methode am offenen Brustkorb wendet man seit Juni 1996 auch das schonendere „Schlüsselloch-Verfahren" (► **minimalinvasive Chirurgie**) an. Hier schaffen Spezialinstrumente die Möglichkeit, dass man nur über eine kleine Öffnung an das Herz gelangt und den Bypass einnäht.

CAD

engl. computer-aided design = computerunterstütztes Entwerfen

In den Konstruktionsbüros moderner Industriebetriebe ist die Zeit von Reißbrett, Bleistift, Lineal und Zirkel zu Ende gegangen. Stattdessen arbeiten Ingenieure und technische Zeichner heute größtenteils mit CAD und den dazugehörigen Utensilien, nämlich ▶ **PC**, Bildschirm, Tastatur, ▶ **Maus**, elektronischem Zeichenbrett und Lichtgriffel. CAD bietet viele Vorteile: Man kann damit u. a. die Entwicklungsstufen einer Zeichnung speichern und einmal angefertigte Entwürfe in einer ▶ **Datenbank** ablegen, Zeichnungen können beliebig vergrößert oder verkleinert werden und es ist möglich dasselbe Objekt aus den verschiedensten Blickwinkeln zu zeigen. Außerdem treten bei der Darstellung keine Ungenauigkeiten auf und Maße brauchen nicht extra angegeben zu werden, sondern sind automatisch in der Zeichnung enthalten. So kann der Entwurf direkt in die Produktion gegeben werden, denn angeleitet durch die CAD-Daten stellt eine computergesteuerte Werkzeugmaschine, etwa ein Industrieroboter, den entworfenen Gegenstand selbsttätig her. Das Fernziel vieler Techniker, die an der Weiterentwicklung von CAD und ähnlichen Methoden beteiligt sind, ist die vollautomatische Fabrik, in der Planung und Fertigung in einem einheitlich computerisierten System integriert sind.

Lichtgriffel und Monitor ersetzen beim CAD, dem Zeichnen am Computer, traditionelle Hilfsmittel wie Bleistift und Reißbrett.

Calcetto

siehe S. 399

Callanetics

siehe S. 161

Call-back

In Deutschland hat die Telekom (▶ **Telekommunikation**) – bzw. früher ihre Vorgängerin, die Deutsche Bundespost – bislang eine Monopolstellung auf dem Telefonsektor inne und diese Tatsache wirkt sich u. a. auch auf die Höhe der Gebühren aus. Einige private Unternehmer haben dieses Monopol jedoch unterlaufen. Sie bieten ihren Kunden mit der Methode des Rückrufs (englisch *call-back*) eine Möglichkeit, billiger zu telefonieren, indem sie die relativ günstigen US-amerikanischen Telefontarife nutzen. Zu diesem Zweck kaufen sie große Kontingente an Einheiten zum Vorzugspreis auf und geben einen beträchtlichen Teil der Rabatte an ihren Kunden weiter. Und für diesen funktioniert die Sache so: Er wählt eine ihm zugeteilte Nummer in den USA an, dann nennt er seine Geheimnummer und legt wieder auf. Sekunden später wird er von einem Computer aus Übersee angerufen. Nach dem Abnehmen des Hörers erklingt der Wählton der amerikanischen Telefongesellschaft und nun kann der Kunde selbst jede beliebige Nummer in der ganzen Welt anrufen und zum niedrigen US-Geschäftstarif mit seinem Gesprächspartner reden. Allerdings gilt das nur für Auslandsgespräche und es lohnt sich für den Kunden nur dann, wenn er sehr viel telefoniert. Einmal pro Monat wird mit der amerikanischen Telefongesellschaft abgerechnet. Ob es diesen Service noch lange gibt, ist sehr fraglich, denn ab dem 1. Januar 1998 ist der Markt für weitere deutsche Firmen und für ausländische Netzanbieter geöffnet und durch die dann entstehende Konkurrenzsituation könnten die Telefongebühren drastisch sinken.

Camcorder

engl. camera recorder = Kamera-Aufzeichnungsgerät

Für zahlreiche Zeitgenossen ist ein Urlaub oder ein Familienfest ohne Videokamera bzw. ohne Camcorder kaum noch vorstellbar, obwohl die Geschichte solcher Geräte noch gar nicht alt ist. Die ersten Videokameras waren schwergewichtige und ausgesprochen teure Apparate, die allerdings auch nur von den Profis beim Fernsehen benutzt wurden. Mitte der 70er-Jahre kamen dann die ersten Geräte für Amateure auf den Markt. Sie zeichneten nur schwarzweiße Bilder auf, doch schon einige Jahre später folgten Farbkameras. Bei beiden Typen brauchte man noch einen separaten Videokassettenrekorder, der mit der Kamera über ein Kabel verbunden war und wie eine Umhängetasche mitgetragen werden musste. Angeschlossen an einen Fernsehapparat diente er auch als Abspielgerät. Anfang der 80er-Jahre wurde dann der erste Camcorder, also eine Videokamera mit eingebautem Rekorder, vorgestellt. Es handelte sich wieder um große und schwere Geräte, aber im Lauf der Zeit wurden sie immer kleiner. Eines der kleinsten Modelle stammt von der Firma Sony. Es wiegt 600 g und ist so groß wie ein herkömmlicher Fotoapparat. Wie viele andere Camcorder heutzutage auch verfügt es über eine große Anzahl von elektronischen Hilfsmitteln, die u.a. verhindern, dass die Bilder verwackeln.

Camouflage

franz. camouflage = Tarnung

Jugendliche Ausstrahlung und ein makelloser Teint haben für fast alle Frauen, aber auch für viele Männer einen hohen Stellenwert. Deshalb scheuen zahlreiche Menschen keine Mühen und Kosten um in ihrem äußeren Erscheinungsbild den Erwartungen zu entsprechen. Zu den Hilfsmitteln, die dabei gute Dienste leisten, gehört die Camouflage, ein neuartiges Make-up, das zuverlässig alle Hautunreinheiten abdeckt und sogar bei Narben, störenden Tätowierungen (► **Tattoo**), Sommersprossen und geplatzten Äderchen eingesetzt werden kann. Für Personen, die in Film, Fernsehen und Showgeschäft tätig sind, für Models auf dem Laufsteg und für Turniertänzer und -innen ist das meist lichtechte, reibfeste und wasser- sowie auch schweißfeste Make-up geradezu unentbehrlich. Allerdings ist eine spezielle Technik vonnöten um die Camouflage perfekt aufzutragen, denn die auf verschiedene Hauttöne abgestimmte Abdeckpaste wird nicht verrieben, sondern mit einem Pinsel, einem Schwamm oder mit den Fingern behutsam aufgetupft. Erst der anschließend dick aufgetragene Fixierpuder macht die Schminke haltbar.

Canceln

Zu den zahlreichen englischen Begriffen, die in die deutsche Sprache aufgenommen wurden, gehört das Wort canceln, das so viel wie absagen oder stornieren bedeutet. Während man früher nur Flüge cancelte, werden heutzutage auch Konzerte, Vorlesungen oder andere Veranstaltungen gecancelt. Manche Menschen gebrauchen den Begriff ebenfalls in Fällen, in denen man das schlichte Wort absagen verwenden könnte.
Es klingt in ihren Ohren einfach wesentlich schicker, beispielsweise ein Date zu canceln (► **Blinddate**), statt eine Verabredung abzusagen.

Candida

lat. candida = die Schneeweiße

In letzter Zeit geisterte einige Male die Meldung durch die Presse, dass man endlich den wahren Verursacher einer Reihe von Befindlichkeitsstörungen und Krankheiten dingfest gemacht habe, nämlich den Hefepilz *Candida albicans*. Anhand von Stuhlproben lasse er sich nachweisen und dann durch eine so genannte Kolonhydrotherapie, also mithilfe von Wasser, aus dem Darm spülen. Aber diese These konnte wissenschaftlich nicht untermauert werden, denn der Pilz, der normalerweise völlig harmlos ist, kommt auch im Stuhl gesunder Menschen vor, da er sich häufig im Verdauungstrakt ansiedelt. Das Ausmaß seines Vorkommens schwankt je nach Art der aufgenommenen Nahrung. Nur unter bestimmten Umständen, nämlich dann wenn das Immunsystem eines Menschen geschwächt ist, beginnt er zu wuchern. Das kann bei chronisch Kranken, bei Aidspatienten (► **Aids**) oder Personen vorkommen, deren Immunsystem etwa nach einer Transplantation oder einer ► **Chemotherapie** unterdrückt wird oder in Mitleidenschaft gezogen ist.

Cannabis

griech. kannabis = Hanf

Indischer Hanf oder Cannabis ist eine Rausch erzeugende Pflanze. Die beiden bekanntesten Produkte, die man daraus gewinnen kann, sind Marihuana und Haschisch, beides so genannte weiche Drogen. Für das schwächere Marihuana verwendet man getrocknete Teile der Cannabispflanze und für Haschisch harzähnliche Sekrete, die von den Drüsenhaaren an Blüten, Blättern und Stängeln ausgeschieden werden. Beide

Aus der Cannabispflanze werden u. a. Marihuana und Haschisch hergestellt.

Rauschmittel werden meist geraucht, aber auch gekaut sowie in Kaffee oder Tee gemischt und getrunken. Nach dem Genuss können euphorische Zustände eintreten, jedoch ebenso Angst und Apathie. Die Substanz, die das bewirkt, ist THC, Tetrahydrocannabinol, das in den Hirnstoffwechsel eingreift. In Deutschland ist eine Diskussion darüber im Gang, ob Cannabis freigegeben werden soll. Aufsehen erregte in dem Zusammenhang ein Urteil des Landgerichts Lübeck aus dem Jahr 1994, das den Besitz von mehreren Kilogramm Haschisch nur mit einer Bewährungsstrafe ahndete. Der Bundesgerichtshof hob das Urteil jedoch auf und verwies es zurück nach Lübeck, wo das Strafmaß im August 1996 deutlich erhöht wurde. Ebenfalls 1996 wurde das Produktionsverbot für Hanf, aus dem man auch Textilien, Seile, Öl und Papier herstellen kann, aufgehoben (► **Nachwachsende Rohstoffe**).

Canyoning

Viele Menschen empfinden ihren Arbeitsalltag als langweilig und stillen ihre Sehnsucht nach Abenteuer deshalb im Urlaub (► **Activity-Urlaub**), etwa beim Canyoning. Der Begriff, der sich von englisch *canyon* oder spanisch *cañón* für Schlucht ableitet, bezeichnet eine Kombination verschiedener Sportarten,

Canyoning erfordert Mut und Geschicklichkeit.

die alle zum Einsatz kommen, wenn man eine wasserdurchtoste Schlucht erkunden will, also Wandern, Felsklettern (► **Freeclimbing**), Schwimmen und Tauchen – oft in eisigem Wildwasser. Am Anfang einer typischen Canyoning-Tour steht meist das Abseilen zum Grund der Schlucht, dann folgen oft ein kaltes Bad und ein Fußmarsch entlang dem Ufer eines reißenden Flusses, sofern es ein Ufer gibt. Und zum Schluss kommt das Klettern – oder schon zwischendurch, etwa wenn sich in den Steilhängen rechts oder links eine Höhle befindet, deren Erforschung auch noch auf dem Programm steht. Normalerweise findet das Canyoning aus Sicherheitsgründen in Gruppen statt. Wegen der Gefahren gehören zur Ausrüstung ein Schutzanzug sowie Helm und Klettergurt.

Carsharing

engl. car = Auto
engl. to share = teilen

Das Auto zählt zu den größten Umweltverschmutzern (► **Abgasgrenzwerte**) und trägt zum ► **Waldsterben** bei. Außerdem ist es relativ teuer in der Anschaffung und im Unterhalt. Es würde also sowohl die Umwelt als auch den Geldbeutel zahlreicher Privatleute entlasten, wenn nicht mehr so viele Autos wie bisher neu zugelassen würden. Eine Methode, mit der das erreicht werden könnte, ohne dass die gewünschte Mobilität verloren geht, ist das so genannte Carsharing. Bei diesem Verfahren, das in der Schweiz schon seit 1948 und in Deutschland und Österreich seit 1988 angewandt wird, teilen sich mehrere Einzelpersonen oder Familien die Verwendung und die Betriebskosten eines Autos. Meist treten die Interessierten zu diesem Zweck einer Carsharing-Organisation bei. Sie entrichten dann eine Eintrittsgebühr und bei einigen Organisationen auch eine geringe monatliche Abgabe. Als Gegenleistung können sie einen Wagen für den Zeitraum ausleihen, für den sie ihn brauchen, und sie zahlen dann für jeden gefahrenen Kilometer einen Betrag, der aus Benzinkosten, Nutzzeit sowie den Kosten für Anschaffung, Steuer und Versicherung des Autos errechnet wird. Das bedeutet, dass der Fahrer immer nur so hohe Kosten hat, wie sein tatsächlicher Anteil an der Nutzung des Wagens beträgt.

Cartridge

engl. = Patrone

Im Computerbereich wurden von jeher zum Speichern und zum Transport großer Datenmengen Magnetbänder eingesetzt. Seit einigen Jahren gibt es für den ► **PC** Magnetbandkassetten, die man auch Cartridges nennt. Sie ähneln in Aufbau und Funktionsweise den Musikkassetten und enthalten ein Magnetband, auf dem in bis zu 24 Spuren ► **Bits** hintereinander abgespeichert werden. Es gibt verschiedene Größen und bauliche Varianten von Cartridges mit unterschiedlichen ► **Speicherkapazitäten** zwischen etwa 50 Mega- und einer ähnlichen Zahl Gigabyte. Da über dieses Medium das Lesen und Schreiben wesentlich langsamer vonstatten geht als etwa auf einer ► **Festplatte**, eignen sie sich nur für die Datensicherung oder -weitergabe. Auf diesem Gebiet sind sie aber unschlagbar, weil besonders preisgünstig.

Cashflow

Um sich über die Wirtschaftskraft eines Unternehmens zu informieren, überprüft man nicht nur die Bilanz, sondern erkundigt sich auch nach dem so genannten Cashflow. Dieser Begriff, der aus dem Englischen stammt, wird treffend mit Geldfluss übersetzt, denn es handelt sich dabei in der Tat um einen Zahlungsstrom, d.h. um Ein- und Ausgang von Geld. Der Betrag des Cashflows wird durch die Gewinn-und-Verlust-Rechnung ermittelt. Anders als die Bilanz berücksichtigt er jedoch u.a. keine ► **Abschreibungen** oder Rückstellungen, also Rücklagen für erwartete finanzielle Mehrbelastungen, sondern beziffert nur den Überschuss der Einnahmen gegenüber den Ausgaben. Das bedeutet, dass der Cashflow auf der einen Seite zwar einiges über die Ertragslage eines Unternehmens erkennen lässt, dass er aber andererseits immer nur eine in die Vergangenheit weisende Aussage über den Überschuss erlaubt. Diese Gelder stehen zum Zeitpunkt, an dem dieser ermittelt wird, schon nicht mehr zur Verfügung, sondern sind z.B. bereits für Investitionen oder Schuldentilgung eingesetzt worden.

Casting

siehe S. 235

CASTOR

Pro Jahr werden in Deutschland rund 60–80 Transporte von atomaren Stoffen (► **Atommüll**) durchgeführt, u.a. in Richtung Frankreich zur ► **Wiederaufbereitungsanlage** von La Hague oder ins ► **Zwischenlager** nach Gorleben. Da es sich bei der Fracht um radioaktiv strahlendes Material handelt, sind für die Reise besondere Sicherheitscontainer vonnöten, die man CASTOR nennt – von Englisch *cask for storage and transport of radioactive material*, also Behälter für Lagerung und Transport von radioaktivem Material. Diese Behältnisse bestehen aus Gusseisen, sind 6m lang und 2m breit und werden vor ihrem Einsatz einer strengen Fall- und Feuerprüfung unterzogen. Die Außentemperatur der Container darf höchstens 85°C betragen und es wird regelmäßig getestet, ob eventuell Radioaktivität austritt. Trotz dieser Sicherheitsvorkehrungen sind viele Menschen besorgt über die CASTOR-Transporte und militante Atomkraftgegner versuchen oft sie zu behindern. So kam es im Mai 1996 zu Auseinandersetzungen zwischen der Polizei und Demonstranten, die die Gleise blockierten und die Oberleitungen der Züge beschädigten. Um die Situation unter Kontrolle zu halten bot die Polizei 19000 Mann auf, die u.a. alle Bahnhöfe, Brücken und Unterführungen entlang der Strecke sicherten – eine Maßnahme, deren Kosten sich auf rund 40 Mio. DM beliefen. Noch größer war der personelle und finanzielle Aufwand zum Schutz der CASTOR-Transporte 1997. Angesichts der immensen Kosten und des Widerstands in der Bevölkerung werden die Atommülltransporte weiterhin umstritten bleiben.

Atomkraftgegner behindern den Transport des CASTOR.

Casualwear

Im heutigen Modewortschatz bezeichnet Casualwear, was auf Englisch so viel wie lässige Kleidung bedeutet, auch im Deutschen den modernen Freizeitdress, der für Männer, Frauen und Kinder meist aus Sweatshirt, Jeans und Boots bzw. ► **Sneakers** besteht. Darüber hinaus bezeichnet der Begriff aber ganz allgemein einen saloppen Bekleidungsstil, der nicht nur für das Wochenende, sondern auch für den Alltag geeignet ist, denn vor allem viele junge Leute wollen heute nicht mehr zwischen privater und beruflicher Garderobe unterscheiden. Zu dieser Casualwear, die sowohl sportlich als auch gepflegt aussieht, gehören leger geschnittene Sakkos, Bundfaltenhosen, Polohemden und edle Pullover.

Catering

engl. to cater = liefern

Trotz anhaltend schlechter Wirtschaftslage gibt es einen Erwerbszweig mit Wachstumsraten: die Dienstleistungsbranche (► **Dienstleistungsgesellschaft**). In diesen Bereich fällt das so genannte Catering. Darunter versteht man im engeren Sinn die Lieferung von Speisen und Getränken bzw. auch die Herstellung der Speisen. Cateringfirmen haben sich also darauf spezialisiert, in Großküchen Mahlzeiten zuzubereiten, diese in Container oder andere spezielle Behältnisse abzupacken und zum Abnehmer zu transportieren. Im weiteren Sinn bedeutet Catering aber noch mehr, nämlich die komplette Versorgungslogistik. Wenn eine Firma z.B. den Auftrag übernimmt eine Jubiläumsfeier auszurichten, dann achten die Angestellten nicht nur darauf, dass das Essen pünktlich geliefert wird, sondern decken auch die Tische, kümmern sich um die Bestuhlung, sammeln nach dem Festmahl Geschirr und Speisereste wieder ein und sorgen für die Reinigung der Räumlichkeiten.

Cateringfirmen liefern Köstlichkeiten en gros.

Jede neue CD wird gründlich kontrolliert, bevor sie die Fabrik verlässt.

CD

engl. compact disc = kleine runde Scheibe

Bei über 80% aller Tonträger, die in Deutschland verkauft werden, handelt es sich um CDs; die alte Vinylschallplatte hat also weitgehend ausgespielt. Der Grund für diesen ► **Boom** liegt in der ausgezeichneten Qualität der Tonwiedergabe bei der CD, die die meisten Musikliebhaber den vermeintlich natürlicheren Klangeigenschaften der Schallplatte, auf der es ab und zu einmal rauscht und knackt, vorziehen. Auch hinsichtlich des Fassungsvermögens hat die CD der Platte den Rang abgelaufen: Bei der international auf 12 cm Durchmesser und 1,2 mm Dicke genormten und aus Polykarbonatkunststoff hergestellten CD sind die Toninformationen als digitale Signale in Form mikroskopisch kleiner Vertiefungen gespeichert, die dann optisch von einem ► **Laser** abgelesen werden. Weitere Vorteile: Die CD ist unempfindlich gegen Kratzer, da sie mit einer transparenten Schutzschicht überzogen ist, ihre Qualität lässt nicht nach, weil der Laser die Signalspur nicht ausleiert, und zudem ist sie noch relativ preiswert.

CD-ROM

engl. compact disc read only memory = CD mit nur lesbarem Speicher

1982 kam die CD-ROM auf den Markt, die nicht wie die ► **CD** nur gesprochene Wörter und Musik, sondern auch Bilder speichern kann, und mittlerweile gehört ihr Abspielgerät oder Laufwerk zur Standardausrüstung eines ► **PC.** Eine CD-ROM kann 550–680 Megabyte aufnehmen und kommt darin einer mittleren ► **Festplatte** gleich. Man kann mit ihr, wenn auch relativ langsam, Daten übertragen, aber es ist technisch unmöglich, auf einer CD-ROM Daten abzulegen – daher der Name. Die Ursache dafür liegt im besonderen Aufzeichnungsverfahren: Anders als bei Festplatte, ► **Diskette** und Magnetband

(► **Cartridge**) sind die Daten auf einer CD-ROM nicht durch Magnetisierung gespeichert, sondern direkt in der Materialstruktur abgelegt. Um ► **Bits** mit ihren Werten 1 und 0 zu speichern drückt man für jede 1 eine kleine Vertiefung in die Oberfläche der Scheibe, während man sie für jede 0 unverändert lässt. Zum Lesen der CD-ROM wird die Scheibe in Drehung versetzt und mit einem ► **Laser** abgetastet, der ähnlich dem Arm eines Plattenspielers der spiralig angelegten Spur folgt. Die Reflexionen des Laserlichts fängt ein Fotosensor auf. Trifft der Strahl auf eine Vertiefung, dann wird er schwächer zurückgeworfen als von einer höher liegenden Zone, sodass der Sensor wechselnde Spannungen meldet. Diese wiederum stellen den Wechsel zwischen den Bit-Werten dar. Dank ihrer Speichermethode ist der Datenbestand einer CD-ROM nahezu unverwüstlich und das macht sie, zusammen mit der großen ► **Speicherkapazität**, zum geeigneten Medium für ► **Betriebssysteme**, ► **Software**, elektronische Bücher und Spiele.

Cerealien

lat. ceres = Getreide

Heutzutage weiß man, wie bedeutsam eine gesunde Ernährung für das Wohlbefinden ist. Zu den wichtigsten Nahrungsmitteln, die auf dem täglichen Speiseplan nicht fehlen dürfen, gehören Vollkornprodukte, beispielsweise aus Dinkel, Gerste, Hafer, Hirse, Mais, Reis, Roggen oder Weizen. Sie sind besonders wertvoll, weil bei ihnen das ganze Korn mitsamt den nährstoffreichen Außenschichten und dem Keimling erhalten geblieben ist. Viele Menschen nehmen schon morgens eine große Portion davon zu sich, und zwar meist in Form von Frühstücksflocken wie Cornflakes oder auch als Müslimischung, deren Bestandteile dann von der Werbung als gesunde Cerealien bezeichnet werden. Das bedeutet nichts anderes als Getreide, klingt aber wissenschaftlicher und überzeugender.

Cerealien in allen Variationen gehören zur gesunden Ernährung.

Chakratherapie

Sanskrit Chakra = Rad, kreisender Kraftwirbel

Viele Leute stellen das westliche Menschenbild infrage und wenden sich östlichen Lehren zu, sowohl auf religiösem Gebiet als auch im Bereich der Gesundheit bzw. Medizin. Zu den von der altindischen Philosophie beeinflussten Therapieformen gehört die Chakratherapie (► **Anthroposophische Medizin**). Mit dem Begriff Chakra, der auch im ► **Yoga** Bedeutung hat, werden Kraftzentren oder Energiewirbel im Körper bezeichnet, deren Tätigkeit von Sonne und Mond beeinflusst wird und die man deshalb mitunter den Tunnel zum Kosmos nennt. Sie üben Wirkung auf verschiedene Körperorgane aus und sind durch Kanäle miteinander verbunden. Wichtig sind vor allem die sieben Hauptchakras: Wurzelchakra (Steißbein), Sakralchakra (Geschlechtsorgane), Nabelchakra, Herzchakra (Thymusdrüse), Kehlkopfchakra (Schilddrüse), Stirnchakra (Hypophyse) und Scheitelchakra. Bei der Chakratherapie geht man wie bei allen ganzheitlichen Therapieformen davon aus, dass ein Mensch dann erkrankt, wenn seine inneren Kräfte blockiert sind und die Harmonie zwischen Körper und Seele gestört ist. Damit der Kranke geheilt wird, versucht man die Energie in seinen Körperzentren zu aktivieren und dafür zu sorgen, dass sie ungehindert fließen kann.

Champions League

engl. champion = Meister
engl. league = Bund, Liga

Bis vor einigen Jahren kämpften die erfolgreichsten europäischen Fußballteams alljährlich um den begehrten Europapokal der Landesmeister. Im Hin- und Rückspiel wurden die Mannschaften ermittelt, die Einzug in die nächste Runde hielten. Nach diesem so genannten K.-o.-System spielte man bis zum Finale. 1993 schuf die UEFA mit der Champions League einen neuen Wettbewerb, der vor allem aus finanziellen Gründen ins Leben gerufen wurde. Denn der für die Champions League gewählte Austragungsmodus garantiert mindestens drei Heimspiele für jedes teilnehmende Team (früher war es nur eines) und dadurch erhoffte man sich größere Einnahmen. Die Gesamtsumme, die an die bisher 16 vertretenen Klubs ausgeschüttet wurde, betrug im Jahr 1996 240 Mio. DM. Allein die Fernsehsender zahlen für die Übertragungsrechte der Champions League jährlich 20–30 Mio. DM. Von der Saison 1997/98 an soll der Wettbewerb um acht Mannschaften auf 24 erhöht werden. Die bislang erfolgreichsten Teams der Champions League waren Juventus Turin und Ajax Amsterdam, doch auch deutsche Teilnehmer wie Werder Bremen, Bayern München und Borussia Dortmund lieferten spektakuläre Spiele.

Im Spiel der Champions League 1996 Borussia Dortmund gegen Widzew Lodz in Aktion: Mittelfeldstar Andreas Möller.

Chaostage

Sie machen stets aufs Neue Schlagzeilen: die Chaostage in Hannover. Jedes Jahr im August kommen hier vor allem Punker und ► **Autonome** aus ganz Deutschland zusammen um sich mit der Polizei Straßenschlachten zu liefern, Schaufensterscheiben einzuschlagen und die Bürger zu provozieren. Dieses Treffen findet seit 1982 statt und wurde seitdem immer umfangreicher und besser organisiert. Inzwischen kursieren in der Punkerszene Flugblätter mit Anfahrtstips und Hinweisen für den Umgang mit der Polizei, in Computernetzen (► **Internet**) wird für die Massenzusammenkunft geworben, die zum Anziehungspunkt für gewalttätige Jugendliche geworden ist. Nach den Erfahrungen, die man bei den blutigen Krawallen im Jahr 1995 gemacht hat (240 Polizisten und über 200 Punker erlitten Verletzungen), wurde 1996 unter massivem Polizeieinsatz das Treffen in Hannover vereitelt. Gegenüber vielen Jugendlichen sprach man ein Aufenthaltsverbot aus, dessen rechtliche Grundlage auf einer Änderung des Gefahrenabwehrgesetzes durch den niedersächsischen Landtag im Mai 1996 beruht. Doch so schnell gaben sich die Punker nicht geschlagen. Die Zusammenkunft wurde nach Bremen verlagert, wo es nur zu kleineren Ausschreitungen kam.

Die Polizei führt während der Chaostage bei Punkern Körperkontrollen durch.

Chaostheorie

griech. chaos = Urmasse

Blitze, Eisblumen am Fenster, Flammenzungen eines flackernden Feuers, Wasserstrudel eines Baches, Kreise, die vom Wind bewegter Strandhafer in den Sand zeichnet, oder wellenförmige Rippel, die bei Ebbe von den zurückweichenden Wellen am Strand hinterlassen werden – scheinbar sich nie in gleicher Weise wiederholende, also chaotische Formen und Muster. In den 70er-Jahren begannen Mathematiker, Biologen, Chemiker und Physiker in den USA chaotische Zustände näher zu erforschen. Ihre Theorie: Auch im Chaos herrscht Ordnung. Viele Beobachtungen legen inzwischen den Schluss nahe, dass Chaos in der Natur nicht nur allgegenwärtig, sondern geradezu unentbehrlich ist. So erfolgt z.B. der Herzschlag keineswegs exakt periodisch; vielmehr ist der Vorgang, der sich in gleichen Zeitabständen wiederholt, von leichten chaotischen Schwingungen überlagert. Diese folgen klaren Gesetzmäßigkeiten und entstehen nicht zufällig. Ein absolut regelmäßiger Herzschlag deutet hingegen auf krankhafte Veränderungen hin. Die Chaosforschung versucht nun jene Entwicklungsformen natürlichen wie künstlichen Lebens mathematisch zu erklären. Arbeitsmittel sind der Computer und die ► **Fraktal**geometrie. Der praktische Nutzen des Wissenschaftszweiges, der auch in Deutschland seine Anhänger hat, ist allerdings noch nicht erkennbar. Er könnte möglicherweise zu verbesserten Wettervorhersagen führen oder neue Erkenntnisse über Ursprung und Entstehung des Universums liefern.

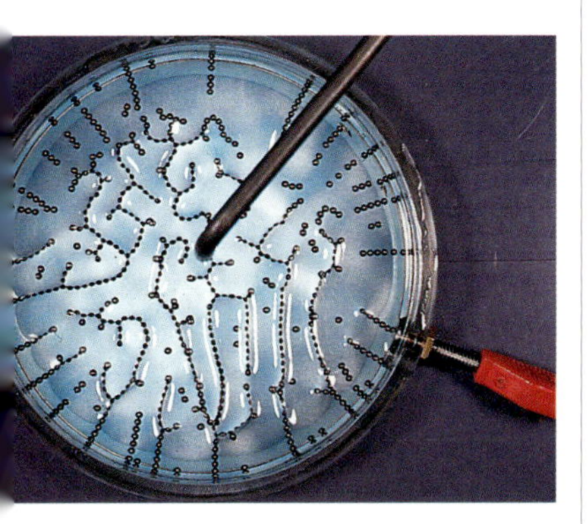

Werden Metallkugeln in Rizinusöl verteilt, so bilden sich chaotische Strukturen aus.

Charts

engl. = Tabellen, Grafiken

Vor allem junge Hörer sind bestens mit ihnen vertraut, den Schlagern, die in der Reihenfolge ihrer Beliebtheit in Listen – Charts – zusammengefasst und als Hitparade regelmäßig im Radio gespielt werden. Doch geprägt wurde der Begriff im Börsengeschäft, wo er den aktuellen Marktwert der Aktien dokumentiert. Schon 1940 übernahm ihn dann das amerikanische Musikmagazin *Billboard* und veröffentlichte unter der Rubrik „Billboard-Charts" eine Liste der meistverkauften Schallplatten aus der heimischen Musikindustrie. Im Lauf der Zeit wurden für bestimmte Musikrichtungen eigene Charts eingerichtet, z.B. für Country & Western, Soul, Jazz, lateinamerikanische und klassische Musik. Inzwischen haben alle Branchenzeitschriften ihre eigenen Hittabellen, die sie selbst auch fachkundig analysieren und die auf den Markt einen großen Einfluss haben. Plattenfirmen etwa richten ihre Verkaufsstrategien und die Verpflichtung neuer Künstler häufig nach solchen gründlichen Chartsanalysen aus.

Chatgroup

engl. to chat = plaudern
engl. group = Gruppe

Im Computerzeitalter kann man per ► **Internet** elektronische Post (► **E-Mail**) verschicken oder in einer der so genannten *newsgroups* – zu Deutsch Nachrichtengruppen – eine Mitteilung an das elektronische schwarze Brett heften. Es ist dann zwar sichergestellt, dass die Botschaft ihren Bestimmungsort schneller erreicht als auf dem herkömmlichen Postweg, auf Antwort muss man aber unter Umständen genauso lange warten. Anders verhält es sich bei einer Chatgroup via Bildschirm und Tastatur. Hier ist der Kontakt eng und die Rückmeldung schnell. Über den als *Internet Relay Chat* bezeichneten Dienst, kurz IRC genannt, können sich beliebig viele Teilnehmer zusammenfinden. Die Gesprächsthemen sind vielfältig: Es wird politisch sowie wissenschaftlich diskutiert, einfach nur geplaudert oder auch geflirtet. Beim Zuschalten muss man seinen Namen, seine E-Mail-Adresse und außerdem einen Spitznamen angeben, der fortan jeder eigenen Äußerung sichtbar vorangestellt wird. Dadurch trägt man einem wichtigen Anliegen der Netiquette, den Umgangsformen im Netz, Rechnung. Der Teilnehmer soll seine Identität offenbaren, Anonymität hingegen ist verpönt.

Checken

siehe S. 225

Check-in

engl. to check = prüfen, bestätigen

Wenn ein Reisender mit dem Zug oder Bus fahren möchte, genügt es zur fahrplanmäßigen Abfahrtszeit am Bahnhof zu sein. Beim Fliegen hingegen muss man sich in der Regel zwischen 45 und 90 Minuten vor Abflug bei den Abfertigungsschaltern jener Gesellschaft melden, bei der man seinen Flug gebucht hat. Dort gibt der Passagier dann sein Ticket ab, bestätigt also, dass er den Platz in der Maschine beansprucht, während das Gepäck vom Schalterpersonal gewogen und zur Verladung weitergereicht wird. Das Ticket wird durch eine Bordkarte ergänzt oder gegen diese ausgetauscht. Mit dem Billett passiert der Flugpassagier anschließend den Zoll, den ► **Security-Check** und schließlich den Bordschalter (► **Boarding**). Beim Check-in können die Buchungen mithilfe des Computers überprüft werden.

Check-up

engl. check up = gründliche Prüfung

Gezielte ärztliche Untersuchungen um Gesundheitsschäden und Krankheiten vorzubeugen bzw. im frühen Stadium zu erfassen gehören heute zur medizinischen Routine in den westlichen Industrieländern. Mit der ► **Nanotechnologie** können dabei immer exaktere Diagnosen gestellt werden. Zu den bekanntesten derartigen Check-ups zählen die jährlichen Vorsorgeuntersuchungen, deren Kosten die Krankenkassen tragen. Bei Frauen empfiehlt man eine Durchführung ab dem 20. Lebensjahr, wobei vor allem die Früherkennung von Brust- und Unterleibskrebs im Vordergrund steht. Männer können ihren Gesundheitszustand ebenfalls regelmäßig kontrollieren lassen. Auch Schwangeren-Vorsorgeuntersuchungen, arbeitsmedizinische Überwachungen, Vorsorge bei Kindern und Jugendlichen sowie vorgeburtliche Tests gehören zu den Check-ups, die von den Krankenkassen erstattet werden. Darüber hinaus kann man weitere Vorsorgeuntersuchungen vornehmen lassen. Es gibt dafür sogar Spezialkliniken wie die Deutsche Klinik für Diagnostik in Wiesbaden.

Chemotherapie

Einen großen Fortschritt bei der Bekämpfung von Tumorerkrankungen stellt die so genannte Hochdosis-Chemotherapie dar, die in den letzten Jahren eingesetzt wurde und überzeugende Ergebnisse liefert. Mit der neuen Methode kann man die Dosis der verabreichten Chemotherapeutika erhöhen und dadurch mehr Krebszellen zum Absterben bringen. Ihr Einsatz ist aber nur möglich, wenn man im Anschluss an die relativ kurze Therapie Blut bildende Stammzellen gemeinsam mit Blutwachstumsfaktoren überträgt. Diese erhalten die gesunden Zellen im Körper bzw. stellen einen Ersatz für die zerstörten her. Auch neu entwickelte chemische Substanzen verbessern zunehmend die Aussichten von krebskranken Menschen. Dazu zählen vor allem die Taxoide, die den raren Naturstoff Taxol aus der Pazifischen Eibe ersetzen sollen. Letzterer gilt als eines der vielversprechenden Mittel im Kampf gegen Brust- und Eierstockkrebs. Die ersten Chemotherapeutika wurden von Paul Ehrlich Mitte des 19. Jh. entwickelt. Während normale Medikamente gewöhnlich indirekt wirken, z.B. über Rezeptoren (► **Betablocker**), und die Zellmembran nicht durchdringen, zielen die Chemotherapeutika direkt auf den zentralen und empfindlichsten Teil der Zelle, den Zellkern. Dort befindet sich das genetische Material, das für die Steuerung der Zelle und ihre Teilung verantwortlich ist. Der Einsatz der Chemotherapie ist deshalb immer mit zahlreichen und häufig schwerwiegenden Nebenwirkungen verbunden, da mit der Behandlung auch gesunde Körperzellen wie Drüsen-, Haar- oder Nervenzellen zerstört werden. Chemotherapeutika sind stets das Mittel der letzten Wahl und finden nur in sehr schweren Fällen Verwendung.

Chill-out-Room

engl. to chill out = abkühlen

Für viele Jugendliche in der Bundesrepublik ist die ► **Techno-Musik** zu einem unverzichtbaren Bestandteil ihres Lebens geworden. Regelmäßig tauchen sie in den entsprechenden Klubs ab und setzen ihren Körper stundenlangen ► **Rave**-Partys aus. Doch damit der Organismus dem exzessiven Tanzen überhaupt standhält, müssen Ruhepausen eingelegt werden. Hierfür stehen so genannte Chill-out-Rooms zur Verfügung: Räume, in denen sich die Besucher bei sanfter Musik (► **Trance Music**) entspannen und erholen können. Man trinkt oder isst eine Kleinigkeit um neue Energie zu tanken und unterhält sich mit seinen Freunden. Zum Programm in den meist schlicht gestalteten Räumlichkeiten gehören außerdem speziell produzierte Chill-out-Videoclips.

Im Chill-out-Room gönnen sich Jugendliche eine kleine Verschnaufpause vom Technotaumel.

Chip

engl. chip = Span, Splitter

Die moderne Mikroelektronik macht es möglich Gruppen von Schaltelementen als integrierte Schaltkreise auf immer kleineren Trägern unterzubringen. Diese elektronischen Bauteile, genannt Chips, können Informationen speichern oder als Rechner in Miniaturform (Mikroprozessoren) Steuerfunktionen wahrnehmen. Sie werden vor allem bei Computern eingesetzt, aber seit Mitte der 90er-Jahre gewinnen Chips auch in der ► **Telekommunikation**, z. B. beim ► **Handy**, sowie in der Autoelektronik und im Haushaltsgerätebereich zunehmend an Bedeutung. Die Schaltelemente oder Transistoren eines Chips sind in eine aus Silizium bestehende Scheibe eingeätzt und meist von einem Gehäuse umschlossen. Die ersten Halbleiterplättchen in den 70er-Jahren hatten eine Größe von wenigen Quadratzentimetern und 10–20 Schaltelemente. Speicherchips der neuesten Generation vereinen rund 100 Millionen Transistoren auf der Fläche eines Pfennigstücks. Jeder Einzelne davon ist etwa 500-mal kleiner als der Durchmesser eines menschlichen Haares. Bedeutende Hersteller von Mikroprozessoren sind neben der US-amerikanischen Firma Intel die japanischen Unternehmen NEC und Toshiba.

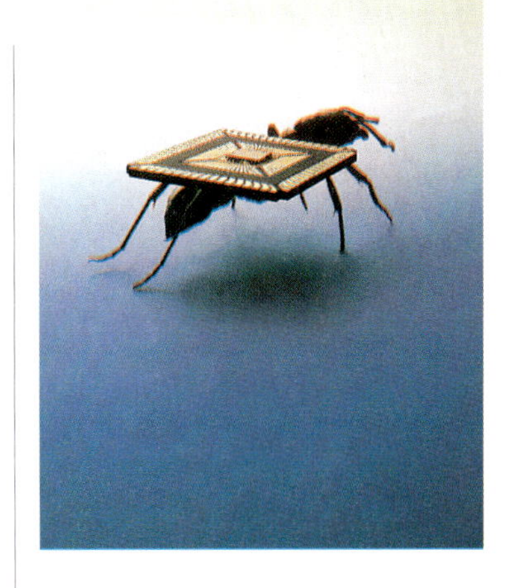

Die Jagd nach immer kleineren elektronischen Bauelementen hält an: Ameise – huckepack mit Mikrochip.

Chiropraktiker

griech. cheir = Hand

Die Chiropraktik, ursprünglich ein alternativmedizinisches Verfahren, das häufig von ► **Heilpraktikern** angewendet wird, ist seit 1976 ein vollgültiger Bereich der Schulmedizin und wird inzwischen offiziell als manuelle (lat. *manus* = Hand) Therapie bezeichnet. Ziel des Verfahrens ist es, funktionelle Störungen des Bewegungsapparates mithilfe bestimmter Handgriffe zu beseitigen. Angewandt wird die Technik, wenn Gelenke und Wirbel blockiert sind und es dadurch zu häufig sehr schmerzhaften Muskelverspannungen kommt. Auch Nerven können eingeklemmt sein. Die verschobenen Wirbelkörper und Bandscheiben werden wieder eingerichtet, indem der Chiropraktiker für eine ruckartige Drehbewegung sorgt oder direkt auf die Dornfortsätze der Wirbelsäule einwirkt. Die Muskulatur muss zuvor, z. B. mittels Massage, weitgehend entspannt sein, auch setzt die Chirotherapie eine gründliche diagnostische und röntgenologische Untersuchung voraus.

Cholesterin

Die Substanz gehört chemisch zu den so genannten Steroiden, einer Untergruppe der Fette. Sie kommt in allen tierischen Geweben vor und wird vom Körper selbst, vor allem in der Leber, hergestellt. Man nimmt sie aber auch mit der Nahrung zu sich, z. B. in Form von Fleisch, Eiern sowie Milchprodukten. Für einige wesentliche Stoffwechselvorgänge und zum Aufbau wichtiger Substanzen ist Cholesterin unabdingbar. So beruhen etwa die Steroidhormone – dazu zählen u. a. die Sexualhormone und das Nebennierenrindenhormon ► **Cortison** – auf einem Grundgerüst aus Cholesterin. Weiterhin ist es unverzichtbarer Baustein für die Zellmembranen und dient der Gallensäure-

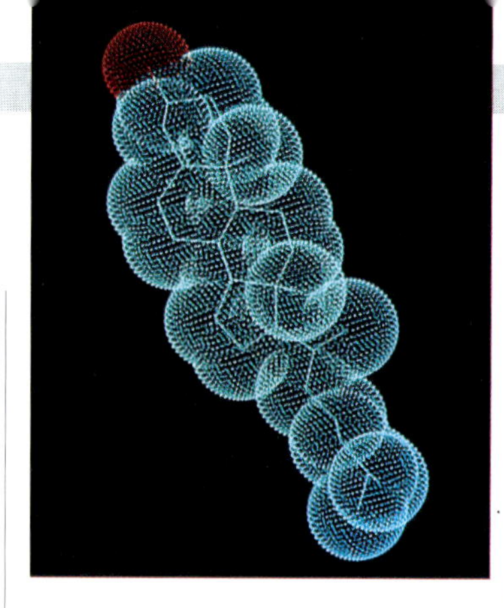

Die Polarisationsmikroskopaufnahme zeigt ein Cholesterinmolekül.

bildung. Da es im Blut nicht löslich ist, wird es von den so genannten Lipoproteinen – man unterscheidet zwischen guten (HDL) und schlechten (LDL) – transportiert. Die erste Gruppe dieser Trägereiweiße bringt das Cholesterin in die Leber, wo es abgebaut wird. Die LDL hingegen dringen in die innere Schicht der Arterien ein und lagern die Substanz an den Gefäßwänden ab. Die Höhe des Cholesterinspiegels im Blut ist von Alter und Geschlecht abhängig. Er steigt von rund 200 mg pro 100 ml im Alter von 20 Jahren auf 250–290 ml bei 60-Jährigen an. Ein zu hoher Wert (über 250) kann die Entstehung von Arterienverkalkung fördern. Um das Herzinfarktrisiko zu senken wird daher eine cholesterinarme Ernährung empfohlen.

Chronisches Müdigkeitssyndrom

In seiner Umwelt ist der Mensch häufig einer Flut von Reizen ausgesetzt, die ihn überlastet. Dies wird u. a. für das chronische Müdigkeitssyndrom (engl. *chronic fatigue disease syndrome)* verantwortlich gemacht – eine Zivilisationskrankheit also, deren Ursache in der Fachwelt allerdings noch heftig umstritten ist. Verschiedene Symptome treffen hier zusammen: eine sich über Monate hinziehende Leistungsschwäche mit oft stark erhöhtem Schlafbedürfnis, nicht selten begleitet von Kopf- und Gliederschmerzen, Schwindel sowie körperlichem Unwohlsein. Als weitere Ursachen werden Virusinfektionen, so das Epstein-Barr-Virus, vermutet, aber auch psychische Erkrankungen, z. B. Depressionen und Angstneurosen, oder Mangelernährung bedingen unter Umständen das chronische Müdigkeitssyndrom.

Circuittraining

→ siehe S. 161

Clean

In den vergangenen Jahren haben der Drogenmissbrauch und die Rauschgiftkriminalität (► **Drogenmafia**) weiter zugenommen, während die Erfolgsmeldungen bei der Suchtbekämpfung eher gering sind. Nur in Ländern wie den Niederlanden und in Städten, z. B. Frankfurt am Main, die eine liberale Drogenpolitik betreiben, gelang es die Zahl der Rauschgiftopfer drastisch zu senken. Um von Drogen wegzukommen – in der Fixersprache salopp „clean werden" genannt – steht zunächst einmal der körperliche Entzug an. Dieser dauert im Allgemeinen vier bis sechs Wochen, beim ► **Turboentzug** sogar nur 24 Stunden, je nach Schweregrad der Sucht. Eigentlich clean (engl. rein, sauber) ist aber nur der, bei dem auch keine psychische Abhängigkeit mehr besteht. Eine solche Entziehungskur, die in jedem Fall in einer geschlossenen Einrichtung durchgeführt werden muss, kann bis zu einem Jahr und länger dauern. Wegen der hohen Rückfallquote, vor allem bei Langzeitkonsumenten, wird deshalb häufig auf eine Behandlung mit ► **Ersatzdrogen** wie ► **Methadon** ausgewichen.

Clubbing

„Sehen und gesehen werden" – ein altgedientes Motto, das auch heute noch seine Gültigkeit besitzt. Clubbing bedeutet nämlich nichts anderes als den Besuch verschiedener Diskos und Partys während eines Abends. Zweck des Ganzen ist, dass die Clubber auf so vielen Veranstaltungen wie möglich erscheinen und gesehen werden. Statt einer Fete nun also viele Feten, gemäß der Devise: Feiern, was das Zeug hält.

Clubwear

engl. club = Klub
engl. wear = Kleidung

In den 90er-Jahren entstand mit den innovativen Klängen des ► **Techno** und ► **Hip-Hop** eine ganz neue Klubkultur. Das Lebensgefühl dieser Jugendszene äußert sich in einem eigenen Kleidungsstil, der den Bedürfnissen der tanzwütigen Partybesucher entspricht und daher als Clubwear bezeichnet wird. Die Mode erinnert an futuristische Sternenwelten mit ihren knalligen Neonfarben, fluoreszierenden Streifen und metallisch glänzenden ► **Hightechstoffen**. Schrille Klamotten aus Plastik, Lackleder oder Gummi kombiniert man in eigenwilliger Weise mit Wollmützen, Russenkappen oder schweren Plateauschuhen. Shirts mit originellen Motivaufdrucken und Jacken werden häufig im Lagenlook in verschiedenen Schichten übereinander getragen. Erlaubt ist, was gefällt – Hauptsache, man nimmt sich nicht zu ernst und die ► **Kids** haben ihren Spaß daran.

Ob knallende Leggings oder weite Schlabberhose, wichtig ist die richtige Marke.

Coachen

engl. to coach = trainieren

Seit nicht allzu langer Zeit hat der Ausdruck Coachen auch im Arbeits- und Berufsleben Eingang gefunden. Von spezialisierten Beratern können sich junge Führungskräfte mittel- oder auch langfristig gewissermaßen trainieren lassen. Für einen Karrierestart wird z. B. ein 100-Tage-Coaching angeboten. Geprägt wurde der Begriff Coach allerdings im Sport, wo er einen Trainer oder Lehrer bezeichnet, der seinem Schüler oder Team mit Rat und Tat zur Seite steht – vom ersten Training an bis zum erstrebten Sieg. Die Anweisungen, die er während taktischer Spielpausen wie etwa beim Basketball oder Eishockey gibt, nennt man Coaching. Neben rein sportlicher Beratung ist dabei auch ein besonderes Verständnis für die Psyche der Spieler von Nutzen.

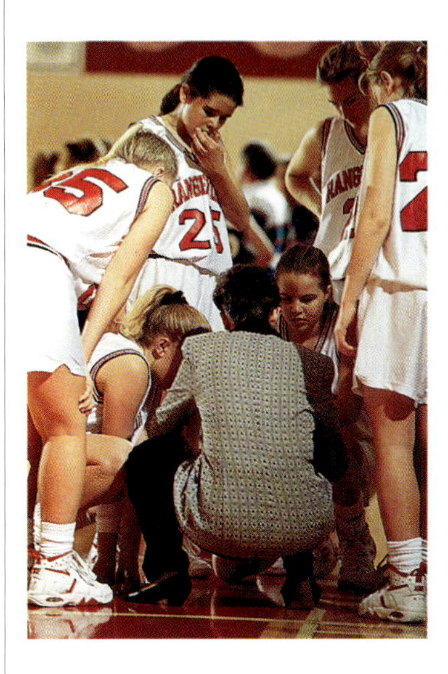

Eine Basketballtrainerin coacht ihr junges Team während einer Spielpause.

COMPUTERWELT

Im Zeichen der Chips

Ein junger Computerfreak präsentiert das Innenleben eines Rechners.

PC

In jedem dritten deutschen Haushalt steht heute ein Personalcomputer oder PC, wie die Abkürzung für die auf die private Nutzung zugeschnittenen Mikrocomputer lautet. Die ersten dieser Geräte, die auch in vielen Betrieben genutzt werden, kamen Anfang der 80er-Jahre auf den Markt und seitdem hat die rasante Entwicklung der Computertechnik die Anwendungsmöglichkeiten vervielfacht und die Arbeitsgeschwindigkeit deutlich beschleunigt. PC helfen u. a. bei der Erstellung und Verarbeitung von Texten, erleichtern die Kalkulation von Kosten und die Steuererklärung, unterstützen bei der Kontrolle von Lagerbeständen und der Bestellung neuer Waren. Privatleute nutzen die Kleincomputer außerdem um Sprachen zu lernen. Und häufig verwenden sie den PC für Computerspiele.

Computerfreak

Für einige **User**, d. h. Computerbenutzer, geht von einem PC eine so große Faszination aus, dass sie jede freie Minute vor dem Monitor verbringen. Sie sind absolute Spezialisten, kennen jedes Computerspiel und wissen (fast) alles über die neuesten Entwicklungen auf dem Computermarkt. Am liebsten chatten (engl. = plaudern) diese PC-Fans, was Computerfreak eigentlich bedeutet, im **Internet** mit Gleichgesinnten über **Bits** und Bytes und die aktuellen **Programmiersprachen**. Von seinen weniger computerbegeisterten Mitmenschen wird ein Computerfreak oft als Einzelgänger wahrgenommen, da seine Kontakte sich überwiegend auf das **World Wide Web** konzentrieren.

Hardware

Als Hardware bezeichnet man die physischen Komponenten, also die mit Händen zu greifenden Bestandteile einer Computeranlage. Zu ihr gehören neben Eingabegeräten wie Tastatur, **Maus**, **Joystick**, Grafiktabletts, Mikrofon und **Scanner**, Ausgabegeräte wie Bildschirm, Drucker und Lautsprecher, Verbindungselementen wie **Modems** und Kabel, Datenträger wie **Diskette**, **CD-ROM** und **Cartridge** sowie das Innenleben des Computers mit der **Festplatte** und den Laufwerken für die anderen Speicher und vor allem das **Motherboard** als dem eigentlichen Herzen des Computers, das die Hauptspeicherchips trägt sowie diverse Steckkarten und den Prozessor.

Computer helfen bei der Kundenberatung und Lagerhaltung (oben).

Die CeBIT, eine jährlich stattfindende Computermesse, bietet einen Überblick über den PC-Markt.

CPU-Prozessor

Im „Gehirn“ des Computers, dem CPU-Prozessor (engl. Abk. für *central processing unit* = zentrale Verarbeitungseinheit), werden alle Berechnungen durchgeführt und Daten von einer Computerkomponente zu einer anderen geleitet. Die Leistungsfähigkeit heutiger Prozessoren mit einigen MIPS, das sind Millionen Instruktionen pro Sekunde, ist vor allem der Entwicklung des Mikrochips zu verdanken.

Mikrochip

Auf diesem nur wenige Quadratmillimeter großen Siliziumplättchen sind Millionen elektronischer Bauelemente im Abstand von weniger als 1 µm aufgebracht und durch feinste elektrische Leiterbahnen miteinander verbunden. Diese Miniaturisierung gewährleistet die hohe Rechengeschwindigkeit der heutigen Computer.

Software

Ohne die richtige Software, d. h. die Programme und die dazugehörigen Daten, von denen die Hardware ihre Anweisungen erhält, ist kein sinnvolles Arbeiten mit dem PC möglich. Man unterscheidet die Systemsoftware, die das **Betriebssystem** umfasst, und die Anwendungssoftware, die u. a. Programme für die Textverarbeitung und die Tabellenkalkulation bereitstellt. Die Softwarehersteller bieten eine Vielzahl von Programmen für die unterschiedlichsten Ansprüche an. Das Angebot reicht von Software mit einfachen Grundfunktionen für Benutzer, die Alltagsarbeiten wie den Schriftverkehr oder die Verwaltung von Adressdateien mit dem PC erledigen, bis hin zu ausgefeilten Programmen für Computerfreaks, die auf ein möglichst großes Funktionsangebot und hohe Arbeitsgeschwindigkeit Wert legen.

Viele Kinder lernen heute bereits mithilfe eines PC (ganz oben).

In einem Rechenzentrum werden Millionen von Informationen gesammelt (oben).

Bug

Die Bezeichnung Bug (engl. = Käfer, Wanze) für Softwarefehler hat ihren Ursprung in der Tatsache, dass Insekten früher bei den elektronischen Rechnern, die sehr viel größer als heutige Computer waren, aber erheblich weniger leisteten, Kurzschlüsse auslösen konnten. Programme, die den Softwareentwickler bei der Fehlerbeseitigung unterstützen, heißen unter Fachleuten Debugger (zu Deutsch etwa Entwanzer) und sind sozusagen die Flinte des Kammerjägers in der Computerwelt.

Cocooning

engl. cocoon = Kokon

Immer mehr Menschen haben das Bedürfnis sich von der Außenwelt abzuschotten und sich ganz auf sich selbst und das Leben in den eigenen vier Wänden zu konzentrieren (► **Couchpotato**). Wie in einem Kokon eingesponnen versuchen sie sich vor der Wirklichkeit zu schützen und den Kontakt mit Fremden zu meiden. Der Begriff Cocooning wurde von einer amerikanischen Trendforscherin geprägt, die als Indiz für den Rückzug in die häusliche Umgebung u.a. einen starken Anstieg des Verleihs von Videokassetten feststellte. Den Boom von Pizzadiensten, die ihren Kunden die Speisen ins Haus liefern, brachte sie ebenfalls mit dem neuen Trend in Zusammenhang. Als mögliche Ursachen für das auch in Deutschland verbreitete Cocooning gelten ein zunehmendes Gefühl der Unsicherheit angesichts der steigenden Kriminalität und die Angst vor ► **Aids**.

Coffeeshop

Während in Deutschland jeder Vorschlag die so genannten weichen Drogen zu legalisieren von Befürwortern und Gegnern heftig diskutiert wird, ist schon seit einiger Zeit in den Niederlanden der eingeschränkte Verkauf von Haschisch und Marihuana erlaubt. Hochwertige ► **Cannabis**-Produkte, deren Qualität regelmäßig überprüft wird, erhält man in den rund 1500 so genannten Coffeeshops. Diese werden auf privater Basis geführt und sind damit alles andere als normale Kaffeestuben, wie das aus dem Englischen stammende Wort vermuten lässt. Harte Drogen, etwa Kokain und Heroin, dürfen in den Coffeeshops nicht angeboten werden. Angesichts zahlreicher kritischer Stimmen, u.a. aus Nachbarländern, wo die liberale Drogenpolitik der Niederländer mit Skepsis betrachtet wird, ist auch der Verkauf von weichen Drogen eingeschränkt worden. Seit Anfang 1997 dürfen nur 5 g an jeden Kunden abgegeben werden, während die Verkaufsmenge ursprünglich bei 30 g lag. Dennoch hält die Mehrheit der Niederländer die Coffeeshops für einen sinnvollen Beitrag zur Bekämpfung des Drogenmissbrauchs, da man sich von diesen Einrichtungen eine Abgrenzung von der kriminellen Drogenszene (► **Drogenmafia**) erhofft.

Cold Turkey

Unter Drogensüchtigen ist der Ausdruck Cold Turkey – wörtlich kalter Truthahn – für den plötzlichen Entzug weit verbreitet. Er ist amerikanischen Ursprungs und steht für Ereignisse o.Ä., die unvermittelt und ohne Vorwarnung auftreten. Auch Mediziner bezeichnen die schweren Entzugserscheinungen, unter denen ein Drogen- oder Alkoholabhängiger während des Entgiftungsprozesses zu leiden hat, als Cold Turkey. Das plötzliche Absetzen eines Rauschgiftes, ohne dass man die Dosis allmählich vermindert oder Ersatzdrogen anbietet (► **Methadon**), hat schwere körperliche und psychische Auswirkungen und kann in manchen Fällen zu einem qualvollen Tod führen. Übelkeit, Erbrechen, Blutdruckabfall, Hitzewallungen, Schweißausbrüche, unkontrolliertes Zittern, Krampfanfälle sowie Halluzinationen und die Gefahr von Selbstmord sind nur einige der dabei auftretenden Symptome. Infolgedessen werden während des körperlichen Entzugs, z.B. von Alkohol, häufig Psychopharmaka eingesetzt um den seelischen Zustand des Betroffenen zu stabilisieren.

Collagen

griech. colla = Leim
griech. genes = bewirkend

In der heutigen Gesellschaft steht man dem Alterungsprozess zwiespältig gegenüber. Zum einen ist er unabänderlicher Bestandteil des Lebens, zum andern gelten Schönheit und jugendliches Aussehen bei vielen als unerlässlich für den privaten und beruflichen Erfolg. Vor allem Frauen versuchen den sichtbaren Beweis des Alterns, die Faltenbildung, hinauszuzögern. Die im menschlichen Bindegewebe vorhandenen, aus Eiweiß bestehenden Collagenfasern verleihen der Haut die Fähigkeit Wasser zu speichern. Lässt diese Eigenschaft mit den Jahren nach, verliert die Haut an Spannkraft und die ersten Fältchen treten auf. Straffende und festigende Wirkung versprechen hier Pflegeprodukte, besonders Hautcremes, die tierisches Collagen enthalten. Zwar nimmt die Hautoberschicht mit ihrer Hilfe genügend Feuchtigkeit auf und fühlt sich weniger rau an, doch ein bleibender glättender Effekt ist von ihnen nicht zu erwarten. Einen längerfristigen Erfolg hingegen erreicht man, indem einzelne Falten mit Collagenmolekülen unterspritzt werden.

Comedyshow

engl. comedy = Komödie
engl. show = Aufführung

Zu den erfolgreichsten Unterhaltungssendungen im Fernsehen gehören die Comedyshows, die eine immer größere Zuschauerzahl vor den Bildschirm locken. Ihre Wurzeln hat die Comedy-Kultur in den USA und in England. Als Urahn aller Comedyshows gilt die britische Fernsehserie *Monty Python's Flying Circus*, ein halbstündiges Feuerwerk von Boshaftigkeiten, Wortspielen, Satire und Verrücktheiten, das in den 60er-Jahren regelmäßig ausgestrahlt wurde.

In Deutschland hatte man für diese Form des skurrilen Humors wenig Sinn, sodass es lange keine vergleichbaren Unterhaltungssendungen gab. Für eine moderne Form der Comedyshow stehen in den 90-er Jahren beispielsweise die *RTL-Samstag-Nacht-Show* und die verschiedenen ► **Late-Night-Shows**, deren Moderatoren wie Harald Schmidt neben einigen kurzen Talkbeiträgen vor allem Nonsens und Klamauk bieten.

Coming-out

Jahrhundertelang war die gleichgeschlechtliche Liebe ein Tabuthema und die Homosexuellen schwiegen über ihre Neigung um nicht diskriminiert zu werden. Doch seit geraumer Zeit hat ein Stimmungsumschwung eingesetzt. Auch in Politikerkreisen wird diskutiert, ob gleichgeschlechtliche Lebensgemeinschaften mehr Rechte bekommen sollten. Immer mehr homosexuelle Paare – darunter nicht wenige Prominente – treten vor die Öffentlichkeit und bekennen sich zu ihren sexuellen Vorlieben. Dieses Verhalten wird mit dem englischen Ausdruck *coming-out* umschrieben, der wörtlich Hervortreten bedeutet und u. a. das erste Erscheinen der Debütantinnen in der Gesellschaft bezeichnet.

Commercial

→ siehe S. 423

Compliance

→ siehe S. 121

Mit ihrer Mischung aus Musik, Satire und purem Klamauk wurde die *Samstag-Nacht-Show* zu einer der erfolgreichsten deutschen Comedyshows.

Computeranimation

lat. animatio = das Beleben

Der Film *Toy Story*, der 1995 in die amerikanischen Kinos kam, ist die erste Leinwandproduktion, die ganz im Computer entstanden ist (► **Bluescreen**). Beim normalen Zeichentrickfilm wird der Eindruck der Bewegung dadurch erzeugt, dass pro Sekunde 24 einzeln von Hand gezeichnete Bilder, die sich nur minimal voneinander unterscheiden, aneinander gereiht werden. Dieses Prinzip gilt auch bei der Computeranimation, die immer häufiger in Realfilmen eingesetzt wird. Doch hier entstehen die Einzelbilder mithilfe von Grafikprogrammen künstlich. Vieles, vor allem Hintergründe, wird nun direkt am Computer gestaltet. Häufig werden von bestimmten Figuren und Objekten aber zunächst Modelle hergestellt, die dann mit speziellen ► **Scannern** abgetastet werden. Manchmal, wie im Film *Terminator 2*, werden sogar Menschen so eingescannt. Dadurch erhält man zahllose Koordinaten, aus denen der Computer das eingescannte Objekt rekonstruieren kann. Dies ist hochkompliziert, denn neben zahlreichen anderen Berechnungen muss z.B. die Farbe jedes Punktes der Oberfläche des Objekts, abhängig von einer oder mehreren imaginären Lichtquellen, definiert werden – und dies für jedes Bild. Kein Wunder, dass im Filmhit *Independence Day* mehrere Computer über zwölf Stunden arbeiten mussten um einen animierten Kampfjet eine Sekunde lang über die Leinwand fliegen zu lassen.

***Toy Story*, einer der großen Kinoerfolge des Jahres 1995, besteht ausschließlich aus computeranimierten Bildern.**

Computerfreak

→ siehe S. 100

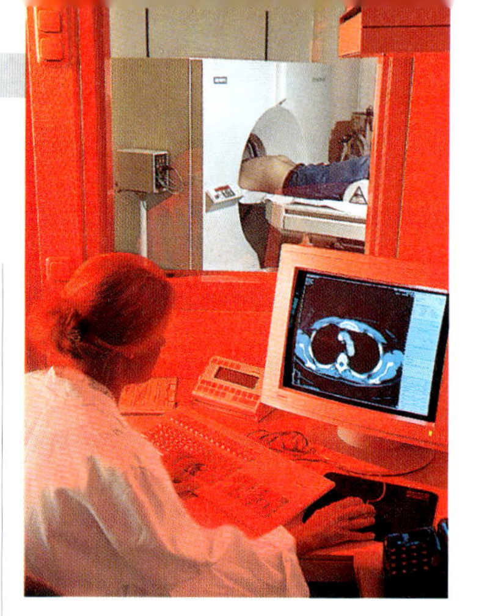

Bei der Computertomographie wird die untersuchte Körperregion gleichsam in dünne Scheiben zerlegt, die ein Rechner in dreidimensionale Bilder umsetzt.

Computertomographie

griech. tome = Schnitt
griech. graphein = schreiben

Eine der wichtigsten Errungenschaften in der medizinischen Diagnostik stellt das so genannte Röntgenschichtverfahren dar, das in der Fachsprache als Computertomographie (CT) bezeichnet wird. Bei dieser inzwischen gängigen Untersuchungsmethode arbeiten Röntgenapparat und Computer eng zusammen. Mithilfe eines sehr dünnen, fächerartigen Röntgenstrahlbündels wird die betreffende Körperregion in millimeterfeinen Schichten abgetastet, und zwar aus allen Richtungen sowie in gegeneinander versetzten Ebenen. Jeder Bereich, z.B. ein Organ, absorbiert dabei eine unterschiedliche Menge an Röntgenstrahlen, die man mit Strahlendetektoren misst. Die so ermittelten Daten empfängt ein angeschlossener Computer, der sie aufbereitet und aus einigen Millionen Einzelwerten bereits nach wenigen Sekunden ein dreidimensionales Bild (Computertomogramm) liefert. Durch zusätzliche Verfeinerungstechniken und Kontrastmittel kann die Schärfe der Darstellung noch erhöht werden. Bei der Gehirn-Computertomographie lassen sich so geringe Veränderungen des Hirngewebes, etwa als Folge von Durchblutungsstörungen, erkennen und aufzeigen, während man bei der Ganzkörper-Computertomographie vor allem Tumore der inneren Organe sowie des Lymphsystems nachweisen kann. Ein verwandtes Verfahren ist die Kernspintomographie, die allerdings auf völlig unterschiedlichen physikalischen Grundlagen beruht und ein so genanntes ► **Kernspintomogramm** bereitstellt.

Computervirus

Wie alle Maschinen funktionieren auch Computer nicht immer störungsfrei. Ihre elektronischen und mechanischen Bestandteile können ebenso Defekte aufweisen wie ihre Programme. Doch manchmal verbirgt sich hinter einem scheinbaren Programmfehler ein so genanntes Computervirus, ein Programm, das meist von einem ► **Hacker** entwickelt und eingeschleust wurde um die Funktion einer ► **Software** zu manipulieren. Ein solches Virus ist zudem in der Lage sich in einem Rechner selbstständig auszubreiten und noch nicht betroffene Programme zu infizieren. Der Schaden, den Computerviren anrichten können, ist sehr unterschiedlich. Es gibt witzig anmutende Viren, die sich in unregelmäßigen Abständen auf dem Bildschirm melden, die Eingabe des Wortes *cookie* (engl. Keks) verlangen und sich dann „gemütlich kauend" wieder in den Hintergrund zurückziehen. Manchmal erscheinen sogar gutartige Viren, die Sicherheitsprüfungen ausführen oder Daten komprimieren. Äußerst lästig hingegen sind Viren, die dem Benutzer einen Systemabsturz oder das Formatieren seiner ► **Festplatte** vortäuschen. Eine besonders gefährliche Art von Viren zerstört die Datenbestände, unterläuft die Datensicherheit oder manipuliert Geldkonten. Gefürchtet sind heute vor allem so genannte polymorphe Viren, die unablässig ihre Form ändern können und den vielfach eingesetzten Antivirenprogrammen die Arbeit erschweren. Ein bisher noch nicht abzuschätzendes Risiko stellen Viren dar, die sich über weltumspannende Computernetze wie das ► **Internet** ausbreiten können. Im Jahr 1996 waren insgesamt rund 10000 Computerviren bekannt, wobei nach Schätzungen in Deutschland mindestens 60 % der Unternehmen davon betroffen sein sollen. Der finanzielle Schaden, der ihnen infolge von Datenverlusten und Arbeitsausfallzeiten entstanden ist, beträgt mehrere Milliarden DM.

Consulter

→ siehe S. 38

Controller

→ siehe S. 38

Conveniencefood

engl. food = Nahrung
engl. convenience = Bequemlichkeit

In der heutigen Industriegesellschaft spielt der Zeitfaktor eine immer größere Rolle. Ob Jugendlicher, Hausfrau oder Berufstätiger – jeder klagt über Termindruck und zu viel Stress. Auch beim Einkaufen und Kochen wird daher gern auf Angebote zurückgegriffen, die der Zeitersparnis dienen. So nimmt die Nachfrage nach schnellen Gerichten oder ► **Fastfood** für die private Küche immer mehr zu und das Angebot an Fertignahrung wächst ständig. Pizza, Apfelstrudel oder Gemüsepfanne aus dem Tiefkühlfach, Ravioli oder Chili con Carne aus der Dose sowie Suppen aus der Tüte: Alle Fertiggerichte zeichnen sich dadurch aus, dass sie haltbar gemacht sind und vor dem Verzehr höchstens mit Wasser angerührt und erwärmt werden müssen. Ernährungsfachleute geben allerdings ein negatives Urteil über Conveniencefood ab, da die Fertiggerichte meist zucker- sowie salzreich sind und einen hohen Fettanteil haben. Außerdem gehen durch die Konservierung, z. B. die Sterilisierung von Dosengerichten, viele wertvolle Nährstoffe und Vitamine verloren. Auch können Bakterien wie ► **Salmonellen** auftreten, wenn die Speisen nicht sachgemäß zubereitet wurden, und im schlimmsten Fall zu einer Lebensmittelvergiftung führen.

Cool

→ siehe S. 224

Corporate Identity

engl. corporate = körperschaftlich
engl. identity = Identität

Da der Verbraucher heutzutage einer riesigen Palette an Produkten gegenübersteht, die sich in vielen Wirtschaftszweigen kaum noch unterscheiden, soll die Corporate Identity dem Kunden eine Orientierungshilfe bieten.

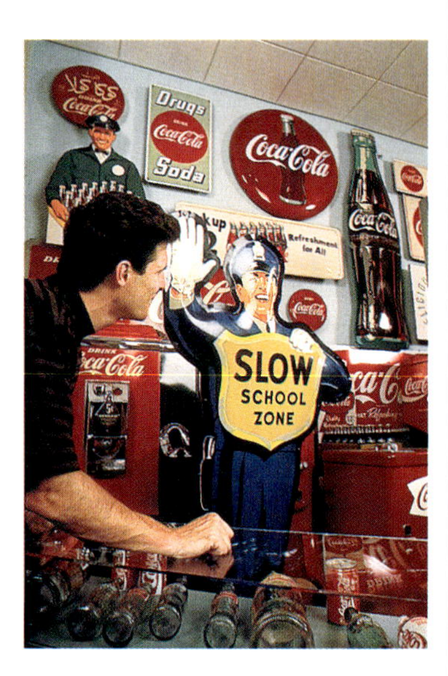

Die Corporate Identity eines Unternehmens wird u.a. durch ein einheitliches Firmenlogo geprägt.

Dabei handelt es sich um nichts anderes als das Firmenimage eines Unternehmens, d.h. sein komplettes Erscheinungsbild nach innen und außen. Viele Betriebe haben ein strategisches Konzept entwickelt, wie sie ihre Identität festlegen bzw. wie sie ein klar strukturiertes, einheitliches Selbstverständnis schaffen. Die Corporate Identity sollte in den Unternehmensgrundsätzen deutlich zum Ausdruck kommen, aber auch die Übereinstimmung der Interessen von Betrieb und Mitarbeitern ist in einer sich rasant verändernden Umwelt für das Firmenimage äußerst wichtig. So werden beispielsweise die Aussagen zu Produktqualität und Preis immer häufiger durch Informationen über das ökologische und soziale Verhalten des Unternehmens ergänzt. Gemeinsame Ziel- und Wertvorstellungen werden damit zur Grundlage für ein produktives Miteinander von Unternehmen und Mitarbeitern sowie für eine erfolgreiche Beziehung zu Geschäftspartnern und Verbrauchern.

Cortison – hier in kristalliner Form – galt lange als Wundermittel. Die Nebenwirkungen sind jedoch beträchtlich.

Cortison

lat. cortex = Rinde

Für nicht wenige Menschen ist ein Leben ohne Cortison undenkbar. Vor allem bei Erkrankungen wie Asthma und chronischer Bronchitis gibt es bis heute kein anderes Medikament, das die Beschwerden wirksamer lindern könnte. Seit 1949 setzt man Cortison vor allem zur Behandlung von Krankheiten ein, bei denen eine Kopplung von Entzündung und ► **Allergie** vorliegt. Im Fall von Asthma z.B. wird die Reizung der Bronchialschleimhäute gehemmt, die Schleimproduktion vermindert und die verengten Atemwege weiten sich. Auch bei rheumatischen Erkrankungen und nach Transplantationen zur Unterdrückung der körpereigenen Abwehrreaktion erweist sich das Hormon als äußerst hilfreich. Bei lang andauernder Verwendung führt Cortison jedoch zu schwersten Nebenwirkungen, sodass Ärzte inzwischen bei seinem Einsatz sehr vorsichtig geworden sind und, soweit möglich, auf Ersatzstoffe ausweichen. Cortison stellt nämlich die chemisch inaktive Form des Cortisols dar, eines Hormons, das in der Nebennierenrinde gebildet wird und zu seinem Aufbau u.a. ► **Cholesterin** benötigt. Es gilt als wichtigster Vertreter der Corticosteroide, einer Stoffgruppe, die an der Energieversorgung des Organismus wesentlich beteiligt ist. Es ist auch für zahlreiche Stoffwechselvorgänge von Bedeutung, die durch eine zusätzliche Cortisongabe völlig aus dem Gleichgewicht kommen können. So hat man etwa bei übermäßiger Anwendung beobachtet, dass regelrechte

Löcher in der Haut entstehen. Denn Cortison hemmt sowohl die Bildung von Gewebefasern in der Unterhaut als auch die Ablagerung des stabilisierend wirkenden ► **Collagens**. Außerdem kann es im Rahmen eines Krankheitsbildes, das wissenschaftlich als Hypercortisolismus bezeichnet wird, u.a. zu Knochenschwund, Akne, Herzerkrankungen und psychischen Störungen kommen. Diese Erscheinungen werden auch ausgelöst, wenn man längere Zeit kleine Dosen verabreicht.

Couchpotato

engl. couch = Sofa
engl. potato = Kartoffel

Durch die Kabel- und Satellitentechnik ist das Angebot an Fernsehprogrammen heute größer denn je und die Zuschauer haben die Möglichkeit Tag und Nacht zwischen zahllosen Sendungen zu wählen. Außerdem steht den Filmfreunden ein großes Spektrum an ► **Homevideos** zur Verfügung, sodass selbst auf einen Kinobesuch verzichtet werden kann. Für solche Menschen, die den Großteil ihrer Freizeit vor dem Pantoffelkino verbringen, die lieber Musik hören oder ein Buch lesen, hat sich der aus den USA stammende Ausdruck Couchpotato eingebürgert, was mehr oder weniger dem altbekannten Wort Stubenhocker entspricht. Statt sich sportlich zu betätigen oder die Freizeit aktiv zu gestalten sucht man lieber einen gemütlichen Sessel oder ein Sofa auf, macht es sich dort bequem und wechselt mit der Fernbedienung – das Naschwerk ist natürlich bereitgestellt – in rascher Folge die Programme (► **Zappen**).

Auf einem bequemen Sofa fühlt sich ein Couchpotato am wohlsten.

Coverversion

engl. to cover = überdecken
engl. version = Darstellung

Die Neueinspielung eines bekannten Songs wird in Fachkreisen als Coverversion bezeichnet. In der Regel handelt es sich dabei um einen ehemaligen Hit – mit anderen Musikern und neuer musikalischer Bearbeitung. Coverversionen werden meist aufgenommen um vom Erfolg eines Stückes zu profitieren; manchmal bringen sie aber auch die Wertschätzung eines jungen Talents für eines seiner Vorbilder zum Ausdruck. Es wird geschätzt, dass vom Rolling-Stones-Superhit *Satisfaction* rund 100 Coverversionen existieren, die es ebenfalls unter die Top 100 der Hitparaden geschafft haben. Zusammen mit *Yesterday* von den Beatles gilt dieser Song als das am häufigsten gecoverte Stück der jüngeren Musikgeschichte. Es ist schon vorgekommen, dass die Coverversion eines Titels erfolgreicher war als das Original. Ein Beispiel liefert das Lied *Hound Dog*: 1953 von Willie Mae Thornton mit bescheidenem Erfolg gesungen, wurde es 1956 in der Version von Elvis Presley zum Hit. Viele Popsänger verdanken ihre Karriere überwiegend der Veröffentlichung von Coverversionen und selbst Weltstars wie Rod Stewart nehmen hin und wieder Titel anderer Interpreten auf.

CPU-Prozessor

siehe S. 101

Crack

engl. to crack = spalten, zerbröseln

Neben der Modedroge ► **Ecstasy** zählt Crack zu den gefährlichsten Rauschgiften auf dem Drogenmarkt. Es besteht aus Kokain, das mit Wasser und Backpulver vermengt und zu bröseligen Klümpchen verbacken wird. Beim Inhalieren des Rauches entwickelt sich innerhalb weniger Sekunden eine sehr kurze, aber dafür umso intensivere Euphorie,

Crack, ein aus Kokain hergestelltes Rauschmittel, entfaltet seine Wirkung beim Inhalieren des Rauches.

begleitet von einem starken Kreativitätsgefühl und Rededrang, weshalb Crack sowie Kokain bevorzugt in der Künstlerszene Eingang gefunden haben. Die Suchtwirkung von Crack ist außerordentlich groß und etwa mit der von Heroin vergleichbar, sodass die meisten Verbraucher sehr schnell in eine dauerhafte Abhängigkeit geraten. Wie bei Kokain führt der Missbrauch über längere Zeit zu schwersten Persönlichkeitsveränderungen mit Wahnvorstellungen und Psychosen, Schlaflosigkeit, Appetitverlust, körperlichem Verfall, vorzeitiger Vergreisung, Schwindel und Lähmungen. Der Entzug (► **Cold Turkey**) gilt als sehr schwierig. Erst seit Mitte der 80er-Jahre ist Crack auf dem Drogenmarkt bekannt.

Crash

siehe S. 79

Crashtest

engl. crash = Zusammenstoß

In den vergangenen Jahren hat das Verkehrsaufkommen rapide zugenommen. Immer häufiger kommt es daher auf den Straßen zu Unfällen, wobei die Beteiligten nicht selten schwere Verletzungen davontragen. Um diesem Umstand entgegenzuwirken werden neu entwickelte Automodelle mithilfe des Crashtests auf ihre Sicherheit hin gründlich überprüft. Man beschleunigt dabei den Fahrzeugrumpf über einem Schlitten auf die gewünschte Geschwindigkeit und lässt ihn am Ende der Versuchsstrecke frontal gegen eine Betonmauer prallen. Messgeräte und Zeitlupenkameras halten gleichzeitig alle Verformungen der Fahrgastzelle fest. Anschließend erfolgt die Auswertung, die Schwachstellen aufzeigt. Auch das Fahrzeuginnere wird gefilmt. Um Schutzvorrichtungen wie Sitzgurte oder ► **Airbags** zu erproben verwendet man oft ► **Dummys**. Neben dem Frontalaufprall wird vor allem der seitliche Crashtest (► **Seitenaufprallschutz**) durchgeführt.

Der Crashtest leistet einen wichtigen Beitrag zur Sicherheit der Autofahrer.

Creutzfeldt-Jakob-Krankheit

Diese früher sehr seltene Erkrankung – pro Jahr gab es nur ein bis zwei Fälle unter einer Million Einwohner in Deutschland –

wäre auch weiterhin der Allgemeinheit und den meisten Ärzten nahezu unbekannt geblieben, gäbe es nicht den Rinderwahnsinn (► **BSE**), der aller Wahrscheinlichkeit nach eine Krankheit beim Menschen auslöst, die der Creutzfeldt-Jakob-Krankheit (CJK) sehr ähnlich, möglicherweise sogar mit ihr identisch ist. Das Leiden tritt vorwiegend im sechsten Lebensjahrzehnt auf; familiäre Häufungen, die stets auf eine genetische Komponente hinweisen, wurden beobachtet. Es handelt sich dabei um einen chronisch fortschreitenden, unaufhaltsamen Zerfall des Nervengewebes im Gehirn, der innerhalb von ein bis zwei Jahren zum völligen geistigen Abbau führt und mit Muskelstarre sowie spastischen Lähmungen einhergeht. Die Ursache ist unklar. Bisher hatte man als Erreger Viren vermutet, die im Körper über Jahre hinweg verborgen leben, bis sie aus unbekannten Gründen plötzlich aktiv werden. Wissenschaftliche Untersuchungen zu BSE ergaben jedoch, dass möglicherweise ► **Prionen**, bösartige Eiweißstrukturen, für eine neue Form der CJK verantwortlich sind. Diese Vermutung stützt sich u. a. auf die 14 CJK-Fälle, die in Großbritannien in den letzten Jahren aufgetreten sind und sich vom bisherigen Krankheitsbild in wesentlichen Merkmalen unterschieden: Erstens starben die Patienten vergleichsweise jung (unter 30 Jahren), zweitens betrug die Krankheitsdauer durchschnittlich 14 statt nur sechs Monate und drittens hatten die Prionenablagerungen im Gehirn eine ungewöhnliche Gestalt. Außerdem traten bei den Betroffenen keine veränderten Hirnströme auf, wie es sonst bei 80 % der CJK-Kranken vorkommt. Dagegen ähnelt die neue Variante den Spuren, die der gesuchte Erreger des Rinderwahnsinns hinterlässt. Eine mögliche Übertragung von BSE auf den Menschen wird somit immer wahrscheinlicher.

Crew

→ siehe S. 234

Crosscountry

→ siehe S. 399

Cruiser

engl. to cruise = kreuzen

Obwohl der Begriff aus der Seefahrt stammt, haben Cruiser meist nichts mit Nautik oder Kreuzfahrten zu tun. Von Cruising sprachen amerikanische Teenager ursprünglich, wenn an lauen Sommerabenden junge Männer in chromblitzenden Autos mit geöffnetem Verdeck im Korso langsam über die Hauptstraße des Wohnortes fuhren um sich den Mädchen zu präsentieren und sie anzusprechen. Daraus entwickelten sich dann, auch in Deutschland, nächtliche und illegale Autorennen auf öffentlichen Straßen oder Plätzen. Jugendliche um die 20 treffen sich mit ihren frisierten und bis zu 294 kW (400 PS) starken Wagen an geeigneten Rennpisten. Vor dem Wettstreit wird Altöl auf die Hinterreifen geschmiert und damit ein lautes Spektakel inszeniert: Der Fahrer tritt beim Start gleichzeitig auf Bremse und Gaspedal und lässt dann die Kupplung kommen. Die Reifen drehen durch, eine große Qualmwolke entsteht. Ein Bezirk der Stadt Hamburg hatte im Sommer 1996 Cruising in seinem Straßenbereich zugelassen, die Erlaubnis später jedoch wieder aufgehoben.

Die virtuelle Welt des Cybersex erschließt sich durch einen Handschuh, der mit Sensoren bestückt ist, und einen Datenhelm.

Cybersex

griech. kybernetes = Steuermann

Im Computerzeitalter machen die elektronischen Medien auch vor der Sexualität nicht Halt. Ein Beispiel hierfür ist der Cybersex, bei dem man sich dem Objekt seiner erotischen Begierden mit den Mitteln der ► **virtuellen Realität** im ► **Cyberspace** nähern kann. Bei dem Wunschkandidaten mag es sich durchaus um ein

menschliches Wesen handeln, das wie man selbst in einen so genannten Datenanzug schlüpft, der eine Verbindung herstellt und gewissermaßen elektronisches Petting erlaubt. Die einfachste Variante von Cybersex stellen ► **CDs** und ► **Disketten** dar. Das Angebot ist breit gefächert und stammt vor allem aus den USA und Japan sowie aus einigen europäischen Ländern. Grund für das steigende Interesse an künstlichem Sex dürfte vermutlich neben dem großen Reiz, den alles Neue ausübt, ein Bedürfnis nach Distanz und Sicherheit sein.

Im Zeitalter des Cyberspace scheint nichts mehr unmöglich. Selbst die Marsoberfläche kann virtuell erforscht werden.

Cyberspace

engl. = künstlicher Raum

In dem 1984 erschienenen Sciencefictionroman *Neuromancer* des kanadischen Schriftstellers William Gibson wurde der Begriff des Cyberspace geprägt. Er bezeichnete das futuristische Leben in einem vom Computer künstlich erzeugten Raum, wo Menschen einander auf neue Art begegnen können. In den letzten Jahren ist diese Vorstellung dank der Techniken der ► **virtuellen Realität** immer mehr zur Wirklichkeit geworden. Der so genannte Cybernaut, der sich in jener Welt bewegt, trägt einen Datenhelm mit eingebauten Monitoren und einem Sensor oder Messfühler. Während die Bildschirme ihm eine räumliche Ansicht vermitteln, meldet der Sensor seine Blickrichtung an den Computer. Weiterhin erforderlich ist ein Datenhandschuh, mit dem man Gegenstände im Cyberspace greifen und verändern kann, eventuell ergänzt durch einen Datenanzug, der die ganze Körperhaltung registriert. Mit diesen technischen Hilfsmitteln ausgerüstet wird der Cybernaut an einen Computer angeschlossen, der ihm ständig seiner Blickrichtung entsprechend angepasste Bilder liefert. Dadurch entsteht die Illusion mit dem ganzen Körper in eine künstliche Welt eingetreten zu sein. Auch mehrere Cybernauten können sich in diesem Raum begegnen und miteinander in Kontakt treten. Nicht selten wird der Ausdruck Cyberspace mit hypermodernen Computerspielen oder neuen Formen von Erotik (► **Cybersex**) in Verbindung gebracht. Darüber hinaus steht er für die Daten- und Kommunikationsräume, in denen sich die Teilnehmer in den weltumspannenden Datennetzen wie dem ► **Internet** bewegen. In Silicon Valley, dem in Kalifornien gelegenen großen Forschungs- und Industriezentrum der Computertechnik, hat sich eine Cyberspaceszene gebildet, deren Mitglieder sich Cyberpunks nennen. Sie verständigen sich hauptsächlich mithilfe elektronischer Post (► **Mailbox**) und fördern durch die Herausgabe von Szeneblättern ihr Zusammengehörigkeitsgefühl.

DAB

engl. digital audio broadcasting = digitaler Hörfunk

Zu den neuen Medien zählt neben dem ► **digitalen Fernsehen** auch der digitale Hörfunk oder DAB, bei dem die Tonsignale als ► **digitale** Impulse ausgesendet werden, und zwar entweder über die UKW-Frequenzen des Hörfunks oder über Satelliten (► **Astra-Fernsehsatellit**). Während man für den Satellitenempfang eine „Schüssel", d.h. eine Parabolantenne, benötigt, genügt zum Empfang von DAB-Sendungen über UKW eine bleistiftlange Antenne. In beiden Fällen braucht man allerdings ein neues Radiogerät. 1995 wurden mehrere Pilotprojekte gestartet, die als eine kleine Revolution auf dem Funksektor gelten, vergleichbar der Einführung des Ultrakurzwellenfunks in den 40er-Jahren. Vor allem hinsichtlich der Klangqualität ist nach Meinung von Rundfunkexperten DAB dem herkömmlichen Radio überlegen; sie sei von einer CD-Wiedergabe (► **CD**) nicht zu unterscheiden. Hinzu kommt die elektronische Wirtschaftlichkeit von DAB: Während beim UKW-Hörfunk für jeden Sender eine eigene Frequenz benötigt wird, ist auf einer DAB-Frequenz dank der Digitalisierung Platz für zahlreiche Sender. Deshalb werden Autofahrer mit DAB-Empfänger ihr Radio nicht mehr nach- oder neu einstellen müssen, wenn sie in den Bereich eines neuen Senders gelangen. Beim DAB können von einem Sender außerdem, ähnlich wie bei Videotext, auch Schrifttafeln und sogar bewegte Bilder mit ausgestrahlt werden, z.B. Titel und Interpreten des gerade gespielten Stückes oder Bestellangaben für die CD, auf der es erhältlich ist. Diese Informationen erscheinen auf einem kleinen Bildschirm.

Daily Soap

Für viele Menschen ist Fernsehen das wichtigste Freizeitvergnügen. Zu den beliebtesten Sendungen gehören neben Sportübertragungen und Filmen die so genannten Seifenopern (► **Soap-Opera**). Dabei handelt es sich um Serien, die in ihrem Ursprungsland USA anfangs hauptsächlich von Waschmittelherstellern wie Procter & Gamble finanziert wurden. Die Folgen riefen so große Begeisterung hervor, dass nun mehrere Sender in den USA, aber auch in Deutschland, einige Serien nicht mehr nur wöchentlich anbieten, sondern täglich – daher die englische Bezeichnung *daily soap*, d.h. tägliche Seife(noper). Zu den bekanntesten Titeln dieses Genres zählen *Marienhof* und *Gute Zeiten – schlechte Zeiten*, die von ARD bzw. RTL in Auftrag gegeben wurden. Sie werden stets zur gleichen Zeit ausgestrahlt, dauern rund 30 Minuten und erzählen eine fortlaufende Geschichte mit einem festen Stamm an Schauspielern. Die dargestellten Typen sind meist Menschen wie du und ich, die fast schon mit zur Familie gehören. Daily-Soap-Fans müssen sich aber nicht nur mit der TV-Sendung begnügen. Eine florierende Zulieferindustrie (► **Merchandising**) bietet ihnen darüber hinaus das Buch zur Serie, Videokassetten, T-Shirts und Bettbezüge mit den Porträts der Hauptdarsteller.

Datatypist/-in

Das Computerzeitalter hat nicht nur neue elektronische Geräte hervorgebracht, sondern auch neue Berufe entstehen lassen, z.B. den des Datatypisten oder der Datatypistin. Die Person, die diese Tätigkeit ausübt, hat die Aufgabe Texte aller Art sowie Buchungsbelege, Karteikarten o.Ä. in den Computer einzugeben, damit er sie speichern und bearbeiten kann. Allerdings hat dieser Beruf in der letzten Zeit an Bedeutung verloren, denn seit die ► **Hardware** so preisgünstig geworden ist, dass viele Arbeitsplätze mit einem ► **PC** ausgestattet sind, wird der Großteil der Daten direkt, wenn sie anfallen, vom jeweiligen Sachbearbeiter oder Fachmann in den Computer eingegeben. Auch Bankkunden heben Geld vielfach an Computerschaltern ab oder verlegen sich aufs ► **Homebanking**. Zudem haben technische Entwicklungen den Beruf Datatypist zurückgedrängt: ► **Scanner** lesen mit der Maschine geschriebene oder in Büchern gedruckte Seiten inzwischen so schnell in den Computer ein, dass Schreibkräfte nicht mehr mit ihnen konkurrieren können. Sogar handgeschriebene Buchstaben und Ziffern können, wenn sie in einigermaßen deutlicher Schrift in Formulare eingetragen wurden, inzwischen annähernd fehlerfrei maschinell gelesen werden. Außerdem schreitet auch die Entwicklung der ► **Spracherkennungssoftware** schnell voran: Wer Texte in den Computer eingeben will, braucht in Zukunft möglicherweise nur noch in ein Mikrofon zu sprechen.

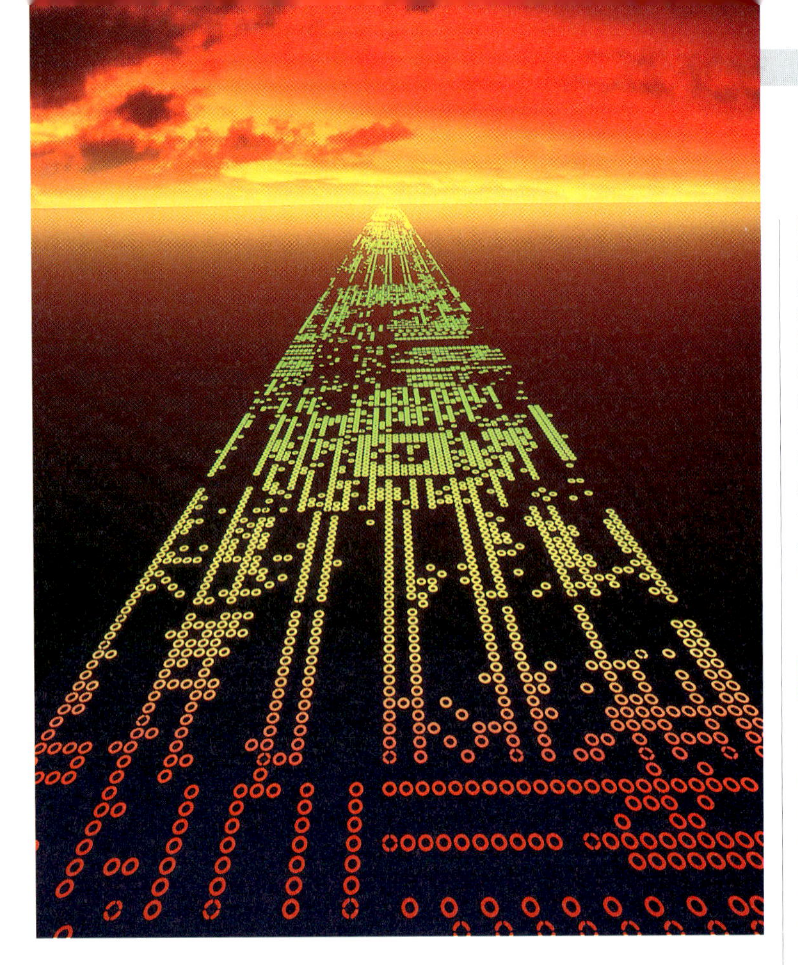

Die Autobahn steht als Symbol für den schnellen, ungestörten Fluss von Informationen.

Datenautobahn

Dieser Begriff, den zu Anfang der 90er-Jahre der spätere US-Vizepräsident Al Gore prägte, kennzeichnet anschaulich eines der Hauptanliegen der modernen Informationsgesellschaft: den schnellen Transport von Daten, sei es in Form von Texten, Bildern oder Ton. Die Datenautobahn, auf Englisch *information superhighway,* soll den Menschen jederzeit Zugang zu allen möglichen Informationen verschaffen, beispielsweise über den ► **PC** oder – mit einem Zusatzgerät – über den Fernseher. Sie soll Schulen, Universitäten und Behörden miteinander in Verbindung bringen um Bildung und Forschung zu fördern, sie soll den Informationsfluss zwischen Forschung und Industrie (► **Technologietransfer**) erleichtern sowie durch den Einsatz von ► **Bildtelefon**, ► **Videokonferenz** und ► **E-Mail** dafür sorgen, dass die Menschen weniger reisen müssen. Mit ► **Homebanking** und ► **Teleshopping** wird das Ordern von Waren und Dienstleistungen vereinfacht. Außerdem wird durch die Datenautobahn eine berufliche Zusammenarbeit über räumliche Distanz möglich (► **Telearbeit**), neue Jobs entstehen und neue Bildungsmöglichkeiten tun sich auf (► **Multimedia**). Und auch die Unterhaltung kommt nicht zu kurz: Man kann sich jederzeit mit Spielfilmen beliefern lassen. Damit alle diese Angebote von einem breiten Publikum genutzt werden können, braucht man Funkverbindung oder extrem leistungsfähige Kabelverbindungen. Die materielle Grundlage der Datenautobahn – um im Bild zu bleiben: das Baumaterial der Schnellstraße – ist deshalb das Breitband-► **Glasfaserkabel**, das gewaltige Datenmengen über weite Entfernungen sehr schnell und sicher übermitteln und eine große Zahl von Übertragungsvorgängen gleichzeitig bewältigen kann.

Datenbank

Es gibt eine Fülle von fachlichen Informationen aus den verschiedensten Wissensbereichen und ihre Anzahl vermehrt sich rasant. Folglich wird es für den Einzelnen immer schwieriger sich aus dieser unübersichtlichen Menge die für sein spezielles Thema wichtigen Informationen zu beschaffen. Als Hilfe auf dem Weg durch diesen Datendschungel wurden deshalb die so genannten Datenbanken entwickelt. In ihnen werden nicht Geldbeträge, sondern Informationen, sortiert nach Fachgebieten, deponiert, die man dann bei Bedarf, manchmal gegen eine Gebühr, z. B. auf dem ► **PC** abrufen kann – meist indem man ein entsprechendes Stichwort eingibt. Weit verbreitet sind Datenbanken in der Wissenschaft. Allein diejenigen für den Bereich Chemie werden mehrere Tausend Mal am Tag benutzt. Auch in der Geschäftswelt arbeitet man mit Datenbanken, z. B. verfügt jeder Versandhandel heutzutage darüber. Eine solche Datenbank speichert hauptsächlich die Informationen über Kunden und Waren, aber sie übermittelt dem Benutzer darüber hinaus weitergehende Auskünfte oder sogar Anweisungen. Beispielsweise macht sie darauf aufmerksam, dass alle Neukunden eine Kundennummer erhalten müssen, dass zur Neige gehende Waren nachzubestellen sind oder säumige Zahler an ihre Pflichten erinnert werden sollen. Außerdem ist sie in der Lage, Statistiken aufzustellen, also etwa aus einer riesigen Datenmenge herauszufiltern, welcher Berufs- oder Altersgruppe die Kunden überwiegend angehören. Wenn Geschäftsleute oder Angestellte Informationen selbst nicht abfragen können, etwa weil sie keinen Zugang zu manchen Datenbanken haben, dann beauftragen sie einen ► **Informationsbroker** mit der Suche.

Dating Show

Wie viele andere Formen der Fernsehunterhaltung stammt auch die Dating Show – das Wort *date* bedeutet auf Englisch Verabredung – ursprünglich aus den USA. Bei diesem TV-Spektakel geht es darum, zwei Menschen durch das gemeinsame Spiel zusammenzuführen. Oft werden dabei die männlichen und weiblichen Kandidaten der Show jeweils nach bestimmten Kriterien zu Pärchen zusammengestellt und müssen dann in Teamarbeit bestimmte Aufgaben erfüllen. Als Preis winkt den Siegern ein gemeinsamer Urlaub oder ein Geldbetrag. Ihren Reiz beziehen die Dating Shows, die es in Deutschland u.a. unter den Namen *Herzblatt, Sommer sucht Sprosse* und *Geld oder Liebe* gibt, aus der Tatsache, dass die künftigen Partner sich noch nicht kennen und dass der Zuschauer das Ausleseverfahren miterlebt. Außerdem geben die Kandidaten meist viel von ihrer Persönlichkeit und ihrem Privatleben preis, wodurch die Neugier des Publikums befriedigt wird. Und nicht zuletzt hoffen viele, dass aus dem Spiel Ernst werden möge und tatsächlich zwei junge Menschen auch im richtigen Leben zusammenfinden.

Bei der Dating Show *Geld oder Liebe* wählt das Publikum das Siegerpaar.

DAX

► siehe S. 79

Deadline

Zwar kommt in diesem Begriff das Wort tot (englisch *dead*) vor, aber dennoch ist nicht das letzte Stündlein, das jedem einmal schlägt, damit gemeint, sondern nur ein (letztmöglicher) Termin. Eine Deadline wird Studenten von ihren Professoren gesetzt, Werbestrategen von ihren Auftraggebern und Reportern von ihren Chefredakteuren – sie alle müssen sich an eine Deadline halten, an einen festgelegten Zeitpunkt, bis zu dem eine Aufgabe fertig zu sein hat. Auch wenn jemandem der deutsche Begriff Annahmeschluss zu langweilig ist, kann er von einer Deadline sprechen: „Bis morgen muss der Lottoschein abgegeben werden, dann ist Deadline."

Deal

► siehe S. 225

Dealer

engl. to deal = handeln

Eines der größten gesellschaftlichen Probleme unserer Zeit ist die Drogenkriminalität. Der Hauptteil des illegalen Rauschgiftgeschäftes liegt in den Händen der so genannten ► **Drogenmafia** bzw. des Medellín- und Calikartells (► **Organisierte Kriminalität**). Diese Großdealer kontrollieren den Drogenmarkt, indem sie die Rohstoffe wie Mohn aus dem Goldenen Dreieck in Südostasien oder ► **Cannabis** und Kolablätter aus Kolumbien, Bolivien und Peru aufkaufen, das Material in eigenen Laboratorien zum eigentlichen Rauschmittel veredeln und dann über bestimmte Handelswege vertreiben. Der Gewinn aus diesem weltumspannenden Geschäft ist für die Großdealer riesig – nicht jedoch für die so genannten Kleindealer auf der Straße. Diese stehen am anderen Ende der Handelskette und finanzieren mit dem Verkauf von Rauschgift oft nur die eigene Sucht (► **Junkie**). In letzter Zeit wird der Straßendeal von Polizei und Gerichten oft zurückhaltender als früher verfolgt, weil Kenner der Drogenszene in den Dealern vielfach auch nur Opfer sehen. Sie plädieren dafür, die Handelswege durch andere Maßnahmen wie die kontrollierte Abgabe von harten Drogen an Süchtige durch Ärzte oder durch eine verstärkte Methadontherapie (► **Methadon**) auszutrocknen.

Decoder

engl. to decode = entschlüsseln

Wer das moderne Medium ► **digitales Fernsehen** nutzen will, braucht neben seinem Bildschirm einen Decoder. Dieser Apparat, der entweder im Empfangsgerät eingebaut ist oder bei Bedarf zusätzlich angeschlossen werden kann, entschlüsselt – also dekodiert – die ► **digitalen** und komprimierten TV-Daten und wandelt sie in analoge Signale um. Auf diese Weise können sie von den meisten herkömmlichen TV-Geräten empfangen werden, wobei der Fernseher dann praktisch nur noch als Monitor dient. Aber auch wer im ► **Pay-TV** einen neuen Film oder ein aktuelles Fußballspiel sehen will, braucht einen Decoder und zusätzlich eine Chipkarte (► **Chip**) oder ► **Smartcard.** Bei der Benutzung dieser so genannten Schlüssel werden automatisch die entsprechenden Gebühren vom Konto des Kunden abgebucht oder die Karte wird wie eine Telefonkarte entwertet.

Dekontamination

lat. contaminatus = unrein

Menschen und Tiere brauchen zum Leben eine saubere oder doch zumindest giftfreie Umgebung. Diese Tatsache wird durch Katastrophen wie 1986 in ► **Tschernobyl** nördlich von Kiew oder 1976 in Seveso in Norditalien (► **Dioxin**), bei denen jeweils weite Landstriche radioaktiv bzw. chemisch verseucht wurden, auf erschreckende Weise deutlich. Damit nach solchen Vorfällen nicht ganze Regionen menschenleer und auch ohne tierisches Leben bleiben, ergreift man Maßnahmen zur Dekontamination, d.h. Entgiftung oder Säuberung. Manchmal genügen schon verhältnismäßig einfache Mittel: So erzielten nach mancher Ölpest freiwillige Helfer oft beachtliche Erfolge, indem sie mit einer Schippe den ölverschmierten Sand am Strand abtrugen. Viel häufiger aber sind aufwändigeres Gerät und speziell geschulte Fachleute vonnöten um die giftigen Stoffe freizulegen und zu entsorgen (► **Entsorgung**) oder chemisch unschädlich zu machen. Oft, vor allem bei radioaktiver Verseuchung, bleibt der Erfolg jedoch aus, wie das Beispiel Tschernobyl beweist: Dort gilt eine 5-km-Zone um das Kraftwerk noch heute bis auf weiteres als unbewohnbar.

Bei der Dekontamination wird der verseuchte Boden untersucht.

Demoskopie

griech. demos = Volk
griech. skopein = besehen

Während man früher nach wichtigen Wahlen gespannt auf das Ergebnis wartete, ist heute der Ausgang oft schon im Voraus bekannt, und zwar dank der Demoskopie oder Meinungsforschung. Diese noch relativ junge Wissenschaft befasst sich damit, die Meinung der Bevölkerung zu erkunden – hauptsächlich zu politischen oder wirtschaftlichen Problemen, oft aber auch zu Fragen des persönlichen Geschmacks. Zu diesem Zweck werden entsprechende Fragebogen erarbeitet, die man dann Menschen vorlegt, die zusammengenommen einen Querschnitt durch die verschiedenen

Demoskopen erforschen die Meinung der Bürger zu vielen verschiedenen Themenbereichen.

gesellschaftlichen Gruppen darstellen. Es ist erwiesen, dass die Meinungen dieser Personen, die in Bezug auf Alter, Geschlecht, Einkommen, Beruf, Bildung, Wohnsituation o. Ä. ausgesucht werden, ziemlich genau die Auffassung der Gesamtheit der Bevölkerung widerspiegeln. Führend in Deutschland sind auf diesem Sektor das Institut für Demoskopie in Allensbach sowie die Gesellschaften EMNID und INFAS. In politischer Hinsicht ist die Demoskopie allerdings umstritten, denn nach Ansicht von Experten ermittelt sie nicht nur die politische Einstellung der Bevölkerung, sondern umgekehrt beeinflussen die demoskopischen Ergebnisse auch die Meinungsbildung. Viele Bürger schlagen sich bei einer Wahl nämlich entweder auf die Seite der Partei, die in der Umfrage schlechter abgeschnitten hat, andere wiederum wollen lieber bei den Siegern sein. Deshalb werden im Allgemeinen kurz vor Wahlen keine Umfrageergebnisse mehr veröffentlicht; erst unmittelbar nach Schließung der Wahllokale gibt man die Prognosen bekannt.

Depot

Wer ► **Aktien**, festverzinsliche Wertpapiere und Investmentzertifikate (► **Investmentfonds**) besitzt, bewahrt diese normalerweise nicht in der Wohnung auf, sondern nutzt gegen eine Gebühr ein Depot bei einer Bank. Wenn es sich um ein verschlossenes Depot handelt, dessen Inhalt die Bank nicht kennt, wird nur die sichere Verwahrung garantiert. Bei einem offenen Depot dagegen übernimmt das Kreditinstitut darüber hinaus häufig weitere Aufgaben: So werden die Kunden beispielsweise über eine bevorstehende Hauptversammlung informiert und mit Einverständnis des Aktionärs übt die Bank sogar für ihn das Stimmrecht aus.

Derivatenhandel

lat. derivatio = Ableitung

Durch die Geldgeschäfte des englischen Maklers Nick Leeson, der sich 1995 um über 1 Mrd. DM verspekulierte und so seinen Arbeitgeber, die britische Baring Bank, ruinierte, wurde dieses Wort aus der Finanzwelt auch einer größeren Öffentlichkeit bekannt. Bei einem Derivat handelt es sich um eine Form des Geldeinsatzes an der Börse, bei der nicht direkt ein Wertpapier gekauft, sondern mit ihm nur indirekt – also auf abgeleitete Weise – spekuliert wird.
Zu dieser Kategorie zählen die ► **Termingeschäfte**, bei denen Gewinn oder Verlust davon abhängt, wie der Stand etwa einer ► **Aktie** zu einem festgelegten Zeitpunkt ist. Wie bei einer Rennwette, bei der man auf die Platzierung eines Pferdes am Ende des Rennens setzt, spekuliert der Anleger auf eine bestimmte Entwicklung einer Anlage. Daher werden diese risikoreichen Geschäfte häufig als Finanzwetten bezeichnet. Ebenfalls dazu gehören ► **Options**, mit deren Kauf man berechtigt, aber nicht verpflichtet ist eine festgelegte Anlagemenge innerhalb einer bestimmten Frist zu einem vorher vereinbarten Preis zu kaufen oder zu verkaufen, und ► **Futures**, bei denen man eine festgesetzte Anlagemenge zu einem vorab vereinbarten Preis an einem fixen Termin kaufen oder verkaufen muss.

Desensibilisierung

In den letzten Jahren sind ► **Allergien** geradezu eine Art Volkskrankheit geworden; rund 20 % der Bevölkerung leiden darunter. Eine Methode, die Symptome zu lindern, ist die Desensibilisierung, durch die die Empfindlichkeit (Sensibilität),

Vor der Desensibilisierung wird getestet, wogegen der Patient allergisch ist.

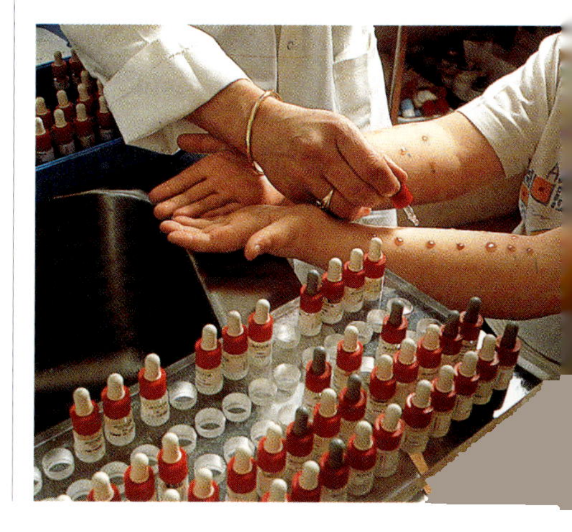

gegenüber bestimmten Stoffen abgeschwächt werden soll. Zu diesem Zweck muss erst mithilfe von Tests das Allergen, also die auslösende Substanz, ermittelt werden und danach wird dieses dem Patienten in steigenden Dosierungen gespritzt. Durch die Gewöhnung werden allergische Reaktionen in den Zellrezeptoren des Betroffenen mehr oder weniger ausgeschaltet. Allerdings ist die Krankheit damit nicht geheilt – nur die Symptome sind gemildert.

Desertifikation

lat. desertus = öde
lat. facere = machen

Nach Angaben der UNO sind rund 15 % der eisfreien Landoberfläche der Erde Wüste oder werden es bald sein. Das bedeutet, dass Millionen von Menschen hauptsächlich in der Sahelzone in Afrika sowie in weiten Gebieten Asiens oder Südamerikas ihre Heimat verlassen müssen, weil der Boden sie nicht mehr ernähren kann. Die Ursachen dieser Entwicklung sind weniger auf die ► **Klimaveränderung** als vielmehr auf Eingriffe des Menschen in die Natur zurückzuführen. Am Rand von Wüstengebieten gibt es oft mehrere Jahre hintereinander nur sehr wenig Niederschlag. Während solcher Zeiten schrumpfen die dortigen Wildtierpopulationen normalerweise drastisch, der Mensch dagegen kann mit dem Wasser aus Zisternen und Brunnen seine Rinder- und Ziegenherden am Leben erhalten und diese belasten dann durch Überweidung das Land in den trockenen Zeiten übermäßig. Nach einigen Jahren der Trockenheit ist die Vegetation zerstört und die restlichen Baumbestände werden für Brennholz oder Baumaterial verwendet und dabei vollends vernichtet. Regnet es anschließend wieder öfter, erholen sich zwar die einjährigen Pflanzen schnell, aber die ausdauernden Arten, die den Boden festhalten, sind verschwunden. Und so kommt es zur schweren Bodenerosion, d.h. die fruchtbare obere Bodenschicht wird abgetragen oder verweht. Diesen gesamten Vorgang nennt man Desertifikation. Im weiteren Sinn muss aber noch eine andere von Menschenhand geschaffene Umweltzerstörung unter diesen Begriff gefasst werden, nämlich die Verlandung des Aralsees. Dieser im Staatsgebiet von Usbekistan und Kasachstan liegende Salzsee war früher einer der größten Binnenseen der Erde. Da man seinen Zuflüssen zur Bewässerung der Felder zu viel Wasser entnahm, schrumpfte er auf knapp die Hälfte seiner einstigen Größe und die umliegenden Regionen sind kilometerweit mit Salz überzogen. Damit das Gebiet nicht unbewohnbar wird, will man versuchen den See mit Wasser aus sibirischen Flüssen wieder aufzufüllen.

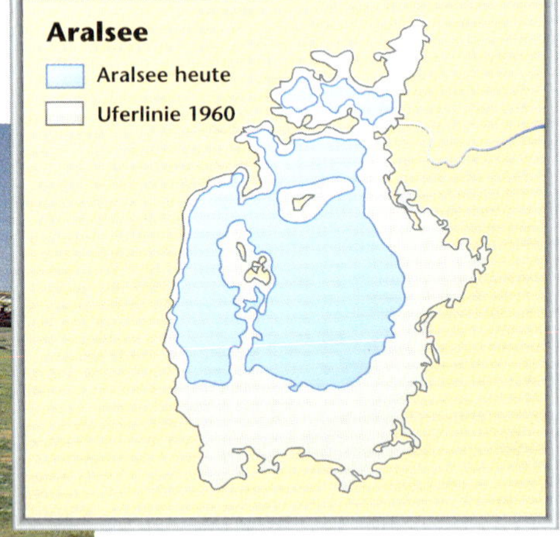

Da man seinen Zuflüssen zu viel Wasser entzogen hat, verlandet der salzhaltige Aralsee.

Designerdrogen

Bei einer Befragung gaben rund 25 % der Jugendlichen zu im vergangenen Jahr zu illegalen Drogen gegriffen zu haben. Zu den Rauschmitteln, die zurzeit besonders in Mode sind, gehören die so genannten Designerdrogen. Das sind relativ neue halluzinogene Substanzen, die in Labors entworfen (englisch *to design*) und synthetisch hergestellt werden, meist als sehr viel wirkungsvollere Abarten von natürlichen Rauschmitteln. Außerdem gehören dazu synthetische Drogen ohne natürliche Vorgänger und mitunter werden als Medizin verwendete Substanzen wie Schmerz- und Betäubungsmittel, etwa Barbiturate, und Amphetamine (► **Doping**), pur oder gemixt, zu Drogen verarbeitet. Designerdrogen, zu denen ► **Ecstasy** und Pulse gehören, sind verhältnismäßig billig. Sie wirken aufputschend und vermeintlich leistungssteigernd, und das schon in sehr geringer Dosierung. Deshalb machen sich viele Jugendliche damit für die Rave-Partys (► **Rave**) – das sind oft tagelang dauernde Tanzveranstaltungen – fit. Die gesundheitlichen Folgen, die von den jungen Menschen meist unterschätzt werden, sind gravierend: Körperliche Warnsignale wie Schmerz, Hunger, Durst und Müdigkeit werden unterdrückt, es kann zu Kreislaufzusammenbrüchen kommen und häufig stellen sich Spätschäden an inneren Organen ein. Auch sind diese neuartigen Drogen in ihrer Wirkung nicht immer berechenbar und manchmal können schon sehr kleine Mengen für den Konsumenten tödlich sein.

Designerfood

engl. to design = entwerfen
engl. food = Nahrung

Mit herkömmlichen Speisen hat Designerfood oft nur noch optisch Ähnlichkeit. Vielmehr handelt es sich dabei um Lebensmittel, die unter Verwendung von künstlichen Zusatzstoffen produziert werden – was der Verbraucher meist gar nicht weiß. Hierzu gehört z. B. der beliebte Fruchtjoghurt. Er beinhaltet heutzutage nur noch selten echte Obststückchen, sondern wird häufig mit eingekochtem und nachbehandeltem Fruchtmus, natürlichen und naturidentischen Aromastoffen sowie modifizierter Stärke hergestellt. Den letzten Schliff hinsichtlich der appetitlich aussehenden Farbe erhält er dann häufig durch den Saft von Roter Bete. Andere typische Vertreter der Gattung Designerfood sind die so genannten ► **Light-Produkte**. Sie werden nach den Wünschen der Verbraucher, die man aus Marktanalysen kennt, von Lebensmitteltechnikern oder Food-Designern entworfen und zahlreichen Geschmackstests unterzogen, ehe sie in den Handel gelangen. In den USA stellen sie fast 50 % des gesamten Lebensmittelsortiments.

Designerfood wird unter strengen hygienischen Bedingungen industriell hergestellt.

Devisen

Trotz angespannter Wirtschaftslage ist Reisen der Deutschen liebstes Hobby und sie sind bereit, sich das Vergnügen auch einiges kosten zu lassen. Da es die weitaus meisten in den Ferien ins Ausland zieht, brauchen sie für den Urlaub Geld in fremder Währung. Im normalen Sprachgebrauch bezeichnet man solche Zahlungsmittel oft als Devisen – von lateinisch *divisa*, das Abzeichen –, aber eigentlich heißt das ausländische Bargeld Sorten und nur die Guthaben in fremder Währung sind Devisen. Wie viel fremdes Geld man für seine D-Mark erhält, bestimmt der Wechselkurs, und der richtet sich nach Angebot und Nachfrage auf dem Markt. Um jedoch im Europäischen Währungssystem große Schwankungen zu verhindern orientiert man sich an einem Leitkurs und außerdem tätigen die nationalen Notenbanken Devisenkäufe oder -verkäufe, wenn eine Währung zu niedrig bzw. zu hoch steht. Neben den Urlaubern sind Geldanleger an Devisen interessiert. Viele von ihnen spekulieren bei ► **Auslandsanleihen** auf Gewinne, die durch eine Kursdifferenz zwischen An- und Verkauf entstehen können.

Dialogmarketing

→ siehe S. 422

Dialyse

griech. dialysis = Auflösung, Trennung

Beim gesunden Menschen reinigen die Nieren das Blut von Harnstoffen und anderen Giften, die beim Stoffwechsel entstehen. Ist jedoch die Funktion beider Nieren gestört oder versagen sie ganz, muss im Krankenhaus eine künstliche Blutwäsche oder Dialyse durchgeführt werden. Sie wird alle zwei bis drei Tage so lange wiederholt, bis eine Spenderniere gefunden ist. Man unterscheidet die Peritonealdialyse, bei der das Blut im Körper des Patienten gereinigt wird, und die Hämodialyse außerhalb des Körpers. Bei Letzterer wird das Blut über eine Armvene ausgeleitet, in einer so genannten künstlichen Niere gereinigt und dann wieder zurückgeführt. Der Reinigungsvorgang ist einfach: Das Blut wird auf der einen Seite einer halbdurchlässigen künstlichen Membran vorbeigeführt; dabei werden die kleinen Giftmoleküle im Blut durch die feinen Poren der Membran gedrückt. Die andere Seite wird mit einer speziellen Flüssigkeit, dem Dialysat, bespült, das die Giftstoffe wegschwemmt. Da alle anderen Bestandteile zu groß sind, bleiben sie im Blut. Dieses Verfahren dauert vier bis sechs Stunden, wobei das Blut mehrmals durch die künstliche Niere strömt.
Bei der Peritonealdialyse, die rund zehn Stunden in Anspruch nimmt, dient das Bauchfell (Peritoneum) als Trennmembran. Die Bauchhöhle wird über einen Katheter mit Dialysat durchspült und aufgrund des Druckunterschieds zwischen Blut und Dialysat durchdringen die Giftstoffe die Poren des Bauchfells. Mittlerweile gibt es auch Dialyseverfahren, die der Patient außerhalb der Klinik anwenden kann: die Heimhämodialyse und die kontinuierliche ambulante Peritonealdialyse (CAPD), bei der man ständig einen Plastikbeutel am Körper trägt, aus dem über einen Dauerkatheter Dialysat in den Bauch geleitet wird.

Diätenanpassung

Im Dezember 1995 verabschiedete der Deutsche Bundestag eine Neuregelung der Abgeordnetenbezüge, der Diäten. Danach sollten die Bezüge der Bundestagsabgeordneten bis zum 1. Januar 1998 schrittweise auf 12875 DM im Monat angehoben und langfristig an die Gehälter der obersten Bundesrichter angepasst werden. Die Diäten – der Begriff bedeutet eigentlich Tagegelder – setzen sich aus einer steuerpflichtigen Aufwandsentschädigung und einer steuerfreien Kostenpauschale, u.a. für Reise- und sonstige Kosten, zusammen. Sie gelten als Ersatz für andere Verdienstmöglichkeiten und sollen die finanzielle Unabhängigkeit der Parlamentarier gewährleisten. Da die 1995 beschlossene Anpassung angesichts immer drastischerer Sparmaßnahmen für die Bevölkerung auf scharfe öffentliche Kritik stieß, verzichtete der Bundestag im Jahr 1996 auf eine Erhöhung. Auf die Diätenerhöhungen für Landtagsabgeordnete, die von den Länderparlamenten beschlossen werden, reagiert die Öffentlichkeit immer wieder mit großem Unverständnis.

Dienstleistungsgesellschaft

Wie in den anderen Industriestaaten nimmt der Dienstleistungssektor in Deutschland im Gesamtvolumen der Wirtschaft heutzutage den größten Raum ein und die Tendenz ist steigend. Die beiden anderen großen Sektoren Landwirtschaft sowie Industrie und Handwerk werden zunehmend verdrängt; aus der Industriegesellschaft ist eine Dienstleistungsgesellschaft geworden. Knapp 70 % der Erwerbstätigen in der Bundesrepublik gehen bereits einer Tätigkeit nach, die dem Servicebereich zuzuordnen ist. Neben den traditionellen Dienstleistungen bei Banken und Versicherungen, im Handel, im Verkehrswesen, in der Gastronomie sowie in den freien Berufen verlangt der Markt heute immer mehr nach speziellen Diensten und Beratungsleistungen, zu denen das ► **Leasing** und der Service rund um Datenbanken und Computersoftware (► **Onlinedienste**) zählen. Hier entstehen viele neue Jobs, für die man qualifizierte Arbeitskräfte braucht. Nur auf diesem Sektor lassen sich international künftig noch Arbeitsplätze schaffen, während in der Industrie Personal abgebaut wird. In den USA wurden in den letzten Jahren im Dienstleistungsbereich Millionen neuer Stellen geschaffen. Auch in den neuen Bundesländern sind Dienstleistungen ein Hoffnungsträger für den Arbeitsmarkt.

Differenzialdiagnose

→ siehe S. 121

Digestif

Nach einem guten Essen zu Hause oder im Restaurant genehmigt man sich gern ein Gläschen Schnaps um die Verdauung anzuregen und fette Speisen bekömmlicher zu machen. Wer etwas auf sich hält, spricht aber nicht etwa von einem Verdauungsschnäpschen, sondern wie die Franzosen von einem Digestif. Hierzu zählt man neben klaren Schnäpsen auch Weinbrand und Likör. Griechische Gaststätten kredenzen einen Ouzo, einen Anisschnaps, Italiener gönnen sich einen ▶ **Grappa**, Franzosen einen Cognac, Spanier einen Calvados und die Deutschen einen Obstler.

Digital

lat. digitus = Finger

Vom Abzählen an den Fingern kommt der Begriff, den wir heute vor allem mit der Computertechnik verbinden, wo er im Sinn von schrittweise verwendet wird. Die digitale Technik zerlegt Informationen und Signale zunächst in ihre kleinsten Einheiten (etwa einen Text in einzelne Buchstaben), die dann in das binäre Zahlensystem umgerechnet, also in eine Zahlenfolge, die nur aus 0 und 1 besteht, übertragen werden. Auf diese Art erhält z. B. der Buchstabe R in der Programmiersprache COBOL die Zahlenfolge 10011001 und die Zahl 110 das Binärzeichen 01101110. Nahezu jede Information kann man als Folge dieser beiden Ziffern darstellen, die als elektrische Ladungen gespeichert werden. Der Computer entschlüsselt die Zahl 1 als „Strom fließt", die 0 als „kein Strom fließt".
Die Digitaltechnik ermöglicht eine extrem schnelle Übertragung, ist äußerst genau und störsicher und die Information lässt sich unbegrenzt aufbewahren. Die elektronische Datenverarbeitung wurde durch die Digitalisierung revolutioniert und auch in der ▶ **Telekommunikation** und der Unterhaltungselektronik setzt sich die digitale Technik gegenüber der analogen immer mehr durch. Um stufenlose Werte wie etwa die Schallwellen eines Musikstücks digital verarbeiten zu können werden sie in eine endliche Zahl von Werten zerlegt. Dabei gehen zwar stets Zwischenwerte verloren, doch macht man die Rasterung fein genug, d.h., man nimmt sehr viele Werte auf, die sehr kurz aufeinander folgen, lässt sich das Signal so wiedergeben, dass dieser Verlust gar nicht mehr wahrgenommen wird. Dies kann jeder bestätigen, der eine CD anhört.

Digitales Fernsehen

Bei der bisher üblichen analogen Fernsehübertragung braucht man für jedes Programm jeweils einen Satelliten- oder Kabelkanal. Wird jedoch ▶ **digital** übertragen, können bis zu zehn Programme auf ein und demselben Kanal ausgestrahlt werden. Möglich wird dies durch eine drastische Reduzierung der Datenmengen. Beim analogen Fernsehen werden pro Sekunde 25 Bilder gezeigt, wobei jede Szenenänderung den Aufbau eines komplett neuen Bildes erfordert. Beim digitalen Fernsehen aber genügt es, zwei Vollbilder aufzubauen; zwischendurch werden nur die Daten übermittelt, die vom vorherigen Bild abweichen.

Fortsetzung auf S. 122

Nach Belieben kann der Zuschauer bei diesem Rennen den Blickwinkel wechseln – Voraussetzung dafür ist digitale Technik.

Diagnose & Therapie

Hightech in der Medizin

Untersuchung von Proben im Labor

Magnetresonanztomographie

Bei diesem modernen Diagnoseverfahren in der Tomographie, der Schichtaufnahmetechnik, veranlassen in den Körper gestrahlte Magnetfeldimpulse Atome zur Abgabe von Echos. Mit deren Hilfe ist es möglich, ein Schichtbild des untersuchten Bereichs abzubilden.

Thermographie

Diese Untersuchungsmethode macht die Verteilung der Temperatur im menschlichen Körper sichtbar. Dazu werden eine spezielle Messausrüstung oder wärmeempfindliche Folien verwendet. Neben Durchblutungsstörungen können mithilfe der Thermographie Geschwüre und Tumore dargestellt werden.

Labordiagnostik

Zu den wichtigsten Diagnosemethoden in der Medizin gehört u.a. die Untersuchung von Gewebe und Körperflüssigkeiten im Labor. Die Erstellung eines Blutbildes zählt ebenso dazu wie die Ermittlung eines Urinstatus, die Untersuchung des Magensaftes oder einer Stuhlprobe. Viele Laboruntersuchungen werden von elektronischen Automaten vorgenommen.

PET

Die Positronenemissionstomographie (PET) ist ebenfalls ein **computertomographisches** Verfahren. Dem Patienten wird ein Präparat verabreicht, das sich im Körper ausbreitet und Positronen (positive Elektronen) abstrahlt. Diese ermöglichen die Untersuchung des Stoffwechsels von Herz und Gehirn ebenso wie die Beurteilung von Geschwülsten.

Invasive Verfahren

Damit bezeichnet man diagnostische und therapeutische Verfahren, bei denen der Arzt den Körper des Patienten verletzen muss, beispielsweise bei Operationen mit Schere und Skalpell, wofür – sofern möglich – stets die Einwilligung des Patienten vonnöten ist. Der Trend geht heute zur **minimalinvasiven Chirurgie**, bei der mit hochfeinen Instrumenten gearbeitet wird.

Im Computerthermographen können u.a. Durchblutungsstörungen und Entzündungen nachgewiesen werden.

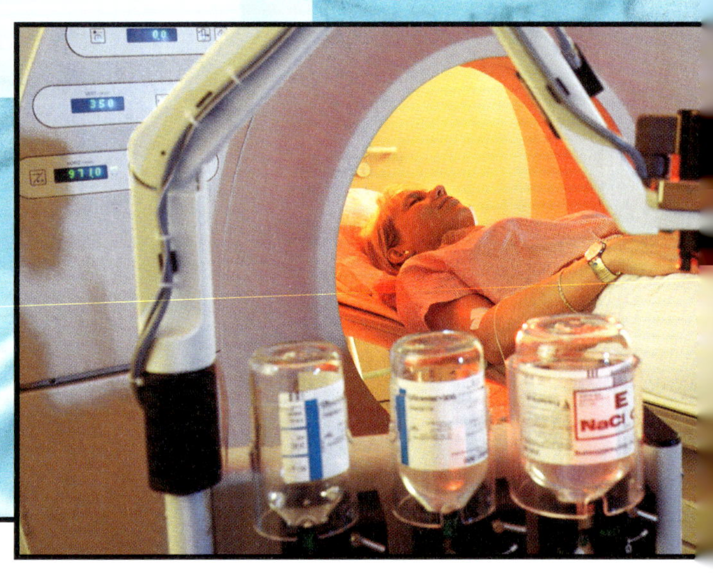

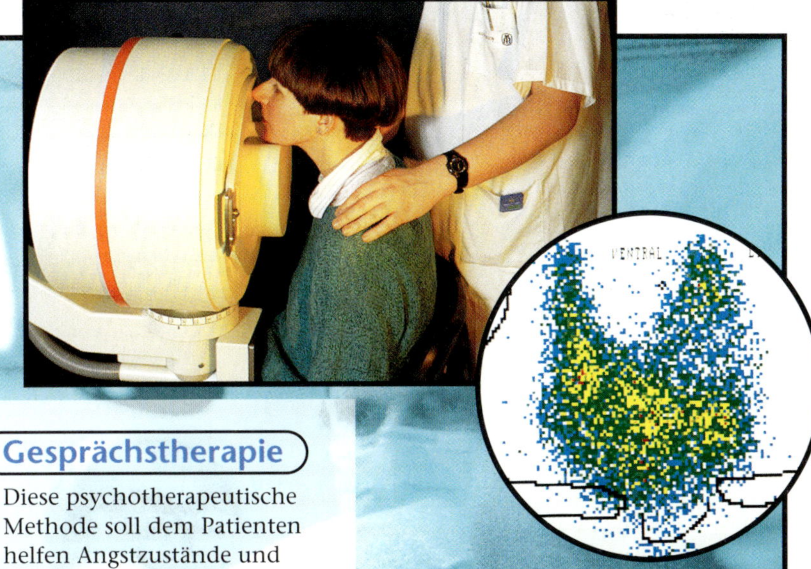

Um die Funktion der Schilddrüse zu beurteilen wird die radioaktive Strahlung mit einem Scanner erfasst und ein Szintigramm erstellt.

Szintigraphie

Wie die Positronenemissionstomographie (PET) ist auch die Szintigraphie ein nuklearmedizinisches Bild gebendes Verfahren, bei dem u. a. bösartige Tumore erkannt werden können. Dabei werden zuerst radioaktive Elemente in dem zu untersuchenden Organ oder im Gewebe angereichert. Dann wird die abgegebene Strahlung mithilfe eines **Scanners** grafisch dargestellt oder mit einer Spezialkamera aufgenommen. Besonders häufig setzt man die Szintigraphie ein, um Funktionsstörungen der Schilddrüse zu diagnostizieren.

Lasertherapie

Eine moderne Form der **Akupunktur** ist die Lasertherapie, bei der die Reizimpulse nicht mithilfe von Nadeln, sondern durch Laserstrahlen ausgeübt werden. Die Leistung liegt in der Regel zwischen 2 und 20 Watt.

Computertomographische Verfahren erlauben eine „Kartographie" des Körpers.

Gesprächstherapie

Diese psychotherapeutische Methode soll dem Patienten helfen Angstzustände und innere Spannungen abzubauen und seine Bedürfnisse und Gefühle besser kennen und akzeptieren zu lernen. Gesprächstherapien können in Form von Gruppensitzungen durchgeführt werden, verbreiteter sind jedoch Einzeltherapien, die sich meist über ein bis zwei Jahre erstrecken, in denen Patient und Arzt sich einmal pro Woche zum Gespräch treffen.

Differenzialdiagnose

Ein Symptom weist häufig auf mehrere mögliche Krankheiten hin. Magenschmerzen beispielsweise können u. a. durch ein Geschwür, Krebs oder eine Lebensmittelvergiftung hervorgerufen werden. Vor der Diagnose stellt der Arzt daher erst, heute mitunter PC-unterstützt, eine Liste der infrage kommenden Krankheiten zusammen, die er dann eine nach der anderen durch Zusatzuntersuchungen ausschließt, bis er glaubt die eigentliche Ursache gefunden zu haben. Diese Unterscheidung von Krankheitsbildern mit ähnlichen Symptomen wird als Differenzialdiagnose bezeichnet.

Compliance

Therapeutische Maßnahmen können nur dann Erfolg haben, wenn der Patient die Anweisungen seines Arztes befolgt. Nach Ansicht von Experten ist diese Compliance (engl. = Einwilligung) in jedem zweiten Fall nicht gegeben, wobei geschlechts- und altersspezifische Gründe (ältere Frauen richten sich z. B. eher nach den ärztlichen Vorgaben als jüngere Männer) ebenso eine Rolle spielen wie die Überzeugungsfähigkeit des Arztes und die Einstellung der Patienten gegenüber Medikamenten.

Gleich bleibende Bildelemente bleiben bis zur nächsten Einstellung stehen. Dadurch wird die Datenmenge von 200 Mio. auf 4–9 Mio. Bit/s reduziert (► **Bit**) und die Kapazität des Kanals gewaltig erhöht. Die kann man etwa dazu nutzen, dieselbe Sendung aus mehreren Blickwinkeln simultan zu übertragen, zwischen denen der Zuschauer per Knopfdruck wählen kann (► **Interaktives Fernsehen**). Das digitale Fernsehen ist gebührenpflichtig. Bezahlt wird mit der ► **Smartcard**, und zwar wahlweise monatlich für ein ganzes Programmpaket oder für einzelne Filme (► **Video-on-Demand**). Für den Empfang braucht man einen zusätzlichen ► **Decoder**, der die digitalisierten Daten wieder in Bild und Ton umwandelt.
In Deutschland begann die neue Fernsehära am 28. Juli 1996 mit der Übertragung eines Formel-1-Rennens. Ab der Jahrtausendwende sollen rund 1000 Programme digital übertragen und von drei bis vier Millionen Haushalten genutzt werden. Im Moment schrecken aber die hohen Gebühren die meisten Konsumenten noch ab und es bleibt abzuwarten, ob sich die Investition für die Anbieter lohnt. In den USA ist die neue Technik freilich schon seit Jahren kommerziell erfolgreich.

DINKS

engl. double income, no kids = doppeltes Einkommen, keine Kinder

Im Gegensatz zum ► **Yuppie**, der sich meist als Einzelkämpfer durchs Leben schlägt, treten DINKS paarweise auf. Solche Paare haben keine Kinder und, da beide Partner gut dotierte Berufe ausüben, so viel Geld, dass sie zu den von der Werbung am heftigsten umworbenen Personengruppen zählen. DINKS ist ebenso wie beispielsweise die Kurzwörter DOBY (*daddy old, baby young* = Papa alt, Baby jung) oder WOOPIES (*well-off older people* = wohlhabende ältere Menschen) ein von Soziologen und Marktstrategen kreierter Kunstbegriff, der aus den USA nach Europa gekommen ist.

Dioxin

griech. di = zweimal
lat. oxygenium = Sauerstoff

Immer wieder sorgt ein hochgiftiger Stoff für Negativschlagzeilen: Dioxin. Seit 1976, als bei einer Explosion in einer oberitalienischen Chemiefabrik bei Seveso große Mengen davon freigesetzt wurden und ein über 320 ha großes Gebiet verseuchten, ist es unter dem Namen Sevesogift berühmt-berüchtigt. Im April 1996 wurde das Gift bei einem Großbrand im Düsseldorfer Flughafen freigesetzt, als die mit chlorhaltigem PVC isolierten Kabel Feuer fingen. Der Schaden ging in die Millionen. Man kennt über 200 verschiedene Dioxinverbindungen, die bei Verbrennungsprozessen oder chemischen Reaktionen entstehen können. Etwa zur Herstellung von Pflanzen- oder Holzschutzmitteln (► **Holzschutzmittelsyndrom**) werden oft Polychlorphenole (PCP) oder andere Chlorverbindungen verwendet, die als Nebenprodukte so genannte polychlorierte Dibenzodioxine (PCDD) – kurz: Dioxine – erzeugen.
Diese außerordentlich langlebigen Stoffe, die in Spezialanlagen bei Temperaturen über 1000 °C verbrannt werden müssen (► **Entsorgung**), können schon in kleinster Konzentration die Entstehung von Krebs begünstigen und gehören damit ins Gru-

Mit Dioxin verunreinigtes Erdreich muss fachgerecht entsorgt werden. Auf dieser Müllkippe wird dioxinverseuchtes Öl in Tonnen abgepumpt.

selkabinett der Supergifte. Sie werden über Haut, Lunge und Nahrung aufgenommen, lagern sich vor allem im Fettgewebe und in der Lunge an und können schwere Haut-, Nerven- und Leberschäden verursachen. Schon Säuglinge nehmen mit der Muttermilch Dioxine auf. Am giftigsten von allen ist das Sevesogift Tetrachlordibenzodioxin (TCDD). In Deutschland hat sich die Dioxinbelastung im letzten Jahrzehnt dank verschiedener Maßnahmen halbiert; so wurden die Produktion von PCP und das Verfahren der Chlorbleiche eingestellt. Auch die Müllverbrennungsanlagen wurden technisch so verbessert, dass sie heute mehr Dioxine vernichten als erzeugen.

Directmail

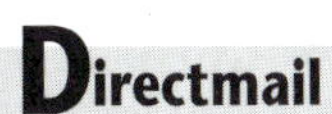

siehe S. 422

Direktbank

Die traditionellen Banken sehen sich verstärkt einer ernst zu nehmenden Konkurrenz gegenüber: den Direktbanken, die mit ihrer ausgeprägten ► **Kundenorientierung** immer mehr Kunden anlocken. Die meisten Direktbanken sind Tochtergesellschaften großer Geld- und Kreditinstitute; die Advance Bank etwa ist eine Tochter der Bayerischen Vereinsbank, die Bank 24 gehört zur Deutschen Bank und die Comdirect zur Commerzbank. Die neue Generation von Banken, die ohne Zweigstellen und dadurch mit weniger Mitarbeitern auskommen, bringt eine Reihe von Vorteilen. Sie bieten ihre Dienste in der Regel günstiger an als die anderen Banken und die Kunden können Finanzgeschäfte wie Überweisungen und Geldanlagen rund um die Uhr bequem von zu Hause aus abwickeln. Sie brauchen dazu lediglich ein Telefon, ein Faxgerät oder einen Computer, der an das ► **Internet** oder andere ► **Onlinedienste** angeschlossen ist. Neuerdings gibt es auch eigens auf das Wertpapiergeschäft spezialisierte Direktbanken.

Direktmarketing

Wenn ein Unternehmen seine Kunden oder potenzielle Klienten direkt und individuell per Post oder Telefon anspricht, nennt man dies Direktmarketing. Auch die Massenmedien werden heute für das Direktmarketing benutzt; so erscheint in Fernsehspots oft eine Telefonnummer, unter der man direkt bestellen kann (► **Teleshopping**). Geht es ausschließlich um Werbezwecke, spricht man von Direktwerbung, während ► **Directmail** die Zustellung über den Postweg meint. Im Direktvertrieb wird die Leistung oder das Produkt ohne Zwischenhandel an den Kunden geliefert, bei Mailorder hingegen über die Post oder einen Paketservice zugestellt. Die moderne Adressenverwaltung am Computer macht es möglich, eine große Zahl von Kunden gezielt anzusprechen, wobei jeder Werbeaktion eine genaue Zielgruppenanalyse vorangeht. Dass man die Haushalte heute per Post in Form von Werbebriefen oder per Telefon anspricht, liegt u.a. daran, dass der Vertreter alten Stils zu teuer geworden ist. Beim Telefonmarketing muss sich der Anbieter aber an gewisse Vorschriften halten; er darf z.B. niemand anrufen, der nicht darum gebeten hat.

Wer direkt beim Bauern kauft, kann sicher sein, dass die Ware frisch ist.

Direktvermarkter

Immer neue Lebensmittelskandale (► **Genlebensmittel**, ► **BSE**) haben das Vertrauen der Verbraucher in die Nahrungsmittelindustrie nachhaltig gestört. Was liegt da näher, als direkt beim Erzeuger zu kaufen statt im Supermarkt? Tatsächlich verkaufen immer mehr Landwirte ihre Produkte selbst. Die ersten Direktvermarkter waren in den 70er-Jahren Bauern, die ► **ökologischen Landbau** betrieben, da sich deren Produkte nicht so einfach über Genossenschaften, Zwischenhändler oder die Nahrungsmittelindustrie, sondern viel besser direkt an den Verbraucher absetzen ließen. Der Kunde kann Obst und Gemüse, Kartoffeln, Eier und Geflügel in einem Laden auf dem Bauernhof oder an der Straße kaufen oder er lässt sich die Ware liefern. Beliebt sind auch die Selbstpflückaktionen, bei denen der Verbraucher beispielsweise Erdbeeren selbst ernten kann. Von der direkten Vermarktung profitieren beide Seiten: Die Direktvermarkter erzielen höhere Einkünfte und die Kunden erhalten frische Lebensmittel aus der Region. Seit kurzem bieten manche landwirtschaftlichen Betriebe ihre Produkte sogar schon online an (► **Onlinedienste**).

Discounter

engl. discount = Preisnachlass

Dauerhafte Tiefpreise, einfachste Ausstattung und ein Sortiment, das auf raschen Umsatz angelegt ist – dies sind die wichtigsten Kennzeichen des Discounters. Dabei handelt es sich meist um Lebensmittelläden, die außer Nahrungsmitteln auch andere Produkte des täglichen Bedarfs wie Reinigungs- und Drogerieartikel anbieten. Im Gegensatz zu früher gibt es heute neben haltbaren frische Waren wie Obst und Gemüse sowie Molkereiprodukte zu kaufen.

Auch in anderen Branchen gibt es Discounter. Um die Preise so niedrig kalkulieren zu können müssen die Betriebskosten möglichst gering gehalten werden. Teure Dienstleistungen wie Bedienung oder Beratung fallen daher ebenso weg wie eine kostenintensive Lagerhaltung. Die angelieferten Waren – in der Regel nur die gängigsten Artikel, die sich mit Sicherheit schnell verkaufen – kommen meist noch in der Verpackung oder auf Holzpaletten in die Verkaufsräume und nur wenig wird in Regale einsortiert. Wer Wert auf eine angenehme Einkaufsatmosphäre legt, ist im Discounter fehl am Platz; hier ist alles, auch die Einrichtung, zweckmäßig und billig. Aufgrund der geringen Gewinnspanne beim einzelnen Artikel rentiert sich der Discounter erst im Filialsystem.

Im Discounter zählt nicht die Einrichtung, sondern die knallhart kalkulierten Billigpreise.

Diskette

engl. disc = Scheibe

Wie bei der ► **Festplatte** handelt es sich bei der Diskette um ein Speichermedium für den Computer. Auch sie ist eine kreisrunde Platte, die auf beiden Seiten mit einer magnetisierbaren Schicht überzogen ist und von der mittels eines Lese- und Schreibkopfes Daten gelesen bzw. geschrieben werden. Im Gegensatz zur Festplatte ist sie jedoch nicht mit dem Laufwerk verbunden und kann daher in jeden beliebigen ► **PC** eingeschoben werden. Da sie aus nicht festem Polyäthylen gefertigt ist, nennt man sie im Englischen *floppy disk,* biegsame Scheibe. Die heute üblichen 3,5-Zoll-Disketten schützt eine stabile quadratische Hülle vor Gefahren wie Kratzern, Knicken und elektrostatischen Aufladungen.

Sie haben eine relativ geringe ► **Speicherkapazität** von 1,44 MB (Megabyte) und rotieren langsamer als die Festplatte, wodurch die Arbeitsgeschwindigkeit stark reduziert wird. Daher arbeitet man in der Regel nicht von der Diskette weg, sondern überträgt den Inhalt auf die Festplatte. Die brandneue Diskettengeneration verfügt jedoch bereits über 100 bzw. 120 MB. Mit diesen Disketten können wesentlich mehr Daten gespeichert werden und sie rotieren mehr als doppelt so schnell wie die herkömmlichen, wodurch man rascher Zugriff auf die Daten hat. Vorerst braucht die Diskette keine Konkurrenz zu fürchten, denn andere transportable Datenträger wie die ► **CD-ROM** oder die Magnetkassette (► **Cartridge**) sind entweder zu teuer oder in der Benutzung zu unhandlich. Erst wenn alle Computerbenutzer über ein großes Netz wie das ► **Internet** verbunden sind, könnte man auf die Diskette verzichten.

Diskont

ital. disconto = Abrechnung, Abzug

Wenn eine Zentralbank wie die Deutsche Bundesbank die geldpolitischen Weichen neu stellt, wird auch die Höhe der ► **Leitzinsen**, die sie bei den Geschäftsbanken für Kredite erhebt, neu festgelegt. Dies wirkt sich unmittelbar auf die Zinshöhe in der gesamten Volkswirtschaft aus. Zu den Leitzinsen zählt neben dem Lombardsatz der Diskontsatz. Unter Diskont im eigentlichen Sinn versteht man einen Zinsabzug bei noch nicht fälligen Wechseln. Der Verkäufer eines Wechsels erhält von seiner Bank die Wechselsumme abzüglich der Zinsen, die für die Zeit bis zum Fälligkeitstag zu berechnen sind. Die Banken können diesen Wechsel ihrerseits an die Bundesbank weiterverkaufen, wobei ihnen der Diskontsatz abgezogen wird; diesen Vorgang nennt man Rediskontierung. Erhöht die Bundesbank den Diskontsatz, wird das Geld teurer und die Zinsen steigen; damit wird der Inflation entgegengewirkt. Umgekehrt führt eine Senkung des Diskontsatzes zu verbilligten Krediten, was wiederum die Wirtschaft zu verstärkten Investitionen veranlassen soll.

Display

engl. = Auslage

Diesen Begriff verwendet man heutzutage nicht nur für Waren, die im Schaufenster ausgestellt werden, sondern ebenfalls für die Anzeigefelder elektronischer Geräte, denn auch auf einem Computerbildschirm oder dem Sichtfeld eines Taschenrechners wird etwas zur Schau gestellt. Es gibt verschiedene Arten von Displays. Eine der gängigsten ist die Kathodenstrahlröhre; hier regt ein Elektronenstrahl eine fluoreszierende Schicht auf der Innenseite des Bildschirms zum Leuchten an. Beim flachen LCD-Bildschirm (*liquid crystal display* = Flüssigkristallanzeige) wird das Bild in einer lichtreflektierenden Flüssigkristallschicht erzeugt, und zwar entweder mithilfe eines elektrischen Feldes oder durch Transistoren. Die aktivierten Stellen werden auf dem Display als Buchstaben, Ziffern oder Zeichen sichtbar. Die Energie sparende Flüssigkristallanzeige findet nicht nur bei Minifernsehern Verwendung, sondern auch bei tragbaren ► **Laptops**, ► **Notebooks** und den noch kleineren Palmtops, deren Name sich von dem englischen Wort für Handteller (*palm*) herleitet. Bei manchen Displays liefern Solarzellen einen Teil der Energie.

Bei den meisten Minigeräten ist das Display in den Deckel integriert.

Dividende

lat. dividendum = das zu Teilende

Für die Aktionäre ist es immer wieder ein spannender Moment: Vorstand und Aufsichtsrat einer ► **Aktiengesellschaft** schlagen vor, wie hoch die Dividende für das abgelaufene Geschäftsjahr ausfallen soll. Gemeint ist der Anteil am Reingewinn, der auf eine ► **Aktie** entfällt. Im Gegensatz zu einer im Voraus fixierten Auszahlung bei festverzinslichen Wertpapieren ist die Höhe der Dividende stärker an den Unternehmenserfolg gekoppelt und kann somit beträchtlich variieren. Basis für die Gewinnverteilung ist der Jahresüberschuss. Ein Teil wird üblicherweise den Rücklagen zugeführt und bleibt im Unternehmen; der Rest wird nach der Zahl der Aktien gleichmäßig verteilt und an die Aktionäre ausgeschüttet, wenn die Hauptversammlung dem Vorschlag von Vorstand und Aufsichtsrat zugestimmt hat. Anspruch auf Zahlung einer Dividende besteht jedoch nicht.

DJ

Früher bestand die Aufgabe des Diskjockeys – abgekürzt DJ – nur darin die Platten in der Diskothek auszusuchen und aufzulegen. Heute jedoch haben sich die DJs zu regelrechten Künstlern gemausert, die mithilfe von zwei Plattenspielern und einem Mischpult nach eigenem Geschmack und Stil aus den Klängen und Rhythmen verschiedener Titel immer wieder neue Kombinationen zusammenstellen, die übergangslos aufeinander folgen (► **BPM**). Für das meist sehr junge Publikum sind die DJs, die sich häufig auch Künstlernamen zulegen, Stars und Trendsetter, die auf dem Dancefloor (► **Rave**) oder bei einer Openairveranstaltung (► **Love Parade**) ohne Pause für Stimmung sorgen. Zu den berühmtesten Diskjockeys von heute gehören hierzulande DJ Maruschka, Sven Väth und DJ Westbam. Die Gagen solcher Top-Techno-Stars (► **Techno**) erreichen häufig schwindelnde Höhen und ihr Reklamewert ist immens. Obwohl sie oft einige Jahre älter sind als ihre Zuhörer, treffen sie offenbar genau den Geschmack der jungen Leute.

DJ Sven Väth am Mischpult in voller Aktion

Doggybag

Wörtlich übersetzt bedeutet das englische Wort *doggybag* Tüte für einen kleinen Hund, aber mit Hunden hat der Ausdruck heute nur noch in seltenen Fällen zu tun. Man bezeichnet damit nämlich die Frischhaltebeutel, in denen man sich den Rest einer Restaurantmahlzeit einpacken lassen kann, was man früher oft mit einem verschämten „Für meinen Hund" erklärte. Heute ist man selbstbewusster und verlangt diesen Service ohne einen Grund dafür anzugeben.Vorteile hat der Doggybag für alle Beteiligten: Es müssen keine Nahrungsmittel weggeworfen werden, der Wirt muss nicht annehmen, dass das Essen nicht geschmeckt hat, und der Gast hat den vollen Gegenwert.

Dolby Surround

engl. to surround = umgeben

In modernen Kinos hat der Zuschauer nicht nur optisch nahezu Rundumsicht – er wird auch akustisch voll in das Geschehen einbezogen. Die Technik, die dahinter steckt, heißt Dolby Surround. Entwickelt wurde sie Mitte der 70er-Jahre von dem Angloamerikaner Ray Dolby, der bereits mit den nach ihm benannten Rauschunterdrückern bei Musikanlagen berühmt – und reich – geworden war. Sein Dolby-Surround-Verfahren machte es möglich den Mehrkanalton kostengünstig und ohne weiteren großen Aufwand in die Kinos zu bringen. Damals wurde im Kino der Stereoton aus drei Tonkanälen über drei Lautsprecheranlagen geleitet, die in der Mitte sowie zu beiden Seiten hinter der Leinwand angebracht waren. Dazu gab es mindestens einen weiteren Kanal, der meist Umweltgeräusche wie Verkehrslärm lieferte. Dolby entwickelte für die Filmstudios nun ein Verfahren, bei dem die vier Tonkanäle auf nur zwei Tonspuren aufgezeichnet und auf die Filmkopie übertragen werden. Im Kino entschlüsselt ein Prozessor die vier ursprünglichen Kanäle und leitet sie zu den entsprechenden Lautsprechern weiter. Bei der Überspielung von Filmen mit Dolby Surround auf Videofilm bzw. ► **CD** oder einer Ausstrahlung im Fernsehen bleibt der vierkanalige ► **Soundtrack** erhalten. Man kann sich den vollkommenen Raumklang also sogar ins Wohnzimmer holen, und zwar mithilfe eines ► **Decoders**, den man separat dazu kaufen kann, und einiger zusätzlicher Lautsprecher. Einzige Voraussetzung: Fernseher bzw. Videogeräte müssen stereotauglich sein.

Doping

engl. dope = Rauschgift

Der Spitzensport erfüllt in der Gesellschaft eine Reihe von Funktionen: Er dient der Unterhaltung der Zuschauer und bei internationalen Wettkämpfen der Befriedigung ihres Nationalstolzes; seine Vertreter haben Vorbildcharakter für viele junge Menschen; für manche Staaten ist der bei Olympiaden oder Weltmeisterschaften erworbene

Lorbeer ein Ersatz für politische Größe und für den Spitzensportler selbst ist er ein Weg zu Ruhm und oft auch zu Geld. Es geht also um viel und deshalb ist es kein Wunder, dass die Athleten bereit sind viel einzusetzen um auf dem Siegertreppchen zu stehen. Zu den Hilfsmitteln, zu denen sie dabei oft greifen, gehört das Doping, d. h. die Einnahme bestimmter Substanzen, die leistungssteigernd wirken, den Muskelaufbau fördern und Ermüdungserscheinungen beseitigen. Eingesetzt werden sie in den verschiedensten Sportarten, etwa beim Radfahren, wenn Ausdauer verlangt ist, bei Laufwettbewerben, bei denen der schnelle Sprint über Sieg und Niederlage entscheidet, oder beim Gewichtheben. Entsprechend unterschiedlich sind auch die Präparate, die eingenommen werden. Am häufigsten verwenden Sportler und Sportlerinnen ► **Anabolika**, die dem männlichen Geschlechtshormon Testosteron ähneln und das Muskelwachstum fördern. Andere Dopingmittel sind menschliche Wachstumshormone oder ein bestimmter Eiweißstoff, dessen Einnahme dazu führt, dass im

Die Sprinterinnen Krabbe und Breuer wurden des Dopings bezichtigt.

Körper mehr rote Blutkörperchen produziert werden. Da all diese Präparate gesundheitsschädlich wirken und außerdem wettbewerbsverzerrend sind – weil ja nicht alle Teilnehmer gedopt sind –, ist Doping im Sport weltweit untersagt. Um dieses Verbot zu überwachen hat man Kontrollen anhand von Urin- und Speichelproben eingeführt, denn kurze Zeit nach der Einnahme lassen sich Spuren der Mittel noch nachweisen. Aufgrund dieser Kontrolle wurde schon mancher Sportler des Dopings bezichtigt, so etwa 1992 die Sprinterinnen Katrin Krabbe und Grit Breuer und 1996 der Boxweltmeister Frans Botha, dem der Titel daraufhin aberkannt wurde.

Doppelte Staatsbürgerschaft

Über sieben Millionen Ausländer leben in Deutschland, davon zahlreiche schon seit über 20 Jahren. Ihre Kinder und Enkel sind größtenteils hier geboren worden. Viele dieser Personen möchten die gleichen Staatsbürgerrechte wie Deutsche erhalten, trotzdem aber ihre alte Nationalität nicht aufgeben. Dieses Ansinnen wird von den deutschen Politikern unterschiedlich beurteilt. Die Befürworter argumentieren, dass Deutschland in Wirklichkeit ein Einwanderungsland mit einer wachsenden ► **multikulturellen Gesellschaft** sei. In einer solchen Gesellschaft sei hinsichtlich der Staatsbürgerschaft das Prinzip der Abstammung, bei dem die Nationalität der Eltern ausschlaggebend ist, überholt. Die Gegner sind der Ansicht, dass die doppelte Staatsbürgerschaft die Ausnahme bleiben müsse, weil ein Mensch dadurch, etwa bei einem Krieg, in einen Loyalitätskonflikt geraten würde. Zurzeit gibt es rund 1,2 Millionen Menschen mit doppelter Staatsbürgerschaft in Deutschland, die meisten davon sind Kinder aus deutsch-ausländischen Ehen.

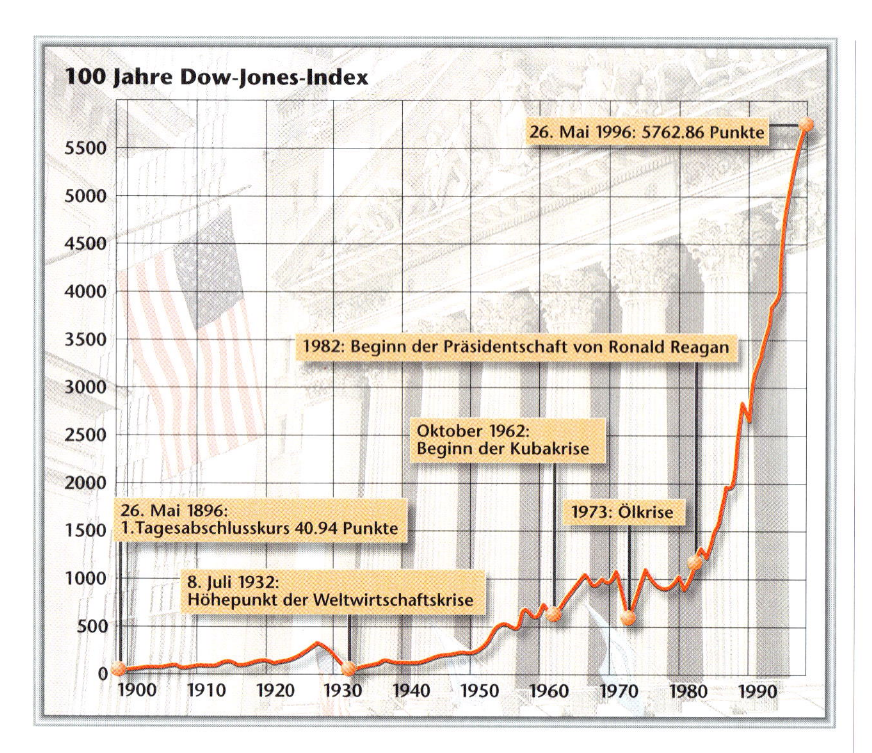

Dow-Jones-Index

Im vergangenen Jahr feierte man in der Welt der ► **Börse** einen wichtigen Geburtstag: Der Dow-Jones-Index wurde 100 Jahre alt. Am 26. Mai 1896 hatte Charles Henry Dow diesen Bewertungsmaßstab für die Kursentwicklung der ► **Aktien** an der New Yorker Börse geschaffen. Der damalige erste Punktestand betrug 40,94, doch im Lauf dieses Jahrhunderts ging der Trend kräftig nach oben – allerdings mit einigen Rückschlägen wie etwa 1932 durch die anhaltende Weltwirtschaftskrise, 1962 durch die Kubakrise oder 1973 durch die Ölkrise. In der zweiten Hälfte der 90er-Jahre wurde schließlich ein Stand von über 7000 Punkten erreicht. Der Dow-Jones-Index erscheint in der Zeitung *Wall Street Journal* und basiert auf den Werten von 30 US-Großkonzernen, wobei die Liste regelmäßig aktualisiert wird. Heute gehören u.a. General Motors, McDonald's, Coca-Cola und American Express dazu. Die Aussagekraft des Dow-Jones-Index geht weit über die Bewertung des Tagesabschlusses an der New Yorker Börse hinaus, er gilt als Barometer für die wirtschaftliche Großwetterlage.

Downsizing

engl. down = abwärts
engl. size = Größe

Einige Großunternehmen haben in letzter Zeit rote Zahlen geschrieben. Da viele Experten den Grund dafür in der Größe der betreffenden Betriebe sehen, unterziehen sich manche Firmen einer radikalen Schlankheitskur um sich sozusagen gesundzuschrumpfen und für die Zukunft fit zu machen. Zu dem Zweck trennen sie sich von Tochterunternehmen, die sie in guten Zeiten aufgekauft haben. Außerdem werden durch Beschränkung auf die ► **Kernkompetenzen** nicht gewinnträchtige Bereiche ausgelagert (► **Outsourcing**) und alles wird abgestoßen, was nicht in die Hauptproduktion passt. Durch die Einführung von ► **Lean Production** werden im Unternehmen zahlreiche Arbeitsplätze überflüssig. Von dieser Form der neuen betrieblichen Beschränkung ist auch das Management betroffen, denn ► **Controller** stellen jeden Posten infrage und machen dabei selbst vor den obersten Etagen nicht Halt. Die Börse reagiert auf das Downsizing sehr schnell und meist positiv, die Aktienkurse steigen (► **Shareholdervalue**).

Dreiliterauto

Steigende Mineralölsteuern und die wachsende Umweltbelastung durch Kraftfahrzeugabgase (► **Abgasgrenzwerte**) haben das so genannte Dreiliterauto ins Gespräch gebracht, das auf 100 km nur rund 3 l Treibstoff benötigt. Technisch ist es machbar ein so sparsames Fahrzeug herzustellen. Eine Möglichkeit dafür bietet sich im Motorbereich an: Prototypen haben entweder eine Diesel-Sparversion, einen Einliter-Dreizylindermotor oder einen kleinvolumigen Zweizylinder-Viertakt-Ottomotor. Wichtiger aber noch ist es, das Gewicht des Autos, z.B. der Karosserie, der Räder und auch der Sitze im Innenraum, abzusenken, denn ein Wagen, der nur 3 l verbrauchen soll, darf nicht mehr als 650 kg wiegen.

Beispielsweise könnte man durch die Verwendung von Aluminium das Gewicht um bis zu 45% reduzieren und auch Kohlefaserstoffe oder hochfestes Stahlblech sind leichte Werkstoffe. Es ist allerdings fraglich, ob der Verbraucher ein solches Auto akzeptiert, denn die erwähnten Materialien sind wesentlich teurer als die herkömmlichen, und außerdem bedeutet geringeres Gewicht fast immer auch einen Mangel an Komfort und Sicherheit.

Drogenmafia

Der Drogenhandel ist ein Betätigungsfeld, das fest in den Händen der ► **organisierten Kriminalität** liegt. Die verbrecherische Vereinigung, die sich damit befasst, nennt man nach dem italienischen Verbrechersyndikat Drogenmafia. Eines ihrer Zentren befindet sich im nördlichen Südamerika, wo die entsprechenden Rohstoffe wachsen und die wichtigsten Drogenbosse ihren Sitz haben – auch der berüchtigte Pablo Escobar, der inzwischen umgekommen ist, residierte dort. Vor allem in Kolumbien produziert das Kartell ungeheure Mengen an Drogen – teilweise mithilfe der Guerilleros, die gegen Bezahlung Plantagen und Labors überwachen – und schmuggelt sie dann in viele Länder der Welt. Neben Südamerika spielt auch Asien eine große Rolle im Drogengeschäft. So gilt Istanbul als der Hauptumschlagplatz für Heroin aus Nahost und türkische Heroinspediteure schaffen den Stoff tonnenweise auf den deutschen Markt. Die Erfolge der Behörden gegen die internationale Drogenmafia sind eher gering; allerdings setzt man große Hoffnung in die Arbeit der 1994 gegründeten ► **Europol**.

DRTV

siehe S. 422

Dschihad

Zu den gefährlichsten Krisenherden der Welt gehört der Nahe Osten, wo sich Israel und seine arabischen Nachbarn schwer

Ein Anhänger des Dschihad Islami verbrennt die israelische Flagge.

tun einen dauerhaften Frieden zu schließen. Zwar bemühen sich gemäßigte Politiker beider Seiten um einen allseits annehmbaren Kompromiss, aber sowohl im palästinensischen als auch im israelischen Lager stören immer wieder militante Einzelkämpfer oder Anhänger militanter Organisationen (► **Fundamentalismus**) die Annäherungsbemühungen. Zu den islamisch-fundamentalistischen Gruppierungen zählt neben der ► **Hamas** und der ► **Hisbollah** der Dschihad Islami, der 1983 gegründet wurde. Er hat die Zerstörung des Staates Israel auf seine Fahnen geschrieben und beobachtet misstrauisch die Politik der Aussöhnung, die die Palästinensische Befreiungsorganisation (PLO) unter der Führung Jasir Arafats seit einiger Zeit betreibt. Um den Friedensprozess zu unterbrechen schreckt der Dschihad auch vor brutalen Methoden nicht zurück. So ist er für viele Terroranschläge mit Busbomben und für Selbstmordattentate verantwortlich, bei denen zahlreiche Israeli ums Leben kamen. Seinen Namen hat sich der Dschihad nach einem grundlegenden Begriff aus dem Islam gegeben, nämlich dem heiligen Krieg gegen die Ungläubigen, zu dem in einer Sure des Korans aufgerufen wird. Dieser Kampf im Namen Allahs gehört neben den fünf Grundpfeilern der Religion – dem Glaubensbekenntnis, dem regelmäßigen Gebet, den Almosen an die Bedürftigen, dem Fasten im heiligen Monat Ramadan und schließlich der Wallfahrt nach Mekka – zu den Gemeinschaftspflichten eines jeden Moslems und er soll dem Ziel dienen, den Islam über die ganze Welt auszubreiten.

DTP

engl. desktop publishing = Publizieren vom Schreibtisch aus

Früher waren die Angehörigen vieler Berufe daran beteiligt ein Buch oder eine Zeitung bzw. Broschüre zu erstellen: Autoren, Redakteure, Grafiker, Fotografen, Layouter, Setzer und Drucker. Heute dagegen kann mit DTP eine einzelne Person ohne Mitwirkung anderer am Schreibtisch ein druckfertiges Produkt erzeugen – mithilfe eines ► **PC**, einer speziellen ► **Software** und eines Printers (Druckers). Die DTP-Programme sind äußerst vielseitig: Mit ihnen kann man einen Text erfassen und verändern, ihm Schriftarten und -größen zuweisen, über einen ► **Scanner** Bilder und Grafiken einspielen, Farben wählen und verändern, Elemente wie Fließtext, Überschriften, Fußnoten, Grafiken usw. punktgenau anordnen und das Resultat dieser Arbeiten entweder auf einem hochauflösenden Laserdrucker ausgeben oder als Druckvorlage belichten. Allerdings fehlen bei dieser Produktionsweise sowohl wichtige technische Kontrollen als auch den Buchinhalt betreffende Prüfungsinstanzen wie Lektorat oder Redaktion, sodass hochwertige Bücher in Zukunft immer noch weitgehend auf traditionellen Wegen hergestellt werden. Durch die elektronische Übermittlung von Text und Bild – beispielsweise über das ► **Internet** und im ► **World Wide Web** – kann das System der „Schreibtischpublikation“ sogar noch weiter verkürzt werden, weil dann nicht mehr der Handel zwischen Autor und Leser steht.

Duales System

Mit wachsendem Wohlstand wurden die Kunden in den vergangenen Jahrzehnten immer

anspruchsvoller und kauften bevorzugt Produkte, die hygienisch einwandfrei und ansprechend verpackt waren. Als Folge davon wuchs der Berg an Verpackungsmüll in Schwindel erregende Höhen. Um ihn abzutragen, wurde 1990 das Duale System Deutschland (DSD) als GmbH eingeführt, das von der Verpackungswirtschaft, von Materialherstellern und dem größten Teil der Konsumgüterindustrie getragen und finanziert wird. Alle dazugehörigen Unternehmen sind berechtigt, gegen eine geringe Gebühr auf ihren Produktverpackungen – bestehen diese nun aus Kunststoff, Papier, Pappe, Karton, Glas, Weißblech, Aluminium oder Verbundstoffen – den so genannten grünen Punkt zu führen. Dieser signalisiert dem Verbraucher, dass er die betreffende Verpackung nicht in seine normale Mülltonne werfen muss, sondern in extra dafür vorgesehenen gelben Säcken oder Tonnen sammeln kann. In regelmäßigen Abständen werden diese Behältnisse dann von Entsorgungsfirmen (► **Entsorgung**) abgeholt bzw. geleert. Anschließend sollen die Verpackungsabfälle nach Materialien sortiert und wieder verwertet, also recycelt (► **Recycling**) werden, denn theoretisch handelt es sich dabei, vor allem bei Kunststoffmüll, um wichtige Wertstoffe, die etwa als Brennsubstanz in den Hochöfen der Stahlindustrie verwendet werden können. Trotzdem kommt es immer wieder vor, dass schwarze Schafe unter den Entsorgungsunternehmen es vorziehen den Inhalt der gelben Säcke in die Dritte Welt zu verschiffen (► **Abfalltourismus**).

In besonderen Mülltonnen oder den gelben Säcken wird der Verpackungsmüll gesammelt und anschließend für die Wiederverwertung sortiert.

Auch noch in anderer Hinsicht ist das System problematisch. Die beteiligten Unternehmen wälzen ihre Entsorgungskosten auf den Produktpreis ab und übertragen sie so auf den Verbraucher. Dazu kommt, dass die Bemühungen Verpackungsmüll zu vermeiden (► **Mehrwegverpackung**) untergraben werden, denn im Vertrauen auf das Recycling kaufen viele Menschen Produkte auch dann, wenn sie aufwändig verpackt sind. Und außerdem ist es fraglich, ob das Duale System auf Dauer dazu imstande ist, die vom Bundesumweltministerium vorgeschriebenen Quoten für das Recycling zu erfüllen.

Dub

engl. dubbing = Synchronisation

Seinen Ursprung hat dieser auch als *dee-jay-record* (► **DJ**) bezeichnete Musikstil im jamaikanischen Reggae, der die volkstümliche Musik des Karibikstaates mit Elementen des Rhythm and Blues verbindet. Die Dubversion eines Songs befindet sich auf der Rück- oder B-Seite einer Singleschallplatte und ist eine speziell gemischte Fassung der A-Seite, bei der besondere Klangeffekte wie Hall, Echo und Verzerrung und eine meist monotone Basslinie eine wesentliche Rolle spielen, während der Gesang in den Hintergrund rückt oder wegfällt. Pioniere der Dubtechnik, die in verschiedensten Musikstilen Anwendung findet, waren die jamaikanischen Musiker King Tubby und Lee Perry, doch auch von den Hits des populärsten Musikers der Karibikinsel, vom inzwischen verstorbenen Bob Marley, gibt es Dubversionen.

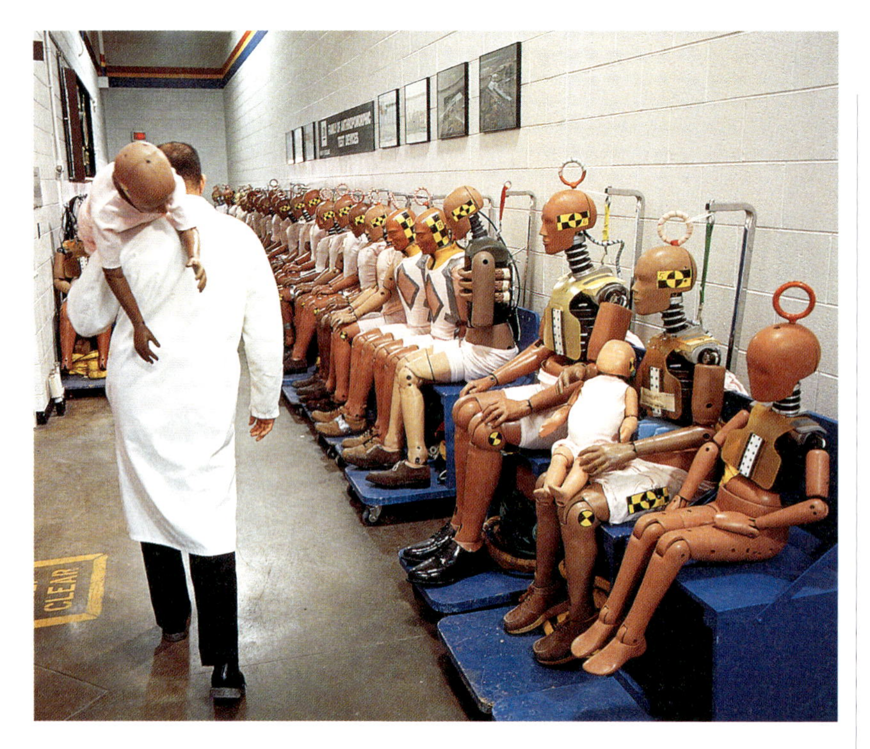

Die Dummys warten in einer langen Reihe auf den nächsten Crashtest.

Dummy

engl. dummy = Schaufensterpuppe, Attrappe

Jeder Autofahrer – ob Besitzer eines Kleinwagens, eines Mittelklasseautos oder einer teuren Limousine – legt größten Wert auf den Sicherheitsstandard seines Wagens. Um diesen zu gewährleisten werden alle Autos bei der Entwicklung durch einen ► **Crashtest** überprüft. Neben den Auswirkungen auf die Autokarosserie werden dabei mit einer Zeitlupenkamera auch die Folgen des Zusammenpralls auf die Insassen festgehalten. Für diese Versuche verwendete man gelegentlich betäubte Schweine oder menschliche Leichen, normalerweise aber – da beides massive Proteste der Öffentlichkeit hervorrief – setzt man lebensgroße menschenähnliche Puppen ins Wageninnere. Diese künstlichen Versuchskaninchen, Dummys genannt, bestehen aus Metall, Gummi und Kunststoff, besitzen wie Menschen Kopf, Hals, Brustkorb, Becken und Gliedmaßen und haben sogar verstellbare Gelenke. In Kopf, Brust, Becken und den Oberschenkeln befinden sich zahlreiche Messsensoren, die die Kräfte registrieren, welche beim Aufprall auf den Dummy einwirken. Die Ergebnisse werden analysiert und bei der Konstruktion zukünftiger Automobilmodelle berücksichtigt.

Dumping

engl. dumping = zum Schleuderpreis verkaufen

Mitte der 90er-Jahre arbeiteten auf deutschen Baustellen Tausende von Bauarbeitern aus Großbritannien oder Portugal. Sie erhielten einen Stundenlohn, der weit unter dem Lohnniveau in Deutschland lag, und unterboten damit die Kosten, die die Arbeitgeber für deutsche Bauarbeiter hätten aufwenden müssen. Diese Methode – Dienstleistungen deutlich unter dem normalen Preis anzubieten – nennt man Lohndumping. Ihm soll allerdings mit der Einführung des Mindestlohns ein Riegel vorgeschoben werden. Auch in der Geschäftswelt gibt es den Begriff Dumping. Dort versteht man darunter den Verkauf von Waren unter dem Selbstkostenpreis. Oft gehen Kaufhäuser so vor in der Hoffnung mit diesem Lockangebot den Besucher in Kauflaune zu versetzen, sodass er dann noch andere Produkte – zum regulären Preis – erwirbt. Und schließlich ist Dumping im internationalen Handel ein Begriff. In dem Fall bedeutet es den Verkauf von Gütern im Ausland zu niedrigeren Preisen als im Inland – ein Geschäftsgebaren, das allerdings verboten ist. Gegenmaßnahmen und Sanktionen sind im Normalfall Importzölle und Importverbote.

Easy

siehe S. 78

Easy Listening

siehe S. 317

Ebola-Virus

Im Frühsommer 1995 stornierten viele Touristen ihren geplanten Flug nach Zentralafrika, weil sie sich vor einer Epidemie fürchteten, die im Gebiet von Zaire wütete. Als Auslöser dieser Seuche identifizierte man das Ebola-Virus, das erstmals Mitte der 70er-Jahre im südlichen Sudan und an der Grenze zum nördlichen Zaire in mehreren Dörfern am Fluss Ebola aufgetaucht war. Bei beiden Ausbrüchen forderte die Krankheit, die zu Durchfall, Erbrechen, hohem Fieber und inneren Blutungen führt und gegen die es kaum wirksame Medikamente und keine Impfung gibt, zahlreiche Todesopfer. Die Symptome haben große Ähnlichkeit mit denen des Lassafiebers und der Marburger Viruserkrankung (► **Killerviren**). Übertragen wurde die Seuche wahrscheinlich von Tieren – ähnlich wie die Marburger Krankheit, die von frisch aus Afrika importierten Grünen Meerkatzen ausgelöst worden war. Als Ausgangsort vermutet man eine Höhle, die stark durch Exkremente von Fledermäusen verunreinigt war und gelegentlich von Menschen aufgesucht wurde. Von dort wurde das Virus dann vermutlich in bewohnte Gebiete verbreitet, wo es aber schnell wieder unterging, da die Erkrankten zumeist starben, bevor sie andere Menschen anstecken konnten. Daraus erklärt sich auch, warum solche Epidemien immer wieder aufflackern, dann aber gewöhnlich rasch vergehen. Der wachsende Flugverkehr ist in diesem Zusammenhang tatsächlich eine Gefahr, denn dadurch könnten sich die Infektionen, die bisher nur in eng begrenzten Regionen aufgetreten sind, über die ganze Erde ausbreiten.

Das Ebola-Virus löste Mitte der 90er-Jahre in Zaire eine Epidemie aus, die viele Todesopfer forderte.

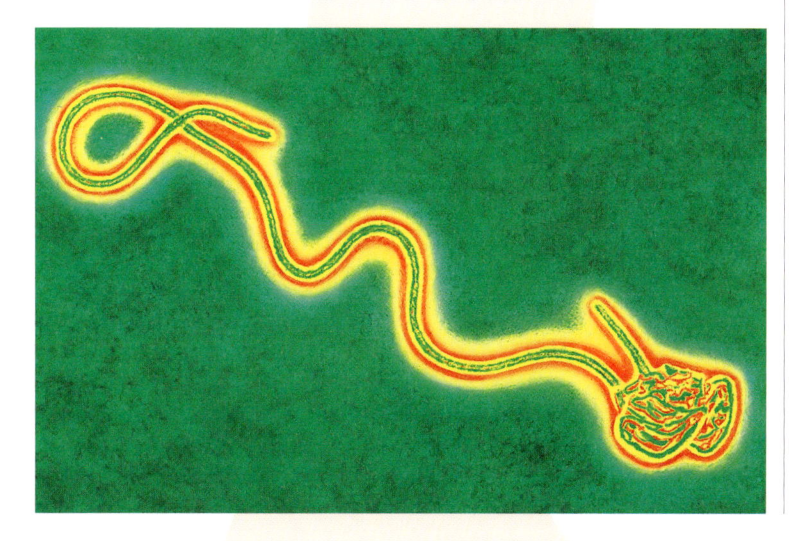

E-Cash

Möglicherweise ist in Bankwesen und Geschäftswelt bald die Zeit von Münzen und Scheinen, von Scheck und Kreditkarte (► **Plastikgeld**) vorbei und die Ära des E-Cash, d.h. der Bezahlung mit elektronischem Bargeld, bricht an. Die Währung wird dann nicht mehr aus Mark und Pfennig bestehen, sondern aus virtuellem Geld, so genannten Cyberbucks. Erhältlich sind diese Zahlungsmittel, die aus verschlüsselten Zahlenkolonnen bestehen, jedoch bisher erst bei zwei Geldinstituten, einem in Louisiana, USA, und einem in Finnland. Für die anstehenden finanziellen Transaktionen, die jeder selbst z.B. am heimischen ► **PC** ausführen kann, braucht man eine spezielle ► **Software**. Diese ist in der Lage das elektronische Geld auf der eigenen ► **Festplatte** zu speichern und, falls man in einem Onlineladen (► **Onlinedienste**) etwas erwerben möchte, den Kaufpreis via ► **Internet** auf die Festplatte des Geschäfts zu transferieren – ein Vorgang, den man über ein Fenster auf dem Bildschirm des PC verfolgen kann. Allerdings akzeptieren bislang nur rund 50 Onlineläden dieses Zahlungsmittel. Der Vorteil von E-Cash: Es soll sicherer sein als die Bezahlung mit Kreditkarten im Internet, da die Transaktionen anonym vor sich gehen und keine Geheimnummer übermittelt wird, die ein ► **Hacker** herausbekommen könnte.

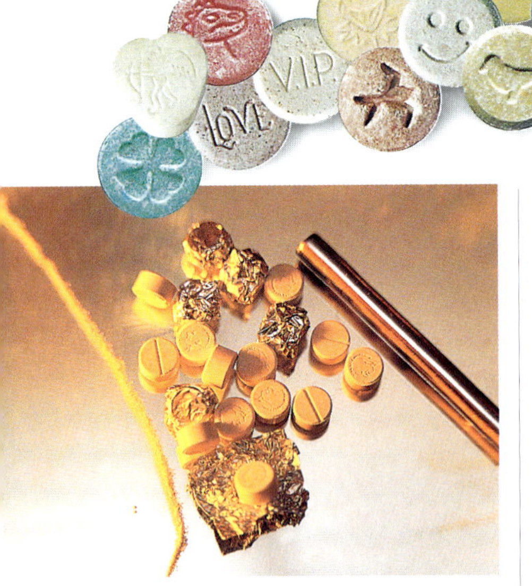

Ecstasypillen haben oft lustige Aufdrucke, die Harmlosigkeit vortäuschen.

Ecstasy

engl. ecstasy = Verzückung

Immer wieder wird in den Zeitungen davon berichtet, dass Jugendliche nach einem Diskobesuch mit dem Auto verunglückt sind. Häufig ist in solchen Fällen Ecstasy im Spiel. Dabei handelt es sich um eine so genannte ► **Designerdroge**, meist aus Amphetaminen und Weckaminen, die nahezu ein Viertel der Jugendlichen konsumiert. Diese künstlich hergestellten Muntermacher in Pillenform, die sehr oft aus den Niederlanden eingeschleust werden, steigern das Glücksgefühl und die Erlebnisfähigkeit, verscheuchen Angstgefühle und stärken die Kontaktfreude. Außerdem unterdrücken sie Hunger und Müdigkeit, sodass die Jugendlichen die häufig nächtelang dauernden Tanzpartys (► **Rave**, ► **Techno**) durchhalten. Früher haben auch Sportler manchmal zu Amphetaminen gegriffen (► **Doping**) um ihre Leistungsfähigkeit während des Wettkampfes zu steigern. Da die Substanz jedoch im Harn leicht nachzuweisen ist, verzichten sie inzwischen aus Angst vor der Entdeckung auf das Mittel. Den meisten Jugendlichen ist gar nicht bewusst, wie gefährlich der Konsum dieses Rauschgifts ist. In manchen Fällen kommt es nämlich zu einem tödlich endenden Kreislaufzusammenbruch und häufig bilden sich Spätschäden an inneren Organen. Äußerst gefährlich ist auch das spontan auftretende und nicht zu unterdrückende Schlafbedürfnis, das sich einstellt, wenn die Wirkung der Droge nachlässt. Diese ahmt gewissermaßen die Auswirkungen des Stresshormons Adrenalin nach, dessen Produktion der Körper aber sofort wieder einstellt, wenn es nicht mehr benötigt wird. Der Droge ist er jedoch ohne Möglichkeit der Gegensteuerung ausgeliefert und die einzige Rettungsmaßnahme, die dem überstrapazierten Organismus dann noch bleibt, ist der Schlaf. Oft kommt es zu dieser unüberwindlichen Müdigkeit bei der Rückfahrt von der Disko am Steuer eines Autos. Laut polizeilichen Angaben nehmen darauf zurückzuführende Unfälle in starkem Maß zu.

ECU

Der ECU ist nicht, wie manchmal angenommen wird, eine europäische Währungseinheit, obwohl der englische Begriff hinter der Abkürzung, nämlich *European Currency Unit,* tatsächlich so heißt – diese Funktion soll der ► **Euro** übernehmen. Der ECU ist vielmehr eine 1979 geschaffene Rechnungseinheit innerhalb des Europäischen Währungssystems, die als Zahlungsmittel lediglich im Verkehr zwischen den europäischen Zentralbanken dient. Man kann mit dem ECU also nicht im Supermarkt bezahlen, aber Anleihen oder Kredite können darauf lauten. Die Bezeichnung ECU stammt von einer französischen Münze, dem *ecu d'or,* und der italienische Scudo sowie der portugiesische und der spanische Escudo haben ebenfalls die gleiche sprachliche Wurzel. International wie sein Name ist auch der „Inhalt" des ECU, den man in Fachkreisen als einen Währungskorb bezeichnet. Das bedeutet: Er ist aus (fast) allen EU-Währungen zusammengesetzt und der jeweilige Anteil an D-Mark, französischem, belgischem und Luxemburger Franc, englischem und irischem Pfund, Gulden, Lira, Drachme, Peseta und Escudo entspricht der wirtschaftlichen Bedeutung des jeweiligen Landes, gemessen am Anteil des Sozialprodukts und Binnenhandels der EU. Die D-Mark hat dabei den größten Anteil inne, nämlich 33,2 % eines ECU, und den kleinsten Anteil hält Luxemburg mit nur 0,3 %. Der Wert des ECU gegenüber dem Dollar und den nationalen EU-Währungen wird täglich an der ► **Börse** ermittelt. Dabei kommt es zwar zu leichten Schwankungen, aber insgesamt ist der ECU-Kurs sehr stabil, da die Schwankungen einer Währung im Korb durch die anderen, die unverändert sind, abgefangen werden.

Edelsteintherapie

In den Katalog der alternativen medizinischen Heilverfahren gehört auch die Edelsteintherapie. Sie geht auf sehr alte menschliche Vorstellungen zurück. Beispielsweise glaubte man im alten Orient, dass Edelsteine magische Fähigkeiten besäßen, und benutzte sie daher als Amulette und Talismane. Durch die Eigenschaft das Licht einzufangen und in vielen Farben zurückzuwerfen nahmen die Steine in der Vorstellung der damaligen Menschen einen herausgehobenen Platz in der Natur ein. Im Mittelalter griff die Äbtissin und Mystikerin Hildegard von Bingen (1098–1179) diesen Gedanken wieder auf und entwarf in ihren zahlreichen medizinischen Werken auch eine systematische Edelsteintherapie. Noch heute gibt es Anhänger dieser überlieferten Heilmethode. Sie setzen die Steine als eine Art Stärkungsmittel ein, das zu bestimmten Heilerfolgen beitragen soll. Nach ihrer Ansicht beruht die Wirkung auf einer – nicht wissenschaftlich nachweisbaren – elektromagnetischen Kraftübertragung vom Edelstein auf den Menschen.

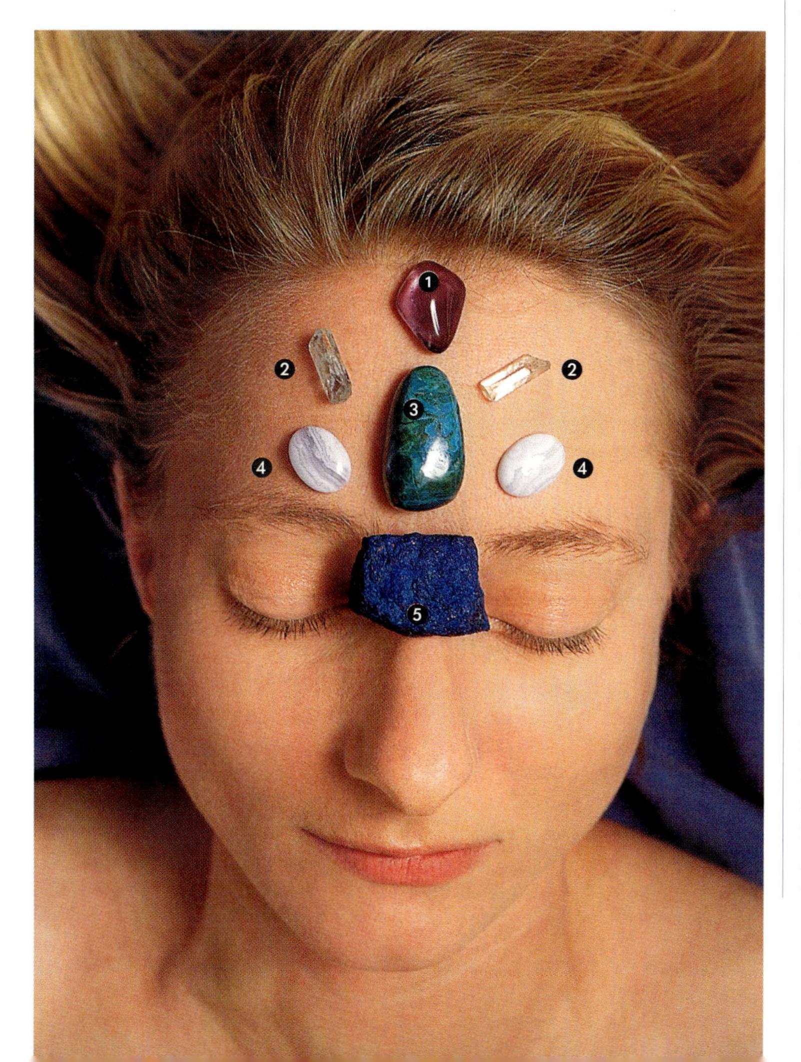

Durch das Auflegen einer Kombination verschiedener Edelsteine sollen Bewusstseinszustände verändert und sogar Krankheiten geheilt werden.

1. Amethyst
2. Bergkristalle
3. Azurit
4. Chalzedone
5. Lapislazuli

Editorial

Der Begriff stammt aus dem Englischen und bezeichnet den Leitartikel in einer Zeitschrift. Darunter versteht man einen geistreichen Aufsatz oder Kommentar zu einem drängenden Problem der Gegenwart. Eine solche Stellungnahme kann sich auf den gesellschaftlichen, politischen oder wirtschaftlichen Bereich des öffentlichen Lebens beziehen und wird entweder vom Herausgeber (englisch *editor*), einem angestellten Redakteur oder einem kompetenten freien Mitarbeiter verfasst. Heute ist das Editorial jedoch in vielen Zeitschriften kein anspruchsvoller Artikel mehr, sondern eher eine Art Vorwort, in dem lediglich einige Erklärungen und Hinweise zum Inhalt des Blattes stehen.

Effektivzins

Wer ein Darlehen aufnimmt, etwa weil er eine Immobilie erwerben will, muss wissen, wie viel an Belastung für Tilgung und Zins auf ihn zukommt. Bei der Kreditaufnahme wird ihm gewöhnlich der Nominalzins genannt, aber der stimmt nicht genau mit dem tatsächlichen Zinssatz überein, denn um diesen berechnen zu können müssen zusätzliche Faktoren wie Zinstermin, Disagio, Zinseszinseffekte und Zinsfestschreibung auf die vereinbarte Laufzeit berücksichtigt werden. Ein Beispiel: Wenn man 100000 DM aufgenommen hat, muss man bei einem Zinssatz von 10% jährlich neben der Tilgungsrate 10000 DM Zinsen bezahlen. Außerdem wird manchmal noch eine Bearbeitungsgebühr und sehr häufig ein einmaliger Abschlag von beispielsweise weiteren 5000 DM, das so genannte Disagio, verlangt. Das bedeutet: Der Kreditnehmer bekommt insgesamt maximal 95000 DM ausbezahlt, muss aber Zinsen für den gesamten Darlehensbetrag von 100000 DM zahlen. Somit ist der Effektivzins höher als der Nominalzins von 10%. Für den Kreditnehmer, der meist keine Fachkenntnisse besitzt, ist es fast unmöglich, den genauen Effektivzins selbst zu berechnen. Daher hat der Gesetzgeber die Vorschrift erlassen, dass das Kreditinstitut ihm die Höhe der Effektivzinsen angeben muss. Ähnliche Berechnungen – jedoch umgekehrt von Zuwächsen und nicht von Belastungen – stellt ein Geldanleger an, wenn er Zinsen aus Wertpapieren erhält. Angenommen, die Dividende für eine ► **Aktie** im Nennwert von 50 DM beträgt genau 5 DM, also 10%. Wenn der aktuelle Kurs dieser Aktie dann bei 125 DM liegt, ergibt sich daraus eine effektive Verzinsung von 4%, die man ► **Rendite** nennt.

Eigenblutbehandlung

Unter diesem Begriff fasst man zwei medizinische Verfahren zusammen, von denen eines eher in den Bereich der Schulmedizin und das andere in die Kategorie der alternativen Therapien gehört. In den ersten Bereich fällt das Angebot der Eigenblutspende, das viele Krankenhäuser ihren Patienten machen. Sie können sich vor einer Operation, deren Termin im Voraus feststeht, mehrmals Blut abnehmen lassen, das ihnen dann bei einem Blutverlust während des Eingriffs wieder zugeführt werden kann. Man vermeidet damit die Gefahren, die von verseuchten ► **Blutpräparaten** ausgehen. Die zweite Form der Eigenblutbehandlung soll nach Ansicht vieler Menschen heilend wirken. Dem Patienten wird bei dieser so genannten Umstimmungstherapie, die sich vor allem bei chronischen und allergischen Erkrankungen (► **Allergien**) sowie Schwächen des Immunsystems bewährt haben soll, eine bestimmte Menge Blut entnommen und entweder unverändert sofort wieder zugeführt oder aber erst nach einer Behandlung, beispielsweise mit ultravioletten Strahlen oder Ozon (► **Ozontherapie**). Nach Überzeugung der Anhänger dieser Therapieform wird dadurch das Immunsystem angeregt, was sich u.a. durch Fieber äußert. Auch Sportler machen sich manchmal die Wirkungen von Eigenblutgaben zunutze. Dafür lassen sie sich einige Wochen vor einem Wettkampf nach und nach rund 1 l Blut entnehmen und dieses dann kurz vor dem sportlichen Ereignis in Form konzentrierter roter Blutkörperchen wieder spritzen. Die positiven körperlichen Auswirkungen bestehen darin, dass die Fähigkeit des Blutes Sauerstoff aufzunehmen stark erhöht ist. Außerdem bietet dieses ► **Doping** Betrügern den Vorteil, dass man es nicht nachweisen kann.

Einführungskurs

► siehe S. 79

Einheitswert

In Deutschland werden zurzeit so viele und so hohe Vermögenswerte wie noch nie vererbt, denn die Generation derer, die in den Blütejahren der Bundesrepublik zu Wohlstand gekommen sind, tritt allmählich ab und hinterlässt die Früchte ihrer Arbeit den Kindern und Enkeln. Zur Erbmasse gehören neben Geldbeträgen und Sachwerten vor allem Immobilien. Deren Wert richtete sich bei der Besteuerung nicht nach dem Verkaufswert, sondern nach dem so genannten Einheitswert, der deutlich niedriger lag, und zwar in Westdeutschland auf der Höhe des Wertes von 1964 und im Osten auf dem von 1935. 1995 hat das Bundesverfassungsgericht diesen Zustand für verfassungswidrig erklärt und im Jahressteuergesetz 1997 erfolgte daher u.a. auch eine Neuregelung. Bei der Besteuerung wird statt des Einheitswertes ein Ertragswert zugrunde gelegt, der in der Regel auf der 12,5fachen durchschnittlichen Jahresnettokaltmiete der letzten drei Jahre abzüglich einer Alterswertminderung beruht. Bei Ein- und Zweifamilienhäusern wird der so errechnete Gesamtwert noch einmal um 20% erhöht.

Einschaltquote

► siehe S. 235

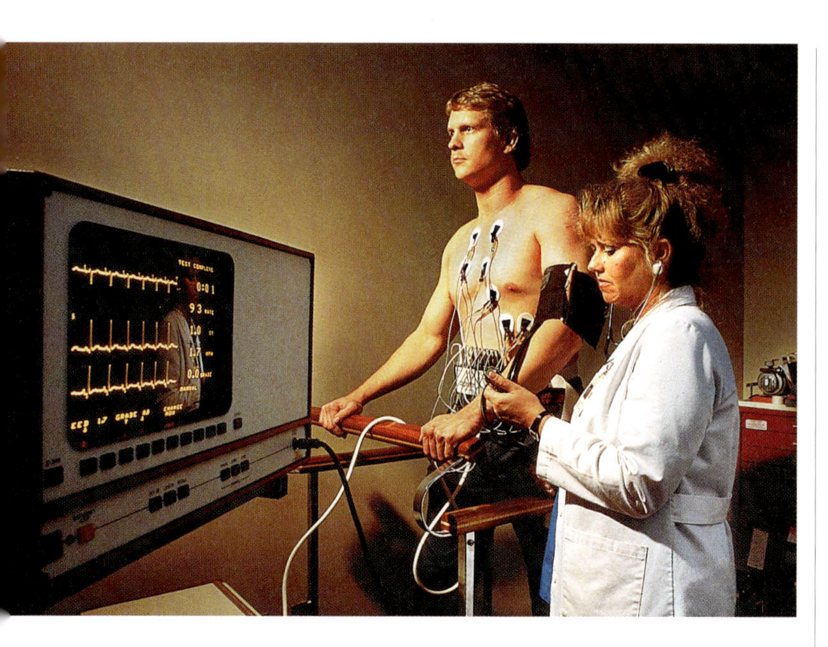

Gesundheitscheck: Mit einem Belastungs-EKG überprüft die Ärztin die Herztätigkeit des Patienten bei leichter körperlicher Anstrengung.

EKG

griech. kardia = Herz
griech. gramma = Schriftzeichen

Zu den wichtigsten ärztlichen Diagnoseverfahren gehört das Elektrokardiogramm – kurz EKG –, das die so genannten Aktionsströme des Herzens und seiner Muskeln aufzeichnet. Damit es erstellt werden kann, muss sich der Patient entweder ruhig hinlegen oder, bei einem Belastungs-EKG, etwa auf einem Standrad körperlich anstrengen. Der Arzt befestigt an der Brustwand und den Gliedmaßen des Patienten Elektroden, die mit einem Aufzeichnungsgerät, dem Elektrokardiographen, verbunden sind. Die Elektroden erfassen die winzigen Impulse, die vom Herzen ausgehen, und der Elektrokardiograph verstärkt diese im Millivoltbereich liegenden Ströme ungefähr um das 1000fache. Bei älteren Anlagen wird durch diese Impulse eine Nadel in Schwingungen versetzt, die auf dem in den Kardiographen eingelegten Millimeterpapier die typische Zickzacklinie der Herzschläge wiedergibt. Bei modernen Geräten empfängt ein Computer die Impulse, die dann am Monitor sichtbar gemacht werden. Aus diesen Aufzeichnungen, dem eigentlichen Kardiogramm, erhält der Arzt wichtige Aufschlüsse über den Gesundheitszustand des Herzens, beispielsweise über Rhythmus, Durchblutung und Belastbarkeit des Organs. Treten Abweichungen vom normalen Verlauf der Kurve auf, deutet dies darauf hin, dass die Herztätigkeit gestört ist.

Elektroauto

→ siehe S. 407

Elektrosmog

Sprachlich gesehen ist dieser Begriff eine komplizierte Zusammensetzung, nämlich aus dem ursprünglich griechischen Wort *elektron*, das den Zusammenhang mit Elektrizität verdeutlicht, und den englischen Wörtern *smoke* und *fog*, die Rauch bzw. Nebel bedeuten und in ihrer Kombination eine Art der Luftverschmutzung bezeichnen. Auch inhaltlich steht dieser Begriff für einen höchst komplizierten Sachverhalt, nämlich die Umweltbelastung durch elektromagnetische Felder, die im Umkreis eingeschalteter Elektrogeräte wie Radiowecker oder Toaster und auch in der Nähe von Hochspannungsleitungen entsteht. Wie sich diese physikalische Erscheinung auf die menschliche Gesundheit auswirkt, ist noch nicht genau geklärt. Fest steht aber, dass die elektromagnetischen Felder den Hormonhaushalt des Menschen beeinflussen können, vor allem die Ausschüttung von ► **Melatonin**, das u. a. für einen gesunden Schlaf sorgt und der Entstehung von Krebs entgegenwirkt. Außerdem gibt es Studien, denen zufolge Kinder, die in der Nähe einer Fernleitung leben, ein erhöhtes Risiko tragen an Leukämie zu erkranken. Auch die Wechselwirkungen zweier sich überlappender elektromagnetischer Felder können sich verhängnisvoll auswirken. So soll die Gefahr von Flugzeugabstürzen bestehen, wenn Passagiere ein ► **Handy** benutzen, da dies die Bordelektronik stören soll. Einige Fluggesellschaften haben daher inzwischen die Benutzung von Handys an Bord untersagt.

E-Mail

engl. electronic = elektronisch
engl. mail = Post

Während die Deutsche Post AG zahlreiche Niederlassungen stilllegt, ist die elektronische Post dabei sich auszuweiten. Gegenüber dem herkömmlichen System hat sie einen großen Vorteil zu bieten: die Schnelligkeit. Die Übermittlung der Nachrichten wird nämlich nicht durch Flugzeug, Bahn oder Kraftfahrzeug bewerkstelligt, sondern erfolgt mithilfe eines Computers (► **PC**), eines Fernschreibers oder von Bildschirmtext innerhalb eines Netzwerkverbunds, z. B. dem ► **Internet**, oder über Datenfernübertragung. Als eine Art Sammelstelle für die elektronischen Postfächer der Kunden fungieren u. a. die Telebox der Telekom (► **Telekommunikation**) oder die ► **Mailbox** eines privaten Betreibers. Jeder Teilnehmer braucht eine E-Mail-Adresse, die so aussehen kann: christel.schmidt@sysiphos.maxnet.de. Das bedeutet: Christel Schmidt hat ein Postfach in einem Rechner namens sysiphos, der zu einem Computernetz namens maxnet gehört, welches in Deutschland (de) installiert ist.

Emission

von lat. emittere = aussenden

Der technische Fortschritt erleichtert dem Menschen das Leben, aber er bringt auch eine große Belastung für die Umwelt mit sich, und zwar in Form von Emissionen. Unter diesem Sammelbegriff fasst man alle festen, flüssigen und gasförmigen Stoffe

Ungefilterte Emissionen aus Industrieanlagen verschmutzen die Umwelt.

zusammen, die durch technische Abläufe in die Umwelt gelangen und diese verunreinigen: wenn es also aus einem Fabrikschornstein qualmt, wenn ein Autoauspuff stinkende Wolken ausstößt oder wenn aus einem Chemiewerk eine trübe Brühe in einen Fluss gelangt. Im weiteren Sinn bezieht sich die Bezeichnung auch noch auf Geräusche und Erschütterungen sowie auf Licht-, Wärme- und radioaktive Strahlen, deren Freisetzung ebenfalls durch technische Vorgänge erfolgt. In Deutschland werden alle wichtigen Quellen der Umweltverschmutzung in Katastern erfasst, regelmäßig überprüft und ständigen Genehmigungsverfahren unterzogen. Für besonders stark belastete Gebiete werden Luftreinhaltepläne aufgestellt und für den Schadstoffausstoß bestimmter industrieller Einrichtungen, für Kraftfahrzeuge und für genehmigungspflichtige Anlagen aller Art sind erlaubte Höchstmengen, die so genannten Emissionsgrenzwerte, festgelegt (► **Abgasgrenzwerte**).

Emotionale Intelligenz

Lange Zeit hielten die meisten Wissenschaftler die Intelligenz für eine geistige Fähigkeit, die ausschließlich auf dem rationalen Verstand basiert. Man fand zwar heraus, dass sie keine einzelne Eigenschaft ist, sondern dass zahlreiche Faktoren daran beteiligt sind, z. B. Gedächtnis, analytisches Denken und Kombinationsgabe, aber auch hierbei handelt es sich um einseitig kopflastige Merkmale. Ein wesentlicher Bereich des menschlichen Erlebens blieb außer Acht, nämlich das Gefühl oder die Emotionalität (von lateinisch *emotum*, aufgewühlt). Gefühle wurden von den Intelligenzforschern bisher sogar eher als ein Störfaktor angesehen, doch mittlerweile ist man zu der Ansicht gelangt, dass sie nicht nur menschlich, sondern geradezu unerlässlich für das Funktionieren der Intelligenz sind. Nach dieser Theorie gibt es einige grundlegende Gefühlsbereiche wie etwa Glück, Trauer oder Furcht und erst wenn die rationalen Gedanken von diesen Empfindungen eingefärbt sind, werden sie für die Intelligenz brauchbar und wirken motivierend. Man hat deshalb den neuen Begriff der emotionalen Intelligenz geprägt, die den Menschen besser als der reine Intellekt dazu befähigt das Leben erfolgreich zu gestalten.

Empowerment

engl. to empower = befähigen

In vielen Betrieben hält man die alten hierarchischen Strukturen, die den personellen Aufbau kennzeichnen, für nachteilig im Wettbewerb und deshalb wird in manchen Chefetagen nach moderneren Methoden gesucht ein Unternehmen zu führen. Eine eher partnerschaftlich ausgerichtete Managementstrategie ist das Empowerment. Es soll die Position der Mitarbeiter aufwerten, denn man hat erkannt, dass neben der Innovationsfähigkeit einer Firma (► **Innovationsdruck**) die Belegschaft der wichtigste Positivfaktor im internationalen Konkurrenzkampf ist (► **Human Resources**). Zu diesem Zweck müssen die leitenden Angestellten Kompetenzen abgeben und auf ihre Mitarbeiter übertragen. Das hat den Vorteil, dass deren Aufgabengebiete interessanter werden und dass außerdem die Entscheidungen dort fallen können, wo der größte Sachverstand vorhanden ist. Auf dem Weg in diese neue Verantwortung werden die Angestellten von den Führungskräften unterstützend begleitet, und es dürfen ruhig auch einmal Fehler gemacht werden. Mit wachsender Sicherheit können die Mitarbeiter dann immer mehr Erfolge verbuchen, was sich wiederum motivierend auswirkt. Und den Managern des Unternehmens bleibt mehr Zeit sich auf strategische Aufgaben zu konzentrieren statt sich mit untergeordneten Problemen abzugeben.

Endlagerung

Ein erheblicher Teil des benötigten Stroms wird in Deutschland von Atomkraftwerken geliefert. Trotzdem ist die Frage der Endlagerung, d.h. der endgültigen ► **Entsorgung** des anfallenden ► **Atommülls**, nach wie vor ungelöst. Problematisch sind dabei vor allem die hochradioaktiven Abfälle, denn schwach- und mittelaktive Stoffe werden durch Verglasen und Versetzen mit Zement bereits heute in einem stillgelegten Salzbergwerk in Morsleben sicher gelagert. Als einen möglichen Standort für ein atomares Endlager auch für hochradioaktive Abfälle zieht man derzeit u.a. den Salzstock im niedersächsischen Gorleben in Betracht, der schon seit 1984 als ► **Zwischenlager** dient. Bis zur Jahrtausendwende sollen die Untersuchungen auf Tauglichkeit abgeschlossen sein und gegebenenfalls könnte das Endlager Gorleben dann ab dem Jahr 2010 beschickt werden. Viele Experten sind überzeugt, dass die dortigen geologischen Formationen für diesen Zweck tatsächlich geeignet sind, weil der Salzstock nach der Eiszeit einige Millionen Jahre lang keinen Kontakt mehr mit Grundwasser hatte. Kritiker weisen jedoch darauf hin, dass auch ein so langer Zeitraum keine absolute Gewähr für die Zukunft biete.

Schwach radioaktive Abfälle werden in Fässern endgelagert.

Endorphine

griech. endon = innen
griech. morphe = Erscheinung

Menschen, die einen Sturz aus großer Höhe überlebt haben, bezeichnen dies als extrem berauschendes Erlebnis. Ganz ähnlich empfinden Fallschirm- und Bungeespringer (► **Bungeejumping**). Verantwortlich für diese Lustgefühle sind körpereigene oder endogene Morphine, kurz Endorphine genannt. Sie heben ähnlich wie Morphium, jedoch noch stärker, die Schmerzempfindung auf und machen frei von Angst. Endorphine sind eine Art Geheimwaffe, die der Körper in Existenz bedrohenden Situationen oder unter extremer Belastung einsetzt. Auch bei Ausdauersportarten wie Langlauf oder beim intensiven ► **Jogging** werden sie freigesetzt.
Biologisch gehören Endorphine zur Gruppe der so genannten Neurotransmitter. Das sind chemische Substanzen, die Signale von einer Nervenzelle zur andern übermitteln, indem sie die Synapsen, die Spalten zwischen den Nervenenden, überqueren.
Endorphine wurden im Gehirn, im Zentralnervensystem, im Rückenmark, in der Bauchspeicheldrüse und in den Hoden gefunden, doch ihre Erforschung ist noch nicht abgeschlossen.
Sie lindern nicht nur Schmerzen, sondern beeinflussen auch die Stimmung und steuern vermutlich die Hormonausschüttung der Hypophyse mit, etwa der Wachstumshormone.
Normalerweise sind sie nur in sehr geringen Mengen vorhanden, ihre Konzentration steigt jedoch in Gefahrensituationen sprunghaft an. Damit sind sie Teil der lebensrettenden Stressreaktion, in der alle Körperfunktionen, die für das direkte Überleben nicht notwendig sind, herabgesetzt werden.

Endoskopie

griech. endon = innen
griech. skopein = betrachten

Mit der Entwicklung der Endoskopie ist ein Traum der Ärzte in Erfüllung gegangen, nämlich direkt in den Körper hineinsehen und damit genauere Diagnosen stellen zu können. Endoskope können heutzutage in alle Körperöffnungen bzw. durch einen kleinen Schnitt eingeführt werden, etwa bei der Laparoskopie, der Untersuchung der Bauchhöhle, oder der Gonioskopie, der Untersuchung des Kniegelenks. Mit dem Gastroskop betrachtet man den Magen, mit dem Bronchoskop Luftröhre und Bronchien und mit dem Koloskop den Dickdarm, wobei die einzelnen Endoskope unterschiedlich konstruiert sind.
Ursprünglich waren Endoskope starre Röhren mit einer Lichtquelle und einer Spiegelvorrichtung. Heute benutzt man extrem dünne, biegsame Fiberendoskope, die aus Glasfaserbündeln und einem optischen System bestehen (► **Glasfaserkabel**). Ein Teil der Faserbündel leitet Licht auf das Organ, der andere leitet das Bild zurück, das sich der Arzt durch das Okular anschaut. Oft ist das Gerät mit einer Minikamera versehen, die das Bild auf einen Monitor überträgt.
Das Fiberendoskop erreicht auch schwer zugängliche Stellen. Man kann z. B. den gesamten Verdauungstrakt untersuchen, wobei das Endoskop den Windungen der Darmschlingen folgt. Zur

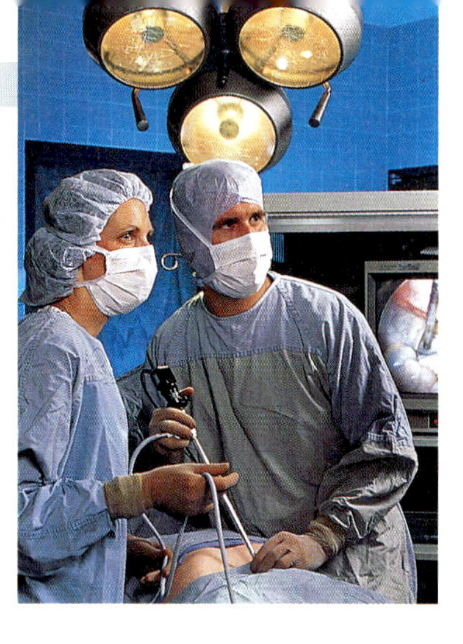

Einen Blinddarm kann man endoskopisch entfernen. Der Chirurg überwacht den Eingriff am Monitor.

Untersuchung der Galle wird aus dem Endoskop rechtwinklig ein zweites, sehr viel kleineres Babyskop ausgefahren und in den Gallengang eingeführt.
Mithilfe von Instrumenten an der Endoskopspitze kann man auch Gewebeproben entnehmen oder über den Instrumentenkanal Operationen ausführen. Viele größere chirurgische Eingriffe werden überflüssig. Blinddarm-, Meniskus- und Bandscheibenoperationen werden oft schon endoskopisch durchgeführt. Da dabei nur kleine Wunden entstehen, die schneller verheilen, können die Patienten früher aus dem Krankenhaus entlassen werden.

Energydrink

Wie der amerikanische Name schon sagt, soll dieses Getränk, das ursprünglich für Leistungssportler entwickelt wurde, verbrauchte Energie ersetzen. Durch übermäßiges Schwitzen verliert der Körper viele Mineralstoffe, was leicht zu Muskelkrämpfen führen kann. Energydrinks – früher hießen sie weniger werbewirksam isotonische

Getränke – gleichen diesen Mangel aus, indem sie dem Körper das verlorene Natrium, Kalium und Magnesium wieder zuführen. Mittlerweile hat auch der Normalverbraucher die Energydrinks entdeckt und sie zum Trendgetränk gemacht. Man bekommt sie trinkfertig oder als Pulver in fast jedem Supermarkt.

Entlastung

Die Hauptversammlung, d.h. die Versammlung der Aktionäre einer ► **Aktiengesellschaft**, befindet jährlich einmal über die geleistete Arbeit von Vorstand und Aufsichtsrat. Grundlage dafür sind der vom Vorstand aufgestellte Abschluss über das abgelaufene Geschäftsjahr, ein aktueller Lagebericht und ein Bericht des Aufsichtsrats. Billigt die Hauptversammlung die Geschäftsführung bzw. die Kontrolltätigkeit, so sind Vorstand und Aufsichtsrat entlastet. Wird dem Vorstand die Entlastung verweigert, was aufgrund der Mehrheitsverhältnisse relativ selten vorkommt, so geschieht dies meist nicht allgemein, sondern für einzelne Mitglieder. Die betreffenden Personen werden dann vom Aufsichtsrat vorzeitig von ihrem Amt abberufen.

Entsorgung

Das Problem ist alt, nur der beschönigende Begriff ist neu: Unter Entsorgung versteht man Abtransport und Beseitigung, d.h. Aufbereitung, Verbrennung oder Deponierung von Abfallstoffen aller Art. Für Haus- und Industriemüll bestehen inzwischen geregelte Entsorgungswege (► **Duales System**, ► **Recycling**).

Gift- und Sondermüll wird größtenteils auf ► **Sondermülldeponien** oder in stillgelegten Bergwerken gelagert bzw. in speziellen Verbrennungsanlagen entsorgt. Die Ausfuhr in Drittländer ist mittlerweile verboten (► **Abfalltourismus**).
Dagegen bereitet die Entsorgung von Abfällen aus Kernkraftwerken erheblich größere Probleme. Jahr für Jahr fallen in deutschen Atommeilern rund 450t radioaktive abgebrannte Brennelemente an. Sie werden zunächst in so genannten Abklingbecken gelagert, wo ihre Radioaktivität auf etwa ein Hundertstel des bisherigen Wertes reduziert wird, und dann zu einer ► **Wiederaufbereitungsanlage**

Die in Containern gesammelten Wertstoffe (unten) werden wieder verwertet. Problematischer ist die Entsorgung von Chemieabfällen (rechts).

oder in ein ► **Zwischenlager** bzw. Endlager (► **Endlagerung**) transportiert. Bei der Wiederaufbereitung wird das noch spaltbare Material abgetrennt und erneut verwendet; der hoch radioaktive Abfall dagegen wird in Stahl eingegossen. Deutsche Brennelemente werden meist in Großbritannien oder Frankreich wieder aufbereitet, die entstandenen hoch radioaktiven Abfälle müssen zurückgenommen werden. Das Problem bei der Beseitigung dieses Mülls ist, dass er bislang nicht richtig entsorgt werden kann. Weltweit existiert keine Anlage, die ihn sicher endlagern kann. Endlager gibt es nur für mittel bis schwach radioaktiven Müll. Im Salzstock Gorleben ist ein Endlager für hoch radioaktive Stoffe geplant.

Epilation

lat. epilatio = Enthaarung

Haare sind nicht immer ein Schmuck – vor allem wenn sie an Stellen sprießen, wo sie unerwünscht sind. Besonders unwohl fühlen sich Frauen mit einem so genannten Damenbärtchen. Allen Betroffenen kann heute in den Kosmetikinstituten mit dem neuen Verfahren der Epilation wirksam geholfen werden. Dabei zerstört eine erhitzte Epiliernadel oder elektrische Pinzette die Haarwurzel. Da nach der ersten Sitzung noch etwa 30 % der entfernten Härchen nachwachsen, ist eine Folgebehandlung notwendig.

Equipment

Im Zusammenhang mit technischen Geräten, etwa Computern oder Musikanlagen, spricht man nur noch selten von der Ausrüstung, sondern benutzt vielmehr das gleichbedeutende englische Wort Equipment. Pop- und Rockgruppen etwa benötigen ihr komplettes Equipment, wenn sie auf der Bühne stehen. Bei Bands wie den Rolling Stones oder Pink Floyd füllt die riesige Verstärkeranlage ganze Lastwagen und es braucht Tage, bis sie auf- und wieder abgebaut ist.
Als Equipment wird auch die technische Ausstattung eines Computers bezeichnet. Inzwischen ist der Ausdruck aber nicht mehr nur auf technische Dinge beschränkt: Wer etwas auf sich hält, nimmt für den Campingausflug oder die Bergwanderung nicht etwa seine Ausrüstung, sondern eben sein Equipment mit.

Ohne ihr Equipment, ihre gigantische Verstärkeranlage, würde manche Rockband buchstäblich sang- und klanglos untergehen.

Erbanlagenscreening

engl. to screen = untersuchen, überprüfen

Unter Screening versteht man Reihenuntersuchungen an einer größeren Gruppe von Menschen auf bestimmte Eigenschaften oder Krankheiten hin. Beim Erbanlagenscreening bezieht sich diese Untersuchung auf genetische Merkmale wie Blutgruppen und Erbkrankheiten. Das im Jahr 1990 gestartete Human-Genome-Projekt versucht weltweit in Hunderten von Speziallaboratorien die genaue Struktur der kompletten menschlichen Erbanlagen aufzuschlüsseln (► **Genom**). Bis zum Beginn des nächsten Jahrtausends will man alle rund drei Milliarden Bausteine identifiziert haben, die die Erbsubstanz des Menschen ausmachen. Die Forscher haben schon mehrere Hundert Gendefekte entdeckt, die Krankheiten wie u. a.

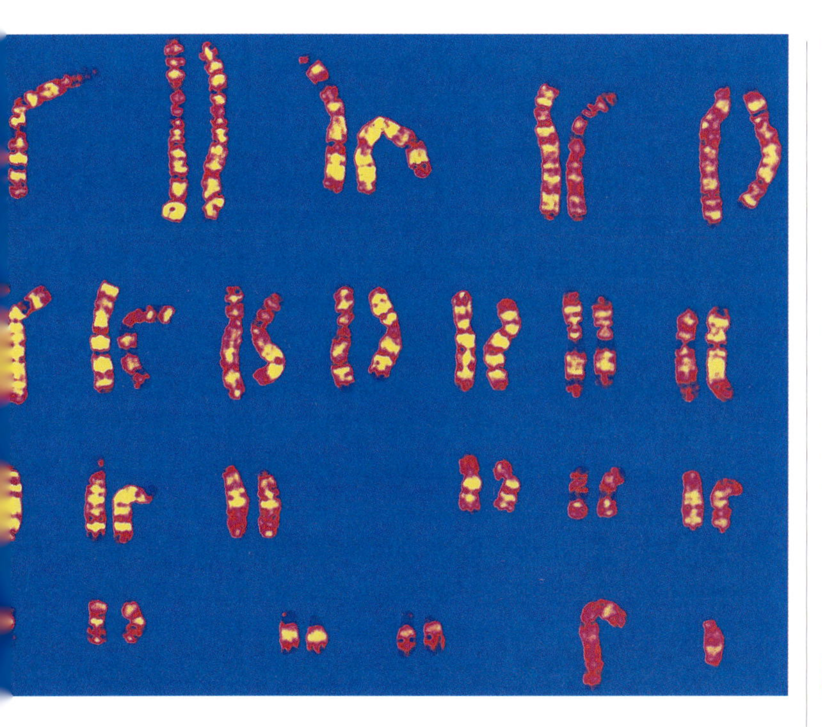

In den Chromosomen sind die gesamten Erbanlagen eines Menschen festgelegt – gegebenenfalls auch die Veranlagung zu unheilbaren Krankheiten.

► die **Alzheimerkrankheit**, Darm- und Brustkrebs auslösen können. Konkrete Ergebnisse solcher Screeningtests kommen bereits heute den Schwangeren bei der ► **Amniozentese** zugute, in der eine eventuelle Belastung des Kindes mit Erbkrankheiten wie etwa dem Downsyndrom (Mongolismus) schon früh erkannt werden kann. Bei der ► **In-vitro-Fertilisation** kann eine Zelle des Embryos einer genauen genetischen Prüfung unterzogen werden, noch bevor er in die Gebärmutter implantiert wird. Zahlreiche Kritiker weisen indes auf die großen ethischen Probleme der Erbanlagenuntersuchung hin.

Erbschaftssteuer

Wer von einem lieben Verstorbenen mit einem Erbe oder von einem netten Zeitgenossen mit einer Schenkung bedacht wurde, darf sich nicht zu früh freuen. Auch hier hält Vater Staat die Hand auf. Für das Jahressteuergesetz 1997 beschloss der Deutsche Bundestag eine Reform der Erbschafts- und Schenkungssteuer. Nach wie vor gilt aber: je näher der Verwandtschaftsgrad und je geringer das vererbte Vermögen, desto niedriger die Steuer. Erst bei größeren Erbschaften müssen mehr Steuern bezahlt werden als bisher. Die persönlichen Freibeträge wurden angehoben, sodass das so genannte persönliche Gebrauchsvermögen, etwa ein durchschnittliches Einfamilienhaus und etwas Geldvermögen, unbesteuert bleibt. Statt wie bisher vier gibt es nur noch drei Steuerklassen. Ehepartner und Kinder zählen zur günstigsten Steuerklasse I, für entferntere Verwandte oder sonstige Bedachte gelten die Steuerklassen II und III mit höheren Steuersätzen. Betriebsvermögen wird generell nach den Sätzen der Klasse I besteuert. Neu ist auch das Bewertungsverfahren bei Immobilien: Die bisherigen ► **Einheitswerte** wurden zugunsten des so genannten Ertragswerts abgeschafft. Durch die Reform der Erbschaftssteuer will man höhere Einnahmen erzielen und damit einen Teilausgleich für die Ende des Jahres 1996 ausgelaufene Vermögenssteuer schaffen.

Erdgasauto

Erdgas wird nicht nur als Brenngas und Chemierohstoff, sondern neuerdings auch als Motortreibstoff eingesetzt. Erdgasmotoren stoßen im Gegensatz zu Benzinmotoren kein Benzol und 20 % weniger Kohlendioxid aus. Gegenüber Dieselmotoren ist der Ausstoß von Kohlenwasserstoffen und Stickoxiden um 80 %, von Kohlenmonoxid um 50 % reduziert. Schwefeldioxid und Ruß werden so gut wie gar nicht emittiert. Erdgasautos fahren so schnell wie benzinbetriebene und kosten ebenso viel Steuer, der Kraftstoff aber, den man an der Zapfsäule tankt, ist deutlich billiger.
Allerdings haben Erdgasfahrzeuge den Nachteil, dass die stählernen Gasbehälter das Gewicht des Autos und damit den Kraftstoffverbrauch erhöhen. Zudem ist ihre Reichweite relativ gering. Es gibt aber auch ► **Hybridfahrzeuge**, die sowohl mit Benzin als auch mit Erdgas und

so auch weiter fahren können. In manchen deutschen Großstädten und Kurorten sind bereits einige Erdgasbusse im Einsatz.

Ergonomisch

griech. ergon = Werk, Arbeit
griech. nomos = Gesetz

Wer mit schmerzendem Rücken und brennenden Augen stundenlang auf einem alten Bürostuhl vor einem falsch platzierten Bildschirm sitzen muss, wird schwerlich die optimale Leistung erbringen können. Mit den Auswirkungen, die die äußeren Bedingungen auf den arbeitenden Menschen haben, befasst sich die Ergonomie, die zur Arbeitswissenschaft zählt. Sie erarbeitet die bestmögliche Gestaltung eines Arbeitsplatzes, der den Bedürfnissen des Menschen Rechnung trägt und sich damit positiv auf seine Leistungsfähigkeit auswirkt. Dazu gehört die körpergerechte Konstruktion von Büromöbeln und Werkzeugen ebenso wie eine entsprechende Gestaltung von Arbeitsabläufen. Bei der Konstruktion eines Bürostuhls ermitteln Mediziner, Physiker und Techniker u.a. die optimale Form und Elastizität der Stuhllehne sowie Mechanismen, sie den Körpermaßen und -bewegungen anzupassen. Sie finden die beste Distanz zum Bildschirm heraus und wie stark er flimmern darf sowie Zahl und Länge der Arbeitspausen. Das verursacht zwar erst Kosten, führt aber letztlich zu einer Produktivitätssteigerung. Inzwischen werden auch Psychologen hinzugezogen, etwa bei der farblichen Gestaltung des Arbeitsraums.

Dinner bei Graf Dracula – manch einem schmeckt das Essen in solch morbider Umgebung besonders gut.

Ergotherapie

siehe S. 283

Erlebnisgastronomie

Um dem übersättigten Konsumbürger neue Anreize für seinen Restaurantbesuch zu verschaffen verfielen pfiffige Unternehmer auf ein neues Konzept, das Essen nicht nur geschmacklich zum Erlebnis werden lässt. So werden beispielsweise mittelalterliche Tafelrunden in historischen Gemäuern wie Burgen angeboten. Dabei sind die gesamte Ausstattung des Speisesaals, die Kostümierung der Kellner und selbst die Speisekarte der damaligen Zeit nachempfunden. Barden und Spielleute erfreuen die ebenfalls verkleideten Gäste während des Mahls mit Minneliedern und den Klängen ihrer alten Instrumente. Auf entsprechende Tafelsitten wird Wert gelegt: Die Festgäste sollen z.B. rülpsen oder die abgenagten Knochen auf den Boden werfen. Zur Erlebnisgastronomie zählen auch Cafés oder Restaurants, die ihre Besucher mit Darbietungen wie Bauchtanz, Gesang, Kabarett oder Shows unterhalten.

Ernährungstherapie

siehe S. 283

Ersatzdroge

Wenn andere Entzugsversuche gescheitert sind, kann man schwer Drogensüchtigen (▶ **Junkies**) unter strenger ärztlicher Kontrolle als Ersatz beispielsweise für Heroin eine Droge geben, die ihre Entzugserscheinungen abschwächt und den körperlichen Verfall stoppt ohne die Patienten in einen Rauschzustand zu versetzen. Im Allgemeinen verabreicht man ▶ **Methadon**, aber auch andere Substanzen wie bestimmte Beruhigungs- oder Schmerzmittel um die Süchtigen schrittweise zu entwöhnen. Der Vorteil dieser Therapie ist, dass die Teilnehmer wieder einem geregelten Beruf nachgehen können und sich nicht mehr wie zuvor das Geld für die Droge mit kriminellen Mitteln beschaffen müssen. Ersatzdrogen haben allerdings den Nachteil, dass sie selbst süchtig machen. Die Therapie ist daher heiß umstritten, ihre Anwendung durch zahlreiche Regelungen eingeschränkt. In vielen Bundesländern werden nur kranke oder schwangere Süchtige, die mehrere gescheiterte Entzugsversuche hinter sich haben, in Ersatzdrogenprogramme aufgenommen. Studien haben aber ergeben, dass sich die körperliche und psychische Verfassung der Süchtigen während der Behandlung deutlich verbessert.

Erziehungsgeld

Da Familienzuwachs immer auch finanzielle Einbußen bedeutet, gewährt der deutsche Staat jungen Familien einen Teilausgleich in Form von Kindergeld und Bundeserziehungsgeld. Letzteres wird nach der Geburt eines Kindes demjenigen Elternteil gewährt, der es betreut. Anspruch hat aber nur, wer entweder gar nicht oder nur eine begrenzte Zahl von Stunden einer bezahlten Arbeit nachgeht – schließlich soll er sich ja in erster Linie der Erziehung widmen. Das Erziehungsgeld wird über einen befristeten Zeitraum von derzeit zwei Jahren gewährt, wobei die Höhe vom Jahreseinkommen sowie von der Zahl der bereits vorhandenen Kinder abhängt. Übersteigt das Einkommen eine gewisse Grenze, entfällt der Anspruch. Einige Bundesländer zahlen im Anschluss an das Bundeserziehungsgeld ein ebenfalls befristetes Landeserziehungsgeld.

Erziehungsurlaub

Viele Mütter und auch manche Väter möchten sich in den ersten Jahren ganz um ihren Nachwuchs kümmern und erst danach wieder voll ins Berufsleben einsteigen. Damit sie in dieser Babypause ihren Arbeitsplatz nicht verlieren, hat derjenige Elternteil, der das Kind betreut, nach deutschem Gesetz Anspruch auf einen Erziehungsurlaub von derzeit 36 Monaten. So lange muss der Arbeitgeber die Stelle für ihn freihalten; in dieser Zeit genießt der Arbeitnehmer ▶ **Kündigungsschutz**. Es ist gleichgültig, welcher Elternteil den Erziehungsurlaub in Anspruch nimmt; Vater und Mutter können sich auch abwechseln. In jüngster Zeit wird darüber nachgedacht, den Erziehungsurlaub im Sinn eines Zeitkontos flexibler zu gestalten.

Esoterik

griech. esoterikos = zum inneren Kreis gehörend

Unser heutiges Verständnis von Esoterik hat nur noch wenig mit seiner ursprünglichen Bedeutung gemein. Früher wurde damit ein geheimes Wissen bezeichnet, das nur wenigen Eingeweihten zugänglich war und oft in exklusiven Zirkeln bewahrt wurde. Im Zeitalter der modernen Massenmedien aber hat die Esoterik zunehmend ihr Wissen in zahlreichen Publikationen und ▶ **Workshops** einer breiten Öffentlichkeit zur Verfügung gestellt. Und die Nachfrage steigt ständig. Immer mehr Menschen fragen nach dem Sinn des Lebens und wenden sich spirituellen Lehren und Techniken zu, die ihnen als geistige Wegweiser dienen. Dabei können sie aus einer wahren Fülle von Angeboten auswählen. Mittelalterliche Lehren wie Kabbala, Astrologie, Mystik oder ▶ **Okkultismus** werden ebenso vermittelt wie östliches Gedankengut etwa aus dem Buddhismus und Hinduismus. Auch Naturreligionen wie ▶ **Schamanismus** und ▶ **Voodoo** oder die Weisheit der Indianer sind vertreten. An Techniken werden Meditation und Orakelbefragung, aber auch rituelle Tänze und Tantra gelehrt. PSI-Forschung, Sterbeforschung und die Beschäftigung mit dem Phänomen Engel erweitern das Spektrum und einen sehr breiten Raum nimmt neuerdings das Thema der ganzheitlichen Gesundheit ein, wozu u. a. Geistheilung (▶ **Geistheiler**), Reinkarnationstherapie, ▶ **Qigong**, ▶ **Rebirthing** oder ▶ **Reiki** zählen.

Esoterik

Neue Wege durch alte Weisheiten

New Age

Das neue Zeitalter oder New Age ist einer der zentralen Begriffe der **Esoterik**. Mit ihm verbindet sich die astrologische Vorstellung, dass die Menschheit sich derzeit im Übergang vom Fische- zum **Wassermann-Zeitalter** befindet, das durch eine völlig neue Spiritualität gekennzeichnet ist. In ihm bestimmt der ganzheitliche Glaube an eine vielfältig vernetzte Wirklichkeit das Denken; scheinbare Gegensätze wie die zwischen Wissenschaft und Religion, Mensch und Natur sowie Geist und Materie sind im New Age aufgehoben.

Rebirthing

Diese esoterische Therapieform wurde in den 70er-Jahren von dem US-Amerikaner Leonard Orr entwickelt. Durch besondere, von manchen Medizinern als gefährlich eingestufte Atemtechniken sollen vorgeburtliche Erlebnisse und die Geburt selbst in die Erinnerung gerufen werden. Im Gespräch versucht der Therapeut, damit verbundene psychische Störungen zu beheben.

Mindmachine

Dieses futuristisch anmutende Gerät, das aus einem Kopfhörer und einer Lichtimpulse erzeugenden Spezialbrille besteht, soll die Gehirnwellen günstig beeinflussen, zu einer Gleichschaltung der beiden Gehirnhälften führen und bewusstseinserweiternde Trancezustände hervorrufen.

Feldenkrais

Die nach dem israelischen Physiker und Neurophysiologen Moshe Feldenkrais benannte Methode beruht auf der Auffassung, dass durch intensive, meist meditative Beschäftigung mit Bewegungsabläufen die Selbstheilungsprozesse gefördert werden.

Reiki

Von einem japanischen Mönch wurde diese Heilkunst wieder entdeckt, die vermutlich auf 2500 Jahre alten tibetischen Texten beruht. Reiki bedeutet so viel wie universelle Energie und entspricht etwa dem chinesischen **Qi**. Durch das Auflegen der Hände in bestimmten vorgeschriebenen Positionen soll diese Energie wirksam werden und die Abwehrkräfte des Körpers stärken.

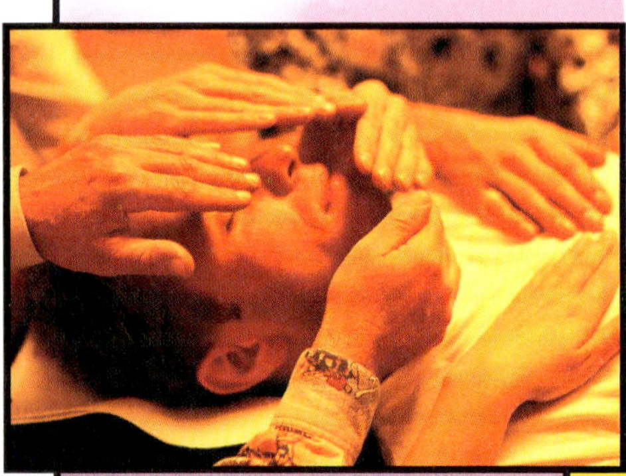

Die Anhänger des Reiki bauen auf die heilende Kraft der Hände (oben).

Bewusstseinserweiterung mit moderner Technik: Mindmachines sollen durch akustische und optische Reize Trancezustände hervorrufen.

Qigong

Wie beim Reiki geht es beim Qigong um den Energiefluss im menschlichen Körper. Die Anhänger dieser Heilkunst glauben, dass die Lebenskraft **Qi** (gesprochen: tschi) ein Geflecht von so genannten Meridianen durchströmt, wobei es auf die Harmonie von **Yin und Yang**, dem weiblichen und dem männlichen Prinzip, ankommt. Falls der Energiefluss gestört ist, versucht man ihn durch besondere Atem-, Bewegungs- und Konzentrationsübungen wieder ins Gleichgewicht zu bringen.

Tai Chi

Diese auch als Schattenboxen bekannte chinesische Kampf- und Bewegungskunst zeichnet sich durch ihren meditativen Charakter aus. Durch eine Abfolge langsam ausgeführter Bewegungen soll der Fluss der universellen Energie im Körper gefördert werden. Auf eine weibliche Yin-Bewegung folgt immer eine männliche Yang-Bewegung, was zu einer Harmonisierung dieser Kräfte führt.

Tai Chi vor einem Hochhaus, das nach den Regeln des Feng Shui gebaut ist

Feng Shui

Die Anhänger der **Geomantie**-Lehre Feng Shui (gesprochen: fong schwäi) vertreten die Auffassung, dass die kosmische Energie **Qi** die Erde in bestimmten Linien durchströmt. Architekten und Designer, die sich auf Feng Shui spezialisiert haben, versuchen Häuser und Wohnungen so zu bauen und einzurichten, dass sie im Einklang mit den positiven Strömungen (Drachenlinien) sind. Eine wichtige Rolle spielen dabei Farben und die Anordnung von Möbeln, Türen und Wänden.

I Ging

Im Zuge des Esoterikbooms erlangte auch das etwa 3000 Jahre alte chinesische Wahrsagungs- und Orakelbuch *I Ging*, das auf dem dualen **Yin- und-Yang**-Prinzip beruht, neue Popularität. Es enthält 64 Kapitel mit Interpretationen von ebenso vielen Hexagrammen, die nach bestimmten Regeln durch Werfen von Münzen gebildet werden.

Runenorakel

Zu den alten Wahrsagekünsten zählt die Deutung eines Runenorakels. Dazu werden aus einem Säckchen kleine Steine oder Karten gezogen, die mit Runen, alten germanischen Schriftzeichen, bemalt sind. Jede der insgesamt 24 Runen hat eine bestimmte Bedeutung und durch die Kombination verschiedener Symbole ergibt sich ein Orakel, das interpretiert werden kann.

Die Deutung von Tarotkarten und die Befragung eines Runenorakels gehören zu den alten Wahrsagekünsten.

Tarot

Die unter Anhängern der **Esoterik** sehr populären Tarotspiele, mit deren Hilfe das persönliche Schicksal gedeutet werden kann, gehen auf mittelalterliche Kartenspiele zurück, die im 14./15. Jh. vor allem in Frankreich und Italien verbreitet waren. Von insgesamt 78 Karten, die alle eine symbolische Bedeutung haben, zieht man eine einzige oder mehrere Karten, die auf verschiedene Weisen zu kombinieren sind. Danach müssen die Tarotkarten in eine Beziehung zur jeweiligen Lebenssituation gesetzt werden.

ETA

baskisch Euzkadi ta Azkatasuna = Baskenland und Freiheit

Zu den gefährlichsten Terrororganisationen Europas gehört die baskische ETA, die nicht nur für viele Anschläge auf spanische Militärs und Politiker verantwortlich ist, sondern durch Bombenattentate in spanischen Küstenorten auch die Tourismusbranche schädigen will. Gegründet wurde die Untergrundvereinigung als Reaktion auf zahlreiche staatliche Repressionen gegen die Basken in den Jahren der Franco-Diktatur. Doch selbst nach Francos Tod im Jahr 1975 und dem darauf einsetzenden Übergang zur Demokratie kämpfte die ETA weiter für einen unabhängigen Staat. Dieser soll neben der seit 1979 autonomen Region Baskenland mit den Provinzen Guipúzcoa, Biskaya und Álava ebenfalls die baskischen Gebiete in Südfrankreich umfassen. Darüber hinaus erheben die Etarras, wie die ETA-Mitglieder sich nennen, aus historischen Gründen Anspruch auf die spanische Provinz Navarra. Neben dem Recht auf Selbstbestimmung fordert die ETA die Freilassung aller Basken, die wegen der Unterstützung der Terrororganisation in Haft sind. Die ETA besitzt zwar nach wie vor Sympathisanten in der baskischen Bevölkerung und mit dem Herri Batasuna ist eine ihr nahe stehende Gruppierung in der Regionalregierung vertreten, doch hat sie in den letzten Jahren an Rückhalt verloren. Mit Großdemonstrationen in San Sebastián und anderen baskischen Städten verleihen viele Basken immer wieder ihrem Unmut über den Terror Ausdruck.

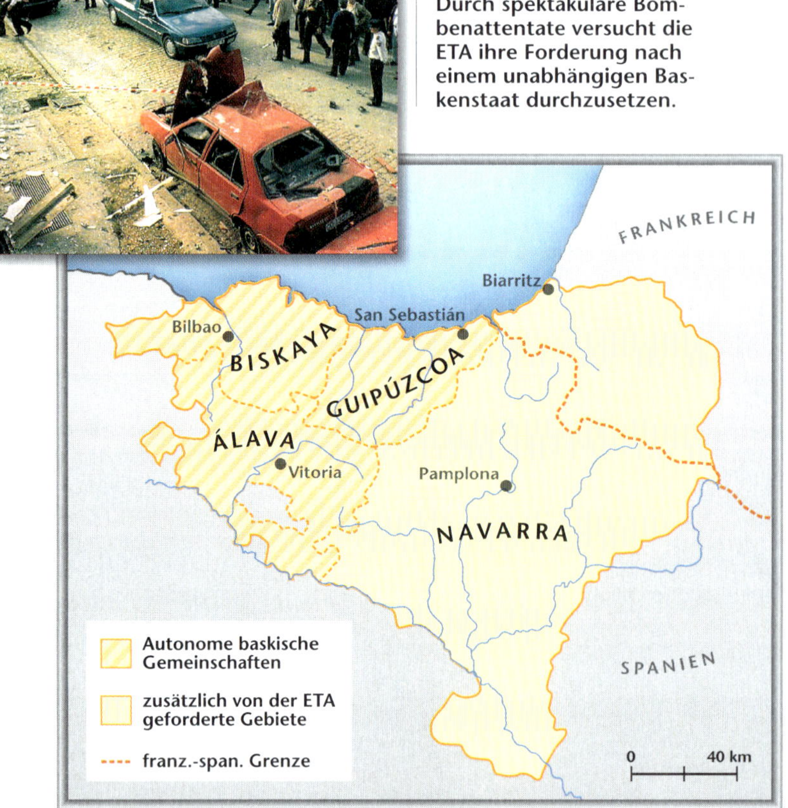

Durch spektakuläre Bombenattentate versucht die ETA ihre Forderung nach einem unabhängigen Baskenstaat durchzusetzen.

Ethikkommission

Seit vielen Jahrhunderten ist der Eid des Hippokrates, in dem die Mediziner versprechen, „zu Nutz und Frommen“ der Kranken tätig zu sein, die Grundlage der ärztlichen Ethik. Durch die Fortschritte der modernen Apparatemedizin und die dadurch entstandene Ausweitung der diagnostischen und therapeutischen Möglichkeiten sind Ärzte jedoch heute bei der ethischen Beurteilung einer Situation oftmals persönlich überfordert. Sie können und wollen viele Fragen nicht allein entscheiden, z. B. ob bestimmte Verfahren der ► **Gentherapie** an Patienten durchgeführt werden dürfen oder ob ► **Sterbehilfe** geleistet werden darf (► **Bioethik**). Um Ärzten bei solchen Problemen Hilfestellung zu geben hat man zu Beginn der 70er-Jahre die Ethikkommissionen ins Leben gerufen. Diese Gremien, die aus Fachleuten verschiedener Disziplinen, vor allem aus den Bereichen Medizin, Theologie, Philosophie und Rechtswissenschaft, zusammengesetzt sind, beraten an Ärztekammern, Universitätskliniken und medizinischen Instituten über die verschiedenen Konfliktsituationen und geben den Ärzten Empfehlungen für ihre Entscheidungen.

Aborigines in Australien demonstrieren für ihre Rechte als ethnische Minderheit.

Ethnische Minderheit

griech. ethnos = Volk

Die Länder der Erde sind in der Regel Mehrvölkerstaaten wie Belgien oder Nationalstaaten wie Deutschland oder Frankreich. In den meisten Nationalstaaten leben ethnische Minderheiten, d.h. Gruppen von Menschen mit einer anderen Volkszugehörigkeit, Sprache und Kultur als der Hauptteil der Bevölkerung. In Deutschland beispielsweise leben in der Lausitz rund 60000 Sorben, Angehörige einer westslawischen Volksgruppe; im Westen von Polen leben Tausende Deutsche und in Rumänien wohnt über eine Million Ungarn. Zu dieser Situation ist es durch die Ziehung neuer Staatsgrenzen gekommen oder weil die betreffenden Menschen bzw. ihre Vorfahren aus wirtschaftlichen Gründen in ein Gebiet ausgewandert sind, in dem es bereits eine ortsansässige Bevölkerung gab. Dagegen sind andere ethnische Minderheiten wie die Aborigines in Australien oder die Indianer in Nordamerika die Ureinwohner eines Landes, die von Einwanderern verdrängt wurden. Sie bilden heute in ihrer eigenen Heimat zahlenmäßig nur noch eine kleine Menschengruppe. In den meisten Fällen ist das Zusammenleben von ethnischer Mehrheit und ethnischer Minderheit nach den Vorgaben des ► **Minderheitenschutzes** zur beiderseitigen Zufriedenheit geregelt, aber hin und wieder kommt es zu Unruhen, wenn der Minderheit nicht die ihr zustehende Eigenständigkeit gewährt wird. Schwelende ethnische Konflikte gibt es beispielsweise im Kaukasus (► **Kaukasuskonflikt**), wo etwa 60 verschiedene ethnische Gruppen leben, aber auch die andauernden Auseinandersetzungen zwischen Türken und den ebenfalls in der Türkei lebenden Kurden gehen auf schwer zu überwindende ethnische Probleme zurück.

Ethnofood

griech. ethnos = Volk
engl. food = Essen

Immer mehr Deutsche verbringen ihren Urlaub in fernen Ländern und umgekehrt leben immer mehr Menschen aus exotischen Regionen in Deutschland. Beide Umstände haben auch die Essgewohnheiten der Deutschen beeinflusst und der Ethnofood-Welle den Boden bereitet. Überall öffnen arabische, indische, thailändische, japanische und mexikanische Restaurants ihre Pforten und bieten den Gästen Spezialitäten aus den entsprechenden Heimatländern an. Inzwischen bekommt man manche exotischen Leckerbissen wie mexikanische Tortillas oder orientalische Gemüsebällchen, Falafel, sogar schon in Schnellrestaurants, im Supermarkt oder im Straßenverkauf (► **Fastfood**).

Ethnofood erinnert den Genießer an Urlaub und exotische Ferne.

Warme Farben und einfache Schnitte charakterisieren den Ethnolook.

Ethnolook

griech. ethnos = Volk
engl. look = Aussehen

Auf der Suche nach Anregungen für neue Kreationen ließen sich die Modeschöpfer auch von den gebatikten Blusen und Röcken inspirieren, die in der alternativen Szene schon mehrere Jahre beliebt waren. Die Modezaren entwickelten daraus den so genannten Ethnolook, einen exotisch anmutenden Modestil, der sich vor allem an der Bekleidung der Menschen in Afrika, Ozeanien und Südostasien orientiert. Dort übliche Kleidungsstücke wie Sari und Sarong dienen als Vorbilder. In den Kollektionen überwiegen bunte Stoffe in warmen Erdtönen und kräftigen Fruchtfarben. Fremdartige Blüten- und Blättermotive, unruhige Wildkatzendessins sowie traditionelle, streng geometrische Muster zieren die meist einfach geschnittenen Kleidungsstücke aus Leinen, Baumwolle oder Seide. Den Ethnolook findet man sowohl in der ► **Haute Couture** als auch in den Massenproduktionen (► **Prêt-à-porter**).

Ethnopop

► siehe S. 317

EU-Bürgerschaft

Seit 1993, also seit Bestehen der Europäischen Union (EU), der Nachfolgerin der Europäischen Gemeinschaft (EG), ist jeder Bürger eines EU-Staates automatisch auch EU-Bürger. Diese Bürgerschaft entspricht zwar keiner formellen Staatsbürgerschaft, denn die nationale Identität des Betreffenden wird nicht berührt, aber die Politiker versprechen sich davon einen psychologischen Effekt, nämlich ein wachsendes Zusammengehörigkeitsgefühl der Europäer, damit die EU nicht nur eine politische und wirtschaftliche, sondern auch eine menschliche Gemeinschaft wird. Hauptsächlich wirtschaftlichen Zwecken dient der ebenfalls 1993 geschaffene Europäische Binnenmarkt, der Freizügigkeit und Niederlassungsfreiheit für alle EU-Bürger im gesamten EU-Binnenland mit sich bringt (allerdings kann beides von den einzelnen Ländern eingeschränkt werden). Die spektakulärste Folge dieser Vereinbarungen kam mit dem ► **Bosman-Urteil** aus dem Bereich des Sports. Darin wurde u.a. festgelegt, dass in einem Sportverein im EU-Bereich die Anzahl der ausländischen Spieler aus anderen EU-Staaten nicht begrenzt werden darf.

Euro

Eines der wichtigsten Kennzeichen für die europäische Einigung soll noch vor der Jahrtausendwende eingeführt werden: das gemeinsame Geld der EU-Staaten, der Euro. Ab dem 1. Januar 1999 wird er, vorerst nur als Recheneinheit, eingeführt. Die Wechselkurse zwischen dem Euro und den Währungen der teilnehmenden Staaten werden dann endgültig festgeschrieben und er kann an den Devisenmärkten (► **Devisen**) gehandelt werden. Ab dem 1. Januar 2002 treten Banknoten und Münzen des Euro (1 Euro hat 100 Cent) neben die nationalen Währungen und sechs Monate später wird der Euro das allein gültige gesetzliche Zahlungsmittel sein. Allerdings ist noch die Frage offen, welche Staaten der Euro-Zone beitreten können, denn die zu erfüllenden Kriterien sind äußerst streng und wurden beispielsweise 1996 von Deutschland nicht alle erreicht. In der Bevölkerung findet die Absicht, die harte D-Mark gegen einen vermeintlich unsicheren Euro einzutauschen, jedoch keineswegs nur Beifall, auch wenn sich die Schattenseiten der starken D-Mark in den letzten Jahren in Form von großen Problemen für die deutsche Exportwirtschaft deutlich bemerkbar gemacht haben.

Europäische Zentralbank

In der ► **EWWU**, der Europäischen Wirtschafts- und Währungsunion, die 1999 verwirklicht werden soll, wird die Europäische Zentralbank (EZB) die oberste Währungshüterin sein. Sie soll ihren Sitz in Frankfurt am Main haben und zu ihren wichtigsten Aufgaben wird es gehören gemeinsam mit den europäischen Zentralbanken der Teilnehmerstaaten über die Stabilität des ► **Euro** zu wachen. Wie die Deutsche Bundesbank für die D-Mark, so wird die EZB dann beim Euro für Liquidität und Zinspolitik zuständig sein. Sie wird die alleinige Befugnis haben die Ausgabe von Banknoten und Münzen zu genehmigen, auch wenn das Recht Münzen zu prägen bei den Einzelstaaten bleibt. Um die Unabhängigkeit der EZB zu gewährleisten wurde vereinbart, dass sie weder von nationalen noch von EU-Behörden politische Weisungen entgegenzunehmen braucht. Außerdem wird sie beim Start mit 5 Mio. Euro – das sind rund 9 Mio. DM – und zusätzlich einer Währungsreserve von rund 50 Mrd. Euro ausgestattet, die von den Teilnehmerstaaten anteilig nach ihrer jeweiligen Bevölkerungszahl und Wirtschaftskraft eingezahlt werden.

Europol

Abk. für Europäische Polizei

Da das organisierte Verbrechen (► **organisierte Kriminalität**) international zu Werke geht, muss auch die Polizei über eine internationale Instanz verfügen, die dabei hilft Straftaten grenzüberschreitend zu verfolgen. Deshalb wurde Mitte der 90er-Jahre die Europol mit Sitz in Den Haag gegründet. Sie befindet sich noch im Aufbau und soll hauptsächlich als eine Art Sammelstelle fungieren, an der Informationen gespeichert und abgerufen werden können. Dabei ist ein zweistufiges System vorgesehen: In einer Kartei, die auch von den nationalen Ämtern benutzt wird, sollen Daten wie Namen und Vorstrafen von Verdächtigen gespeichert werden. In einer zweiten Kartei mit sicherheitsempfindlichen Daten, die nur von der Europol eingesehen werden darf, werden Informationen über Zeugen, Kontaktpersonen sowie Informanten erfasst.

Eurotunnel

Seit Menschengedenken war Großbritannien vom europäischen Festland getrennt und nur zu Wasser oder auf dem Luftweg zu erreichen. 1994 hatte diese Isolation ein Ende, denn in dem Jahr wurde der Eurotunnel, eine unter dem Ärmelkanal hindurchführende Eisenbahnverbindung zwischen Frankreich und England, in Betrieb genommen. Seither bringt ein spezieller Zug im Pendelverkehr in nur 35 Minuten Passagiere, Güter und Kraftfahrzeuge von einem Land ins andere. Geplant war

Sieben Jahre nach Baubeginn wurden die zwei Röhren des Eurotunnels in Betrieb genommen.

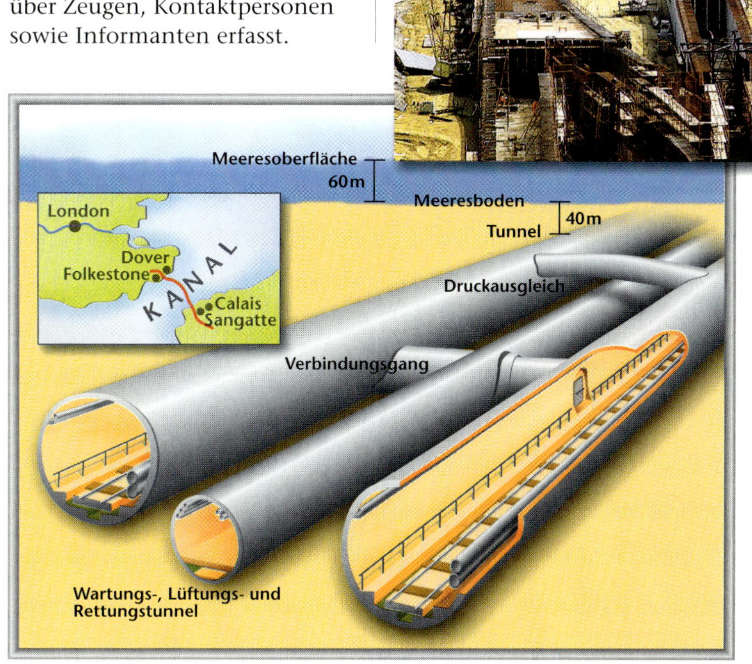

ein solcher Tunnel schon mehrmals in der Geschichte, aber erst 1987 begann man mit dem Bau. Der Vortrieb des 50 km langen Stollens, der aus zwei Hauptröhren und einem dazwischenliegenden Arbeits- und Fluchttunnel besteht, erfolgte gleichzeitig von Sangatte bei Calais und von Folkstone bei Dover aus und 1991 wurde der letzte Meter der 38 km langen Unterwasserstrecke, die bis zu 40 m unter dem Meeresboden verläuft, durchstoßen. Da die Bauarbeiten mehr als das Doppelte des Kostenvoranschlags verschlangen und die Zahl der Passagiere und Frachtmengen nicht den Erwartungen entsprach, geriet die Betreibergesellschaft bald in finanzielle Nöte. Durch Umschuldungen und gestiegene Transportleistungen erhoffte man sich einen Aufschwung, der jedoch durch den Brandunfall vom November 1996 gebremst wurde.

Event

→ siehe S. 422

EWR

In Nord- und Westeuropa gibt es Länder, die nicht der EU beigetreten sind, jedoch zur Europäischen Freihandelsvereinigung (EFTA) gehören, nämlich Island, Norwegen, Liechtenstein und die Schweiz. Um den Handel auch mit diesen Staaten zu fördern wurde der Europäische Wirtschaftsraum, abgekürzt EWR, geschaffen, der eine Erweiterung des Europäischen Binnenmarktes darstellt. Folglich gehören ihm alle 15 EU-Länder an und von den EFTA-Ländern sind bis auf die Schweiz alle beigetreten. Das Abkommen regelt hauptsächlich den freien Verkehr für Waren, Personen, Dienstleistungen und Kapital, aber die Wirkung des EWR greift mittlerweile längst über den Westen Europas hinaus. Nach dem Ende des Kalten Krieges ist er ein Instrument geworden mittel- und osteuropäische Länder – und zwar vorrangig Polen, die Tschechische Republik, die Slowakei und Ungarn sowie die drei baltischen Staaten – an die EU heranzuführen. Auf diese Weise wirkt der EWR als Motor der europäischen Integration.

EWWU

Abk. für Europäische Wirtschafts- und Währungsunion

Schon bei der Gründung der Europäischen Gemeinschaft 1957 in Rom war das Fernziel der beteiligten Politiker ein politisch, wirtschaftlich und monetär

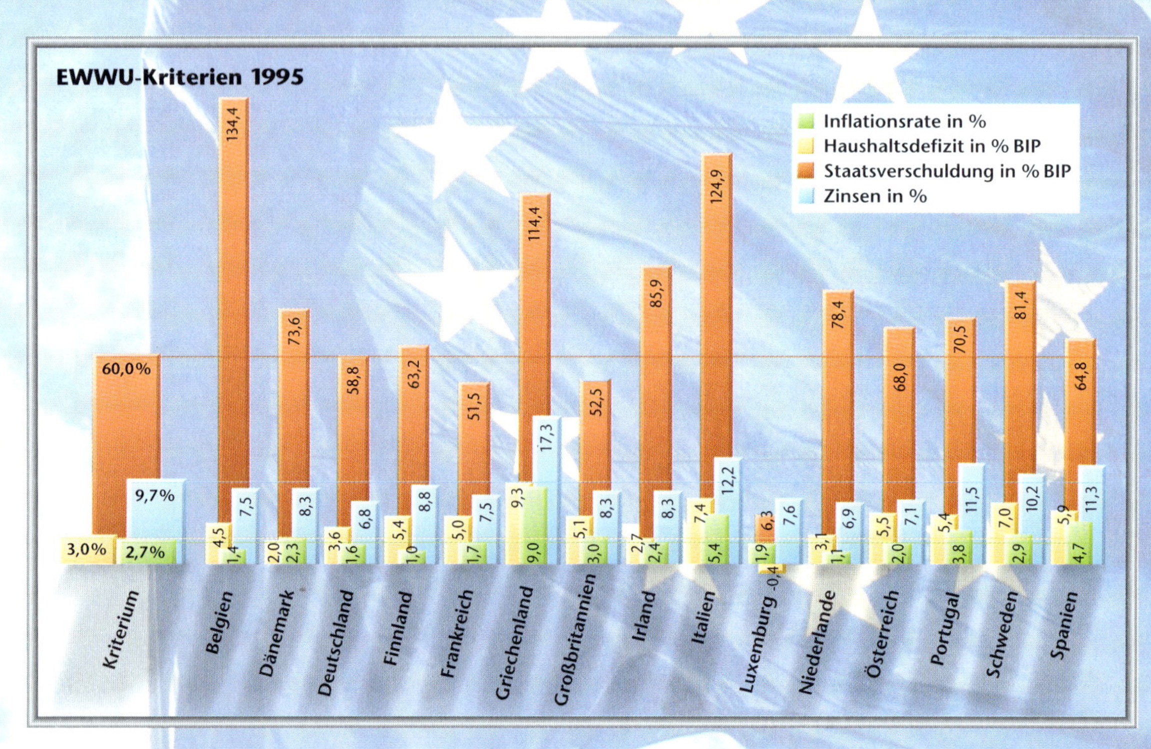

vereintes Europa. Während die politische Vereinigung noch in einiger Ferne liegt, konnte der wirtschaftliche Zusammenschluss schon große Erfolge verzeichnen und die währungstechnische Einheit soll mit der Verwirklichung der Europäischen Wirtschafts- und Währungsunion im Jahr 1999 hergestellt werden. Der Weg bis dorthin war in drei Abschnitte gegliedert: In der ersten Etappe 1990–93 musste die Wirtschafts- und Währungspolitik der Nationalbanken aufeinander abgestimmt werden. Die zweite Stufe, die 1994 begann, soll die Währungsunion vorbereiten und längstens bis Ende 1998 dauern. Dann wird entschieden, welche Teilnehmerländer die Voraussetzungen dafür erfüllen, in die dritte Etappe einzutreten, in der die ► **Euro** genannte gemeinsame Währung zunächst als Recheneinheit und später als einziges Zahlungsmittel eingeführt wird. Damit der Euro sich als stabiles Geld präsentiert, sind diese Voraussetzungen äußerst streng gehalten: In den Teilnehmerstaaten darf die Preissteigerungsrate höchstens 1,5 Prozentpunkte mehr als die durchschnittliche Inflationsrate der drei inflationsärmsten EU-Länder betragen, das Haushaltsdefizit darf maximal bei 3% des jeweiligen Bruttoinlandsprodukts liegen, die Staatsverschuldung im Höchstfall 60% des Bruttoinlandsprodukts betragen und die langfristige Zinsrate soll den Durchschnitt der drei inflationsärmsten EU-Länder nicht um mehr als zwei Prozentpunkte übersteigen. Da 1995 und 1996 jedoch nur Luxemburg sämtliche verlangten Kriterien erfüllt hat, steht noch nicht völlig fest, ob nicht der Beginn der dritten Etappe der EWWU noch einmal verschoben werden muss. Nach Ansicht vieler Fachleute würde sich das jedoch negativ auf die Entwicklung Europas auswirken, denn Politiker und Wirtschaftler erhoffen sich große Vorteile von der Währungsunion. Laut Aussage des Finanzministeriums wird der Verbraucher als Folge des größeren Wettbewerbs günstiger einkaufen können, Unternehmer werden durch den Wegfall des Wechselkursrisikos besser planen und kalkulieren können und Europas Gewicht in der Weltwirtschaft wird gestärkt, was möglicherweise mehr Arbeitsplätze mit sich bringt. Und nicht zuletzt soll dadurch auch das politisch geeinte Europa in größere Nähe rücken.

Eine der Attraktionen der Expo 92 in Sevilla war die Magnetschwebebahn.

Expo

franz. exposition = Ausstellung

In unregelmäßigen Abständen finden in den verschiedensten Großstädten der Erde Weltausstellungen, auch Expo genannt, statt. Sie dienen dem Zweck den „aktuellen Entwicklungsstand der Menschheit“ zu präsentieren – so die Worte des britischen Prinzgemahls Albert, des königlichen Schirmherrn der ersten Weltausstellung 1851 in London. Die jüngste dieser Supermessen, die grundsätzlich vom Bureau International des Expositions in Paris vergeben werden, fand 1992 in Sevilla statt und die nächste, die Expo 98, wird in Lissabon ihre Pforten öffnen. Die übernächste schließlich, die Expo 2000, wird zum ersten Mal in Deutschland vom 1. Juni bis zum 31. Oktober 2000 in Hannover über die neuesten Errungenschaften des Menschen informieren. Die Vorarbeiten für dieses Großereignis zur Jahrtausendwende sind schon angelaufen. Auf dem rund 70 ha großen Gelände wird bereits seit Frühjahr 1996 gebaut. Es sollen Pavillons für viele der Teilnehmerländer entstehen – man rechnet, dass sich über 100 Staaten anmelden werden – und außerdem Räumlichkeiten für den so genannten Themenpark. Darin werden Ausstellungen über die

Bereiche Gesundheit und Ernährung, Wohnen und Arbeiten, Umwelt und Entwicklung, Kommunikation und Information, Freizeit und Mobilität sowie Bildung und Kultur und außerdem eine Schau unter dem Titel *10 Jahre deutsche Einheit* gezeigt. Zudem soll neben dem Ausstellungsgelände eine Siedlung entstehen, in der modernste Bauweise präsentiert wird. Auch die Infrastruktur darf nicht zu kurz kommen, so wird u.a. die Autobahn A2 auf sechs Spuren ausgebaut. Die Kosten für alle diese Vorhaben sind riesig – man schätzt sie auf etwa 3 Mrd. DM. Die Verantwortlichen hoffen jedoch auf rund 40 Millionen Besucher – das wären 300000 täglich –, so dass schon durch die Eintrittsgebühren (geplante 40 DM pro Person) ein großer Teil der Kosten wieder hereinkäme.

Anhänger von Extremsportarten wie Fallschirmspringen aus einem Heißluftballon haben Freude am Nervenkitzel.

Extremsportarten

Viele Menschen fühlen sich im Alltag nicht genug gefordert und wählen deshalb als Hobby eine Sportart, bei deren Ausübung sie größten körperlichen und psychischen Belastungen ausgesetzt sind. Zu diesen so genannten Extremsportarten zählt u.a. das ► **Bungeejumping** oder das Fallschirmspringen. Normalerweise lässt sich der Sportler dabei aus einem Flugzeug fallen, aber wer es extravaganter liebt, kann sich auch von einem Hochhaus hinabstürzen (Basejumping) oder aus einem fahrenden Heißluftballon springen, wobei er dann zum Glücksgefühl des freien Falls noch die Romantik einer Ballonfahrt genießt. Andere Extremsportler bevorzugen das Klettern (► **Freeclimbing**), entweder in der Natur an steilen, glatten und überhängenden Felsen oder in der Halle an mehrere Meter hohen Kunstwänden mit verschiedenen Schwierigkeitsgraden. Alle diese Sportarten sind mit einem kalkulierbaren Risiko verbunden und vermitteln nach Aussage ihrer Anhänger ein Gefühl höchster Befriedigung, wenn man der selbst gewählten Herausforderung gewachsen war. Anders sieht es jedoch beim so genannten ► **S-Bahn-Surfen** aus, einem äußerst riskanten „Sport“, der bei manchen Jugendlichen eine Zeit lang in Mode war. Die jungen Leute spielten dabei mit ihrem Leben, indem sie außen an einer fahrenden S-Bahn herumkletterten.

Eyeliner

→ siehe S. 275

Facelifting

engl. face = Gesicht
engl. to lift = anheben

In der heutigen Leistungsgesellschaft ist ein jugendlich-dynamisches Erscheinungsbild mehr denn je gefragt. Faltenlose Gesichter und schlanke Körper, die in den Medien und in der Werbung Schönheitsmaßstäbe sind, gelten als Garantie für Glück und Erfolg. Der übertriebene Jugendkult lässt für einige Menschen die ersten Fältchen zur Katastrophe werden. Facelifting bietet einen Ausweg vor allem für Schauspieler und Fotomodelle, die wegen der Altersfalten um ihre Attraktivität bangen. Die Klatschspalten der ► **Yellow Press** berichten deshalb über erfolgreiche Operationen berühmter Filmstars wie Jane Fonda, Liz Taylor oder Cher. Das bis zu vier Stunden dauernde Facelifting ist ein großer chirurgischer Eingriff und daher für die Patienten nicht ungefährlich. Dabei wird die erschlaffte Haut von Lidern, Schläfen, Wangen und Hals seitlich und nach oben gestrafft. In der Regel vergeht dann mindestens ein Monat, bis sich alle Schwellungen und Verfärbungen im Gesicht zurückgebildet haben. Ein gutes Facelifting hält zehn bis zwölf Jahre und kostet mindestens 10000–12000 DM. Es besteht allerdings das Risiko, dass die verkürzte und weniger elastische Haut einen maskenhaften Gesichtsausdruck hinterlässt. Bisher haben sich fast ausschließlich Frauen dieser Operation unterzogen; in letzter Zeit lassen sich jedoch immer mehr Männer liften, die glauben, dass ein faltenfreies Gesicht die Karriere fördere.

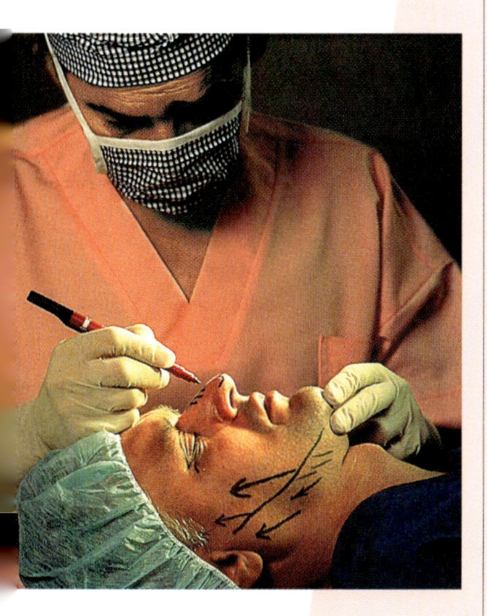

Vor der Facelifting-Operation werden auf der Haut die zu liftenden Partien angezeichnet.

Factoring

engl. factor = Vertreter, Kommissionär

Im Factoring kauft ein Factor, meist ein spezielles Finanzinstitut, die Forderungen eines Klienten gegen eine Gebühr auf und treibt diese Schulden ein. Der Vorteil für den Klienten liegt in der schnelleren Liquidität. Der Factor trägt meist auch das Risiko eines Zahlungsausfalls. Unterschieden werden offene und stille Formen: Beim offenen Factoring wird dem Schuldner der Vorgang angezeigt und er muss seine Schulden direkt an den Factor zahlen. Dieser übernimmt auch das Mahnverfahren und eventuelle Inkassomaßnahmen. Da das offene Factoring als Zeichen für Liquiditätsprobleme des Klienten angesehen werden kann, wird oft das stille Factoring bevorzugt. In diesem Fall zahlen die Kunden an den Klienten, der die Zahlung an den Factor weiterleitet. So wird die Gefährdung langjähriger Geschäftsbeziehungen vermieden. Die Kosten für das Factoring entsprechen den Zinsen, die man zahlt, wenn man ein Konto überzieht. Zusätzlich muss der Klient Gebühren für die Verwaltung durch den Factor und bei Übernahme des Ausfallrisikos eine Risikoprämie je nach Bonität des Schuldners zahlen.

Fairtrade

engl. fair = gerecht
engl. trade = Handel

Im heutigen Welthandelssystem sind die armen Länder als Rohstofflieferanten wegen niedriger Rohstoffpreise benachteiligt. Christliche, karitative oder politische Organisationen wenden das Fairtrade an, indem sie den Zwischenhandel ausschalten, sodass die Handelsspanne entfällt, und bezahlen den Erzeugern faire Preise für ihre Produkte. Dafür akzeptieren viele Käufer höhere Ladenpreise. Neben der sozialen Verantwortung spielen auch ökologische Überlegungen eine Rolle: Im Gegensatz zu den Monokulturen des konventionellen Landbaus will das Fairtrade einen umweltverträglichen Anbau der Produkte gewährleisten. Einen sehr großen Teil des Fairtrade machen Kaffee und Tee aus. Nach Einführung des Fairtrade-Tees erreichte dieser auf Anhieb 3% Marktanteil des gesamten Teeverbrauches in Deutschland. Auch einige Großhandelsketten führen verstärkt Fairtrade-Produkte in ihrem Angebot, auf die ein spezielles Transfair-Siegel aufmerksam macht.

Fake

engl. = Fälschung, Schwindel

Das Imitieren oder Fälschen von Markenprodukten wird beschönigend gern als Faken bezeichnet. Parfums, Uhren oder Jeans sind genauso davon betroffen wie Küchenleitern, Videokassetten oder teure Computerprogramme. Diese Fälschungen werden meist auf Straßenmärkten angeboten. Der Käufer zahlt in der Regel nur einen Bruchteil des Originalpreises, da die Fälschungen häufig in den ► **Billiglohnländern** Südostasiens produziert werden. Der Begriff Fake wird aber auch in der Modebranche für Pelz-, Fell- oder Lederimitate verwendet, die nicht nur billiger als die echten sind, sondern auch dem Artenschutz dienen. Als Fakes bezeichnet man darüber hinaus die Bilder, die mithilfe moderner Fototechnik, beispielsweise für Werbezwecke oder von der Sensationspresse (► **Yellow Press**), verfremdet oder verfälscht werden. Einige Fernsehsender haben bereits von freien Mitarbeitern hergestellte gefälschte Dokumentationen ausgestrahlt, was zu viel beachteten Prozessen mit Verurteilungen geführt hat.

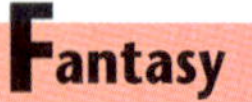

Im Sinn des Artenschutzes setzt die Mode verstärkt Fakes, Imitate von Tierfellen, ein.

Fantasy

Das englische Wort bedeutet ursprünglich Phantasie oder Einbildung, wird aber im engeren Sinn für Romane, Filme, Comicstrips sowie Computer- und Rollenspiele verwendet, die ihre Handlung, Themen und Motive aus der Welt der Märchen und Mythen beziehen. Mit Magie und Zauberkräften wird der Kampf zwischen Gut und Böse ausgetragen. Die Handlung der Fantasy spielt oft in einer fernen Vergangenheit oder Zukunft, in unwirklichen, märchenhaften Welten. Klassische Vorläufer der Fantasy-Literatur sind mittelalterliche Epen wie das *Nibelungenlied* oder der Sagenkreis um Artus und seine Tafelrunde sowie märchenhafte Erzählungen aus neuerer Zeit wie *Alice im Wunderland*. Mit seiner Trilogie *Der Herr der Ringe* (1954/55) verhalf der englische Literaturwissenschaftler J. R. R. Tolkien der Fantasy zum Durchbruch als eigenes literarisches Genre. Erfolge verbuchte in Deutschland der Kinderbuchautor Michael Ende mit der *Unendlichen Geschichte* (1979) und *Momo* (1983), die beide auch verfilmt wurden. Der auflagenstärkste deutsche Fantasy-Autor ist Wolfgang Hohlbein mit seiner *Enwor*-Reihe und dem *Druidentor*. Erfolgreiche Filme des Fantasy-Genres sind: *Der dunkle Kristall, Tag des Falken, Willow, Hook* und *Dragonheart*. Bei Computer- oder Rollenspielen, die in letzter Zeit einen lukrativen Markt für Zubehör angeregt haben, können die Fantasy-Anhänger selbst aktiv werden, indem sie die Rolle vorgegebener oder selbst erdachter Helden übernehmen und eine Handlung nachspielen. Die in Deutschland bekanntesten Spiele sind *Dungeons and Dragons* sowie *Das schwarze Auge*.

Der Fantasy-Film *Der dunkle Kristall* entführt die Zuschauer in eine märchenhafte Welt, in der Gelfinge und Skeks um die Vorherrschaft ringen.

Farbtherapie

Seit langem besteht in Medizin und Psychologie Übereinstimmung darüber, dass Farben das körperliche und seelische Befinden des Menschen beeinflussen. Allgemein bekannt ist, dass bestimmte Blau- und Grüntöne beruhigen, Rot und Gelb dagegen anregend wirken. Bei der Gestaltung unserer Umgebung richten wir uns meist bewusst oder unbewusst nach solchen Prinzipien. Dass verschiedene Menschen die gleichen Farben unterschiedlich empfinden können, ist wahrscheinlich biologisch durch die Struktur des jeweiligen Lebensraums und die Art des darin wahrgenommenen Farbspektrums bedingt. Wissenschaftlich umstritten sind dagegen moderne Farbtherapien, die davon ausgehen, dass Farben biologische Informationen transportieren können. In der Moratherapie dienen Farben zur Krankheitsbehandlung. Sie basiert auf der Theorie, dass das physikalische Frequenzmuster einer Farbe in Beziehung zu den elektromagnetischen Schwingungen einzelner Körperzellen steht; Farben sollen krankhafte Zellfrequenzen positiv beeinflussen. Bei der Farbakupunktur werden entsprechende Akupunkturpunkte am Körper vorausgesetzt, die man beeinflussen kann. Dazu dient eine Reihe von Geräten, deren Wirkung wissenschaftlich nicht nachweisbar ist. Die fernöstliche Variante, die sich auf die Chakrenlehre (► **Chakratherapie**) beruft, nimmt Zusammenhänge zwischen energetischen Knotenpunkten des Körpers sowie Farben an und stellt Verbindungen zu Yogapositionen her.

Farb- und Stilberatung

Ein geschultes Auge, so heißt es, kann alle Menschen in vier Farbtypen einteilen, die sich an den Jahreszeiten orientieren. Eine vertiefte Farbanalyse bei einer Farbberaterin, meist einer speziell geschulten Kosmetikerin, bringt Klarheit darüber, welchen Farbtyp man verkörpert. Für jeden Typ gibt es bestimmte Farbkombinationen, die besonders günstig sind, während andere sich unvorteilhaft auf das Aussehen auswirken. Das Ziel der Farb- und Stilberatung ist es, die Kunden bei der Gestaltung ihres optimalen Erscheinungsbildes mithilfe einer typbezogenen Farb- und Kleidungswahl fachkundig zu unterstützen. Die Pigmentierung der Haut, die Haar- und Augenfarbe spielen dabei eine maßgebliche Rolle. Eine erste Grobeinschätzung erfolgt aufgrund des Hautuntertons: Ein warmer, d.h. beigegoldener Ton weist auf Frühling oder Herbst hin; ein kalter, d.h. bläulich rosiger Hautunterton zeigt den Sommer- oder Wintertyp an. Diese Einteilung nach Jahreszeiten orientiert sich an den in der Natur jeweils dominierenden Farben. Der Frühling bevorzugt zarte, ruhige Pastelltöne, während dem Sommer am besten kühle blaustichige Farben stehen. Der Herbst schwelgt in satten reichen Erdtönen, wogegen dem Winter lebhafte, kontrastreiche Farben zur Verfügung stehen. Eine auf die getestete Person individuell abgestimmte Farbpalette soll dieser beim Kleidungskauf und dem Zusammenstellen ihres Makeups helfen. Zur positiven Unterstützung der Gesamtpersönlichkeit gehört auch ein passender Kleidungsstil, den eine gute Beraterin stets mit berücksichtigt. Die Farb- und Stilberatungen werden in letzter Zeit verstärkt von berufstätigen Frauen und Männern in Anspruch genommen, die sich von typgerechter, die Gesamtpersönlichkeit unterstreichender Kleidung positive Auswirkungen auf ihre Karriere versprechen. Das geschickte Kombinieren der Kleidung mit Accessoires kann zudem die Garderobe reduzieren und damit Geld sparen.

Fastfood

engl. fast = schnell
engl. food = Essen

Typisch für die Essgewohnheiten unserer Zeit ist, dass immer mehr Menschen die schnelle und preiswerte Kost der Imbissbuden, Schnellrestaurants oder Hamburgerketten schätzen. Neben den altbekannten Gerichten der Fastfoodpalette, wie Pommes frites, Hamburger oder Bratwürsten, werden immer neue Varianten von Pizza und Fladenbrot mit gegrilltem Schweine- oder Kalbfleisch sowie Schnellgerichte aus der Dose oder der Tiefkühltruhe angeboten. Ernährungsfachleute raten jedoch von einem übermäßigen Konsum von Fastfoodprodukten ab. Der schnelle Imbiss enthält in der Regel einen sehr hohen Anteil an Fetten, Zucker und Salz, dagegen ist der Gehalt an wichtigen Vitaminen, Mineral- oder Ballaststoffen meist recht gering. Fastfoodprodukte können, wenn sie einen großen Teil der täglichen Ernährung ausmachen, Karies, Übergewicht und andere Zivilisationskrankheiten fördern.

Fax

Abk. für facsimile interchange (Faksimileübertragung) von lat. fac simile = mache ähnlich

Durch das Zusammenziehen der Buchstaben c und s wurde aus *fac simile* Fax. Das Wort bezeichnet die Übermittlung von Texten oder Illustrationen von einem Kopierer zum andern, sowohl regional, national als auch weltweit. Bei den modernen Faxgeräten wird der Bildaufbau des zu übermittelnden Dokuments mit einem Lichtstrahl abgetastet. Die einzelnen Helligkeitsstufen des Dokuments werden digitalisiert (► **Digital**) und über das Telefonnetz an ein anderes Faxgerät übertragen. Dort werden die Impulse wieder zurückverwandelt (analogisiert). So entsteht eine Schwarzweißkopie des Originaldokuments. Seit den frühen 70er-Jahren, als die ersten Faxgeräte bis zu sechs Minuten für die Übertragung eines Dokuments benötigten und die verschiedenen Modelle untereinander oft nicht kompatibel (► **Kompatibilität**) waren, fand eine stetige Verbesserung statt und die Zahl der Benutzer ist stark angestiegen. Mit einem modernen Fax lassen sich Informationen schneller senden, als man sie mündlich übermitteln kann. Durch die Möglichkeit automatisch rund um die Uhr zu senden und zu empfangen lassen sich günstigere Nachttarife nutzen. Spezielle Faxkarten erlauben die Übertragung von Texten vom Computer direkt an den Fernkopierer ohne sie auszudrucken. Für die geplante Übertragung von farbigen Dokumenten ist ein ► **ISDN**-Anschluss nötig, da hierbei größere Datenmengen anfallen.

FCKW

Fluorchlorkohlenwasserstoffe – besser bekannt unter der Abkürzung FCKW – finden in vielen Produkten Verwendung: Als Treibgase in Haarsprays, Kältemittel in Kühlschränken und Autoklimaanlagen sowie als Lösungsmittel in der Kunststoffproduktion wurden sie über lange Jahre benutzt. Die negativen Auswirkungen auf

Problemmüll: FCKW-haltige Kühlschränke auf einer Sammelstelle. Seit 1995 dürfen Haushaltsgeräte, die Fluorchlorkohlenwasserstoffe enthalten, in Deutschland nicht mehr verkauft werden.

die Umwelt zeigten sich erst spät. In mehreren Erscheinungsformen zerstören die FCKW die schützende Ozonschicht (► **Ozonloch**) und sind daher mitverantwortlich für den ► **Treibhauseffekt** und eine mögliche ► **Klimaveränderung**. Viele Industriestaaten haben sich deshalb zum Ausstieg aus der FCKW-Produktion verpflichtet. In Deutschland dürfen z. B. seit dem 1. Januar 1995 keine Haushaltsgeräte mehr verkauft werden, die FCKW enthalten. Durch dieses Verbot und die Verordnung gegen illegale Einfuhr und Herstellung kommen zwar keine neuen Ozon schädigenden Geräte mehr in den Handel, die in den Haushalten stehenden FCKW-haltigen Kühlschränke stellen jedoch weiterhin eine Gefahr für die Umwelt dar. Die Spitze der Belastung ist trotz des Verbots noch nicht erreicht. Es dauert 15–20 Jahre, bis die FCKW die Ozonschicht erreichen und dort ihre zerstörerische Wirkung entfalten. Einige Länder wie China und Indien wollen weiterhin an der FCKW-Produktion festhalten um ihren Bedarf an Haushaltsgeräten decken zu können.

Feature

engl. = (Sonder)beitrag

Die angloamerikanische Publizistik prägte den Begriff Feature, der einen Artikel, in dem Fakten und Meinungen vermischt sein dürfen, bezeichnet. In Zeitungen und Zeitschriften handelt es sich um einen Text- oder Bildbeitrag, der aus bestimmtem Anlass erscheint und durch seine Aufmachung deutlich herausgestellt ist. Der Begriff wurde nach 1945 in die deutsche Mediensprache als Bezeichnung für akustisch besonders aufgemachte Hörfunkmontagen übernommen. Das Wort bezeichnet auch den Hauptfilm des Kinoprogramms, im englischsprachigen Fernsehen ist es ein langer, abendfüllender Film. Im deutschen

Fernsehen bezeichnet das Feature meist eine 45 Minuten oder länger dauernde Dokumentation, die bestimmte Sachverhalte oder Ereignisse unter Einbeziehung dramaturgischer Mittel aufbereitet.

Feed-back

engl. = Rückkoppelung, Rückmeldung

Wer um ein Feed-back bittet, möchte erfahren, wie die Resonanz auf ein Gespräch, eine bestimmte Arbeit oder eine Vorstellung war. Ihm ist wichtig zu wissen, wie die Reaktion des Gegenübers ausgefallen ist. Bewerber um eine Arbeitsstelle beispielsweise erwarten nach dem Vorstellungsgespräch möglichst rasch ein Feed-back, sie möchten eine Rückmeldung, ob sie eingestellt werden. Werbefachleute, die eine Anzeige entworfen haben, warten auf ein Feed-back und Journalisten, die einen Artikel verfasst haben, hoffen auf ein positives Feed-back des Schlussredakteurs.

Feeling

siehe S. 225

Feldenkrais

siehe S. 146

Feng Shui

siehe S. 147

Festplatte

Vor der Entwicklung der Festplatte Mitte der 50er-Jahre wurden spezielle Magnetbänder (► **Cartridge**) verwendet um Computerdaten dauerhaft zu speichern. Sollen die Daten von dem Band gelesen werden, muss es an die richtige Stelle gespult werden, was bei großen Bändern mehrere Minuten lang dauern kann. Magnetplatten verbinden eine hohe ► **Speicherkapazität** mit großer Schreib- und Lesegeschwindigkeit; deshalb gehören sie als Festplatte und ► **Diskette** zur Grundausrüstung des Computers. Eine Festplatte ist rund mit einem Durchmesser zwischen 2 und 5 1/4 Zoll; sie besteht meist aus einer Aluminiumlegierung und ist beidseitig mit einer magnetisierbaren Schicht überzogen. Jeder Seite ist ein Schreib-Lese-Kopf zugeordnet, der im Abstand von wenigen Mikrometern über die Plattenoberfläche fährt und ► **Bits** in Form von Magnetisierungen auf die Platte schreibt bzw. von ihr liest. Da die Platte mit 3000 bis 4500 Umdrehungen pro Minute rotiert und die Köpfe sehr schnell zwischen Plattenrand und -mitte bewegt werden können, ist jeder Punkt auf der Platte in kürzester Zeit erreichbar. Gute Festplatten brauchen dafür weniger als 10 Millisekunden und können pro Sekunde zwischen 600 Kilobyte und 40 Megabyte schreiben oder lesen. Einem staubsicheren Gehäuse, in dem sie äußerst präzise justiert werden können, verdanken Festplatten ihre Kapazität von bis zu mehreren Gigabyte. Mit 4500 Bit pro Quadratmillimeter besitzen sie eine zehnmal höhere Speicherdichte als Magnetbänder und Disketten. Einen Nachteil hat die fest eingebaute Festplatte: Will man Daten an einen Computer übermitteln, zu dem keine Leitungsverbindung besteht, muss man sie erst auf eine Diskette oder ein Magnetband übertragen. Moderne Wechselfestplatten überwinden diesen Nachteil und sind ähnlich verlässlich wie Festplatten, dabei handlich und transportabel wie Disketten.

Fettabsaugung

med. = Liposuktion

Viele Menschen neigen an bestimmten Körperstellen zu Fettpolstern, die von Geburt an vorgegeben sind und daher hartnäckig allen Diäten trotzen. Frauen entwickeln meist ausladende Hüften und einen fülligen Po; Männer belastet dagegen häufig ein vorstehender Bauch. Diese lokalen Fettansammlungen stehen oft in starkem Missverhältnis zum schlanken Rest des Körpers. Eine Fettabsaugung in derartigen Problemzonen ermöglicht es, sie so zu modellieren, dass die Körperproportionen wieder harmonieren. Das Liposuktion genannte Verfahren wird seit Anfang der 80er-Jahre angewendet. Für den Eingriff werden lange Saugkanülen durch winzige Hauteinschnitte in das Fettgewebe geschoben und mit fächerförmigen Bewegungen vorangetrieben. So lassen sich Fettzellen lockern, bevor sie mit einer Vakuumpumpe abgesaugt werden. Meist ist der Eingriff mit geringem Risiko verbunden, bei unsachgemäßer Behandlung kann es jedoch zu Dellenbildungen oder Nachblutungen kommen.

Ohne Fleiß kein Preis

Jogging

Regelmäßiges Dauerlaufen oder Jogging ist eine Sportart, die Menschen aller Altersgruppen betreiben um den Kreislauf zu stärken und sich fit zu halten. Die Ausrüstung besteht aus guten Laufschuhen, die den Füßen Halt geben und den Aufprall der Fersen dämpfen. Darüber hinaus ist leichte, den Witterungsverhältnissen angepasste Sportkleidung eine wichtige Voraussetzung für entspannendes und gesundes Jogging. Zur Entlastung der Gelenke wird empfohlen auf nicht zu hartem, leicht federndem Untergrund zu laufen.

Das ursprünglich aus den USA stammende Jogging ist eine der populärsten Breitensportarten der Welt.

Powerwalking

Besonders für Menschen, die Probleme mit ihren Knie- und Fußgelenken haben, ist das aus den USA stammende Powerwalking eine gute, von Sportmedizinern und Krankenkassen empfohlene Alternative zum Joggen. Das kraftvolle Gehen bei Geschwindigkeiten um 8 km/h beugt Herz- und Kreislauferkrankungen vor und stärkt die Bein- und Gesäßmuskulatur. Wie beim Jogging benötigt man auch für das Powerwalking, bei dem die Füße von den Fersen über die Ballen abgerollt werden, spezielles Schuhwerk.

Stretching

Die Gefahr sich beim Sport zu verletzen kann durch ein kurzes Aufwärmprogramm und Stretching, d. h. langsam ausgeführte Dehn- und Streckübungen mit oder ohne Seil, Gummiband oder Nylonschnur, deutlich vermindert werden. Beim Stretching wird die jeweilige Stellung eine Zeit lang beibehalten, während man tief und gleichmäßig atmet. Dadurch sollen sich die gedehnten Muskeln entspannen und geschmeidiger werden, die Sehnen werden gestärkt und die Beweglichkeit der Gelenke bleibt erhalten. Stretching wird auch nach dem Training, wenn die Muskeln warm sind, empfohlen.

Callanetics

Der Name dieses Turnprogramms ist vom Vornamen seiner Erfinderin, der US-Amerikanerin Callan Pinckney, abgeleitet. Es handelt sich dabei um ein vor allem für Frauen jeden Alters gedachtes **Bodystyling**. Die Übungen fördern die natürliche Muskelspannung und dienen zur Verbesserung der Kondition. Unter dem Namen New Callanetics wird inzwischen ein neu entwickeltes Trainingsprogramm angeboten, das Übungen gegen Rückenschmerzen und Techniken zur Stärkung der Beckenbodenmuskulatur umfasst. Wie bei allen Sportarten ist auch bei Callanetics kontinuierliches Training die Voraussetzung für den Erfolg. Zehn Minuten pro Tag sind ausreichend.

Circuittraining

Das im Schulsport auch als Zirkel- oder Kreistraining bekannte Circuittraining ist in seiner modernen Form eine aufeinander abgestimmte Folge von Übungen, die auf eine bestimmte Sportart zugeschnitten sind. Nach Abschluss einer Trainingseinheit, bei der möglichst viele verschiedene Muskelpartien beansprucht werden, wiederholt man das Übungsprogramm ein oder mehrere Male. Bei jedem neuen Übungskreislauf (engl. *circuit* = Umlauf) wird die Intensität der Übungen langsam gesteigert. Ein Circuittraining kann sowohl in der Gruppe absolviert werden als auch allein im Wohnzimmer, wenn genügend Platz vorhanden ist.

Zu einem umfassenden Wellnessprogramm gehört auch Aquagymnastik (ganz oben).

Fitnessstudios haben einen regen Zulauf (oben).

Wellness

Innere Ausgeglichenheit und körperliches Wohlbefinden versprechen die Betreiber der Wellnesszentren, die derzeit einen wahren Boom erleben. Der Begriff Wellness ist ganzheitlich orientiert und umfasst neben der physischen Fitness, die mit möglichst sanften Trainingsmethoden erreicht werden soll, auch den geistigen und seelischen Bereich. Zur Wellness gehören eine ausgewogene Ernährung, eine gesunde Lebensweise, die Freude am Genuss, Meditationsübungen und Entspannungstechniken. Besser, zufriedener und gesünder leben – so lautet das Motto der Wellness-Anhänger.

Mit Stretching-Übungen bereitet sich dieser Sportler auf den Wettkampf vor.

Fettersatzstoff

Viele Menschen wollen oder müssen den Fettverzehr einschränken, sei es wegen der schlanken Linie oder aus gesundheitlichen Gründen. Eine Methode beim Essen Fett einzusparen besteht darin Nahrungsmittel einzukaufen, die Fettersatzstoffe enthalten, also Substanzen, die den Geschmack und die Konsistenz von echtem Fett nachahmen ohne selbst aus Fett zu bestehen. Sie werden beispielsweise Dressings, Kuchenfüllungen oder Brotaufstrichen beigemischt und senken deutlich Fettgehalt und Kalorienzahl des Produkts. Bislang wurden Fettersatzstoffe zum großen Teil aus Eiweiß gewonnen, das zu winzigen Kügelchen geformt wird. Wenn diese sich im Mund geschmeidig gegeneinander verschieben, entsteht der Eindruck, man verzehre eine cremige Speise. Solche Fettersatzstoffe besitzen jedoch einen Nachteil: Sie lassen sich nicht stark erhitzen und eignen sich nicht zum Backen, Braten und Frittieren. Eine US-amerikanische Firma hat nun ein hocherhitzbares Kunstfett aus einem unverdaulichen Saccharosepolyester entwickelt. Es wurde 1996 unter dem Namen *Olestra* in den USA zum Frittieren von Kartoffelchips u.Ä. zugelassen, sein Verzehr kann aber zu Verdauungsbeschwerden führen.

FIFA

Die Fédération Internationale de Football Association, der kurz FIFA genannte internationale Fußballverband, ist die größte

Seit 1975 leitet der Brasilianer João Havelange den Weltfußballverband FIFA.

Sportorganisation der Welt. Etwa 150 nationale Mitgliedsverbände, darunter auch der Deutsche Fußballbund (DFB) mit seinen rund 27000 angeschlossenen Vereinen, gehören zu dem Verband, der 1904 in Paris gegründet wurde. Ihren Hauptsitz hat die FIFA jedoch nicht in der französischen Hauptstadt, sondern in Zürich. Zu ihren wichtigsten Aufgaben zählt die Ausrichtung der Fußballweltmeisterschaften, einschließlich der vorangehenden Qualifikationsrunden auf allen fünf Kontinenten. Darüber hinaus organisiert die FIFA die Weltmeisterschaft der Junioren und das olympische Fußballturnier. Der Organisation obliegt auch die Entscheidung über Änderungen der Fußballregeln, wobei in jüngster Zeit neben einer möglichen Vergrößerung der Tore besonders die Einführung des ► **Golden Goal** als spielentscheidendes Tor in der Verlängerung von Fußballfans heftig diskutiert wurde.

Fixerstube

engl. to fix = Rauschgift spritzen

Nach Ansicht vieler Experten hat die in Deutschland betriebene Drogenpolitik der strikten Strafverfolgung nicht die erhoffte Wirkung erzielt, denn Drogenmissbrauch und -kriminalität gehören nach wie vor zu den drängendsten Problemen unserer Gesellschaft. Um diesem Missstand abzuhelfen schlagen einige Fachleute eine Liberalisierung der Drogenpolitik vor. Dazu gehört u.a. die Einrichtung von so genannten Fixerstuben, d.h. Räumlichkeiten, in denen Heroinabhängige (► **Junkies**) sich ihre Droge spritzen können. Diese Maßnahme verbietet bislang das Betäubungsmittelgesetz; nur in der Stadt Frankfurt am Main, die besonders stark unter dem Drogenproblem leidet, hat man vier Fixerstuben bereitgestellt. Hier erhalten die Süchtigen sterile Spritzen und sind unter Aufsicht von Personal, das in erster Hilfe ausgebildet ist. Man will damit u.a. der Ausbreitung von ► **Aids** entgegenwirken, da das HI-Virus (► **HIV**) auch durch den Gebrauch verunreinigter Spritzen übertragen werden kann. Manche Drogenberater halten jedoch die Einrichtung von Fixerstuben nicht für ausreichend und treten dafür ein, dass der Staat langjährig Heroinabhängigen auch die Droge selbst zur Verfügung stellen sollte, damit der Beschaffungskriminalität der Boden entzogen wird. Die Vertreter der harten Linie lehnen allerdings beide Maßnahmen ab, weil sie befürchten, dass sich dadurch das Drogenproblem noch verstärken würde.

Fixing

engl. to fix = festlegen

„Beim Fixing an der New Yorker Börse notierte der US-Dollar mit …“ Dieser Satz fehlt in kaum einer Börsensendung und in keiner Meldung über aktuelle Währungsnotierungen. Unter Fixing versteht man die offizielle Festsetzung eines Börsenkurses (► **Börse**), meist für ► **Devisen** oder Gold. Dieser aktuelle Börsenkurs wird auch amtlicher Mittelkurs genannt, weil er aus dem arithmetischen Mittel zwischen Ankaufskurs und Verkaufskurs errechnet wurde. Er steht für den Preis, zu dem Interessenten an der Börse zu einem bestimmten Zeitpunkt bereit waren, Dollars oder andere Währungen zu kaufen oder zu verkaufen. Zu dem durch das Fixing festgelegten Kurs werden dann alle Aufträge ausgeführt und abgerechnet. Nicht zu verwechseln ist das Fixing mit dem Fixgeschäft, bei dem zwei Partner sich zu festgelegten Bedingungen verpflichten eine bestimmte Lieferung oder Leistung zu erbringen. Dabei wissen sie zu dem Zeitpunkt jedoch noch nicht, ob die Preise der Ware bzw. die Kurse der Wertpapiere (► **Aktie**) steigen, gleich bleiben oder möglicherweise fallen werden. Das Fixgeschäft hat somit einen ausgesprochen spekulativen Charakter.

Fleece

engl. fleece = Vlies, Schaffell

Bei Freizeitbekleidung legen die meisten Menschen größten Wert auf Bequemlichkeit und das gilt ganz besonders für die kalte Jahreszeit, wenn die Kleidungsstücke den Körper angenehm wärmen, aber nicht schwergewichtig auf ihm lasten sollen. Diesem Wunsch kommen Jacken, Pullover, Hemden o.Ä. aus Fleecestoffen entgegen, einem feinen flauschigen Material, das optisch der frisch geschorenen Wolle eines Schafes ähnelt, jedoch bevorzugt zu 100% aus Polyester hergestellt wird (► **Hightechstoffe**). Der engmaschige, feinporige Flausch mit seinen unzähligen ultrafeinen Fäden schützt aber nicht nur vor Kälte, er verhindert auch, dass die Kleidung beim Schwitzen klamm wird. Das Fleecegewebe speichert nämlich keine Feuchtigkeit, sondern leitet sie zur Verdunstung sofort nach außen und die Haut bleibt trocken und warm. Deshalb eignen sich Kleidungsstücke aus diesem Gewebe auch hervorragend für Wintersportaktivitäten und für verschiedene Wassersportarten wie z. B. Segeln. Bezeichnenderweise waren es Seeleute, die zu Anfang der 80er-Jahre in den USA die ersten Fleecekleidungsstücke trugen, weil sie so schnell am Körper trockneten. Den amerikanischen Seemännern folgten dann die Bergsteiger, die bei ihren anstrengenden Touren vor allem das geringe Gewicht des wärmenden Stoffes schätzten. Und später prägte das flauschige Fleece, das dank der rasanten Fortschritte in der Entwicklung chemischer Faserstoffe immer weiter verbessert werden konnte, den eigenwilligen Modestil der Snowboardszene (► **Snowboarding**). Inzwischen werden die hochwertigen Fleecegarne sogar schon zu extrem warmer Unterwäsche (► **Bodyfashion**) verarbeitet.

Fluorierung

lat. fluor = das Fließen

Karies ist eine Volkskrankheit, an der mehr als 90% der Bevölkerung in Deutschland leiden. Eine Schlüsselrolle auf dem Gebiet der Zahngesundheit spielt der Mineralstoff Fluorid, das Salz der Fluorwasserstoff- oder Flusssäure. Es ist neben den Mineralstoffen Kalzium und Phosphat im Zahnschmelz enthalten und sorgt mit für dessen Festigkeit. Außerdem wirkt es den Säuren entgegen, die nach dem Genuss kohlenhydrathaltiger Nahrung in der Mundhöhle entstehen und den Zahnschmelz angreifen. Der tägliche Fluorbedarf liegt bei 1–2 mg, einer Menge, die normalerweise nicht mit den Mahlzeiten aufgenommen wird. Will man also der Kariesentwicklung vorbeugen, muss man zusätzlich Fluorid zu sich nehmen. Dabei gibt es verschiedene Möglichkeiten, vorrangig die Verwendung von fluoridhaltigen Zahnpflegemitteln wie Zahnpasta und Mundwasser. Darüber hinaus kann man bei der Essenszubereitung und bei Tisch Kochsalz benutzen, dem Fluorid beigefügt wurde, und zwar idealerweise in der Mischung 250 mg Fluorid auf 1 kg Salz. Drittens besteht die Möglichkeit Fluoridtropfen oder -tabletten einzunehmen – allerdings nur nach ärztlicher Anweisung, damit eine Überdosierung vermieden wird. Schließlich gibt es noch eine Maßnahme, die jedoch der Einzelne nicht ergreifen kann, da sie im Zuständigkeitsbereich der Behörden liegt: die Anreicherung des Trinkwassers mit Fluorid, was in manchen Orten bereits geschieht. Nach Empfehlungen der Weltgesundheitsorganisation ► **WHO** sollte etwa 1 mg Fluorid auf 1 l Wasser kommen. In der Schweiz beispielsweise hat man damit gute Erfolge erzielt. In manchen Regionen hat das natürliche Trinkwasser schon einen Gehalt von bis zu 8 mg Fluorid pro Liter. Dort kommt es daher gelegentlich in der Bevölkerung zu Nebenwirkungen wie Gelenkversteifungen und Knochenverhärtungen.

Flyer

siehe S. 423

Fonds

franz. fonds = Bestand, Vorrat

Nach einer Umfrage ist für 80 % der Personen, die Geld anlegen wollen, Sicherheit das wichtigste Kriterium. Das erklärt, warum in Deutschland der Erwerb von Fondsanteilen allmählich immer beliebter wird. Unter dem Fachbegriff Fonds versteht man eine Art von finanziellem Eintopf, in dem von einem Fondsmanager verschiedene Wertpapiere gemischt werden, beispielsweise ► **Aktien**, Rentenpapiere (festverzinsliche Wertpapiere) oder Vermögensbeteiligungen an Immobilien. Der Vorteil besteht darin, dass sich durch die Menge und die Streuung der Anlagewerte das Risiko von Verlusten verringert. Wer gar kein Risiko eingehen will, kann so genannte Garantiefonds erwerben, die von einigen Banken aufgelegt werden. Ihre Wertentwicklung wird an Indizes wie dem ► **DAX** gemessen. Erbringen sie eine geringere ► **Rendite**, bekommt der Anleger sein Geld zurück. Bei diesen Garantiefonds sind jedoch die Gewinnchancen begrenzt und außerdem muss man die teilweise sehr hohen Fixkosten beachten.

Formaldehyd

Formaldehyd, das zu den bekanntesten ► **Wohngiften** gehört, ist ein farbloses, stechend riechendes Gas. Es wird als Desinfektions- und Konservierungsmittel verwendet, zu Kunstharz und Klebern verarbeitet und bei der Herstellung von Spanplatten o. Ä. eingesetzt. Im Wohnbereich sind nahezu alle unbeschichteten oder furnierten Möbel, viele Teppichböden und Ledersessel sowie -sofas mit Formaldehyd belastet, das über Jahrzehnte hinweg ständig ausdünstet. Die gesundheitlichen Folgen sind gravierend: Es kann zu chronischen Kopfschmerzen, Bindehautentzündungen, Hautreizungen (► **Allergien**), Müdigkeit und Übelkeit kommen. Bei Kindern wächst durch eine hohe Formaldehydbelastung das Risiko an Asthma zu erkranken. Außerdem steht das Gas im Verdacht Krebs zu erregen. Um die schädlichen Auswirkungen zu beschränken wurden Konzentrationsgrenzwerte festgelegt, beispielsweise dürfen Putz- und Pflegemittel nicht mehr als 0,2% Formaldehyd enthalten und formaldehydhaltige Span-, Sperrholz- und Tischlerplatten, die mehr als 0,1 g des Gases pro Kubikmeter Luft an die Umgebung abgeben, dürfen nicht für die Möbelherstellung verwendet werden. Wenn man den Verdacht hat in seiner Wohnung Formaldehyddämpfen ausgesetzt zu sein, kann ein in der Apotheke erhältliches Testset Klarheit verschaffen. Es zeigt die Formaldehydkonzentration an, indem es sich mehr oder weniger verfärbt.

Foto-CD

griech. phos = Licht
engl. compact disc = kleine feste Scheibe

In immer mehr Fotoläden erhält man auf Wunsch neben den Papierabzügen oder Dias eine Foto-CD (► **CD**) mit seinen Aufnahmen. Auf einer Scheibe haben bis zu 100 Schwarzweiß- oder Farbbilder im Kleinbildformat Platz. Um sie auf die CD zu übertragen tastet ein elektronischer Sensor jedes Negativ oder Dia ab und wandelt es in ein ► **digitales** Bild um. Zu Hause kann man die Fotografien dann über ein Abspielgerät im Fernsehapparat betrachten. Foto-CDs können aber auch auf dem ► **PC** abgespielt werden, wenn man über ein Laufwerk und eine Grafikkarte verfügt. Durch Programmierung ist es möglich, etwa für einen Diaabend mit Gästen, bestimmte Bildfolgen zusammenzustellen oder einzelne besonders sehenswerte Ausschnitte vergrößert vorzuführen. Man kann die Fotos ebenfalls auf einer ► **Diskette** speichern und darauf dann nach besonderen Kriterien zu einem ganz persönlichen Fotoalbum oder einer Art Archiv anordnen. Einige Unternehmen bieten auch schon Foto-CDs zu bestimmten Themenbereichen an, beispielsweise Mode, Autosport oder Tierbilder, in denen man dann wie in einem Katalog oder einer Broschüre blättern kann.

Der 100-m-Endlauf der Frauen bei der Olympiade von Atlanta 1996 wurde im Fotofinish entschieden.

Fotofinish

engl. finish = Schluss, Ende

Beim Sport geht es nicht nur um die Ehre, sondern auch um viel Geld. Es ist deshalb verständlich, dass man bei einem wichtigen Rennen selbst dann den wahren Sieger bestimmen möchte, wenn der mit bloßem Auge nicht auszumachen war, weil er nur um Haaresbreite vor dem oder den nächsten Konkurrenten die Ziellinie überschritten hat. In solchen Fällen kommt es zum Fotofinish, d.h., das Zielfoto entscheidet, wer der oder die Erste ist. Bei den Fotofinish-Anlagen handelt es sich um kombinierte vollelektronische Bild- und Zeitmesssysteme. In die Kameras an der Ziellinie sind Quarzzeitnehmer eingebaut, die während des ganzen Rennens in Betrieb sind. Gegen Ende des Laufs werden die Zeitangaben auf den Film gelenkt und mit belichtet, sodass auf Millimeter und Hundertstelsekunden genau die entscheidenden Zieldurchgänge festgehalten werden. Der Aufwand ist allerdings gewaltig: Bei der Olympiade von Atlanta 1996 waren über 500 Mann im Einsatz um das nötige Material – darunter allein rund 100km Kabel – zu montieren.

Fototherapie

siehe S. 282

Fotovoltaik

Dieser Begriff setzt sich aus dem griechischen Wort *phos* für Licht und dem Namen des italienischen Physikers Alessandro Volta (1745–1827) zusammen und bezeichnet die direkte Umwandlung von Sonnenlicht in elektrischen Strom. Sie erfolgt über fotovoltaische Zellen, so genannte Solarzellen, die aus zwei sehr dünnen Siliziumschichten bestehen, zwischen denen bei Einfall von Sonnenlicht eine Spannung entsteht. Da in einigen Hundert Jahren die Kohle- und Erdölvorräte aufgebraucht sein werden, aus denen man heute die meiste Energie gewinnt, stellt die ► **Solarenergie** neben anderen ► **regenerativen Energien** das Hauptenergiepotenzial der Zukunft dar. Entsprechend groß ist mit rund 20 % auch das jährliche Wachstum auf dem internationalen Energiemarkt.

Fraktale kommen in der Natur vor (oben) oder als kunstvolle Computergrafik.

Fraktal

Zu den neueren mathematischen Forschungsbereichen gehört die ► **Chaostheorie**. Einer der herausragenden Denker auf diesem Gebiet ist der 1924 geborene französisch-amerikanische Mathematiker und Künstler Benoit Mandelbrot. Er stellte wie viele seiner Kollegen fest, dass der Aufbau von scheinbar chaotisch angeordneten komplizierten Objekten, wie z. B. Wasserstrudeln oder Eisblumen, nur mithilfe von Computern zu analysieren war, und entwickelte dazu eine neue Geometrie, die so genannte Fraktalgeometrie. Mit ihrer Hilfe lassen sich die sonst kaum erfassbaren Eigenschaften von chaotischen Gebilden, die er Fraktale nannte, messen. Auch ihr Hauptmerkmal, die Selbstähnlichkeit, die besagt, dass die gesamte äußere Form jedes dieser Objekte sich in den verschiedensten Maßstäben in jedem Teilausschnitt immer wiederholt, wird so sichtbar. Eines der bekanntesten Fraktale, die optisch ungeheuer reizvoll sind, ist das ► **Apfelmännchen**. Darüber hinaus hat die Fraktalgeometrie in der gesamten Computergrafik, also der Eingabe, Verarbeitung und Ausgabe grafischer Bilder über einen Rechner, große Bedeutung gewonnen. Auch der Name Fraktal ist Mandelbrots eigene Erfindung. Er hängte an den Stamm des englischen Wortes *fraction* (mathematischer Bruch) die Nachsilbe „al" und schuf so ein neues Kunstwort.

Franchising

engl. franchise = Anrecht

Die Deutschen scheuen das geschäftliche Risiko: Auf 100 Erwerbstätige kommen hierzulande nur sieben Selbstständige, das sind deutlich weniger als z. B. in den USA, wo 14% selbstständig sind. Um dieses Defizit zu beseitigen und neue Arbeitsplätze zu schaffen soll nach Ansicht von Fachleuten das so genannte Franchising stärker gefördert werden. Darunter versteht man die Vermarktung einer ganz bestimmten Geschäftsidee, wie sie z. B. die Firmen Coca-Cola, McDonald's, Lacoste, Obi oder Vobis betreiben. Diese Unternehmen, die Franchise-Geber, gestatten einem Franchise-Nehmer gegen Entgelt und die Gewähr gewisser Kontrollrechte die Verwendung ihres bekannten Namens und sichern sich so Einnahmen ohne eine Filiale aufbauen und führen zu müssen. Der Franchise-Nehmer, der als eigenständiger Unternehmer selbstverantwortlich arbeitet, erhält als Gegenleistung ein funktionierendes Konzept, Beratung und überregionale Werbung und kann sich so von Anfang an auf den Verkauf und die Kundenbetreuung konzentrieren. Der Schritt in die Selbstständigkeit fällt ihm an der Seite eines starken Partners viel leichter und die Zahl der Pleiten ist im Franchise-System tatsächlich wesentlich geringer als bei anderen Firmengründungen.

Frauenquote

lat. quota = die Wievielte

Im Artikel 3 des 1949 verabschiedeten Grundgesetzes steht: „Männer und Frauen sind gleichberechtigt." Dieser eindeutige Satz hat sich jedoch, zumindest was den Frauenanteil in Politik, Verwaltung und Wirtschaft betrifft, im Lauf der Jahre nicht annähernd verwirklicht. Noch immer sind Frauen in den meisten Bereichen, vor allem in Führungspositionen, unterrepräsentiert. Im Parlament sitzen beispielsweise nur rund 20 % Frauen, nur 3 % der Hochschulprofessoren sind weiblich und in der Wirtschaft ist der Frauenanteil in den oberen Etagen ebenfalls verschwindend gering. Dieser Zustand hat unter den Politikern zu der Einsicht geführt, dass ohne eine Quotenregelung, also einen angestrebten Richtwert bei der Vergabe von wichtigen Positionen an Frauen, die Gleichberechtigung nicht erreicht werden kann. Die meisten politischen Parteien haben sich deshalb auf eine Frauenquote verständigt: die CDU auf 30 % bei Parteiämtern, die SPD auf 40 % bei Parteiämtern und 30 % bei Parlamentsmandaten, die PDS auf 50 % und Bündnis 90/Die Grünen ebenfalls auf 50 %, wobei Frauen im Zweifel bevorzugt werden sollen. Auch in der Verwaltung wurden in einigen Bundesländern Frauenquoten eingeführt; allerdings hat der Europäische Gerichtshof im Herbst 1995 entschieden, dass aufgrund des Gleichheitsgrundsatzes Frauen bei gleicher Qualifikation im öffentlichen Dienst bei der Vergabe von Stellen nicht automatisch bevorzugt werden dürfen. Durchschlagende Erfolge konnten mit der Einführung der Frauenquote bisher noch nicht verzeichnet werden, aber bemerkenswert ist, dass umgekehrt Männer jetzt mit Hinweis auf die Gleichberechtigung prozessieren, wenn sie bei der Vergabe einer hohen Position übergangen werden.

Freak

In den 70er-Jahren war die Bezeichnung Freak, die ursprünglich auf Englisch Laune der Natur oder Missgeburt bedeutet, noch eindeutig: So nannte man damals einen Hippie, also eines der Blumenkinder, die durch auffällige Kleidung und betont unbürgerlichen Lebensstil auf friedliche Weise gegen die Leistungsgesellschaft protestierten. Heutzutage hat sich die Bedeutung des Begriffs verschoben und ist im Sprachschatz junger Menschen zu einer Steigerung des Wortes Fan geworden. Ein Freak ist also jemand, der sich ganz besonders für eine bestimmte Sache begeistert. Inzwischen gibt es Dutzende von verschiedenen Freaks, beispielsweise den ► **Computerfreak**, den Sportfreak, den Ökofreak, den Lederfreak usw.

Freeclimbing

→ siehe S. 398

Freestyle

eng. freestyle = Freistil

Beim Ringen und Schwimmen kennt man den Freistil schon lange, aber beim Skifahren, auf den sich der englische Begriff Freestyle heutzutage normalerweise bezieht, ist er noch relativ neu. Diese Sportart besteht aus drei Disziplinen, nämlich dem Buckelpistenfahren, dem Springen, d.h. Sprüngen mit Schrauben und Salti nach Wahl, und dem Aeroski, einer Art Ballett auf Skiern. Öffentlich vorgeführt wurde der Freestyle mit allen drei Disziplinen erstmals 1988 bei den Olympischen Winterspielen in Calgary, Kanada, als Demonstrationswettbewerb. Danach wurde er schrittweise ins reguläre olympische Winterprogramm aufgenommen: 1992 in Albertville, Frankreich, das Buckelpistenfahren und 1994 in Lillehammer, Norwegen, das Kunstspringen – nur der Aeroski

Beim Freestyle vollführen die Skifahrer akrobatische Kunststücke.

wartet noch auf olympische Weihen. Dessen ungeachtet ist Freestyle mittlerweile ein sehr beliebter Sport geworden, wobei besonders der Aeroski Gelegenheit zu spektakulären Auftritten bietet: Auf einem rund 150 m langen, leicht geneigten Hang führen Freestyle-Asse in einer 90 Sekunden dauernden Kür bei Musik ihr selbst zusammengestelltes Programm vor, das aus Pirouetten, Vielfachdrehsprüngen, Tanzschritten und Überschlägen über die Skistöcke besteht.

Freihandelszone

Schon der vor rund 150 Jahren verstorbene schwäbische Nationalökonom Friedrich List hatte erkannt, wie wichtig der zollfreie Handel zwischen den Ländern für das wirtschaftliche Wachstum ist, denn dadurch sinken die Preise für viele Güter und somit steigen der Lebensstandard und der Konsum. Auch in der zweiten Hälfte unseres Jahrhunderts haben sich viele Länder zu Freihandelszonen zusammengeschlossen, verzichten also untereinander auf Zölle, wie beispielsweise die EFTA (Europäische Freihandelsassoziation) und die ► **NAFTA** (Nordamerikanisches Freihandelsabkommen). Die größte Freihandelszone der Welt ist der ► **EWR** (Europäischer Wirtschaftsraum), dem u.a. die EU-Länder angehören, auf die der weitaus größte Anteil des deutschen Handels, nämlich 70 %, entfällt. Im Unterschied zur Zollunion dürfen bei einer Freihandelszone die Mitgliedsstaaten weiterhin gegenüber Drittländern unterschiedliche Zölle erheben.

Für einen Freilandversuch werden Petunien-Hybriden gepflanzt.

Freilandversuch

Pflanzen, die zur Lebensmittelherstellung oder für andere Zwecke gentechnisch (► **Gentechnik**) verändert wurden, müssen vor ihrem Einsatz in Freilandversuchen getestet, d.h. auf einem Versuchsfeld angebaut werden. Man will dadurch feststellen, ob die genetische Veränderung auch in der Natur Bestand hat und ob die Pflanze Auswirkungen auf andere Organismen zeitigt. In den letzten Jahren ist die Zahl der Anträge auf Freilandversuche stark gestiegen, vor allem für genmanipulierte Nutzpflanzen wie Raps oder Mais, die die Gentechniker mit bestimmten Eigenschaften versehen haben, z.B. einer größeren Widerstandskraft gegen Trockenheit bzw. Hitze oder der Fähigkeit mit einem geringeren Einsatz an ► **Pestiziden** und Düngemitteln zu gedeihen. Bei vielen Menschen rufen diese Freilandversuche große Sorgen hervor. Sie fürchten die nicht abzuschätzenden Folgen für die Umwelt, die möglicherweise von den Pollen einer genmanipulierten Pflanze ausgehen. Unter Umständen könnten dadurch das ökologische Gleichgewicht in ihrer Umgebung zerstört und die Artenvielfalt merklich reduziert werden. Militante Gegner der Gentechnik sind deshalb schon oft handgreiflich geworden: Im Sommer 1996 beispielsweise wurden auf einem Versuchsfeld in der Nähe des Kaiserstuhls, auf dem genmanipulierter Mais angebaut worden war, kurz vor der Ernte sämtliche Pflanzen herausgerissen.

Freiverkehr

► siehe S. 78

Fristenregelung

Der Paragraf 218 des Strafgesetzbuches, der sich mit der Abtreibung befasst, ist in Deutschland häufig Änderungen unterzogen worden. Bis zur Vereinigung der beiden deutschen Staaten 1990 gab es zwei verschiedene Regelungen des Schwangerschaftsabbruchs: die westdeutsche Indikationslösung, die eine Abtreibung nur unter bestimmten Bedingungen zuließ – etwa nach einer Vergewaltigung oder wenn die Gesundheit der Mutter gefährdet war oder das Kind aller Voraussicht nach schwer behindert zur Welt gekommen wäre –, und die ostdeutsche, liberalere Fristenregelung, die einen Abbruch innerhalb einer bestimmten Zeitspanne erlaubte. In dem Bemühen eine für beide Seiten akzeptable Lösung zu finden verabschiedete der Bundestag im Juni 1992 ein Gesetz, das eine Fristenregelung vorsah, nach der eine Abtreibung (► **Abtreibungspille**) innerhalb der ersten zwölf Wochen einer Schwangerschaft gestattet war. Das Bundesverfassungsgericht in Karlsruhe erklärte diese Bestimmung 1993 jedoch für nicht mit dem Grundgesetz vereinbar. Daraufhin wurde zwei Jahre später eine überarbeitete Bestimmung verabschiedet, die ebenfalls eine Fristenregelung vorsieht, aber den Abbruch für nicht rechtmäßig erklärt. Er bleibt jedoch straffrei, wenn die Schwangere sich vorher beraten lässt. Bei dieser Beratung werden der Frau die verschiedenen Hilfsmaßnahmen und Unterstützungsmöglichkeiten, die ihr zustehen, aufgezeigt. Es soll ihr aber auch deutlich gemacht werden, dass das Ungeborene ein Recht auf Leben hat, wobei jedoch – so der Gesetzgeber – die letzte Verantwortung bei der Frau liegt. Im Fall einer Indikation ist die Abtreibung nicht nur straffrei, sondern auch rechtmäßig. Frauen, die den gesetzlichen Bestimmungen zuwiderhandeln, droht eine Haftstrafe von bis zu drei Jahren. Diese jetzt gültige Fassung des Paragrafen 218 ließ nach Ansicht des Landes Bayern einen gewissen juristischen Freiraum. Der bayerische Landtag hat deshalb Ende 1996 ein so genanntes Ergänzungsgesetz verabschiedet, nach dem den Frauen der für die straffreie Abtreibung notwendige Beratungsschein nur unter der Voraussetzung ausgehändigt wird, dass die Gründe für den Schwangerschaftsabbruch genannt werden.

Fruchtsäuren

Fast jeder möchte alt werden, aber die meisten Menschen hoffen, man möge ihrem Gesicht diesen Prozess nicht allzu sehr ansehen. Die Kosmetikindustrie preist seit Anfang der 90er-Jahre einen Wirkstoff an, der diesen Wunsch angeblich erfüllt, nämlich Fruchtsäure. Meist handelt es sich dabei um Apfel-, Zitronen-, Wein-, Glycol- und Milchsäure. Diese Stoffe werden auch mit dem wissenschaftlichen Sammelbegriff *alpha hydroxy acids* bezeichnet und danach abgekürzt AHA-Säuren genannt. Cremes und Gesichtswässer mit diesen Substanzen lösen die abgestorbenen Hornhautschüppchen schneller von der Haut ab und sollen den mit zunehmendem Alter langsamer verlaufenden Hauterneuerungsprozess beschleunigen. Begründet wird diese Überzeugung durch medizinische Erfolge, die man bei Akne, Ekzemen und krankhafter Schuppenbildung mit Fruchtsäurekonzentrationen von 70 % erzielt hat. Präparate zu kosmetischen Zwecken für den Hausgebrauch dürfen jedoch nur einen Säureanteil von 1 bis höchstens 10 % enthalten, da sonst möglicherweise mit Hautreizungen zu rechnen ist. Aus diesem Grund ist ihre Wirksamkeit in der Regel auch nur sehr gering.

Von Fruchtsäuren aus Naturprodukten erhoffen sich zahlreiche Menschen eine jugendlich frische Haut.

Frühverrentung

Als Frührentner bezeichnet man Personen, die nicht bis zum Erreichen der ▶ **Altersgrenze** erwerbstätig sind, sondern schon ab dem 60. Lebensjahr verrentet werden. Bis zum Jahr 1995 erhöhte sich die Zahl dieser Frühverrentungen drastisch, da sowohl die Firmen als auch die Arbeitnehmer von der Möglichkeit der vorzeitigen Altersversorgung gern Gebrauch machten. Die Rentenkassen wurden dadurch jedoch übermäßig belastet und die Bundesregierung beschloss deshalb eine Neuregelung. Danach soll das Alter, in dem die Frührente bezogen werden kann, allmählich von 60 auf 63 Jahre angehoben werden. Einen Anspruch auf Frührente hat, wer in diesem Alter arbeitslos ist oder mindestens zwei Jahre in ▶ **Altersteilzeit** gearbeitet hat. Allerdings wird seine Rente in Zukunft geringer ausfallen als die eines Erwerbstätigen, der erst mit Erreichen der Altersgrenze von 65 Jahren in den Ruhestand geht, und zwar wird sie um 3,6 % für jedes vorgezogene Jahr gekürzt. Der Frührentner kann eine Kürzung seiner Rente verhindern, indem er zusätzliche Beiträge zahlt.

FSF

Abk. für Freiwillige Selbstkontrolle Fernsehen

Mit dem Beginn des Privatfernsehens vor etwa zehn Jahren hat sich der Charakter des Mediums Fernsehen verändert. Da sich die Privatsender über die Werbung finanzieren, sind sie abhängig von der Zahl der Sponsoren und der Zuschauer (▶ **Quotendruck**). Folglich strahlen sie häufig vermeintlich publikumswirksame Filme mit pornografischen und Gewalt verherrlichenden Szenen aus. Ein Teil der Zuschauer protestiert jedoch gegen diese Sendungen, weil sie die Regeln des guten Geschmacks verletzen und darüber hinaus schädliche Auswirkungen zeitigen können. Psychologische Studien haben nämlich ergeben, dass im Fernsehen gezeigte Brutalitäten das Verhalten von Kindern und Jugendlichen negativ beeinflussen können. Eltern, Kindergärtnerinnen und Lehrer erleben es häufig, dass Kinder nach bestimmten Fernsehsendungen auffallend unruhig oder gar unbeherrschbar sind, und es ist auch schon vorgekommen, dass sich Jugendliche durch im Fernsehen gezeigte Verbrechen zur Nachahmung aufgerufen fühlten. Die Intendanten der verschiedenen Sender haben daraus die Konsequenzen gezogen und im Mai 1994 den Verein Freiwillige Selbstkontrolle Fernsehen (FSF) gegründet. Er macht es sich zur Aufgabe, Filme und Fernsehspiele auf Gewaltszenen und pornografische Darstellungen hin zu kontrollieren und sie gegebenenfalls zu verbieten. Schon im selben Jahr wurden rund 585 Filme zur Begutachtung vorgelegt. Die FSF beanstandete davon 277, also fast die Hälfte, und sperrte 17 Filme für die Ausstrahlung. Die anderen wurden nur mit einigen Auflagen freigegeben, d.h., sie wurden erst entschärft und durften dann gesendet werden. Der Vorschlag in den Programmzeitschriften oder in der Ansage darauf hinzuweisen, dass ein bestimmter Film Gewalt- oder Erotikszenen enthält, ist unter Fachleuten umstritten, da die als Warnung gemeinte Bemerkung für manchen eher ein Anreiz zum Anschauen sein könnte.

Fundamentalismus

lat. fundamentum = Grundlage

Das Wort Fundamentalismus ist ein Begriff aus dem Bereich der Theologie. Ursprünglich war damit eine gegen Ende des 19. Jh. in den USA entstandene protestantische Bewegung gemeint, deren Glaubensfundament die Auffassung war, dass die Bibel ausschließlich die ureigenen Äußerungen Gottes beinhalte und daher unbedingt genau wörtlich zu nehmen sei. Heute versteht man unter dem Begriff Fundamentalismus meist eine übernationale politische Ideologie auf der Basis des Islam. Ihre Anhänger sind strenggläubige Moslems, die den Koran sehr eng auslegen. Ihr Ziel ist es, die traditionellen moslemischen Werte zu erhalten und einen Gottesstaat zu errichten.

Im Namen Allahs: Fundamentalistische moslemische Frauen demonstrieren für die Errichtung eines islamischen Gottesstaates.

Aus diesem Grund wollen sie um jeden Preis das Eindringen westlicher Einflüsse in die islamische Welt verhindern. Militante Fundamentalisten gehen beim Kampf um die Verwirklichung ihrer Ideale nach dem Motto „Der Zweck heiligt die Mittel" mit allen verfügbaren Waffen gegen Gegner und Andersdenkende vor. Sie haben unter der Bevölkerung viele Anhänger und ihr Betätigungsfeld ist groß. Ihren ersten Sieg erfochten sie Ende der 70er-Jahre im Iran, als dort die Revolution im Namen Allahs ausbrach und ► **Ajatollah** Khomeini Staatspräsident wurde. Im Nahen Osten sind die Fundamentalisten in mehreren Gruppierungen wie ► **Hisbollah**, ► **Dschihad** oder ► **Hamas** tätig. Ihre zurzeit vordringliche Aufgabe sehen sie darin den sich anbahnenden Friedensprozess zwischen Israel und seinen arabischen Nachbarn zu stören, oft durch Bombenattentate oder Selbstmordanschläge. Ihr Fernziel bleibt jedoch unverändert die Vernichtung des Staates Israel, die sie vom Anfang ihres Wirkens an auf ihre Fahnen geschrieben haben. Auch innerhalb des arabischen Lagers gehen die kompromisslosen Moslems mit äußerster Brutalität vor. So versuchen sie u. a. in Ägypten mit gezieltem Terror gegen Politiker, Angehörige der Oberschicht, aber auch gegen die Normalbevölkerung die in ihren Augen zu westlich orientierte Regierung zu schwächen. In Algerien, einer Schnittstelle zwischen Orient und Okzident, üben die radikalislamischen Gruppierungen AIS und GIA Terror aus. Sie ermorden algerische Intellektuelle sowie ausländische Journalisten und Entwicklungshelfer um durch ein allgemeines Klima der Angst die Macht der militärgestützten Regierung zu untergraben. In Afghanisten hat im Verlauf des seit Jahren tobenden Bürgerkrieges die fundamentalistische Talibanmiliz im Herbst 1996 die Hauptstadt Kabul erobert und ein Regime errichtet, das als ein Modell für alle islamischen Regierungen dienen soll. Den Frauen wurde verboten einer Berufstätigkeit nachzugehen, sie dürfen nur noch in Ausnahmefällen das Haus verlassen und müssen sich nach äußerst strengen Vorschriften kleiden. Mädchen dürfen nicht mehr wie bisher die Schule besuchen. Für alle, Männer wie Frauen, gilt das Gesetz der Scharia, des islamischen Rechts, nach dem u.a. Dieben die Hand abgehackt wird und Ehebrecherinnen gesteinigt werden.

Fusion

engl. fusion = Verschmelzung

Auf dem Weltmarkt (► **Globalisierung**) sind die Unternehmen im Vorteil, die über eine große wirtschaftliche Machtbasis verfügen. Aus diesem Grund gibt es seit Ende der 80er-Jahre einen verstärkten Trend zu Firmenzusammenschlüssen oder Fusionen. Diese können auf zweierlei Arten vonstatten gehen: entweder indem sich zwei oder mehr Fusionspartner zusammentun und eine neue Firma gründen oder indem eine bereits bestehende Firma einen oder mehrere Fusionspartner übernimmt, beispielsweise durch eine Kapitalbeteiligung von mindestens 25 %. Dabei können sich Unternehmen aus derselben Branche zusammenschließen, wie im Jahr 1996 etwa die Pharmariesen Ciba-Geigy und Sandoz oder die Automobilhersteller BMW und Rover oder auf dem Fernsehsektor die Bertelsmann-Tochter Ufa und die luxemburgische CLT. Es können aber auch Unternehmen fusionieren, deren Produkte aufeinander aufbauen, z.B. eine Firma, die Garne herstellt, und eine, die Bekleidung anfertigt. Und manchmal schließen sich auch Betriebe mit sehr unterschiedlichen Produktionszweigen zusammen um einen größeren Teil des Marktes abdecken zu können oder um eine sinnvolle Ergänzung im Produkt- oder Länderportfolio (► **Portfolio**) zu erhalten. Um einem Missbrauch durch Machtkonzentration vorzubeugen sind Fusionen ab einer gewissen Größe zustimmungspflichtig, in der EU beispielsweise ab einem Umsatz von 5 Mrd. ► **ECU**.

Futures

engl. future = Zukunft

Die Zukunft ist der Schlüssel zu Erfolg oder Misserfolg bei Futures. Dieser international gebräuchliche Ausdruck bezeichnet eine Art des ► **Termingeschäfts**. Das Besondere daran ist: Die dem Future zugrunde liegende Vereinbarung wird zum Kurs von heute getroffen, doch Lieferung und Zahlung – beispielsweise von ► **Devisen**, Optionsscheinen (► **Options**), Edelmetall oder Waren – sind erst zu einem festgelegten Zeitpunkt in der Zukunft zu erbringen. Die jeweiligen Gewinne oder Verluste werden durch die Preisdifferenz zwischen dem ► **Kassakurs**, dem Barpreis, und dem späteren Wert am Future-Markt zum vereinbarten Termin erzielt.

Fuzzylogik

engl. fuzzy = verschwommen, unscharf

Computer und andere elektronisch gesteuerte Geräte arbeiten normalerweise nur, wenn ihre Aufgabe mathematisch exakt vorgegeben ist, also wenn sie sich sozusagen nur zwischen zwei genauen Definitionen, etwa Ja oder Nein, entscheiden können. Im Jahr 1965 entwickelte der iranisch-amerikanische Mathematiker Lofti Zadeh seine Theorie von der „unscharfen Logik", durch die ein Computer in den Stand versetzt wird zwischen unendlich vielen Annäherungswerten, die nur sehr unbestimmt definiert sind, wählen zu können. Diese Theorie hat wichtige Auswirkungen auf die Praxis. Beispielsweise ist ein Reglersystem mit unscharfer Logik in der Lage mit so vagen Begriffen wie „kalt", „warm", „langsamer" oder „normalerweise richtig" zu arbeiten. Japanische Firmen entwickelten in den 80er-Jahren „unscharf gesteuerte" Konsumgüter: Waschmaschinen, die nach Menge und Verschmutzungsgrad der Wäsche arbeiten, oder Staubsauger, die merken, ob stark oder schwach gesaugt werden muss.

G 7

Hinter der Abkürzung G 7 verbirgt sich die Gruppe der sieben führenden westlichen Industrienationen, deren Staats- und Regierungschefs sich seit 1975 jährlich zum Weltwirtschaftsgipfel treffen. Weitere Verhandlungen der G 7 finden außerdem auf Ministerebene statt. Zu dem exklusiven Teilnehmerkreis gehören von jeher Deutschland, Großbritannien, Frankreich, Italien, Japan, Kanada und die USA. Seit 1992 ist bei den Zusammenkünften der G-7-Staaten auch Russland vertreten, das darauf drängt als weiteres Vollmitglied in die Runde aufgenommen zu werden. Auf den Konferenzen geht es hauptsächlich um aktuelle Fragen der Weltwirtschaft. Damit eng verbundene Themenbereiche wie Energiepolitik, Umweltschutz oder das in allen Ländern der G 7 drückende Problem der Arbeitslosigkeit kommen ebenfalls zur Sprache. Darüber hinaus beschäftigen sich die Politiker mit der Bekämpfung des Waffen- und Drogenhandels (► **Drogenmafia**). Neuerdings wird auch über wirksamere Maßnahmen gegen den internationalen Terrorismus diskutiert.

Gaia

In der griechischen Mythologie verkörpert Gaia bzw. Gäa die göttliche Mutter Erde, die als Urprinzip aus sich selbst den Himmel, die Gebirge und das Meer erzeugt. Die naturphilosophische Vorstellung, dass die Erde alles Lebendige hervorbringt und nach dem Tod wieder in ihren Schoß aufnimmt, lebte in neuerer Zeit als so genannte Gaia-Hypothese innerhalb der ► **Esoterik** wieder auf. Die Anhänger jener Richtung vertreten die Meinung, dass der gesamte Planet Erde als ein Lebewesen mit eigener Atmung und eigenem Stoffwechsel zu betrachten sei. Diese Auffassung stützt sich auf eine umstrittene Theorie der Evolutionsbiologie, nach der die Entfaltung von Leben eng mit der Entwicklung physikalischer und chemischer Vorgänge auf der Erde verbunden ist. Für die starke Wechselbeziehung zwischen organischer Natur und Klima, wie sie die Gaia-Hypothese behauptet, bietet die wissenschaftliche Erforschung der Erdgeschichte tatsächlich einige Anhaltspunkte. Demnach haben vermutlich vor etwa drei Milliarden Jahren die Blaualgen als erste primitive Zellen im Meerwasser den Prozess der Fotosynthese eingeleitet. Dadurch konnte nach und nach freier Wasserstoff in die Atmosphäre entweichen und sich hier allmählich anreichern. Diese Veränderung der Klimaverhältnisse führte stufenweise zur Entfaltung höherer Lebewesen.

Gameboy

engl. game = Spiel
engl. boy = Junge

Computerspiele erfreuen sich seit vielen Jahren bei Groß und Klein wachsender Beliebtheit. Zu einem außerordentlichen Verkaufsschlager entwickelte sich dabei der eigens für Kinder und Jugendliche ersonnene Gameboy. Das Elektronikspielzeug ruft nicht zuletzt deshalb große Begeisterung hervor, weil es wegen seines praktischen Hosentaschenformats überallhin mitgenommen werden kann. Diese originelle Miniaturausgabe eines Computerspiels ist die Erfindung des japanischen Herstellers Nintendo, der den Namen Gameboy urheberrechtlich schützen ließ. Die funktionsgleichen und ebenfalls von Mikroprozessoren gesteuerten Bildschirmspiele anderer Anbieter tragen ähnliche Bezeichnungen; so nennt beispielsweise die Firma Sony ihr vergleichbares Produkt Game Gear. Geschicklichkeit ist Trumpf beim Gameboy und bei seinen Artgenossen, deren Steuerknöpfe wie beim ► **Joystick** die Spielfiguren auf dem winzigen Bildschirm in Bewegung halten. Meist handelt es sich um Abenteuer-, Sport-, Kampf- und Überlebensspiele,

Der bei Kindern beliebte Gameboy ist wegen seiner handlichen Größe auch ein für unterwegs geeignetes Computerspiel.

die sich jeweils in ihrem Schwierigkeitsgrad steigern lassen. Um die Kinder bei Spiel- und die Eltern bei Kauflaune zu halten wird für den Gameboy eine Riesenauswahl unterschiedlicher Kassetten angeboten, die zur akustischen Untermalung bildsynchrone Geräusche liefern.

Gameshow

siehe S. 235

Ganzheitsmedizin

Der griechische Philosoph Aristoteles lehrte bereits, dass das Ganze mehr als nur die Summe seiner Teile sei. Ausgehend von dieser These wurde der Begriff Ganzheit auch für eine medizinische Richtung eingeführt, die den Menschen als eine verschiedene Elemente vereinigende und zugleich unteilbare Einheit betrachtet. Nach dieser Auffassung können beispielsweise nicht bewältigte seelische Konflikte zu einer Reihe von organischen Leiden (▶ **Psychosomatik**) führen. Die Ganzheitsmedizin versteht folglich die Krankheit eines Patienten nicht nur als Einzelerscheinung, sondern geht bei ihren Behandlungsmethoden von einer Störung des körperlich-psychischen Gesamtzustandes der Person aus. Vor allem die Erfahrungsheilkunde, zu der u.a. die ▶ **anthroposophische Medizin**, der ▶ **Schamanismus**, die magischen Praktiken der ▶ **Geistheiler** und alte asiatische Heilmethoden wie ▶ **Ayurveda** und ▶ **Akupunktur** zählen, arbeitet mit ganzheitlichen Therapieverfahren. Einige dieser alternativen Heiltechniken, die meist auf überliefertem Wissen und Erfahrungen aus der Alltagspraxis beruhen, werden heutzutage als sinnvolle Ergänzung in der naturwissenschaftlich ausgerichteten Schulmedizin angewendet. Die unüberschaubare Vielzahl der Namen und Methoden in der Ganzheitsmedizin, zu der auch die ▶ **Bach-Blütentherapie**, die ▶ **Ozontherapie** und die ▶ **Phytotherapie** gehören, bereitet dem Patienten oft Schwierigkeiten das für ihn geeignete Verfahren herauszufinden.

Gay

Immer mehr Männer, darunter auch Persönlichkeiten des öffentlichen Lebens, bekennen sich heutzutage dazu homosexuell zu sein. Selbstbewusst bezeichnen sie sich als schwul oder als gay – dieser Ausdruck wurde aus der amerikanischen Umgangssprache übernommen und bedeutet, wörtlich übersetzt, heiter oder bunt. Unter dem Motto „Feiern für gleiche Rechte" nahmen im Jahr 1996 rund 9000 Homosexuelle an der Christopher-Street-Day-Parade in Hamburg teil um auf ihre gesellschaftliche Diskriminierung, die nach wie vor besteht, aufmerksam zu machen. Verschärft wurden die Vorurteile in den letzten Jahren vor allem durch die Verbreitung von ▶ **Aids**, da Homosexuelle bei dieser Krankheit eine besondere Risikogruppe darstellen. Immer noch verheimlichen viele Gays ihre Sexualität und leben aus Angst vor Entdeckung in ihrer speziell geschaffenen Subkultur. Daher erheben eigens gegründete Homosexuellenverbände in vielen Bereichen Ansprüche auf soziale Gleichstellung. Seit Mitte der 90er-Jahre fordern diese verstärkt für gleichgeschlechtliche

Immer wieder weisen Homosexuelle, auch Gays genannt, in bunt inszenierten Paraden auf ihre Diskriminierung hin.

Paare das Eherecht und die gesetzliche Erlaubnis Kinder zu adoptieren. Bisher sind Dänemark, Schweden und Norwegen weltweit die einzigen Länder, in denen homosexuelle Paare ihre Partnerschaft amtlich registrieren lassen und damit Unterhalts-, Pensions- und Erbschaftsansprüche auf formale Weise regeln können.

Gehirnjogging

Das Gehirn des Menschen ist zwar leistungsfähiger als ein Computer, dafür aber auch anfälliger. Stress und Überlastung sind oft der Grund, warum das Gedächtnis streikt. Zum andern lässt die Fähigkeit Erinnerungen zu speichern und abzurufen in der Regel mit zunehmendem Alter nach. Mit gezielten Trainingsprogrammen, die heutzutage unter dem Begriff Gehirnjogging zusammengefasst und in einschlägigen Büchern vermittelt werden, kann man jedoch die grauen Zellen auf Trab bringen und fit halten – vorausgesetzt dass nicht die pathologische Veränderung des Gehirns wie etwa bei der ► **Alzheimerkrankheit** die Ursache für Gedächtnisstörungen ist. Durch regelmäßige Übungen lassen sich Konzentration und Schnelligkeit des Aufnahmevermögens verbessern. Bestimmte Methoden wie z. B. ständiges Wiederholen können helfen das einmal Gelernte fester im Langzeitgedächtnis zu verankern. Das wichtigste Hilfsmittel sich Informationen nachhaltig einzuprägen ist die Assoziationstechnik. Ihr Prinzip gedankliche Verbindungen als Gedächtnisstütze herzustellen wird im Volksmund Eselsbrücke bauen genannt. Wer etwa das Problem hat sich den Nachnamen Kaminski zu merken zerlegt diesen am besten im Geist in „Kamin" und „Ski". Dadurch erhält man in der Vorstellung zwei Bilder, die wahrscheinlich leichter im Gedächtnis zu speichern sind. Andere Assoziationsketten verknüpfen als Gedankenhilfe Ähnliches oder Entgegengesetztes; das können Begriffe oder auch Klangbilder sein. Außerdem gibt es Übungen, die speziell die visuelle und akustische Aufmerksamkeit trainieren. Darüber hinaus tragen Bücherlesen und das Lösen von Kreuzworträtseln dazu bei, das Gedächtnis zu schulen.

Geil

siehe S. 225

Geistheiler

Die heute noch von zahlreichen Naturvölkern praktizierte Geistheilung kam dank des ► **Esoterik**-Booms auch in den Industrieländern wieder zu Ehren und zählt nun zu den fremdartigsten Teilgebieten der alternativen Medizin. Der Geistheiler gilt als eine übersinnlich begabte Persönlichkeit, die fähig sein soll Kontakt mit Seelen und Geistern im Jenseits aufzunehmen. Während einer solchen Begegnung versucht er diese höheren Mächte dazu zu bewegen Böses vom Patienten abzuwenden, d. h. ihn durch Selbstheilung von seiner Krankheit zu befreien. Die magischen Praktiken der Geistheiler basieren auf den religiösen Vorstellungen des ► **Schamanismus**, dessen Medizinmänner oder -frauen ebenfalls Mittler zwischen der Welt des Menschen und der der Geister sind. Die innerhalb verschiedener Religionen anzutreffende Geistheilung wird auch bei manchen Sekten in Form von Handauflegen und Gesundbeten ausgeübt. Hilfe und Orientierung von Geistern erwartet man außerdem auf den so genannten Séancen. Bei diesen spiritistischen Gruppensitzungen wird die Verbindung zu der Seele Verstorbener durch eine besonders befähigte

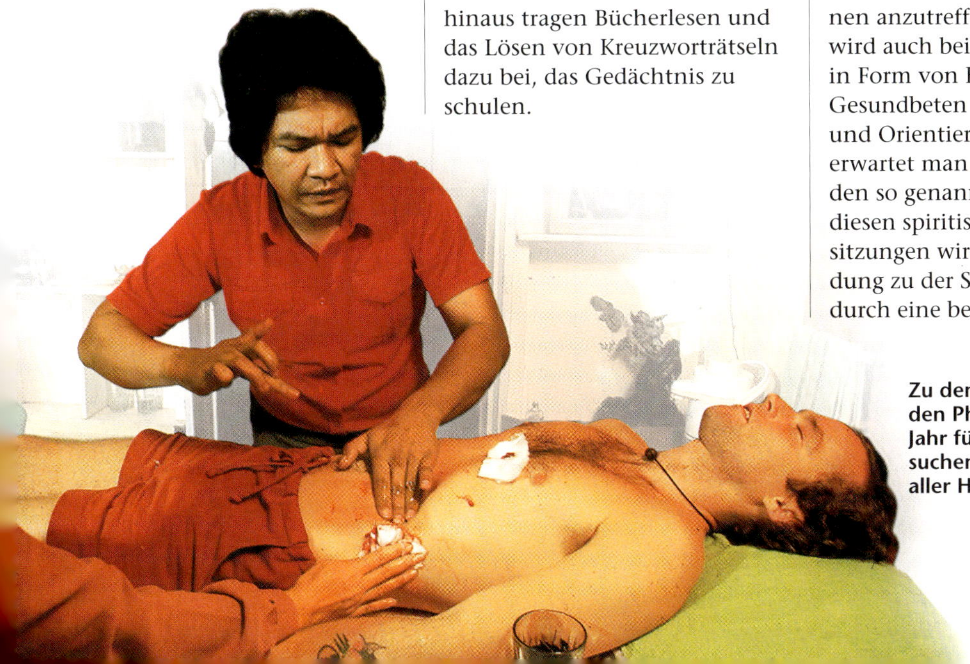

Zu den Geistheilern auf den Philippinen strömen Jahr für Jahr Tausende Hilfe suchende Patienten aus aller Herren Länder.

Person als Medium hergestellt. Ferner gibt es Geistheiler, die behaupten, sie seien imstande kosmische oder göttliche Energien wahrzunehmen und diese auf den Erkrankten zu lenken. Bei all den Praktiken ist die Wirkung, die wissenschaftlich bis jetzt nicht nachgewiesen werden kann, stark von der Überzeugungskraft des Heilers und der Empfänglichkeit des Patienten für übersinnliche Dinge abhängig. Neben einzelnen spektakulären Erfolgen sind auch einige Todesfälle nach der Behandlung durch Geistheiler bekannt, die deshalb gerichtlich zur Verantwortung gezogen wurden.

Geldwäsche

Durch Mittelsmänner schleusen die internationale ► **Drogenmafia** und kriminelle Waffenhändlerringe die Gewinne aus ihren illegalen Geschäften anonym in den Geldkreislauf ein; danach können sie legal versteuert und investiert werden. Die raffinierten Finanztransaktionen sollen verschleiern, dass das Geld unrechtmäßig erworben wurde. Laut Schätzungen von Interpol konnten auf diese Weise zwischen 1980 und 1996 allein im Drogenhandel weltweit rund 1200 Mrd. Dollar schmutzige Profite rein gewaschen werden. Um die Spuren zu verwischen zahlen Strohmänner das illegale Geld meist in unauffälligeren Beträgen auf verschiedenen Banken ein. Danach werden die Summen kreuz und quer auf andere Konten – oft auch ins Ausland – überwiesen, bis die Herkunft nicht mehr zu rekonstruieren ist. Als weitere Möglichkeiten schmutziges Kapital unerkannt umzusetzen nutzen kriminelle Organisationen u.a. Spielkasinos, den Autohandel oder Immobiliengeschäfte. Das in Deutschland seit 1993 geltende Geldwäschegesetz zeigte bisher nur schwache Wirkung und soll daher geändert werden. Es verpflichtet Kreditinstitute Kunden bei Bareinzahlungen von mehr als 20000 DM zu registrieren und gegebenenfalls die Polizeibehörden zu informieren. Nach Aussagen des Bundeskriminalamtes gingen 1994 zwar bundesweit rund 3300 Verdachtsmeldungen ein, doch bestätigten sich die Vermutungen lediglich in 4 % der angezeigten Fälle. Selbst auf den seriösen und weltweit hoch angesehenen Schweizer Banken liegen Drogengelder, wie der Genfer Soziologieprofessor und eidgenössische Abgeordnete Jean Ziegler in seinem Bestseller *Die Schweiz wäscht weißer* beschreibt. Seit Mitte der 90er-Jahre gilt die Schweiz als ein beliebter Umschlagplatz der russischen Mafia, die trotz strenger Richtlinien der eidgenössischen Banken ihr kriminell verdientes Geld über Anwälte, Vermögensverwalter und Treuhandgesellschaften in die Kreditinstitute einschleust.

Generationenvertrag

Die Finanzierung der Renten beruht in Deutschland bis heute auf dem Prinzip der Solidarität zwischen Jung und Alt. Aus diesem Grundsatz erklärt sich der Begriff Generationenvertrag. Die heute Erwerbstätigen sorgen mit

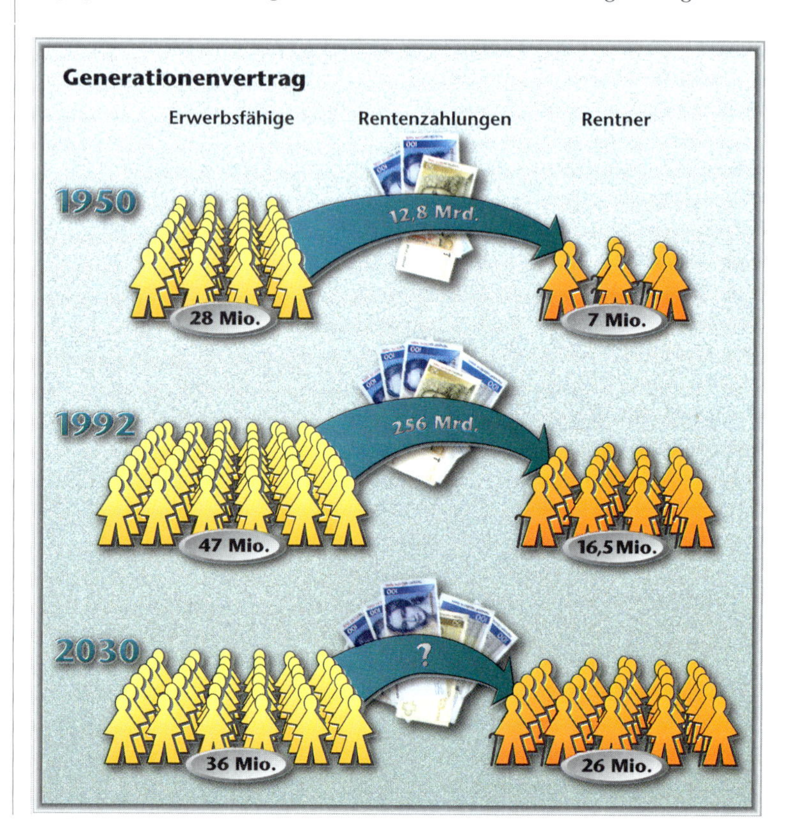

ihren Versicherungsbeiträgen für die Renten der Elterngeneration und erhalten gleichzeitig selbst das Anrecht auf eine Rente, wenn sie später einmal in den Ruhestand treten. Arbeitslosigkeit, Geburtenrückgang und der durch die steigende Lebenserwartung zunehmende Anteil der alten Menschen (► **Alterspyramide**) werden nach Ansicht von Experten die Rentenfinanzierung zukünftig vor schwer lösbare Probleme stellen. Während im Jahr 1950 auf 28 Millionen Erwerbstätige nur 7 Millionen Rentner kamen, gab es 1992 bereits 16,5 Millionen Ruheständler, deren Alterssicherung von 47 Millionen Beitragszahlern getragen wurde. Nach Vorausschätzungen werden es im Jahr 2030 nur 36 Millionen Berufstätige sein, die finanziell für 26 Millionen Rentner sorgen müssen, was einen drastischen Anstieg der Versicherungsbeiträge zur Folge hätte. Wenn wegen des vorhergesagten Bevölkerungsrückgangs eine ständig abnehmende Zahl von Beschäftigten einer ständig steigenden Zahl von Rentnern gegenübersteht, ist es äußerst fraglich, ob der Generationenvertrag in Zukunft überhaupt noch ein tragfähiges Modell darstellt. Auch die 1992 in Kraft getretene ► **Rentenreform** konnte das Problem nicht lösen, sondern nur kurzfristig entschärfen. Deshalb denken Politiker und Fachleute über andere Möglichkeiten der Rentenfinanzierung nach. Ein Vorschlag lautet die Altersvorsorge vollständig zu privatisieren. Andere Überlegungen zielen darauf ab, eine aus Steuergeldern finanzierte Grundrente für jeden Bundesbürger (► **Bürgergeld**) einzuführen, die nur das Existenzminimum deckt.

Kurt Cobain, der amerikanische Rocksänger der Band Nirvana, war für die Generation X ein großes Vorbild.

Generation X

Der kanadische Autor Douglas Coupland zeichnet in seinem 1992 in deutscher Sprache erschienenen Kultroman *Generation X – Geschichten für eine immer schneller werdende Kultur* das Bild einer desillusionierten Jugend, die sich Anfang der 90er-Jahre aus der übersättigten Konsumgesellschaft in die innere Emigration zurückzieht und nach neuen Werten sucht. Einige Kritiker fanden Couplands Hauptfiguren, die sich als bewusste Verlierer in einer trostlos erscheinenden Welt ohne Utopien und Ideale präsentieren, gemessen an der Realität zu pessimistisch und einseitig dargestellt. Dennoch wurde der Roman zum Kultbuch und sein Titel *Generation X* setzte sich ganz allgemein als Begriff für die in den 60er-Jahren Geborenen durch, die mit den Erfahrungen von Umweltzerstörung, atomarer Bedrohung, Rezession, Wirtschaftskrise und wachsender beruflicher Perspektivlosigkeit groß geworden sind. Im Gegensatz zu ihren oft aus der Hippie- oder Studentenbewegung kommenden Eltern (► **Babyboomer**) können sie nicht mehr zuversichtlich auf Glück, Wohlstand und eine bessere Zukunft hoffen. Die mit extrem vielen gesellschaftlichen Veränderungen und der Informationsflut des permanent laufenden Fernsehers aufgewachsene Generation X zeigt sich skeptisch gegenüber Ideologien, Politik und Autorität. Die häufig aus zerbrochenen Ehen stammenden jungen Leute, die ausgesprochene Individualisten sind, gelten als flexibel, tolerant und für Neues aufgeschlossen. Zu einem Idol der Generation X, die sich in einer kühl perfektionierten Welt des schönen Scheins nach dem echten Leben sehnt, wurde die amerikanische Schauspielerin Winona Ryder dank ihrer Rolle in dem wirklichkeitsnahen Film *Reality bites – voll das Leben*. Eine andere wichtige Identifikationsfigur war der im Jahr 1967 geborene amerikanische Rocksänger Kurt Cobain, der mit seiner erfolgreichen Band Nirvana als Begründer des ► **Grunge** gilt. Als sich Cobain am 5. April 1994 bar aller Illusionen und Hoffnungen das Leben nahm, hinterließ er seiner erschütterten Anhängerschaft die kurze Notiz: „Nichts ist wahr, alles ist erlaubt."

Generika

Arzneimittel, die nicht unter einem eingetragenen Warenzeichen, sondern lediglich unter ihrem Gattungsnamen (engl. *generic name*) im Handel sind, werden als Generika bezeichnet. Diese international empfohlenen Gattungsnamen leiten sich von den chemischen Substanzen ab, die jeweils in den Medikamenten enthalten sind. Das Originalpräparat Aspirin beispielsweise beinhaltet den Wirkstoff Azetylsalizylsäure und so lautet denn auch der Name des Generikums. Inzwischen gibt es Pharmafirmen, die sich ausschließlich auf die Herstellung von Generika spezialisiert haben. Diese so genannten Imitationspräparate besitzen die gleiche Wirkung wie das warenrechtlich geschützte Originalpräparat, sind jedoch meist wesentlich billiger. Wenn der Patentschutz für Medikamente nach acht Jahren ausgelaufen ist, können die Hersteller von Generika die Wirkstoffkombinationen der von den Pharmakonzernen einst entwickelten Arzneimittel übernehmen und ihre Präparate zu niedrigeren Preisen anbieten. Denn im Gegensatz zu den Erfindern müssen sie keine Forschungskosten und einen nur geringen Werbeaufwand mit einkalkulieren.

Die strichkodeartigen Bandmuster des genetischen Fingerabdrucks werden per Computer ausgewertet.

Genetischer Fingerabdruck

Das Anfang des 20. Jh. zur Personenidentifizierung eingeführte Fingerabdruckverfahren ist für die Polizei nach wie vor eines der wichtigen Hilfsmittel, um Verbrecher zu überführen. Mittlerweile gibt es jedoch in der Kriminalistik eine noch wesentlich zuverlässigere Methode Tatverdächtige zu überführen oder zu entlasten, die in den 80er-Jahren aus der genetischen Forschung übernommen wurde. Mit diesem Verfahren, das in Anlehnung an die bisherige Methode als genetischer Fingerabdruck bezeichnet wird, kann man selbst geringfügigste biologische Spuren untersuchen, die der Kriminelle am Tatort hinterlassen hat. Anhand der sorgfältigen Analyse von Hautpartikeln, Blutspritzern, Spermaresten, Speichel, Schuppen oder auch lediglich einem Haar lässt sich die dazugehörige Person einwandfrei identifizieren, wenn die Polizei das daraus gewonnene Ergebnis mit einer Speichelprobe des Verdächtigen vergleicht. Das neuartige Verfahren beruht auf der wissenschaftlichen Erkenntnis, dass die DNS-Struktur bei jedem Menschen einzigartig und somit unverwechselbar ist. In der erbbiologischen Forschung gelang es Teilstücke der zweispiraligen DNS-Ketten, die Träger der genetischen Information sind und den Strichkodes auf Warenverpackungen gleichen, auf einem Röntgenfilm sichtbar zu machen. Dieses Bandmuster, das den genetischen Fingerabdruck darstellt, kann übrigens auch für den Nachweis von Vaterschaften herangezogen werden. Dabei macht man sich die Tatsache zunutze, dass die genetischen Eigenschaften von beiden Elternteilen ebenfalls in den DNS-Ketten des Kindes enthalten sind.

Genlebensmittel

Jedes Lebewesen besitzt bestimmte artspezifische Eigenschaften, die durch die Erbinformationen tragenden Gene ausgebildet werden. Diese Merkmale kann die heutige ► **Gentechnik** dadurch verändern, dass sie gezielt in die Gene eingreift oder in einen lebenden Organismus durch Einpflanzen fremder Gene zusätzliche Erbanlagen einschleust. Diese biochemischen Verfahren werden seit einiger Zeit sowohl in der modernen Landwirtschaft als auch in der Nahrungsmittelindustrie eingesetzt um höhere Erträge oder eine bessere Qualität zu erzielen und um schädlingsresistente Getreide-, Früchte- und Gemüsesorten zu erzeugen. Zu einem oft zitierten Beispiel für gentechnisch hergestellte Lebensmittel wurde die seit 1994 in Amerika zugelassene Flaver-Saver-Tomate. Sie fault nicht so schnell wie herkömmliche Sorten und wird daher hierzulande auch Anti-Matsch-Tomate genannt. Orangen, die sich wie von selbst schälen, und ovale Kartoffeln, die besonders formschöne Chips ergeben, gehören ebenfalls zu den gentechnischen Züchtungen, bei denen bestimmte Eigenschaften von Pflanzen gefördert und andere unterdrückt werden. Um Brot, Käse oder Joghurt kostengünstiger herzustellen verwendet die Nahrungsmittelindustrie genmanipulierte Milchsäurebakterien, Schimmelpilze oder Hefen. Durch diese biochemisch veränderten Mikroorganismen wird beispielsweise die Reifezeit von Käse erheblich verkürzt. Zahlreiche Nahrungsmittel, darunter Suppen, Soßen und Süßigkeiten, enthalten Hilfs- und Zusatzstoffe wie Enzyme, Aminosäuren, Vitamine oder Aromastoffe, die ebenfalls aus genmanipulierten Mikroorganismen gewonnen werden. Auch wenn die Gentechnik die Haltbarkeit von Lebensmitteln wesentlich erhöhen und deren Geschmack verbessern kann, sind mögliche Folgen für Mensch und Umwelt heute noch nicht zu überblicken. Daher wird auf europäischer Ebene seit 1992 eine Novel-food-Verordnung ausgearbeitet, die die Produktion, Vermarktung und Kennzeichnung dieser Genlebensmittel regeln soll.

Bei Genlebensmitteln sind stapelbare viereckige Tomaten noch eine Zukunftsvision, Anti-Matsch-Tomaten gibt es aber schon.

Genom

Mit diesem Kunstwort aus dem Wort Gen und der letzten Silbe von Chromosom bezeichnet man die 23 unterschiedlichen Chromosomenpaare einer menschlichen Zelle, die sämtliche genetischen Informationen enthalten. Wird das Genom beispielsweise einer Strahlenbelastung oder chemischen Reizen wie beim Rauchen ausgesetzt, können die Zellen entarten und es entsteht Krebs. Auch bei Bluthochdruck, Asthma oder der ► **Alzheimerkrankheit** spielen genetisch bedingte Empfindlichkeiten gegen Umwelteinflüsse eine wichtige Rolle. Die meisten Erbkrankheiten werden durch ein fehlerhaftes Gen ausgelöst, andere Leiden sind dagegen auf Genmutationen zurückzuführen, die im Lauf des Lebens erworben wurden. Da man noch nicht viel darüber weiß, wie Gene Abläufe im Organismus steuern und wie bei Defekten im Genom Krankheiten entstehen, haben sich in den 90er-Jahren Zehntausende Forscher aus rund 40 Ländern im so genannten Genomprojekt zusammengeschlossen. Ihr wichtigstes Ziel ist es, das aus insgesamt drei Milliarden Bausteinen des Erbmoleküls DNS bestehende Genom des Menschen bis zum Beginn des nächsten Jahrtausends vollständig zu entschlüsseln. Dieses ehrgeizige Vorhaben erfordert den Einsatz zahlreicher leistungsfähiger Computer. Dennoch wird es lange Zeit dauern, bis die komplexen Strukturen des Genoms so weit erforscht sind, dass eindeutige Aussagen zu den Erbinformationen gemacht werden können.

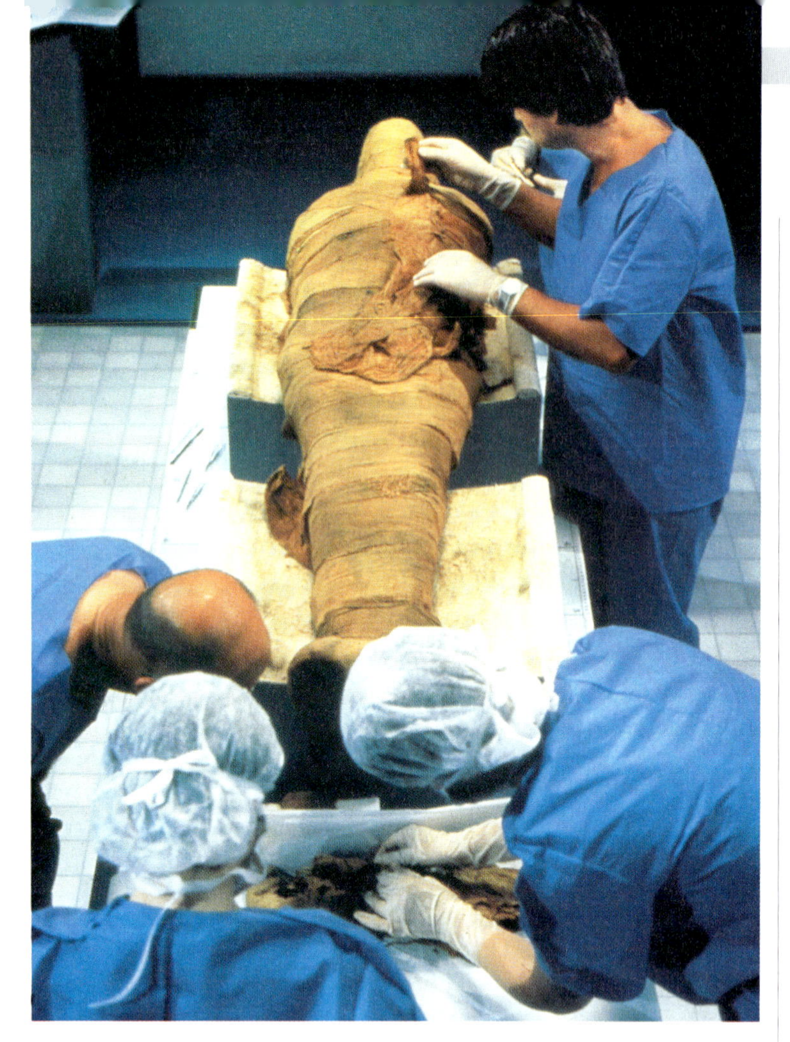

Eine ägyptische Mumie wird zur Untersuchung vorbereitet.

Genpaläontologie

Glaubt man dem Spielfilm *Jurassic Park*, so kann man aus Genschnipseln, die aus in Bernstein eingeschlossenem Saurierblut gewonnen wurden, die urtümlichen Echsen neu erschaffen (► **Klonen**). Wenn dieser Gedanke auch ins Reich der Phantasie verwiesen werden muss, so gibt es doch seit einigen Jahren einen neuen Zweig der Paläontologie, der Wissenschaft von den Lebewesen vergangener Erdzeitalter, die mithilfe der ► **Gentechnik** aus den Überbleibseln längst ausgestorbener Lebewesen das Erbgut ermittelt und analysiert. Auf diese Weise kann man z. B. feststellen, aus welchen Pflanzen sich in vorgeschichtlicher Zeit unsere Nutzpflanzen entwickelt haben oder welche Tiere die Vorfahren unserer Haustiere waren. Das wohl Aufsehen erregendste Ergebnis der Genpaläontologie ist die so genannte Eva der Mitochondrien, die vor etwa 200000 Jahren als Stammmutter aller heutigen Menschen in Afrika gelebt haben soll. Mitochondrien sind für die Energieversorgung der Zellen zuständig und haben einen eigenen Gensatz, der nur über die mütterliche Linie vererbt wird. Man hat die genetischen Merkmale dieser Mitochondrien bei allen Menschenrassen untersucht und dabei festgestellt, dass es in Afrika die größte Variationsbreite gibt. Das bedeutet, dass die Spezies Mensch hier am längsten Zeit hatte diese Varianten auszubilden. Man konstruierte nun einen Stammbaum, der in einer afrikanischen Urmutter endet. Wird die Geschwindigkeit zugrundegelegt, in der Erbgutveränderungen beim Menschen auftreten, erhält man eine Art genetischer Uhr, nach der diese Urmutter vor rund 200000 Jahren gelebt haben muss.

Gentechnik

Unter diesem Schlagwort fasst man alle Bemühungen zusammen einzelne genetische Eigenschaften bei Bakterien, Pilzen, Pflanzen, Tieren und nicht zu-

Im Labor erforschen Wissenschaftler, ob und wie genmanipulierte Mikroben den Boden verändern.

letzt auch beim Menschen gezielt zu verändern. Es gibt inzwischen unterschiedliche Methoden wie ► **PCR**, mit deren Hilfe man punktuelle genetische Veränderungen zu erreichen hofft. Häufig werden dazu genetisch veränderte Viren oder Bakterien verwendet, die man in den Zellkern einschleust und die dort dann in einem so genannten transgenen Verfahren die fremden genetischen Informationen einbauen. Gentechnik gehört zu den Spitzentechnologien und ist im Einzelnen äußerst kompliziert. Im Prinzip jedoch geschieht nichts anderes als beim langwierigen Zuchtverfahren, bei dem durch Kreuzung geeigneter Tiere oder Pflanzen und durch Selektion der Nachkommen bestimmte Eigenschaften aus dem Erbgut heraus- bzw. hineingezüchtet werden. Dieses Verfahren kann durch die Gentechnik abgekürzt werden. So ist es z. B. in einigen Fällen gelungen gegen Schädlinge resistente Pflanzensorten herzustellen. Allerdings ist nicht immer überschaubar, welche Folgen diese Eingriffe in das Erbgut von Tieren und Pflanzen letztlich haben, weshalb viele Menschen der Gentechnik höchst misstrauisch gegenüberstehen. Noch größer sind die Bedenken bei gentechnischen Verfahren in der Medizin, wo man hofft, durch Veränderungen am Erbgut des Menschen bestimmte Krankheiten bekämpfen zu können (▸ **Gentherapie**). Der genetisch maßgeschneiderte Mensch ist allerdings mit Sicherheit noch weit entfernt.

Gentherapie

Dabei handelt es sich bisher um rein experimentelle Verfahren um genetische Defekte im Erbgut des Menschen zu korrigieren, die für bestimmte Erbkrankheiten verantwortlich sind. Grundsätzlich gibt es dafür zwei Möglichkeiten. Zum einen kann man versuchen das defekte Gen in den Zellen auszutauschen, in denen es aktiv ist. In anderen Körperzellen, in denen es passiv bleibt, nimmt man dagegen keinen Austausch vor. Das Verfahren wird auch als somatische Gentherapie bezeichnet, die, wenn erfolgreich, dazu führt, dass die Krankheit verschwindet, die Erbanlagen aber unverändert erhalten bleiben und weitergegeben werden können. Mit der somatischen Gentherapie versucht man hauptsächlich Erkrankungen des Blut bildenden Systems – Knochenmark, Blut, Leber, Lymphe – sowie Krebserkrankungen zu behandeln. Die Verfahren sind allerdings heikel und nicht immer von Erfolg gekrönt. Man entnimmt dem Patienten Blut, isoliert bestimmte Blutzellen, entfernt aus diesen das kranke Gen und ersetzt es durch ein gesundes. Danach führt man das Blut wieder in den Organismus des Patienten zurück und hofft, dass die zahlreichen veränderten Zellen die Information bis zu den Stammzellen tragen, aus denen alle anderen Blutzellen entstehen. Voraussetzung ist aber stets, dass man das die Krankheit auslösende Gen genau identifizieren kann und dass – was eher selten der Fall ist – nur ein einziges defektes Gen der Verursacher ist. Die zweite Möglichkeit, die Keimbahntherapie, ist in Deutschland verboten. Bei ihr wird versucht das defekte Gen in allen Körperzellen auszutauschen, also auch in den Keimbahnen. Das bedeutet, die genetische Korrektur würde auf die Nachkommen übertragen und damit auch versehentlich herbeigeführte, möglicherweise verhängnisvolle Veränderungen.

Geomantie

griech. ge = Erde
griech. manteia = Weissagung

Schon in der Antike praktizierten die Griechen die Kunst aus absichtslos in den Sand gezogenen Figuren oder aus geografischen Gegebenheiten wie Gewässernetzen zu weissagen. Geomantische Verfahren kannten auch die Perser und Araber und wenn Schamanen Steinchen oder Knöchelchen werfen und aus dem daraus entstandenen Muster lesen, ist das ebenfalls nichts anderes als Geomantie. Allen diesen Verfahren liegen eine magische Weltsicht und der Gedanke zugrunde, dass der Erdboden bestimmte Energien ausstrahlt und dass diese Kräfte der Erde die Muster formen. Dabei gibt es sowohl positive als auch negative Energien oder Strahlen. Als schädlich gelten beispielsweise Erdstrahlen, die von sich unterirdisch kreuzenden Wasseradern ausgehen und die man mithilfe von Pendeln oder Wünschelruten feststellen kann. So pendelt mancher auch heute noch in seinem Schlafzimmer erst einmal den Boden aus um die korrekte Position des Bettes herauszufinden, das möglichst nicht im Bereich schädlicher Erdstrahlen stehen sollte. Und selbst in einer modernen Stadt wie Hongkong wird bei jedem Bauprojekt zunächst ein Feng-Shui-Geomant (▸ **Feng Shui**) zurate gezogen, der die magische Tauglichkeit des Bodens prüft; rät er ab, wird nicht gebaut.

Geregelter Markt

→ siehe S. 78

Geringfügige Beschäftigung

Bekannter ist der Sachverhalt als „610-Mark-Job“. Wer nicht mehr als diesen Betrag im Monat verdient und weniger als 15 Stunden pro Woche arbeitet oder wer in einem Arbeitsverhältnis steht, das auf höchstens 50 Arbeitstage im Jahr begrenzt ist, gilt als geringfügig Beschäftigter und ist nicht sozialversicherungspflichtig. Das bedeutet, dass weder der Arbeitnehmer noch der Arbeitgeber entsprechende Beiträge an die Arbeitslosen-, Renten- und Krankenversicherung abführen muss. Allerdings sind umgekehrt die Geringverdiener auch von allen Leistungen der Renten- und Arbeitslosenversicherung ausgeschlossen – ein Tatbestand, der von vielen Sozialpolitikern heftig kritisiert wird. Sie verlangen, dass man auch die geringfügige Beschäftigung der Sozialversicherung unterwirft. Bis zum 31. Dezember 1996 lag die Höchstgrenze für geringfügige Beschäftigungsverhältnisse bei 590 DM in West- und 500 DM in Ostdeutschland; davon waren 20 % Lohnsteuer zu zahlen. Mit dem 1. Januar 1997 wurde die Höchstgrenze in den alten und neuen Bundesländern um 20 DM angehoben. In Deutschland gab es nach Erhebungen des Deutschen Instituts für Wirtschaftsforschung (DIW) Mitte 1996 rund sechs Millionen geringfügig Beschäftigte, überwiegend Hausfrauen, gefolgt von Schülern und Studenten, die hauptsächlich in der Gastronomie, im Reinigungsgewerbe und im Einzelhandel tätig waren.

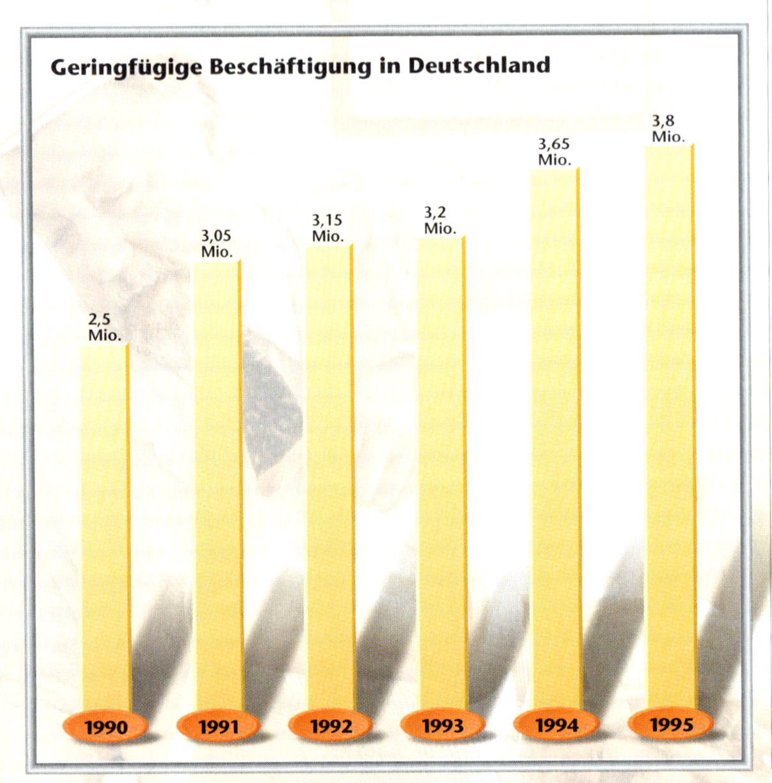

Gerontotechnik

griech. geron = Greis

Vor allem alte Menschen müssen häufig mit körperlichen Einschränkungen leben und benötigen daher speziell auf ihre Bedürfnisse zugeschnittene Hilfsmittel. Gerade in den letzten Jahren hat sich ein neuer und angesichts der wachsenden Zahl älterer Menschen hochprofitabler Industriezweig entwickelt, der sich auf diese gerontotechnischen Produkte spezialisiert hat. Dazu gehören Hörgeräte, Rollstühle, Gehhilfen, spezielle Betten und Einrichtungen am Bett, die das Aufsitzen und Aufstehen erleichtern. Im weiteren Sinn kann man dazu aber auch Lern- und Übungsprogramme mit Spielsets (► **Gehirnjogging**) sowie verschiedene Hygiene- und Haushaltsartikel rechnen, die speziell für ältere Menschen und ihre Probleme entwickelt wurden. Diese Hilfsmittel sind meist in Fachgeschäften erhältlich und sollen den Benutzern das Leben erleichtern. Grundlage ihrer Gestaltung sind oft ► **ergonomische** Untersuchungen über die Bewegungsabläufe behinderter und alter Menschen und über ihre alltäglichen Probleme, etwa beim Auf- und Zuknöpfen von Kleidungsstücken, beim Treppensteigen, beim Baden oder beim Essen. Diese Hilfsmittel sollen sie in die Lage versetzen so lange wie möglich in ihren eigenen vier Wänden eigenverantwortlich leben zu können.

Gesprächstherapie

→ siehe S. 121

Gesundheitsreform

Seit den 70er-Jahren explodieren die Kosten im Gesundheitswesen. Versuche die Ausgabenentwicklung und damit den Anstieg der Beiträge zur gesetzlichen Krankenversicherung zu bremsen mündeten in die Gesundheitsreformgesetze von 1989, 1992 und 1996. Die dreistufig angelegte Gesundheitsreform umfasst sowohl Maßnahmen zur Kostendämpfung als auch organisatorische Änderungen. In der ersten Stufe wurden Festpreise für Medikamente erlassen; liegt der Preis eines Medikaments über dem Festpreis, muss der Versicherte die Differenz tragen. Kern der zweiten Stufe war eine harte Budgetierung der Ausgaben für Ärzte, Zahnärzte, Medikamente und in Grenzen auch für Krankenhäuser. Den Kassenärzten wurde ferner für die Verordnung von Medikamenten ein Budget vorgegeben, das sich an den Ausgaben von 1992 orientierte. Bei einem Überschreiten dieses Budgets um mehr als 25 % musste der Arzt mit Honorarabzügen rechnen. Dennoch wurde das Ziel, die Ausgaben der gesetzlichen Krankenversicherungen dauerhaft zu senken, nicht erreicht, im Gegenteil: Die Kosten stiegen weiterhin deutlich schneller an als die Beitragseinnahmen, die mit dem Lohnzuwachs der Versicherten klettern. Dieser Entwicklung soll nun das Gesetzespaket, das die dritte Stufe der Gesundheitsreform bildet, entgegenwirken. Es verlangt von den Versicherten u.a. eine wesentlich höhere Selbstbeteiligung bei den Kosten für Arzneimittel, stationäre Behandlungen oder Brillengestelle.

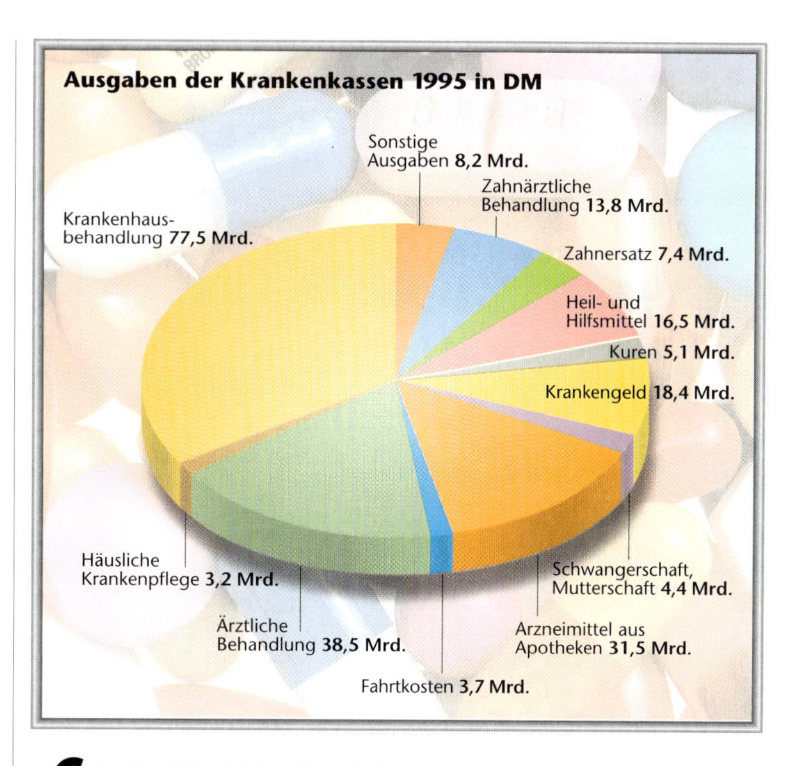

Gewebekleber

Um eine Wunde zu verschließen greift der Chirurg auch heute noch zu Nadel und Faden. Dabei verwendet man im Innern des Körpers, also dort wo man nach dem Wundverschluss nicht mehr eingreifen kann, resorbierbare Fäden, die sich im Verlauf des Heilungsprozesses nach und nach auflösen. An der Körperoberfläche dagegen verschließt man Wunden meist mit nicht resorbierbaren Fäden, da hier die Spannungen am größten sind, der Faden also lange stabil bleiben muss. Diese Fäden müssen später gezogen werden. Inzwischen gibt es aber auch die Möglichkeit eine Wunde durch Gewebekleber zu verschließen. Am besten verträglich sind so genannte Fibrinkleber, die aus menschlichem Blut gewonnen werden. Fibrin ist eine Substanz, der bei der Blutgerinnung zentrale Bedeutung zukommt und die in flüssiger Form, als Fibrinogen, im Blutplasma enthalten ist. Verletzt man sich, werden an der Wunde Stoffe freigesetzt, die das Fibrinogen in das faserige Fibrin umwandeln, das dann einen ersten netzartigen Wundverschluss, den späteren Schorf, erzeugt. Fibrinkleber imitieren diesen Mechanismus und werden meist in Form eines Schaums angebracht, der alle benachbarten Gewebestrukturen durchdringt und stabilisiert und gleichzeitig jede Blutung stillt. Man verwendet Fibrinkleber vor allem um die Wundränder in weichem Gewebe wie Leber, Nieren oder Milz zu schließen. Auch Hohlräume, die entstehen, wenn z.B. ein Tumor entfernt wurde, füllt man mit Fibrinkleber, denn in den Schaum wächst später körpereigenes Gewebe ein.

Ghostwriter

engl. ghost = Geist
engl. writer = Schreiber

Wenn bekannte Politiker in regelmäßigen Abständen Bücher mit ihren Gedanken, Einsichten und Erfahrungen veröffentlichen, fragt sich Otto Normalverbraucher, wie sie neben ihrem zeit- und energieraubenden Job noch die Muße finden diese Bücher zu schreiben. Des Rätsels Lösung: Sie schreiben nicht selbst, sie lassen schreiben. Sie engagieren einen Ghostwriter, der gegen Honorar in ihrem Namen ein Manuskript verfasst und alle Rechte an dem Text an den Auftraggeber abtritt. Diese anonym im Hintergrund wirkenden Ghostwriter sind es, die die Reden vieler Politiker ausarbeiten. Aber Ghostwriter gehören nicht nur zum Stab viel beschäftigter Politiker. Auch die Memoiren so mancher Berühmtheit der Show- und Sportszene wurden von einem anderen verfasst. Denn nur selten treffen zwei Talente zusammen, sodass ein erfolgreicher Fußballspieler nicht zwangsläufig auch ein launiger Erzähler ist. Ghostwriter, meist gelernte Journalisten, stellen dann ihre Formulierungskünste zur Verfügung um das auszudrücken, was der Betreffende sagen will. Ebenso sind die Star-Kolumnen in Zeitungen und Zeitschriften oft das Produkt eines Ghostwriters. In diesen Fällen erhält der jeweilige Star ein Honorar dafür, dass er seinen populären Namen zur Verfügung stellt, unter dem dann ein anonymes Mitglied der Redaktion Meinungen zum Besten gibt.

Girlies

Bis Mitte der 90er-Jahre war in der sonst breit gefächerten Jugendszene eines ganz klar: Es gab Mädchen und es gab Jungs. Dann tauchten aber plötzlich die Girlies auf, die frechen Kindfrauen im Schulmädchenlook. Mit ihren braven Zöpfen, geblümten Minikleidchen und kniehohen Schnürstiefeln posierten sie selbstbewusst auf Werbeplakaten und füllten mit ihren engen bonbonfarbenen T-Shirts, kurzen Faltenröcken, klobigen Pumps oder flachen Spangenschuhen seitenweise die Modemagazine. Zur gleichen Zeit feierte die deutsche Popsängerin Lucilectric, selbst ein Girlie, mit ihrem Liedchen *Weil ich ein Mädchen bin* die Vorzüge dieser neuen Weiblichkeit. Heike Makatsch, damals noch Jungmoderatorin des TV-Musikkanals *Viva*, bewies mit ihrem mädchenhaften Witz, dass niedliches Aussehen und Intelligenz sich nicht ausschließen müssen, und wurde von den Medien prompt zum Girlie-Idol erhoben. Seitdem ist der neue Mädchen- und Frauentyp auf dem Vormarsch. Denn Girlie zu sein ist nicht nur eine Frage des Alters und der äußeren Erscheinung, sondern vor allem Einstellungssache. Girlies nehmen sich unbekümmert das Recht rotzfrech, derb, barsch, genussorientiert, egoistisch, sexy, kokett und frivol zu sein. Sie können mit Lippenstift und Bohrmaschine gleichermaßen gut umgehen, interessieren sich für Mode und reißen selbstsicher die Jungs auf, die ihnen gefallen. Girlies halten mehr von Pippi Langstrumpf als von Alice Schwarzer und betrachten die Errungenschaften der Emanzipation, für die einst ihre Mütter kämpften, als selbstverständlich. Zwar wollen auch sie eigenständig und unabhängig sein, einen Beruf haben und Geld verdienen, doch ist ihnen verbissene Männerfeindlichkeit

Heike Makatsch entspricht dem Bild eines typischen Girlies: niedlich und kess.

fremd. Ob die forschen Girlies jedoch tatsächlich einen neuen Frauentyp verkörpern oder lediglich eine vorübergehende Modeerscheinung oder gar nur eine der zahlreichen Erfindungen der Medien sind, wird erst die Zeit zeigen, wenn die heutigen Girlies aus ihren wilden Jahren herausgewachsen sind.

Glasfaserkabel

Lange Zeit konnte man Daten und Tonsignale nur übertragen, indem man sie in elektrische Impulse umwandelte und diese durch ein Kupferkabel weiterleitete. Die Übertragungskapazität dieser Kupferkabel war allerdings verhältnismäßig gering. Erst mit den Glasfaserkabeln waren die materiellen Voraussetzungen für die ► **Datenautobahn** des anbrechenden Informationszeitalters gegeben. Denn sie ermöglicht es, Datenmengen von 2,5 Gigabit (= 2,5 Mrd. ► **Bit**) pro Sekunde zu übertragen. Glasfaserkabel sind Lichtwellenleiter, d.h., digitale Signale (Daten) oder analoge Signale (Sprache) müssen in Lichtimpulse umgesetzt werden. Jedes Kabel wird von einem Bündel einzelner Lichtleitfasern gebildet, die an den Enden zusammengefasst sind. Jede dieser Fasern besteht aus einem haarfeinen Glaskern, den ein lichtdichter Mantel umgibt. Der Lichtimpuls, der in eine Faser fällt, durchläuft sie im Zickzackkurs, denn er wird immer wieder an der Grenze zum Mantel reflektiert. Auf diese Weise kann der Lichtimpuls auch allen Biegungen des Kabels folgen. Dabei geht kaum Licht verloren, sodass man bei Glasfaserkabeln nur in sehr großen

Glasfaserkabel (oben reflektieren Hände die Lichtimpulse) finden auch in der Verkehrsleittechnik (rechts) Verwendung.

Abständen – zum Teil mehr als 130 km – einen Signalverstärker benötigt (zum Vergleich: bei Kupferkabeln alle 4–5 km). Am Ende des Kabels werden die Lichtimpulse dann wieder in digitale oder analoge Signale zurückverwandelt. So kann ein Glasfaserkabel beispielsweise rund 30000 Telefongespräche gleichzeitig übertragen. Bilder, Texte und Computerdaten erreichen über Glasfaserkabel ebenfalls in kürzester Zeit ihren Empfänger. In dem geplanten Integrierten Breitband-Fernmeldenetz (IBFN) der deutschen Telekom, einer Weiterentwicklung des ► **ISDN**, sollen dann über die Glasfaserkabel auch Fernseh- und Rundfunksendungen übertragen werden. Das angepeilte Ziel ist es, jeden Haushalt und jeden Betrieb über Glasfaserkabel miteinander zu verbinden.

Glasnost

russ. glasnyj = öffentlich

„Wir brauchen die Demokratie wie die Luft zum Atmen." Mit diesem Satz leitete Michail Gorbatschow, damals Generalsekretär der KPdSU, 1987 in der Sowjetunion ein Reformprogramm, die ► **Perestroika**, ein, zu der auch die Glasnost gehört. Glasnost steht für das Bestreben Entscheidungsprozesse in Partei und Regierung für die Öffentlichkeit durchsichtiger zu machen und damit der Bevölkerung mehr Mitsprachemöglichkeiten einzuräumen. Dazu sollten zum einen Partei und Regierung ihre bislang restriktive Informationspolitik aufgeben, zum andern sollten die Medien aber auch zum Forum für Kritik aus der Bevölkerung werden. Die von Gorbatschow durchgesetzten Reformen und die Öffnung von Partei und Regierung zu mehr Demokratie leiteten eine Umgestaltung des gesamten ehemaligen Ostblocks ein und führten schließlich zum Zerfall der Sowjetunion.

Gleitzeit

In Deutschland begann man in der zweiten Hälfte der 60er-Jahre erstmals über Modelle zur Flexibilisierung der Arbeitszeit nachzudenken. Damals wurde in vielen Betrieben die starre Arbeitszeit, bei der alle Firmenmitglieder gleichzeitig die Arbeit aufnahmen und beendeten, durch die Gleitzeit abgelöst. Jetzt konnten die Arbeitnehmer innerhalb eines bestimmten zeitlichen Rahmens den Arbeitstag beginnen und beenden. Die Zeitspanne zwischen dem spätestmöglichen Arbeitsbeginn und dem frühestmöglichen Arbeitsende gilt als Kernzeit, zu der alle Mitglieder eines Betriebs am Arbeitsplatz sein müssen. Wie die Gleitzeit im Einzelnen geregelt ist, wird in einer Betriebsvereinbarung festgelegt, die Arbeitgeber und Betriebsrat aushandeln. Diese Betriebsvereinbarung bestimmt auch, bis zu welcher Höhe die tatsächliche Arbeitszeit von der Sollarbeitszeit abweichen darf und innerhalb welcher Zeit die Abweichungen ausgeglichen werden müssen.

Globalisierung

Im weitesten Sinn setzte eine Globalisierung bereits vor rund 100 Jahren ein. Denn mit der Entwicklung moderner Verkehrs- und Transportmittel Ende des 19. Jh. wurde die Welt ein bisschen kleiner. Und weiter rückte sie mit dem Fortschritt der Kommunikationsmittel zusammen, angefangen beim Telegrafen und beim Telefon über Rundfunk und Fernsehen bis hin zum ► **Internet.** Ob Nachrichten, Waren oder Knowhow – der Austausch über die Grenzen der Nationalstaaten hinweg wurde und wird immer einfacher. Vor allem in den letzten Jahren hat sich die Entwicklung zu einer Globalisierung drastisch beschleunigt. Die Organisation für wirtschaftliche Zusammenarbeit und Entwicklung (OECD) definiert Globalisierung als einen „Prozess, durch den Märkte und Produktion in verschiedenen Ländern immer stärker voneinander abhängig werden; gefördert wird dieser Prozess durch die Dynamik des Handels mit Gütern und Dienstleistungen und durch die Bewegungen von Kapital und Technologie“. Die Folge ist zum einen eine zunehmende internationale Verflechtung der Wirtschaft, zum andern sind die Unternehmen auf dem Weltmarkt einer deutlich schärferen Konkurrenz ausgesetzt.

Golden Four

engl. golden = golden
engl. four = vier

Was im Tennis der ► **Grand Slam Cup**, das sind in der Leichtathletik die Golden Four, vier Wettkämpfe in den Städten Oslo, Zürich, Brüssel und Berlin. Dort versuchen die besten Sportler der 16 Grand-Prix-Veranstaltungen noch einmal ihre Höchstleistungen zu zeigen oder sogar zu überbieten. Zu den Golden-Four-Wettbewerben werden rund 30 Spitzenathleten eingeladen oder, genauer gesagt: Sie werden zu frei ausgehandelten Preisen engagiert, wobei ihr Marktwert entscheidend ist. Denn bei den Leichtathleten der Golden Four handelt es sich um Berufssportler, ähnlich den Fußball- oder Tennisprofis. Sieger in einer Disziplin der Grand-Prix-Serie

Vier Athleten konnten sich 1995 nach dem Finale der Golden Four über Gold freuen: Sonia O'Sullivan, Natalja Schikolenko, Michael Johnson und Gwen Torrence (von links nach rechts).

kassierten 1995 beispielsweise Antrittsgelder zwischen 50000 und 75000 Dollar. Hinzu kommen Sonderleistungen wie eine kostenlos zur Verfügung gestellte Hotelsuite oder eine Limousine. Aber auch für weniger prominente Athleten lohnt sich die Teilnahme an den Golden Four, da es neben den Antrittsgeldern nach einem festen Prämiensystem gestaffelte Preisgelder gibt. Wer bei allen vier Treffen in seiner Disziplin ungeschlagen bleibt, wird obendrein noch mit dem Jackpot belohnt, der 20 kg Goldbarren enthält. Gibt es mehrere Sieger, wird der Gewinn geteilt. Beim Finale der Golden Four im September 1995 in Berlin erhielten die Sportler insgesamt 3,2 Mio. DM.

Golden Goal

engl. golden = golden
engl. goal = Tor

Damit Fußball für die Zuschauer noch spannender wird, entwickelte die ► **FIFA** 1992 die Idee des Golden Goal: Wenn bei der Fußballweltmeisterschaft die 90-minütige Spielzeit mit einem Torgleichstand der beiden gegnerischen Mannschaften endet, soll in der üblichen Verlängerung von zweimal 15 Minuten das erste Tor, das Golden Goal, die Entscheidung bringen. Gelingt es keiner der beiden Mannschaften, während der Verlängerung einen Treffer zu erzielen, kommt es zum traditionellen Elfmeterschießen. 1996 führte die UEFA diese Regelung auch für die Europameisterschaften ein und Deutschland gewann durch das einzige Golden Goal des Turniers das Endspiel gegen die Tschechische Republik. Das

Verfahren, das gelegentlich auch als „schneller Tod“ bezeichnet wird, ist allerdings nicht unumstritten und in den internationalen Fußballverbänden diskutieren die verantwortlichen Funktionäre über eine Abschaffung der Regel.

Gore-Tex

Ende der 60er-Jahre entdeckte der Amerikaner Bob Gore, dass man den Kunststoff PTFE extrem dehnen und daraus eine Membran herstellen kann, die so atmungsaktiv und wasserdicht ist wie die Haut des Menschen. Diese Erfindung brachte seine Firma W. L. Gore & Associates unter dem Markennamen Gore-Tex auf den Markt. Zunächst wurde das vielseitige Produkt u. a. in der Raumfahrt und Medizintechnik eingesetzt. Erst sehr viel später kam man auf die Idee das atmungsaktive Material auch für Textilien zu nutzen. Heute ist Gore-Tex, das inzwischen zahlreiche Nachahmer gefunden hat, hauptsächlich als wetterfeste Sport- und Freizeitbekleidung bekannt. Vor allem Bergsteiger und Skifahrer, die extrem rauen Witterungsverhältnissen ausgesetzt sind, wissen das Material zu schätzen. Denn dank seiner hauchfeinen Poren hat Gore-Tex die Fähigkeit zwar

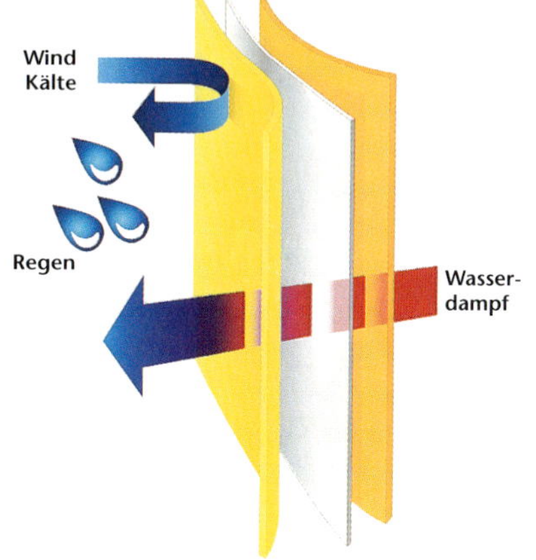

Gore-Tex lässt zwar den Schweiß verdampfen, hält aber Wasser und Wind ab.

Dampf, aber kein Wasser durchzulassen. Während der bei körperlicher Anstrengung erzeugte Schweiß ohne Schwierigkeiten durch die mikroskopisch kleinen Löcher der Membran entweicht, können die sehr viel größeren Regentropfen dieses „Sieb“ nicht passieren. Da man das äußerst dünne Material nicht direkt zu Kleidungsstücken verarbeiten kann, wird die Membran zwischen Oberstoff und Futter eingebettet. Weil Oberstoff und Futter irgendwann verschleißen, die Kunststoffmembran aber weitgehend unbeschädigt bleibt, bietet die Firma W. L. Gore an, gebrauchte Kleidungsstücke mit ihrem Markenzeichen zurückzunehmen um die Membran weitgehend wieder zu verwerten (► **Recycling**).

GPS

engl. global positioning system = weltweites Navigationssystem

Mit dem ► **Navigationsleitsystem** GPS können Flugzeugpiloten, Schiffsnavigatoren, Sportsegler und selbst Wanderer an jedem Punkt der Erde ihre Position bis auf den Meter genau bestimmen. Ursprünglich hatte das amerikanische Verteidigungsministerium dieses System, das auch als NAVSTAR/GPS bekannt ist, installiert um vom Weltraum aus Raketen zu steuern; nach dem Ende des Kalten Krieges wurde es aber ebenfalls zur zivilen Nutzung freigegeben. Wichtigste Elemente sind 25 Satelliten, die sich auf verschiedenen Umlaufbahnen in einer Erdentfernung von 20200 km bewegen. Ununterbrochen funken sie zusammen mit der Uhrzeit Angaben zu ihrer Position. Empfänger auf der Erde, nicht größer als ein Autoradio, können aus den Signalen von mindestens drei Satelliten die eigene Position in Längen- und Breitengrad errechnen. Sie vergleichen jeweils die Empfangs- mit der Sendezeit und ermitteln daraus die Laufzeit der Signale, wodurch sich wiederum die Entfernung zwischen Sender und Empfänger bestimmen lässt.
Die USA setzten GPS 1991 im Golfkrieg ein. Sie lenkten damit nicht nur Langstreckenraketen und gaben Flugzeugen, Schiffen und Panzern Orientierungshilfe, sondern auch ihren Bodentruppen. Zusammen mit dem satellitengestützten Navigationssystem Glonass der ehemaligen Sowjetunion läuft GPS heute unter der Bezeichnung GNSS (*Global Navigation Satellite System*). Derzeit ist man in den USA dabei, das GPS-Verfahren bis in den Zentimeterbereich zu verfeinern um damit Flugzeuge bis zur Landung auf jeder beliebigen Landebahn leiten zu können. Zur Navigation von Autos wird es bereits eingesetzt und mithilfe von GNSS wurden die beiden Eingänge des ► **Eurotunnels** in England und Frankreich so exakt vermessen, dass die Tunnelbauer unter der Mitte des Kanals genau aufeinander trafen.

Graffiti

ital. graffito = Kratzputz

Als *sgraffito* oder *graffito* bezeichnete man in Italien ursprünglich ein Muster, das in die noch feuchte oberste Putzschicht eines Hauses geritzt wurde. Heute versteht man darunter farbige Bilder, Sprüche und Schriftzüge, die vorzugsweise auf öffentliche Mauern gemalt oder mit der Spraydose aufgesprüht werden. Neben Betonwänden und Unterführungen sind auch Brücken, Eisenbahnwaggons und ganze S- bzw. U-Bahn-Züge beliebte Objekte der *writers* (Schreiber), wie sich die Urheber selbst nennen. Die bunten Bilder heißen *pieces* (Stücke), die häufig einfarbigen Schriftzüge *tags* (Etiketten). Spätestens seit Harald Naegeli, dem ► **Sprayer** von Zürich, sind Graffiti, die um 1968 in New York aufkamen, auch in Europa verbreitet und mittlerweile als Kunst anerkannt. Die meisten Betrachter mögen diese modernen Gemälde, einige sehen

Graffiti auf tristen Betonwänden bringen Farbe ins graue Großstadteinerlei.

darin aber nur Schmierereien auf fremdem Eigentum, die entfernt gehören. Die Gerichte hierzulande ahnden illegale Graffiti als Sachbeschädigung denn die Säuberung einer bemalten Fläche ist kostspielig. Daher arbeiten Graffitikünstler anonym oder unter einem Spitznamen und nur wenigen gelingt wie dem Amerikaner Keith Haring der Weg ins Museum. Vielerorts, wo man Graffiti als Bereicherung für das Stadtbild sieht, bietet man den *writers* heute die Möglichkeit Wände ganz offiziell mit Graffiti zu verschönern. Legal sind auch Fassadengraffiti, in Auftrag gegebene Malereien auf Hauswänden, die von Los Angeles nach Europa kamen.

Grand Slam Cup

Jeden Dezember findet in der Münchener Olympiahalle der Grand Slam Cup statt, das höchst dotierte Tennisturnier der Herren. Zu der Veranstaltung werden die 16 Spieler geladen, die zuvor in den vier Grand-Slam-Turnieren von Sydney (Australien), Wimbledon (Großbritannien), Paris (Frankreich) und New York (USA) am besten abgeschnitten haben. Der Name Grand Slam, zu Deutsch großer Schlemm, kommt aus dem Kartenspiel und bezeichnet das Einheimsen aller Stiche. 1933 soll ihn ein Reporter der *New York Times* auf den Tennissport übertragen haben.
Kritiker meinen, es gehe bei diesem ► **Event** weniger um Tennis als vielmehr um das große Geld. Schon bei der Premiere im Jahr 1990 betrug das Preisgeld 6 Mio. Dollar. Die Verlierer jeder Runde erhalten ein gestaffeltes Teilhonorar, der Gewinner erhält in der Regel 1,5 Mio.Dollar. Überdies werden 2 Mio. dem Grand-Slam-Development-Fonds zur Verfügung gestellt, der den Tennissport in Osteuropa und in Drittländern unterstützt. Erster Sieger im Grand Slam Cup war Pete Sampras, 1996 gewann Boris Becker. Da die Computerfirma Compaq einer der Hauptsponsoren des Turniers ist, wird es auch Compaq Grand Slam Cup genannt. Geplant ist ein Grand Slam Cup für Damen, die schließlich ebenfalls bei den vier Grand-Slam-Turnieren spielen. Er soll mit dem Grand Slam Cup der Herren zusammengelegt werden.

Grappa

Zu den beliebtesten ► **Digestifs**, den hochprozentigen Verdauungsdrinks, zählt der italienische Grappa mit seinem feinfeurigen Aroma. Als so genannter Tresterbranntwein wird er durch Gärung und Destillation aus den Rückständen gepresster Trauben, also aus deren Schalen, Kernen und Stielen, gewonnen. Sein Name kommt von dem italienischen Wort *grappolo,* Traube. In spanischsprachigen Ländern und Kalifornien heißen die dort hergestellten Tresterbranntweine ebenfalls Grappa. Inzwischen ist der Grappa auch in Deutschland zum Modegetränk avanciert und italienische Restaurants bieten – oft auf dem Grappawagen – eine Auswahl verschiedener Sorten an.

In der Toskana wachsen die Trauben, aus deren Rückständen der berühmte Grappa gebrannt wird.

Graue Panther

Um für die Rechte und Anliegen alter Menschen zu kämpfen gründete Trude Unruh 1975 in Wuppertal nach dem Vorbild der amerikanischen Bewegung gleichen Namens den Seniorenschutzbund Graue Panther. Sein Ziel ist es, den ► **Senioren** ein Leben in Würde zu ermöglichen. Er setzt sich für ein selbstbestimmtes Leben im Alter, eine gesetzliche Mindestrente und eine Verbesserung der Wohnverhältnisse in Alters- und Pflegeheimen ein. Immer wieder deckt er skandalöse Entmündigungen auf, prangert Missstände in Altenpflege und Psychiatrie an und fordert die Auflösung menschenunwürdiger Anstalten. Die Grauen Panther unterhalten heute in ganz Deutschland zahlreiche Außenstellen, an die sich Hilfsbedürftige wenden können. Sie haben ein Bildungswerk, Hilfsdienste und so genannte Lebenshäuser, wo Jung und Alt zusammenleben. 1989 wurde die Partei Die Grauen gegründet.

Greenpeace

Dass diese internationale Umweltschutzorganisation so bekannt ist, verdankt sie vor allem ihren spektakulären Aktionen, die sie immer wieder in die Schlagzeilen und ins Fernsehen bringen. So konnte man im September 1995 am Bildschirm mitverfolgen, wie die französische Marine das Greenpeaceschiff *Rainbow Warrior II* vor Mururoa enterte und die Crew gefangen nahm. Die Aktivisten hatten in der Zwölfmeilenzone gegen Frankreichs letzte Serie von Atomtests im Südpazifik protestiert, sie aber nicht verhindern können. Erfolgreicher war im selben Jahr die groß angelegte Kampagne gegen die Versenkung der Ölplattform *Brent Spar* in der Nordsee. Es gelang der Ökoorganisation die Verbraucher zu einem Tankstellenboykott zu bewegen und der verantwortliche Shell-Konzern lenkte ein. Aus einer kleinen kanadischen Bürgerinitiative in Vancouver hervorgegangen, kämpft Greenpeace seit 1971 gewaltlos gegen die Zerstörung von Natur und Umwelt – der englische Name, der grüner Friede bedeutet, ist Programm. Auch Kinder und Jugendliche können mitmachen – für sie gibt es das Greenteam. Nach dem Motto „Taten statt Warten“ geht die Organisation, die heute Niederlassungen auf der ganzen Welt hat, auch mit weniger aufsehenerregenden Aktionen wie Unterschriftensammlungen gegen drängende Umweltprobleme an und hat schon manchen Skandal wie etwa Giftmülltransporte nach Osteuropa oder in

GREENPEACE ©

Mit ihrem Kampf gegen die Müllverbrennung auf hoher See (Bild oben links) war Greenpeace letztlich erfolgreich. Das Emblem ziert eine Friedenstaube.

Drittländer aufgedeckt. Die Erfolge können sich sehen lassen. Die Atombombenversuche in der Atmosphäre wurden gestoppt, die Giftmüllentsorgung auf hoher See eingestellt und ein weltweites Walfangverbot erreicht. Das Robbenschlachten wurde beendet und die Antarktis durch einen 50-jährigen Vertrag vor der Ausbeutung geschützt. Mit „Greenfreeze" präsentierte die Organisation 1992 den ersten ► **FCKW**-freien Kühlschrank der Welt. Andere Kampagnen wie der Kampf gegen Atommülltransporte (► **CASTOR**) sind noch in vollem Gang. Die Vereinigung, die in der Hauptsache durch Spenden, Beiträge und testamentarische Hinterlassenschaften finanziert wird, gilt als reichste Umweltschutzorganisation der Welt. Die interne Struktur entspricht mit Weltrat, Vorstand und internationaler Geschäftsführung der eines riesigen Konzerns. Greenpeace hat allerdings mittlerweile mit den gleichen Problemen zu kämpfen wie andere Konzerne auch: Führungsstil und organisatorische Struktur stehen immer wieder zur Diskussion.

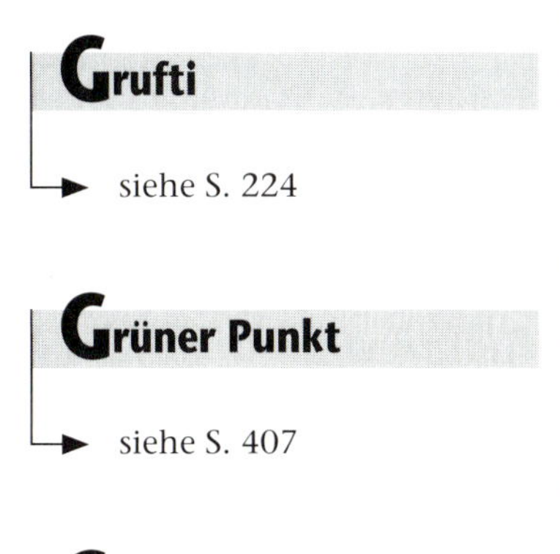

Grufti

→ siehe S. 224

Grüner Punkt

→ siehe S. 407

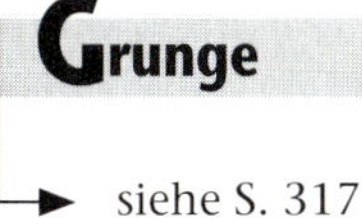

Grunge

→ siehe S. 317

Aus den Samenkapseln dieses südamerikanischen Kletterstrauchs wird der aufputschende Guaranaextrakt gewonnen.

Guarana

Schon seit Jahrhunderten verwenden die Amazonasindianer in Brasilien Guarana, das sie als Frucht der Freude und Liebe bezeichnen, als natürlichen Energiespender, besonders vor ihren Jagdausflügen. Sie pflücken die roten Früchte der *Paullinia cupana*, eines Seifenbaumgewächses, trocknen die Kerne und zerreiben sie zu einem Pulver, das sie in Wasser aufgelöst trinken.
In Deutschland ist der Guaranaextrakt erst seit einigen Jahren im Handel erhältlich. Die Samen enthalten bis zu 6,5% Koffein und 4,5% Guaranatin, das ebenfalls anregend wirkt. In einer Tasse Guarana ist ungefähr doppelt so viel Koffein wie in einer Tasse Kaffee. Das Getränk hat jedoch nicht nur eine anregende und aufputschende Wirkung, sondern führt auch zur Leistungssteigerung. Daher wurde Guarana in Westeuropa zunächst von den Sportlern entdeckt. Heute findet man den zu Pulver, Kapseln oder Kautabletten verarbeiteten Stoff in Naturkostläden, Kneipen und Diskos. Vor allem in der ► **Techno**-Szene ist Guarana zu einem Kultgetränk der Nachtschwärmer geworden.

GUS

Nach dem Zerfall der UdSSR schlossen sich im Dezember 1991 11 der 15 früheren Sowjetrepubliken zur Gemeinschaft Unabhängiger Staaten (GUS) zusammen. Sie erklärten die UdSSR für aufgelöst und Präsident Michail Gorbatschow für abgesetzt. Mit Ausnahme von Litauen, Lettland und Estland gehören seit 1993 alle ehemaligen Sowjetrepubliken zu der Gemeinschaft, die sich eine politische, wirtschaftliche, militärische und kulturelle Zusammenarbeit zum Ziel gesetzt hatte. Die Kooperation sollte sich auch auf eine gemeinsame Außenpolitik, den Umweltschutz und den Kampf gegen die ► **organisierte Kriminalität** erstrecken.
In ihrem Gründungsvertrag verständigten sich die Mitglieder u.a. auf eine gegenseitige Anerkennung der Unabhängigkeit und territorialen Unverletzlichkeit der Einzelstaaten. Das einheitliche Oberkommando über die Streitkräfte sollte bestehen bleiben, Atomwaffen an Russland übergeben und dort zum Teil vernichtet werden. Russland erhielt auch den Sitz im ► **UN-Sicherheitsrat** und in anderen internationalen Organisationen. In der Zwischenzeit wurden weitere Sonderabkommen geschlossen. So vereinbarten im März 1996 Russland, Weißrussland,

Kasachstan und Kirgisistan die Einführung einer Zollunion nach dem Vorbild der EU. Russland und die Ukraine beschlossen Ende 1995 eine enge militärische Zusammenarbeit. So wie die GUS ursprünglich geplant war, ist sie allerdings nie realisiert worden. Zu unterschiedlich sind die Interessen der einzelnen Mitglieder und auch im Innern sehen sich die Staaten teilweise kaum zu bewältigenden Problemen gegenüber. Jede Republik ist in sich ein Vielvölkerstaat, in dem ethnische, religiöse und kulturelle Gegensätze aufeinander prallen. Die Zahl der Krisenherde, vor allem im Kaukasus und in Zentralasien, ist groß. Immer wieder kämpfen einzelne Regionen für ihre Unabhängigkeit. Bürgerkriege waren und sind die Folge, so in Aserbaidschan, Tadschikistan, Georgien und in Tschetschenien (► **Kaukasuskonflikt**). Millionen wurden durch diese Konflikte heimatlos.
Für zusätzlichen Zündstoff sorgen die großen wirtschaftlichen Probleme, denen sich die GUS-Staaten gegenübersehen, und die Bestrebungen Russlands seine Vormachtstellung weiter auszubauen. Auch die Sorge, wer nach Boris Jelzin die Macht im Kreml übernehmen wird, trägt nicht gerade dazu bei, die Gemeinschaft zu stärken.

Gym-Mode

Kaum jemand traut sich heutzutage noch im alten mausgrauen Trainingsanzug ins Fitnessstudio. Denn wer dort vor den kritischen Augen der anderen bestehen will, muss seine Freude an körperlicher Bewegung mit schicker Sportbekleidung neuester Mode (*gym* ist die gängige englische Abkürzung von Gymnastik) unterstreichen. Erlaubt ist, was hauteng sitzt und auffällt – je greller, desto besser.
Die Sportkleidung war allerdings nicht von jeher der Mode unterworfen. In den 50er-Jahren, als Gymnastik noch ganz schlicht Körperertüchtigung bedeutete, turnte die Damenwelt in Steghosen aus elastischem Nylongewebe. Zweckmäßigkeit und Haltbarkeit standen damals im Vordergrund. Dies sollte sich erst ändern, als die Amerikanerin Jane Fonda 1979 in Beverly Hills ein Aerobicstudio gründete und der Siegeszug einer ganz neuen Art von Gymnastik begann (► **Aerobic**). Hollywoodglanz gepaart mit der Aussicht auf eine straffe jugendliche Figur zog Millionen von Frauen an, die sich nun zu den dynamischen Klängen von Rockmusik bewegten, bis sie außer Atem waren.
Die lustvolle Selbstinszenierung des schlanken, geschmeidigen Körpers verlangte nach einer neuen Kleidung: Die Gym-Mode mit ihren eng anliegenden, buntfarbigen Trikots entsprach dem Trend. Aus dem klassischen Gymnastikanzug entstand der aus den Fitnessstudios nicht mehr wegzudenkende ► **Body** aus glänzendem, vollelastischem Material mit vorn und seitlich hochgezogenem Beinausschnitt. Darunter werden nach Belieben eine Radlerhose oder ► **Leggings** in einer möglichst kontrastierenden Modefarbe getragen. Zu Jane Fondas Zeiten zog man dazu noch einen die Taille betonenden Lackgürtel sowie gestrickte Wollstulpen an, aber diese Details sind heute überholt. Eine Alternative zur Kombination von Body und Leggings stellt der Catsuit dar. Dieser wie eine zweite Haut sitzende Katzenanzug wird mit einem sich farblich absetzenden Stringtanga optisch ergänzt, wobei der dreieckige Slip mit neckischer Hintenansicht, der wie ein Bikinihöschen über dem langbeinigen Einteiler getragen wird, überhaupt keinen praktischen Zweck erfüllt. Die flotten Trikots, Anzüge und Accessoires der Gym-Mode finden heute nicht mehr nur im Sporttraining, sondern auch als pfiffige Freizeitkleidung zu Hause oder beim Diskobesuch Verwendung.

Telefonkarten zu manipulieren ist für einen Hacker ein Kinderspiel.

Hacker

engl. to hack = hacken

Ursprünglich bezeichnete man als Hacker ► **Computerfreaks**, die stundenlang über eine klappernde Tastatur Programmzeilen in ihren Computer eingeben oder einhacken. Erst später übertrug man den Begriff auf jemanden, der mit seinem ► **PC** in fremde Computernetze einbricht und sich widerrechtlich Daten verschafft. Um deren Sicherheitsvorkehrungen zu überlisten mussten viele Passwortvorschläge „eingehackt" werden, was bald aber speziellen Hackerprogrammen überlassen wurde.
Je mehr die weltweite Vernetzung der Computer voranschreitet (► **Internet**), desto mehr nimmt auch die Computerkriminalität zu. Hacker kopieren und verkaufen Software und Dateien und ergaunern damit Millionenbeträge. Sie lesen die ► **E-Mail** anderer Leute, heben mit den geknackten Geheimzahlen fremder Kreditkarten Geld ab und können obendrein ► **Computerviren** einschleusen. Doch nicht jeder Hacker hat kriminelle Absichten; für viele ist das Hacken eine Art Sport, mit dem sie sich beweisen können, wie schlau sie sind. Andere verstehen sich gar als Experten für Computersicherheit und stellen ihr Wissen Firmen zur Verfügung um Lücken in deren Datensicherheit aufzuspüre, oder sie machen Jagd auf andere Hacker. In Programmiererkreisen versteht man unter einem Hacker ebenso einen besonders cleveren, wenn auch chaotischen Entwickler. Die von ihm flott „gehackten" Programme, so genannte Hacks, funktionieren zwar, sind aber nicht vorschriftsmäßig konstruiert.

Hairextensions

engl. hair = Haar
engl. extension = Verlängerung

Manche Frau hätte gern eine völlig andere Frisur, sei es einen Pferdeschwanz oder eine Löwenmähne, dekorative Zöpfchen wie Bo Derek oder verwegene Rastalocken à la Bob Marley. Solche ausgefallenen Wünsche können dank Hairextensions Wirklichkeit werden. Mit diesem Verfahren erzielt man längeres oder fülligeres Haar und kann aktuelle Trendfrisuren kreieren ohne das Eigenhaar zu verändern. Inspiriert durch die extravaganten Haarkreationen der ► **Punks**, entwickelte der Londoner Starfriseur Simon Forbes diese aufwendige Technik Ende der 70er-Jahre. Dabei wird ein spezielles Synthetikhaar namens Monofibre, das ganz natürlich aussieht, in Form einzelner Strähnen mit dem Eigenhaar knapp über der Kopfhaut verflochten und mit einem Wärmegerät versiegelt. So kann der Friseur nicht nur hypermoderne Frisuren gestalten, sondern auch klassische Wellen und Locken. Die Extensions können im Farbton auf das echte Haar abgestimmt oder bunt gefärbt sein. Sie lassen sich wie das eigene Haar waschen, föhnen und kämmen. Da sie aber mit dem Eigenhaar herauswachsen, müssen sie nach drei Monaten wieder gelöst werden.

Haare wachsen zu lassen ist eine langwierige Angelegenheit. Viel schneller geht's mit Hairextensions.

Halfpipe

engl. half = halb
engl. pipe = Rohr, Röhre

Bei bestimmten Sportarten dient eine nach oben offene Röhre als Trickfahrbahn. Die Halfpipe für Skateboards ist in der Regel aus Holz, beim ► **Snowboarding** ist sie aus Schnee gebaut. Die Fahrer flitzen in dieser Halbröhre von der einen Steilwand zur anderen und wieder zurück und vollführen dabei allerlei waghalsige Sprünge und Tricks, die alle englische Namen tragen, da die Halfpipewettbewerbe ursprünglich aus Amerika kamen. Handplants etwa sind einarmige Handstände. Beim McTwist geht es vorwärts aus der Bahn in die Luft, wo der Fahrer eine eineinhalbfache Drehung macht. Bei Höhenrekorden, den Air Contests, wird gemessen, wie hoch ein Fahrer in die Luft steigt. Geübte schaffen 3,5 m und mehr. Die Wettbewerbe erfreuen sich heute auch in Deutschland wachsender Beliebtheit.

Die gewagten Drehungen und Sprünge in der Halfpipe sind nichts für Leute mit schwachen Nerven.

Junge Hamas-Aktivisten schwören auf einer Mauer Rache für das Massaker von Hebron, bei dem ein jüdischer Siedler 1994 über 50 Palästinenser tötete.

Hamas

Wenn man von der Verzögerung des Friedensprozesses im Nahen Osten spricht, fällt immer auch der Name Hamas. Hamas bedeutet auf Arabisch Begeisterung und ist zugleich die Abkürzung für eine islamisch-fundamentalistische Organisation, die wie der ► **Dschihad** und die ► **Hisbollah** den mittlerweile von der PLO verfolgten Aussöhnungskurs mit Israel scharf ablehnt und ihre Forderungen stattdessen mit Terroranschlägen durchzusetzen versucht. Sie ging aus einer palästinensischen Moslembrüderschaft in dem von Israel besetzten Gazastreifen hervor, die sich als sozial-religiöse Institution verstand. Im Verlauf der Intifada, des Palästinenseraufstands, radikalisierte sich ein Teil der Moslembrüder und gründete 1988 unter Scheich Ahmed Jasin die militante Widerstandsbewegung Hamas. Ihr Ziel ist ein ungeteiltes Palästina unter islamischer Führung und eine Zerstörung Israels. Zahlreiche Morde an palästinensischen Kollaborateuren sowie Selbstmordattentate, die viele israelische Zivilisten das Leben kosteten, gehen auf das Konto der Hamas. Nachdem sich die Hamas 1995 geweigert hatte ihre Waffen an die Regierung der palästinensischen Autonomiegebiete abzugeben, verbot die PLO im folgenden Jahr bewaffnete Fundamentalistengruppen und nahm mehrere Hundert Hamas-Anhänger fest.

Handikap

engl. handicap = Behinderung, Nachteil

In der englischen Sprache leidet ein Körperbehinderter an einem Handikap, d. h., er ist benachteiligt. Im Golfsport versteht man unter einem Handikap eine Vorgabe bei kleineren Wettkämpfen, die einem schwächeren Spieler die Chance gibt mit starken Spielern zu konkurrieren und vielleicht sogar zu gewinnen. Das Handikap wird vom Klubkomitee festgelegt und errechnet sich aus der Differenz zwischen dem Platzstandard, der bei einem 18-Loch-Meisterschaftsplatz bei 72 liegt, und der Zahl von Schlägen, die der jeweilige Spieler dafür braucht. Das Mehr an Schlägen ist das Handikap des Spielers.
Das höchste Handikap ist in Deutschland 36, international 28, und das niedrigste 0. Spielt ein absoluter Profi mit Handikap 0 gegen einen schwächeren Gegner mit Handikap 8 und benötigt 74 Schläge, sein Gegner jedoch 81, so gewinnt dennoch der Schwächere. Denn 81 minus 8, dem Handikap, führt zu einem Nettoergebnis von 73 Schlägen.

Handy

engl.= handlich, griffbereit

Immer mehr Telefonkunden entdecken die Vorzüge der kleinen schnurlosen Funktelefone. Man kann die Handys, die in der Englisch sprechenden Welt *mobile phones* genannt werden, in der Westen- oder Handtasche überallhin mitnehmen und ist so in jeder Lebenslage erreichbar. Ein Pfarrer soll sogar seine Predigt unterbrochen haben, als sein Handy klingelte.
Ermöglicht wird das drahtlose Telefonieren durch den ► **Mobilfunk**. Mit modernen Handys kann man aber nicht nur telefonieren, sondern auch kurze Textmitteilungen auf dem ► **Display** empfangen. Hat man ein mobiles Faxgerät oder einen tragbaren ► **Laptop** angeschlossen, so kann man darüber hinaus Computerdaten und ► **Faxe** übermitteln. Es gibt aber auch schon Handys, die alle diese Funktionen in sich vereinen. Wenn man sie aufmacht, kommt ein Minicomputer zum Vorschein.
In Deutschland stehen für das mobile Telefonieren verschiedene Netze zur Verfügung. Man braucht dazu eine so genannte Freischaltkarte des jeweiligen Anbieters, wobei die Gebühren stark variieren können. Waren die Nutzer der ersten Stunde, also zu Beginn der 90er-Jahre, hauptsächlich Geschäftsleute, so wächst heute die Zahl der privaten Kunden sprunghaft an.
Durch den harten Konkurrenzkampf der Anbieter und technische Neuerungen wird das mobile Telefonieren immer billiger und bis zum Jahr 2000 wird jeder sechste Deutsche mit einem Handy ausgestattet sein. Das immer enger werdende Netz des Mobilfunks wird es eines Tages theoretisch möglich machen jeden Menschen auf der Welt mit dem Handy zu erreichen. In die allgemeine Handy-Euphorie mischen sich allerdings zunehmend auch kritische Stimmen, die auf Sicherheitsrisiken und mögliche gesundheitliche Gefahren hinweisen (► **Elektrosmog**).

Hardcore

Wer sich einen Hardcoreporno ausleiht, will härtesten Sex mit allen Einzelheiten sehen. Das englische Wort *hardcore* (harter Kern) steht für alles Extreme, Fanatische und Fundamentalistische. So spricht man etwa von Hardcorepunks, aber auch von Hardcorevegetariern. Diese verabscheuen nicht nur Fleisch, sondern generell alle tierischen Produkte und lehnen darüber hinaus Leder, Naturseide und Schurwolle ab. Während dem ► **Freak** noch etwas Liebenswertes anhaftet, bezeichnet Hardcore all das, was weit über das erträgliche Maß hinausgeht.
Ursprünglich stammt der Begriff aus der Musikszene. Hardcoremusik kommt aus London und ist eine Weiterentwicklung des ► **Techno**. Harte Rhythmen, oft mit einem Sprechgesang untermalt, sind ihr Markenzeichen. Im Gegensatz dazu hat sich der weichere Happy Hardcore herausgebildet; hier singen Frauen, häufig vom Klavier begleitet, tanzbare Melodien.

Hardware

→ siehe S. 100

Haushaltsdefizit

lat. deficit = es fehlt

In den öffentlichen Kassen Deutschlands fehlt Geld: Im Jahr 1996 lag die Gesamtverschuldung der Haushalte bei mehr als 2 Billionen DM.
Ganz allgemein spricht man von einem Haushaltsdefizit, wenn die Ausgaben der Bundesländer bzw. des Staates in einem Haushaltsjahr von zwölf Monaten die Gesamteinnahmen übersteigen. Dabei unterscheidet man zwischen einem konjunkturellen Defizit, das sich wieder zurückbildet, sobald sich die Konjunktur erholt, und einem strukturellen Defizit. Dieser restliche Teil des Gesamtdefizits bleibt auch bei einer guten Konjunkturlage dauerhaft erhalten und kann nur durch eine Neuverschuldung finanziert werden. Sie bedeutet für die nachfolgenden Haushalte eine noch höhere Zinsbelastung. Das Bundesverfassungsgericht erklärte im Jahr 1989 eine Nettokreditaufnahme zur Deckung eines Haushaltsdefizits als legitim, sofern sie die Gesamtsumme der Investitionsausgaben nicht überschreitet.
Klare Grenzen für die Neu- und Gesamtverschuldung bieten inzwischen die so genannten Konvergenzkriterien für die Aufnahme in die geplante Europäische Währungsunion (► **EWR**). Aufgenommen werden sollen nämlich nur Länder, deren Haushaltsdefizit 3 % und deren Staatsverschuldung 60 % des Bruttoinlandsprodukts nicht übersteigen. Dies setzt die Bundesregierung unter Zugzwang. Um ihr Defizit schnell abbauen und die hoch gesteckten Kriterien erreichen zu können, brachte sie ein heftig umstrittenes Sparpaket und eine Steuerreform auf den Weg. Ende des Jahres 1996 beschloss der Deutsche Bundestag für den Haushalt des folgenden Jahres eine Neuverschuldung von insgesamt 53 Mrd. DM. Vor allem die Maßnahmen gegen die hohe Arbeitslosigkeit sowie die schwierige Sanierung der Kranken- und Rentenkassen (► **Rentenreform**) kosten viel Geld.

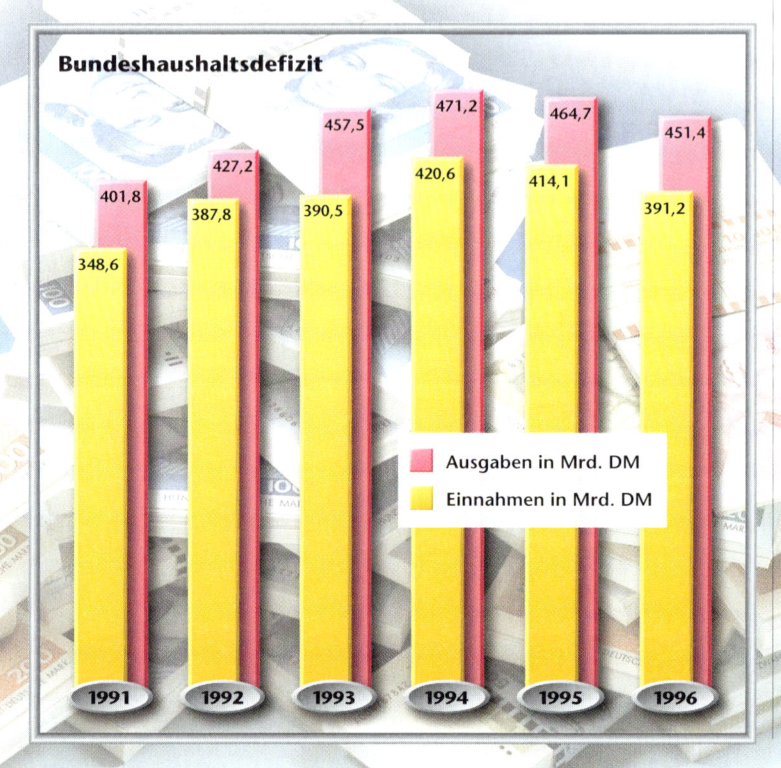

Haute Couture

→ siehe S. 274

HDTV

engl. high definition television = hoch auflösendes Fernsehen

Kaum schien das Farbfernsehen perfekt, da dachten die Techniker schon über weitere Verbesserungen nach. So sollte ein Fernsehbild die gleiche Qualität aufweisen wie ein 35-mm-Filmbild im Kino, inklusive Breitwandeffekt und Stereoton (► **Dolby Surround**, ► **PALplus**). Um eine größere Detailschärfe und kräftigere Farben zu erreichen mussten hoch auflösende, flimmerfreie Fernsehgeräte entwickelt werden. Hoch auflösend bedeutet in diesem Fall, dass der Bildschirm statt mit den in Europa üblichen 625 Bildzeilen mit genau doppelt so vielen Zeilen arbeitet und deshalb ein gestochen scharfes Bild liefert. Bereits im Jahr 1991 begann man in Japan mit ersten analogen Sendungen, die über Satellit ausgestrahlt wurden. In Deutschland wurden 1992 erstmals

Großveranstaltungen in HDTV-Qualität übertragen.
Viele Fachleute sehen beim HDTV die Zukunft des Fernsehens. Das ► **digitale Fernsehen**, bei dem gewaltige Datenmengen übertragen werden, ermöglicht eine nochmals verbesserte Bildqualität. Manche Experten fürchten aber, dass die erweiterte Kapazität des digitalen Fernsehens nicht dafür genutzt wird, sondern für noch mehr Programme und Funktionen. Übertragung und Technik des HDTV sind mittlerweile recht weit fortgeschritten, doch fehlen bislang die preiswerten Empfangsgeräte.

Headhunter

engl. = Kopfjäger

Hinter diesem blutrünstigen Begriff verbirgt sich nicht etwa ein Eingeborener, der die Köpfe seiner getöteten Feinde als Beute heimbringt, sondern ein für gewöhnlich harmloser Leiter oder Angestellter einer privaten Arbeitsvermittlung, der gegen Bezahlung „Jagd" auf Arbeitskräfte macht. Da das englische Wort *head* auch die Bedeutung von Oberhaupt oder Chef hat, sind Headhunter in der Regel auf die Vermittlung von besonders qualifizierten Fach- und Führungskräften spezialisiert. Sucht z. B. ein Krankenhaus einen Verwaltungsdirektor oder eine Firma einen Topmanager, so ist ein Headhunter die richtige Anlaufstelle. Er bietet den Vorteil, dass er bei seiner Suche auf diskrete Weise vorgeht. Im Gegensatz zur Personalagentur gibt er keine Stellengesuche auf, sondern spricht die geeigneten Leute direkt an und wirbt sie ab.

Umgekehrt kann eine Führungskraft, die sich verändern möchte, einen Headhunter auf die Pirsch schicken. Headhunter sind oft auch Unternehmensberater; sie kennen und beobachten den Personalmarkt und wissen genau, auf welche Kriterien es gerade ankommt.

Heilpraktiker

Wer von der Schulmedizin enttäuscht ist, wendet sich oft einem Heilpraktiker zu, der seine Patienten naturheilkundlich behandelt. Die Berufsbezeichnung ist im deutschen Heilpraktikergesetz geschützt, das gleichzeitig auch die Grenzen der Tätigkeit festlegt. Ein Heilpraktiker benötigt zwar keine formale Ausbildung, doch gibt es viele private Schulen, die eine bis zu zweijährige Ausbildung anbieten. Ein Heilpraktiker darf fast alle Behandlungs- und Untersuchungsmethoden durchführen, mit Ausnahme von meldepflichtigen Krankheiten, Geburtshilfe und Leichenschau. Er darf keine verschreibungspflichtigen Medikamente verordnen und auch die Röntgendiagnose und -therapie sind ihm verboten. Gesetzliche Krankenkassen übernehmen die Behandlungskosten nicht.
Die diagnostische und therapeutische Palette der Heilpraktiker ist breit und umfasst, neben manchen schulmedizinischen Verfahren, zahlreiche alternativmedizinische Methoden wie Irisdiagnose, ► **Homöopathie**, ► **Bach-Blütentherapie**, ► **Akupunktur**, ► **Reflexzonenmassage** oder ► **Lymphdränage**. Meist spezialisiert sich ein Heilpraktiker auf einige davon.

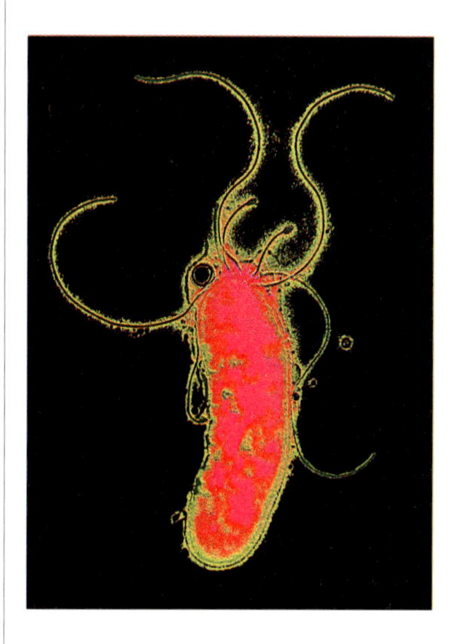

Der Parasit *Helicobacter pylori* nistet in der Magenschleimhaut, verursacht aber in den meisten Fällen keine Beschwerden.

Helicobacter pylori

lat. helix = Spirale
lat. pylorus = Türhüter, oberer Teil des Magens

Magengeschwüre und -entzündungen können gefährliche Vorstufen von Magenkrebs sein. Als Ursache nahm man lange Zeit Ärger, Stress oder Fehlernährung an und oft musste operiert

werden. Inzwischen weiß man, dass diesem Leiden in über 90 % der Fälle eine Infektion zugrunde liegt, die mit Antibiotika erfolgreich bekämpft werden kann. Der Erreger heißt *Helicobacter pylori*, ein Bakterium, das diejenigen Bestandteile der Magenschleimhaut angreift oder zerstört, die sie vor der Magensäure schützen.
Die Geschichte dieses Bakteriums ist höchst bemerkenswert. Zunächst hielt man *Campylobacter*, eine ähnliche Bakterienart, für den Verursacher. Da behauptete ein australischer Arzt in den 80er-Jahren verwegen, es handle sich in Wirklichkeit um das Bakterium *Helicobacter* und dieses sei verantwortlich für alle Magengeschwüre. Zum Beweis seiner Theorie infizierte er sich in einem Selbstversuch mit *Helicobacter* und bekam prompt Magengeschwüre. Andere Forscher beschäftigten sich nun ebenfalls mit dem Problem und bald war nachgewiesen, dass *Helicobacter pylori* vor allem die chronische Form der Gastritis sowie das peptische Magengeschwür auslöst. Ebenso rasch waren wirksame Antibiotika gefunden und heute ist diese Behandlung Routine. Allerdings gibt es Magengeschwüre, an denen auch andere Faktoren beteiligt sind. Eine sehr genaue endoskopische Untersuchung ist daher stets obligatorisch (► **Endoskopie**).
Vor kurzem wurde ein Impfstoff entwickelt, der nicht nur einer Infektion mit *Helicobacter pylori* vorbeugt, sondern sie oft auch bekämpfen kann, sodass die Einnahme von Antibiotika in vielen Fällen nicht notwendig ist. In den westlichen Industrieländern trägt fast ein Drittel der Erwachsenen den Keim in sich, bei den meisten kommt die Krankheit aber nicht zum Ausbruch. In Entwicklungsländern sind es sogar 80 %, was u. a. auf schlechte Hygiene zurückzuführen ist.

Mit Henna lassen sich filigrane Muster auf zarte Frauenhände zaubern.

Heliskiing

► siehe S. 339

Henna

arab. hinna = Strauch

Den rötlichen Farbstoff, der aus den zerriebenen Blättern und Stängeln des in Afrika und Asien angebauten Hennastrauchs gewonnen wird, benutzten bereits die vornehmen Frauen im alten Ägypten zum Färben ihrer Haare, Handflächen und Fingernägel. Auch bei uns schätzt man Henna heutzutage als schonende Alternative zu den aggressiveren chemischen Haarfärbemitteln. Helles Haar erhält einen kräftigen orangeroten Farbton, dunkles Haar ein dezentes Rot. Je länger man das zu einem Brei verrührte Pulver einwirken lässt, desto intensiver die Farbe. Erweitert wird die Palette der Farbtöne durch Mischungen mit Kaffee, Tee, Rotwein, Indigopulver, Salbei, Walnussschalen oder Kamille. Da Henna auch pflegende Eigenschaften besitzt, wurden ganze Haarpflegeserien damit entwickelt.
In Nordafrika und den subtropischen Regionen Asiens färbt man nach wie vor Leder und Textilien mit Henna. In Marokko und anderen islamischen Ländern hat sich überdies

eine erlesene Körperkunst entwickelt, die in Form von geometrisch-abstrakten Mustern vornehmlich die Hände und Füße von Frauen ziert. Bräute werden besonders gern mit diesen dekorativen Hautmustern geschmückt: Sie sollen sie vor Unglück schützen oder mit Reichtum und Fruchtbarkeit segnen.

Hepatitis

griech. hepar = Leber

Wie der Name schon sagt, greift diese Krankheit vor allem die Leber an. Man kennt heute fünf verschiedene Hepatitisformen (A–E), die nach den Viren benannt sind, die sie auslösen. Je nach Erregertyp reichen die Schäden von Funktionsstörungen bis zu Leberschrumpfung (Zirrhose) und Leberkrebs, die zum Tod führen können. Die Symptome sind bei allen Hepatitiden ähnlich. Nach einer recht langen Inkubationszeit, beim B-Typ bis zu fünf Monaten, kommt es gewöhnlich nach oft schleichendem Beginn mit Grippezeichen zu Fieber und Leberbeschwerden mit Gelbsucht und häufig Gelenkschwellungen. Die Formen A, B und C sind weltweit am meisten verbreitet. Hepatitis A, die in der Regel von allein ausheilt und nie chronisch verläuft, wird über die Speisewege durch verunreinigtes Wasser oder Essen übertragen. Bei den Formen B, C und D hingegen verläuft die Ansteckung über direkten Kontakt mit Blut und anderen Körperflüssigkeiten. Die B- und C-Hepatitis sind aus diesem Grund besonders häufig bei Fixern, die nicht sterile Spritzen benutzen, bei Prostituierten und Aidsinfizierten mit ungeschützten Sexualpraktiken sowie bei medizinischem Personal. Da sie durch Bluttransfusionen übertragen werden können, spricht man auch von Transfusionshepatitis. Hepatitis C hinterlässt in 80 % der Fälle bleibende Schäden, bei Hepatitis B sind es immerhin 10 %. Wegen des hohen Ansteckungsrisikos ist die Hepatitis bei uns meldepflichtig. Die Behandlung ist meist schwierig und beschränkt sich auf die Symptome. Gegen Hepatitis A, D und neuerdings auch B kann man sich impfen lassen.

Dieses ästhetische Gebilde ist ein Hepatitis-C-Virus, das schwerste Leberschäden verursachen kann.

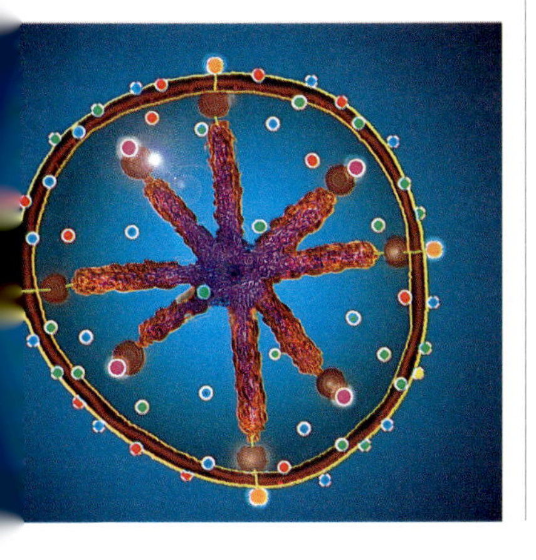

Herpes

Der Name Herpes kommt von dem griechischen Wort für kriechen oder schleichen (*herpein*) und bezeichnet einen schleichenden Schaden. Es gibt verschiedene Herpesviren, die recht unterschiedliche Hauterkrankungen auslösen können. Typisch für alle sind gruppenförmig angeordnete Bläschen, die sich über den ganzen Körper ausbreiten können. *Herpes simplex* ist ein schmerzhafter Bläschenausschlag, der durch Tröpfchen- oder Schmierinfektion übertragen wird und meist an den Übergangsstellen von Haut und Schleimhaut auftritt, also etwa an den Lippen, in der Mundhöhle und an den Geschlechtsorganen. Die Bläschen eitern, brechen auf und verkrusten anschließend. Die Erstinfektion verläuft zu 99 % unerkannt, da es zu keinen Krankheitserscheinungen kommt. Allerdings bleiben die Herpesviren lebenslang im Körper und können in Zeiten, wenn die körpereigenen Abwehrkräfte geschwächt sind, immer wieder neue Krankheitsschübe auslösen, die dann mitunter schwerer verlaufen und deutliche Symptome hervorrufen. Diese Symptome kann man zwar behandeln, etwa mit einer Antivirussalbe, das Virus selbst kann man nicht zerstören. Hierzulande haben 95 % der Erwachsenen die Viren in ihrem Blut, nachdem sie sich meist im frühen Kindesalter angesteckt haben. Durch eine Stärkung der Immunabwehr kann man erreichen, dass die Krankheit nicht oder nicht so oft ausbricht. Weitere Mitglieder der Herpesfamilie sind *Herpes corneae*, das die Hornhaut des Auges befällt, und das Epstein-Barr-Virus, das das Pfeiffersche Drüsenfieber, eine Erkrankung der Lymphdrüsen, hervorruft. Vor allem Kinder erkranken daran, doch verläuft es in der Hälfte der Fälle symptomlos. Auch die Gürtelrose wurde früher der Herpesfamilie zugeordnet, doch inzwischen hat man herausgefunden, dass es sich beim Zoster um ein Varizellenvirus handelt.

Hightechstoffe

engl. high tech = Spitzentechnologie

Lange Zeit haftete den Kunstfasern der schlechte Ruf an kratzig, Schweiß fördernd und unbequem zu sein und obendrein auch noch billig auszusehen. Das galt sicherlich für die 50er- und 60er-Jahre, als die ersten Kunstfaserstoffe auf den Markt kamen. Doch seitdem hat der technische Fortschritt auch bei den Syntheticstoffen ganz neue Entwicklungen ermöglicht. Die heutigen Hightechstoffe oder Hochleistungsfasern sind pflegeleicht und können in der Optik wie im Tragekomfort durchaus mit natürlichen Materialien konkurrieren. Sie wurden in den chemischen Labors für ganz spezielle Anwendungsbereiche entwickelt, so z.B. für den Spitzensport, für medizinische Zwecke, für den Automobil- und Straßenbau oder für die Weltraumfahrt. Zu den raffinierten Materialkonstruktionen zählen u.a. der Membranwerkstoff ► **Gore-Tex** sowie die extrem fein gesponnenen Mikrofasern, die wegen ihrer atmungsaktiven und Wasser abweisenden Eigenschaften für wetterfeste Kleidung unentbehrlich geworden sind. Besondere Fortschritte erzielten die Hightechstoffe auch auf dem Gebiet der Sporttextilien. Längst tragen Profis wie Boris Becker, Jürgen Klinsmann oder Dieter Baumann statt der guten alten Baumwolltrikots schnell trocknende Sportkleidung aus den hautsympathischen und federleichten Chemiefasern Polyacryl oder Polyester. Doch nicht nur die Profis wissen die Vorteile der Hightechstoffe zu schätzen; der Wunsch nach größerer Bewegungsfreiheit und mehr Komfort bei Sport- und Freizeitkleidung lässt auch die Normalverbraucher immer häufiger zu den Kunstfaserprodukten greifen. Die Aufnahme in die ► **Haute Couture** verdankt die Chemiefaser nicht zuletzt auch der schrillen Technomode (► **Techno**) mit ihrem futuristischen Weltraumlook und ihren hautengen plastikartigen Kreationen. Hightechmaterialien wie Gummi, Lackstoff, Latex, Acryl, Polyester und Lycra gehen inzwischen ungewöhnliche Symbiosen mit Naturgarnen ein. Selbst einige namhafte ► **Modedesigner** lassen sich neuerdings von den schillernden und glänzenden Chemiefasern inspirieren und experimentieren mit völlig neuen Stoffkombinationen wie PVC und Seide oder Polyester und Flanell.

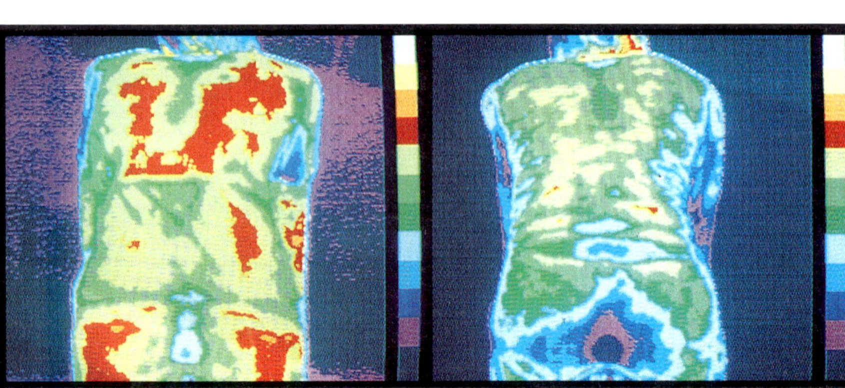

Das Thermodiagramm vom Rückenbereich einer Testperson zeigt deutlich, wie die Kunstfaser (links) im Gegensatz zur Baumwolle (rechts) Körperwärme und Schweiß sehr gut ableitet (rote Flächen).

Hip

siehe S. 224

Hip-Hop

siehe S. 316

Hirntod

Früher wurde ein Mensch für tot erklärt, wenn sein Herz aufgehört hatte zu schlagen oder wenn er nicht mehr atmete. Inzwischen kann man die Herz- und Kreislauftätigkeit sowie die Atmung künstlich aufrechterhalten, und zwar oft jahrelang. So bleibt als letztes Kriterium die Hirntätigkeit, die mithilfe eines Elektroenzephalogramms (EEG), das die Hirnströme aufzeichnet, beobachtet werden kann. Erhält man im EEG über 30 Minuten nur eine Nulllinie ohne Zacken, ist der Hirntod eingetreten. Allerdings gibt es Erkrankungen des Hirnstammes, bei denen zwar eine Nulllinie im EEG auftritt, das Hirn aber auf einer tieferen Ebene noch lebt. Solche

Patienten liegen oft über Jahre hinweg im Koma, können irgendwann jedoch wieder aufwachen. Aus diesem Grund ist die Feststellung des Hirntodes streng geregelt: Sie muss von zwei Ärzten unabhängig voneinander getroffen werden. Beide Ärzte dürfen nicht Mitglied in einem Transplantationsteam sein. Noch vor dem EEG haben sie die Pflicht grundlegende Reflexe wie Spontanatmung, Pupillenreflex und Schmerzreaktionen zu prüfen. Das EEG darf auch auf akustische Reize keine Ausschläge zeigen. Bei Kleinkindern muss das EEG nach 24 und 72 Stunden wiederholt werden. In problematischen Fällen, vor allem vor einer Organentnahme (► **Organspende**), muß außerdem noch der Stillstand der Hirndurchblutung röntgenologisch oder mit Ultraschall festgestellt werden. Erst wenn alle diese Untersuchungen negativ verlaufen sind, dürfen die Maschinen, die die Vitalfunktionen aufrechterhalten, abgestellt werden und einem Patienten können Organe für eine Transplantation entnommen werden.

Tausende Schiiten flohen nach den Bombenangriffen Israels auf den Südlibanon im April 1996. Die Zahl der Sympathisanten der islamisch-fundamentalistischen Hisbollah (rechts ihr Generalsekretär Hassan Nasrallah) stieg danach deutlich an.

Hisbollah

In den 80er-Jahren entstand im Nahen Osten eine Reihe militanter islamisch-fundamentalistischer Kampforganisationen (► **Fundamentalismus**). Zu ihnen gehört auch die Hisbollah, die Partei Gottes, die 1982 während der israelischen Invasion im Libanon gegründet wurde. Sie besteht in erster Linie aus Schiiten, jener Richtung des Islam, die hauptsächlich im Iran vertreten ist. Entsprechend wird die Hisbollah aus diesem Land mit Geld und Waffen versorgt und gilt als Dachorganisation aller radikalen schiitischen Gruppierungen. Ziel der Hisbollah ist zum einen die Zerstörung Israels. Ebenso wie die militanten palästinensischen Organisationen ► **Hamas** und ► **Dschihad** widersetzt sie sich dem 1994 von Israel eingeleiteten Friedensprozess und torpediert alle Versuche einer Aussöhnung zwischen den gegnerischen Parteien. Zum andern möchte die Hisbollah den Libanon in einen islamischen Gottesstaat nach dem Vorbild des Iran verwandeln. Für diese beiden Ziele kämpfte die Organisation im libanesischen Bürgerkrieg 1975–91. Rückhalt findet die Hisbollah hauptsächlich bei der Bevölkerung in den schiitisch dominierten Gebieten im Südlibanon. Vor allem nachdem Israel im April 1996 als Vergeltung für die Raketenangriffe der Hisbollah Ziele im Süden des Libanon bombardierte, stieg die Zahl der Sympathisanten deutlich an. Denn die Organisation half sofort mit Geld und Leuten, die Dörfer wieder aufzubauen. Trotz der Feindschaft gegenüber Israel kam es noch im selben Monat zu einer Art Waffenstillstandsabkommen: Beide Seiten vereinbarten künftig nur den militärischen Gegner anzugreifen, zivile Einrichtungen jedoch zu verschonen.

HIV

engl. human immuno-deficiency virus = menschliches Immunschwächevirus

Nachdem 1981 erstmals das Immunschwächesyndrom, besser bekannt unter dem Namen ► **Aids**, beschrieben wurde, begann eine fieberhafte Suche nach dem Auslöser. 1983 traten zwei Forscher an die Öffentlichkeit, die die Entdeckung des Aidsvirus für sich beanspruchten: der Franzose Luc Montagnier, der den Erreger LAV (Abkürzung für Lymphadenopathie-assoziiertes Virus) nannte, und der Amerikaner Robert Gallo, der ihn als HTLV III (humanes T-Zell-Leukämie-Virus III) vorstellte. Beide Bezeichnungen verweisen auf spezielle Eigenschaften des Virus. Bei HTLV III ist es die Tatsache, dass das Virus die T-Zellen des menschlichen Abwehrsystems angreift und einen bestimmten Typ dieser Zellen, die so genannten Helferzellen, zerstört. Da die T-Zellen zu den weißen Blutkörperchen zählen, verwies Gallo die Krankheit in den Bereich der leukämischen Erkrankungen. LAV wiederum verweist darauf, dass die Lymphdrüsen, in denen die T-Helferzellen produziert werden, erkrankt sind. Um der begrifflichen Verwirrung Einhalt zu gebieten einigte man sich 1986 auf die Bezeichnung HIV, inzwischen genauer als HIV-1 charakterisiert, um ihn von einem in Westafrika entdeckten, weniger aggressiven Virenstamm, dem HIV-2, zu unterscheiden. Aber auch HIV-1 umfasst mindestens neun genetisch verschiedene Varianten. Diese Vielfalt erschwert die Suche nach einem Impfstoff zusätzlich. Selbst wenn es gelingen sollte ein Mittel gegen den in Europa und den USA vorherrschenden Typ B des HIV-1 zu finden, dürfte dieser Impfstoff bei allen anderen Typen unwirksam sein.

Holding

engl. = Besitz

Eine Holdinggesellschaft produziert selbst keine Güter oder Dienstleistungen, sondern besteht einzig zu dem Zweck, ihre Beteiligungen an anderen rechtlich selbstständigen Unternehmen zu verwalten. Vor allem im Zusammenhang mit der Neu- oder Umstrukturierung von Unternehmen sind Holdings zu einer beliebten Organisationsform geworden, unter deren Dach sich einzelne ► **Profitcenter** und Tochtergesellschaften formieren. Dabei hat die Holding großen Einfluss auf die Geschäftspolitik der einzelnen Unternehmen. So werden beispielsweise die wirtschaftlichen Leitlinien häufig von der Holding bestimmt. Die größte und zugleich die am meisten kritisierte Holding in der Geschichte der Bundesrepublik Deutschland war die 1990

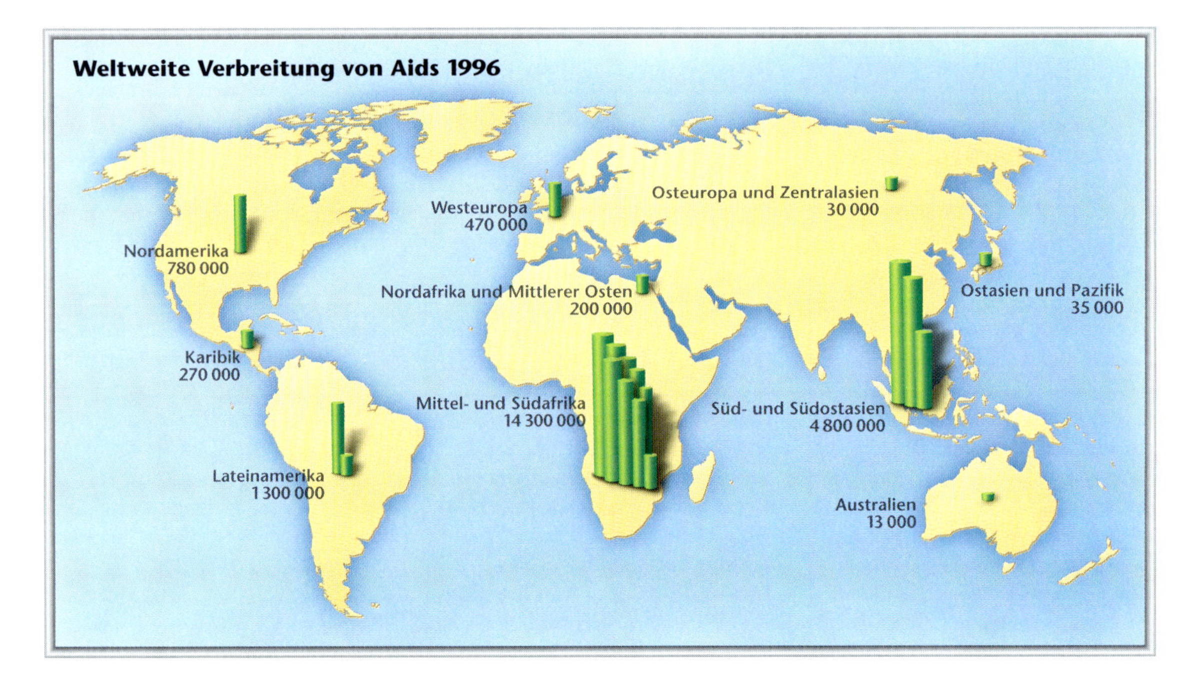

gegründete und Ende 1994 wieder aufgelöste ► **Treuhand**. Ihre Aufgabe war es, die wirtschaftliche Zukunft der ehemaligen DDR-Firmen zu regeln. Zu den bekanntesten Holdings in Deutschland zählt die Daimler-Benz AG.

Holocaust

engl. = Massenvernichtung

Der Begriff bezeichnet allgemein die Vernichtung einer großen Anzahl von Menschen oder Gegenständen, vor allem durch Feuer, wird heute aber hauptsächlich für die Ermordung der Juden während der nationalsozialistischen Diktatur verwendet. Die Auseinandersetzung mit diesem Thema wird in Deutschland durch die Medien immer wieder gefördert. So war es Anfang 1979 die amerikanische Fernsehserie *Holocaust*, die ein breites Publikum ansprach. In jüngster Zeit löste der 1993 ebenfalls in den USA entstandene Spielfilm *Schindlers Liste* große Betroffenheit aus. Und 1996 war es Daniel Goldhagen, der mit seinem Buch *Hitlers willige Vollstrecker* für heftige Diskussionen in der Öffentlichkeit sorgte. Die Streitfrage des provokativen Buches lautet, ob die Deutschen eine Kollektivschuld am Völkermord tragen. Eine engagierte Debatte wird auch über das Holocaustdenkmal geführt, das in Berlin in der Nähe des Brandenburger Tores errichtet werden soll. Neben einem Modell, das von einer Jury ausgezeichnet wurde – eine monumentale Grabplatte, auf der die Namen von 4,2 Millionen ermordeter Juden stehen sollen – gibt es weitere Entwürfe.

Holzschutzmittelsyndrom

Zwar baut der Mensch heute seine Häuser nur noch selten aus Holz, er nutzt diesen natürlichen Werkstoff aber immer noch gern um damit Wände und Decken zu verkleiden und so seinem Heim ein behagliches Aussehen zu geben. Um das Holz vor Schimmel, Parasiten und Nässe zu schützen und zu verhindern, dass es fault, behandelte man es mit teilweise recht aggressiven Chemikalien, z.B. mit Pyrethroiden, dem Gift der Chrysanthemen, dem in Deutschland inzwischen verbotenen PCP, mit Lindan und mit den Begasungsmitteln Blausäure und Acrylnitril. Die negativen Folgen dieser chemischen Keulen zeigten sich in manchen Fällen an den Bewohnern: Sie klagten über Hautausschläge, Atemnot, Kreislaufprobleme sowie Gedächtnis- und Sprachstörungen, ohne zunächst zu ahnen, dass es sich um Vergiftungserscheinungen handelte. Bei manchen Betroffenen waren Leber und Nieren geschädigt und die Blutwerte zeigten krankhafte Veränderungen. Als die Holzschutzmittel in den Verdacht gerieten, Auslöser des Syndroms zu sein, gingen die Geschädigten vor Gericht, mussten aber feststellen, dass ein ursächlicher Zusammenhang kaum bewiesen werden konnte. Zwischen dem Auftreten der Krankheiten und der Untersuchung der Wohnräume war oft so viel Zeit verstrichen, dass sich die Gifte nicht mehr nachweisen ließen. Inzwischen gibt es eine Reihe von Holzschutzmitteln, die als gesundheitlich unbedenklich gelten.

Homebanking

engl. home = Heim, Zuhause
engl. banking = Bankwesen

Wer keine Zeit hat zur Bank zu gehen, zu dem kommt die Bank ins Haus. Denn inzwischen können auch Bankkunden am elektronischen Zahlungsverkehr teilnehmen, der früher nur für die Banken untereinander möglich war. Bankgeschäfte wie Überweisungen, Daueraufträge und Kontoabfragen können online über den eigenen ► **PC** von zu Hause aus erledigt werden. Vor Missbrauch sollen persönliche Geheimnummern und Sicherheitskodes schützen, über die man ins elektronische System der Bank gelangt. Auch eine andere Form des Homebanking hat sich durchgesetzt: das Telefonbanking. PC und Onlineverbindung über ► **Modem** oder ► **ISDN** sind dazu nicht erforderlich – Anruf genügt. Hat man seine Identität mit der Kontonummer und Geheimzahl nachgewiesen, kann man vom Wohnzimmersofa aus seine Bankgeschäfte erledigen.

Homepage

→ siehe S. 217

Homevideo

engl. home = Heim, Zuhause
lat. video = ich sehe

Schon vor zehn Jahren nahmen Filmgesellschaften wie Warner Brothers oder Paramount rund 400 Mio. Dollar pro Jahr allein mit Videofilmen ein. Bespielte

Videokassetten, die man in den heimischen Videorekorder schieben und dann auf dem Fernsehbildschirm anschauen kann, entwickelten sich im Lauf der 80er-Jahre zu einem lukrativen Geschäft mit ► **B-Movies**. Man vermarktete sowohl eigens dafür produzierte billige ► **Actionthriller** als auch eine umfangreiche Auswahl an bereits bestehenden Filmerfolgen. Homevideos haben für die Filmgesellschaften zwei Vorteile: Zum einen erreichen viele Filme über den Videoverleih ein weit größeres Publikum als über die Kinos, zum andern beteiligt sich die Videoindustrie an der Finanzierung zahlreicher Filmprojekte. Obwohl der Fernsehapparat im Vergleich zum Kino eine schlechtere Bild- und Tonqualität hat, ziehen es viele Zuschauer vor sich einen Film als Homevideo anzusehen.

Homöopathie

griech. homoios = ähnlich
griech. pathos = Leiden

Ein Experiment, das der Arzt Samuel Hahnemann (1755–1843) an sich selbst vornahm, gab den Anstoß zur Entwicklung einer neuen Heilmethode, der Homöopathie. Man hatte festgestellt, dass Chinarinde bei Malaria heilend wirkt, und schrieb dies ihrer magenstärkenden Kraft zu. Hahnemann zweifelte an dieser Begründung und nahm einige Zeit täglich eine kleine Menge Chinarinde zu sich. Überrascht stellte er fest, dass daraufhin bei ihm die typischen Malariasymptome auftraten. Hahnemann deutete die Symptome als körpereigene Maßnahmen sich gegen die Krankheit zur Wehr zu setzen. Demnach müssten Heilmittel, die bei einem gesunden Menschen die gleichen Symptome wie die Krankheit erzeugen, den Heilvorgang unterstützen. Damit stellte er sich in Gegensatz zu der von der Schulmedizin bis heute vertretenen ► **Allopathie**, bei der Substanzen verwendet werden, die die Symptome unterdrücken sollen.
Die Medikamente, die in der Homöopathie eingesetzt werden, sind hauptsächlich pflanzlichen Ursprungs, man verwendet aber auch bestimmte Mineralstoffe und tierische Substanzen. Der Ausgangsstoff wird dabei zuerst mit Alkohol angereichert um die aktiven Bestandteile zu gewinnen. Diese so genannte Urtinktur wird dann stufenweise – in Zehner- oder Hunderterschritten – immer weiter verdünnt und jedesmal kräftig geschüttelt, ein Vorgang, den die Homöopathen als Potenzierung bezeichnen. Durch das Schütteln soll die therapeutische Wirksamkeit erhöht werden. Und je höher die Potenzierung ist, desto wirksamer soll das Mittel sein. Die jeweilige Potenzierung ist bei homöopathischen Medikamenten auf der Verpackung angegeben.
D_1, D_2, D_3 usw. bezeichnen die aufsteigenden Verdünnungsgrade der Dezimalpotenz, also 1:10, 1:100, 1:1000 usw.; C_1, C_2, C_3 usw. sind die Verdünnungsgrade der Hunderterpotenzen, also 1:100, 1:10000, 1:1000000 usw.
Da vor allem bei hohen Potenzen die Substanz der Urtinktur kaum mehr nachzuweisen ist, zweifelte man immer wieder die

Durch das Schütteln soll die Wirkung homöopathischer Mittel verstärkt werden.

Hongkong, Inbegriff kapitalistischer Wirtschaft, fiel am 1. Juli 1997 an China.

Wirkung homoöpathischer Mittel an und sprach von einem Placeboeffekt (► **Placebo**). Zwar vermag man bis heute die Wirkungsweise der homöopathischen Mittel nicht zu erklären, doch hat sich im Lauf verschiedener wissenschaftlicher Untersuchungen gezeigt, dass sie vor allem bei chronischen Erkrankungen oft erfolgreicher sind als schulmedizinische Heilmethoden. Selbst Bundesgesundheitsminister Horst Seehofer, der sonst allen Medikamenten, deren Wirksamkeit nicht eindeutig bewiesen ist, ablehnend gegenübersteht, musste einräumen, dass „die Erfolge der Homöopathie nicht grundsätzlich bestritten werden können“.

Hongkong

Auf dem Platz des Himmlischen Friedens in Beijing und an der Grenze Chinas zu Hongkong standen bis zum 1. Juli 1997 zwei riesige Uhren, die rückwärts liefen: Sie sollten deutlich machen, dass die Stunde näher rückte, zu der die britische Kronkolonie Hongkong wieder zu China gehören würde.
Noch zu Beginn des 19. Jh. war die Insel Hongkong im Südchinesischen Meer nicht viel mehr als ein Unterschlupf für Piraten, bis britische Schiffe, die Opium aus Indien nach China schmuggelten, die Vorzüge des natürlichen Hafenbeckens erkannten. Seit 1821 liefen sie Hongkong an. Als China versuchte die Einfuhr des Opiums zu unterbinden, kam es 1840–42 zum so genannten Opiumkrieg, in dessen Verlauf Großbritannien Hongkong besetzte. China verlor den Krieg und musste den Briten die Insel übereignen. Damit begann der Aufstieg Hongkongs zu einem der wichtigsten Handelsplätze in Ost- und Südostasien. 1860 kam auch die auf dem Festland gegenüber liegende Halbinsel Kowloon in britischen Besitz. Durch einen Pachtvertrag sicherte sich Großbritannien 1898 außerdem für 99 Jahre das Hinterland von Kowloon, die New Territories. Dieser Pachtvertrag lief 1997 aus. Da Hongkong ohne die New Territories nicht überleben kann, vereinbarten Großbritannien und China bereits 1984, die gesamte Kronkolonie am 1. Juli 1997 wieder der Souveränität Chinas zu unterstellen. Darüber hinaus kam man überein, dass Hongkong den Status eines besonderen Verwaltungsgebietes und damit weitgehende Autonomie behalten sollte. Ferner verpflichtete sich die kommunistische chinesische Regierung, das kapitalistische Wirtschafts- und Gesellschaftssystem der ehemaligen Kronkolonie für weitere 50 Jahre unangetastet zu lassen. Dennoch machte sich nach Abschluss des Vertrags unter der Bevölkerung Hongkongs Unsicherheit breit. Ausländische Finanzgesellschaften zogen zunehmend Kapital ab und wer es sich leisten konnte, versorgte sich mit einem kanadischen oder amerikanischen Pass.

Hooligans sind seit vielen Jahren eine negative Begleiterscheinung nationaler und internationaler Fußballspiele.

Hooligan

engl. = Randalierer

Bei fast jedem internationalen Fußballspiel sind sie anzutreffen: die Hooligans, die randalierenden Fußballfans, die ihre Mannschaft nicht nur lautstark unterstützen, sondern auch die Anhänger des jeweiligen Gegners mundtot zu machen versuchen. Im Lauf des Spiels provozieren sie oft Massenschlägereien, die kaum einzudämmen sind. Bei derartigen Ausschreitungen kamen 1985 im Brüsseler Heyselstadion 38 Menschen ums Leben, weitere 400 wurden verletzt. Um dem Unwesen der Hooligans Einhalt zu gebieten waren englische Fußballklubs, deren Hooligans als besonders aggressiv gelten – englische Schlachtenbummler waren an der Tragödie in Brüssel maßgeblich beteiligt –, jahrelang von internationalen Pokalspielen ausgeschlossen. Doch welcher Nationalität die Hooligans auch immer sind, sie stellen überall eine Gefahr dar.

Hörsturz

Wenn man plötzlich auf einem Ohr taub wird, sollte man sofort einen Ohrenarzt aufsuchen, denn möglicherweise handelt es sich um einen Hörsturz. Oft ist das unangenehme Gefühl, nichts mehr zu hören, von Geräuschen wie Klingeln, Pfeifen oder Brummen begleitet, die dem Arzt einen ersten Hinweis auf die Ursachen geben können. Lange Zeit hielt man ausschließlich Durchblutungsstörungen im Innenohr für den Auslöser eines Hörsturzes. Seit kurzem ist bekannt, dass auch eine Reihe anderer Ursachen dafür infrage kommen: plötzliche Druckschwankungen, z. B. im Flugzeug nach dem Start, Viren oder eine Fistel im Innenohr, aber auch seelische Belastungen und Stress. So unterschiedlich wie die Ursachen sind die Therapien. In allen Fällen aber ist bei einem Hörsturz die schwingende Membran in der Hörschnecke beschädigt und drückt auf die darunter liegenden Hörzellen, die auf die Berührung mit charakteristischen Hörimpulsen an das Gehirn reagieren. Wichtig ist, dass die Behandlung umgehend erfolgt, denn je länger der Schaden anhält, desto geringer sind die Heilungschancen.

Hotline

engl. = heißer Draht, heiße Verbindung

Wer mit seinem Computer oder einem anderen Teil der ► **Hardware** oder mit dem Programm Schwierigkeiten hat, kann sich bei Kollegen, beim eingebauten Hilfssystem, im Benutzerhandbuch oder in sonstiger Literatur Rat holen. Findet er hier keine Hilfe, bleibt nur der als Hotline bezeichnete Beratungsdienst der Computer- oder Softwarefirmen. Große Firmen beschäftigen dafür eigenes Personal und garantieren die Erreichbarkeit ihrer Hotline zumindest an Werktagen zu den geschäftsüblichen Zeiten, manche sogar an jedem Tag der Woche und rund um die Uhr. Wenn man diesen Service nutzen will, muss man das Gerät oder Programm, zu dem man Fragen hat, rechtmäßig erworben haben und sich am Telefon mit seiner Lizenznummer ausweisen. Das Nutzungsrecht kann mit dem Kauf pauschal und unbegrenzt gewährt werden, manchmal wird der Zeitraum eingeschränkt oder es wird jede Nutzung einzeln berechnet. Wer die Hotline telefonisch nicht erreicht oder nicht auf eine sofortige Lösung angewiesen ist, kann seine Frage auch per Brief, ► **Fax** oder ► **E-Mail** an den Beratungsdienst richten. Inzwischen bezeichnen auch Firmen anderer Branchen und zahlreiche Zeitschriften ihr Kundentelefon als Hotline. Und Fernsehzuschauer können bei der Hotline, die viele Sender seit einiger Zeit anbieten, die neuesten Informationen über das Programm bekommen.

Hotshot

→ siehe S. 234

House

→ siehe S. 316

Hubble-Weltraumteleskop

Am 26. April 1990, vier Jahre später als geplant, brachte die Mannschaft der Weltraumfähre *Discovery* das Hubble-Weltraumteleskop in eine Umlaufbahn um die Erde. Von dem 13 m langen und 12 t schweren Gerät, das nach dem amerikanischen Astronomen Edwin P. Hubble (1889–1953) benannt ist, versprach man sich einen ungetrübten Blick in die Weiten des Weltalls, denn in einer Höhe von 590 km ist die störende Erdatmosphäre ausgeschaltet. Das von der amerikanischen Raumfahrtbehörde NASA und der europäischen ESA gemeinsam entwickelte Instrument sollte Himmelskörper in einer Entfernung bis zu 13 Milliarden Lichtjahren (1 Lichtjahr = 9460 Mrd. km) beobachten, doch schon nach wenigen Tagen musste man feststellen, dass der 2,4 m große Hauptspiegel des Teleskops nicht korrekt geschliffen worden war. Das rund 1,5 Mrd. Dollar teure Instrument war kurzsichtig und konnte allenfalls in eine Entfernung von vier Milliarden Lichtjahren blicken. Um diesen und einige andere Fehler zu beheben wurden im Dezember 1993 Astronauten der Raumfähre *Endeavour* zum Hubble-Weltraumteleskop geschickt, die dem Spiegel eine Art Kontaktlinsen vorsetzten, die die Kurzsichtigkeit des Instruments ausglichen. Ferner wurden die zwei Sonnensegel, deren 48 000 Solarzellen den Strom für die Energieversorgung des Geräts liefern, und eine Kamera ausgetauscht. Die Reparatur einschließlich Wegegeld kostete NASA und ESA nochmals 692 Mio. Dollar. Seitdem versieht das Teleskop seinen Dienst jedoch mustergültig. Es liefert gestochen scharfe Bilder von Galaxien, die mehr als zehn Milliarden Lichtjahre entfernt liegen und sich in unterschiedlichen Entwicklungsstadien befinden. Man hofft mithilfe dieses Instruments genauere Kenntnisse des Universums und seiner Ursprünge zu gewinnen. Das Hubble-Weltraumteleskop soll bis zum Jahr 2005 in Betrieb bleiben.

Das Hubble-Weltraumteleskop gestattet einen ungestörten Blick ins All.

Human Resources

siehe S. 38

Human Rights Watch

Beim Stichwort Menschenrechtsorganisation denkt man meist an ► **Amnesty International**, doch gibt es noch zahlreiche andere Vereinigungen, die für eine weltweite Durchsetzung der Menschenrechte kämpfen. Zu ihnen zählt auch die 1987 gegründete Human Rights Watch. Der internationalen Organisation ging die Helsinki Watch voraus, die 1978 als Reaktion auf die Verfolgung sowjetischer Bürgerrechtler gegründet wurde und sich aus Wissenschaftlern, Anwälten und Künstlern zusammensetzt. Weitere Komitees entstanden in der Zwischenzeit in Asien, Afrika,

Amerika und im Nahen Osten. Human Rights Watch setzt sich für die Einhaltung der Menschenrechte ein und prangert Missstände an. So berichtete Human Rights Watch beispielsweise 1996, dass in China mit Billigung staatlicher Stellen jährlich Tausende von Kindern in Waisenhäusern an Hunger und wegen unterlassener Hilfeleistung sterben. Die Organisation, die ihren Hauptsitz in Washington hat, finanziert sich durch Mitgliedsbeiträge und Spenden und arbeitet mit Amnesty International und Unterorganisationen der UN zusammen.

Hybridfahrzeug

lat. hybrida = von zweierlei Herkunft

In der Biologie werden Individuen, deren Eltern sich in mehreren erblichen Merkmalen stark unterscheiden, als Hybriden bezeichnet. Im Fahrzeugbau versteht man darunter Transportmittel wie Autos oder Busse, bei denen unterschiedliche Antriebssysteme miteinander kombiniert sind, beispielsweise ein Verbrennungsmotor (meist ein Dieselmotor) und ein Elektromotor. Auf diese Weise sollen die Nachteile der einzelnen Antriebsformen, z.B. die hohe Abgasentwicklung bei Wagen mit einem Verbrennungsmotor oder die geringe Reichweite und das hohe Batteriegewicht bei ► **Elektroautos**, zumindest teilweise vermieden werden. Man unterscheidet inzwischen zwei Arten von Hybridfahrzeugen: Beim seriellen Hybridfahrzeug treibt der Verbrennungsmotor einen Generator an, der entweder direkt oder über eine Speicherbatterie die Elektromotoren an den Fahrzeugachsen in Bewegung setzt. Beim Parallel-Hybridfahrzeug dagegen kann der Verbrennungsmotor darüber hinaus den Antrieb teilweise oder auch vollständig übernehmen. Das bedeutet, dass man im Stadtverkehr z.B. mit Elektroantrieb fährt, auf Überlandstrecken und bei hoher Beschleunigung aber auf den Verbrennungsmotor umgeschaltet wird. Gleichzeitig werden dabei die Batterien wieder aufgeladen. Fast alle großen Autohersteller befassen sich zurzeit mit Hybridfahrzeugen, deren Fertigungskosten jedoch wegen des mehrfachen Antriebssystems noch immer verhältnismäßig hoch sind.

Hydrotherapie

→ siehe S. 282

Hype

→ siehe S. 423

Hyperaktiv

griech. hyper = übermäßig

Der Zappelphilipp, aus dem *Struwwelpeter* wohl bekannt, ist ein typisches Beispiel für ein hyperaktives Kind. Zwar haben alle Kinder einen natürlichen Bewegungsdrang, doch bei manchen nimmt er überhand. Sie sind ständig unruhig, stören in der Schule den Unterricht und können sich nicht konzentrieren. Man nimmt an, dass diese Hyperaktivität, sofern sie nicht auf einer relativ seltenen angeborenen Störung des Gehirns beruht, in erster Linie durch eine Reizüberflutung verursacht wird. Auch Erwachsene reagieren in Stresssituationen, etwa bei einem spannenden Fußballspiel, mit Zappelbewegungen, die dazu dienen, die Spannung abzubauen. Der Erwachsene kann diesen Mechanismus meist bewusst steuern, Kinder jedoch nicht. Vor allem sensible Kinder geraten bei einer Reizüberflutung und der daraus entstehenden inneren Spannung in einen hyperaktiven Dauerzustand, den sie kaum noch bremsen können. Am besten gibt man ihnen Gelegenheit sich durch Sport und Spiel körperlich auszutoben, sodass sie die innere Spannung auf die ihnen einzig mögliche Weise abbauen können. Außerdem sollte man versuchen sie vor einer Reizüberflutung durch Fernsehen, Videospiele u.a. abzuschirmen. In schwerwiegenden Fällen sollte man einen Kinderpsychologen zurate ziehen.

Hyperlinks

→ siehe S. 217

ICE

Im Juni 1991 begann mit dem Einsatz des ICE in Deutschland das Zeitalter der Hochgeschwindigkeitszüge. Schon rein äußerlich unterscheidet sich der Intercityexpress von anderen deutschen Fernzügen durch seine aerodynamische Bauweise. Angetrieben durch einen so genannten Triebkopf an Zuganfang und -ende fährt der ICE auf entsprechend ausgebauten Strecken mit Geschwindigkeiten bis zu 280 km/h, wodurch sich die Reisezeiten zwischen vielen deutschen Großstädten erheblich verkürzen. Überdies bietet der ICE den Reisenden mehr Platz und Komfort. So sind seine zwölf vollklimatisierten Reisewagen mit insgesamt 649 Sitzplätzen knapp 20 cm breiter als beispielsweise beim Intercity. In jeweils einem Wagen der 1. und 2. Klasse befinden sich Bildschirme, auf denen der Fahrgast ein Video abrufen kann. Außerdem bietet der ICE auf allen Plätzen sechs Audioprogramme an, die über einen Kopfhörer empfangen werden können.
Im Jahr 1997 geht die zweite Generation des ICE auf die Schienen. Der ICE 2 besteht aus zwei Halbzügen (mit je sechs Wagen und 368 Sitzplätzen), die auf weniger frequentierten Strecken auseinander gekuppelt werden und dann allein fahren können. Und eine dritte Generation ist bereits in Aussicht. Bei ihr handelt es sich um Triebwagenzüge, bei denen je zwei Antriebsmotoren unter jedem Wagen sitzen. Überdies soll eine spezielle Neigetechnik ermöglichen, dass der Hochgeschwindigkeitszug auch kurvenreiche Strecken befahren kann.

Ein Tornado am Horizont (oben) verheißt nichts Gutes: Wo er tobt, hinterlässt er eine Schneise der Verwüstung (rechts).

IDNDR

Angesichts der wachsenden Zahl von Naturkatastrophen haben die Vereinten Nationen die 90er-Jahre zum internationalen Jahrzehnt der Katastrophenvorbeugung, englisch *International Decade for Natural Disasters Reduction*, erklärt. ► **Treibhauseffekt**, ► **Ozonloch**, Ausdehnung der Wüsten (► **Desertifikation**), abschmelzende Polkappen – die Liste der negativen Folgen, die das Wirken des Menschen in der Natur hervorruft, ist lang. Eine unmittelbare Konsequenz ist, dass Naturkatastrophen häufiger auftreten und heftiger ausfallen als früher. So erhöht z.B. der Treibhauseffekt eindeutig die Anzahl und Stärke von Wirbelstürmen. Diese Naturkatastrophen, ihre Ursachen, Abläufe und Auswirkungen zu erforschen und Wege zu finden, sie einzudämmen, ist Aufgabe verschiedener internationaler Forschungsgruppen im Rahmen des IDNDR-Programms. So wertet das deutsche Komitee u. a. Satellitendaten aus, die dabei helfen sollen, vor meteorologischen Katastrophen wie Wirbelstürmen und Flutwellen zu warnen, und befasst sich mit der laserunterstützten zentimetergenauen Fernüberwachung der Bewegung an Erdspalten, die geologische Katastrophen ankündigen.

I Ging

→ siehe S. 147

Mit dem 3-D-Verfahren werden zwei unterschiedliche Bilder auf die Leinwand projiziert. Durch die Brille sieht das rechte Auge nur das rechte, das linke nur das linke Bild. Das Gehirn setzt beide Bilder zu einem dreidimensionalen Bild zusammen.

IMAX-Kino

engl. Image Maximation = Bildmaximierung

Nicht aus Hollywood, sondern von einer kanadischen Firma in Toronto, der Imax Corporation, stammt ein neuartiges Projektionsverfahren, das dem Zuschauer ein außergewöhnliches Seherlebnis beschert. Kennzeichen des IMAX-Kinos ist ein steil ansteigender Zuschauerraum mit einer 22 m breiten und mehrere Stockwerke hohen Leinwand, auf die der Film durch eine Weitwinkellinse projiziert wird. Eine Variante ist das IMAX-Dome-Filmtheater, in dem die Leinwand kuppelförmig ist und bei dem man eine Fischaugenlinse verwendet. Voraussetzung für dieses Projektionsverfahren ist ein 70-mm-Film, das breiteste existierende Filmmaterial. Anders als herkömmliche Filme läuft er nicht senkrecht, sondern waagrecht über einen speziellen Projektor. Dabei wird der Film durch Unterdruck fest an die Linse gepresst, wodurch das Bild an Schärfe gewinnt. Verstärkt wird das Seherlebnis noch, wenn man das IMAX- mit dem 3-D-Verfahren koppelt. Dabei wird der Film von einer Kamera mit zwei Linsen aufgenommen, hinter denen parallel je ein Film läuft. Zum Abspielen braucht man zwei Projektoren, auf deren Objektiven Polarisationsfilter sitzen, von denen einer nur senkrecht, der andere nur waagrecht schwingendes Licht auf die Leinwand wirft. Die Zuschauer tragen Brillen, die mit den gleichen Polarisationsfiltern ausgestattet sind, sodass das rechte Auge nur die von dem rechten Objektiv, das linke nur die vom linken Objektiv gezeigten Bilder erkennen kann. Die unterschiedlichen Perspektiven setzt das Gehirn automatisch zu einem dreidimensionalen Bild zusammen – mit dem Effekt, dass man das Gefühl hat, mitten im Geschehen drin zusitzen.

Incentives

engl. = Anreize

Prämien und Auszeichnungen gelten als klassische Mittel, Mitarbeiter zu erhöhter Leistungsbereitschaft zu motivieren. In den letzten Jahren entwickelten sich vor allem Incentive-Reisen zum großen Hit: der perfekt organisierte Erlebnisurlaub in einem möglichst exotischen Land. Incentives können aber auch Gewinnspiele und Werbegeschenke sein, die den Konsumenten reizen sollen ein bestimmtes Produkt zu kaufen.

Indielabel

von engl. independent = unabhängig, selbstständig
engl. label = Etikett

Kommerziellen Erfolg versprechen sich die Manager großer Schallplattenfirmen *(major labels)* durch den Verkauf möglichst hoher Stückzahlen von möglichst wenig verschiedenen Titeln. Der Werbeetat der Unternehmen kommt nur ausgewählten Interpreten zugute, wodurch Kosten verringert werden. Die Einsparungen in diesem Bereich gehen jedoch zulasten der musikalischen Vielfalt, da unbekannte Talente ohne die Unterstützung durch Werbemaßnahmen nur selten den Durchbruch schaffen. Diese Künstler haben oft bessere Aussicht auf Erfolg, wenn sie einen Vertrag bei einem Indie- bzw. Independentlabel unterzeichnen. Diese kleinen, unabhängigen Schallplattenfirmen sind von Musikfans oder Musikern gegründet worden, die sich bei der Verpflichtung von Sängern oder Bands vor allem von ihrem persönlichen Geschmack leiten lassen. Die meisten Indielabels bewegen sich permanent am Rand des finanziellen Ruins, da viele der bei ihnen unter Vertrag stehenden Musiker oder Gruppen nach einem Hit zu einer großen Plattenfirma wechseln. Oft müssen sich die kleinen Labels daher einer großen Gesellschaft angliedern, in deren Auftrag sie viel versprechende neue Bands verpflichten.

Indoor

engl. = drinnen

Sport- und Freizeitveranstaltungen, die nicht im Freien (► **Outdoor**), sondern in einer Halle oder einem anderen Raum stattfinden, werden als Indoor-Veranstaltungen bezeichnet. Vor allem das früher gebräuchliche Wort Hallensportarten wird heute oft durch den Begriff Indoor-Sports ersetzt. Dazu zählen u. a. Volleyball, Geräte- und Bodenturnen, Tischtennis, Squash und Badminton. Allerdings gibt es auch Sportarten, die sowohl in einer Halle als auch im Freien ausgeübt werden können, wie beispielsweise Tennis, Radrennen oder Handball.

Badminton ist ein typischer Indoor-Sport.

Induktionsherd

lat. inductio = Zuleitung

Beim herkömmlichen Elektroherd wird zuerst die Herdplatte oder Kochfläche aufgeheizt, die dann die Wärme an das Geschirr abgibt. Der Induktionsherd dagegen erzeugt die Wärme über ein elektromagnetisches Feld direkt im Topfboden. Unter der Kochzone befindet sich eine Kupferdrahtspule, die mit Hochfrequenzstrom gespeist wird. Das magnetische Wechselfeld dieser Spule induziert im Topfboden elektrische Wirbelströme, die den Topf rasch aufheizen. Die Kochfläche bleibt dabei zunächst kalt und erwärmt sich im Lauf des Kochvorgangs nur durch die Hitze, die das Geschirr abgibt. Ein wesentlicher Vorteil dieser Kochtechnik besteht darin, dass (ähnlich wie beim Gasherd) beim Einschalten sofort Hitze zur Verfügung steht und beim Abschalten die Wärmezufuhr sofort gestoppt wird. Außerdem verbraucht der Induktionsherd deutlich weniger Energie als die traditionellen Elektroherde. Allerdings erfordert er Kochgeschirr, das aus ferromagnetischem Material wie Gusseisen, Email oder aus eisenhaltigem Stahl hergestellt ist.

Industrieminute

Seit Anfang der 90er-Jahre gehen immer mehr Betriebe dazu über, die Minute durch eine auf dem Dezimalsystem beruhende Zeiteinheit, die Industrieminute, zu ersetzen. Sie entspricht nicht dem 60stel, sondern dem 100stel einer Stunde. Der Grund für die Einführung der Industrieminute liegt auf der Hand: Mit dem Dezimalsystem lässt sich leichter rechnen und vor allem ist die Industrieminute für die elektronische Datenverarbeitung besser geeignet. Musste man beispielsweise beim Addieren von Fertigungszeiten bisher Stunden in Minuten umwandeln, diese addieren und dann erneut in Stunden und Minuten aufteilen, kann man nun gleich die Industrieminuten zusammenzählen. Ein Beispiel macht die Vereinfachung deutlich: 3,5 Arbeitsstunden entsprechen 210 normalen Minuten oder 350 Industrieminuten.

Indycar

Was im europäischen Automobilsport die Formel-1-Rennen, das sind in den USA die Rennen mit den Indycars, die nach der berühmtesten Rennstrecke, dem Speedway von Indianapolis, benannt sind. Auf dem ovalen Kurs mit vier Geraden und vier überhöhten

Kurven wird vor bis zu 400000 Zuschauern das Indy 500 ausgetragen, ein Rennen über 800 km. Indycar-Rennen werden seit 1909 gefahren und von der Vereinigung der Rennstallbesitzer (CART) veranstaltet. Seit 1979 heißt die Rennserie nach einem der Hauptsponsoren PPG-Cup. Erfolgreiche Formel-1-Piloten wie Emerson Fittipaldi waren zuvor Indycar-Fahrer. Aber auch der umgekehrte Weg ist möglich: So ging der Formel-1-Weltmeister Nigel Mansell in die USA und wurde dort 1994 auf Anhieb Champion. Die Indycars sind allerdings schwerfälliger und unbeweglicher als die Formel-1-Rennwagen und hätten auf europäischen Strecken gegen diese keine Chance.

Infertilität

lat. infertilis = unfruchtbar

Viele Ehepaare leiden sehr darunter, wenn ihr Wunsch nach einem Kind unerfüllt bleibt. Die Ursachen für diese Infertilität können vielfältig sein und sowohl beim männlichen als auch beim weiblichen Partner liegen (► **Andrologie**). Im Einzelfall kann nur eine genaue ärztliche Untersuchung weiterhelfen. Manchmal sind die Ursachen harmlos und leicht zu beseitigen, beispielsweise wenn es sich um rein anatomische Störungen am Eileiter oder an der Gebärmutter der Frau oder am Penis oder an den Hoden des Mannes handelt. Schwieriger wird es schon, wenn seelische Faktoren für die Infertilität verantwortlich sind. Andere Ursachen sind manchmal nicht leicht aufzuspüren, so z. B. biochemische Störungen, die sich

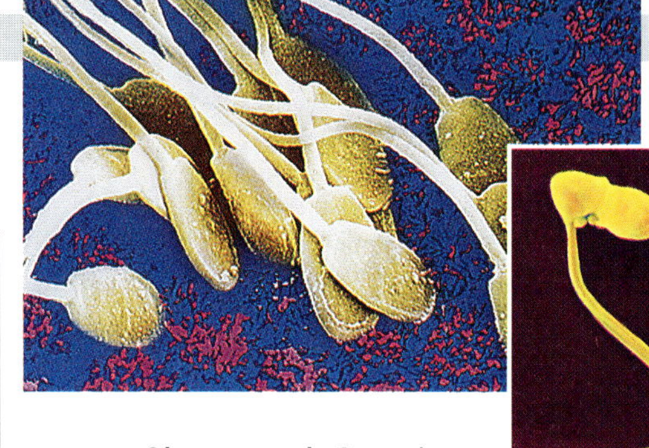

Oben gesunde Spermien, rechts deformierte Spermien, die zu einer Befruchtung nicht mehr fähig sind

negativ auf die Zusammensetzung der Vaginalflüssigkeit oder des Hoden- bzw. Prostatasekrets auswirken. Aber auch Krankheiten, bestimmte Medikamente und nicht zuletzt Umweltfaktoren können zu Infertilität führen.
So unterschiedlich die Ursachen sein können, so verschieden sind auch die Wege zu ihrer Beseitigung. Sind Samen und Ei im Prinzip gesund, liegt das Hemmnis also auf dem Weg, den beide zu bewältigen haben. Um zueinander zu gelangen, gibt es die Möglichkeit der ► **In-vitro-Fertilisation**. Schwierig wird es, wenn Samen oder Ei nicht befruchtungsfähig ist. Samen können mitunter deformiert oder ihre Zahl zu gering sein. Normalerweise werden 50–100 Millionen pro Milliliter Ejakulat ausgestoßen; sinkt diese Zahl unter fünf Millionen, ist eine Befruchtung kaum noch möglich. In diesem Fall kann eine Fremdspende helfen, die für die Ehepartner allerdings psychische Probleme bergen kann. Liegt das Problem bei der Frau, besteht in manchen Staaten die – rechtlich heftig umstrittene – Möglichkeit der Leihmutterschaft (► **Leihmutter**). Schlagen alle Versuche fehl, bleibt dem betroffenen Ehepaar als letzte Möglichkeit ein Kind zu adoptieren.

Infomercial

→ siehe S. 423

Informationsbroker

→ siehe S. 38

Informationsdienste

Zurzeit verdoppelt sich die Gesamtmenge der Publikationen im Bereich von Wissenschaft und Technik etwa alle 15 Jahre. Selbst wer nur innerhalb eines eng umrissenen Fachgebietes den neuesten Entwicklungen auf der Spur bleiben möchte, muss einen gehörigen Teil seiner Zeit dafür verwenden, die Vielzahl der Neuerscheinungen zu sichten. Da die Zeit für gründliche Recherchen häufig fehlt, arbeiten viele Wissenschaftler oft an ähnlichen Projekten wie andere Fachleute, ohne deren Erkenntnisse zu nutzen.
Um die Not des an Information wie an Zeit gleichermaßen armen Praktikers zu lindern, bieten professionelle Informationsdienste an, die Publikationsflut für ihn zu durchforsten. Die Spanne dieser Informationsdienste reicht von Zeitungs-

ausschnittsdiensten, die einem Abonnenten alle Artikel zusenden, die sein Interessengebiet berühren, bis zu großen Fachinformationszentren. Hier werden alle Veröffentlichungen eines Fachgebietes gesammelt, inhaltlich erschlossen und die wichtigsten Punkte zusammengefasst. Die Ergebnisse dieser Arbeiten fließen dann in ► **Datenbanken** ein. Sucht ein Kunde nach bestimmten Informationen, stellt man ihm sie gegen Gebühr zur Verfügung. Auch im ► **Internet** mit seiner Vielzahl an verstreut angebotenen Veröffentlichungen können Dienste helfen die Spreu vom Weizen zu trennen. Dazu werden Programme eingesetzt, die selbstständig durch das ► **World Wide Web** wandern und ihrem Auftraggeber interessante Web-Adressen liefern.

Infotainment

Zusammensetzung aus engl. information = Information und entertainment = Unterhaltung

Informieren und unterhalten – das ist die Zauberformel des Privatfunks und -fernsehens für die Nachrichtenübermittlung. Lange vor den öffentlich-rechtlichen Anstalten, die inzwischen auch mehr oder weniger diesem Erfolgsrezept folgen, hatten die Privaten erkannt, dass eine lockere und unterhaltsame Präsentation von Schlagzeilen beim Publikum bestens ankommt. So wurden aus Nachrichtensendungen News-Shows, in denen Meldungen in leicht verdaulichen Häppchen serviert und so inszeniert werden, dass das Gewicht nicht mehr auf der Information, sondern auf dem Schauwert ungewöhnlicher Bilder liegt. Infotainment bedeutet aber auch, dass der Moderator es verstehen muss aus einer Sendung eine Show zu machen. Beispiele dafür sind RTL-*Explosiv* oder *Schreinemakers*, die nur mit Moderationstalenten funktionieren. Deutlich wird der Unterschied zwischen Information und Infotainment auch in der Berichterstattung zur Fußballbundesliga: Man vergleiche nur die ARD-*Sportschau* und die *Ran*-Fußballshow auf Sat 1.

Information unterhaltsam verpackt präsentiert Eva Mähl in der Pro 7-Sendung *taff.*

In-House-Supporter

→ siehe S. 39

Inlay

engl. inlay = Einlegearbeit

Hat sich Karies in den Zahn gefressen, muss der Zahnarzt bohren um die zerstörte Zahnsubstanz zu entfernen. Das so entstandene Loch muss anschließend mit Porzellan, ► **Amalgam**, Gold oder anderen Materialien aufgefüllt werden. Diese Füllung bezeichnet der Zahnarzt auch als Inlay.
Eine Zahnfüllung ist zwar die bekannteste, aber keineswegs die einzige Form des Inlays. Denn der Begriff bedeutet ganz allgemein nichts anderes als ein Transplantat, das in Körpergewebe eingebettet wird. Daher zählen zu den Inlays auch Knochenspäne, die eingesetzt werden um Knochendefekte zu überbrücken, oder Schrauben und Nägel, die man hauptsächlich verwendet um Brüche der kräftigen Markknochen zu verriegeln. Auch wenn man Zysten beispielsweise mit einem ► **Gewebekleber** füllt oder Biochips einsetzt, wird von einem Inlay gesprochen. Ferner gehören Nerven- und Hauttransplantate, auf die besonders die plastische Chirurgie spezialisiert ist, sowie in die Augen eingesetzte künstliche Linsen dazu. Im Gegensatz dazu werden Transplantate, die nicht in Gewebe eingebettet sind, als Onlays bezeichnet. Zu ihnen zählen vor allem Organtransplantate sowie beipielsweise Platten, die auf den Knochen aufgelegt werden.

Inlineskating

engl. in line = in einer Reihe
engl. skating = Eislauf, Rollschuhlauf

Kaum eine Trendsportart wurde in Deutschland derart schnell zum Massenvergnügen wie das Inlineskating, das Laufen auf Rollschuhen, deren Räder hintereinander in einer Reihe angeordnet sind. Diese modernen Einspurrollschuhe sind jedoch kein Spielzeug, sondern Sportgeräte, die hohe Ansprüche an das Können des Fahrers stellen. Die meisten besitzen vier kugelgelagerte Rollen in einer Schiene, die an einem Schalenstiefel befestigt oder damit verschweißt ist. Gute Laufrollen und Schienen sind glasfaserverstärkt oder aus Aluminium oder gar Titan. Am hinteren Ende der Schiene befindet sich der Bremsklotz. Inlineskates sind kein billiges Vergnügen und je nach Qualität, Material und Hersteller können die Preise beträchtlich variieren. Überdies braucht man Helm, Knie-, Ellbogen- und Handgelenkschützer.
Auf ebener Strecke können Inlineskater mit bis zu 80 km/h über den Asphalt flitzen. Der Rekord im Bergabfahren lag 1996 bei 146 km/h. Mittlerweile gibt es verschiedene Abarten des Inlineskatings: Inlinebasketball ist Korbball auf Rädern; beim Streethockey treten zwei Teams auf der Straße gegeneinander an. Beim Inlinesurfing benutzt man ein Segel für den zusätzlichen Antrieb, beim Skateslalom Stöcke, mit denen man sich durch eng gesteckte Tore schwingt. Zum Tricklaufen gehören Salti, Drehungen und Sprünge sowie waghalsige Rollmanöver in so genannten ► **Halfpipes** oder das Treppenfahren (Stairriding). Gefährlich und in Deutschland verboten ist es, auf der Straße zu skaten oder sich an fahrende Autos anzuhängen (Carsurfing).

Wer trendy sein will, bewegt sich auf schnellen Inlineskates durchs Leben.

Innovationsdruck

lat. innovare = erneuern

Eine wettbewerbsfähige Wirtschaft lebt von der Entwicklung neuer Ideen, Techniken und Produkte, kurz von Innovationen. Neuerungen bei den Herstellungsprozessen senken die Kosten, Produktinnovationen führen zu besseren Erzeugnissen mit größeren Marktchancen. Die Umsatz- und Beschäftigungsentwicklung innovationsfreudiger Unternehmen ist deutlich günstiger als bei der weniger innovativen Konkurrenz.
Die Produktlebenszeiten haben sich in den letzten 20 Jahren halbiert, weil die Verbraucher heutzutage nach den neuesten Modellen verlangen. Aufgrund dieses stark gewachsenen Innovationsdrucks steigen die Investitionen, die Gewinnspannen werden kleiner und die Amortisation dauert entsprechend länger. Daher wächst der Zwang zu kürzeren Entwicklungszeiten, damit das Geld schneller zurückfließt. Wer sein Produkt zuerst auf den Markt bringt, genießt eine kaum einholbare Marktführung und nur durch noch aktuellere Produkte können Mitbewerber in Konkurrenz treten. Bei der Entwicklung zukunftsträchtiger Technologien fällt Deutschland immer weiter hinter den USA und Japan zurück.

Inselspringen

Schon vor 15 Jahren erkundeten unternehmungslustige Rucksacktouristen die griechische Inselwelt, indem sie per Schiff oder Flugzeug von einer Insel zur nächsten „hüpften". Ursprünglich hat sich das Inselspringen also aus dem Individualtourismus in Griechenland entwickelt. Inzwischen gibt es immer mehr Reiseveranstalter und -büros, die solche Inseltouren entweder pauschal anbieten oder individuell für den einzelnen Kunden zusammenstellen. Ohne sich selbst um Unterkunft, Flüge oder Fähren kümmern zu müssen, kann der Urlauber so in kürzester Zeit eine ganze Inselgruppe des Mittelmeers oder der Ägäis kennen lernen. Aber auch bei exotischeren Inselwelten wie beispielsweise den Seychellen, den Karibik- oder den Südseeinseln hat sich das Inselspringen als beliebte Urlaubsvariante durchgesetzt.

Insidergeschäfte

engl. insider = Eingeweihter

Als Insider bezeichnet man Mitglieder der Geschäftsführung oder des Aufsichtsrats von ► **Aktiengesellschaften** und Banken sowie Großaktionäre, die früher als die Öffentlichkeit von wirtschaftlichen Vorgängen Kenntnis bekommen, die sich auf den Börsenkurs von Wertpapieren auswirken können – etwa wenn eine AG ein neues Produkt auf den Markt zu bringen gedenkt, das in dieser Qualität und zu diesem Preis bislang nicht existierte. Den Insidern ist es verboten diesen Wissensvorsprung zum eigenen Vorteil zu nutzen, indem sie je nach Sachlage ► **Aktien** kaufen oder verkaufen und damit die anderen Anleger schädigen, die erst später von der Neuerung erfahren. In Deutschland werden Insidergeschäfte vom Bundesaufsichtsamt für den Wertpapierhandel überwacht, das beim Verdacht eines Deliktes den Fall der Staatsanwaltschaft übergibt. Seit 1994 werden Insidergeschäfte strafrechtlich verfolgt und mit hohen Geldbußen oder Freiheitsstrafen bis zu fünf Jahren geahndet. Auch in anderen Staaten sind solche Geschäfte strafbar. Die Europäische Kommission plant die Insiderregeln innerhalb ihrer Mitgliedsländer zu vereinheitlichen.

Installationen wie Marina Abramovics *Kristallkino* sollen von den Besuchern „begangen" werden.

Installation

ital. installare = einbauen, einrichten

Vielen Künstlern genügt es heute nicht mehr ein Gemälde aufzuhängen oder eine Skulptur aufzustellen. Um die Mitte des 20. Jh. entstand eine Kunstvariante, die zunächst als Environment (engl. Umgebung) bezeichnet wurde und inzwischen als Installation, genauer als Rauminstallation bekannt ist. Dabei arrangiert der Künstler in einem Raum verschiedene Objekte und Materialien zu einem Ensemble. Der Betrachter soll nicht wie früher vor dem Kunstwerk stehen bleiben, sondern er soll sich darin bewegen und es so mit allen Sinnen und aus immer wieder neuen Perspektiven erfahren. Vertreter dieser Kunstform sind in der verwandten Pop-Art, aber auch bei den ► **Aktionskünstlern** zu finden, sodass man hier wie dort auf Namen wie Joseph Beuys, George Segal, Edward Kienholz oder Gianni Colombo stößt.

Integrative Schule

lat. integratio = Wiederherstellung eines Ganzen

Behinderte und nichtbehinderte Kinder leben und lernen gemeinsam im Kindergarten und in der Schule – das ist die Grundidee des integrativen Unterrichts. Die Initiative dazu ging Anfang der 70er-Jahre von betroffenen Eltern aus, die es ihren behinderten Kindern ermöglichen wollten in Spielgruppen Erfahrungen mit gleichaltrigen nichtbehinderten Kindern zu machen. Zu Beginn der 80er-Jahre wurden an mehreren Orten Modellversuche gestartet behinderte Kinder, die bislang eine Sonderschule besucht hatten, nicht mehr auszugrenzen, sondern in den normalen Schulunterricht zu integrieren. Dieses Miteinander bringt nicht nur den behinderten Kindern Vorteile, die z.B. in der Sprachentwicklung oder in Bezug auf ihre Selbstständigkeit größere Fortschritte erzielen; auch die nichtbehinderten, deren soziales Verhalten gefördert wird, profitieren davon. In einigen deutschen Bundesländern wie etwa Hamburg ist die integrative Schule schon seit Jahren die Regel. Kinder mit Behinderungen erhalten dort zusätzliche Förderstunden.

INTERNET

Das globale Dorf

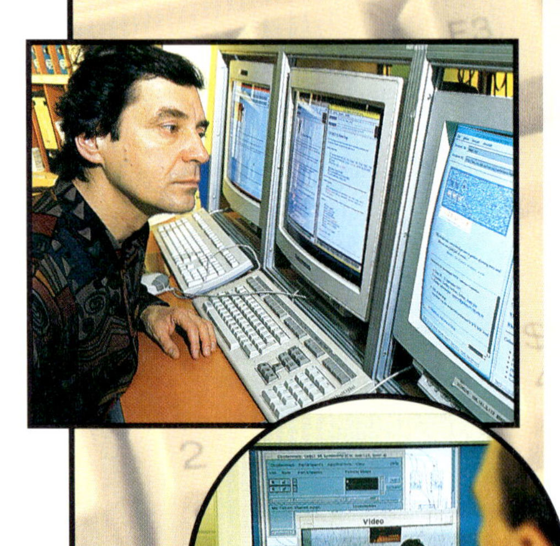

Ein Wissenschaftler bringt die Internetseiten seines Forschungsinstituts auf den neuesten Stand (ganz oben).

Lernen im Internet – eines der vielfältigen Angebote im globalen Netz (oben).

Internet

Dieses größte Computernetzwerk der Welt besteht aus vielen Millionen miteinander verbundenen **PC** und zahlreichen kleineren sowie größeren öffentlichen und privaten **Netzwerken**. Dieser Verbund, der u. a. Tausende von Datenbanken umfasst, stellt ein unüberschaubares Informationsreservoir dar, zu dem jeder mit einem **Modem** oder **ISDN**-Anschluss ausgerüstete Computerbesitzer Zugang hat.
Die Geschichte des Internets reicht bis in die 60er-Jahre zurück. Damals arbeitete das amerikanische Verteidigungsministerium an der Entwicklung eines Nachrichtennetzes, das selbst im Fall eines Atomkrieges funktionsfähig bleiben würde. Das Ergebnis war 1969 Arpanet, ein Netzwerk, das vier amerikanische Universitäten miteinander verband. Im Lauf der Jahre wurde es erweitert und bestand schließlich aus mehreren Zehntausend Computern. Zunächst diente es dem Austausch wissenschaftlicher Daten, doch seit Anfang der 90er-Jahre bieten **Provider** auch privaten Personen Zugang zum Internet. Seither wächst die Zahl der Benutzer dank dieser Dienste und des World Wide Web immer schneller und inzwischen werden im Internet neben Informationen Waren und Dienstleistungen angeboten.

World Wide Web

Beim WWW, wie das World Wide Web kurz genannt wird, handelt es sich um ein Informationssystem, das die Arbeit im Internet wesentlich erleichtert. Es ermöglicht einen einheitlichen grafischen Zugang zu allen Netzdiensten und ist das derzeit beste Werkzeug im globalen Netzwerkverbund. Obwohl die Bezeichnung World Wide Web weltweites Netz bedeutet, darf es nicht mit dem Internet verwechselt werden. Entwickelt wurde das World Wide Web, ohne das der rasante Anstieg der Internetbenutzer auf etwa 50 Millionen nicht möglich gewesen wäre, Anfang der 90er-Jahre am Europäischen Forschungszentrum für Teilchenphysik (CERN) in Genf.

Webbrowser

Wer auf Dokumente, also auf Texte, Datenbanken, Tabellen und Grafikdateien, im World Wide Web zugreifen will, benötigt einen Webbrowser, ein Computerprogramm, das die Webseiten auch darzustellen vermag.

Hyperlinks

Die Verweise, die in einem Dokument durch Unterlegungen markiert sind, werden als Hyperlinks bezeichnet. Sie erschließen dem Benutzer ein umfangreiches Informationssystem, das neben weltweit miteinander verknüpften Texten und Grafiken sogar Videos und Tonaufnahmen umfasst. Die Stelle, auf die verwiesen wird, kann sich in dem Dokument befinden, das man gerade geöffnet hat, oder in einem beliebigen anderen Dokument auf einem der PC, die an das Internet angeschlossen sind.

Webserver

Diese Rechner bzw. Programme auf einem Rechner verwalten Dateien und stellen sie den Netzbenutzern zur Verfügung.

Surfer

Computerbenutzer, die mithilfe eines Webbrowsers als „Surfbrett" im World Wide Web von Dokument zu Dokument eilen, werden als Surfer oder Netsurfer bezeichnet. Ihre Bereitschaft die Angebote eines Webservers zu nutzen hängt oft mit der Gestaltung der jeweiligen Homepages zusammen. Ein Hauptproblem für Surfer im Internet sind derzeit noch die häufig sehr langen Wartezeiten beim Zugriff auf weitere Dokumente des globalen Netzes.

Homepage

Diese „Heimseite" ist gewissermaßen die Visitenkarte eines Informationsdienstes oder eines Anbieters von Waren oder Dienstleistungen im World Wide Web. Auf der Homepage, wo die jeweiligen Angebote möglichst übersichtlich und attraktiv präsentiert werden, gibt es Hyperlinks, mit denen man auf andere Seiten im Netz weiterspringen kann. Jeder Benutzer des Internets kann eine Homepage einrichten und sich auf diese Weise anderen Surfern im World Wide Web vorstellen.

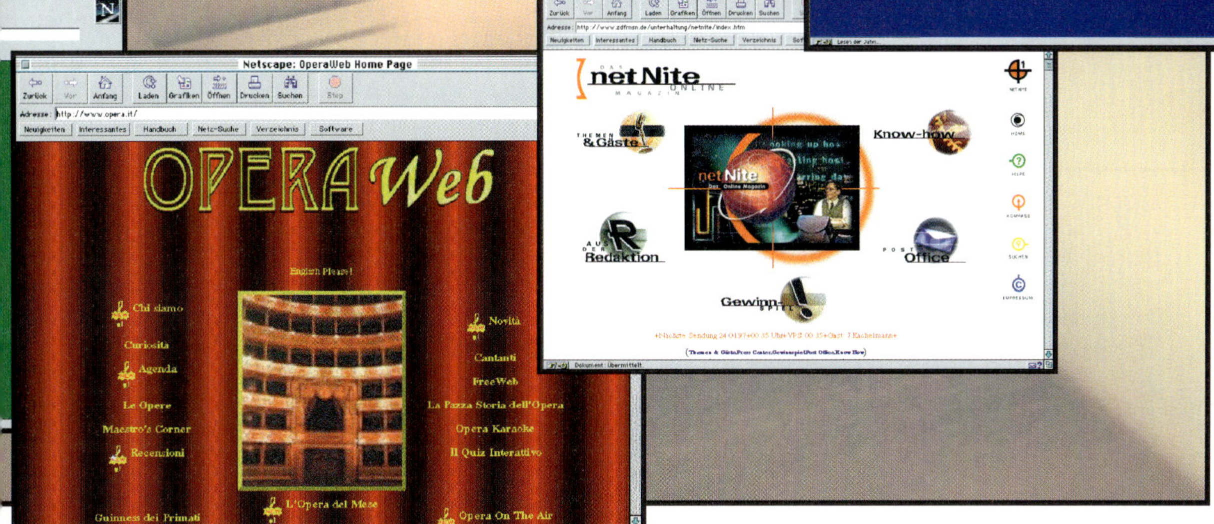

Im Internet stellen sich Informationsdienste und die Anbieter von Dienstleistungen und Waren mit attraktiv gestalteten Homepages vor.

Integrierter Anbau

Biologische Schädlingsbekämpfung etwa mithilfe von Marienkäfern und nur mäßiger Einsatz von Dünger sind Kennzeichen des integrierten Anbaus.

Längst hat man erkannt, dass der bedenkenlose Einsatz von chemischen Pflanzenschutzmitteln in der Landwirtschaft nicht nur höhere Erträge bringt, sondern auch Gefahren für Mensch und Umwelt birgt. Im ► **ökologischen Landbau** hat man sich davon radikal abgewandt. Die integrierte Landwirtschaft dagegen, die vor gut 15 Jahren aufkam, versucht, wie der Name schon sagt, diese beiden gegensätzlichen Anbauweisen miteinander zu verbinden, zu integrieren. Oberstes Ziel des integrierten Landbaus ist die Bewahrung oder Wiederherstellung des biologischen Gleichgewichts zwischen Schädlingen und Nützlingen. Dies erreicht man durch den Anbau robuster, krankheits- und schädlingsresistenter Pflanzen und durch die Förderung von Nützlingen wie Marienkäfern, Florfliegen, Nematoden oder Mikroben, die den Schadinsekten zu Leibe rücken. Um die Nützlinge auf Dauer anzusiedeln schafft man ihnen Rückzugsgebiete wie Hecken oder mit Wildkräutern bewachsene Ackerrandstreifen. Chemische Mittel werden möglichst gar nicht gespritzt und wenn doch, dann nur sehr sparsam und derart, dass sie den Nützlingen nicht schaden. Auch wird weniger gedüngt als beim konventionellen Anbau. Auf diese Weise erzielen die Bauern hohe Erträge, während zugleich die Umwelt geschont wird.

Interaktives Fernsehen

Unter Interaktion versteht man die Wechselbeziehung zwischen zwei Partnern. Die früheste Form des interaktiven Fernsehens in Deutschland praktizierte Anfang der 80er-Jahre die ARD mit ihrem *Sommerwunschfilm der Woche*. Dabei konnten die Zuschauer per Telefon einen von drei angebotenen Filmen auswählen. Das moderne interaktive Fernsehen meint aber etwas anderes: die aktive und individuelle Programmauswahl und -gestaltung durch den einzelnen Zuschauer, der sogar in die Fernsehhandlung eingreifen kann. Voraussetzung dafür ist das ► **digitale Fernsehen**. Der Zuschauer am Bildschirm ist online mit den Sendern vernetzt und kann mit der Fernbedienung aus dem Angebot auswählen, was ihm gefällt (► **Video-on-Demand**). In Amerika wurde das interaktive Fernsehen bereits vor Jahren eingeführt, in Deutschland steckt es noch in den Kinderschuhen. Ende Juli 1996 hatten mit entsprechenden Zusatzgeräten ausgestattete Fernsehzuschauer erstmals die Möglichkeit bei der Übertragung eines Autorennens am Hockenheimring aus verschiedenen Kameraeinstellungen die jeweils für sie interessanteste auszuwählen. Doch das interaktive Fernsehen soll eine Menge weiterer Möglichkeiten bieten: Teilnahme an Spielshows und Videospielen, ► **Telelearning**, Einkäufe, Urlaubsbuchungen und Bankgeschäfte am Bildschirm (► **Teleshopping**, ► **Homebanking**) sowie Zugriff auf verschiedene ► **Informationsdienste** und ► **Datenbanken**.

Internet

→ siehe S. 216

Internetcafé

Die Gastronomie hat schon früher ihr Angebot über Essen und Trinken hinaus anzureichern gewusst (► **Erlebnisgastronomie**). Neuerdings mischen sich ungewohnte Klänge unter die vertrauten Kneipengeräusche, und zwar das Klappern von Tastaturen. Schon Anfang der 90er-Jahre tauchten in Kalifornien die ersten Computerlokale auf und in Europa gibt es mittlerweile einige Hundert so genannter Internetcafés, die ihren Gästen ans ► **Internet** angeschlossene Computer zur Verfügung stellen und ihnen damit den Zugriff auf Daten aus aller Welt ermöglichen. Sei es, dass sie sich keinen eigenen Anschluss leisten können, dass sie sich nur im Vorbeigehen eine Information holen wollen oder dass es ihnen vor dem häuslichen Computer zu einsam wird: Viele ► **User** zieht es in diese neuartigen Lokale, wo sie einen Snack verzehren und nebenher elektronische Post (► **E-Mail**) verschicken oder bei einer Tasse Espresso gemeinsam mit Freunden durch das ► **World Wide Web** surfen. Internetcafés können sachlich-nüchtern eingerichtet sein, futuristisch-technoid, etwa verbunden mit dem Angebot von ► **Cyberspace**-Spielen, oder auch ganz schlicht und urgemütlich.

Im Internetcafé sind die Computerfreaks unter sich. In Gesellschaft im Netz zu surfen macht auch viel mehr Spaß.

Intranet

lat. intra = innerhalb
engl. net = Netz

Die Technologie des ► **Internets**, also die weltweite Vernetzung von Computern, kann auch als Intranet in der begrenzten Welt einer Firma eingesetzt werden, wobei die so verbundenen Rechner durchaus auf beliebige Standorte auf dem Globus verteilt sein können. Ein solches Intranet bietet die aus dem Internet bekannten Dienste. Mit der Technik des ► **World Wide Web** etwa kann man intern Mitteilungen der Geschäftsleitung, Schicht- und Speisepläne, Dokumentationen und Schulungsmaterial preiswert verbreiten. Die Angestellten können über die für ► **Chatgroups** verwendete Technik zusammenarbeiten, sich elektronische Post senden (► **E-Mail**), Dateien transferieren, Computer fernbedienen usw. Im Gegensatz zum Internet ist dieses geschlossene ► **Netzwerk** für die Öffentlichkeit nicht zugänglich.
Das Intranet bietet gegenüber anderen Netzwerken einige Vorteile. Es ist preiswerter und einfacher einzurichten als viele andere, kann beliebige Rechnertypen miteinander verbinden und ist leicht zu bedienen. Seine Technologie ist verlässlich, weil millionenfach erprobt, und außerdem zukunftssicher, da sie kostenlos von den technischen und gestalterischen Weiterentwicklungen des Internets profitieren wird.

Invasive Verfahren

→ siehe S. 120

Investmentfonds

Die Kapitalanlage in Investmentfonds ist besonders bei kleinen und mittleren Anlegern in den letzten Jahren immer beliebter geworden. Die Sparer erwerben bei einer Investmentgesellschaft Anteilscheine, die Gesellschaft gibt das gesammelte Kapital ihrer Investoren in ein gemeinsames ► **Depot** und kauft damit ► **Aktien**, festverzinsliche Wertpapiere oder Immobilien. Die Erträge, die der Anlagetopf abwirft, also Zinsen, ► **Dividenden** und Kursgewinne, werden in der Regel an die Kapitalanleger entsprechend der Höhe ihrer Einlage ausgeschüttet, bei einigen Fonds aber auch thesauriert, d.h. zum Kauf weiterer Wertpapiere verwendet, was den Wert der Anteilscheine erhöht. Die Anlagen in einen Investmentfonds werden von einem Fondsmanager verwaltet, gemischte Fonds weisen als weiterer Vorteil eine meist breite Risikostreuung auf, d.h., den eher spekulativen Anlagen in Aktien stehen festverzinsliche Wertpapiere mit niedriger ► **Rendite** und langer Laufzeit gegenüber. Die Anteilscheine kann man jederzeit zum aktuellen Tageskurs wieder verkaufen.

In-vitro-Fertilisation

lat. in vitro = im Glas
lat. fertilisatio = Befruchtung

Wenn eine Frau auf natürlichem Weg nicht empfängt, kann dies verschiedene Ursachen haben (► **Andrologie**, ► **Infertilität**). Wünscht sich ein Paar dessen ungeachtet ein Kind, so kann der Natur heute nachgeholfen

werden. Durch Hormone regt man zunächst die Eireifung bei der Frau an. Normalerweise reift während eines Monatszyklus nur ein Ei, nach der Einnahme von Hormonen sind es jedoch mehrere, die dann unmittelbar vor dem Eisprung aus dem Eierstock abgesaugt und im Reagenzglas mit den Samen des Mannes zusammengebracht werden. Falls es zur Befruchtung kommt, wartet man ab, bis sich die Eier zwei- bis dreimal geteilt haben, und implantiert einen Embryo in die Gebärmutterschleimhaut. In 15–23 % der Fälle wächst dann ein gesundes Kind heran. Die restlichen Embryonen werden tiefgefroren und nach einer gewissen Zeit vernichtet. Zur ersten erfolgreichen Geburt nach einer In-vitro-Fertilisation kam es 1978 in Großbritannien. Inzwischen sind solche Kinder, die früher als so genannte Retortenbabys für Schlagzeilen sorgten, häufiger. Allerdings ist die Vernichtung der restlichen Embryonen ethisch bedenklich; Abtreibungsgegner sprechen gar von Massenmord. Dabei stellt sich auch die Frage nach dem rechtlichen Status solcher Embryonen.

Der Ironman-Triathlon auf Hawaii beginnt mit dem Schwimmen.

Ironman

Wer den Ironman auf Hawaii, den härtesten ► **Triathlon** der Welt, durchstehen will, muss schon ein Mann aus Eisen sein (wie der englische Name besagt) oder eine ebensolche Frau. Die Teilnehmer müssen zuerst 3,8 km im Meer schwimmen, dann 180 km Rad fahren und schließlich einen 42,2 km langen Marathonlauf absolvieren – und das bei starkem Wind, Temperaturen von weit über 30 °C und einer Luftfeuchtigkeit von fast 90 %. Männer wie Frauen, Profis wie Amateure können mitmachen. 1996 gewann der Belgier Luc van Lierde in acht Stunden vier Minuten. 1977 sollen ein paar Offiziere der US-Navy die Idee gehabt haben drei bis dahin unabhängige Wettbewerbe zusammenzulegen und an einem Tag zu absolvieren. Ein Jahr später wurde ihr Einfall in Kona auf Hawaii in die Tat umgesetzt. Heute finden solche Dreikämpfe u.a. auch in Neuseeland, Japan, Australien, Kanada und in Roth bei Nürnberg statt. Der dort ausgetragene Wettbewerb gilt neben Kona als absoluter Ironman-Höhepunkt.

ISDN

engl. integrated services digital network = digitales Netzwerk für integrierte Dienste

Bis vor kurzem benötigte man zum Telefonieren, Bildschirmtextlesen sowie zum Versenden und Empfangen von Teletext, Telexen, ► **Faxen**, ► **E-Mail** oder Computerdateien verschiedene Übertragungswege. Mit ISDN ist das anders geworden. In diesem internationalen öffentlichen Netzwerk werden die diversen Kommunikationsdienste ► **digital** über ein einziges Fernmeldenetz übertragen. Ein ISDN-Anschluss, an dem bis zu acht Geräte hängen können, empfängt auf drei Kanälen Signale; ein vierter dient der Synchronisation. Man kann also gleichzeitig telefonieren, faxen und im ► **Internet** surfen. Die Vorteile des ISDN können aber nur mit neuen Geräten bzw. Erweiterungen voll genutzt werden. Deutschland besitzt derzeit das dichteste ISDN der Welt; es ermöglicht eine hohe Übertragungsrate von 64000 ► **Bit**/Sek. Bis zum Jahr 2000 soll der ISDN-Betrieb europaweit vereinheitlicht sein. Und in Zukunft wird man über ISDN wohl auch Radioprogramme und Fernsehbilder übermitteln.

Jackpot

Mitte der 80er-Jahre wurde die Begrenzung des Höchstgewinns beim Lotto aufgehoben und auch bei diesem Glücksspiel wie vorher schon beim Toto der Jackpot eingeführt. Dieser Begriff bezeichnet eine Art Depot, in dem man das Geld hinterlegt, das in den Wochen eingespart wird, in denen niemand alle Zahlen richtig getippt hat. Da das mehrmals hintereinander passieren kann, erreicht die Summe darin manchmal Millionenbeträge. Und wenn schließlich jemand das Glück hat sechs Richtige und die richtige Superzahl anzukreuzen, dann steht ihm zusätzlich zum Hauptgewinn noch der Inhalt des Jackpots zu. Ursprünglich stammt der Ausdruck aus der Sprache der Pokerspieler und bezeichnet den Topf (engl. *pot*), in den man einen Grundeinsatz gibt, der dem Gewinner später zukommt. Und gewinnen kann man beim Pokern meist nur, wenn man beim Spiel einen Buben (engl. *jack*) zieht.

Java

Meist werden Computer für bestimmte Aufgaben wie z. B. die Verwaltung von ► **E-Cash** mit besonderen Programmen (► **Software**) versehen. Wenn es für den Aufgabentyp jedoch notwendig oder günstiger ist, wird sogar eine neue ► **Programmiersprache** entwickelt. Beispielsweise haben kalifornische Techniker Anfang der 90er-Jahre eine Sprache mit dem Namen Oak (engl. Eiche) zusammengestellt, mit der Toaster und Mikrowellengeräte programmiert wurden. Als kurz darauf das ► **World Wide Web** (WWW) seinen Siegeszug im ► **Internet** antrat, entdeckte man, dass sich die Eigenschaften von Oak auch für dieses Einsatzgebiet vorzüglich eigneten. Seit 1995 ist diese Sprache nun, weiterentwickelt und auf den Namen Java umgetauft, auf dem besten Weg eine der wichtigen Sprachen im Internet zu werden. Sie bietet einige Vorteile: Man kann jedem Internetkunden – egal, welchen der vielen Rechnertypen er besitzt – dieselben Daten senden und diese werden erst in dem Moment, wenn sie abgerufen werden, von einem Programm, das Java „versteht", in die Maschinensprache des jeweiligen Computers übersetzt. Außerdem ist die Sprache relativ einfach zu benutzen.

Jetlag

engl. jet = Düsenflugzeug
engl. lag = Verzögerung

Bei einem Interkontinentalflug überquert ein Passagier in wenigen Stunden mehrere Zeitzonen. Dadurch stimmt seine innere Uhr nicht mehr mit der Zeit in seiner Umgebung überein, sie arbeitet sozusagen mit Verzögerung, vor allem bei einem Flug in Richtung Osten. Als Folge davon stellen sich nach der Ankunft am Zielort, hervorgerufen durch die verschobenen Schlaf- und Wachrhythmen, vegetative Störungen wie Müdigkeit, Konzentrationsmangel, Appetitlosigkeit und allgemeine Erschöpfung ein. Alle diese Symptome bezeichnet man – ebenso wie ihre Ursache – als Jetlag. Je nach körperlicher Verfassung dauert es einen Tag bis eine Woche, bis man diesen Zustand überwunden hat und vollständig an die Zeit in der neuen Umgebung angepasst ist. In den USA wird, vor allem von Geschäftsreisenden, die am Tag nach der Ankunft für eine Konferenz oder ein Verkaufsgespräch fit sein müssen, häufig das Hormon ► **Melatonin** als Mittel gegen den Jetlag eingesetzt.

Jingle

Mit dem Wort Jingle bezeichnet man im Englischen sowohl ein Geklimper, etwa von Münzen, als auch einen kleinen Reim oder Merkvers. Über die letztgenannte Bedeutung fand der Begriff Eingang in die Sprache der Werbung, wo er ein Synonym für einen Werbespruch ist – samt dessen meist sehr eingängiger musikalischer Untermalung. Unter Jingle versteht man aber auch die kurzen Tonfolgen oder Melodien, die die einzelnen Rundfunksender als ihr akustisches Erkennungszeichen einspielen. Sie werden mindestens einmal pro Stunde ausgestrahlt, z. B. bei Beginn bestimmter Programmelemente wie Nachrichten oder Schulfunk, und signalisieren dem Hörer, dass er den gewünschten Sender eingeschaltet hat. Bei manchen Sendern gibt es vor allem in den dritten, jugendorientierten Programmen Produktionen, in denen die meist ► **digital** über Computer eingespielten Jingles geradezu Kultcharakter aufweisen. Sie stellen für die Zuhörer eine Art akustisches Zusammengehörigkeitszeichen dar, vergleichbar beispielsweise einer rituellen Begrüßungsformel.

Jobrotation

engl. job = Arbeit
engl. rotation = Drehung, turnusmäßiger Wechsel

In der Arbeitswelt wird das Wort Rotation, das eigentlich zum Bereich der Physik gehört (z. B. Erdrotation), in Verbindung mit dem englischen Ausdruck Job für drei Fachbegriffe benutzt. Der erste bezieht sich auf die Zeit der Ausbildung eines Arbeitnehmers: Wenn ein ► **Trainee** auf eine Führungsaufgabe vorbereitet werden soll, lässt man ihn meist eine Zeit lang in den verschiedensten Abteilungen der Firma arbeiten, damit er sich einen möglichst guten Überblick über alle Abläufe verschaffen kann. Die zweite Form der Jobrotation bedeutet, dass ein Arbeiter oder Angestellter mit einem spezialisierten Tätigkeitsbereich seine Arbeit hintereinander an mehreren verschiedenen Arbeitsplätzen ausübt. Und die dritte Art der Jobrotation schließlich ist eher ein Mittel der Arbeitsmarktpolitik: Ein Arbeitnehmer wird zur (bezahlten) Fortbildung geschickt und seinen Job versieht derweil ein qualifizierter Arbeitsloser, der sein Entgelt von der Bundesanstalt für Arbeit (BfA) in Nürnberg erhält.

Jobsharing

engl. job = Arbeit
engl. to share = teilen

Viele Arbeitnehmer, vor allem allein erziehende Mütter und Väter, bekunden Interesse am Jobsharing, also einer Arbeitsplatzteilung. Dennoch ist die Mehrheit der Unternehmer in Deutschland, anders als in den USA und Großbritannien, noch kaum dazu bereit. Sie befürchten ein Absinken der Arbeitsmoral bei dieser Art von ► **Teilzeitarbeit**, bei der eine Vollzeitstelle unter zwei, manchmal auch drei Personen aufgeteilt wird. Diese wechseln sich nach einem vorher vereinbarten Zeitplan bei der anfallenden Arbeit entweder stunden- oder tageweise, manchmal auch wochenweise ab. Das Gehalt wird anteilig ausgezahlt. Das Besondere am Jobsharing ist die gemeinsame Zuständigkeit der Beteiligten für die zu erledigenden Aufgaben. Jeder muss für den anderen einstehen und ihn in Ausfallzeiten wie Urlaub oder Krankheit vertreten.

Jobticket

engl. job = Arbeit
engl. ticket = Fahrkarte

Um die Benutzung von Bahnen und Bussen für Pendler attraktiver zu machen bieten viele Verkehrsunternehmen Job- oder Firmentickets an. Das sind Fahrausweise, in der Regel Jahreskarten, die Arbeitgeber, Gewerkschaften oder auch beispielsweise der ADAC für die Mitarbeiter bzw. Mitglieder zu einem Vorzugspreis erwerben können. Dank dieses Rabatts sind die Arbeitnehmer berechtigt die öffentlichen Verkehrsmittel für einen wesentlich geringeren Preis als normalerweise üblich zu benutzen.

Jogging

→ siehe S. 160

Jointventure

engl. joint = gemeinsam
engl. venture = Unternehmung, Wagnis

Kooperationsvereinbarungen und Verbindungen von Wirtschaftsunternehmen gibt es in den verschiedensten Formen, u. a. als ► **Fusion**, als Kartell oder auch als Jointventure. Man versteht darunter einmal allgemein die internationale Zusammenarbeit von Firmen, aber darüber hinaus auch den Zusammenschluss einzelner Unternehmen aus verschiedenen Ländern. Bei den meisten Jointventures von deutschen Firmen befindet sich der Partnerbetrieb im ehemaligen Ostblock oder in einem Entwicklungsland. Trotz der dadurch vorgegebenen ungleichen

Die Fruchtkapseln des Jojobastrauches enthalten Samen, aus denen ein wertvolles Öl gewonnen wird.

wirtschaftlichen Voraussetzungen sind solche Abkommen für beide Seiten vorteilhaft: Sie kommen in den Genuss staatlicher Fördermittel, die deutsche Firma liefert Kapital und Fachwissen, der Partner in den im Aufbau befindlichen Staaten verfügt über Kenntnisse des Inlandsmarktes und eine Belegschaft, die für einen wesentlich geringeren Lohn als in Deutschland arbeitet. Oft ist der Zusammenschluss der Jointventure-Partner zeitlich begrenzt, aber manchmal wird auch eine langfristige Kooperation vereinbart, etwa wenn es um Großprojekte wie den industriellen Aufbau eines Entwicklungslandes geht. Und ein Teil der Jointventures scheitert, weil die Partner sich bei manchen Problemen nicht einigen können.

Jojobaöl

Der ursprünglich nur in den unfruchtbaren Halbwüsten Mexikos, Arizonas und Südkaliforniens heimische, rund 3 m hohe Jojobastrauch aus der Gattung der Buchsbaumgewächse wird seit einiger Zeit in vielen Ländern der Erde kultiviert, weil man aus seinen nussähnlichen Samen ein hochwertiges Öl herstellen kann. Es hat die Eigenschaft bei kühlen Temperaturen wie Wachs zu erstarren, schmilzt aber bei Raumtemperatur sofort wieder. Außerdem ist es selbst bei extrem großer Hitze nur sehr schwer entflammbar und wird auch bei langjähriger Lagerung nicht ranzig. Jojobaöl verwendet man in der Technik als Schmiermittel, hauptsächlich jedoch in der Pharmaindustrie und bei der Herstellung von Kosmetika wie beispielsweise Hautpflegemitteln, Shampoos, Haarkuren und Sonnenschutzpräparaten. Man kann es auch pur in der Apotheke kaufen.

Jo-Jo-Effekt

Das Jo-Jo ist ein ursprünglich von den Philippinen stammendes Geschicklichkeitsspiel, bei dem man einen auf eine Spule gewickelten Faden mehr oder weniger weit ab- und wieder aufrollen lässt, indem das Fadenende mit der Hand auf und ab bewegt wird. Ganz allgemein symbolisiert der Jo-Jo-Effekt also einen Vorgang, bei dem es abwechselnd auf und ab geht; im Besonderen aber versteht man darunter die häufig auftretenden Auswirkungen einer Reduktionsdiät: Das durch eine

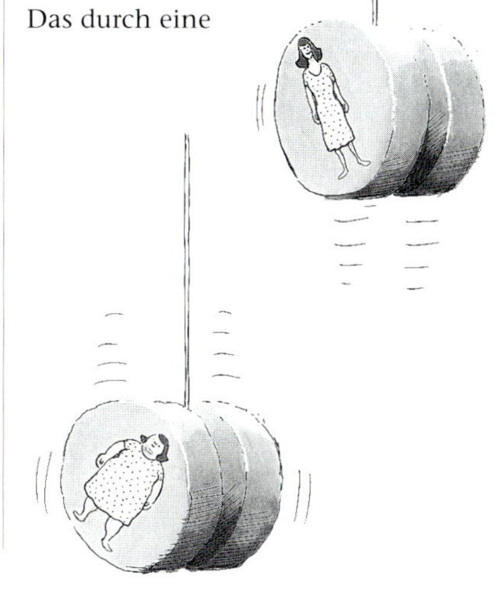

Jugendsprache

Das checkt kein Grufti

Kids

Die Kinder und Jugendlichen werden heute oft Kids genannt und die unter 20-Jährigen bezeichnen sich häufig selbst mit diesem englischen Wort für Kinder. Englische Wörter bilden überhaupt einen wesentlichen Bestandteil der heutigen Jugendsprache, wobei es sich manchmal um Übersetzungen handelt oder um Wörter, deren Bedeutung abgewandelt ist. Daher haben selbst englischkundige Eltern häufig Schwierigkeiten alles zu verstehen, wenn sich ihre Kids unterhalten.

Grufti

Alle über 30 zählen für die Kids zu den Gruftis, d. h. zu denen, die die aktuellen Entwicklungen in ihrer Gruft verschlafen haben. Ähnlich respektlose Bezeichnungen sind Fossil, also Relikt einer längst vergangenen Zeit, und Komposti, d. h. reif für den Komposthaufen. Gruftis werden auch schwarz gekleidete Jugendliche genannt, die sich bei düsterer Musik in rauchigen Musikklubs anschweigen und das cool finden.

Hip

Dieses bereits von den Hipstern, amerikanischen Jazzmusikern und ihren Fans, in den 40er-Jahren benutzte Wort ist heute wieder aktuell. Hip ist, wer sich in einer Szene auskennt und die neuen Trends erkennt, bevor sie Allgemeingut werden.

Cool

Dies ist einer der wichtigsten Begriffe der Jugendsprache. Cool ist alles, was gerade angesagt ist: Kleidung, Frisuren, Sportarten, Musikgruppen, Tanzklubs oder Bars. Cool ist jemand, der alles im Griff hat, über den Dingen steht und sich in jeder Situation gelassen gibt. Wichtig ist vor allem eine eigene Note zu haben und kein Spießer zu sein, denn das finden die Kids „echt uncool“.

Easy

Wenn es keine Schwierigkeiten mit Eltern, Schule oder Freunden gibt und man mit sich selbst im Reinen ist, wenn also die Dinge so laufen, wie man es sich vorstellt, dann ist „alles easy“ und geht leicht von der Hand.

Inlineskating unter freiem Himmel ist eine der Trendsportarten, die bei den Kids angesagt ist.

Trouble

Wie im Englischen ist dies die Bezeichnung für Ärger, Streit und Unannehmlichkeiten, denen man besser aus dem Weg geht. Wenn da nur nicht die Lehrer und Eltern wären, die nach Auffassung der Kids viel zu häufig „Trouble machen".

Schwarze Kleidung finden nicht nur die Gruftis geil (ganz oben), auch manche Technofans bevorzugen ein cooles, düsteres Outfit.

Checken

Wenn die Kids davon sprechen, dass sie etwas gecheckt haben, meinen sie damit nicht, dass sie etwas sorgfältig geprüft haben, wie das englische Wort ursprünglich heißt, sondern sie bringen damit zum Ausdruck, dass sie etwas begriffen bzw. „geschnallt" haben. Und wenn Jugendliche sich in ihrem Jargon unterhalten, checken die Gruftis meist gar nichts.

Message

Während die Jugendlichen der Flower-Power-Generation Ende der 60er-Jahre noch an die Botschaft eines indischen Gurus oder die tiefere Bedeutung eines Songs dachten, wenn sie von einer Message sprachen, so meinen sie damit heute nur eine einfache Mitteilung. Und wenn sie die Message gecheckt haben, dann haben sie verstanden, worum es geht (engl. *to get the message* = kapieren).

Hauptsache, das Feeling stimmt, das ist die wichtigste Message beim Tanzen zu unablässig hämmernden Rhythmen.

Geil

besitzt in der Jugendsprache eine ähnliche Bedeutung wie cool. Alles, was interessant ist und die Kids begeistert, wird als geil bezeichnet.

Feeling

Hatte man früher vor einer Klassenarbeit oder einer Prüfung ein gutes oder schlechtes Gefühl, so spricht man heute meist von dem Feeling, das einem sagt, wie etwas laufen wird. Und wenn man den schwer zu beschreibenden Empfindungen beim **Bungeejumping** oder anderen **Extremsportarten** Ausdruck verleihen will, dann ist häufig von einem „irren Feeling" die Rede.

Deal

Früher verwendete man das Wort häufig im Zusammenhang mit der Drogenszene und meinte damit den Abschluss eines Geschäfts durch einen **Dealer**. In der Jugendsprache bezeichnet man heute auch kleine Geschäfte ohne kriminellen Charakter als Deal.

Trip

Wie das Wort Deal hat auch Trip in der Rauschgiftszene eine eigene Bedeutung. Mithilfe von Halluzinogenen wie LSD begeben sich Rauschgiftsüchtige auf einen gefährlichen Trip (engl. Reise) in andere Bewusstseinswelten, der bei ungünstigem Verlauf schnell zum Horrortrip werden kann. Von Jugendlichen häufig verwendete Begriffe wie Öko-, Psycho- oder Videotrip drücken aus, dass sich jemand ungewöhnlich intensiv mit etwas befasst und so eine gewisse Form von Abhängigkeit entstanden ist.

Fastenkur zunächst verminderte Körpergewicht steigt nach dem Ende der Diät fast immer wieder an, und zwar umso drastischer, je öfter man die Kur wiederholt. Dieses Auf und Ab des Gewichts, das viele nur zu gut kennen, hat eine physiologische Ursache, die weit in die Vergangenheit des Menschen zurückreicht: Damals war es für das Überleben notwendig sich in Phasen des Überflusses ein Fettpolster zuzulegen, das dann in Notzeiten als Reserve zur Verfügung stand. Aufgrund dieses genetischen Programms essen viele Menschen auch heute noch wesentlich mehr, als sie benötigen. Die Folge davon ist Übergewicht, das man mit verschiedenen Reduktionsdiäten wieder loszuwerden versucht. Am Anfang werden in den meisten Fällen auch tatsächlich schnell einige Pfunde abgenommen, aber dann baut der Körper erst einmal seine energetischen Zwischenspeicher vor allem in der Leber ab und das bedeutet, dass man mit der Zeit weniger an Gewicht verliert. Wenn die eigentlichen Fettpolster angezapft werden, verlangsamt der Organismus den Stoffwechsel um die wenigen zugeführten Kalorien optimal auszunutzen, denn das Fasten signalisiert ihm eine bedrohliche Mangelsituation. Wird die Diät beendet und man nimmt die alten Essgewohnheiten wieder auf, bleibt der Körper meist noch eine Zeit lang bei seinem Futter verwertenden Sparbetrieb und die jetzt wieder vermehrt zugeführten Kalorien schlagen gewissermaßen doppelt zu Buche. Als Folge davon legt man schnell wieder an Gewicht zu, oft noch mehr, als man verloren hatte. Die einzige Methode diesem Teufelskreis des Jo-Jo-Effektes zu entkommen liegt in einer gesunden Ernährung mit wenig Fett, relativ wenig Eiweiß, ausreichend stärkehaltigen Nahrungsmitteln wie Getreideprodukten sowie viel frischem Obst und Gemüse. Auch ist es ratsam nur dann zu essen, wenn man wirklich Hunger hat, und aufzuhören, sobald sich ein Sättigungsgefühl einzustellen beginnt.

Mit dem Joystick werden in einem Computerspiel Figuren oder Fahrzeuge bewegt.

Joystick

engl. joy = Freude
engl. stick = Stab
engl. joystick = Steuerknüppel

Computerspiele stehen bei sehr vielen Kindern, Jugendlichen und auch Erwachsenen höher in der Gunst als althergebrachte Spiele wie etwa Mikado oder Halma. Besonders beliebt sind solche Computerspiele, bei denen man am Bildschirm als Astronaut ferne Galaxien erkunden oder wie ein Pilot die Abenteuer der Flugpioniere nacherleben kann. Die Rolle des Steuerknüppels übernimmt wie im richtigen Flugzeug der Joystick, ein elektronischer Bedienungshebel. Er kann nach rechts und links, vorn und hinten sowie in die Diagonalen geneigt werden und lenkt das vom Computerprogramm erzeugte Gefährt, aber auch die im Spiel vorkommenden virtuellen Personen (► **virtuelle Realität**), in die gewünschte Richtung. Es gibt ► **digitale** Joysticks, die in jeder Richtung nur in eine feste Position gekippt werden können, und analoge, die den Grad der Neigung auswerten, d. h., je stärker man einen analogen Joystick neigt, desto schneller bewegt sich das mit ihm gesteuerte Objekt in die gewählte Richtung. Vergleichbar den Tasten einer ► **Maus** sind auch in den Joysticks meist Schaltknöpfe integriert. Sie dienen in den Computerspielen fast immer dazu Raketen und andere Geschosse abzufeuern und werden deshalb Feuerknöpfe genannt.

Jugendsekten

Viele Menschen, sowohl Jugendliche als auch Erwachsene, leiden unter geistiger Orientierungslosigkeit und Zukunftsängsten, vermissen in ihrem Umfeld Geborgenheit und Sinngebung. Um diese als krisenhaft empfundene Lebenssituation zu überwinden suchen manche Hilfe bei einer der so genannten Jugendsekten, die hauptsächlich in den 60er- und 70er-Jahren entstanden sind. Den größten Zulauf unter diesen religiös geprägten Gruppierungen, die entweder auf fernöstliche Religionen wie dem Buddhismus oder dem Hinduismus basieren oder christlich-missionarisch ausgerichtet sind, haben die Scientology-Kirche, die Mun-Bewegung, die Children of God (Gotteskinder), die Hare-Krishna-Bewegung und die Anhänger des indischen Gurus Bhagvan Shree Rajneesh. Sie alle versprechen ihren Mitgliedern in der Gemeinschaft der Sekte das Heil zu finden. Manche zeigen ihren Anhängern Wege der Selbsterfahrung und Bewusstseinserweiterung auf oder weisen ihnen einen angeblich sicheren Pfad durch das ihrer Meinung nach zunehmend von der seelenlosen Technik dominierte Leben. Als Gegenleistung verlangen die meisten Organisationen neben beträchtlichen finanziellen Zuwendungen die bedingungslose Gefolgschaft. Sie kontrollieren das Verhalten ihrer Mitglieder und erziehen sie zu psychischer Abhängigkeit. In der Folge verlieren die jungen Menschen die Fähigkeit selbstständig zu denken und den Sinn für Eigenverantwortlichkeit. Mitglieder, die diese Abhängigkeit erkennen und die Sekte verlassen wollen, werden oft massiv unter Druck gesetzt. Manche von ihnen finden Unterstützung bei so genannten Ausstiegsberatern (► **Sektenbeauftragter**), häufig ehemaligen Sektenangehörigen, die es sich zur Aufgabe gemacht haben Ausstiegswilligen zu helfen. Sie arbeiten oft mit staatlichen bzw. kirchlichen Beratungsstellen oder Elterninitiativen zusammen.

Mitglieder der Hare-Krishna-Sekte suchen in der Meditation ihr Heil.

Jungle

engl. jungle = Dschungel

Zu den modernen Musikrichtungen, deren Titel jeder ► **DJ** zurzeit auf den Plattenteller legt, gehört der Anfang der 90er-Jahre entstandene Jungle. Diese Mischung aus ► **Hip-Hop**, ► **Techno** und dem aus der Karibik stammenden Reggae, die ihren Ursprung in London hat, wird auch Breakbeat genannt. Ihr wichtigstes Merkmal sind neben den schnellen Rhythmen die langsamen weichen Bässe, die von hohen Schlagzeugtönen mit bis zu 140 ► **BPM** begleitet werden. Untermalt werden sie meist von Jazzfragmenten und einer Art Sprechgesang, dessen Texte häufig die Hoffnungslosigkeit und

Perspektivelosigkeit Jugendlicher in London widerspiegeln. Zu den bekanntesten Vertretern dieser Musikrichtung gehören neben M-Beat und General Levy, die 1994 dem Jungle international zum Durchbruch verholfen haben, u.a. Goldie, Shy FX und Alex Reece.

Junkie

engl. junk = Müll, Trödel, Rauschgift

Der Ausdruck Junkie stammt aus der Drogenszene und bezeichnet einen Rauschgiftabhängigen, genauer: einen Süchtigen, der sich Heroin spritzt. Junkies bilden vor allem in den Großstädten eines der sozialen Hauptprobleme. Viele von ihnen begehen kriminelle Taten wie Diebstahl, Einbruch und Raub oder betätigen sich als Prostituierte oder ► **Dealer** um sich das nötige Geld für die Droge zu beschaffen; zahlreiche leiden an ► **Aids** und außerdem ist ein großer Teil von ihnen obdachlos. Über den Umgang mit dieser Problemgruppe sind sich die Politiker nicht einig. Vertreter der in Deutschland vorherrschenden restriktiven Drogenpolitik halten an der konsequenten Strafverfolgung für den Besitz von harten Drogen fest. Andere wiederum erklären diese Politik für gescheitert und plädieren für eine Liberalisierung. Sie befürworten die Einrichtung von ► **Fixerstuben**, wie es sie schon in Frankfurt am Main gibt. Dort erhalten die Süchtigen sterile Spritzen, wodurch sich die Gefahr einer Übertragung des HI-Virus (► **HIV**) verringert. Darüber hinaus verlangen manche in jeder Großstadt ein so genanntes Sleep-in einzurichten, d.h. Räumlichkeiten zur Verfügung zu stellen, in denen die Süchtigen sich aufhalten und nachts schlafen können. Ebenfalls in der Diskussion ist die Verabreichung der Ersatzdroge ► **Methadon** an einen größeren Kreis von Betroffenen – sie wird bisher meist nur an Schwerkranke oder Schwangere abgegeben – und eventuell die kontrollierte Abgabe von Heroin an langjährig Abhängige. Mit diesen Maßnahmen soll die immer stärker zunehmende Beschaffungskriminalität eingeschränkt werden. Auch die Gerichte gehen inzwischen häufig davon aus, dass bei einem Süchtigen die Steuerungsfähigkeit so stark herabgesetzt ist, dass er für sein Tun nicht mehr voll verantwortlich gemacht werden kann. Die eigentlich fällige Strafe wird dann durch eine Entziehung (► **Cold Turkey**, ► **Turboentzug**) ersetzt, wodurch man auch langjährig Drogenabhängige wieder in die Gesellschaft einzugliedern versucht.

Just-in-Time

engl. just in time = gerade noch rechtzeitig

In den meisten Produktionsunternehmen und Handelsfirmen ist das Lager eine der Hauptsäulen des Betriebes. Es dient dazu für einen gewissen Zeitraum Werkstoffe und Waren aufzunehmen, nämlich für die Zeitspanne zwischen der Beschaffung der Rohstoffe oder Einzelteile und der Fertigung des Produkts bzw. zwischen dem Ankauf oder der Fertigstellung und dem Verkauf einer Ware. Da sich dieser Zeitraum nicht immer genau im Voraus abschätzen lässt und man auch mengenmäßig nicht immer alles exakt vorausberechnen kann, bietet ein wohl gefülltes Lager die Gewähr für einen reibungslosen Arbeitsablauf in einer Firma. So dachten zumindest früher alle Unternehmer und so denken auch heute noch sehr viele. Einige aber, unter ihnen ein Teil der großen Autohersteller, ziehen den hohen Stellenwert des Lagers mittlerweile in Zweifel, denn für sie sind die dort deponierten Waren totes Kapital. Sie schwören auf das so genannte Just-in-Time, bei dem die Lagerbestände so gering wie möglich gehalten werden. Das Grundprinzip dieses Systems, das in den 50er-Jahren von dem japanischen Unternehmen Toyota entwickelt wurde, besteht darin, dass Werkstoffe und Bauteile erst dann bestellt oder produziert werden, wenn der Bestand unter ein bestimmtes Niveau sinkt. Das Funktionieren dieses Systems in der Praxis ist von einer optimalen Logistik abhängig, also der genauen Planung aller Arbeitsabläufe des Betriebes sowie der Zulieferfirmen und dem exakt darauf abgestimmten Einsatz aller notwendigen Mittel und Maßnahmen. Können Einzelteile für ein Auto aufgrund von Streikmaßnahmen oder aus anderen Gründen nicht geliefert werden, führt dies im Extremfall dazu, dass die gesamte Produktion vorübergehend stillgelegt werden muss.

Kapitalertragsteuer

Wer sein Geldvermögen in festverzinslichen Wertpapieren oder in ▸ **Aktien** angelegt hat oder aber an Gesellschaften mit beschränkter Haftung beteiligt ist, muss für die gutgeschriebenen Zinsen bzw. ausgeschütteten Gewinne (▸ **Dividende**) Kapitalertragsteuer bezahlen, die 1997 zwischen 25 und 30 % beträgt. Die KapEST, so das übliche Kürzel, stellt eine spezielle Form der Einkommensteuer dar. Sie wird in diesem Fall nicht vom Geldanleger direkt an das Finanzamt abgeführt. Jene Aufgabe übernehmen vielmehr die Stellen, die die Kapitalerträge ausbezahlen – das sind meist die Banken. Diese gesetzliche Regelung wurde getroffen um Steuerhinterziehung vorzubeugen. Möchte der Anleger nicht, dass das Kreditinstitut automatisch knapp ein Drittel seiner gesamten Kapitaleinkünfte einbehält um dem Staat diesen Betrag als so genannten Zinsabschlag zuzuführen, kann er einen Freistellungsantrag einreichen. Dann werden bei der Besteuerung nur die Gewinne berücksichtigt, die über dem festgesetzten Freibetrag liegen.

Kapitalflucht

„Geld ist wie ein scheues Reh: Wenn es Gefahr wittert, flieht es." Diese gängige Redensart beschreibt bildhaft das Phänomen der Kapitalflucht. Es ist dann zu beobachten, wenn besorgte Anleger um den Wert ihrer Ersparnisse fürchten und deshalb ihr Geldvermögen ins Ausland verlagern. Beim Transfer steht als Motiv nicht die ▸ **Rendite**, sondern die Sicherheit im Vordergrund. Zur Kapitalflucht kommt es vor allem in politisch oder wirtschaftlich instabilen Zeiten. Ursachen können beispielsweise eine drohende Umsturzgefahr, zu erwartende staatliche Enteignungen, eine bevorstehende Abwertung der Währung oder die steigende Inflation im eigenen Land sein. Kapitalflucht, wie sie häufig

in Dritte-Welt-Ländern zu beobachten ist, schadet einer Volkswirtschaft, da nicht mehr genügend Geld für Investitionen vorhanden ist. Von Steuerflucht spricht man hingegen, wenn z. B. überdurchschnittlich gut verdienende Showstars und Spitzensportler ihren Wohnsitz nur deshalb in einen anderen Staat (▸ **Steueroase**) verlegen, weil der Fiskus dort für ihr Einkommen weniger Steuern verlangt.

Karaoke

jap. = leeres Orchester

Auf dem verborgenen Wunsch wohl vieler Menschen einmal wie ein gefeierter Gesangsstar im Rampenlicht zu stehen beruht der Reiz von Karaoke. Begriff und Idee stammen aus Japan. Dort boten Tanzlokale den Gästen bereits Ende der 70er-Jahre die Möglichkeit zum Mikrofon zu greifen und sich je nach Belieben als Schlager- oder Rocksänger zu produzieren, während dazu im Hintergrund die Orchesterbegleitung mit beliebten Melodien vom Tonband lief. Diese Mode erreichte ein paar Jahre später auch Europa, wo es mittlerweile Diskotheken mit spezieller Technikausstattung und Hunderten von Musiktiteln für Karaoke-Wettbewerbe gibt. Wer daran teilnehmen möchte, kann hier entweder zu einer Instrumentalaufnahme oder zu der Originalversion singen, bei der die Stimme des echten Interpreten jedoch nahezu ausgeblendet wird. Durch die Perfektionierung der Karaoke-Technik ist es inzwischen möglich die Texte der Musiktitel bei Bedarf über Monitor zum Ablesen einzublenden. Ein „guter" Karaoke-Sänger zeichnet sich dadurch aus, dass er nicht nur die Stimme eines Stars, sondern auch seine Bewegungen und sonstigen Verhaltensweisen perfekt imitieren kann.

Karoshi

jap. karo = Überanstrengung

Manch ein Angestellter, der schon einmal erlebte, wie Unternehmensberater seine Firma nach Rationalisierungsmöglichkeiten durchleuchtet haben, kennt das ungute Gefühl: Wirst du überflüssig? Wie lange wird es deinen Job noch geben? Aus Japan, wo durch Rationalisierung ebenfalls Arbeitsplätze gefährdet sind, stammt für diese Form von Existenzangst und den daraus resultierenden Krankheitssymptomen der Begriff Karoshi. Denn aus Sorge ihre Anstellung zu verlieren leisten die Betroffenen häufig unzählige Überstunden, nehmen Arbeit für das Wochenende oder die späten Abendstunden mit nach Hause und verzichten nicht selten auf Urlaub. Die Folgen der permanenten Überanstrengung können Nervosität, Schweißausbrüche, Angstzustände, Albträume und Schlaflosigkeit sein. Einige Karoshi-Opfer sind aufgrund der Strapazen auch schon einem plötzlichen Herzschlag oder Herzinfarkt erlegen. Im März 1996 verurteilte ein japanisches Gericht eine Werbefirma zu einer Entschädigungszahlung von umgerechnet 1,7 Mio. DM an die Hinterbliebenen eines Karoshi-Opfers, das sich nach jahrelanger Überarbeitung schließlich das Leben genommen hatte.

Karzinogen

griech. karkinos = Krebs
griech. genes = erzeugend

Statistische Auswertungen ergaben, dass der Großteil der Krebserkrankungen auf schädliche Umwelteinflüsse zurückzuführen ist. Die an der Entstehung von bösartigen Tumoren beteiligten physikalischen und chemischen Faktoren werden als Karzinogene bezeichnet. Dazu gehören aus dem physikalischen Bereich sowohl die Röntgen- wie auch die radioaktiven Strahlen und nicht zuletzt die durch das ► **Ozonloch** zunehmende UV-Strahlung, die bei zu ausgiebigem Sonnenbaden verschiedene Hautkrebsarten, darunter vor allem das ► **Melanom**, auslösen kann. Meist sind jedoch bestimmte chemische Substanzen die Ursache für bösartige Geschwülste. Als stark krebserregend gilt z. B. ► **Asbest**, eine mineralische Faser, die heute nur noch eingeschränkt für feuerfeste Arbeitsschutzkleidung, Isolier- und Baumaterial verwendet wird. Zu den bisher bekannten chemischen Karzinogenen zählen ferner aromatische Kohlenwasserstoffe wie das in Motorabgasen und im Zigarettenrauch enthaltene Benzpyren oder das als Kraftstoffzusatz genutzte Erdölprodukt ► **Benzol**. Außerdem stehen auch das weibliche Geschlechtshormon ► **Östrogen** sowie eine falsche Ernährung im Verdacht Krebs hervorzurufen. Allen Karzinogenen ist gemein, dass sie die normale Wachstumssteuerung von Zellen im Organismus stören. Folglich vermehren sich die entarteten Körperzellen ungebremst. Die lebensgefährdenden Zellwucherungen dringen rasch in gesunde Nachbargewebe ein und schädigen diese. Die bösartigen Tumore setzen sich auch in Körperorganen fest und bilden überdies Metastasen genannte Tochtergeschwülste.

Kassakurs

→ siehe S. 79

Katalysator

griech. katalysis = Auflösung

In der Naturwissenschaft wird ein Stoff, der eine chemische Reaktion beschleunigt ohne sich selbst zu verändern, Katalysator genannt. Heutzutage verwendet man den Begriff auch im weiteren Sinn für eine im Auto eingebaute Vorrichtung, die dazu dient die schädlichen Abgase des Motors zu verringern. Aufgrund des weltweit enorm angewachsenen Autoverkehrs und der damit verbundenen Luftverschmutzung erprobte der amerikanische Konzern General Motors 1974 erstmals ein modernes Katalysatorensystem und griff dabei auf eine Erfindung des Franzosen Michel Frenkel zurück, der bereits 1909 ein Gerät zur Reinigung von Verbrennungsabgasen entwickelt hatte. Andere Autohersteller zogen nach und boten den Katalysator in verschiedenen technischen Varianten zum nachträglichen Einbau oder auch serienmäßig im Neuwagen an. Der nur mit bleifreiem Benzin funktionierende Katalysator, kurz Kat genannt, ist Teil der Auspuffanlage. In seinem Stahlgehäuse befindet sich ein Labyrinth aus Keramikwaben, deren Verbindungskanäle mit katalytisch wirkendem Platin, Palladium oder Rhodium beschichtet sind. Mithilfe dieser Edelmetalle wandelt der Katalysator die umweltbelastenden Kohlenwasserstoffe, Stickoxide und das giftige Kohlenmonoxid in Wasserdampf, Stickstoff und das gesundheitlich unbedenkliche Kohlendioxid um. Auf diese Weise werden die schädlichen Motorabgase um bis zu 90 % reduziert.

Kaukasuskonflikt

Der Verfall der Sowjetunion im Jahr 1991 führte zwar zu einer politischen und wirtschaftlichen Umgestaltung der einstigen Zentralmacht nach westlichem

Zuschnitt, schuf gleichzeitig aber auch zahlreiche neue Krisenherde. In diesem Zusammenhang steht der Kaukasuskonflikt: Gemeint sind damit die seit Anfang der 90er-Jahre herrschenden Unruhen in dem Gebirgsland zwischen Schwarzem und Kaspischem Meer. Dort leben in den Republiken Aserbaidschan, Armenien, Russland und Georgien etwa 60 ethnische Gruppen, die aufgrund ihrer verschiedenen Traditionen und Religionen untereinander immer wieder nationale Konflikte austragen. Für Instabilität innerhalb dieser riesigen Völkergemeinschaft sorgt auch Russland, das eine Vormachtstellung im Kaukasus zu erreichen sucht. Hinzu kommt das Streben einzelner Kaukasusregionen nach politischer Unabhängigkeit von Moskau. Neben der Angst vor einem Machtverlust spielen auf russischer Seite auch wirtschaftliche Interessen eine große Rolle. Das betrifft besonders die ertragreiche Erdölindustrie am Kaspischen Meer. In die Schlagzeilen der Weltöffentlichkeit geriet vor allem Tschetschenien, das im Oktober 1991 einseitig seine Unabhängigkeit von Russland erklärte und danach mit seinem Präsidenten Dschochar Dudajew einen Guerillakrieg gegen die russischen Truppen führte. In der Auseinandersetzung starben etwa 45 000 Menschen. Mitte 1996 wurde ein vorläufiger Waffenstillstand vereinbart, ohne jedoch den künftigen Status von Tschetschenien zu klären.

Im Kaukasus trugen russische Truppen mit den tschetschenischen Rebellen heftige Kämpfe aus.

Kernkompetenzen

Beschäftigten sich die Manager größerer Unternehmen in den 80er-Jahren noch vorwiegend mit Fragen der Umstrukturierung, Rationalisierung und Ausweitung ihrer Geschäftsfelder, so steht seit Mitte der 90er-Jahre bei ihren Strategieplanungen die Rückbesinnung auf Kernkompetenzen im Vordergrund. Darunter versteht man die besonders gut ausgeprägten Fähigkeiten eines Unternehmens, die für seinen wirtschaftlichen Erfolg entscheidend sind. Bei einem Autohersteller zeigt sich diese Unternehmensstrategie darin nicht alle Einzelteile selbst zu fertigen, sondern von jeweils darauf spezialisierten Firmen einzukaufen. Nur noch Kernprodukte wie der Motor werden von ihm selbst hergestellt, da sie dem Endprodukt Auto einen unverwechselbaren Charakter verleihen. Das Prinzip der Kernkompetenzen wird zunehmend auch auf ganze Geschäftsbereiche angewendet. Besonders deutlich wird diese Umorientierung am Beispiel der Daimler Benz AG. Während der ehemalige Vorstandsvorsitzende Edzard Reuter noch versuchte durch Zukauf von Firmen ein modernes Technologieunternehmen aufzubauen und dadurch die höchsten Verluste in der Firmengeschichte erwirtschaftete, trennte sich sein Nachfolger Jürgen Schrempp von einigen Gesellschaften, die nicht zum Kerngeschäft Technik und Verkehr passten.

Kernspintomogramm

engl. spin = schnelle Drehung
griech. tomos = Abschnitt

Seitdem sich die Medizin die Röntgenstrahlen in Form zahlreicher technischer Geräte zunutze gemacht hat, können Ärzte ins Körperinnere blicken ohne das Skalpell ansetzen zu müssen. Ein Verfahren zur Diagnose krankhafter Gewebeveränderungen, das ohne die inzwischen als gefährlich erkannten Röntgenstrahlen auskommt, ist die Kernspintomographie. Sie kann vom ganzen Körper oder auch nur von einzelnen Partien Schichtbilder und dreidimensionale Ansichten erstellen. Sehr gute Ergebnisse erzielte man bei Untersuchungen des Gehirns und des Rückenmarks, der Augen und Ohren, der Gelenke sowie des Herzens, da auf den Schichtbildern, den so genannten Kernspintomogrammen, die geschädigten Gewebestrukturen besonders deutlich zu erkennen sind. Der Patient muss sich bei diesem Verfahren einer bis zu einstündigen Prozedur unterziehen. Während der gesamten Zeit liegt der zu Untersuchende in einer magnetisierten Röhre ohne sich bewegen zu dürfen. Stück für Stück wird die Person mit elektromagnetischen Wellen und Impulsen abgetastet. Die dadurch ausgelösten Reaktionen der Wasserstoffatome im Körper werden schichtweise gemessen und von einem Computer aufgezeichnet. Danach bewertet der Arzt am Bildschirm die Ergebnisse. Risiken dieses Diagnoseverfahrens sind bislang nicht bekannt. Nur Personen, die einen Herzschrittmacher (► **Pacemaker**) tragen, müssen auf eine solche Untersuchung verzichten.

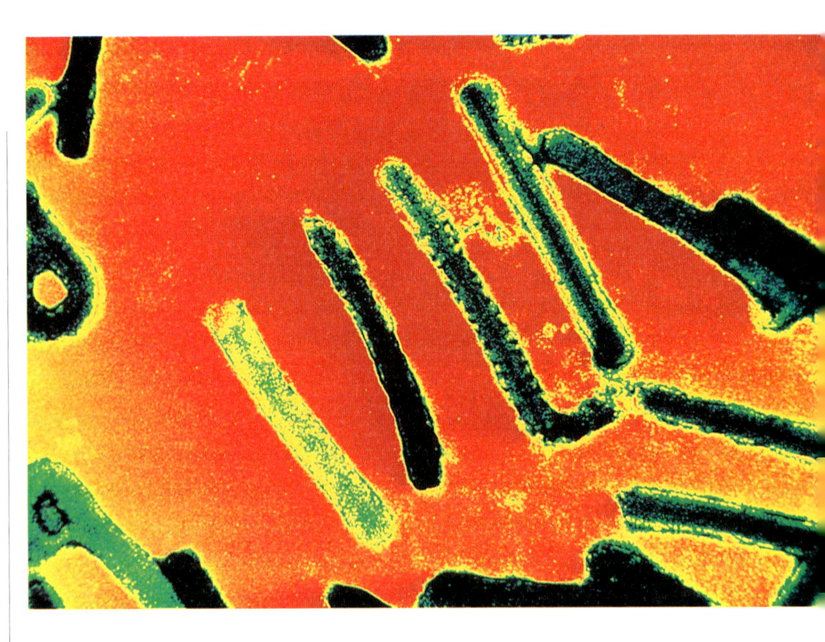

Der 1967 entdeckte Marburg-Erreger zählt zu den Killerviren.

Key-Account-Manager

→ siehe S. 39

Kids

→ siehe S. 224

Killerviren

Extrem aggressive Zellparasiten, die den Menschen befallen und dabei lebensbedrohliche Infektionskrankheiten hervorrufen, nennt man Killerviren. Diese äußerst ansteckenden Erreger tauchen plötzlich auf und können innerhalb kürzester Zeit eine mörderische Epidemie auslösen. In der Regel bleiben sie auf kleinere geografische Regionen begrenzt, da sie ihre Opfer meist binnen weniger Tage dahinraffen, sodass die Seuche nicht beliebig viele Menschen erfassen kann. Der zunehmende Flugtourismus in tropische Länder, deren Regenwälder ein schier unerschöpfliches Reservoir für neue Viren sind, begünstigt jedoch eine weltweite Ausbreitung von Killerkeimen, gegen die es oft weder Impfstoffe noch wirksame Heilmittel gibt. Hohes Fieber, Gelenkschmerzen, Mund- und Rachengeschwüre, Hautblutungen und Lungenentzündung bringt das tödliche Lassa-Virus mit sich, das den Namen des nigerianischen Ortes trägt, wo es 1969 in Erscheinung trat. Ein naher Verwandter des gefürchteten ► **Ebola-Virus** ist das nach dem deutschen Universitätsstädtchen benannte Marburg-Virus. Dieser Erreger wurde zufällig entdeckt, als sich Tierärzte und Laboranten der Marburger Behringwerke 1967 beim Herstellen eines Impfserums mit dem Blut Grüner Meerkatzen, einer Affenart, infizierten und daran lebensgefährlich erkrankten. Die aus Uganda stammenden Tiere hatte man kurz zuvor importiert. Im Allgemeinen erfolgt die Übertragung von Killerviren durch Tiere, in denen die

Keime noch als weitgehend harmlose Erreger existieren. Erst wenn sie sich beim Menschen einnisten, verwandeln sie sich in lebensbedrohliche Viren.

Kinderkanal

In unserer heutigen Fernsehlandschaft setzen sich zunehmend Kanäle durch, die ihr Programm für eine besondere Zielgruppe ausrichten und sich daher auf spezielle Themen wie Sport, Kultur oder Nachrichten beschränken. Die privaten Sender Super RTL und Nickelodeon starteten im Jahr 1995 jeweils mit einem reinen Kinderprogramm. Anfang 1997 zogen dann die öffentlich-rechtlichen Fernsehanstalten mit einem gemeinsamen Kinderkanal nach, der täglich zu empfangen ist. Auf dem neuen Kanal bieten ARD und ZDF den jungen Zuschauern sowohl neue Serien und Spielfilme als auch Wiederholungen von erfolgreichen Produktionen an, die aus den reich gefüllten Archiven beider Sender stammen. Gewaltfreiheit ist oberstes Gebot bei der Auswahl für das öffentlich-rechtliche Kinderprogramm, das im Unterschied zur privaten Konkurrenz nicht von Werbeeinblendungen unterbrochen wird.

Fernsehspaß mit guten Freunden: Der neue Kinderkanal von ARD und ZDF bietet den Kleinen täglich viele Stunden gewaltfreie Unterhaltung.

Klangtherapie

In unserem visuell orientierten Zeitalter, wo insbesondere über die Augen empfangene Eindrücke haften bleiben, kommt das wahrnehmende Hören oft zu kurz. Die Verfechter der philosophisch geprägten Klangtherapie gehen jedoch davon aus, dass das Hören wesentlich mit dem seelischen und körperlichen Befinden des Menschen zusammenhängt. Ihrer Ansicht nach beginnt das Reagieren auf fein differenzierte Töne bereits beim Ungeborenen im Mutterleib. Diese ersten Tonwahrnehmungen begleiten den Menschen ein Leben lang, werden aber in unserer hektischen, reizüberfluteten Welt häufig aus dem Bewusstsein verdrängt. Daher entwirft die Klangtherapie eine ganz eigene, ungewohnte Hörwelt, die im Kontrast zur normalen Geräuschkulisse und zum Lärmpegel des Alltags steht. Sie versucht vor allem über die hohen und höchsten Frequenzen emotionale Wirkungen hervorzurufen. Nur feine, oft an Kreissägengeräusche erinnernde Töne und Obertonbereiche sollen das Ohr berühren; mittlere und tiefe Anteile bleiben dagegen ausgespart. Ziel des Hörtrainings ist es, das Wahrnehmungsvermögen und die Kommunikationsfähigkeit des Menschen zu verbessern. Meist wird die Klangtherapie zur Behandlung von Verhaltensauffälligkeiten und zur unterstützenden Heilung von psychosomatischen Krankheiten eingesetzt. Anwendung findet sie u. a. bei Schreib- und Leseschwäche,

KINO & TV

Kintopp und Pantoffelkino

Die Disney-Produktion *Der König der Löwen* (1993) war ein erfolgreicher Kinohit, ein Blockbuster.

Blockbuster

Lange Schlangen vor den Kinokassen freuen die Filmproduzenten, sind sie doch ein Hinweis darauf, dass auf der Leinwand ein echter Knüller, ein Blockbuster, zu sehen ist. Die hohen Produktionskosten aufgrund enormer Stargagen und aufwendiger **Special Effects** erfordern meist Einspielergebnisse jenseits der 100-Mio.-Dollar-Schallmauer. Zu den Blockbustern der letzten Jahre gehören *Der König der Löwen*, *Jurassic Park*, *Terminator II* und *Independence Day*.

Hotshot

Kein Blockbuster ohne einen Hotshot, einen absoluten Topstar, der die Zuschauer ins Kino lockt. Hotshots der 90er-Jahre sind Meg Ryan, Kevin Costner, Julia Roberts, Jodie Foster, Tom Cruise, Bruce Willis und Brad Pitt.

Plot

Ein Hotshot bietet keine Garantie für einen Kassenerfolg – wenn der Plot nicht stimmt, also die meist von Drehbuchschreibern konzipierte Kernhandlung Schwächen aufweist, werden manche potenziellen Kinohits zu überraschenden Flops. Rasante Action und spektakuläre Spezialeffekte lassen eine dünne Story jedoch oft in den Hintergrund treten.

Set

Die meisten Filme entstehen in Studios, wo aufwändige Szenenaufbauten, die Sets, als Drehorte dienen. Oft sagen daher auch deutsche Schauspieler, dass sie zum Set gehen, wenn sie sich zu den Dreharbeiten begeben. Einer der spektakulärsten Sets der Kinogeschichte ist die originalgetreu nachgebaute *Titanic* im gleichnamigen Hollywoodfilm.

Crew

Den Erfolg eines Films führt man oft auf eine gelungene Regie und gute Schauspielerleistungen zurück.
Für das Gelingen einer Produktion ist jedoch das gesamte Filmteam, die Crew, verantwortlich. Dazu gehören neben den Produzenten u. a. der Regisseur und seine Assistenten, der Aufnahmeleiter als eine Art Organisationschef, die Kameraleute und Beleuchter, die Setdesigner, die Drehbuchautoren, die Toningenieure, die Maskenbildner, die Stuntmen und die Spezialisten für die **Special Effects**.

Am Set dreht eine Crew eine spektakuläre Filmszene.

Casting

Während die Stars für die Haupt- und wichtigsten Nebenrollen eines Films in der Regel ohne ein Vorspielen verpflichtet werden, wählt man die Schauspieler für die übrigen Rollen häufig aufgrund des Eindrucks aus, den sie beim Casting machen. Bei diesen Besetzungsproben müssen die oft unbekannten Akteure ihr Talent beweisen.

Einschaltquote

Erfolgreiche Kinofilme, die im Fernsehen gezeigt werden, veranlassen viele Menschen ihren Apparat einzuschalten. Die Sehbeteiligung dient als Grundlage für die Preise der Werbespots, mit denen die Sender ihre Programme finanzieren. Die Quoten werden von einem Zentralcomputer ermittelt, an den eine bestimmte Zahl repräsentativer Haushalte angeschlossen ist.

Late-Night-Show-Master Harald Schmidt mit einem schrillen Gast

Primetime

Hohe Einschaltquoten erzielen attraktive Sendungen besonders in der Primetime (engl. *prime* = erstklassig), der Zeit zwischen 18 und 22 Uhr, in der die meisten Bundesbürger vor dem Fernsehschirm sitzen. Während dieser Zeit werden daher häufig Shows, Sportsendungen und Kinohits ausgestrahlt. Aber auch Dokumentationen und Nachrichtenmagazine haben in der Primetime mehr Zuschauer als zu anderen Zeiten.

Late-Night-Show

Eine besonders in den USA populäre Programmform, die Late-Night-Show, hat auch in Deutschland viele Freunde. Mehrmals in der Woche präsentiert ein Showmaster zu später Stunde eine Mischung aus respektloser Talkshow und teilweise frivoler Comedy, die das Publikum in begeisterte Anhänger oder erbitterte Gegner spaltet. David Letterman und Jay Leno streiten in den USA um den Titel des erfolgreichsten Late-Night-Show-Masters, in Deutschland ist es derzeit Harald Schmidt.

Gameshow

Vor allem die Privatsender gehen mit zahlreichen Game- oder Spielshows auf Zuschauerjagd. Die Kandidaten müssen meist mehr oder weniger schwierige Fragen beantworten und können Sachpreise oder Geld gewinnen. Bekannte Sendungen sind *Glücksrad* und *Das große Los*.

Hotshots des internationalen Kinos: Johnny Depp, Winona Ryder und Jodie Foster (von oben)

Reality-TV

Immer beliebter wird das so genannte Reality-TV, Sendungen mit meist im Schnellverfahren gedrehten Szenen, die auf realen Ereignissen beruhen. Oft handelt es sich dabei um nachgestellte Raubüberfälle, Einbrüche oder spektakuläre Rettungsaktionen. Als Reality-TV bezeichnet man auch Amateurfilme, die Unglücksfälle wie einen Flugzeugabsturz oder große Naturkatastrophen wiedergeben.

Mahnend zeigte eine Uhr während der Klimakonferenz in Berlin die weltweit ausgestoßenen Kohlendioxidmengen an.

Konzentrations- oder Schlafstörungen, Stottern, Angstzuständen und Stimmlähmungen nach einem Schlaganfall.

Klimagipfel

→ siehe S. 406

Klimaschutzkonvention

lat. conventio = Übereinkunft

In Rio de Janeiro fand im Jahr 1992 erstmalig ein ► **Klimagipfel** statt, bei dem sich über 150 Teilnehmerstaaten auf eine Klimarahmenkonvention geeinigt haben. Die Unterzeichner gingen dabei die Verpflichtung ein auf den Nachfolgekonferenzen (1995 in Berlin, 1996 in Genf und 1997 in Kioto) die getroffenen Rahmenvereinbarungen mit konkretem Inhalt zu füllen um so ein weltweit gültiges Vertragswerk, das Klimaschutzkonvention genannt werden soll, zu erarbeiten. In Berlin konnten sich die Tagungsteilnehmer jedoch nur darauf einigen, beim künftigen Zusammentreffen in Kioto ein Rechtsdokument zu verabschieden. Dieses soll beinhalten, dass die schon bestehenden Verpflichtungen der Industriestaaten zur Verringerung von Schadstoffemissionen verschärft werden. Außerdem sollen weitere Maßnahmen beschlossen werden um den ► **Treibhauseffekt** zu bekämpfen. Den konkreten Vereinbarungen stehen, wie auf der Tagung in Genf offenkundig wurde, unterschiedliche nationale Interessen im Weg. Die Industriestaaten, die für über 80 % des jährlichen Ausstoßes von weltweit mehr als 20 Mrd. t Kohlendioxid verantwortlich sind, befürchten bei weiterer Senkung der Giftstoffe Nachteile für ihre Volkswirtschaft, während die Öl fördernden Länder einen finanziellen Ausgleich für geringere Absatzmengen ihres schwarzen Goldes erwarten. Die Entwicklungsländer drängen indessen auf ein schnelles Handeln der reichen Industrienationen. Sie selbst wollen sich jedoch noch keine Schadstoffbeschränkung auferlegen.

Klimaveränderungen

In der jüngeren Erdgeschichte gab es immer wieder starke globale Klimaveränderungen, die einen extremen Wechsel zwischen Wärme- und Kälteperioden zur Folge hatten. Dass auch kleinere Schwankungen der Durchschnittstemperaturen in der Atmosphäre auftraten, belegen Eisbohrkerne, die den Gletschern in Grönland und der Antarktis entnommen wurden. Die untersuchten Eisschichten gaben Aufschluss über den Temperaturverlauf der vergangenen 800 Jahre. Daran ließ sich ablesen, dass sich die letzte kleine Eiszeit über einen Zeitraum vom 16. bis ins 19. Jh. erstreckte. Die derzeitige Erwärmung des Erdklimas führen Wissenschaftler auf Eingriffe des Menschen in die Natur zurück. Vor allem der Ausstoß von Kohlendioxid, Methan und Fluorchlorkohlenwasserstoffen (► **FCKW**) in die Atmosphäre wird für den ► **Treibhauseffekt** verantwortlich gemacht. Gelingt es nicht diese Schadstoffe drastisch zu reduzieren, so muss Prognosen zufolge mit einem Anstieg der Lufttemperatur von bis zu 3,5 °C in den nächsten 100 Jahren gerechnet werden. Die verheerenden Auswirkungen wären dann Gletscherschmelze und der Anstieg des Meeresspiegels sowie Überflutungen großer Landstriche. Diese Voraussagen gründen sich auf komplexe Rechenmodelle, die viele Faktoren wie Sonneneinstrahlung, Sonnenfleckentätigkeit, Meerestemperatur und die Konzentrationen von Treibhausgasen berücksichtigen.

Klonen

griech. klon = Sprössling

Viele Sciencefictionerzählungen entwerfen die unheimliche Zukunftsvision vom künstlich erzeugten Menschen. Von solchen Utopien scheint die Realität nicht mehr allzu weit entfernt, denn die ► **Gentechnik** vermag bereits exakte Kopien von Pflanzen und Tieren im Labor zu produzieren. Klonen nennen die Biologen und Mediziner den künstlichen Eingriff in die Natur, der durch ungeschlechtliche Vermehrung aus einem Lebewesen eine größere Anzahl erbgleicher Nachkommen erzeugt. Seit 1986 ist es möglich, Schafe, Kühe und andere Nutztiere mithilfe eines solchen Verfahrens wunschgerecht zu züchten. Dabei wird ein dem Muttertier entnommener Embryo mit einem gläsernen Skalpell unter dem Mikroskop geteilt. So entstehen genetisch identische Kopien, die man zum Austragen in den Uterus von Leihmuttertieren einpflanzt. Besonderes Aufsehen erregte Anfang 1997 die Meldung, dass es Wissenschaftlern in einem schottischen Forschungsinstitut gelungen war, mit einer fortgeschritteneren Technik das Schaf „Dolly" zu klonen. Die Forscher gaben an, dass sie einen Zellkern aus dem Euter eines Schafs in eine entkernte und unbefruchtete Eizelle eingesetzt hatten. Diese pflanzten sie einem Schaf ein, das Dolly zur Welt brachte. Dolly löste eine heftige Diskussion darüber aus, ob das Klonen von Menschen in naher Zukunft ebenfalls möglich ist und einige Wissenschaftler forderten ein weltweites Verbot solcher Versuche.

Der Film *Jurassic Park* schildert die Neugeburt der Dinosaurier – Klonen macht's möglich.

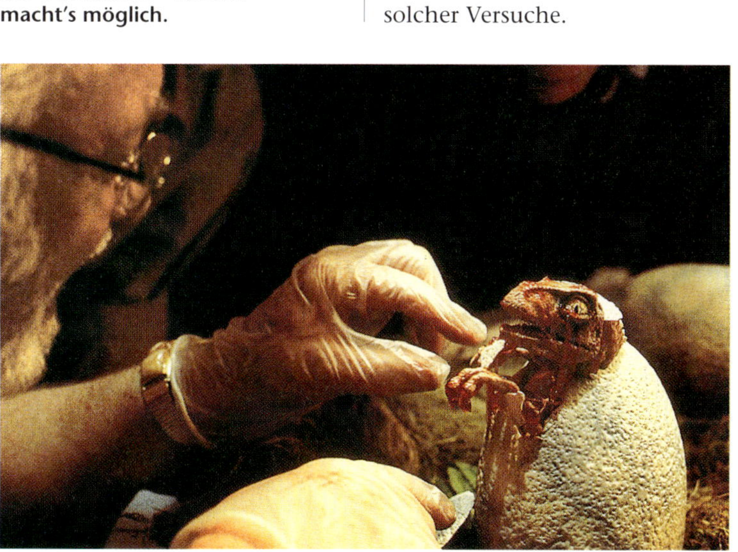

Kolibakterien

Escherichia coli lautet der korrekte medizinische Fachbegriff für die vorwiegend im Dickdarm heimischen Kolibakterien, die dort mehrere Vitamine der Gruppe B produzieren und überdies bei der Zersetzung der Kohlenhydrate hilfreich sind. Verlassen die für den Menschen nützlichen Darmbewohner jedoch ihren natürlichen Lebensraum, wirken sie häufig als Krankheitserreger. Infektionsgefahr besteht, wenn Kolibakterien im Trinkwasser oder in Lebensmitteln auftauchen; wird der Grenzwert überschritten, spricht man sogar von Verseuchung. Ebenso wie die gefährlichen ► **Killerviren** können auch bestimmte Arten von Darmbakterien verheerende Epidemien auslösen. Das war Mitte der 90er-Jahre in Japan wie in Bayern der Fall, als hier wie dort vor allem Kinder schlagartig an Bauchkrämpfen und blutigem Durchfall erkrankten. Unter ihnen gab es einige Todesopfer, die alle an Nierenversagen starben. Verursacher beider Epidemien waren die meist durch den Konsum von Rohmilch, Rohfleisch oder verseuchter Frischwurst übertragenen Ehec-Bakterien. Ehec ist die Abkürzung für enterohämorrhagisches (Darmblutungen bewirkendes) *Escheria coli*. Diese hochgiftigen und extrem ansteckenden Krankheitserreger sind auf einst harmlose Darmbakterien zurückzuführen, die durch bösartige Viren gentechnisch verändert wurden. Man vermutet, dass Antibiotika und Umweltchemikalien das Genprogramm der Kolibakterien zur tückischen Variante der Ehec-Keime umgebildet haben.

Kombinierter Verkehr

In Deutschland teilen sich beim Gütertransport Bahn und Lastkraftwagen die Hauptarbeit, allerdings in ungleichem Verhältnis: Der Frachtverkehr über die Straße ist knapp viermal umfangreicher als der über die Schiene. Da jedoch der Lkw-Verkehr die Umwelt stark belastet und zudem die Autobahnen verstopft, ist geplant den Schienenanteil zu vergrößern, und zwar vor allem im so genannten kombinierten Verkehr. Bei dieser Transportmethode werden die Vorteile der Bahn wie bessere Umweltverträglichkeit und größere Ladekapazität mit dem wichtigsten Vorteil des Lkw, nämlich der Flexibilität, vereint. Die Güter werden in genormten Containern oder in den Brummis selbst mit dem Zug zu einem Umschlagbahnhof in der Nähe des Zielortes befördert und von da aus übernimmt dann der Lkw den Resttransport. Hinsichtlich der Umweltverträglichkeit ist dieses Konzept sehr positiv, doch die Transportzeiten dauern (noch) zu lang. Nach Auskunft des Verkehrsministeriums schafft der kombinierte Verkehr durchschnittlich nur 10 bis 12 km/h. Außerdem sind die finanziellen Investitionen, die die Bahn übernehmen muss, sehr hoch: Der Ausbau eines Umschlagbahnhofs kostet rund 70 Mio. DM. Obwohl der kombinierte Verkehr sicherlich das Transportsystem der Zukunft sein wird, ist er keineswegs neu: Bereits zu Anfang dieses Jahrhunderts wurden ganze Züge auf Fähren über den russischen Baikalsee befördert, Autos überqueren auf Fährschiffen Seen und Flüsse sowie Meeresarme und -buchten, bei manchen Tunneln in den Alpen werden die Autos schon seit vielen Jahren vor der Durchfahrt auf Spezialzüge verladen, ebenso wie bei der Fahrt durch den ► **Eurotunnel**, und Fahrräder kann man im Zug oder in der Straßenbahn transportieren.

Beim kombinierten Verkehr werden ganze Lastwagen samt Fracht per Bahn befördert.

Kompatibilität

engl. compatible = zusammenpassend, vereinbar

Wenn technische Bauelemente zu größeren Einheiten zusammengesetzt und technische Geräte zu einer funktionsfähigen Großanlage verbunden werden können, bezeichnet man sie als kompatibel. Die Kompatibilität wird durch Normierung erreicht, die auf mehreren Ebenen gewährleistet sein muss – sowohl durch die einfache Abstimmung von Einbaugrößen, Steckern und Buchsen wie auch durch die Vereinbarkeit von elektrischen Spannungsverhältnissen, Signalen und Datenformaten, also der Art und Weise, wie ein Programm Daten speichert. Die Verbindung eines Computers mit einem Drucker z. B. setzt die Anschlusskompatibilität der beiden Geräte voraus und damit der Drucker einen Brief korrekt zu Papier bringen kann, muss er signalkompatibel zu dem Textverarbeitungsprogramm sein, das ihn mit dem Druck beauftragt. Die Bedeutung des Begriffs Kompatibilität wird häufig ausgedehnt und auch auf Geräte oder Programme angewandt, die nicht nur die oben genannten Kriterien aufweisen, sondern sogar gegenseitig austauschbar sind. Das gilt z. B. für Textverarbeitungsprogramme, die mit denselben Formaten arbeiten oder wenigstens die im jeweils anderen Programm verwendeten verstehen können. Auch von der neuen Version eines Programms (► **Update**) erwartet man in der Regel, dass sie keine Schwierigkeiten mit den von einer älteren Version erzeugten Daten hat und daher zu dieser abwärtskompatibel ist. Umgekehrt nennt man eine ältere Version aufwärtskompatibel, wenn sie auch noch mit den Daten einer späteren Version arbeiten kann. Computer gelten als kompatibel, wenn ihre (unterschiedlichen) Programme mit denselben Daten die gleichen Resultate erzielen. Erst durch die Entwicklung der Kompatibilität im Computersektor war der Start in die weltweite Vernetzung (► **World Wide Web**) möglich.

Konservierungsmittel

lat. conservare = aufbewahren

Da naturbelassene Lebensmittel in der Regel nach kurzer Zeit verderben, hat man sie schon seit alters erhitzt, geräuchert, getrocknet oder mit bestimmten Stoffen, so genannten Konservierungsmitteln, behandelt um sie haltbar zu machen. Zu den herkömmlichen Konservierungsstoffen, die teilweise schon seit Jahrtausenden in Gebrauch sind, gehören Salz, Zucker, Essig und Alkohol. In höherer Dosierung bzw. Konzentration den Speisen beigefügt hemmen oder verhindern sie das Wachstum von Mikroorganismen wie Schimmelpilzen, Fäulnis- oder Gärungserregern. Neben den altbekannten Methoden und Mitteln hat man heutzutage auch moderne Konservierungsverfahren wie die ► **Lebensmittelbestrahlung** und verschiedene chemische Konservierungsstoffe zur Verfügung. Diese dringen direkt in die Schadmikroben ein und unterbinden dort bestimmte Stoffwechselprozesse. Sie sind bereits in kleiner Konzentration wirksam und lassen Geschmack und Beschaffenheit eines Nahrungsmittels weitgehend unverändert. Man zählt sie zu den so genannten Lebensmittelzusatzstoffen und sie müssen vom Hersteller auf der Verpackung mit im gesamten EU-Bereich einheitlichen E-Nummern angezeigt werden. Die Sorbinsäure z. B., die oft verpacktem Schnittkäse gegen Schimmelbefall zugesetzt wird, trägt die Nummer E 200. Weitere Konservierungsmittel sind Benzoesäure mit der Nummer E 210 sowie Diphenyl, das die E-Nummer 230 erhalten hat und aufgrund seiner pilzabtötenden Eigenschaften zur Oberflächenbehandlung von Zitrusfrüchten verwendet wird. In letzter Zeit sind die Konservierungsmittel in den Verdacht geraten bei manchen Menschen ► **Allergien** auszulösen.

Konsortium

lat. consortium = (Schicksals-) Gemeinschaft

Wenn ein Geschäft für eine Bank finanziell zu aufwendig oder risikoreich ist, dann schließt sich eine Gruppe von Geldinstituten zusammen um es durchzuführen. Einen solchen zeitlich befristeten Zusammenschluss nennt man eine Gelegenheitsgesellschaft oder auch ein Konsortium. Üblicherweise wird ein Konsortium zur Bewältigung von Großprojekten gebildet – beispielsweise ein Kreditkonsortium für die Organisation der Kreditfinanzierung des ► **Eurotunnels** oder ein Emissionskonsortium für die Platzierung der ► **Aktien** der Deutschen Telekom an der ► **Börse**. Die Federführung bei Konsortialgeschäften übernimmt der Konsortialführer, meist die Hausbank des Kreditnehmers oder des Emittenten (Ausgeber). Sie muss die Aufgaben der einzelnen Mitglieder koordinieren und erhält dafür eine Managementprovision. Auch Unternehmen können sich zu einem Konsortium zusammenschließen, was häufig in der Baubranche etwa bei Großprojekten im Straßenbau geschieht. In dem Fall heißt die Gelegenheitsgesellschaft, die sich ebenfalls mit der Beendigung des Auftrags auflöst, meist Arbeitsgemeinschaft.

Konvertieren

lat. convertere = umdrehen

Früher war der Sinn dieses Begriffs eindeutig: Wer konvertierte, der wechselte seine Religionszugehörigkeit. Heute hat der Ausdruck auch in die Computerwelt Einzug gehalten, wo er ebenfalls einen Wechsel oder eine Umwandlung bezeichnet. Die hier gemeinte Umwandlung wird dann notwendig, wenn elektronische Geräte oder Computerprogramme, die unterschiedliche Sprachen verstehen, miteinander kommunizieren, also Signale oder Daten austauschen sollen (► **Kompatibilität**). Damit dies funktioniert, schaltet man einen Konverter ein und lässt ihn die Ausgaben des Datensenders in ein Format – das ist die Art der Speicherung – umwandeln, das der Datenempfänger versteht. Textverarbeitungsprogramme z. B. haben unterschiedliche Methoden um Schriftarten oder Schriftgrößen usw. zu speichern. Soll etwa eine mit einem bestimmten Programm geschriebene Datei mit einem anderen Programm weiterbearbeitet werden, so muss sie zunächst in das Format konvertiert werden, mit dem das zweite Programm zu arbeiten gewohnt ist. Da jedoch die gängigen Programme die Formate ihrer wichtigsten Konkurrenten kennen, geschehen die nötigen Umwandlungen durch eingebaute Konverter meist automatisch. Allerdings geht das nicht immer ohne Verluste ab, weil nicht jede Information in jedem Programm ihre Entsprechung hat. Wird etwa ein mit Kapitälchen geschriebener Text in ein Format gebracht, das diese Möglichkeit, Textstellen hervorzuheben, nicht besitzt, so geht diese spezielle Information verloren.

Kostendämpfung

Die Kosten dämpfen, also Ausgaben verringern, ist eine Aufgabe, die sich in Zeiten knapper Kassen in vielen Bereichen des öffentlichen Lebens stellt. Gemeinhin bezieht man diesen Begriff aber auf die Kosten im Gesundheitswesen, die schon in den 70er-Jahren aus dem Ruder zu laufen begannen. Die Hauptursachen dafür sind der kostspielige medizinische Fortschritt und der Umstand, dass viele Menschen heute sehr alt (► **Alterspyramide**) und damit anfälliger für Krankheiten werden. Um die finanzielle Entwicklung in den Griff zu bekommen wurden im Zuge der ► **Gesundheitsreform** mehrere Kostendämpfungsgesetze erlassen, die das Ziel hatten das stete Anwachsen des Beitragssatzes für die gesetzlichen Krankenversicherungen zu bremsen, dennoch aber den hohen Standard der Gesundheitsfürsorge für Alt und Jung sowie Arm und Reich gleichermaßen aufrechtzuerhalten. Die Auswirkungen der Gesetze bekommen hauptsächlich die Patienten zu spüren. So wurde ab 1997 das Krankengeld um 10 % gekürzt. Außerdem wurden mit dem Inkrafttreten der dritten Stufe der Gesundheitsreform im Juli 1997 Regelungen verabschiedet, die Kuren hinsichtlich der Häufigkeit und Dauer einschränken und weitere Zuzahlungen bei Medikamenten, Heil- und Verbandmitteln sowie dem Krankenhausaufenthalt vorsehen – allerdings soll eine Sonderbestimmung für chronisch Kranke und sozial Schwache Härtefälle vermeiden helfen. Auch im Bereich der Krankenkassen hat man deutliche Änderungen beschlossen: Durch die 1996 eingeführte freie Kassenwahl (► **Wahlfreiheit**) für Pflichtversicherte soll es zu einem beitragsstabilisierenden Konkurrenzkampf kommen. Zudem wurden die Beitragssätze mit den Zuzahlungen gekoppelt, und zwar führt eine Beitragssatzerhöhung von 0,1% zu einer Zuzahlung von 1 DM. Wer also vorher z. B. 9 DM für ein Medikament zuzahlen musste, hat nach einer Beitragssatzerhöhung von 1% nun 19 DM zuzuzahlen. Der Gesetzgeber erwartet von dieser Koppelung ebenfalls eine Kostendämpfung, da die Kassen aus Angst vor Kündigungen ihrer Mitglieder die Beitragssätze voraussichtlich nur äußerst maßvoll anheben würden.

Kriegsverbrechertribunal

Ende 1993 wurde in Den Haag in den Niederlanden vom Sicherheitsrat der UNO der internationale Strafgerichtshof eingerichtet, der auf der Basis des Völkerrechts u. a. Verbrechen gegen die Menschlichkeit und Völkermord ahnden soll. Oberster Ankläger war bis Oktober 1996 der Südafrikaner Richard Goldstone, ihm folgte die Kanadierin Louise Arbour. Eines der Organe des Strafgerichtshofes klagte im Dezember 1995 mehrere Verdächtige an, ein Jahr zuvor am Mord Tausender Tutsi, Angehöriger eines ostafrikanischen Volkes, beteiligt gewesen zu sein. Auch im Zusammenhang mit dem Bürgerkrieg im ehemaligen Jugoslawien (► **Balkankonflikt**) wurden Anklagen erhoben, u. a. gegen den früheren Serbenführer Radovan Karadzic und seinen obersten General Ratko Mladic. Gegen beide wurde ein internationaler Haftbefehl erlassen, den bisher jedoch niemand vollstreckte. Nur wenige der Angeklagten sind in Haft, darunter der bosnische Serbe Dusan Tadic, der im Jahr 1994 in München gefasst wurde. Ihm wird u. a. vorgeworfen als Kommandant von Gefangenenlagern Gräueltaten befohlen und selbst verübt zu haben.

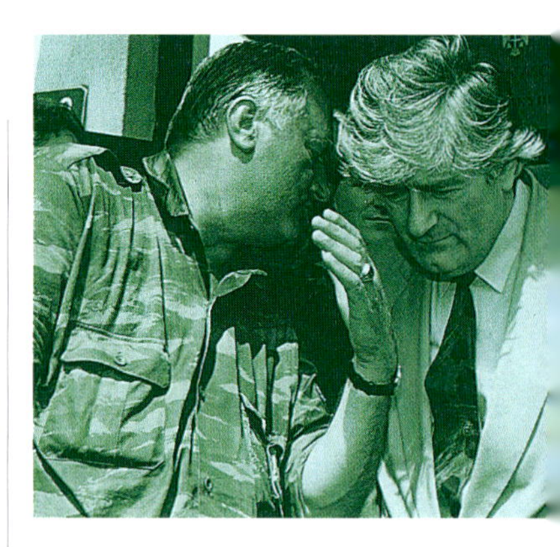

Der ehemalige Serbenführer Karadzic (rechts) und sein oberster General Mladic wurden vom Kriegsverbrechertribunal angeklagt.

Kryotherapie

siehe S. 283

Kulturhauptstadt

Um das kulturelle Zusammengehörigkeitsgefühl der Europäer zu stärken beschlossen die Politiker der Europäischen Gemeinschaft Mitte der 80er-Jahre jeweils für ein Jahr eine so genannte europäische Kulturhauptstadt zu bestimmen. In dieser Stadt sollen durch kulturelle Veranstaltungen der verschiedensten Art, etwa Ausstellungen, Vorträge, musikalische Darbietungen, kulturhistorische Dokumentationen usw., das historische und zeitgenössische Kulturschaffen Europas dokumentiert werden. Den Anfang machte 1985, proklamiert von der damaligen griechischen Kultusministerin und Sängerin Melina Mercouri, die griechische Hauptstadt Athen. 1996 war Kopenhagen an der Reihe, wo insgesamt über 600 Veranstaltungen stattfanden, und im Jahr 1997 befindet sich die Kulturhauptstadt Europas erneut in Griechenland, nämlich in Thessaloniki. 1999 wird Deutschland zum zweiten Mal – nach Westberlin 1988 – die Ehre zuteil: Weimar, die Stadt der deutschen Klassik, ist der Schauplatz des letzten derartigen Festivals dieses Jahrhunderts, bei dem u.a. zahlreiche Veranstaltungen zu Ehren des Dichterfürsten Johann Wolfgang von Goethe dargeboten werden, dessen 250. Geburtstag man im selben Jahr feiert. Und im Jahr darauf gibt es, sozusagen als Auftakt für ein neues Jahrtausend, gleich neun europäische Kulturhauptstädte: Avignon, Bergen, Bologna, Brüssel, Helsinki, Krakau, Prag, Reykjavik und Santiago de Compostela.

Weimar, wo Goethe und Schiller (unten) wirkten, wird 1999 Kulturhauptstadt. In der beweglichen Spielstätte (rechts) finden Aufführungen statt.

Kulturkanal

Im Kreis der Anbieter von Fernsehproduktionen waren früher hauptsächlich die dritten Programme der öffentlich-rechtlichen Sender zuständig für anspruchsvolle kulturelle Beiträge. Sehr häufig wurden von ihnen künstlerisch ambitionierte Fernsehfilme, Dokumentationen über Geografie und Geschichte sowie Diskussionen von Fachleuten über ernsthafte Themen ausgestrahlt. Inzwischen gibt es für derartige Kulturprogramme zusätzlich eigene Kanäle, ebenso wie auch für andere Sparten (► **Spartenkanal**) oder Zuschauergruppen, z.B. Sportkanäle, Nachrichten- und ► **Kinderkanäle.** Der erste Kulturkanal im deutschen Fernsehen ist *arte*, ein deutsch-französisches Gemeinschaftsunternehmen, dessen Programm zwar oft hohes Lob erhält, aber meist nur niedrige Einschaltquoten vorweisen kann. Bei den Rundfunkanstalten ist in der Regel ein Kanal eigens für kulturelle Beiträge reserviert.

Kulturmonat

Europa besteht nicht nur aus dem Territorium der EU. Um dieser Tatsache Rechnung zu tragen wählen die Kultusminister der EU-Länder seit Anfang der 90er-Jahre jährlich für einen Monat eine Stadt in Mittel- oder Ost- bzw. Südosteuropa zur europäischen Kulturstadt. Man will damit auf die kulturellen Leistungen der betreffenden Stadt bzw. Region aufmerksam machen und den Austausch fördern. Der erste Kulturmonat fand 1992 in Krakau, Polen, statt, danach folgten u. a. Graz, Budapest und Nikosia auf Zypern. Im Jahr 1997 ist Ljubljana, die Hauptstadt von Slowenien, Schauplatz des Kulturmonats.

Kultursponsoring

engl. to sponsor = unterstützen

Es ist ein typisches Merkmal unserer Zeit, dass die öffentlichen Haushalte immer ärmer werden. Folglich schrumpfen auch die staatlichen Kulturetats und es entstehen finanzielle Engpässe auf dem kulturellen Sektor. Diesen Zustand nutzen Wirtschaftsunternehmen und Geldinstitute, die im Gegensatz zum Staat über ausreichende Ressourcen verfügen, um auf neue Art Werbung zu betreiben: Sie steigen ins Kultursponsoring ein, d. h., sie unterstützen und fördern kulturelle Leistungen. Die Bandbreite des Kultursponsorings (► **Sponsoring**) ist dabei sehr groß: Sie reicht von der Ausschreibung kultureller Preise bis zur Gewährung von Stipendien, von der Finanzierung einzelner Druckerzeugnisse, Fernsehproduktionen oder musikalischer Veranstaltungen bis zur Förderung von Kunstschaffenden, etwa wenn eine Bank ihre öffentlichen Räume mit Skulpturen und Bildern von Künstlern schmückt oder für Ausstellungen zur Verfügung stellt. Beim Kultursponsoring ist der Werbeeffekt nicht so direkt wie bei der herkömmlichen Reklame, aber es geht den Geldgebern auch mehr darum, sich ein positives Image zuzulegen und beim Verbraucher Sympathie zu erwecken. In Deutschland werden derzeit jährlich schätzungsweise rund 500 Mio. DM für Kultursponsoring aufgewendet.

Kundenorientierung

Der Kunde ist König – dieser Satz wird von Einzelhändlern und Betreibern großer Kaufhäuser oft zitiert, aber er spiegelt nicht immer die Wirklichkeit im deutschen Geschäftsleben wider. Viele Verbraucher sind äußerst unzufrieden mit dem Einkaufsklima. Sie klagen darüber, dass manche Verkäuferinnen und Verkäufer unfreundlich oder nur auf den momentanen Verkaufserfolg erpicht seien und nicht den Kunden zufrieden stellen wollten, dass Sonderwünsche abgewiesen und Reklamationen nicht ernst genommen würden. Außerdem empören sich die Kunden darüber, dass in manchen Läden Serviceleistungen wie Hilfestellung beim Einpacken, die in anderen Ländern selbstverständlich sind, rundweg abgelehnt werden. Die betreffenden Geschäftsführer kennen diese Klagen meist und sind gewillt Abhilfe zu schaffen, und zwar mit einem Bündel von Maßnahmen, die unter dem Oberbegriff Kundenorientierung zusammengefasst werden. Dazu gehören u. a. kundenfreundliche Öffnungszeiten (► **Ladenschlussgesetz**), Schulungen für das Verkaufspersonal, Prämien für besonders freundliche Angestellte, Einpackservice, keine Wartezeiten an der Kasse, Ausweitung der Garantieübernahme sowie unbürokratisches Vorgehen bei Reklamationen. Als wichtiger Nebeneffekt, so hoffen sie, wird es dann wohl auch in der Handelsbranche, die seit einigen Jahren keine Umsatzzuwächse mehr zu verzeichnen hat, wieder aufwärts gehen.

Kündigungsschutz

In wirtschaftlich schwierigen Zeiten mit hoher Arbeitslosigkeit ist der Kündigungsschutz ein aktuelles Thema – das allerdings aus zwei verschiedenen Blickwinkeln betrachtet werden kann. Während die Arbeitnehmer an einem möglichst weit reichenden Kündigungsschutz interessiert sind, bringt dieser für die Arbeitgeber unter Umständen Probleme mit sich. Sie fürchten, neue Mitarbeiter möglicherweise behalten zu müssen, selbst wenn diese keine richtige Aufgabe haben, und stellen deshalb erst gar keine ein. Da diese Haltung jedoch zur Arbeitslosigkeit beiträgt, hat der Gesetzgeber den Kündigungsschutz in bestimmten Fällen eingeschränkt. Nach den neuen Regelungen, die im Oktober 1996 in Kraft traten, sind die neu eingestellten Mitarbeiter von Kleinbetrieben mit bis zu zehn Beschäftigten – früher bis zu fünf – vom Kündigungsschutz ausgenommen. Für Schwangere bis zum Ende des Erziehungsurlaubs sowie für Schwerbehinderte gelten jedoch weiterhin die alten strengen Kündigungsvorschriften. Auch für größere Betriebe haben sich seit 1996 Änderungen ergeben: Der Arbeitgeber hat jetzt freiere Hand bei der Auswahl derjenigen, denen er betriebsbedingt kündigen will. Er muss sich nicht mehr unbedingt an die so genannte Sozialauswahl halten, nach der z. B. allein verdienende Familienväter besonderen Schutz genießen.

Kunstfehler

Ein Kunstfehler, oder moderner ausgedrückt: ein Behandlungsfehler, liegt vor, wenn ein Arzt schlechte Arbeit leistet. Das kann in verschiedenen Bereichen der ärztlichen Tätigkeit geschehen, z. B. schon bei der Diagnose oder beim Einsatz moderner medizinischer Geräte. Die meisten ärztlichen Kunstfehler sind jedoch Therapiefehler, zu denen auch die oft folgenschweren Narkose- und Operationsunfälle gehören. Patienten, die an den Folgen eines Behandlungsfehlers leiden, können sich an die Gutachter- und Schlichtungsstellen, die von den Ärztekammern in den Bundesländern eingerichtet worden sind, wenden. Sie können aber auch vor Gericht Schmerzensgeld erstreiten, wenn es ihnen gelingt einen Kunstfehler nachzuweisen. Nur bei sehr groben Verstößen, etwa wenn bei einer Operation ein Tupfer in der Wunde zurückgelassen wurde oder wenn der Arzt keine Unterlagen über den Eingriff vorweisen kann, also gegen die ärztliche Dokumentationspflicht verstoßen hat, kehrt sich die Beweislast um. In diesem Fall muss der Arzt nachweisen, dass er einwandfrei gearbeitet hat. Kein Kunstfehler liegt hingegen vor, wenn sich bei einer schwierigen Operation, die nach allen Regeln der ärztlichen Kunst ausgeführt wurde, das nicht immer vermeidbare Operationsrisiko verwirklicht, also beispielsweise gefährliche innere Blutungen auftreten.

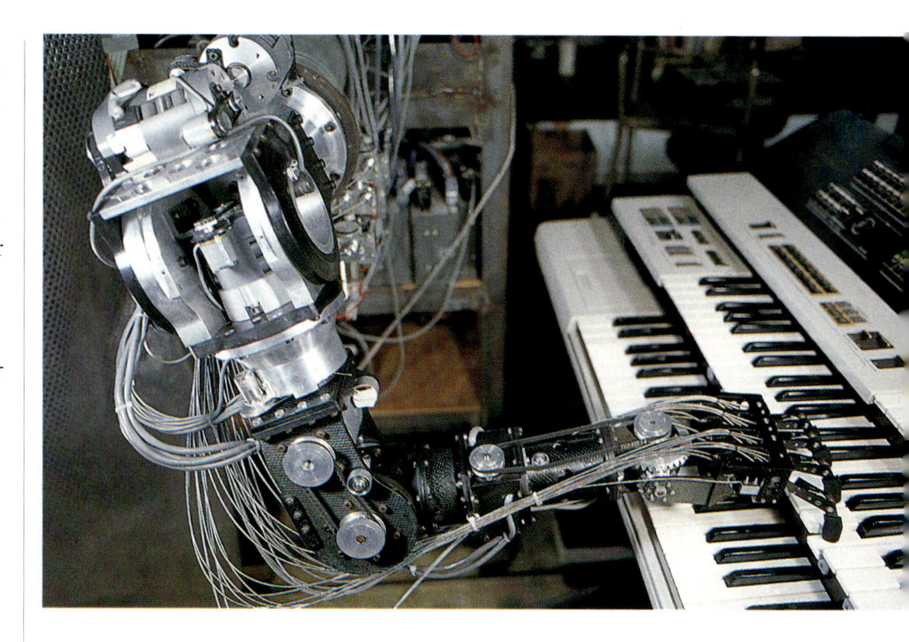

Ein „intelligenter" Roboter an den Keyboards – schon bald eine Konkurrenz für echte Musiker?

Künstliche Intelligenz

Nach wissenschaftlichen Erkenntnissen ist die menschliche Intelligenz eine sehr komplexe Eigenschaft, die neben logischem Denkvermögen eine rasche Auffassungsgabe und auch die Fähigkeit umfasst, in einer bestimmten Situation auf der Basis von Wissen und Erfahrung die richtige Entscheidung zu treffen. Schon seit Jahren bemühen sich Wissenschaftler Intelligenz künstlich herzustellen, indem sie Maschinen in den Stand zu setzen versuchen Signale der Umwelt aufzunehmen und auszuwerten sowie Wissen – und nicht nur Daten – zu verarbeiten. Im erstgenannten Bereich konnte man schon große Erfolge verbuchen: Roboter sind in der Lage mithilfe von feine Sensoren ihr Umfeld zu erfassen, visuelle und akustische Signale zu verarbeiten und flexibel darauf zu reagieren. Auch hinsichtlich der Wissensverarbeitung ist es gelungen mit entsprechenden Programmen künstliche Intelligenz zu schaffen – allerdings nur in so genannten Expertensystemen, d.h. sehr eng begrenzten Teilbereichen, weil in solchen Fällen der Wissensstand nicht sehr umfassend sein muss. Neben dem bekannten Schachcomputer zählen dazu beispielsweise Maschinen, die Diagnosen stellen oder Fingerabdrücke auswerten können. Die größten Schwierigkeiten bei der Herstellung künstlicher Intelligenz treten jedoch auf, wenn es um die Bewältigung des Alltags geht, denn dafür ist neben einem umfassenden Wissen auch Lebenserfahrung vonnöten. Und die hat ein Computer nicht, ihm sind auch die banalsten Dinge unbekannt. Um ihm in dieser Hinsicht einen Grundstock an Wissen zu vermitteln arbeiten Wissenschaftler schon seit geraumer Zeit an der Entwicklung einer ► **Software**, die die wichtigsten alltäglichen Sachverhalte beinhaltet – beispielsweise den Zusammenhang zwischen Tageszeit und Lichtverhältnissen – und die damit Maschinen ansatzweise zu einem „gesunden Menschenverstand" verhilft.

Kurzarbeit

Wenn sich die Auftragslage eines Unternehmens vorübergehend verschlechtert hat, kann die Firmenleitung, um Entlassungen zu vermeiden, beim Arbeitsamt die Genehmigung zur Kurzarbeit beantragen. In dem Fall wird zur Überbrückung des Engpasses die sonst übliche Arbeitszeit verringert – entweder indem täglich weniger Stunden gearbeitet werden oder indem ganze Arbeitstage ausfallen (Feierschichten). Auch der Lohn der kurzarbeitenden Arbeitnehmer verringert sich: Sie erhalten, finanziert von der Bundesanstalt für Arbeit in Nürnberg, einen bestimmten Prozentsatz ihres letzten Nettoverdienstes. Der Arbeitgeber muss jedoch weiterhin auch für die ausgefallenen Arbeitsstunden seinen Anteil an den Sozialabgaben entrichten. Die Dauer, für die einem Betrieb Kurzarbeit bewilligt wird, liegt bei höchstens 12–15 Monaten.

KVP

Abk. für kontinuierlicher Verbesserungsprozess

Im Zeitalter der ► **Globalisierung** kann es sich keine Firma, auch wenn sie noch so gute Bilanzen aufweist, erlauben, sich auf ihren Lorbeeren auszuruhen. Um die Unternehmenszukunft zu sichern muss ständig nach Verbesserungsmöglichkeiten in allen Firmenbereichen gesucht werden. In diesem Zusammenhang hat sich nach den vielen betriebswirtschaftlichen Modetrends, die ebenso schnell wieder verschwunden waren, wie sie entstanden sind, schon seit einigen Jahren ein japanisches Konzept, *Kaizen*, in Deutschland durchgesetzt. Es wird hier kontinuierlicher Verbesserungsprozess, KVP, genannt. Ein Vorteil dieser Methode liegt, wie schon der Name sagt, darin, dass die Verbesserungen in den einzelnen Firmenabläufen in kleinen Schritten beständig vorangetrieben werden. Der Hauptpluspunkt von KVP ist aber der Umstand, dass die Planung der Änderungen nicht von der Unternehmensspitze ausgeht, sondern von den Mitarbeitern an der Basis. Diese wissen nämlich selbst am besten, wo es an ihrem Arbeitsplatz Probleme gibt, und wenn ihre Vorschläge angehört und verwirklicht werden, kommt es zum Wohl der Firma zu einer intelligenteren Anordnung der Abläufe und zu einem Motivationsschub. Bei den VW-Werken in Wolfsburg hat man den KVP sogar noch gesteigert und zum so genannten KVP^2 erhoben. Dort wurden u.a. in Workshops, also Arbeitsgruppen, von den Mitarbeitern sämtliche Unternehmensprozesse durchleuchtet und mit dem Ziel, jegliche Vergeudung von Material, Zeit und Arbeitskraft zu beenden, großenteils neu gestaltet.

Label

Wörtlich übersetzt bedeutet der englische Begriff *label* Etikett und er bezeichnet jedes Stückchen Papier o. Ä., das einer Ware aufgeklebt, aufgenäht oder angehängt wird um bestimmte Informationen darüber zu geben. Im deutschen Sprachgebrauch bezieht sich das Wort jedoch fast ausschließlich auf die Etiketten, die den Markennamen eines Produkts tragen, z. B. in der Bekleidungsindustrie, wo das Edel- oder Designerlabel Geld und Geschmack dokumentieren soll. Sporthemden mit dem kleinen Krokodil von Lacoste etwa oder Socken mit dem Aufdruck bekannter Herrenausstatterfirmen werden u. a. deswegen gern gekauft, weil sie nicht nur ein Kleidungsstück, sondern auch ein Statussymbol sind. In der Schallplattenbranche wird der Begriff Label meist sogar vom Firmenaufkleber auf die Plattenfirma selbst übertragen, z. B. in der Feststellung, dass „kleine Labels" sich auf bestimmte Musikrichtungen spezialisiert haben.

Labordiagnostik

siehe S. 120

Ladenschlussgesetz

Der 1. November 1996 war in Deutschland ein denkwürdiges Datum für Kunden, Ladenbesitzer und Verkaufspersonal, denn an dem Tag traten die neuen Ladenöffnungszeiten in Kraft. Seither dürfen Geschäfte von Montag bis Freitag zwischen 6 Uhr morgens und 20 Uhr abends und am Samstag bis 16 Uhr geöffnet sein; außerdem dürfen in Bäckereien jetzt sonntags drei Stunden lang frische Brötchen verkauft werden. Durch diese Neuregelungen, die dem Wunsch zahlreicher Kunden entsprachen (► **Kundenorientierung**), hat sich Deutschland hinsichtlich der Verkaufszeiten dem Standard in vielen anderen europäischen Ländern angepasst. Allerdings machen nicht alle Ladenbesitzer von den neuen Öffnungszeiten Gebrauch, besonders in kleinen Städten oder in den Vororten von Großstädten schließen die Geschäfte mangels Kundschaft oft schon früher. In den Innenbezirken der Großstädte hingegen nutzen zahlreiche, vor allem berufstätige Menschen die Möglichkeit zum gemütlichen abendlichen Einkaufsbummel. Der Weg zur Neuregelung der alten Ladenschlusszeiten, die seit rund 40 Jahren Geltung hatten, war steinig. Besonders die Gewerkschaften machten Front dagegen, weil sie den Arbeitnehmern im Einzelhandel spätere Arbeitszeiten oder Mehrarbeit am Wochenende ersparen wollten. Dennoch stimmten die Parlamentarier in Bonn schließlich dafür, denn die meisten von ihnen waren der Überzeugung, dass dadurch neue Arbeitsplätze geschaffen und zudem die Umsätze im Einzelhandel gesteigert würden. Letzteres bestätigte sich in den ersten Monaten nach In-Kraft-Treten der neuen Regelung jedoch noch nicht.

Landmine

Zu den verheerendsten Waffen, die in kriegerischen Auseinandersetzungen zum Einsatz kommen, gehören die Land- oder Antipersonenminen. Dabei handelt es sich um einfach herzustellende Sprengsätze aus Plastik und Metall, die meist im Boden

Versteckte Gefahr: Pioniere aus Somalia suchen im Erdreich nach Landminen.

vergraben werden und bei Berührung explodieren. Rund 30000 Personen fallen ihnen jährlich zum Opfer; ungefähr 90 % von ihnen sind Zivilisten. Da Landminen sehr billig sind, werden sie bevorzugt von den Kriegsparteien in den Ländern der Dritten Welt gekauft. Hergestellt werden sie allerdings hauptsächlich in den europäischen Industrienationen. Seit Anfang der 80er-Jahre versucht die UNO den Einsatz von Landminen einzuschränken. Neben anderen Staaten hat sich auch Deutschland verpflichtet in der Bundeswehr auf die Anwendung dieser Waffen zu verzichten, aber nach Ansicht internationaler Hilfs- und Menschenrechtsorganisationen wäre nur ein vollständiges Verbot von Herstellung, Export und Einsatz der Landminen tatsächlich wirksam.

Laptop

engl. lap = Schoß
engl. top = Oberfläche

Berufstätige, die viel unterwegs sind, führen, um die Reisezeit zu nutzen, oft einen Laptop mit sich, auf dem sie einen Bericht schreiben oder ein Kundengespräch vorbereiten können. Laptops sind tragbare ► **PCs**, die sich für diese Zwecke vorzüglich eignen. Die einzelnen Bestandteile eines solchen Geräts, das als Speicher eine integrierte ► **Festplatte** besitzt, sind in ein einziges Gehäuse eingebaut, das mit rund 1–4 kg Gewicht relativ leicht ist und somit bequem auf den Schoß genommen werden kann. Im aufklappbaren Deckel befindet sich ein flacher Bildschirm und als ► **Maus** dient eine ins Gehäuse eingesenkte, von oben zugängliche kleine Kugel. Auch die Tastatur des Laptops ist sehr klein. Dank Batterien oder Akkus kann man das Gerät fern von Stromquellen betreiben; außerdem lässt es sich bei Bedarf an einen größeren Bildschirm oder eine handlichere Tastatur anschließen. In seiner Leistung steht der Laptop einem normalen PC kaum nach, wegen der Miniaturisierung ist er in der Regel aber teurer. In Abmessungen und Gewicht wird er nur noch vom ► **Notebook** unterboten.

Auf Reisen leistet der Laptop vielen Geschäftsleuten gute Dienste.

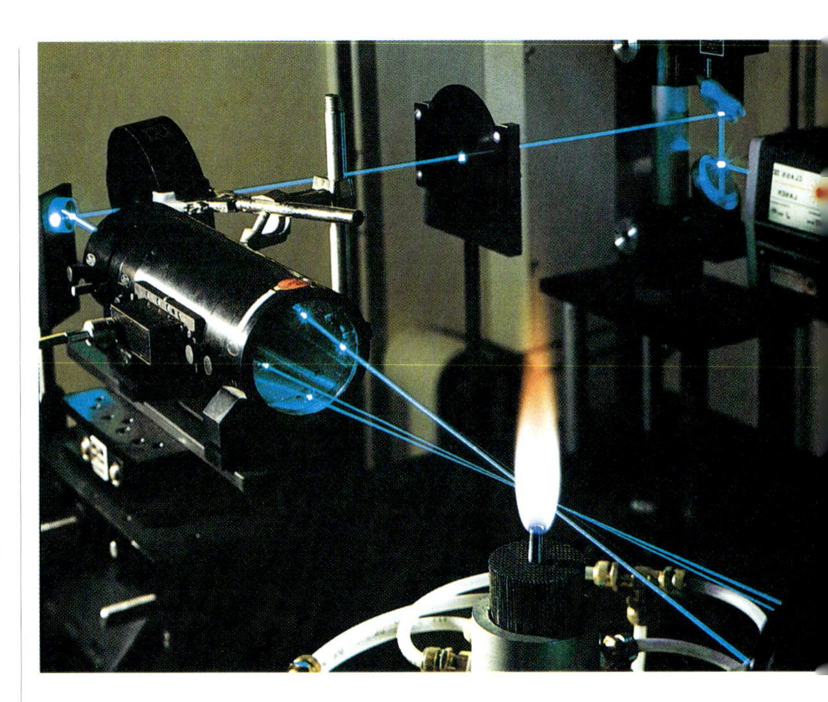

Mithilfe eines Blaulichtlasers wird die Verbrennung von Kraftstoff untersucht.

Laser

Die Lasertechnik, also die Erzeugung und Verwendung der Lichtverstärkung durch künstlich angeregte Aussendung von Strahlung – englisch *light amplification by stimulated emission of radiation* –, gehört zu den zukunftsträchtigen modernen Technologien. Sie basiert auf dem Effekt, dass ein Lichtteilchen oder Photon, wenn es auf ein Atom mit Energieüberschuss trifft, die Aussendung eines gleichartigen Photons anregt und dieses Paar wiederum weitere Photonen aktiviert, sodass ein Bündel von Licht derselben Wellenlänge entsteht. Die so produzierten Strahlen verlaufen im Gegensatz zum Sonnenlicht, das sich gleichmäßig nach allen Seiten ausbreitet, geradlinig und ohne jede Streuung in eine Richtung. Sie können wegen ihrer konzentrierten Energie als Schweiß- und Fernmessgeräte sowie als Waffen eingesetzt werden. Da sie sich exakt bündeln und steuern lassen, finden sie auch in der Medizin (► **Lasertherapie**), beispielsweise als Skalpell, Verwendung und dienen zum Einbrennen von Bildern und Informationen in ► **CDs**. Diese werden ebenfalls über einen Laserstrahl wieder abgetastet, wenn man sie abrufen will. In Verbindung mit Computern werden immer mehr Laserdrucker eingesetzt und auch das Fernsehen der Zukunft wird sich der Lasertechnik bedienen.

Lasertherapie

→ siehe S. 121

Last-Minute-Reisen

engl. last-minute = in letzter Minute

Schon seit einigen Jahren gehören die Deutschen zu den reisefreudigsten Völkern. Tausende von ihnen ziehen jährlich, wann sie es sich auch immer leisten können, in die Ferne, während der kalten Jahreszeit vornehmlich in den sonnigen Süden. Allerdings sollte die Reise den Geldbeutel nicht allzu sehr strapazieren und deshalb begeben sich viele Menschen auch in diesem Bereich auf Schnäppchenjagd. Als besonders preiswert gelten in den letzten Jahren die so genannten Last-Minute-Reisen, touristische Sonderangebote, die erst relativ kurze Zeit, also einige Wochen bis Tage, vor Beginn der Reise ausgeschrieben werden, weil die Charterfluggesellschaften und Reiseveranstalter ihre Kontingente möglichst vollständig ausnutzen wollen. In der Regel sind solche Last-Minute-Reisen 10 bis 30 % günstiger als die regulären Angebote, obwohl sie dieselben Leistungen beinhalten. Touristen, die so kurzfristig buchen wollen, müssen allerdings flexibel sein, was die Abflugzeit angeht, und dürfen sich außerdem nicht nur auf ein bestimmtes Reiseziel festlegen. Da die Reiseveranstalter die Werbewirksamkeit des Begriffs *last minute*, der ja neben einem günstigen Kosten-Nutzen-Verhältnis auch noch einen Überraschungseffekt in sich birgt, erkannt haben, werden in letzter Zeit auch preislich ganz normale Pauschalreisen unter dieser Bezeichnung angeboten.

Late-Night-Show

→ siehe S. 235

Lauschangriff

Um die ► **organisierte Kriminalität** effektiver bekämpfen zu können haben sich die Koalitionsparteien und die SPD schon 1994 darauf geeinigt, nach der Klärung einiger strittiger Punkte den so genannten Lauschangriff einzuführen. Unter diesem merkwürdigen Kunstwort, das eher verharmlosend klingt, versteht man eine Überwachung von Privat- und Geschäftsräumen mithilfe technischer Geräte wie Wanzen oder andere Mikrofone. Man will auf diese Weise heimlich die Gespräche verdächtiger Personen abhören und aufzeichnen um vor allem auf dem Sektor des Waffenhandels und der Drogenkriminalität (► **Drogenmafia**) Beweismaterial zu sammeln. Diese Maßnahmen sollen jeweils von Richtern genehmigt und zeitlich auf einige Wochen begrenzt werden. Während CDU/CSU, FDP und SPD also den Lauschangriff als eine Erfolg versprechende Waffe im Kampf gegen schwere Straftaten ansehen, weisen demgegenüber Kritiker z. B. aus den Reihen von Bündnis 90/Die Grünen darauf hin, dass der Preis dafür zu hoch sei. Verfassungsmäßige Bürgerrechte würden beschnitten, wenn die Polizei die Erlaubnis erhielte Gespräche in Privaträumen abzuhören. Neben dieser aktuellen politischen Bedeutung benutzt man das Wort Lauschangriff heute häufig auch in einem weiteren Sinn, etwa im Zusammenhang mit modernen Formen der Wirtschaftsspionage, die mit ausgefeilten elektronischen Mitteln betrieben wird.

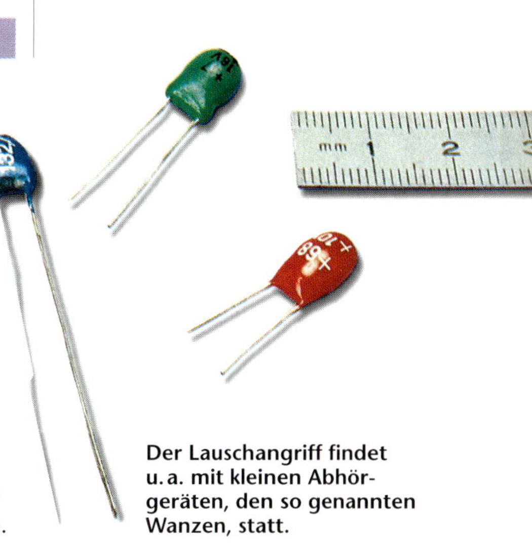

Der Lauschangriff findet u. a. mit kleinen Abhörgeräten, den so genannten Wanzen, statt.

Lay-out

engl. layout = Anordnung

Wenn man eine Zeitung, Zeitschrift, Illustrierte, Broschüre oder ein bebildertes Buch durchblättert, nimmt man meist als erstes das Lay-out des Druckerzeugnisses wahr, d.h. die Gestaltung der einzelnen Seiten. Folglich ist eine ansprechende äußere Aufmachung, die hauptsächlich durch die Verteilung von Bildern und Textstellen erzielt wird, für den Verkaufserfolg besonders wichtig.

Im Verlauf der letzten Jahrzehnte hat sich allerdings diesbezüglich der Geschmack deutlich gewandelt. Während man früher größten Wert auf Regelmäßigkeit in der Anordnung und ein optisches Gleichgewicht zwischen Text und Bild legte, ist ein Lay-out heute meist lebhafter. Packende Bilder und Illustrationen springen geradezu ins Auge, asymmetrisch verteilte oder in den Seitenrand hineinlaufende Abbildungen erregen die Aufmerksamkeit und die strenge Trennung zwischen Text und Bildern ist oft aufgehoben – dann fließt der Text ins Bild hinein und umgekehrt, manche Textstellen sind farbig unterlegt und viele Seiten werden zusätzlich durch Form- und Flattersatz, bunte Überschriften oder grafisch gestaltete Themen- bzw. Infokästen aufgelockert. Auch die Technik der Herstellung hat sich gewandelt: Man zerschneidet heute nicht mehr von Hand die Textfahnen und klebt sie samt den ausgewählten Bildern auf die Umbruchbogen, sondern entwirft das Lay-out am Bildschirm eines Computers. Inzwischen hat der Begriff Lay-out auch Einzug in die Sprache der Radio- und Fernsehbranche gehalten. So spricht man vom Lay-out einer Sendung und meint damit deren Aufbau und Unterteilung in Moderation, Beitragseinspielungen, Interviews usw.

Das Lay-out der ersten *stern*-Ausgabe von 1948 (rechts) unterscheidet sich deutlich von dem einer Ausgabe aus dem Jahr 1996 (unten).

Lean Management

engl. lean = schlank
engl. management = Leitung (eines Unternehmens)

In vielen Firmen ist die Ertragslage schlecht, es muss gespart werden, und zwar in allen Bereichen des betreffenden Unternehmens, also auch in den oberen Etagen. Während sich früher Chefs und Manager gern mit möglichst vielen Assistenten und Vorzimmerdamen umgaben, wird heute das so genannte Lean Management propagiert, die verschlankte Firmenleitung. Sie kostet nicht nur weniger Geld als der aufgeblasene Apparat früherer Zeiten, sondern bietet noch weitere Vorteile: Die sozialen Unterschiede zwischen Management und Belegschaft treten nicht mehr so deutlich hervor, die Kommunikation zwischen beiden Ebenen funktioniert reibungsloser und entsprechend schneller können wichtige Entscheidungen getroffen werden.

Lean Production

engl. lean = schlank

Menschen, die viele überflüssige Pfunde mit sich herumschleppen, sind nach einer weit verbreiteten Ansicht nicht so beweglich und körperlich leistungsfähig wie ihre schlanken Zeitgenossen. Diese Feststellung gilt auch für Unternehmen. Zahlreiche Firmen haben im Lauf der Jahre ihres Bestehens Fett angesetzt, an dem sie jetzt, in konjunkturell schlechten Zeiten, schwer zu tragen haben. Aus diesem Grund machen viele von ihnen eine Abmagerungskur, sie versuchen sich gesundzuschrumpfen (► **Downsizing**, ► **Lean Management**). Das angestrebte Ziel heißt dabei Lean Production, also schlanke Produktion. Es gibt dafür mehrere betriebswirtschaftlich anerkannte Methoden. Beispielsweise können durch die Einführung von Teamarbeit bei der Produktion – im Gegensatz zur stark arbeitsteiligen Herstellung am Fließband – Arbeitsschritte wie Qualitätsprüfung oder Reparatur von denselben Mitarbeitern übernommen werden, was Arbeitsplätze einspart. Durch ► **KVP** werden nach den Vorstellungen der Mitarbeiter Arbeitsabläufe effektiver gestaltet und somit ebenfalls Arbeitsplätze überflüssig gemacht. Durch ► **Just-in-Time** reduzieren sich die Lagerbestände drastisch und damit auch die Anzahl der Lagerverwalter.

Leasing

engl. to lease = verpachten, vermieten

Unternehmen oder Privatleute, die einen betrieblichen Anlagegegenstand, etwa einen Computer oder eine ganze Werksanlage, bzw. einen Gebrauchsgegenstand wie ein Auto oder ein Fernsehgerät erwerben wollen, können bei der Anschaffung zwischen Kauf und Leasing wählen. Entscheiden sie sich für das Leasing, dann gehen sie damit eine Art Mietverhältnis ein, bei dem regelmäßige Raten gezahlt werden müssen. Obwohl diese in der Summe insgesamt höher sind als der jeweilige Anschaffungspreis, kann das Leasing dennoch ökonomisch sinnvoll sein, da es weniger Kapital bindet, sodass auch finanzschwache Unternehmen oder Privatpersonen sich teure Anschaffungen leisten können. Zum andern sind Leasingraten für Firmen abzugsfähig und wirken somit steuersparend. Beim Leasing muss man verschiedene Arten unterscheiden, z. B. so genannte Operate-Leasing-Verträge, die jederzeit gekündigt werden können und bei denen der Leasinggeber das Risiko der Investition übernimmt, oder das Finanzierungsleasing, bei dem eine unkündbare Grundmietzeit vereinbart wird und der Leasingnehmer das Investitionsrisiko, etwa das der technischen Veralterung, trägt.

Lebensarbeitszeit

In Deutschland ist im Vergleich zu zahlreichen anderen Ländern in vielen Berufen die Lebensarbeitszeit, also die Dauer der Erwerbstätigkeit eines Menschen, relativ kurz. Die Gründe dafür

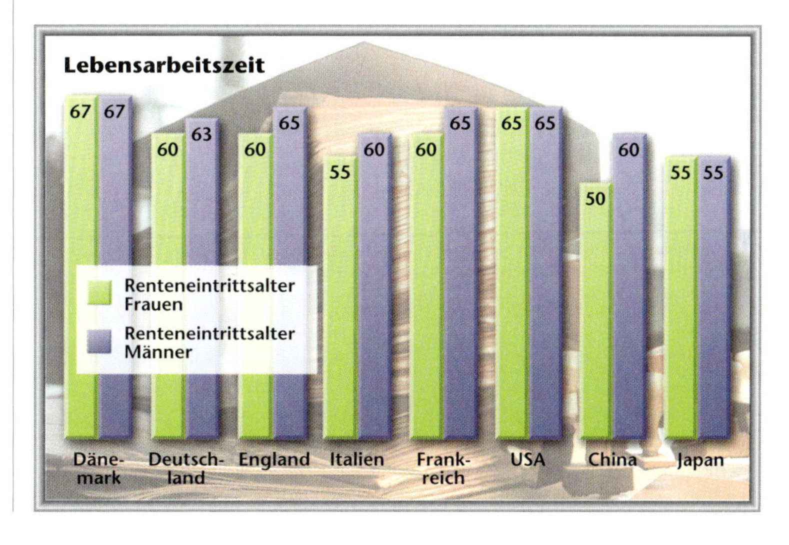

liegen hierzulande häufig in der langen Ausbildungszeit und der Tatsache, dass viele Arbeitnehmer vorzeitig in den Ruhestand gehen (► **Frühverrentung**). Beide Umstände wirken sich negativ auf die sozialen Sicherungssysteme aus, denen dadurch Beitragszahlungen entgehen. Um die Rentenversicherung zu entlasten, haben daher die Politiker beschlossen die ► **Altersgrenze** nach hinten zu verschieben, die Lebensarbeitszeit also auf diese Weise zu verlängern. Im Gespräch sind ebenfalls Maßnahmen, die dazu führen, dass vor allem für Akademiker das Erwerbsleben früher beginnt. Manche Bundesländer erwägen die gymnasiale Schulzeit von neun auf acht Jahre zu verkürzen und auch das Universitätsstudium soll nach Ansicht vieler Fachleute in einigen Fakultäten gestrafft werden.

Lebensmittelbestrahlung

Es gibt mehrere Methoden Lebensmittel länger haltbar zu machen; neben der Verwendung chemischer ► **Konservierungsmittel** gehört die Behandlung mit radioaktiven oder elektronischen Strahlen dazu. Vor allem bei Gewürzen, Hülsenfrüchten und Getreide ist diese Konservierungsmaßnahme in vielen Ländern üblich. Auch bei Kartoffeln und Zwiebeln wird sie angewandt; dabei soll sie das Auskeimen verzögern und somit die Lagerfähigkeit des Produkts verbessern. Bei Geflügel, Fisch oder Meeresfrüchten will man durch eine Bestrahlung vor allem schädliche Mikroorganismen wie etwa ► **Salmonellen**

Durch Bestrahlung wird die Lagerfähigkeit von Zwiebeln verbessert.

abtöten. In Deutschland ist die Strahlenbehandlung von Lebensmitteln allerdings mit wenigen Ausnahmen verboten, denn es wird befürchtet, dass sich deren Verzehr krebsfördernd auswirken könnte. Außerdem können Lebensmittel dadurch an Nährwert verlieren. Seit 1995 ist auch der Import entsprechend behandelter Nahrungsmittel untersagt. Diese Regelung wird sich innerhalb der EU jedoch nicht aufrechterhalten lassen, aber zumindest müssen die eingeführten bestrahlten Produkte gekennzeichnet sein.

Legasthenie

lat. legere = lesen
griech. asthenia = Schwäche

Wenn Kinder früher nicht richtig lesen und schreiben lernten, hielt man sie für dumm. Heute weiß man, dass in einem solchen Fall eine Lese- und Rechtschreibschwäche, fachsprachlich Legasthenie genannt, vorliegen kann. Diese Störung, die keinen Intelligenzmangel bedeutet, wird meist im zweiten Schuljahr festgestellt. Sie äußert sich dadurch, dass die betreffenden Kinder typische Fehler machen, beim Lesen beispielsweise ganze Silben oder Wörter auslassen oder die Leserichtung ändern. Beim Schreiben vertauschen sie einzelne Buchstaben, Silben oder Wortteile, schreiben bei einem Diktat Wörter, die ähnlich wie der verlangte Begriff klingen, und verwechseln Buchstaben, die sich in ihrer äußeren Form gleichen wie b und d. Über die Ursachen der Legasthenie, an der heute rund 5 % aller Grundschulkinder leiden, gibt es viele Vermutungen. Eine neuere Erkenntnis besagt, dass

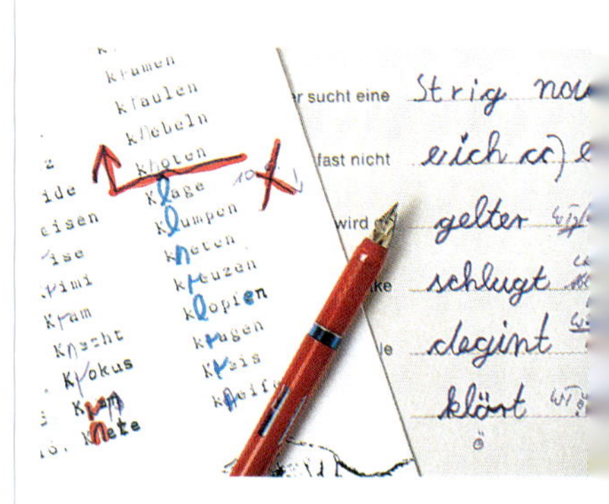

Legasthenikern bereitet die Rechtschreibung große Schwierigkeiten.

bei Legasthenikern in einem genau lokalisierten Gehirnbereich bestimmte Zellen, in deren Zuständigkeit die Bildung der so genannten Stakkatolaute b, p, t und k fällt, unterentwickelt sind. Dabei scheinen frühkindliche Gehördefekte eine Rolle zu spielen. Man hat inzwischen geeignete Sprachcomputer entwickelt, die diese Laute langsamer wiedergeben, damit die betroffenen Kinder die Klangmuster besser im Gehirn verankern können. Andere Hilfsmaßnahmen für Legastheniker sind spezielle Übungen und gesonderter Förderunterricht sowie eine intensive psychologische

Betreuung um den Betroffenen bei der Bewältigung der schulischen Probleme Hilfestellung zu geben.

Leggings

engl. leg = Bein

In den frühen 80er-Jahren kamen mit der US-amerikanischen Fitnesswelle sehr eng anliegende Beinkleider, Leggings oder auch Leggins genannt, auf, die zunächst lediglich als Gymnastikkleidung gedacht waren. Anfang der 90er-Jahre entwickelten sich diese Strumpfhosen dann zu absoluten Favoriten in der Damenmode. Sie ersetzten seither häufig Rock oder Hose und wurden, je nach Geschmack der Trägerin einfarbig oder bunt gemustert, bevorzugt in der Kombination mit langen Kostümjacken oder langen, weiten Pullis getragen. Inzwischen hat sich die Mode jedoch wieder gewandelt, sodass man nur noch selten Frauen mit Leggings sieht. Die Bezeichnung Leggin(g)s ist übrigens nicht neu; Karl-May-Leser kennen die ledernen Beinröhren als Kleidungsstück der Indianer.

Anfang der 90er-Jahre hatten die engen Leggings einen festen Platz in der Damenmode.

Legionärskrankheit

1976 kam es bei einem Mitgliedertreffen der US-amerikanischen Kriegsveteranenorganisation *American Legion* in einem Hotel in Philadelphia zu einer rätselhaften Epidemie, die in ihren Symptomen einer Lungenentzündung glich und bei der 180 Menschen erkrankten und 29 starben. Innerhalb kurzer Zeit wurde der dafür verantwortliche Erreger, ein Stäbchenbakterium, identifiziert, den man nach den „Legionären" *Legionella pneumophila* benannte. Der bevorzugte Aufenthaltsort dieses Erregers ist warmes stehendes Oberflächenwasser, z. B. in Duschköpfen oder – wie in Philadelphia – in Klimaanlagen. Besonders anfällig für das Bakterium, das über die Atemwege in den Körper gelangt, sind immungeschwächte oder ältere Menschen. Die Behandlung der Krankheit, die sich in Kopf- und Brustschmerzen, Husten und Fieber äußert, erfolgt mit bestimmten Antibiotika. Inzwischen kommt diese Infektion, deren Inkubationszeit zwei bis zehn Tagen dauert, weltweit relativ häufig vor, auch in Deutschland. Ob sie möglicherweise früher schon existierte und nur nicht erkannt worden war, ist unklar.

Leihmutter

Mit Leih- bzw. Ersatzmutter bezeichnet man eine Frau, die sich dazu bereit erklärt für eine andere Frau ein Kind auszutragen und es dann ihr zu überlassen. Während die Ersatzmutter ihre Gebärmutter nur als ein Gefäß für die Schwangerschaft zur Verfügung stellt, in der ein Embryo aus der Eizelle einer anderen Frau und dem Samen von deren Partner heranreift, trägt die Leihmutter ihre eigene Eizelle bei, die in der Regel im Reagenzglas befruchtet wird. Im letztgenannten Fall sind Mutter und Kind also genetisch verwandt. Bei beiden Möglichkeiten kann der Beweggrund der Leih- oder Ersatzmutter Erwerbssinn sein, dass sie also Geld für ihre Bereitschaft erhält; häufig aber stehen die zwei beteiligten Frauen in einem engen Verhältnis zueinander und die Leih- oder Ersatzmutter handelt aus Zuneigung. 1988 z. B. gebar eine junge Frau in Rom für ihre Mutter, die keine Kinder mehr bekommen durfte, ihren eigenen Bruder; und 1996 brachte eine „Leihoma" in Großbritannien für ihre Tochter den eigenen Enkel zur Welt. Im Gegensatz zu vielen anderen Ländern ist in Deutschland die Leihmutterschaft 1989 gesetzlich verboten worden um den Kindern Identitätskrisen und den Leihmüttern psychische Konflikte zu ersparen sowie Geschäfte in diesem Bereich zu unterbinden.

Leitzinsen

Zinsen, die die Deutsche Bundesbank für Kredite an andere Banken erhebt, nennt man Leitzinsen. Sie werden in Höhe des Diskontsatzes (► **Diskont**) fällig, wenn die Bundesbank von den Kreditinstituten Wechsel aufkauft und ihnen dafür Geld zur Verfügung stellt, oder in Höhe des Lombardsatzes, wenn sie Kredite gegen die Verpfändung von Wertpapieren gewährt. Die jeweilige Höhe der Leitzinssätze, die in regelmäßigen Sitzungen des Zentralbankrats festgelegt werden, ist von größter ökonomischer Bedeutung, denn damit werden Geldmenge und -fluss einer Volkswirtschaft reguliert. Werden die Leitzinsen erhöht, dann wird für Geschäftsbanken das Geld, das sie sich bei der Bundesbank besorgen müssen, teurer und diesen Preisanstieg geben sie an die Kunden weiter: Somit werden Kredite kostspieliger und Geldanlagen lukrativer, insgesamt wird die Inflation gedämpft. Sinken die Leitzinsen, dann wirkt sich das investitionsfördernd aus – allerdings geben die Banken nach einer oft gehörten Klage in vielen Fällen diesen Vorteil im Gegensatz zur Zinserhöhung nicht umgehend an ihre Kunden weiter.

Lichtschutzfaktor

Seit die Gefahren durch übermäßige UV-Strahlung (► **Ozonloch**) allgemein bekannt geworden sind, werden von der Bevölkerung sowohl im Urlaub als auch zu Hause bei klarem Wetter vermehrt Sonnenschutzmittel verwendet. Der wichtigste Bestandteil dieser Präparate ist eine ausgeklügelte Kombination verschiedener ► **UV-Filter**, deren Wirkungsgrad in der Regel als Lichtschutzfaktor (LSF), kombiniert mit einer bestimmten Zahl, auf dem Etikett angegeben wird. Anhand dieser Zahl kann man berechnen, wie lange man sich ohne Schaden zu nehmen in der Sonne aufhalten darf. Bekommt man z. B. erfahrungsgemäß ungeschützt nach zehn Minuten einen Sonnenbrand, dann darf man, wenn man ein Präparat mit dem LSF 8 aufgetragen hat, achtmal länger in der Sonne bleiben, also 80 Minuten – zumindest theoretisch. Allgemein gilt: Je empfindlicher die Haut ist, desto höher sollte der Lichtschutzfaktor sein. Sonnenschutzprodukte mit einem LSF über 20 bezeichnet man als Sun Blocker. Diese lassen kaum noch ultraviolette Strahlen durch und sind deshalb auch für extreme Lichtverhältnisse wie etwa im Hochgebirge geeignet.

Zarte Kinderhaut braucht Sonnenschutzmittel mit hohem Lichtschutzfaktor.

Light-Produkte

engl. light = leicht

Um gesund und schlank zu bleiben greifen heute in den westlichen Industrienationen viele Menschen häufig zu Nahrungsmitteln mit dem Etikett „light“, welches dem Verbraucher signalisiert, dass darin weniger dick machende oder anderweitig belastende Stoffe als in einem vergleichbaren Normalprodukt enthalten sind. Butter, Margarine oder verschiedene Käsesorten etwa, die als „light“ ausgezeichnet werden dürfen, sind kalorienärmer, weil bei der Herstellung ► **Fettersatzstoffe** verwendet werden, und Joghurt- oder Quarkspeisen mit dem Prädikat „light“ sind meist mit Süßstoff statt mit Zucker zubereitet. Nach Aussage der Hersteller bleibt dabei der volle Geschmack erhalten. Kritiker geben aber u. a. zu bedenken, dass einige Light-Produkte wie etwa entsprechende Margarine überteuert seien, weil sie zu 60 % aus Wasser bestünden. Da das Attribut „light“ beim Verbraucher gut ankommt, wird es gern von der Werbung verwendet, und zwar nicht nur für Lebensmittel, sondern auch für Genusswaren. So gibt es z. B. Zigaretten, die als „light“ angepriesen werden, weil sie im Rauch weniger Nikotin enthalten, oder so genanntes Light-Bier, das einen geringeren Alkoholgehalt als das übliche Bier hat. Auch Kaffee kann man in Light-Version trinken – früher nannte man das entkoffeiniert.

Lipgloss

→ siehe S. 275

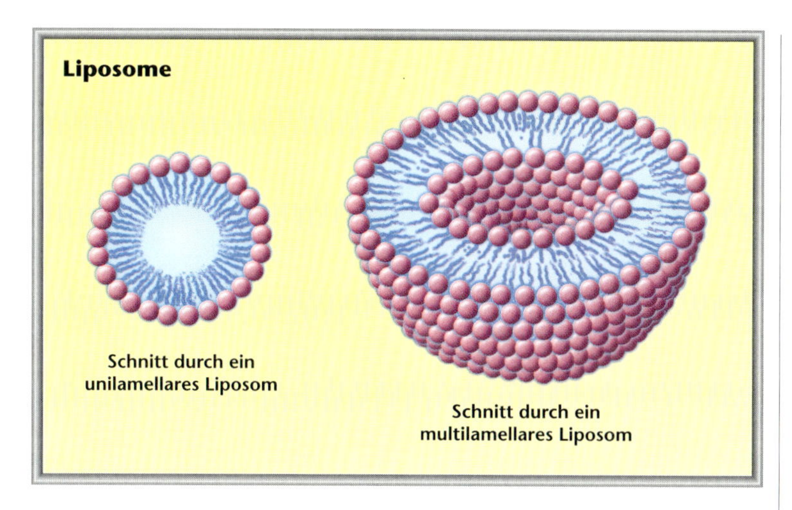

Liposome

griech. lipos = Fett
griech. soma = Körper

Neben den ► **Fruchtsäuren** gehören auch die Anfang der 60er-Jahre entdeckten Liposome zu den Wirkstoffen, die in jüngster Zeit vermehrt in der Kosmetikindustrie Verwendung finden. Sie werden aus der Sojabohne gewonnen und besitzen die Fähigkeit den Feuchtigkeitsgehalt der Haut zu steigern. Wie man unter dem Mikroskop feststellen kann, handelt es sich bei den Liposomen um winzige Hohlkügelchen aus Fett, die einen wässrigen Kern haben. Da ihre chemische Struktur eine verblüffende Ähnlichkeit mit dem Aufbau der menschlichen Zellmembran hat, können sie – so die Kosmetikindustrie – bis in tiefere Schichten der Oberhaut vordringen, wo sie sich auflösen und ihren Feuchtigkeit spendenden Inhalt freigeben. Außerdem lassen sich durch Liposome auch andere kosmetische Wirkstoffe in die Hautzellen einschleusen, z. B. wasserlösliche Pflanzenextrakte, Enzyme, Proteine oder Vitamine. Bei diesen kombinierten Präparaten ist jedoch Vorsicht angeraten. Zwar genießen Liposome allein den Ruf außerordentlich gut verträglich zu sein, da sie zu den hautidentischen Substanzen gehören, doch gilt dies nicht unbedingt für die anderen eingeschleusten Wirkstoffe, die möglicherweise ► **Allergien** auslösen können.

Logo

griech. logos = Wort
engl. logo(type) = Letter, Firmenzeichen

Wenn ein Produkt auf dem Markt Erfolg haben soll, genügt es nicht, dass die Qualität gut ist. Es muss außerdem der Allgemeinheit ausreichend bekannt gemacht werden und das gelingt u. a. durch ein eingängiges Markenzeichen, auch Logo oder Signet genannt. Das kann ein Schriftzug sein (z. B. Nivea), einzelne Buchstaben (z. B. VW), Zahlen (z. B. 4711) oder auch ein Symbol (z. B. der Stern von Mercedes-Benz). Der Phantasie sind dabei kaum Grenzen gesetzt, allerdings muss ein Unternehmer, der ein Logo einführen will, darauf achten, dass es

Das Logo eines Unternehmens ist eines seiner wichtigsten Werbeträger.

international einsetzbar und unverwechselbar ist und keinen Anlass zu negativen Assoziationen bietet. Das ausgewählte Markenzeichen muss dann beim Patentamt beantragt und geprüft werden. Das eingetragene Logo genießt gesetzlichen Schutz und darf nicht kopiert werden. Über die Einhaltung dieser Bestimmung wacht im Gebiet der EU das 1996 gegründete Europäische Markenamt in Alicante, Spanien. Firmen, die über Jahre oder Jahrzehnte dasselbe oder ein ähnliches Produkt herstellen, passen ihr Zeichen immer wieder dem Zeitgeschmack an. Besonders erfolgreiche Logos wie etwa das von Coca-Cola, dessen Schriftzug auch ein Analphabet erkennt, werden jedoch nur sehr zaghaft verändert. Anders ist es bei weniger erfolgreichen Produkten. In dem Fall wird versucht über eine Veränderung des Markenzeichens auch einen Imagewandel herbeizuführen. Die Farbgebung im Pepsi-Signet wechselte beispielsweise schon öfter.

Lohnfortzahlung

In Deutschland hat die Lohnfortzahlung im Krankheitsfall schon eine lange Geschichte: 1896 wurde dieser Anspruch, der bislang nur den Angestellten zugestanden hatte, auch den Arbeitern gewährt – allerdings beiden Gruppen noch abdingbar, d.h., die Regelung konnte vertraglich außer Kraft gesetzt werden. 1931 wurde den Angestellten dann durch eine Notverordnung die unabdingbare Lohnfortzahlung zugesprochen und im Winter 1956/57 schließlich erkämpften die Gewerkschaften in einem 114 Tage dauernden Streik in Schleswig-Holstein für die Arbeiter nahezu die gleichen Ansprüche. Heute, gut 100 Jahre nach der Einführung dieser sozialen Errungenschaft, ist die Höhe der Lohnfortzahlung erneut ein strittiges Thema in der Gesellschaft. Die Arbeitgeberverbände wiesen darauf hin, dass diese Lohnersatzleistung jährlich viele Milliarden Mark koste, und forderten eine deutliche Senkung. Um den Standort Deutschland (► **Standortdebatte**) attraktiver zu machen beschloss die Bundesregierung 1996, dass die Lohnfortzahlung in Zukunft statt 100 % des Gehalts nur noch 80 % betragen soll. Arbeitnehmer, die diese Einbuße nicht hinnehmen wollen, können stattdessen auf einen Urlaubstag je Krankheitswoche verzichten. Gegen diese gesetzliche Kannnbestimmung machen die Gewerkschaften Front. Sie pochen darauf, dass die Höhe der Lohnfortzahlung unter die Tarifautonomie fällt, da sie in einem großen Teil der Tarifverträge ausdrücklich garantiert ist. Um den sozialen Frieden in ihren Betrieben zu sichern haben viele Unternehmer vorerst auf die Kürzung der Lohnfortzahlung verzichtet.

Love Parade

engl. = Liebesparade

Mitte Juli 1996 fand in Berlin die größte Jugendkundgebung statt, die es in der Bundesrepublik je gab, die Love Parade. Zwar wurde die Massenveranstaltung, bei der sich rund 750000 Raver (► **Rave**) zusammenfanden, als politische Demonstration angemeldet, doch in Wirklichkeit

war es eine Riesenparty, die durch den Tiergarten zog. Angefeuert von ► **DJ**s auf Sattelschleppern und munter gehalten durch ► **Energydrinks**, aber auch ► **Ecstasy**, tanzten die Techno-Fans (► **Techno**) durch die Straßen. Das Motto der Veranstaltung, zu der sich 1989, beim ersten Mal, nur rund 150 Teilnehmer eingefunden hatten, lautete im Jahr 1996: „Wir sind eine Familie" – und gab damit dem friedlich gestimmten Lebensgefühl der Anwesenden Ausdruck. Nach dem Ende der Love Parade, die manche Fachleute für eine neue Jugendbewegung halten, blieben den Berlinern die Erinnerung an ein überwältigendes Fest und ein Müllberg von 150 t.

Hunderttausende von Techno-Fans fanden sich in Berlin zur Love Parade ein.

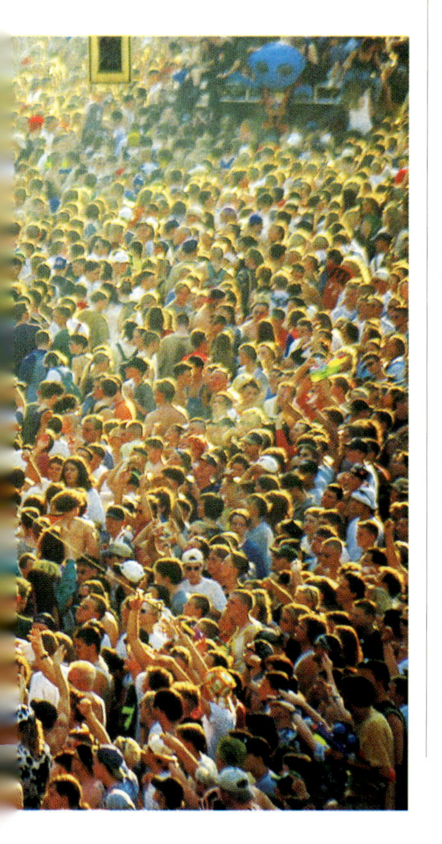

Stranger than Paradise von dem US-amerikanischen Filmemacher Jim Jarmusch zählt zu den erfolgreichen Lowbudget-Filmen.

Lowbudget

engl. = kleiner Etat

Eine Hollywood-Faustregel lautet: Ein Drittel des Einspielergebnisses eines Films geht an das Produktionsstudio und zwei Drittel entfallen auf Verleih und Kinobesitzer. Dementsprechend muss ein Film wie etwa *Terminator II*, der inklusive Werbung rund 150 Mio. Dollar gekostet hat, etwa 450 Mio. Dollar einspielen, bevor das Studio verdient. Selbst der Kassenschlager *Batman* hat dieses Einspielergebnis kaum erreicht. Manche Filmemacher weichen diesem finanziellen Risiko aus, indem sie sich auf die Produktion von Lowbudget-Filmen verlegen wie z. B. der US-Amerikaner Jim Jarmusch – wobei in den USA Filme, die unter der 20-Mio.-Dollar-Grenze liegen, schon als Lowbudget gelten. In Deutschland sind zwar die finanziellen Dimensionen kleiner, trotzdem versuchen Filmemacher auch hier, an den Kosten für Kulissen oder Gagen für die Schauspieler zu sparen, was sich keineswegs auf die künstlerische Qualität und die Einspielergebnisse negativ auswirken muss. Eine erfolgreiche deutsche Lowbudget-Produktion, die mit einem sehr geringen Etat auskam, ist beispielsweise der 1992 von Sönke Wortmann gedrehte Film *Die kleinen Haie*.

Lufttaxi

Wer außerplanmäßig eine Flugreise antreten will, der kann sich an den meisten deutschen Flughäfen ein Lufttaxi mieten. Die Reise wird zwar teurer als ein Linienflug sein, aber dafür entfällt die Wartezeit. Je nach Eile oder gewünschtem Komfort kann der Fluggast in der Regel zwischen verschiedenen Flugzeugmodellen wählen, etwa Propellermaschinen mit einem oder zwei Motoren oder auch einem kleinen Jet, der einige Hundert Kilometer in der Stunde schneller ist. Neben solchen Flügen, die meist von Geschäftsleuten gebucht werden, für die Zeit Geld ist, bieten die Lufttaxiunternehmen auch Gepäck- oder Pakettransporte an sowie individuelle Rundflüge, die Überblick über eine Stadt oder eine ganze Region verschaffen.

Lyme-Borreliose

Wer sich in der warmen Jahreszeit in Wald oder Wiese aufhält, kann unliebsame Bekanntschaft mit einer Zecke, auch Holzbock genannt, machen. Diese spinnenartigen kleinen Tierchen, die auf Grashalmen, Büschen oder Bäumen sitzen, lassen sich fallen, wenn sie den Geruch eines Säugetieres oder Menschen wahrnehmen, und bohren sich in die Haut ihres Opfers um Blut zu saugen. Eine Folge dieses Bisses kann die Lyme-Borreliose sein, eine Krankheit, die nach dem Straßburger Arzt Borrel und der US-amerikanischen Ortschaft Lyme, in der sie 1976 zum ersten Mal epidemisch auftrat, benannt wurde. Die Erreger sind schraubenförmige Bakterien, die von den Zecken übertragen werden. Die Krankheit hat eine Inkubationszeit von drei Tagen bis zu mehreren Wochen oder sogar Monaten. Als erstes Symptom entsteht meist auf der Haut ein runder geröteter Fleck mit dem Bissmal in der Mitte, außerdem können sich Kopf-, Muskel- und Leibschmerzen einstellen. Bleibt die Krankheit dann unerkannt und wird nicht mit bestimmten Antibiotika behandelt, kann es zu schweren Nervenschäden mit Lähmungserscheinungen kommen. Im dritten Stadium treten Gelenkfunktionsstörungen auf. Den besten Schutz vor einem Zeckenbiss und damit vor einer Erkrankung an der Lyme-Borreliose erhält man, beispielsweise bei einem Waldspaziergang, durch geeignete Kleidung mit langen Ärmeln, langen Hosen und geschlossenen Schuhen. Anders als im Fall der Frühsommerenzephalitis, einer Virusinfektion, die ebenfalls durch Zecken übertragen wird, steht für die Allgemeinheit noch kein Impfstoff gegen die Lyme-Borreliose zur Verfügung.

Zecken übertragen die Erreger der gefährlichen Lyme-Borreliose.

Lymphdrainage

lat. lympha = klares Wasser
frz. drainage = Entwässerung

Als Lymphe bezeichnet man die wässrige Gewebsflüssigkeit, die langsam durch das Lymphsystem des Körpers kreist und dabei als Transportmittel für Nährstoffe, als Reinigungsfilter und als Teil des Immunsystems eine wichtige Rolle spielt. Normalerweise wird sie in ihrem Fluss durch die Bewegungen der Körpermuskulatur und durch die Pulswellen der Arterien angetrieben; aber es kommt vor, etwa bei Hitze oder einem geschwächten Lymphsystem, dass der Druck für den Transport der Lymphe nicht ausreicht. Dann staut sich Flüssigkeit im Gewebe, besonders häufig im unteren Teil der Beine. Ein probates Mittel gegen diesen Zustand ist die manuelle Lymphdrainage, die vor gut 50 Jahren von dem dänischen Physiotherapeuten Emil Vodder entwickelt wurde und in letzter Zeit vermehrt auch gegen Flüssigkeitsansammlungen als Folge rheumatisch-degenerativer Erkrankungen zum Einsatz kommt. Dabei wird das Gewebe durch leichte Kreisbewegungen mit den Fingerspitzen entlang dem normalen Abflussverlauf der Lymphe massiert und so entwässert.

Maastrichter Verträge

Am 7. Februar 1992 unterzeichneten die Außen- und Finanzminister der zwölf EG-Mitgliedsstaaten in der niederländischen Stadt Maastricht ein Vertragswerk zur Gründung der Europäischen Union (EU), das am 1. November 1993 in Kraft trat und die Einigung Europas auf wirtschaftlichem, politischem und sozialem Gebiet vorantreiben soll. 1995 traten auch Österreich, Schweden und Finnland der EU bei, sodass sich die Zahl der Mitgliedsstaaten auf 15 erweiterte. Schon jetzt gilt die EU als weltweit stärkster Binnenmarkt, der in den nächsten Jahren noch um die osteuropäischen Staaten erweitert werden soll.

Die Maastrichter Verträge legen die Ziele der EU fest und regeln Zuständigkeiten und Entscheidungsverfahren neu:

1. Gegenüber der EG wird das Aufgabenfeld der EU um die Bereiche Bildung, Kultur, Verbraucherschutz, Gesundheitswesen und Industriepolitik erweitert. Ferner wird die Zusammenarbeit in der Innen- und Rechtspolitik, vor allem bei den Asyl- und Einwanderungsregelungen sowie bei der Verfolgung internationaler Kriminalität, verstärkt.
2. Das Hauptziel der Maastrichter Verträge ist die Europäische Wirtschafts- und Währungsunion (► **EWWU**) mit einer einheitlichen europäischen Währung (► **Euro**) und einer ► **Europäischen Zentralbank**. Dieses Ziel soll spätestens am 1. Januar 1999 verwirklicht werden, notfalls auch nur für eine Minderheit der EU-Staaten, wenn nicht alle Mitglieder die wirtschafts- und finanzpolitischen Bedingungen für den Beitritt erfüllen können.
3. Ferner wurde eine ► **EU-Bürgerschaft** eingeführt, die u.a. beinhaltet, dass in einem anderen Mitgliedsstaat lebende EU-Bürger seit 1996 an den dortigen Kommunalwahlen aktiv und passiv teilnehmen dürfen.

Die Verträge von Maastricht kamen erst nach schwierigen Verhandlungen zustande, die eine Reihe von Kompromissen notwendig machten. So muss sich beispielsweise Großbritannien nicht der gemeinsamen Sozialpolitik anschließen und in Luxemburg und Belgien gelten Sonderregelungen für das Wahlrecht ausländischer EU-Bürger. Damit wurden bereits erste Möglichkeiten geschaffen sich Gemeinschaftsentscheidungen zu entziehen. Auch die Verwirklichung der EWWU ist ein nach wie vor umstrittenes Thema, zumal momentan kaum ein Mitgliedsstaat der EU die Beitrittsbedingungen erfüllt.

Magnetbahn

Schon in den 20er-Jahren entwickelte der deutsche Ingenieur Hermann Kemper ein Versuchsmodell, bei dem elektromagnetische Kräfte ein Fahrzeug in der Schwebe hielten. 1934 erhielt er das Grundlagenpatent für eine Schwebebahn mit räderlosem Fahrwerk, die mithilfe elektromagnetischer Felder an eisernen Fahrschienen schwebend entlanggeführt wurde. Doch erst um 1970 griff man seine Erfindung in Deutschland wieder auf, als ein Unternehmen den Prototyp einer schwebenden Magnetbahn mit Linearmotor vorstellte. Im Jahr 1988 begannen konkrete Versuche mit einer Hochgeschwindigkeits-Magnetschwebebahn auf einer Teststrecke im Emsland. Ziel der Entwicklung war der ► **Transrapid**, der Spitzengeschwindigkeiten bis zu 500 km/h erreichen soll. Neben dem in der Öffentlichkeit umstrittenen Transrapid, dessen Nutzen aufgrund immenser Kosten in Zeiten leerer Kassen infrage gestellt wurde, erprobt man seit Ende der 80er-Jahre auch Magnetbahnen für den Einsatz im Nahverkehr. Sie haben den Vorteil, dass sie weniger Energie als herkömmliche Schienenfahrzeuge brauchen, vollautomatisch betrieben werden und im Minutentakt fahren können.

Magnetresonanztomographie

→ siehe S. 120

Mailbox

engl. = Briefkasten

Was für den herkömmlichen Brief der Briefkasten, ist für den elektronischen Brief die Mailbox. Hinter dieser Bezeichnung verbergen sich ein Programm und ein Speicher, über die ein Teilnehmer ein ► **E-Mail** an andere Teilnehmer versenden und von ihnen empfangen kann. Man kann die Mailbox mit einem Postamt vergleichen, bei dem die Benutzer ihre Post in einen großen Briefkasten einwerfen und die an sie adressierte Post aus den Postfächern abholen können. Um diesen Dienst zu nutzen wählt sich der

Benutzer in der Regel über ► **Modem** und Telefonleitung in die Mailbox ein. Damit zwei Teilnehmer einander elektronische Post senden können, müssen sie sich entweder mit derselben Mailbox in Verbindung setzen oder ihre beiden unterschiedlichen Mailboxen müssen miteinander verbunden sein. Vielfach sind Mailboxen in Netzen zusammengeschlossen und tauschen mindestens einmal täglich untereinander Daten aus. Einige dieser Netze sind mit der Außenwelt in Gestalt anderer Netze, z.B. dem ► **Internet**, verbunden, sodass ihre Teilnehmer weltweit elektronische Post senden und empfangen können.

Mainstream

engl. = Hauptrichtung

Ursprünglich charakterisierte der Begriff im Jazz eine Stilrichtung, die gängige Elemente aufgriff und keine neuen Impulse vermittelte. In vergleichbarer Bedeutung wird er seit einiger Zeit auch auf Rockmusik angewandt, die für ein breites Massenpublikum produziert wird. Inzwischen verwendet man den Begriff ebenfalls in einem erweiterten Sinn und bezeichnet als Mainstream alles, was allgemein verbreitet ist und sich nicht aus der Masse heraushebt. Dabei kann es sich um Mode, Musik, Einstellungen und Lebensweisen handeln.

Makrobiotik

griech. makros = groß, lang
griech. bios = Leben

Die Makrobiotik, die Kunst ein hohes Alter zu erreichen, beruht nicht zuletzt auf einer gesunden Ernährungsweise. Den Begriff prägte der deutsche Arzt C. W. Hufeland bereits Ende des 18. Jh. Doch erst Anfang des 20. Jh. entwickelte der japanisch-amerikanische Schriftsteller George Oshawa die vom ► **Taoismus** beeinflusste Ernährungslehre, die heute als Makrobiotik bekannt ist. Grundlage ist die chinesische Vorstellung von ► **Yin und Yang**, den zwei gegensätzlichen Kräften in der Natur. Yin verkörpert das helle, männliche, Yang das dunkle, weibliche Prinzip. Auch Nahrungsmittel besitzen nach Meinung der Makrobiotiker die Eigenschaften von Yin und Yang: Tierische Nahrungsmittel und pflanzliche Produkte, die aus der Erde stammen, sind Yang, Obst und Gemüse, die über der Erde reifen, sind Yin. Allerdings hängt der Yin- oder Yang-Charakter eines Lebensmittels noch von Farbe, Struktur, Form und Inhaltsstoffen ab. Eine richtige Ernährung soll dazu beitragen, ein Gleichgewicht der beiden Kräfte Yin und Yang herzustellen, denn nur dieses Gleichgewicht garantiert Gesundheit und Harmonie von Körper und Geist. Grundlage einer makrobiotischen Ernährung sind Vollkornprodukte, Gemüse, Salat, Tofu, Algen, Fisch, Nüsse, Samen und Obst. Zum Würzen werden hauptsächlich Meersalz und fermentierte Sojaprodukte wie Miso oder Shoyu verwendet. Zucker, Milch, Milchprodukte, Fleisch, Kaffee, schwarzer Tee sowie Alkohol und Nikotin sind für Makrobiotiker tabu.

Fernöstliche Lebensmittelgeschäfte bieten viele Produkte für eine makrobiotische Ernährung an.

Malaria

ital. mala aria = schlechte Luft

Ein Mückenstich in unseren Breiten ist im Allgemeinen nur lästig, in tropischen Breiten jedoch kann er ausgesprochen gefährlich sein. Denn hier lebt in feuchten Gebieten die Anophelesmücke, die die gefürchtete Malaria, eine

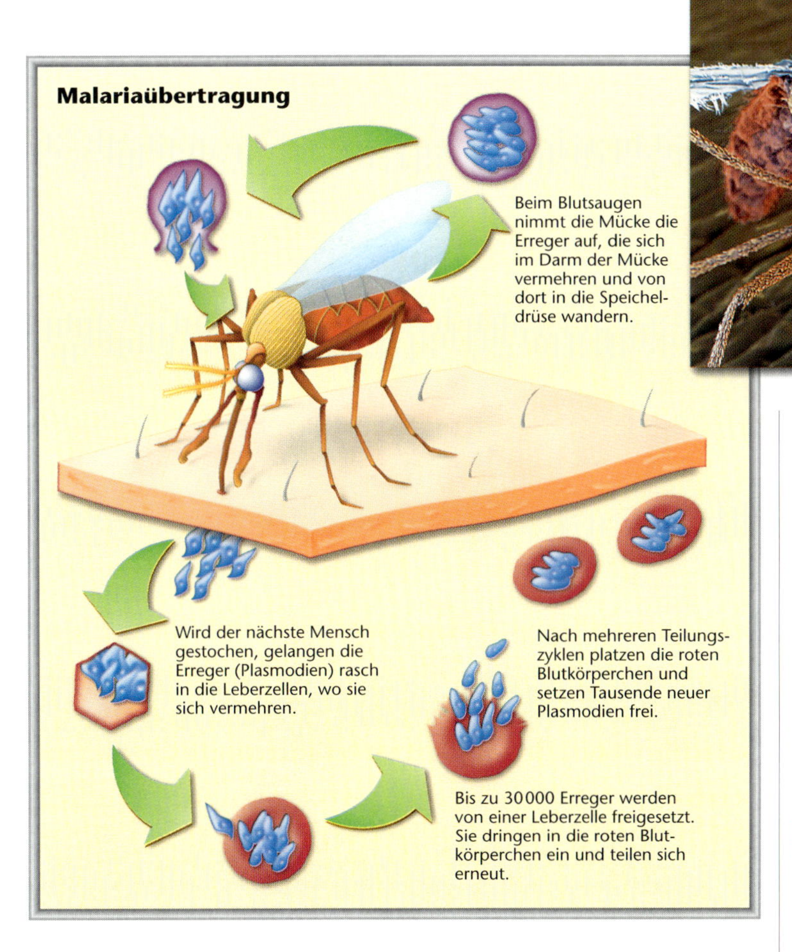
Malariaübertragung
Beim Blutsaugen nimmt die Mücke die Erreger auf, die sich im Darm der Mücke vermehren und von dort in die Speicheldrüse wandern.
Wird der nächste Mensch gestochen, gelangen die Erreger (Plasmodien) rasch in die Leberzellen, wo sie sich vermehren.
Nach mehreren Teilungszyklen platzen die roten Blutkörperchen und setzen Tausende neuer Plasmodien frei.
Bis zu 30 000 Erreger werden von einer Leberzelle freigesetzt. Sie dringen in die roten Blutkörperchen ein und teilen sich erneut.

Protozoenkrankheit, überträgt. Protozoen sind einzellige Urtierchen, die im Speichel infizierter Mücken leben. Sticht eine solche Mücke den Menschen, gelangen die Erreger in den Blutkreislauf und setzen sich zunächst in der Leber fest. Damit beginnt ein Entwicklungszyklus, in dessen Verlauf die Protozoen in die roten Blutkörperchen eindringen, sich dort vermehren und sie zum Platzen bringen. Damit werden die Erreger erneut im Blut ausgestreut und können, wenn jetzt wieder eine Mücke sticht und Blut saugt, auf diese rückübertragen werden. Wie der Mensch können auch alle warmblütigen Tiere mit dem Malariaerreger infiziert werden. Je nach Art des Erregers unterscheidet man beim Menschen drei Formen der Malaria, die durch unterschiedliche Intervalle der Fieberschübe gekennzeichnet sind: die *Malaria tertiana* (alle 46 Stunden), die *Malaria quartana* (alle 72 Stunden) und die *Malaria tropica,* die schwerste und im akuten Stadium lebensbedrohliche Form, bei der das Fieber unregelmäßig auftritt oder dauerhaft anhält. Weitere Symptome einer Malaria sind Kopf- und Gliederschmerzen, Übelkeit, Krämpfe und Schüttelfrost. Früher wurden die an Malaria Erkrankten mit Chinarinde oder Chinin behandelt, heute gibt es Chemotherapeutika (► **Chemotherapie**), die man sowohl zur Behandlung als auch zur Vorbeugung einsetzt. Allerdings werden die Erreger zunehmend resistent gegen diese Mittel, sodass das Risiko sich zu infizieren in den letzten Jahren wieder gestiegen ist. Mitte der 90er-Jahre setzte man die Hoffnung auf einen Impfstoff, der sich jedoch bald als wirkungslos erwies.

Mammographie

lat. mamma = weibliche Brust
griech. graphein = schreiben, zeichnen

Um einen Brustkrebs möglichst früh erkennen zu können ist die Mammographie ein wichtiges Hilfsmittel. Es handelt sich dabei um ein Röntgenverfahren, bei dem durch eine spezielle Rastertechnik die Weichteilkontraste im Röntgenbild stärker hervorgehoben werden, sodass der Arzt Veränderungen erkennen kann. Man nimmt bei der Mammographie die Brust stets in drei Ebenen auf: von links nach rechts, von rechts nach links und von oben nach unten. Erst durch den Vergleich der Aufnahmen ist es möglich individuelle Formabweichungen von krankhaften Veränderungen zu unterscheiden und eine genaue

Diagnose zu stellen. Die Bilder zeigen hellere und dunklere Zonen sowie Verschattungen, die auf eine so genannte Präkanzerose, ein frühes Krebsstadium, hinweisen können. Bei Verdacht auf eine krebsartige Veränderung wird der Arzt eine Feinnadelpunktion veranlassen, bei der mit einer sehr feinen Kanüle Zellen aus dem verdächtigen Bereich entnommen und unter dem Mikroskop untersucht werden. Ist der Befund positiv, ist aus ärztlicher Sicht eine sofortige Operation notwendig. Neben der Mammographie gibt es noch zwei weitere Untersuchungsverfahren zur Früherkennung von Brustkrebs: die Thermographie, die Temperaturbilder der Brust liefert, sowie die Galaktographie, eine Kontrastdarstellung der Milchgänge. Beide Verfahren können die Mammographie ergänzen, aber nicht ersetzen.

Ein buddhistischer Mönch stellt aus farbigem Sand ein Mandala her.

Mandala

Sanskrit = Kreis, Ring

Die aus Kreisen und Quadraten komponierten mystischen Symbole haben vor allem im Lamaismus, der tibetischen Form des Buddhismus, große Bedeutung. Manche Klöster in Tibet sind sogar auf dem Grundriss eines Mandala erbaut. Berühmt sind die kunstvoll gemalten Exemplare auf den Thankas, Rollbildern, die in den Klöstern aufgehängt werden und meist stark stilisierte Götter, Lamas, Buddha oder den Lebensbaum darstellen. Mandalas versinnbildlichen die Einheit von Makro- und Mikrokosmos, von der Götterwelt und der Welt der Seele, und symbolisieren die von einem Zentrum ausstrahlenden göttlichen Kräfte im Universum. Sie sollen bestimmte religiöse Erfahrungen verdeutlichen und dienen der Meditation. Eines der bekanntesten Mandalas ist das Lebensrad, das auch in die christliche Bilderwelt Eingang gefunden hat. Aufbau, Figuren und Farbgebung sind strengen Regeln unterworfen. Als gestörtes Mandala gilt jede Form, die nicht symmetrisch ist oder deren Aufbau nicht auf den Zahlen vier, sechs oder zwölf beruht. Im Hinduismus entspricht dem Mandala das Yantra, das allerdings nicht immer kreisförmig aufgebaut ist. Der österreichische Tiefenpsychologe C. G. Jung verwendete Mandalas um Trauminhalte bildhaft darzustellen und interpretierte sie als Symbole der Selbstfindung.

Manga

jap. manga-eiga = Zeichentrickfilm

Der europäische Comicmarkt kannte jahrzehntelang nur zwei große Stilrichtungen: die frankobelgischen Comics mit ihrem feinen Humor wie *Asterix*, *Tim und Struppi* oder *Spirou* und die amerikanischen Produkte wie *Mickey Mouse*, *Batman* oder

Peanuts. Seit dem Anfang der 80er-Jahre jedoch setzen sich (auf dem Umweg über die USA) auch japanische Comics, die Mangas, auf dem europäischen Markt durch und gelten inzwischen als Trendcomics. Die japanische Mangatradition reicht bis weit in die 40er-Jahre zurück und hat sich als eine von europäischen Einflüssen völlig unabhängige Comicform entwickelt. Sie spielt in Fantasywelten (► **Fantasy**) und in der Welt der japanischen Samurai. Die Erzähltechnik ist rasanter als in westlichen Comics und zeichnet sich durch schrille Bildfolgen, ungewohnte Perspektiven sowie knappe Striche aus. Bei den Mangas, die in Deutschland veröffentlicht werden, wählen die Verlage meist jene, zu denen es auch schon den entsprechenden Zeichentrickfilm gibt. Damit bekommen Mangas unterschwellig die Funktion eines Comics zum Film, obwohl in Japan in der Regel der Trickfilm erst dann produziert wird, wenn ein Manga erfolgreich war.

Mangas, die japanische Form des Comics, sind zurzeit der letzte Schrei.

Manpower

engl. man = Mann, Mensch
engl. power = Kraft, Macht

Die Kraft eines erwachsenen Menschen ist theoretisch messbar: Sie beträgt etwa $^1/_{10}$ PS, also weniger als 0,1 kW. Im Wirtschaftsleben versteht man unter Manpower jedoch die in einem Betrieb oder für eine bestimmte Tätigkeit zur Verfügung stehenden Arbeitskräfte, die körperliche bzw. geistige Leistungen erbringen können. Fehlt es an Manpower, um beispielsweise eine bestimmte Aufgabe zu erledigen, besteht schlicht ein Mangel an Personal.

Markenpiraterie

Ob Designerkleidung oder Fanartikel der Fußballvereine, ob Uhren oder Lederwaren, ob elektronische Geräte, CDs, Videos oder ► **Software** – es gibt kaum Markenartikel, die nicht imitiert und gefälscht werden. Markenpiraterie verletzt Urheberrechte und ist keinesfalls nur ein Kavaliersdelikt. Dennoch nimmt sie drastisch zu. Man schätzt, dass der Umsatz der Markenpiraten jährlich mehr als 100 Mrd. Dollar beträgt. Die Piraterie treibt ihre Blüten vor allem in den südostasiatischen Staaten, deren Regierungen das illegale Treiben nicht nur tolerieren, sondern sich manchmal auch weigern, das Welturheberrechtsabkommen zu unterzeichnen und sich damit zu verpflichten, der Markenpiraterie aktiv entgegenzuwirken.
Ein sehr lukrativer Markt für Piraten ist das Kopieren und Vervielfältigen von Computerprogrammen. Software ist zum einen verhältnismäßig leicht zu kopieren, zum andern ist es für den Verbraucher schwer zu erkennen, ob es sich um eine Raubkopie handelt. Hemmungslose Piraterie von Softwareprodukten betrieb in jüngster Zeit China. So wurden in Hongkong chinesische Kopien von kompletten Officepaketen, Zusammenstellungen verschiedener Programme für die Nutzung im Büro, zu einem Spottpreis verkauft. Aber auch in China selbst haben schätzungsweise 98% der Anwender für ihre Programme keine Lizenz. Aus diesem Grund kam es mit den USA, wo die meisten Softwarehersteller sitzen, zu heftigem Streit, der

Die Uhren sehen zwar wie teure Markenprodukte aus, sind aber nur Imitationen des Originals.

erst 1995 beigelegt werden konnte, als China sich vertraglich verpflichtete die Softwarepiraterie zu unterbinden. Vor allem das ► **Internet** erleichtert es, Raubkopien von Programmen zu ziehen. Geschäftstüchtige Piraten verkaufen diese Kopien dann als Originalversionen, anarchistische Netzbenutzer legen sie kostenlos und allgemein zugänglich ab.

Marketingmanager

siehe S. 39

Marsbakterien

Im August 1996 verkündete der amerikanische Präsident Bill Clinton der Weltöffentlichkeit, die Untersuchung eines Meteoriten vom Mars liefere Hinweise, dass es auf unserem Nachbarplaneten einst Leben gegeben habe. Allerdings handelt es sich dabei nicht um die aus der Sciencefictionliteratur bekannten kleinen grünen Männchen, sondern um urtümliche Mikroben. Der Meteorit mit der Bezeichnung ALH 84001, der für diese überraschende Nachricht sorgte, war 1984 in der Antarktis entdeckt worden. Er soll vor 15 Millionen Jahren durch einen Asteroideneinschlag vom Mars abgesplittert und ins All geschleudert worden sein. Vor etwa 13000 Jahren schlug er dann auf der Erde auf. Wissenschaftler haben jetzt in dem Gestein winzige und nur unter starken Mikroskopen sichtbare Einschlüsse gefunden, die den Bakterien aus der Frühzeit der Erdgeschichte ähneln. Es sind Einzeller, die noch keinen Zellkern haben. Zwei weitere Indizien stützen die Vermutung, dass es sich dabei um die Überreste von Mikroorganismen handelt: Zum einen fand man in der Umgebung der Einschlüsse Stoffe, wie sie auch von irdischen Mikroben ausgeschieden werden. Zum andern lassen sich in dem Gestein organische Substanzen nachweisen, wie sie auf der Erde in fossilen Lagerstätten, z. B. in Kohlen- oder Erdgaslagern, vorkommen. Zwar herrschen heute auf dem Mars ausgesprochen lebensfeindliche Bedingungen, doch weiß man, dass das nicht immer so war. Vor Millionen von Jahren muss es auf dem Planeten, der etwa ein Zehntel der Erdmasse besitzt, eine schützende Atmosphäre und Wasser gegeben haben. Möglicherweise ist Leben im Kosmos daher eher die Regel als die Ausnahme und die Erde verliert auch hier ihre Sonderstellung.

Sollte es auf dem Mars (großes Bild) einst Leben gegeben haben? Ein Marsmeteorit (kleines Bild) legt diese Vermutung nahe.

Mascara

siehe S. 275

Maschinenlaufzeiten

Massenproduktion wurde erst möglich, als Maschinen dem Menschen einen Teil der Arbeit abnahmen. Doch Maschinen sind teuer in der Anschaffung. Darum muss jedes Unternehmen daran interessiert sein, dass sie optimal ausgenutzt werden. Und je länger die Maschinen laufen, umso größer ist der Ausstoß an Produkten, die Gewinn bringend verkauft werden können. Theoretisch könnten Maschinen rund um die Uhr und sieben Tage pro Woche laufen, doch werden ihre Laufzeiten durch verschiedene Faktoren eingeschränkt. Zum einen müssen Maschinen gewartet und instand gehalten

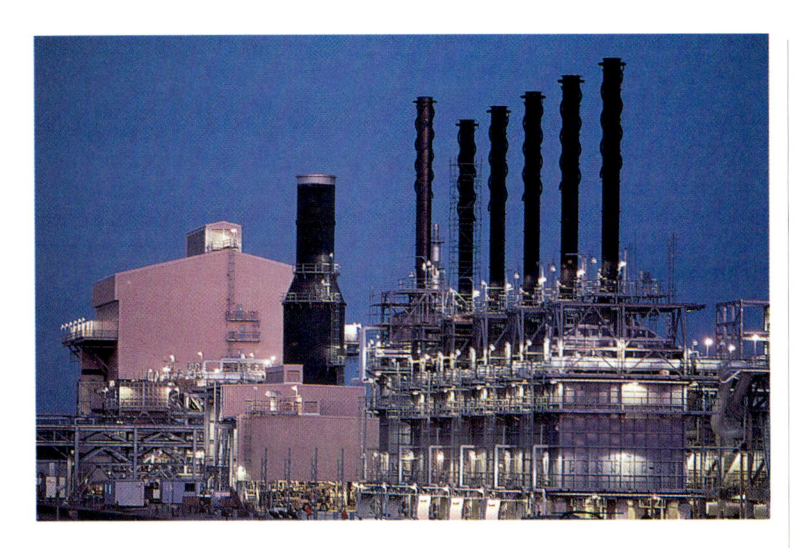

In vielen Industrieunternehmen arbeiten Maschinen rund um die Uhr.

werden, zum andern gibt es gesetzlich und tarifvertraglich geregelte Arbeitszeiten für diejenigen, die die Maschinen bedienen oder an ihnen arbeiten. Allerdings bedeutet eine Arbeitszeit von 36 Stunden pro Woche nicht, dass die Maschinen nur während dieser 36 Stunden laufen. Schichtarbeit dehnt die Maschinenlaufzeiten um ein Mehrfaches aus. Aber nur wenige Betriebe arbeiten an Samstagen oder an Sonn- und Feiertagen. An diesen Tagen stehen die Maschinen still. Mit der Verschärfung des Wettbewerbs durch die zunehmende ► **Globalisierung** fordern die Unternehmen immer nachdrücklicher die Maschinenlaufzeiten zu verlängern, also nicht nur an fünf, sondern möglichst an sechs oder gar sieben Tagen in der Woche ohne Unterbrechung produzieren zu können. Denn je höher die Produktivität, desto billiger kann man die Produkte auf dem Weltmarkt anbieten.

Maus

Auch in der Computerwelt gibt es Tiere, und zwar nützliche und schädliche. Während ► **Bugs** und ► **Computerviren** der Schrecken aller Computerbenutzer sind, gilt die Maus eindeutig als Nutztier. Durch besondere Lebendigkeit zeichnet sie sich allerdings nicht aus: Wenn sie nicht gebraucht wird, döst die Maus auf ihrem persönlichen Polster, dem Mauspad, vor sich hin. Zum Leben erwacht sie nur, wenn sie von einem Benutzer bewegt wird. Meist besteht die Maus aus Kunststoff, hat an ihrer Oberseite eine, zwei oder drei Tasten und kann bequem mit der Hand bedeckt werden. Verschiebt man sie auf ihrer Unterlage, wird die Bewegung dem Computer mitgeteilt und führt dazu, dass sich auf dem Bildschirm der Zeiger oder Cursor entsprechend verschiebt. Drückt man eine ihrer Tasten (wobei der so genannte Mausklick hörbar wird), kann eine mit der Zeigerposition verbundene Funktion auf der ► **Benutzeroberfläche** ausgewählt werden. Die Bewegung der Maus wird auf unterschiedliche Weise registriert. Am weitesten verbreitet sind mechanische Mäuse, die an der Unterseite eine Gummikugel haben, die beim Verschieben gedreht wird und die Bewegung auf eine Längs- und eine Querrolle im Inneren überträgt. Daneben gibt es Mäuse mit einem optischen Sensor, die man auf einem Gitternetz bewegt, und so genannte 3-D-Mäuse, die von Ultraschallsendern geortet werden und deshalb frei im Raum agieren können. Auch die Übertragung der Signale ist verschieden: Die typische Maus ist über ein Kabel mit ihrem Rechner verbunden, es gibt aber auch schwanzlose Arten, die mit Infrarot, Ultraschall oder Funk arbeiten.

Maut

Jeder, der in San Francisco über die Golden Gate Bridge fahren möchte, muss 2 Dollar Maut bezahlen, eine Gebühr dafür, dass er diese Straße benutzen darf. In Europa erheben vor allem die Alpenländer eine Maut für ihre Passstraßen und Tunnel. Aber auch Autobahnen sind in vielen Staaten mautpflichtig. So hat z. B. die Schweiz vor einigen Jahren die so genannte Vignette eingeführt, die dem Käufer erlaubt in dem entsprechenden Kalenderjahr alle Autobahnen zu befahren. In Frankreich und Italien dagegen werden gestaffelte Mautgebühren verlangt, die an der Auf- oder Abfahrt zur Autobahn zu entrichten sind. Auch in Deutschland schlagen einige Politiker immer wieder vor eine Autobahngebühr einzuführen.

Mediathek

lat. medium = Informations-, Kommunikationsmittel
griech. theke = Abstellort

Wer sich Informationsmaterial über die verschiedensten Wissensgebiete besorgen will, der braucht sich heute nicht mehr nur mit Büchern aus Landes- bzw. Stadtbibliotheken oder Filmen aus der Kreisbildstelle zu begnügen. Ihm stehen mit den Mediatheken (oder Mediotheken) Einrichtungen zur Verfügung, die die ganze Palette der modernen Informations- und Datenträger nebst den erforderlichen Abspiel- und Vorführgeräten bereithalten. Dazu gehören sämtliche auditiven, audiovisuellen (▶ **AV**) und visuellen Medien wie Tonbänder, Schallplatten, Filme, Videofilme, Dias, Projektionsfolien und neuerdings computergestützte Informationsträger wie die ▶ **CD-ROM**. Die Großzahl der Mediatheken, bei denen man die Informationsträger meist auch ausleihen kann, sind für den allgemeinen Bildungsbereich ausgestattet, aber es gibt solche Einrichtungen auch an Universitäten, bei großen Verlagen und Körperschaften wie der Industrie- und Handelskammer, die Material für wissenschaftliche, journalistische oder industrielle Belange bereitstellen.

Medienhaus

Wie auf dem Lebensmittelsektor den Tante-Emma-Läden durch die großen Supermarktketten der Garaus gemacht wurde, so droht auch den kleinen Schallplattengeschäften der Ruin durch die so genannten Medienhäuser. Diese audiovisuellen Supermärkte wie Gemini, Media-Markt, Musicland u.a. bieten – nicht selten zu Dumpingpreisen (▶ **Dumping**) – alles an, was im weitesten Sinn mit Medien zu tun hat: Bücher, Zeitschriften, Musikkassetten, ▶ **CDs**, Videokassetten und Computer-Softwareprogramme (▶ **Software**) sowie die erforderlichen Vorführ- bzw. Abspielgeräte samt Zubehör. Vor allem junge Leute gehören zu den Kunden dieser zuerst in den USA entwickelten Geschäfte, deren Expansionskurs allerdings in der jüngsten Zeit gebremst wurde.

Medienkonzentration

Der Medienmarkt wächst beständig und die kapitalkräftigsten Unternehmen dieser Branche versuchen sich durch Firmenaufkäufe und -zusammenschlüsse (▶ **Fusion**) einen möglichst großen Anteil am boomenden ▶ **Multimedia**-Geschäft zu sichern. Als Folge davon nimmt die Medienkonzentration immer mehr zu, d.h., immer weniger unabhängige Anbieter wie Fernsehanstalten oder Verlage üben immer mehr Medienmacht aus. Auf dem Buchsektor beispielsweise entfallen rund 85 % des Umsatzes auf nur 10 % der Verlage. Noch augenfälliger ist der Einfluss der ▶ **Medienmoguln** im Rundfunk- und Fernsehbereich: Hier kämpfen – neben den öffentlich-rechtlichen Sendern – vor allem die zwei Branchenriesen Bertelsmann AG und die Leo-Kirch-Gruppe um den Löwenanteil am Markt. Kritiker sehen in dieser Situation große Risiken. Sie befürchten, dass dadurch das kulturelle Niveau sinkt und dass die Möglichkeit einer unabhängigen Meinungsbildung nicht mehr gesichert ist. Um dies auszuschließen, also die Meinungsvielfalt zu gewährleisten, haben die Bundesländer Mitte 1996 beschlossen, dass der Marktanteil eines Unternehmens im Fernseh- und Pressebereich 30 % nicht überschreiten darf.

Medienmogul

Die europäische und US-amerikanische Film- und Fernsehwirtschaft ist schon längst im Besitz

Ihr Wort hat Gewicht auf dem Medienmarkt: von links Mark Wössner von Bertelsmann, Rupert Murdoch und Leo Kirch.

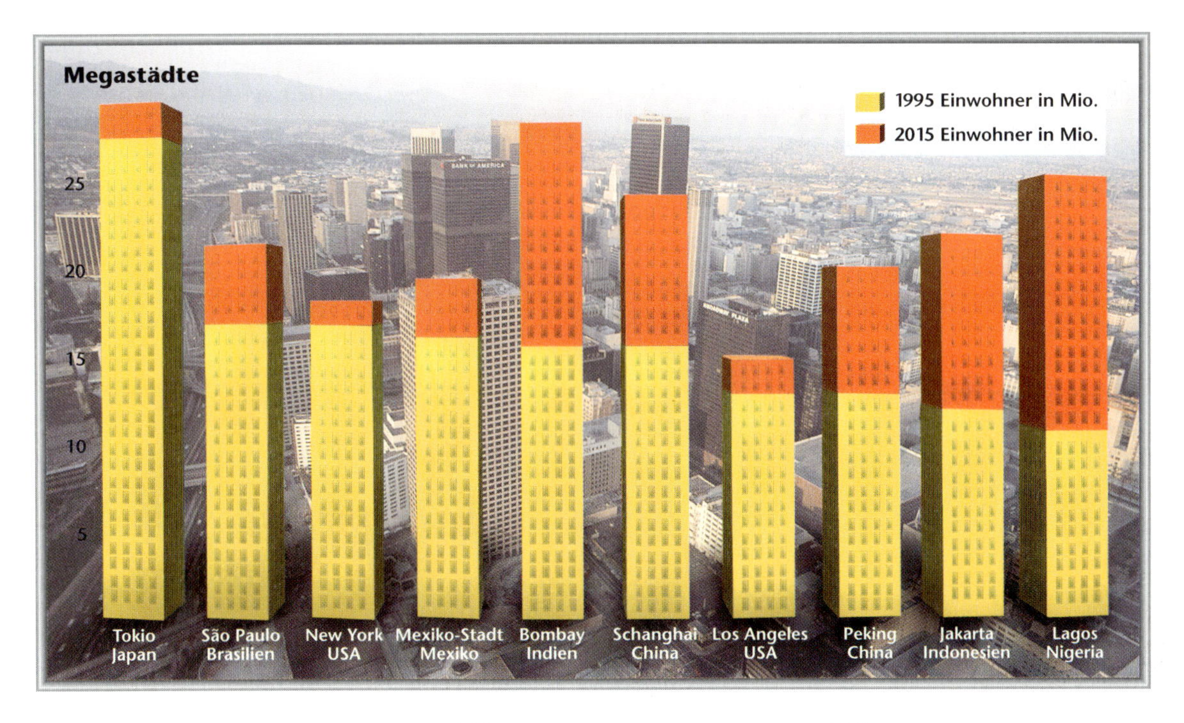

einiger weniger mächtiger Konzerne. Manche davon sind so aufgebaut, dass an ihrer Spitze Macht und Einfluss bei einer einzigen Person liegen, die man mit einer Mischung aus Anerkennung und Missbilligung nach einem persischen Wort für reicher Potentat Medienmogul nennt. Zu den bekanntesten Medienmoguln gehören der italienische Politiker und Unternehmer Silvio Berlusconi, Gerald Levin, der Chef des größten Medienkonzerns der Welt, nämlich Time Warner mit Sitz in New York, und der Australier Rupert Murdoch, dessen globales Medienimperium seine Hauptniederlassungen in Sydney, London und ebenfalls New York hat. In Deutschland trifft diese Bezeichnung auf den verstorbenen Axel Springer zu, der mehrere Zeitungen aufbaute, und heutzutage vor allem auf Leo Kirch, der an mehreren Privatsendern beteiligt ist.

Meeting

engl. to meet = sich treffen, sich begegnen

Eine offizielle oder halboffizielle Zusammenkunft von zwei oder mehr Personen, die Fachfragen erörtern wollen, wird als Meeting bezeichnet. Dieser Begriff aus dem US-amerikanischen Wirtschaftsleben ist dabei, in vielen deutschen Betrieben den Ausdruck Tagung oder Sitzung zu verdrängen, vielleicht weil er nicht so förmlich klingt. Von einem Meeting spricht man auch bei Sportveranstaltungen einer bestimmten Disziplin wie etwa Mittelstreckenläufen. Dann ist abgekürzt auch vom Trackmeet (von engl. *track* = Laufstrecke, Piste) die Rede. Und in einigen Ländern des ehemaligen Ostblocks, wie etwa Rumänien, ist mit *mitting* eine politische Veranstaltung oder Demonstration gemeint.

Megastädte

griech. megas = groß

Schon im Mittelalter war es erstrebenswert in einer Stadt zu leben, denn Stadtluft machte frei, also unabhängig vom Grundherrn. Auch heute, Jahrhunderte später, üben Städte nach wie vor eine große Anziehungskraft aus. Im Zuge der ► **Bevölkerungsexplosion** sind es jetzt allerdings riesige Menschenmassen, die in der Hoffnung auf ein besseres Auskommen in die Ballungsräume drängen. Während beispielsweise im Jahr 1900 nur 14 % der Menschen Städter waren, stieg ihr Anteil bis 1960 schon auf rund 35 % und kurz nach der Jahrtausendwende wird er über 55 % betragen. Nach Schätzungen der UNO soll es im Jahr 2015 über 30 Megastädte mit mindestens acht Millionen Einwohnern geben, davon weitaus die meisten in den Entwicklungsländern. Die Probleme, die auf diese städtischen Großräume zukommen, sind nach Auskunft der UN-Konferenz Habitat II, die im Juni 1996 in Seoul tagte, gewaltig: Die jetzt schon bestehenden Slums werden an den Stadträndern ins Uferlose wuchern, der Ausbau der Infrastruktur – Schulen, Krankenhäuser, Straßenbau, Transportwesen usw. – wird nicht mit dem Anstieg der Bevölkerungszahlen Schritt halten können, Arbeitslosigkeit und Kriminalität werden drastisch zunehmen und durch mangelnde Hygiene, Luftverschmutzung und, je nach Region, auch ▶ **Wasserknappheit** können sich Infektionskrankheiten ausbreiten.

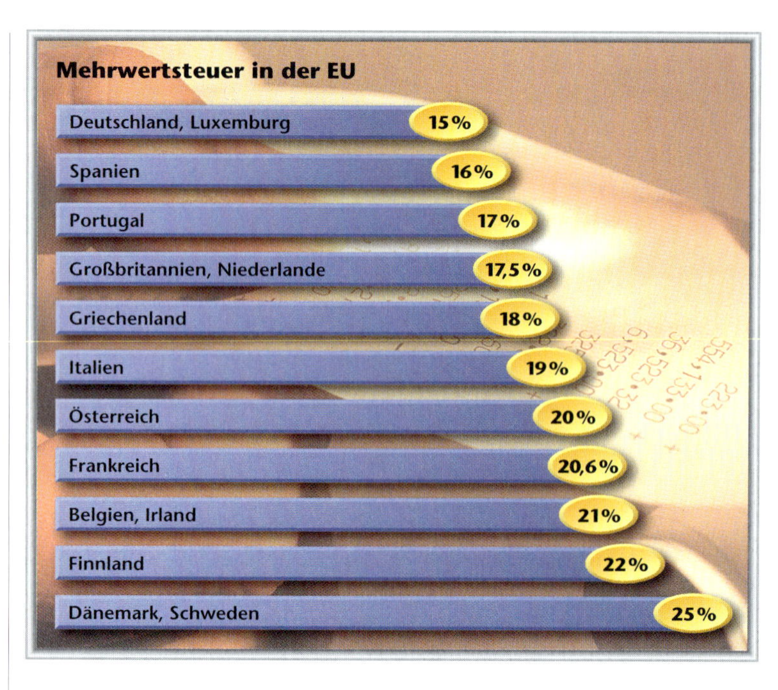

Mehrwegverpackung

Um den jährlich wachsenden Berg an Verpackungsmüll (▶ **Duales System**) zu reduzieren wurde festgelegt, dass 72 % aller Getränkeverpackungen in Deutschland aus Mehrwegflaschen bestehen sollen, die nach dem Gebrauch industriell gereinigt und dann wieder gefüllt werden können. Bier beispielsweise sollte aus ökologischen Gründen immer so abgefüllt und nicht in Einwegflaschen oder Dosen verkauft werden. Auch in anderen Industriezweigen wird an der Verpackung gespart, etwa durch die Einführung von Nachfüllbeuteln für Waschpulver oder Weichspüler und – in der Büroartikelbranche – durch nachfüllbare Patronen für Tintenstrahldrucker. Allerding ist es in ökologischer Hinsicht keineswegs sinnvoll die Einwegverpackungen vollständig aus den Einkaufsregalen zu verbannen, auch wenn viele Bürger gerade das verlangen, indem sie fordern, dass in Zukunft alle Getränke und auch viele Molkereiprodukte wie Joghurt und Sahne nur noch in Mehrwegflaschen angeboten werden sollten. Untersuchungen des Umweltbundesamtes in Berlin haben nämlich ergeben, dass Einwegverpackungen für einige wenige Getränke, beispielsweise Milch, besser geeignet sind, da der Aufwand für die Flaschenreinigung verhältnismäßig hoch ist.

Mehrwertsteuer

Die Bundesregierung ist in Geldnot und da sie nicht noch mehr Schulden machen darf, wenn sie die Kriterien für die ▶ **EWWU** erfüllen will (▶ **Maastrichter Verträge**), helfen nur Sparmaßnahmen und/oder Steuererhöhungen. In diesem Zusammenhang wird immer wieder über eine Erhöhung der Mehrwertsteuer spekuliert, die zurzeit in Deutschland normalerweise 15 % beträgt. Das ist der niedrigste Satz innerhalb der EU – Dänemark und Schweden, die Spitzenreiter, erheben 25 %. Die Mehrwertsteuer wurde 1968 in der Bundesrepublik eingeführt und ist für den Staat neben der Einkommensteuer am einträglichsten. Sie wird vom Verbraucher an einen Hersteller oder Händler gezahlt, der sie wiederum an den Staat abführen muss. Ihre Bemessungsgrundlage ist der Mehrwert einer Ware, der dadurch entsteht, dass sie auf jeder einzelnen Produktions- oder Handelsstufe durch entsprechende Leistungen an Wert gewinnt. Ein Beispiel: Ein Tischler kauft bei einem Holzhändler für 2000 DM plus 15 % Mehrwertsteuer, also 300 DM, Holz, dem er einen zusätzlichen Wert zufügt, indem er es zu einem Tisch verarbeitet. Er verkauft den Tisch für 3000 DM plus jetzt 450 DM Mehrwertsteuer an einen Verbraucher. Dieser muss den gesamten Preis von 3450 DM bezahlen. Der Tischler braucht dem Finanzamt aber nur 150 DM als Steuerlast zu überweisen, denn die bei der Anschaffung des Holzes bereits gezahlten 300 DM kann er als Vorsteuer von den 450 DM abziehen. Er muss also tatsächlich nur die Steuer für den Mehrwert von 1000 DM entrichten. Der Holzhändler seinerseits kann von den 300 DM Mehrwertsteuer, die er erhalten hat, die Vorsteuer abziehen, die er an den Holzfäller gezahlt hat.

Melanom

griech. melas = schwarz

Die Ozonschicht in der Stratosphäre wird durch den Einsatz von Fluorchlorkohlenwasserstoffen (► **FCKW**) immer mehr ausgedünnt und dadurch können die ultravioletten Strahlen der Sonne vermehrt zum Erdboden vordringen (► **UV-Filter**). Eine Folge davon ist die wachsende Gefahr, an Hautkrebs, vor allem an einem Melanom, zu erkranken. Die energiereichen Strahlen greifen den körpereigenen Reparaturmechanismus der Hautzellen an und bereiten so den Boden für die Entwicklung des schwärzlich braunen Tumors, der entweder auf bis dahin unauffälligen Hautstellen ausbricht oder in einem dunklen, meist erhabenen Muttermal entsteht. Da das Melanom häufig über den Lymphweg Tochtergeschwülste bildet, ist dieser Krebs besonders gefährlich. Nur wenn er frühzeitig erkannt und chirurgisch entfernt wird, sind die Heilungsaussichten gut. Besonders anfällig für diese Krankheit sind hellhäutige Menschen, die weniger schützende Pigmente produzieren bzw. in die Haut einlagern. Sie können jedoch mit entsprechender Kleidung und Sonnenschutzmitteln mit hohem ► **Lichtschutzfaktor** Vorsorge treffen.

Melatonin

Melatonin, dessen Name sich aus dem griechischen Wort *melas* für schwarz oder dunkel und dem lateinischen Begriff *tonus* für Spannung zusammensetzt, ist ein Hormon. Es wird in der Zirbeldrüse im Gehirn gebildet, und zwar aufgrund von Signalen, die vom Auge ausgehen. Wenn nämlich Licht in die Netzhaut dringt, wird die Melatoninproduktion gedrosselt, bei Dunkelheit wird sie dagegen erhöht. Den höchsten Melatoninspiegel hat der Mensch in der Kindheit mit ungefähr sechs Jahren, dann lässt die Ausschüttung nach und im Alter von rund 70 Jahren ist es im Körper nicht mehr nachweisbar. Die Rolle, die das Melatonin im menschlichen Organismus spielt, ist vielfältig, u.a. regelt es den Schlaf- und Wachrhythmus und steuert Wachstum und Fruchtbarkeit.
In der jüngsten Zeit ist das Hormon, das schon in den 50er-Jahren entdeckt wurde, in die Schlagzeilen geraten, da es in den USA als ein Allheilmittel gepriesen wird. Es soll – ohne jegliche schädliche Nebenwirkungen – gegen verschiedene Beschwerden wie ► **Jetlag** und Schlafstörungen helfen, aber auch gegen Depressionen, Impotenz und Krebs eingesetzt werden können. Bisher gibt es allerdings noch keine ausreichenden wissenschaftlichen Nachweise, die diese Überzeugung stützen würden; nur die Wirksamkeit gegen den Jetlag ist von vielen Betroffenen, die das Hormon eingenommen haben, bestätigt worden. Da Melatonin in den USA nur als Lebensmittelzusatzstoff gilt, kann man es dort in

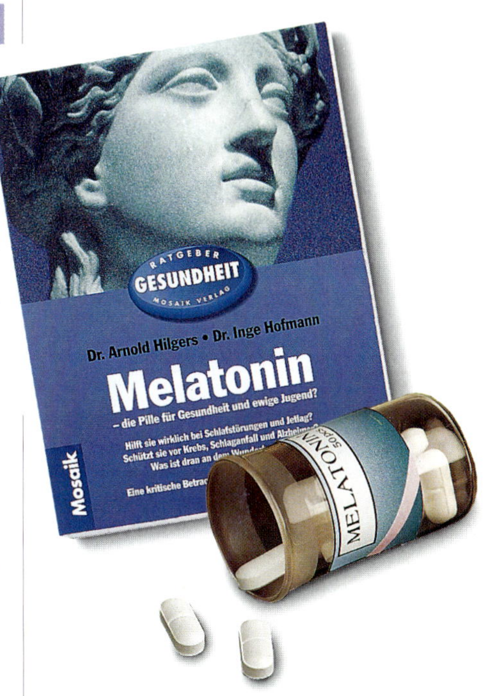

Präparate, die Melatonin enthalten, sollen viele Beschwerden lindern und vor Krankheiten schützen.

Drogerien kaufen. In Deutschland zählt man es jedoch zu den Arzneimitteln, es muss also noch von den zuständigen Behörden geprüft und, wenn keine Gegenanzeigen bestehen, zugelassen werden. Auf dem schwarzen Markt kann man es allerdings auch hierzulande schon beziehen.

Mentales Training

lat. mental = geistig

Unter mentalem Training versteht man zweierlei verschiedene Lernprozesse, nämlich sowohl das Training des Geistes als auch das Training durch den Geist. Ersteres dient der Stärkung des Gedächtnisses, und zwar hauptsächlich durch die Benutzung von Eselsbrücken. Diese kann man sich bauen, indem man beispielsweise die Hauptstichwörter der Inhalte, die man lernen will, in Reime fasst, weil man sich daran erfahrungsgemäß besonders gut erinnert. Da sich bei vielen Menschen Bilder leichter als Wörter einprägen, kann man den Lerninhalt auch mit bestimmten Bildern verknüpfen, sich z. B. Telefonnummern wie Kurven in einem Koordinatensystem vorstellen oder, wenn man sich einen Namen merken will, ein damit zusammenhängendes Objekt vor dem geistigen Auge erscheinen lassen, etwa Geldstücke bei Frau Zinser oder einen Vogel bei Herrn Zeisig. Manche Menschen bevorzugen auch akustische Assoziationen wie eine Melodie, um ihrem Gedächtnis Hilfestellung zu geben. Wenn die gewählte Eselsbrücke, die immer einen erkennbaren Zusammenhang mit dem Lerninhalt haben muss, gründlich eingeübt wird, bleibt sie oft ein Leben lang stabil. Die andere Art des mentalen Trainings, das Lernen durch den Geist, ist eine Art ► **autogenes Training**. Man versetzt sich dabei innerlich in eine bestimmte Situation und spielt immer wieder durch, wie man sie bewältigt. Vor allem Sportler verschaffen sich so die richtige Einstellung für einen Wettkampf.

Menü

Man weiß, was in der Sprache der Gastronomie ein Menü ist: eine (schriftlich aufgeführte) Speisenfolge aus mehreren Gängen. Darüber hinaus ist das Menü aber auch als Fachbegriff in die Computersprache eingegangen. Hier bezeichnet es ebenfalls eine Liste, die jedoch nicht das Repertoire einer Gaststätte enthält, sondern gewisse Einblicke in ein Computerprogramm (► **Software**) bietet. Sie befindet sich meist am oberen Rand der ► **Benutzeroberfläche** und enthält nur wenige Stichwörter, die die Grundfunktionen des Programms benennen, etwa Text, Grafik oder Dateiverwaltung. Daher bezeichnet man sie als Hauptmenü. Wählt der Anwender dann – mit ► **Maus** oder Tastatur – aus diesen Punkten die gewünschte Funktion aus, so wird eine weitere, meist senkrecht angeordnete Liste sichtbar, nämlich das Untermenü, dessen Elemente nun entweder mit einzelnen Funktionen verbunden sind oder noch weitere Untermenüs (bzw. Dialogfenster) öffnen. Das Menü bietet also eigentlich zweierlei: einmal die Auswahl zwischen mehreren Funktionen und dann die Möglichkeit diese auch auszulösen.

Merchandising

engl. merchant = Kaufmann

Fans, die für eine Persönlichkeit oder Personengruppe aus dem Showgeschäft oder Sport schwärmen, gibt es schon lange, doch während man sie früher wegen ihrer Jagd nach Autogrammen oft milde belächelte, schlägt heute ein ganzer Industriezweig aus ihrer Begeisterung Kapital. Diese neu entstandene Branche ist das Merchandising. Sie vermarktet alles, was nur irgendwie mit dem Schwarm vieler Menschen in Verbindung steht. So können Fans Schals von Fußballklubs, Mützen mit dem Abzeichen von bestimmten Basketballstars oder T-Shirts mit dem Konterfei ihres Lieblingssängers erstehen. Um den Markt zu vergrößern haben die Merchandiser ein weiteres Feld erschlossen: das „Zubehör“ zu Fernsehsendungen, Filmen und Comicfiguren, also etwa das Buch zum Film, die ► **CD** zur ► **Daily Soap**, die Bettwäsche mit

Das Merchandising um die Buchfigur Felix bietet den Kleinen Plüschtiere, Postkarten und Spiele.

Donald-Duck-Aufdruck und den Schulranzen mit der Biene Maja. Und damit noch nicht genug: Auch Produktmarken, die mit dem Starrummel eigentlich nichts zu tun haben, verlegen sich aufs Merchandising und setzen ihr ► **Logo** Gewinn bringend ein, BMW beispielsweise in Form eines Schlüsselanhängers oder Coca-Cola mit einem Feuerzeug. Die Umsätze, die mit dem Merchandising erzielt werden, sind immens: Der Fußballklub Bayern München etwa, der seine Produkte in speziellen Fanshops verkauft, kommt auf mehrere Millionen Mark pro Jahr und die US-amerikanische Basketballgesellschaft NBA konnte ihren Umsatz mit Merchandisingartikeln in der Zeit von 1992 bis 1995 von 100 auf 350 Mio. Dollar steigern.

Message

→ siehe S. 225

Methadon

Methadon ist ein synthetisch hergestellter Morphinabkömmling. Pharmazeutisch gesehen handelt es sich dabei um ein starkes Schmerz- und Betäubungsmittel, das vor allem bei Krebspatienten im Endstadium angewendet wird. Da es im Gehirn an denselben Rezeptoren andockt wie das Heroin, andererseits aber keine Halluzinationen und Bewusstseinsveränderungen hervorruft, setzt man es im Rahmen einer Methadontherapie bei der Behandlung heroinabhängiger Personen als ► **Ersatzdroge** ein. Durch die kontrollierte Abgabe von Methadon will man den Süchtigen aus der Drogenszene und damit aus dem tödlichen Kreislauf von Sucht und Beschaffungskriminalität herausholen und ihn schließlich durch immer kleiner werdende Dosen vom Rauschmittel unabhängig machen. Mithilfe psychotherapeutischer Betreuung soll er dann in die Lage versetzt werden wieder ein geregeltes Leben zu führen. Bis vor kurzem war die Zahl der Heroinabhängigen, die in den Genuss einer solchen Behandlung kamen, allerdings nur sehr gering, denn nur in Hamburg und einigen Städten in Nordrhein-Westfalen wurde sie in größerem Umfang praktiziert; in anderen Bundesländern war sie gar nicht oder nur im Fall einer Schwangerschaft oder einer lebensbedrohenden Erkrankung, etwa ► **Aids** oder ► **Hepatitis**, erlaubt. Im Frühjahr 1996 bestimmte jedoch das Bundessozialgericht in Kassel, dass der Personenkreis, der für eine Methadonbehandlung infrage komme, erweitert werden solle. Den zur Methadontherapie zugelassenen Heroinabhängigen wird die Ersatzdroge in speziellen Praxen mit behördlicher Erlaubnis von einem Arzt als genau dosierter Trank verabreicht, den sie unter Aufsicht schlucken müssen. Seine Zusammensetzung ist so berechnet, dass er die Suchtsymptome für einen Tag beseitigt; der Abhängige muss also jeden Tag beim Arzt erscheinen. Außerdem überprüft man regelmäßig durch Blut- bzw. Harnuntersuchungen, ob der Abhängige noch andere Drogen nimmt. In diesem Fall wird die Therapie sofort abgebrochen.

Champagner gärt in der Flasche.

Méthode traditionnelle

Wer sich ab und zu ein Gläschen Sekt gönnt, hat vielleicht schon festgestellt, dass das Etikett auf den Flaschen neuerdings oft die

Wörter *Méthode traditionnelle,* also nach traditioneller Weise (hergestellt), enthält – und nicht mehr wie früher üblich die Floskel *Méthode champenoise,* d.h. nach Art der Champagne. Grund dafür ist ein Beschluss des Europäischen Gerichtshofes von 1994, der besagt, dass *Méthode champenoise* nur noch auf den Flaschen stehen darf, die echten Champagner enthalten. Um darauf hinzuweisen, dass ein Schaumwein, auch wenn er nicht aus der Champagne kommt, so doch nach dem Champagnerverfahren erzeugt wurde, verfielen die Hersteller auf die jetzt übliche Etikettierung. Diese besagt u.a., dass die zweite Gärung, bei der die Kohlensäure des Sekts entsteht, nach traditioneller Methode in der Flasche und nicht in einem Tank stattfindet.

Mietspiegel

Ein großer Teil aller Rechtsfälle in Deutschland sind Mietstreitigkeiten. Während bei solchen Auseinandersetzungen früher die Meinungen von Mieter und Vermieter über die Höhe eines angemessenen Mietzinses oft weit auseinander klafften, hat man heute mit dem jeweiligen örtlichen Mietspiegel ein Instrument zur Hand, das verbindliche Vergleichszahlen pro Quadratmeter liefert. Diese beziehen sich jeweils auf Wohnungen in vergleichbarer Lage, mit vergleichbarer Größe und Ausstattung und aus etwa demselben Baujahr und werden regelmäßig aktualisiert. Auch nicht streitende Mieter und Vermieter können sich anhand dieses Papiers darüber informieren, wie viel sie für eine bestimmte Wohnung höchstens bezahlen müssen bzw. verlangen können. Investoren sind damit in der Lage, ihre voraussichtliche ► **Rendite** zu berechnen, und wer innerhalb Deutschlands umziehen will, kann daraus ersehen, was ihn hinsichtlich der Mietkosten an seinem neuen Wohnort erwartet. Viele größere Städte in Westdeutschland haben mittlerweile einen Mietspiegel erstellen lassen, ausgenommen u.a. Kassel und Bremen, wo man wegen der Kosten darauf verzichtet hat.

Sudanesische Flüchtlinge stehen in einem Lager in Nordkenia zum Wasserholen Schlange.

Migration

lat. migratio = Wanderung

Wenn Völker, Stämme oder große Teile der Bevölkerung eines Landes aus ihrer angestammten Heimat wegziehen, geschieht dies nur selten freiwillig. Fast immer werden diese Menschen ausgewiesen oder vertrieben, sie werden politisch oder religiös verfolgt, sodass sie ihr Heil in der Flucht suchen, oder sie ziehen aus wirtschaftlicher Not fort. Historische Beispiele für solche Wanderungsbewegungen, Migrationen genannt, gibt es zuhauf – angefangen bei den ersten Menschenzügen im Europa des dritten vorchristlichen Jahrtausends über die sprichwörtliche Völkerwanderung vor allem germanischer Stämme im 4.–6. Jh. bis zu den großen Trecks gen Westen am Ende des Zweiten Weltkriegs. Die größte Völkerwanderung unserer Zeit findet in Afrika statt. Dort ziehen immer wieder Zehntausende von Angehörigen verschiedener ostafrikanischer Völker aus Furcht vor Verfolgung aus ihrer Heimat fort, wie beispielsweise Mitte der 90er-Jahre die Hutu aus Ruanda, die vor den Tutsi flohen. Auch aus anderen Krisengebieten wie dem Sudan, der Türkei oder Afghanistan fliehen die Menschen. Nach Auskunft des Flüchtlingshochkommissariats der UNO in Genf waren es Mitte der 90er-Jahre fast 30 Millionen, die ihre Heimatländer verlassen mussten und jetzt zum Teil in Lagern leben. Neben diesen großen Menschenströmen gibt es noch die meist wirtschaftlich bedingten Wanderungsbewegungen innerhalb einzelner Länder.

Mikrochip

siehe S. 101

Mikrofiche

griech. mikros = klein
franz. fiche = Karteikarte

Neben dem in der Regel 16 mm breiten Mikrofilm spielt der Mikrofiche eine wichtige Rolle bei der Archivierung von Texten und Bildern wie beispielsweise Zeitungs- oder Zeitschriftenseiten, Katalogen, Dokumentationen o.Ä. Es handelt sich dabei um eine durchsichtige Filmfolie in handlichem Postkartenformat, auf der mehrere positive oder negative Mikrokopien zeilenweise angeordnet sind, und zwar je nach Verkleinerungsgrad zwischen 60 und einigen Hundert Stück. Zur Betrachtung wird der Mikrofiche in ein Vergrößerungsgerät gelegt. Das einzelne Mikrobild kann dann im Maßstab des Originaldokuments oder auch größer wiedergegeben und bei Bedarf ausgedruckt werden. Die Anfänge der Mikrofiches gehen auf den Deutsch-Französischen Krieg 1870/71 zurück. Damals wurde Paris von den Preußen belagert, aber es gelang trotzdem eine Nachrichtenverbindung mit dem unbesetzten Umland aufrechtzuerhalten. Man schrieb Botschaften auf 4×6 cm kleine Zettel, die man nebeneinander auf ein Stück Karton klebte und dann fotografierte. Anschließend wurde der Film so verkleinert, dass bis zu 300 Depeschen auf einige Quadratmillimeter passten, und mit Heißluftballons und Brieftauben befördert.

Minderheitenschutz

Anfang 1996 hat Deutschland neben vielen anderen europäischen Staaten die Konvention des Europarates über den Schutz nationaler Minderheiten unterschrieben. Damit hat es sich verpflichtet, dafür Sorge zu tragen, dass die Angehörigen nationaler und ► **ethnischer Minderheiten** ihre religiösen, sprachlichen und kulturellen Traditionen aufrechterhalten können. In Deutschland gibt es im Wesentlichen drei Bevölkerungsgruppen, auf die sich die Konvention bezieht. Im Norden von Schleswig-Holstein leben rund 50000 Dänen, mit denen Mitte der 50er-Jahre ein Abkommen über ihre Rechte als nationale Minderheit geschlossen wurde. Die Dänen sind auch stets mit einer Stimme im schleswig-holsteinischen Landtag vertreten, da für ihren Südschleswigschen Wählerbund die Fünfprozent-Sperrklausel gilt. Im Osten Deutschlands leben in der Lausitz rund 60000 Sorben, Angehörige eines westslawischen Volkes, das seit dem 9. Jh. zwischen Oder und Elbe ansässig ist. Die Sorben haben eine eigene Sprache und überliefertes Brauchtum und ihre kulturelle Eigenständigkeit dokumentiert sich u.a. in der Existenz von eigenen Schulen und Zeitungen sowie in der Zweisprachigkeit beispielsweise von Ortsschildern oder amtlichen Veröffentlichungen. Die dritte bedeutende Minderheit in Deutschland sind die nahezu 70000 Roma und Sinti, die in mehreren Regionen des Landes leben bzw. nicht sesshaft sind.

Sorben wie diese festlich geschmückte Braut gehören zu den in Deutschland lebenden Minderheiten.

In der minimalinvasiven Gefäßchirurgie kann man mit einer winzig kleinen Fräse den Kalkbelag in den Adern abtragen.

Minimalinvasive Chirurgie

lat. minime = sehr wenig
lat. invadere = eindringen
griech. cheirourgos = Handwerker

Bei einer Operation wird in der Regel mit einem Skalpell der Körper eröffnet, damit der Chirurg zu der erkrankten Stelle vordringen kann. Für den Patienten ist ein solcher Eingriff wegen der dabei erforderlichen Narkose, des Blutverlustes, der Komplikationsgefahr sowie der langwierigen Wundheilung ein äußerst belastender, ja gefährlicher Vorgang. Um diese Belastungen zu verringern hat man an die Erfahrungen mit der ► **Endoskopie,** einer Diagnosemethode, bei der innere Organe mithilfe einer Glasfaseroptik mit Lichtquelle gespiegelt werden, angeknüpft und diese zu einer Operationstechnik erweitert. Zu dem Zweck bestückt man die Spitzen der Endoskope mit winzigen Geräten zum Schneiden, Fräsen, Nähen usw. und führt sie, verbunden mit einer kleinen Videokamera, die die Bilder vom Operationsfeld auf einen Monitor überträgt, in den Körper des Patienten ein. Die Operationsstelle erreicht man dabei entweder durch eine natürliche Körperöffnung oder durch einen oder mehrere kleine Einschnitte – daher die Bezeichnung minimalinvasive Chirurgie. Mit dieser Methode kann der Arzt die verschiedensten Eingriffe vornehmen, etwa eine innere Wunde vernähen, Schönheitsoperationen wie ein Lifting durchführen, eine Ader in der Speiseröhre veröden, Verwachsungen an der Gebärmutter, der Prostata oder der Blase entfernen, den Blinddarm herausnehmen, Eingriffe an den Gelenken und Bandscheiben durchführen und sogar ► **Bypässe** anlegen. Die Vorteile der minimalinvasiven Chirurgie gegenüber der herkömmlichen Methode sind vielfältig: In den meisten Fällen benötigt der Patient keine Narkose, sondern nur eine örtliche Betäubung oder eine so genannte Leitungsblockade, bei der der entsprechende Körperabschnitt betäubt wird; es entstehen nur sehr kleine Narben, der Operierte empfindet deshalb weniger Schmerzen und kann in der Regel schon nach einigen Tagen die Klinik wieder verlassen. Aber die minimalinvasive Chirurgie hat auch einige Nachteile. Endoskopische Operationen dauern in der Regel länger, u.a. deshalb, weil die meisten Chirurgen noch nicht viel Erfahrung mit dieser Technik haben. Außerdem besteht die Gefahr, dass bei einem solchen Eingriff innere Verletzungen, etwa am Darm, herbeigeführt werden, ohne dass der Operateur es bemerkt. Und nicht zuletzt kosten manche dieser Operationen wegen des Einsatzes teurer elektronischer Geräte mehr als Eingriffe nach traditioneller Methode.

Mobbing

engl. to mob = (über jemanden) herfallen

Kündigungen, Schlägereien, psychische Probleme, ja sogar Selbstmorde können durch andauernde Auseinandersetzungen zwischen Arbeitskollegen ausgelöst werden. Reibereien dieser Art sind eigentlich nichts Neues, denn auch früher schon waren sich Kollegen oft nicht grün, aber heute hat man dieser Erscheinung einen modernen Namen gegeben, nämlich Mobbing, und sie wissenschaftlich untersucht. Nach diesen Erkenntnissen gehört es zum Repertoire des Mobbings, den betreffenden Mitarbeiter permanent zu ärgern, üble Gerüchte über ihn zu verbreiten oder ihn völlig links liegen zu lassen. Rund zwei Drittel der Mobber sind Männer. Umgekehrt liegt der größere Anteil der Gemobbten bei den Frauen, die auch eher als ihre männlichen Kollegen die Segel streichen und die Arbeitsstelle aufkündigen. Über die Hälfte der Mobbing-Fälle findet unter Gleichrangigen statt, in knapp 40% setzt der Chef einzelne Untergebene unter Druck (▶ **Bossing**) und hin und wieder gibt es sogar das Mobbing von unten nach oben. Um den Mobbing-Opfern Hilfestellung zu leisten hat man in verschiedenen Städten so genannte Mobbing-Telefone oder auch Beratungsstellen eingerichtet, wo die Betroffenen Zuspruch und Verhaltenstips bekommen.

Mobiles Büro

lat. mobilis = beweglich

Im Zeitalter drahtloser Kommunikation sind viele Büroarbeiten nicht mehr an einen festen Arbeitsplatz gebunden (▶ **Telearbeit**). Wer ein ▶ **Handy**, ein tragbares ▶ **Fax** und einen ▶ **Laptop** besitzt, kann fast jederzeit und fast überall arbeiten und Verbindung mit seinen Geschäftspartnern aufnehmen, also auch vom Auto aus. Hauptsächlich Selbstständige wie etwa Vertreter oder Anwälte, die jederzeit erreichbar und einsatzbereit sein wollen, benutzen ihren Wagen unterwegs als zweites, mobiles Büro. Viele Autohersteller tragen diesem Trend Rechnung und bieten als Zubehör eine Büroausstattung an, zu der auch noch Online-Anschluss (▶ **Onlinedienste**) und Drucker gehören.

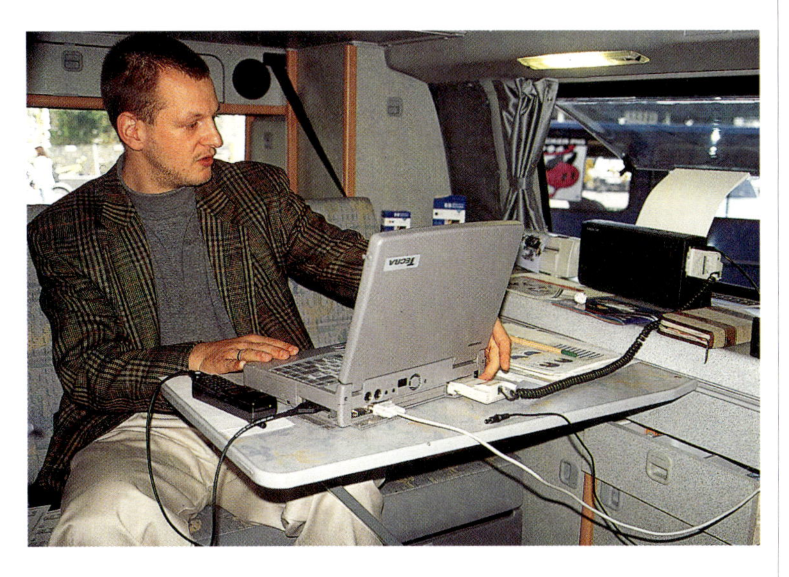

Vor allem Selbstständige nutzen ihr Auto oder auch einen entsprechend ausgerüsteten kleinen Bus als mobiles Büro.

Mobilfunk

lat. mobilis = beweglich

Mobilfunk ist das Medium für eine Art der ▶ **Telekommunikation**, bei der Nachrichten über Funksignale übermittelt werden. Zu den Hauptnutzern gehören die Besitzer von ▶ **Handys** oder von so genannten Pagern. Das sind kleine, am Gürtel bzw. in der Tasche zu tragende Funkrufempfänger mit Bildschirm, die bestimmte Nachrichten in Form einer Ziffernfolge oder – mit Zusatzeinrichtung – auch als gesprochene Botschaften empfangen können. Senden kann man mit ihnen allerdings nicht. Weltweit nutzen schon Hunderte von Millionen Menschen den Mobilfunk; hierzulande schätzt man die Zahl der Anwender bis zur Jahrtausendwende auf 10–16 Millionen. In Deutschland gibt es mehrere Betreiber von Mobilfunknetzen, die ihre Dienste zu unterschiedlichen Gebühren anbieten. Wichtigster Bestandteil eines jeden Mobilfunknetzes sind die Relaisstationen. Innerhalb ihres Wirkungsbereichs sorgen sie dafür, dass Nachrichten über andere Stationen weitergeleitet werden. Über das 1995 gestartete Dect-System kann lokaler Telekommunikationsverkehr auch an Fernnetze des In- und Auslandes herangeführt werden. Ein Mobilfunknutzer kann auf diese Weise in jedes andere Netz gelangen und ist selbst unter seiner Rufnummer auch von anderen Netzen aus erreichbar.

Modedesigner

→ siehe S. 274

Mode & Schönheit

Trends und ihre Macher

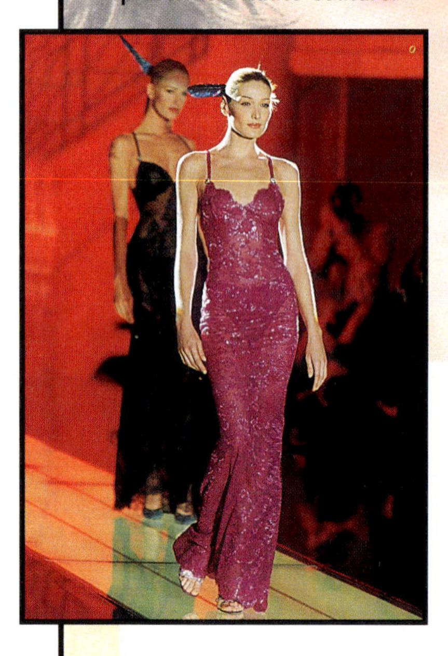

Supermodel Carla Bruni präsentiert Haute Couture.

Haute Couture

Hohe Schneiderkunst heißt wörtlich übersetzt dieser französische Begriff und er bezieht sich auf die Kreationen renommierter Modeschöpfer, die zweimal im Jahr hauptsächlich in Paris einer exklusiven internationalen Gästeschar vorgestellt werden. Die dort präsentierten Modelle – handgearbeitete Kostbarkeiten aus Samt, Seide, Chiffon und edlen Woll- oder Baumwollstoffen – geben den Modetrend der kommenden Saison vor. Allerdings ist heute die Zahl der Frauen, die sich den maßgeschneiderten Luxus leisten können, gegenüber früheren Zeiten deutlich geschrumpft. In der Haute Couture herrscht momentan also eher Endzeitstimmung.

Prêt-à-porter

Zwischen exklusiver Haute Couture und billiger Kleidung von der Stange behauptet sich das Prêt-à-porter (franz. fertig zum Tragen). Kleidungsstücke dieser Modegattung werden von bekannten Designern entworfen, aber maschinell und serienmäßig hergestellt und in begrenzter Zahl in Boutiquen, jedoch auch Kaufhäusern zu erschwinglichen Preisen angeboten.

Modedesigner

Modeschöpfer oder -designer zu sein ist der Traum vieler Menschen. Die meisten sind damit befasst, preiswerte Kleidung von der Stange zu entwerfen, einigen jedoch, wie etwa Karl Lagerfeld, gelingt der große Durchbruch. Die Voraussetzungen dafür sind Ehrgeiz, wirtschaftliches Geschick und oft auch ein gewisser Hang zur Selbstdarstellung, vor allem aber die Kunst einen ganz persönlichen, unnachahmlichen Kleidungsstil zu entwickeln.

Supermodel

Die früher übliche Berufsbezeichnung Mannequin ist überholt, heute werden die neuesten Kollektionen von Models vorgeführt. Die erfolgreichsten dieser Damen, die über eine makellose Figur, eine stattliche Größe und viel Ausstrahlung verfügen sollen, werden Supermodels genannt. Sie sind nicht nur für Modeschauen begehrt, sondern auch für Werbeaufnahmen etwa der Kosmetik- und Autoindustrie, und starten oft noch eine Karriere als Medienstar.

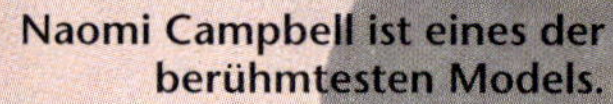

Naomi Campbell ist eines der berühmtesten Models.

Am richtigen Siegel erkennt man die umweltfreundlich hergestellte Ökomode.

Unisex

Es gehört zu den heutigen Modetrends den Unterschied im äußeren Erscheinungsbild der Geschlechter zu verwischen – Unisex, also ein einziges Geschlecht, heißt dieser Look. In diese Stilrichtung passen beispielsweise weite Pullover und Strickjacken, Jeans oder legere Hosen, die sowohl von Männern als auch von Frauen getragen werden.

Ökomode

Unter der Devise „Zurück zur Natur“ erlebte Anfang der 90er-Jahre die Ökomode einen Aufschwung. So bezeichnet man Bekleidung aus naturbelassenen Baumwoll-, Woll-, Seiden-, Hanf- oder Leinenstoffen, die, wie ein Ökosiegel garantieren soll, umweltfreundlich hergestellt wird und keinerlei Allergien hervorruft. Während die ersten derartigen Kleidungsstücke noch altbacken wirkten, orientiert sich die neueste Ökomode stark am Geschmack junger Leute.

Eyeliner

Zum schicken Aussehen trägt neben der Bekleidung auch das Make-up bei. Wer seine Augen kosmetisch betonen möchte, kann mit einem Pinsel rund um den Wimpernrand intensiv deckenden flüssigen Eyeliner (von englisch Augenkontur) auftragen, den es in den verschiedensten Farben gibt.

Mascara

Auch Wimperntusche oder Mascara (von dem italienischen Wort für Maske) lässt die Augen ausdrucksvoller erscheinen. Die Präparate aus Naturwachsen, Ölen und mineralischen Farbpigmenten sind in Patronen abgefüllt, deren Schraubverschluss ein Spiralbürstchen zum Auftragen besitzt.

Lipgloss

Lipgloss (engl. Lippenglanz) verleiht den Lippen einen sanften, verführerischen Schimmer. Die gelartige transparente Creme wird entweder direkt auf die Lippen oder über dem Lippenstift aufgetragen.

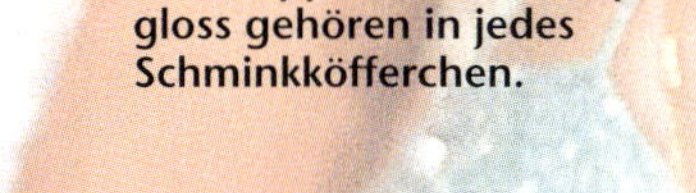

Mascara (oben), verschiedene Lippenstifte und Lipgloss gehören in jedes Schminkköfferchen.

Plastische Chirurgie

Wenn sich jemand mit einem Schönheitsfehler nicht abfinden kann, besteht die Möglichkeit, mithilfe der plastischen Chirurgie den entsprechenden Körperteil zu verändern oder neu zu gestalten. Beispielsweise können durch eine Operation eine krumme Nase begradigt, ein fliehendes Kinn verstärkt, Falten und ein Doppelkinn gestrafft, abstehende Ohren angelegt und überflüssige Fettpolster an den verschiedensten Körperstellen abgesaugt werden. In Deutschland lassen sich rund 150 000 Menschen jährlich chirurgisch verschönern – etwa 20 % von ihnen sind Männer.

Modem

Um Daten von einem Computer oder einem ► **Fax** über eine Telefonleitung an ein anderes Gerät übermitteln zu können müssen die zu übertragenden Daten an die Eigenschaften dieser Leitung angepasst und für den Transport in eine ihr angemessene Form umgewandelt werden. Telefonnetze wurden für die Übertragung von menschlicher Sprache entwickelt und können deshalb Töne von Sprechstimmen besonders sicher übermitteln. Man wählt daher einen Ton aus diesem Bereich als Transportmittel und prägt diesem Signal in einer Art Huckepackverfahren die ► **digitalen** Nutzdaten, die man übermitteln will, auf. Diesen Vorgang, bei dem ein Signal in ein anderes hineingetragen wird, nennt man Modulation und das Gerät, das die Daten beim Sender in ihre Reiseform umwandelt (► **Konvertieren**) bzw. beim Empfänger die Nutzdaten wieder herausholt, bezeichnet man als Modulator bzw. Demodulator oder kurz Modem. Im Einzelnen verwendet man verschiedene Verfahren um eine Serie von ► **Bits**, also Einsen und Nullen, in einem Tonsignal unterzubringen: Man kann Einsen und Nullen z.B. mit unterschiedlichen Lautstärken verbinden oder den Ton bei jeder Null ganz unterbrechen; eine andere Möglichkeit ist der Wechsel zwischen zwei Frequenzen. Die Übertragungsgeschwindigkeit eines Modems beträgt rund 50000 Bits pro Sekunde; allerdings wird die Verbreitung der ► **ISDN**-Technik den Einsatz von Modems wohl bald überflüssig machen.

Mondleben
November 1997
Die Farben in ihrer Pracht
verschönern das Leben,
geben uns Kraft.

Viele Menschen richten sich bei ihrer Lebensgestaltung nach dem Mondkalender.

Mondkalender

Die Geschichte des Mondkalenders, einer Methode der Zeiteinteilung also, die sich nach den Phasen des Mondes richtet, ist schon alt. Als Erste entwickelten die Sumerer im 2. Jt. v. Chr. einen Mondkalender und auch die alten Israeliten sowie die Maya richteten sich danach. Da diese Zeiteinteilung jedoch nicht mit dem natürlichen Ablauf eines Jahres übereinstimmt, setzte sich in fast allen Kulturen der Sonnenkalender durch, nach dem ein Jahr die Zeitspanne ist, die die Erde braucht um einmal die Sonne zu umrunden. In der letzten Zeit erlebt der Mondkalender jedoch wieder eine Renaissance, allerdings weniger als Zeitmesser, sondern als Hilfsmittel bei der Lebensgestaltung. Viele Menschen glauben nämlich, dass der Mond einen großen Einfluss auf alles irdische Leben hat, nicht zuletzt deshalb, weil die Länge eines Mondumlaufs um die Erde zeitlich dem weiblichen Zyklus nahe kommt. Diese Menschen sind überzeugt, dass Gesundheit und Erfolg mehr oder weniger abhängig von den einzelnen Mondphasen sind, und sie richten sich folglich bei wichtigen Ereignissen im Leben wie der Eheschließung oder der Planung einer Reise, aber auch bei so alltäglichen Verrichtungen wie dem Haareschneiden nach der Position des Erdtrabanten. Kalender mit entsprechenden Tipps oder einschlägige Literatur sind dabei behilflich. Auch viele Wissenschaftler und Personen mit „erdverbundenen" Berufen sind der Ansicht, dass der Mond Auswirkungen auf das irdische Leben zeitigt. So haben z.B. Biologen und auch Landwirte die Erfahrung gemacht, dass manche Getreidearten besonders gut gedeihen, wenn sie einige Tage vor Vollmond ausgesät werden.

Motherboard

engl. mother = Mutter
engl. board = Brett

Mit Motherboard oder Haupt- bzw. Systemplatine bezeichnet man den Teil der Computer- ► **Hardware,** auf dem deren Kernbestandteile untergebracht sind. Es handelt sich dabei um eine aus mehreren Schichten aufgebaute Leiterplatte, die Platz für verschiedene elektronische Bauteile bietet, welche untereinander durch Leiterbahnen elektrisch verbunden sind. Direkt auf dem Motherboard ist der Prozessor platziert, das Herzstück des Rechners, in dem Daten in Form elektronischer Impulse verarbeitet werden. Außerdem befinden sich hier auch der Hauptspeicher, in dem Programme bereitliegen und Daten während eines Programmablaufs geladen werden, sowie weitere Speicherelemente, die grundlegende Kommandos speichern, welche für Ein- und Ausgabe oder zum Rechnerstart nötig sind. Daneben enthält die Systemplatine eine Reihe so genannter Steckplätze; das sind genormte Buchsen, in die weitere, kleinere Platinen eingesteckt werden können, die zum Anschluss von noch mehr Geräten und Bestandteilen geeignet sind. Über solche zusätzlichen Steckkarten (► **PC-Card**) sind u. a. ► **Festplatte,** ► **Disketten-** und ► **CD-ROM**-Laufwerk, Bildschirm, Tastatur, ► **Maus,** ► **Joystick** und Drucker mit der Systemplatine und dadurch auch mit den Programmen (► **Software**) verbunden.

Mountainbike

engl. mountain = Berg
engl. bike, Abk. von bicycle = Fahrrad

Viele Menschen wählen als Ausgleich zur Bürotätigkeit in ihrer Freizeit eine Sportart, die man im Freien ausüben kann (► **Outdoor**), und das Fahrradfahren steht dabei ganz oben auf der Beliebtheitsskala. Wem es jedoch zu langweilig ist, ganz normal über Straßen und Radwege zu radeln, der tauscht seinen herkömmlichen Drahtesel gegen ein Mountainbike ein. So nennt man die besonders robusten

Die drei Radfahrer machen mit dem Mountainbike eine Tour durch das Bergland von Kalifornien.

Fahrräder mit Stollenreifen, die vor über 20 Jahren erstmals in den USA hergestellt wurden. Sie verfügen je nach Typ über bis zu 24 Gänge; geschaltet wird mit Hebel oder Drehgriff. Moderne Ausführungen sind nach dem Vorbild von Motorrädern mit einer pneumatischen Vorderrad- und Hinterradfederung sowie Hydraulik- oder Scheibenbremsen ausgestattet. Mit einem solchen Gefährt ist man nicht auf asphaltierten Untergrund angewiesen, sondern kann bei ► **Crosscountry**- oder Querfeldeintouren buchstäblich über Stock und Stein fahren. Welcher Beliebtheit sich das robuste Zweirad mittlerweile erfreut, belegt die Tatsache, dass Mountainbikefahren 1996 bei der Olympiade in Atlanta auf dem Programm stand. Umweltschützer melden allerdings gegen Querfeldeintouren Bedenken an, weil dadurch Schäden in Wald und Flur entstehen können und die Tierwelt gestört wird.

Mukoviszidose

lat. mucus = Schleim
lat. viscere = klebrig machen

Die Mukoviszidose, auch zystische Fibrose genannt, ist eine angeborene vererbte Stoffwechselkrankheit. Sie tritt durchschnittlich einmal bei rund 3000 lebend geborenen Babys auf und äußert sich schon im Kleinkindalter, ist allerdings unterschiedlich stark ausgeprägt. Durch einen Gendefekt kommt es bei der Erkrankung zu einer Funktionsstörung der Schleimdrüsen, die zu viel und zähen, schnell verhärtenden Schleim produzieren. Als eine Folge davon wird das die Drüsen umgebende Gewebe nach und nach mit harten Stützfasern durchsetzt (Fibrose) und es entstehen zahlreiche Zysten, also kleine Hohlräume. Die am stärksten betroffenen Organe sind in der Regel die Bauchspeicheldrüse, deren Ausführungsgänge durch den Schleim verstopft werden, und die Bronchien, die mit dem zähen Schleim überzogen sind, sodass der Kranke unter andauernden Atembeschwerden leidet. Um sich Erleichterung zu verschaffen muss der Patient oft mehrmals täglich über einen Zerstäuber schleimlösende Mittel einatmen und, unterstützt durch die so genannte Klopfdrainage, also Beklopfen der Brustwand, den Schleim abhusten. Während Kinder mit dieser Krankheit früher meist nicht älter als fünf Jahre wurden, ist heute dank Antibiotika, schleimlösender Medikamente, Verdauungsenzyme und verbesserter physikalischer Behandlungsmethoden die Lebenserwartung deutlich gestiegen. Außerdem verspricht man sich in Zukunft Hilfe durch die ► **Gentherapie**, da die Anlage zur Mukoviszidose auf nur einem Gen vererbt wird.

Christiane Herzog ist die Schirmherrin einer Stiftung, die sich für die Erforschung der Mukoviszidose einsetzt.

Angehende Mullahs bereiten sich durch das Studium der Theologie auf ihr geistliches Amt vor.

Mullah

1979 begründete ► **Ajatollah** Khomeini die Islamische Republik Iran und damit begann im ehemaligen Persien die so genannte Herrschaft der Mullahs. Mit diesem Titel werden alle Geistlichen bezeichnet, die in einer der islamischen Hochschulen Theologie studiert haben. Zu ihren wichtigsten Aufgaben gehört es, auf die Einhaltung der islamischen Gesetze zu achten, aber darüber hinaus haben sie vor allem auf dem Land noch weitergehende Befugnisse, die direkt in das Leben der Bevölkerung eingreifen; beispielsweise liegt es in ihrer Entscheidung, ob ein Dorfmitbewohner eine Reise antreten darf oder welche der jungen Männer des Ortes für

den Militärdienst geeignet sind. Während der Schah früher die Macht der Mullahs klein zu halten trachtete, nahm ihr Einfluss unter Khomeini wieder deutlich zu. Einige unter ihnen konnten allerdings den Versuchungen der Macht nicht widerstehen und wirtschafteten in die eigene Tasche. Schon Khomeini ermahnte sie mehrmals zur Bescheidenheit. Nach seinem Tod 1989 verloren die Geistlichen beträchtlich an Ansehen und als Folge davon nahm die Anzahl der Mullahs im iranischen Parlament nach jeder der letzten Wahlen deutlich ab.

Multikulturelle Gesellschaft

An dem modernen Schlagwort von der multikulturellen Gesellschaft scheiden sich in Deutschland die Geister. Während die einen darunter die Vision von einer bunt gemischten Bevölkerung aus vielen Nationen und Rassen verstehen, in der alle friedlich miteinander umgehen, wirkt auf die anderen die Vorstellung, möglicherweise im eigenen Land von vielen Fremden umgeben zu sein, eher bedrohlich. Unabhängig von diesen unterschiedlichen Bewertungen ist es aber eine Tatsache, dass es in vielen Regionen der Erde bereits multikulturelle Gesellschaften gibt. Das bekannteste Beispiel ist wohl die Millionenstadt New York, wo Menschen, die ursprünglich aus nahezu aller Herren Länder stammten, auf relativ engem Raum zusammen leben. Auch in Deutschland sind in den großen Städten manche Viertel überwiegend von Ausländern bewohnt und im Lokalkolorit durch die von ihnen betriebenen Geschäfte, Restaurants oder Versammlungsräume geprägt. Über 40% der ausländischen Mitbürger, von denen der größte Teil aus EU-Staaten kommt, leben schon seit 15 Jahren oder länger hier.

Multimedia

lat. multi = viele
lat. medium = Informations-, Kommunikationsmittel

Genau genommen gibt es Multimedia bereits seit der Einführung des Tonfilms, denn dieser vereinigt Bild und Ton und ist somit kein einfaches Medium mehr. Heute ist die Bedeutung des Schlagwortes Multimedia jedoch weit umfassender: Zum einen versteht man darunter die enge Verflechtung vieler Medien, die bisher meist nur als einzelne Angebote unter Mithilfe zahlreicher verschiedener Geräte genutzt werden konnten, und zum andern die daraus erwachsende Erweiterung der Anwendungsmöglichkeiten. Nur drei Geräte sind noch vonnöten um bei dieser modernen Kommunikationsart dabei zu sein: ► **PC** und Telefon, beide über ein ► **Modem** verbunden, sowie ein fürs ► **digitale Fernsehen** ausgerüsteter Fernsehapparat. Mit ihnen kann man die verschiedensten Tätigkeiten ausführen: schreiben und lesen, telefonieren, faxen sowie elektronische Post global verschicken und empfangen, lehren und lernen, Musik hören, Bilder, Filme und Videos betrachten, durch künstliche Museen gehen (► **virtuelle Realität**), seinen Kontostand abfragen und Geld überweisen (► **Homebanking**), Kataloge und Werbematerialien mustern und Bestellungen aufgeben (► **Teleshopping**), Fahrpläne konsultieren und Reisen buchen, ► **Videokonferenzen** abhalten, einer ► **Telearbeit** nachgehen, ► **Informationsdienste** und Bibliotheken benutzen und schließlich auch spielen, allein oder mit Partnern, die an beliebigen Orten rund um den Globus verstreut sein können. Die Vorteile der multimedialen Informations- und Kommunikationstechnik sind unbestritten: Sie erleichtert das Leben, weil man den Großteil der alltäglichen Besorgungen von zu Hause aus erledigen kann. Sie erlaubt dem Benutzer mit eigenen Beiträgen aktiv etwas zum medialen Geschehen beizusteuern – er muss also nicht nur passiv bleiben wie etwa als Fernsehzuschauer oder Radiohörer. Und nicht zuletzt gehört Multimedia wirtschaftlich gesehen zu den Wachstumsbranchen. Allerdings werden auch viele Bedenken dagegen laut, die sich vor allem auf den Jugend- und Datenschutz beziehen. Außerdem wenden manche Kritiker ein, dass dadurch die Reizüberflutung des modernen Menschen noch gesteigert würde und ihm nur weitere Gelegenheiten zur Flucht in die Irrealität (► **Cyberspace**) zur Verfügung stünden.

Multiple Sklerose

lat. multiplex = vielfältig
griech. skleros = trocken, spröde

Diese Krankheit, die meist abgekürzt MS genannt wird, ist das schwerste und am häufigsten auftretende Gehirn- und Rückenmarksleiden. Bei den Betroffenen zerfallen durch eine Fehlleistung des eigenen Immunsystems die so genannten Markscheiden, die die Nerven wie eine Isolierung umhüllen, da ihre Hauptsubstanz, das Myelin, abgebaut wird. Dadurch werden die Nerven zerstört und es bildet sich ein hartes, funktionsloses Ersatzgewebe. Gewöhnlich gibt es eine Reihe von Herden im Körper – daher die Bezeichnung multiple – und entsprechend vielfältig sind die Symptome, nämlich Seh- und Hörstörungen, Empfindungsstörungen und Lähmungen. In den meisten Fällen tritt die multiple Sklerose zwischen dem 20. und 40. Lebensjahr auf und gewöhnlich verläuft sie schubartig, d.h., es gibt immer wieder beschwerdefreie Intervalle. Allerdings verschlimmern sich die Anfälle von Mal zu Mal, sodass die Kranken nach mehreren Jahren ständig bettlägerig und pflegebedürftig sind. Mitunter kommt es jedoch auch zu einer spontanen, unerklärlichen Heilung. Die genauen Ursachen der multiplen Sklerose kennt man noch nicht; Stoffwechselstörungen, Kupfermangel oder eine Virusinfektion werden in Betracht gezogen. 1996 war erstmals ein Medikament gegen die Krankheit erhältlich, und zwar das mithilfe der ► **Gentechnik** produzierte Betaferon, das Häufigkeit und Stärke der Anfälle verringern und dadurch die weitere Entwicklung des Leidens hinauszögern kann.

Multiplexkino

lat. multiplex = vielfältig

Vor rund 20 Jahren erlebte das Fernsehen einen Boom und machte vielen Kinos, vor allem den großen Lichtspielhäusern, den Garaus. Heute, in den 90er-Jahren, wird die Kinolandschaft erneut radikal verändert, und zwar gehen jetzt offenbar die Zeiten kleiner Vorstadt- und gemütlicher Ein-Saal-Programmkinos bis auf wenige Ausnahmen zu Ende. Stattdessen werden immer mehr Multiplexkinos eröffnet, große Unterhaltungszentren, die ein vielfältiges Angebot an Kinos, Geschäften, Restaurants, Cafés und Diskotheken unter einem Dach bereithalten und häufig auf der grünen Wiese vor den Toren der Stadt liegen. Typischerweise umfasst ein solches Gebäude mindestens sechs, oft aber wesentlich mehr Kinosäle, von denen der kleinste in der Regel nicht unter 100 Sitzplätze hat. Die Kinotechnik in Bild und Ton ist auf dem neuesten Stand, die Leinwand hat als vierte Wand des Kinosaals entsprechend große Ausmaße, der Boden steigt wie bei einem Sportstadion an, sodass man überall freie Sicht hat, und meist bieten Zweiersitzbänke ohne störende Zwischenlehne die Möglichkeit, es sich während des Films mit seinem Partner oder seiner Partnerin gemütlich zu machen. Bei den meisten Betreibern können mit einer Filmkopie bei entsprechendem Bedarf auch gleich mehrere Säle bespielt werden. Das erste Multiplexkino entstand schon 1990 in Köln und inzwischen gibt es fast keine Großstadt mehr, in der nicht mindestens ein Megakino geplant ist. In Berlin sollen demnächst sogar angeblich 30 Multiplexe dem Titel Filmstadt Ehre machen. In der Kinobranche bewertet man den Aufstieg der Multiplexe zwiespältig. Zwar haben sie einerseits zu einem deutlichen Anstieg der Zuschauerzahlen geführt, doch können sich andererseits nur finanzstarke Betriebe die Millioneninvestitionen leisten, während die Besitzer kleiner Kinos, auch alternativer Programmkinos, häufig auf der Strecke bleiben.

Nachhaltige Entwicklung

Auf der internationalen Konferenz für Umwelt und Entwicklung in Rio de Janeiro bekannten sich 1992 alle Teilnehmerstaaten zum Prinzip der nachhaltigen Entwicklung (engl. = *sustainable development*). Danach soll die Ausbeutung der natürlichen Ressourcen so begrenzt werden, dass sie sich immer wieder regenerieren können. Für den Wasserkreislauf beispielsweise bedeutet dies, dass nicht mehr Grundwasser abgepumpt werden darf, als sich durch Niederschläge neu bildet. Zur Idee der nachhaltigen Entwicklung gehört auch der Grundsatz, dass Wasser, Luft und Boden nicht mit mehr Schadstoffen belastet werden dürfen, als sie aufgrund ihrer Fähigkeit zur Selbstreinigung verkraften können. Hintergrund des Nachhaltigkeitsprinzips ist der Wille zur Erhaltung der Natur für kommende Generationen. Kritiker bemängeln jedoch, dass bislang zu wenig getan wird um die in Rio de Janeiro gemachten Vorschläge zur nachhaltigen Entwicklung in die Tat umzusetzen.

Nachrichtensender

Vorbild aller Nachrichtensender ist der von Ted Turner geleitete *news channel* CNN, der 1990 weltweit bekannt wurde, als der Reporter Peter Arnett während des Golfkriegs in spektakulären Livereportagen aus einem vom Raketenhagel hell erleuchteten Bagdader Hotel berichtete.
Mitte der 90er-Jahre war es der Aufsehen erregende Prozess gegen den Footballstar O. J. Simpson, der CNN hohe Einschaltquoten bescherte. Der Erfolg von Ted Turners Nachrichtensender zeigte der Konkurrenz, dass sich mit stets aktuellen, rund um die Uhr von den Brennpunkten der Welt ausgestrahlten Reportagen viel Geld verdienen lässt. So wollen mehrere große amerikanische Fernsehanstalten mit eigenen Nachrichtensendern informationshungrige Zuschauer anlocken und auch der australische ► **Medienmogul** Rupert Murdoch möchte CNN zukünftig Konkurrenz machen.
Der bislang erste und einzige deutsche Nachrichtensender ist das am 30. November 1992 gestartete n-tv, bei dem CNN Mitgesellschafter ist und das jede halbe Stunde einen aktualisierten Nachrichtenüberblick bietet.

Nachwachsende Rohstoffe

Im Unterschied zu mineralischen und fossilen Rohstoffen haben Pflanzen den Vorteil, dass sie immer wieder nachwachsen können und daher auch in der Zukunft ein verlässlicher Rohstofflieferant sein werden. Mitte der 90er-Jahre waren in Deutschland etwa 5% der gesamten Anbaufläche mit nachwachsenden Rohstoffen bepflanzt, woran der Raps mit über 300000 ha den größten Anteil hatte. Raps dient ebenso wie Sonnenblumen, ein ebenfalls in Deutschland angebauter nachwachsender Rohstoff, zur Herstellung von Biotreibstoff (► **Biodiesel**). Pflanzen, die als Energieträger genutzt werden, rechnet man zu den ► **regenerativen Energien**. Aus pflanzlichen Abfällen entsteht beispielsweise Biogas und Biomasse, die jedoch bei der Energieversorgung in Deutschland bisher nur eine kleine Rolle spielen. Aus ökologischer Sicht könnte ein steigender Anteil pflanzlicher Rohstoffe an der Energieproduktion zur Entlastung der Umwelt beitragen, da sie nur sehr geringe Mengen Kohlendioxid abgeben.

Neben Raps, Kartoffeln, Mais, Getreide und Flachs werden auch Sonnenblumen zu den nachwachsenden Rohstoffen gezählt.

NAFTA

engl. North American Free Trade Agreement = nordamerikanisches Freihandelsabkommen

Langfristige Wachstumsimpulse erhofften sich die USA, Kanada und Mexiko, als am 1. Januar 1994 das nordamerikanische Freihandelsabkommen NAFTA ratifiziert wurde. Durch den stufenweisen Abbau von Zolltarifen und Quoten

NATURHEILKUNDE

Alternativen zur Schulmedizin

Auf die Heilkraft der Pflanzen baut diese Nonne, die Kräutertinkturen zubereitet (ganz oben).

Die heilende Wirkung des Ysops, einer bis zu 70 cm hohen Heilpflanze, nutzen Phytotherapeuten u. a. bei Störungen des Magen- und Darmtrakts (oben).

Phytotherapie

Die Pflanzenheilkunde oder Phythotherapie (griech. *phyton* = Pflanze) ist so alt wie die Menschheit und bis zum Anfang des 20. Jh., als man begann Arzneimittel synthetisch herzustellen, basierte die Medizin auf der Verwendung von Pflanzen und ihren Extrakten. Da immer mehr Menschen chemischen Präparaten kritisch gegenüberstehen, haben die Phytotherapeuten heute wieder einen regen Zulauf. Vor allem bei Alltagskrankheiten werden Pflanzenheilmittel eingesetzt, da sie weniger Nebenwirkungen verursachen als synthetische Medikamente.

Fototherapie

Die auch als Lichttherapie bekannte Fototherapie ist eng mit der im 19. Jh. begründeten Heliotherapie (griech. *helios* = Sonne) verwandt. Ihre Anhänger bauen auf die heilende Wirkung des Lichts in natürlicher und künstlicher Form. In den Bereich der Fototherapie gehören u. a. Rotlichtbestrahlungen, die z. B. gegen Rheuma sowie bei Erkältungen eingesetzt werden, und Bestrahlungen mit der Ultraviolettlampe, die der Vitalisierung der Haut dienen. Lichtempfindliche Substanzen in der Haut, so genannte Chromophoren, begünstigen die Wirksamkeit der Fototherapie.

Hydrotherapie

Auf der heilenden Kraft des Wassers bei einer den jeweiligen Beschwerden angepassten Temperatur beruht die Hydrotherapie (griech. *hydor* = Wasser), deren gesundheitsfördernde Wirkung schon in der Antike bekannt war. Dampfbäder, warme und kalte Güsse sowie Kompressen gehören ebenso zur Hydrotherapie wie Sitzbäder und Dampfinhalationen.

Thalassotherapie

Eng verwandt mit der Hydrotherapie ist die Thalassotherapie (griech. *thalassa* = Meer), die auf die heilende Wirkung des salzhaltigen Meerwassers sowie der an Spurenelementen, Mineralstoffen und Vitaminen reichen Algen setzt. Das am Meer vorherrschende Reizklima spielt ebenfalls eine wichtige Rolle.

Kryotherapie

Zur Schmerzlinderung bei Quetschungen und Prellungen sowie bei akuten rheumatischen Gelenkentzündungen wird die Kältetherapie eingesetzt (griech. *kryos* = Kälte). Die Kälte, etwa in Form von Eiskompressen, belebt den Stoffwechsel, wirkt schmerzbetäubend und führt zu einer Herabsetzung der Entzündungsreaktion.

Thermotherapie

Im Gegensatz zur Kryotherapie ist bei der Thermotherapie die Wärme der entscheidende Faktor. In Form von Infrarotbestrahlungen wird Wärme beispielsweise bei Entzündungen der Nasennebenhöhlen, des Mittelohrs oder anderen chronischen Entzündungen im Bereich des Kopfes eingesetzt. Bedeutsam ist die Wärme auch bei Fangopackungen, denn dieser Mineralschlamm vulkanischen Ursprungs wird vor der Anwendung erhitzt.

Ozontherapie

Ozon ist eine vor allem in hohen Konzentrationen giftige Form des Sauerstoffs, die aber, richtig dosiert, auch heilsame Wirkungen haben kann. Die bekannteste Form der Ozontherapie ist die den Stoffwechsel anregende Eigenblutbehandlung, bei der dem entnommenen Blut ein Gemisch aus Sauerstoff (O_2) und Ozon (O_3) zugesetzt wird, bevor man es zurückleitet.

Ernährungstherapie

Dieses Stichwort umfasst verschiedene Therapieformen, bei denen die Zusammensetzung der Nahrung auf den jeweiligen Patienten zugeschnitten ist. Wichtig sind dabei vor allem die Vollwertigkeit und der schonende Charakter der Speisen.

Die Hydrotherapie setzt auf die Heilkraft des Wassers (ganz oben).

Gesundheitsbad in Kräutern und Enzymen (oben)

Ergotherapie

Neben Licht, Luft, Wasser und Ernährung ist die Bewegung eine der fünf Säulen der Naturheilkunde. Der Bewegungs- oder Ergotherapie kommt immer größere Bedeutung zu, da die Zahl der Menschen, die eine sitzende Tätigkeit ausüben, stetig zunimmt. Ergotherapeuten empfehlen bei entsprechenden gesundheitlichen Voraussetzungen vor allem Ausdauersportarten wie Walking, Schwimmen oder Skilanglauf. Zum Erfolg führt regelmäßiges, dem Leistungsvermögen angepasstes Training.

Entspannung und Schmerzlinderung: Schlammpackung in einem französischen Thermalbad

Rotlichtbestrahlungen gegen Erkältungen gehören zu den häufigsten Anwendungen der Thermo- oder Wärmetherapie.

soll eine ► **Freihandelszone** entstehen, deren Mitglieder sich eine steigende Konkurrenzfähigkeit gegenüber Wettbewerbern aus anderen Ländern versprechen. Insbesondere der boomende südostasiatische Markt (► **Tigerstaaten**) sowie der europäische Wirtschaftsraum (► **EWR**) werden von den NAFTA-Staaten als Herausforderungen angesehen, denen man durch eine verbesserte Zusammenarbeit begegnen will. Noch größere wirtschaftliche Chancen verspricht man sich von der FTAA (Free Trade Area of the Americas), einer von Alaska bis Feuerland reichenden Freihandelszone der amerikanischen Staaten, die bis zum Jahr 2005 gegründet werden soll.

Nail-Art

engl. nail = Nagel
engl. art = Kunst

Wer nur eine herkömmliche Maniküre möchte, wird in den meisten Nail-Art-Studios sicher auch bedient werden, doch eigentlich wenden sich die Betreiber dieser Nagelstudios an Kunden mit ausgefalleneren Wünschen. Einfallsreiche Stylisten verwandeln unscheinbare Frauenhände vor allem für festliche Anlässe in kleine Kunstwerke, indem sie die Fingernägel ihrer Kundinnen mit allerlei Zierrat verschönern. Dazu benötigen sie winzige Pinzetten, kleine Scheren, Lacke, Acrylfarben, Klebstoff, Perlen, Federn und vieles mehr. Anregungen für besonders originelle Designs erhalten deutsche Nail-Art-Künstler oft aus den USA, wo dieses Geschäft schon seit den 70er-Jahren blüht.

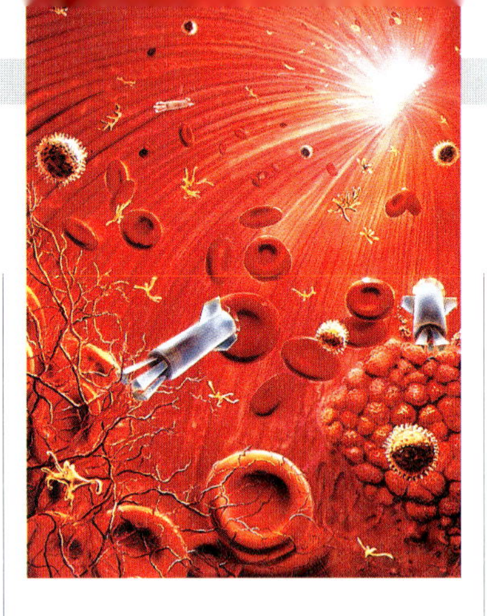

Blick in die Zukunft der Medizin: Zwei Nanoroboter zerstören in einem Blutgefäß krankes Gewebe.

Nanotechnologie

griech. nanos = Zwerg

Elektromotoren so klein wie Sandkörner, Pumpen winzig wie der Rüssel einer Fliege, Roboter, die nicht größer sind als eine Bleistiftspitze – das ist das Reich der Nanotechnologie, die nach Ansicht vieler Wissenschaftler zu den Schlüsseltechnologien des 21. Jh. gehören wird. Weltweit arbeitet man an der Entwicklung immer kleinerer elektronischer Bauteile und auch in Deutschland fördert das Bundesministerium für Bildung, Wissenschaft, Forschung und Technologie ein zukunftweisendes Projekt im Bereich der Nanotechnologie. Ein Nanometer entspricht dem milliardsten Teil eines Meters (= 0,000000001 m) bzw. dem Durchmesser von drei Atomen. Zur Manipulation des Materials bedienen sich die Wissenschaftler eines so genannten Rastertunnelmikroskops, mit dessen Hilfe man die Oberfläche einzelner Atome beeinflussen kann. Dadurch soll beispielsweise die elektrische Leitfähigkeit des Materials verbessert werden.
Die Nanotechnologie wird vermutlich auch die Medizin revolutionieren – ein winziger Operationsroboter, der in die Blutbahn eines Patienten injiziert werden kann, gehört zu den vielen Projekten, an denen derzeit gearbeitet wird. Im Kernforschungszentrum in Karlsruhe entwickelten Wissenschaftler ein Endoskop (► **Endoskopie**) von der Größe eines Reiskorns, das eine Kamera, Sensoren, einen ► **Laser** und ein Ultraschallschneidegerät enthält.

Naturschutzranger

engl. ranger = Förster, Aufseher

In den amerikanischen Nationalparks und in den großen Waldgebieten Kanadas werden die Mitglieder des Forstüberwachungsdienstes Ranger genannt und in einigen US-Bundesstaaten tragen auch Spezialeinheiten der Polizei diese Bezeichnung (z. B. Texas Ranger). Die Aufgaben eines Rangers sind vielfältig: Er ist Aufseher, Förster, Naturschützer und Hilfspolizist zugleich.
Seit kurzem richten auch in Deutschland einige Kommunen, Landkreise und andere Gebiets-

Seit 1996 arbeiten im Nationalpark Schleswig-Holsteinisches Wattenmeer Naturschutzranger mit vielfältigen Aufgaben.

körperschaften Stellen ein, deren Aufgaben mit einigen Ausnahmen denen eines nordamerikanischen Rangers gleichen. So hat die Gemeinde Feldberg in Baden-Württemberg bereits 1992 ihren ersten „Feldbergranger" eingestellt, zu dessen Tätigkeiten neben Wald- und Wildschutzmaßnahmen auch die Betreuung von Touristen gehört. 1995 nahm in der unter Naturschutz stehenden Wutachschlucht in Südbaden eine Frau ihren Dienst als „Wutachrangerin" auf und seit 1996 gibt es im Nationalpark Schleswig-Holsteinisches Wattenmeer Naturschützer, die als „Wattenranger" bezeichnet werden.

Navigationsleitsystem

lat. navigatio = Schifffahrt

Seit Anfang der 90er-Jahre gibt es von japanischen, niederländischen und deutschen Unternehmen entwickelte Navigationsleitsysteme, die Autofahrern

Vorzüge eines modernen Navigationsleitsystems: Übersichtskarten mit der aktuellen Position sowie ein Display mit Richtungspfeilen helfen dem Autofahrer sein Ziel zu finden.

Unterstützung im Straßenverkehr bieten. Mithilfe von Signalen, die das globale Satellitenortungssystem ► **GPS** aussendet, und den Daten, die hochwertige Sensoren und ein elektronischer Kompass liefern, kann ein eingebauter Navigationsrechner die aktuelle Position des Fahrzeugs bestimmen und die geeignetste Streckenführung zu einem vorgegebenen Zielort ermitteln. Der Rechner vergleicht zu diesem Zweck die jeweiligen Daten über Position, Geschwindigkeit und Richtungsänderungen mit einer digitalen Straßenkarte, die auf einer ► **CD-ROM** gespeichert ist. Eine Stimme aus einem Sprachspeicher teilt dem Autofahrer beispielsweise rechtzeitig mit, wann abgebogen werden muss oder an welcher Ausfahrt der Kreisverkehr verlassen werden soll. Darüber hinaus informiert ein ► **Display** mittels Pfeilen über bevorstehende Richtungsänderungen. Wer einen umfassenderen Überblick über seine augenblickliche Position und den Weg zum Zielort wünscht, kann sich im Display eine elektronische Karte zeigen lassen.
Verschiedene Unternehmen arbeiten derzeit an der Weiterentwicklung von Navigationsleitsystemen, wobei größtmögliche Präzision und Datenvielfalt angestrebt werden. Die Verantwortung für umsichtiges Fahren können jedoch weder bereits im Einsatz befindliche noch zukünftige Systeme dem Fahrzeuglenker abnehmen, da sie nicht die Funktion eines ► **Autopiloten** haben.

Netzwerk

Computerbesitzer haben die Möglichkeit das größte Netzwerk der Welt, das ► **Internet**, für den globalen Datenaustausch zu nutzen. Als Netzwerk oder Network bezeichnet man im Computerbereich jedoch nicht nur Systeme, die eine weltweite Kommunikation von ► **PC**-Benutzern ermöglichen, sondern auch Datenverarbeitungsanlagen, die innerhalb eines Betriebs miteinander verbunden sind (► **Intranet**).
Außerhalb der Computerwelt wird der Begriff Netzwerk oft für kooperierende Interessengruppen verwendet, die gemeinsame Ziele verfolgen und zu diesem Zweck Erfahrungen austauschen. Ein Beispiel für ein internatio-

nales Netzwerk ist das 1991 gegründete Greening of Industry Network, dessen rund 1200 Mitglieder aus etwa 50 Ländern für eine zunehmende Umweltorientierung in Wirtschaft und Politik eintreten. In Netzwerken organisieren sich auch viele Frauenverbände, die durch bundesweite und teilweise länderübergreifende Zusammenarbeit mit anderen Frauenorganisationen Ziele wie Chancengleichheit im Beruf und Schutz vor männlicher Gewalt verwirklichen wollen.

Neubaukrankheit

Die von Fachleuten auch Sick-Building-Syndrom genannte Neubaukrankheit umfasst eine Vielzahl von Symptomen, die mit den Lebensbedingungen in neu errichteten Gebäuden in Verbindung gebracht werden. Übelkeit, Kopfschmerzen, Atemnot, Schlaflosigkeit werden ebenso von so genannten ► **Wohngiften** ausgelöst wie von chemischen Baustoffen und Bauzusatzstoffen, von Klebern in Bodenbelägen sowie von Pilzen und Sporen aus den Klimaanlagen, die vor allem in Bürogebäuden verwendet werden. Betonböden, die nicht ausreichend federn, belasten die Gelenke und können zu Rückenschmerzen führen. In vielen Neubauten verhindern stark isolierende Fenster den Luftaustausch und die Betonwände saugen die Feuchtigkeit auf. Das so entstehende Raumklima reizt Schleimhäute, Haut und Atemwege. Manche Experten, darunter einige Baubiologen, machen vor allem die Betonbauweise für die Neubaukrankheit verantwortlich. Sie vertreten die wissenschaftlich umstrittene Ansicht, dass die Stahlgitter im Beton wie ein Faradaykäfig wirken. Das heisst, dass die Wohnung vom elektromagnetischen Feld der Erde abgeschirmt wird. Dies kann ebenso wie eine zu hohe Belastung mit künstlichen elektromagnetischen Feldern zu Unwohlsein und Krankheiten führen. Anhänger der ► **Baubiologie** empfehlen den völligen Verzicht auf Stahl und Beton und fordern Bauherren auf, überwiegend natürliche Materialien zu verwenden.

Neue Nomaden

Unter Nomaden im herkömmlichen Sinn versteht man Viehzüchter, die mit ihrer Familie und dem gesamten Hausrat in einem begrenzten Gebiet umherziehen, um ständig neue Weideplätze aufzusuchen. Die neuen Nomaden tun es ihnen in gewisser Weise nach: Es sind Menschen, die freiwillig oder gezwungenermaßen oft den Arbeitsplatz wechseln und bereit sind, dafür in eine andere Stadt oder in ein anderes Bundesland umzuziehen. Diese hohe Mobilität führt dazu, dass sie sich in ihren Wohnungen häufig nur provisorisch einrichten, wobei viele von ihnen ein auf ihre speziellen Bedürfnisse zugeschnittenes Design bevorzugen: Möbel, die zusammengeklappt oder gefaltet werden können, Küchen, die man ohne großen Aufwand ein- und ausbauen kann, oder Schränke, die mühelos zu zerlegen und wieder aufzubauen sind. Als neue Nomaden bezeichnet man auch Arbeitnehmer, die überwiegend in Dienstleistungsberufen tätig sind und aufgrund hoher Mietpreise in den Großstädten, wo sie arbeiten, in die Randgebiete der Ballungsräume oder aufs Land ziehen. Dafür müssen sie oft stundenlange Fahrten mit dem Auto oder öffentlichen Verkehrsmitteln in Kauf nehmen um zum Arbeitsplatz zu gelangen.

Neue Rechte

Die steigende Arbeitslosigkeit hat in vielen Ländern Europas zur Stärkung von Parteien geführt, die extreme politische Positionen vertreten und behaupten einfache Lösungen für komplizierte Probleme zu besitzen. Besonders großen Erfolg mit populistischen Parolen, die oft ausländerfeindliche Tendenzen haben, verzeichnet beispielsweise in Frankreich der Front National, eine am äußeren rechten Rand des politischen Spektrums angesiedelte Partei, die von Jean Marie Le Pen geführt wird. Das meist unverhohlen demagogische Auftreten eines Le Pen oder anderer bekannter Politiker von Parteien mit extrem rechten An-

Pat Robertson zählt zu den bekanntesten Vertretern der neuen Rechten in den USA.

schauungen unterscheidet sich – zumindest nach außen hin – von dem Bild, das die Vertreter der so genannten neuen Rechten der Öffentlichkeit von sich vermitteln. Die neue Rechte, die auch in Frankreich (Nouvelle Droite), Italien (Nuova Destra) und England (New Right) in die politische Diskussion eingreift, entstand Ende der 60er-Jahre als bürgerlich intellektuell geprägte Bewegung, die die Anschauungen der damaligen linken Protestbewegungen heftig ablehnte. Ihre Anhänger wenden sich gegen die multikulturelle Gesellschaft, der sie das Leitbild einer ethnisch und kulturell einheitlichen Nation entgegenstellen. Damit verbindet sich meist ein mehr oder minder deutlicher Antiamerikanismus, da die US-amerikanische Kultur mit ihrer Anziehungskraft auf die Jugend eine vermeintliche Bedrohung nationaler Eigenheiten darstellt. Kritiker werfen der neuen Rechten vor, dass ihre Überzeugungen im Grunde weitgehend mit denen heutiger rechtsextremistischer Parteien übereinstimmen, was sie jedoch durch eine geschickte Rhetorik zu verschleiern wissen.
Auch in Amerika gibt es eine neue Rechte, die aber im Unterschied zur gleichnamigen europäischen Bewegung stark christlich geprägt ist. Für besonderes Aufsehen sorgte u.a. der Politiker Pat Robertson, dessen Partei Christian Right den angeblichen moralischen Verfall Amerikas anprangert und beispielsweise vehement gegen das Recht auf Abtreibung kämpft.

Neurocomputer

griech. neuron = Nervenzelle

Der Traum vieler Computerkonstrukteure ist ein Elektronenrechner, der es an Leistung mit dem menschlichen Gehirn nicht nur aufnehmen kann, sondern es noch weit übertrifft. Er soll in der Lage sein selbstständig zu denken und eigene Entscheidungen zu treffen (► **Künstliche Intelligenz**). Eine Etappe auf dem Weg zu diesem Ziel stellt der so genannte Neurocomputer dar, der den Aufbau des menschlichen Gehirns nachahmt. Dies geschieht durch die Bildung eines neuronalen Netzes, bei dem Prozessoren (► **CPU-Prozessor**) in Gestalt von ► **Mikrochips** verknüpft werden, die ebenso wie Nervenzellen eine Zuleitung und Ausgangskanäle haben. Derzeit befindet sich die Entwicklung der Neurocomputer, zu deren Aufgaben u.a. die Erstellung von Wirtschaftsprognosen gehören soll, noch im Anfangsstadium. Jedoch gibt es bereits Rechner, die durch den Vergleich von Daten eigenständig Regeln bilden können und Fehler des Benutzers bei der Eingabe korrigieren.

Neurodermitis

griech. neuron = Nerv, Sehne
griech. derma = Haut

Rund zwei Millionen Menschen in Deutschland leiden unter Neurodermitis, einer erblich bedingten chronischen Ekzemform. Ihre Symptome reichen von leichten Hautausschlägen über stark juckende Knötchen bis hin zu großflächigen Entzündungen, die einen quälenden Juckreiz verursachen. In vielen Fällen tritt die Erkrankung in Verbindung mit Heuschnupfen und Asthma auf. Die Ursachen für Neurodermitis bzw. einen Krankheitsschub sind vielfältig und von Fall zu Fall verschieden; oft können sie nicht eindeutig bestimmt werden. Zu den Auslösern rechnet man neben psychischem Stress Allergene, die u.a. in Nahrungsmitteln oder in der Luft vorkommen. Darüber hinaus kann der Kontakt mit Chemikalien, wie sie in Putz-, Wasch- und Pflegemitteln enthalten sind, das Krankheitsbild verschlimmern. Eine Gefahr stellen auch Infekte dar, die die Abwehrkräfte schwächen und die Anfälligkeit erhöhen. Häufig tritt Neurodermitis bereits im Säuglings- oder Kindesalter auf. Die Ekzemform, von der Säuglinge betroffen sind, wird als Milchschorf bezeichnet, da die schuppigen Entzündungen, die meist an Wange und Kopf auftreten, an angetrocknete Milch erinnern. Später tritt das Ekzem oft auch im Windelbereich auf

und mit zunehmendem Alter kommen meist noch juckende Knötchen an den großen Gelenkbeugen, besonders den Ellbogen und Kniekehlen, hinzu. In vielen Fällen lässt die Neurodermitis in der Pubertät stark nach oder klingt völlig ab. Einige Betroffene leiden jedoch ihr ganzes Leben an der Krankheit, wobei das Ekzem bei Erwachsenen vor allem an Rumpf und Extremitäten auftritt. Neurodermitis kann auf vielfältige Weise behandelt werden, im Einzelfall muss ein Arzt die beste Therapie bestimmen.

New Age

→ siehe S. 146

Zu den ungelösten Problemen unserer Zeit zählt die rasch wachsende Zahl von Nichtsesshaften. Der Weg in die Obdachlosigkeit beginnt oft mit dem Verlust des Arbeitsplatzes und der Trennung vom Partner.

Nichtsesshafte

Eines der größten sozialen Probleme in Deutschland ist die Obdachlosigkeit, die seit einigen Jahren stetig zunimmt. Mehr als 900000 Menschen waren Mitte 1997 ohne festen Wohnsitz, wobei der Anteil der Nichtsesshaften, die auf der Straße leben, nicht genau bekannt ist; die Schätzungen schwanken zwischen 35000 und 150000. Die Mehrzahl der Wohnungslosen verbringt die Nacht in Heimen oder Notunterkünften, wo sich meist mehrere Nichtsesshafte ein Zimmer teilen. Da in diesen Quartieren häufig keine Partner übernachten dürfen und zudem oft kein Hund mitgebracht werden darf, ziehen es manche vor, im Freien oder – bei extremen Witterungsbedingungen – in Billigpensionen zu nächtigen. Frauen, die etwa 15% der Wohnungslosen stellen, können in Frauenhäusern eine Bleibe für die Nacht finden.
Die Gründe für das Abgleiten in die Obdachlosigkeit sind vielfältig: Am Anfang steht häufig der Verlust des Arbeitsplatzes; gescheiterte Beziehungen werden ebenfalls als Ursache genannt. Die rund 7000 Kinder, die auf der Straße leben (► **Straßenkinder**), haben die elterliche Wohnung meist verlassen um desolaten Familienverhältnissen zu entkommen. Ihren Lebensunterhalt sichern sich die Nichtsesshaften mit Gelegenheitsjobs, Sozialhilfe und Betteln. Viele von ihnen würden gern wieder in geordneten Verhältnissen leben, doch die Rückkehr in ein normales Leben ist schwer. Dies liegt oft auch am Alkoholismus, der die soziale Integration erschwert.

NLP

Das Neurolinguistische Programmieren oder NLP, wie diese psychologische Therapiemethode kurz genannt wird, befasst sich damit, Alternativen zu eingefahrenen Verhaltens- und Denkmustern zu entwickeln, die die Verwirklichung persönlicher Ziele und Wünsche behindern. Wesentlichen Anteil an der Entwicklung des NLP hatten die US-Amerikaner Richard Bandler und John Grinder. Anfang der 70er-Jahre begannen sie damit, das Verhalten von sehr erfolgreichen Persönlichkeiten zu analysieren, und erkannten dabei Gesetzmäßigkeiten im Denken und Handeln, die nach Ansicht der beiden Wissenschaftler auch anderen Menschen von Nutzen sein können. Das Modelling, so bezeichnet man im NLP das Erkennen und Nachahmen der wesentlichen Denk- und Handelsstrukturen eines erfolgreichen Vorbilds, bildet die Grundlage des Neurolinguistischen Programmierens. Der Namensbestandteil „Neuro" weist darauf hin, dass unser Nervensystem und die Sinne eine wesentliche Rolle bei der Bildung von Denk- und Verhaltensmustern spielen. Der Begriff „Linguistik" steht dafür, dass diese Muster sich auch in der Sprache zeigen und durch sie beeinflusst werden können. Im Lauf der Jahre haben die Therapeuten, die sich des NLP bedienen, durch das Modelling eine umfangreiche Sammlung von Techniken entwickelt, durch die Verhalten gezielt gesteuert bzw. programmiert werden kann. In den letzten Jahren hat das NLP über die Psychotherapie hinaus Anhänger gefunden und wird auch in anderen Bereichen wie z. B. der Sozialarbeit angewandt.

Notebook

engl. = Notizbuch

Wie sein etwas größerer Verwandter, der ► **Laptop**, ist ein Notebook ein transportabler ► **PC** mit einer Flüssigkristallanzeige (► **Display**). Dank seines niedrigen Gewichts von nicht einmal 2 kg und seiner geringen Größe kann man es bequem in einer Aktentasche mit sich führen und beispielsweise während der Zugfahrt zum Arbeitsplatz Texte oder Statistiken vorbereiten. Hinsichtlich Rechenleistung und Erweiterungsmöglichkeiten bleibt ein Notebook zwar hinter einem großen PC zurück, als Werkzeug für Außendienstler und andere beruflich Reisende ist es aber sehr zweckmäßig.

Nouvelle Cuisine

Anfang der 70er-Jahre prägten die berühmten französischen Restaurantkritiker Gault und Millau diesen Begriff, der neue Küche bedeutet und sich ursprünglich auf die Kochkünste einiger junger französischer Spitzenköche wie Paul Bocuse bezog. Inzwischen steht er allgemein für eine besondere Art des Kochens, die dem heutigen Gesundheitsbewusstsein und dem Fitnesstrend Rechnung trägt. Die Anhänger der Nouvelle Cuisine lehnen die traditionelle Küche mit ihren oft üppigen Braten, mehlgebundenen Soßen und reichhaltigen, lange gekochten Gemüsebeilagen ab und bevorzugen leichte, bekömmliche und vitaminreiche Speisen. In erster Linie werden frische Zutaten und Kräuter aus der Region verwendet, durch kurze, schonende und getrennte Zubereitung verlieren die Gemüse nur wenige Vitamine und der Eigengeschmack der Zutaten bleibt erhalten. Die Portionen, die im Vergleich zur oft opulenten traditionellen Küche meist relativ klein sind, werden ansprechend garniert, sodass auch das Auge an den kulinarischen Genüssen teilhat. Trotz einiger Auswüchse, die auf das Bestreben mancher Starköche zurückzuführen sind, immer raffiniertere Kreationen zu schaffen, sind die Prinzipien der Nouvelle Cuisine wie Frische, schonende Zubereitung und natürliche Aromen in einer Zeit, in der ► **Genlebensmittel** und ► **Designerfood** immer größeren Raum in unserer Ernährung einnehmen, aktueller denn je. Viele Köche verbinden heute die Grundideen der Nouvelle Cuisine mit den Errungenschaften der traditionellen Küche. Sie stellen die Qualität der verwendeten Lebensmittel und deren schonende Zubereitung in den Vordergrund, servieren aber reichhaltige Portionen und verzichten auf übertriebene Garnierung und allzu gesuchte Zutatenkombinationen.

Nuklearmedizin

lat. nucleus = Kern

Zu den jüngsten Errungenschaften der modernen Hightechmedizin gehört die Nuklearmedizin, die sich mit der Anwendung von radioaktiven Elementen (Isotopen) in Diagnostik, Forschung und Therapie beschäftigt. Eine wichtige Rolle spielen dabei Radionuklide, d. h. radioaktive Nuklide (Atomart, die durch ihre Protonen- und Neutronen- bzw. Massenzahl bestimmt ist), die sich bei ihrem radioaktiven Zerfall in stabile Nuklide verwandeln und dabei Strahlen aussenden. Bei den nuklearmedizinischen Messverfahren macht man sich die Tatsache zunutze, dass sich

Radionuklide im Stoffwechsel ebenso verhalten wie stabile Isotope, jedoch im Unterschied zu diesen aufgrund ihrer Strahlung bereits in kleinen Mengen nachgewiesen werden können. So werden beispielsweise zu diagnostischen Zwecken Organe wie Schilddrüse, Leber, Nieren oder Herz künstlich mit radioaktiven Elementen angereichert, deren Strahlung von einem ► **Scanner** erfasst und in Form eines so genannten Szintigramms grafisch dargestellt wird (► **Szintigraphie**).
Die Nuklearmedizin hat neben den diagnostischen Anwendungen auch therapeutische Aufgaben. So wird z.B. im Rahmen einer Radiojodtherapie Schilddrüsenkrebs behandelt. Dabei kommt es zu einer Speicherung des Radiojods im Krebsgewebe, das nach und nach durch die Strahlung zerstört werden soll. Ein weiteres Einsatzgebiet von Radionukliden ist die Labormedizin, wo sie zur Untersuchung von Arzneimitteln, Hormonen und Enzymen verwendet werden.

Nulldiät

Etwa 30% aller Bürger der Europäischen Union leiden an Übergewicht, wenn man bei der Gewichtsberechnung den ► **Body-Mass-Index** zugrunde legt. Da Schlankheit zu den Idealen unserer Gesellschaft gehört und starkes Übergewicht schwere gesundheitliche Probleme verursachen kann, versuchen viele Menschen ihre überflüssigen Pfunde loszuwerden und setzen dabei auf die unterschiedlichsten Methoden. Eine besonders radikale Form der Gewichtsreduktion ist die so genannte Nulldiät, eine Form des Wasserfastens, die bei extrem übergewichtigen Personen unter strenger medizinischer Überwachung in einer Klinik durchgeführt wird. Dabei erhält der Patient nur Flüssigkeit ohne Brennwert, Vitamine und die für die Körperfunktionen lebenswichtigen Mineralstoffe. Ohne ärztliche Kontrolle sollte eine Nulldiät, zu deren positiven Aspekten die Entgiftung des Körpers gehört, nicht durchgeführt werden, da bei zu langer Dauer neben dem Körperfett auch die Eiweiße der Körpergewebe so weit abgebaut werden, dass es zur Schädigung von Organen kommen kann.

Nullnummer

Als 1994 in Deutschland das Nachrichtenmagazin *Focus* auf den Markt kam und sich sofort mit hohen Auflagen etablieren konnte, lag dies nicht nur am Gespür der Zeitschriftenmacher für die zeitgemäße Präsentation aktueller Themen. Redaktion und Grafikabteilung konnten sich bei der Gestaltung des Magazins auf die akribische Arbeit von Marktforschern stützen, die die Interessen des Zielpublikums genau analysierten. In der Vorbereitungsphase hat das *Focus*-Team auch eine Reihe von Nullnummern produziert, d.h. fertige Ausgaben des Magazins, die nicht in den Handel kamen. Diese Nullnummern wurden nur einem ausgewählten Testpublikum angeboten, das Verbesserungswünsche äußern sollte. Das Beispiel von *Focus* ist keine Ausnahme, da angesichts der immer stärker werdenden Konkurrenz auf dem Medienmarkt und der hohen Kosten kaum noch eine neue Zeitschrift erscheint, ohne dass vorher mit einer Nullnummer die Publikumsresonanz getestet wird.

Nullrunde

Die schwierige wirtschaftliche Situation veranlasst die Arbeitgeber zu verstärkten Forderungen nach Senkung der Lohn- und Lohnnebenkosten. Häufig ist in diesem Zusammenhang bei bevorstehenden Tarifverhandlungen von einer Nullrunde die Rede. Dies bedeutet nichts anderes als den Verzicht der Arbeitnehmer auf eine Lohnerhöhung, selbst wenn diese nur als Inflationsausgleich gedacht ist. Angesichts des drohenden Arbeitsplatzabbaus, der kaum eine Branche verschont, wächst bei den Arbeitnehmern in jüngster Zeit die Bereitschaft zu einem solchen Lohnverzicht, wenn im Gegenzug eine befristete Arbeitsplatzgarantie gegeben wird.

Obdachlosenzeitung

In Deutschland waren 1995 rund 920000 Menschen ohne Wohnung. Über die Situation der Betroffenen, die meist wegen Arbeitslosigkeit, Schulden, Beziehungsproblemen oder steigender Mieten ins soziale Abseits geraten sind, informieren die mittlerweile in vielen größeren deutschen Städten erscheinenden Obdachlosenzeitungen. Dazu zählen beispielsweise *Hinz und Kunzt* in Hamburg, *Asphalt* in Hannover, *Bodo* in Dortmund, *Kippe* in Leipzig und *Trott-war* in Stuttgart. Die Monatsschriften, die allesamt aus der Initiative ehemals Obdachloser hervorgegangen sind und auch die Bezeichnung Straßenzeitung tragen, wollen in der Bevölkerung mehr Verständnis für diese sozial Ausgegrenzten schaffen. Überdies verstehen sie sich als Selbsthilfeprojekte nach dem Motto „verkaufen statt betteln“. Denn diese Blätter werden ausschließlich von ► **Nichtsesshaften** auf der Straße angeboten. Nach oft jahrelanger Abhängigkeit vom Sozialamt können sie auf diese Weise erstmals wieder ihr eigenes Geld verdienen. Ihre Tätigkeit als Zeitungsverkäufer soll der erste Schritt aus der gesellschaftlichen Isolation sein und zudem die Chancen für einen Einstieg in das normale Erwerbsleben verbessern. Tatsächlich haben einige von ihnen dank der Kontakte mit Bürgern auf der Straße wieder einen Arbeitsplatz oder eine Privatunterkunft gefunden. Finanziert werden diese Zeitungen, deren Mitarbeiter meist Sozialarbeiter und ehemalige Obdachlose sind, durch Anzeigen, Spenden und die Verkaufserlöse.

Offener Kanal

Als der private Rundfunk in Deutschland aufkam, erhielten nach und nach auch interessierte Laien die Möglichkeit Sendungen zu produzieren. In so genannten offenen Kanälen, die von lokalen oder regionalen Privatanbietern – meist stundenweise begrenzt – zur Verfügung gestellt werden, können einzelne Bürger oder ganze Bürgergruppen ihr eigenes Radio- oder Fernsehprogramm gestalten. Die dafür notwendige technische Ausrüstung dürfen sie kostenlos benutzen. Bei Bedarf stehen ihnen die professionellen Mitarbeiter der Hörfunk- und Fernsehstationen mit fachlicher Beratung zur Seite. Ob Musik, Kabarett, Theater, Dokumentationen oder Diskussionsrunden – in der Wahl der Themen sind die Amateure frei. Ihre Sendungen werden unter Bezeichnungen wie Hörerradio oder Bürgerradio in das Gesamtprogramm der Privatveranstalter integriert und über deren Frequenzen bzw. Kabelnetze ausgestrahlt. Der erste offene Kanal nahm Anfang 1984 in Ludwigshafen/Rheinland-Pfalz seinen Betrieb auf, danach folgten Pilotprojekte in den Städten Dortmund und Berlin. Häufig trifft man offene Kanäle auch bei nicht kommerziellen Alternativsendern an, die heute gesetzlich zugelassen sind, früher aber einmal illegale Piratensender waren. Ein bekanntes Beispiel dafür ist Radio Dreyeckland in Freiburg.

Okkultismus

lat. occultus = geheim, verborgen

Lehren, die sich mit geheimen Naturkräften beschäftigen, und die damit verbundenen Praktiken außersinnlicher Wahrnehmung werden unter dem Sammelbegriff Okkultismus zusammengefasst. Dessen Anhänger erklären verborgene, d.h. naturwissenschaftlich nicht begründete Erscheinungen – beispielsweise das Bewegen von Gegenständen ohne physische Beeinflussung – mit außergewöhnlichen seelischen Fähigkeiten einzelner Menschen oder aber mit der Existenz und Wirkung von Geistern. Dieser Glaube an übersinnliche Wesen und Mächte ist auf uralte religiöse Geheimkulte zurückzuführen, die damals nur wenigen Eingeweihten zugänglich waren.

Zur okkulten Praxis des Wahrsagers gehört, mithilfe einer Kristallkugel die Zukunft vorauszusagen.

Darauf beruhen sowohl die Naturmagie des ► **Schamanismus** als auch die magischen Techniken der ► **Geistheiler**. Der Okkultismus unserer Zeit ist eine relativ moderne Weltanschauung, die für sich in Anspruch nimmt unerklärliche Phänomene zu erforschen um sie für das menschliche Bewusstsein verfügbar zu machen. Durch den ► **Esoterik**-Boom und die Psychokulte des ► **New Age** sind seit den 80er-Jahren die okkulten Lehren in den westlichen Industrieländern so populär geworden, dass dies eigentlich ihrem Grundwesen als Geheimwissenschaft völlig widerspricht. Zu den verbreitetsten okkulten Praktiken zählen Hellsehen in die Zukunft und Vergangenheit, ► **Telepathie**, Astrologie, Kartenlegen (► **Tarot**), Gläserrücken, Pendeln, Séancen, Geisterbeschwörungen, Spukerscheinungen und schwarze Messen (► **Satanskult**). Die ► **Parapsychologie** versucht solche okkulten Phänomene mit streng wissenschaftlichen Methoden zu erforschen.

Öko-Audit

griech. oikos = Haus; übertragene Bedeutung: Umwelt
lat. auditus = Anhörung

Die Europäische Gemeinschaft hat im Jahr 1993 eine Verordnung verabschiedet, nach der sich gewerbliche Unternehmen freiwillig an einem gemeinschaftlichen Verfahren zur Umweltbetriebsprüfung – kurz Umwelt- oder Öko-Audit genannt – beteiligen können. Wer die Verordnung erfüllt, erhält ein Zertifikat, das sich gut für Werbezwecke nutzen lässt. Denn mit zunehmendem Umweltbewusstsein der Bürger steigt auch das Ansehen umweltfreundlich produzierender Firmen. Eigentliches Ziel des Öko-Audits ist es aber, die Eigenverantwortung der Industrie zu fördern, damit diese von sich aus Umweltbelastungen verringert, vermeidet und so weit möglich beseitigt. Mit der Teilnahme an der EG-Verordnung lassen sich einerseits die Einhaltung bestehender Gesetze und behördlicher Auflagen nachweisen, andererseits Produktionskosten durch Reduzierung des Energie- und Rohstoffverbrauchs sowie der Abwasser- und Abfallmengen senken. Die ► **Ökobilanz**, die im Rahmen der Umweltbetriebsprüfung aufgestellt werden kann, liefert hierzu nützliche Hinweise. Für derlei Vorzüge müssen die am Öko-Audit interessierten Firmen einige Vorleistungen erbringen. Denn das Zertifikat wird nur erteilt, wenn ein vorgegebenes Regelwerk eingehalten wird. Dieses schreibt vor, dass ein Unternehmen zunächst allgemeine Umweltziele definieren und ein konkretes Umweltprogramm erarbeiten soll um mit geeigneten Maßnahmen die Ziele für eine umweltgerechtere Produktion zu erreichen. Zusammen mit unabhängigen Betriebsprüfern wird regelmäßig die Wirksamkeit des Programms untersucht. Die Erteilung des Zertifikats erfolgt, wenn ein zugelassener Umweltgutachter bestätigt, dass die Erklärung der EG-Verordnung entspricht. Inzwischen haben viele Firmen der Großindustrie ein Umwelt-Audit durchgeführt. Mittelständische Unternehmen verhalten sich wegen der aufwändigen und kostenintensiven Vorarbeiten noch recht zurückhaltend.

Ökobilanz

griech. oikos = Haus; übertragene Bedeutung: Umwelt
ital. bilancia = Waage

Wenn man Produkte auf ihre Umweltverträglichkeit hin vergleichen möchte oder die Umweltauswirkungen bzw. die ökologischen Schwachstellen eines Unternehmens bestimmen will, sind Ökobilanzen sehr hilfreich. Allerdings kann deren Erstellung recht schwierig sein, da man dazu die gesamte Produktionskette von der Energie- und Rohstoffgewinnung über die Transportwege und Zwischenlagerungen bis hin zur Entsorgung betrachten muss. Besonders wichtig sind dabei die Umwelteinwirkungen wie etwa die Entnahme von Rohstoffen, der Verbrauch von Energie, Wasser, Boden und Luft sowie die Abgabe von Schadstoffen, Wärme, Schall und Strahlung. So hat man beispielsweise festgestellt, dass die Plastiktüte, ökologisch betrachtet, sinnvoller als die vermeintlich umweltfreundliche Papiertasche ist. Denn bei der Plastikherstellung wird erheblich weniger Energie benötigt, das Wasser kaum belastet und es entsteht ein deutlich geringerer Schadstoffausstoß in die Luft als bei der Papierproduktion. Nur die Tatsache, dass Holz ein wieder nachwachsender Rohstoff ist, spricht gegen die Plastiktüte. Bei Umweltbetriebsprüfungen (► **Öko-Audit**) erweisen Ökobilanzen einen guten Dienst, da durch sie ersichtlich wird, in welchen Produktionsbereichen Maßnahmen zur Luft- und Wasserreinhaltung ergriffen, Energien besser genutzt sowie Abfall und Reststoffe vermieden oder verwertet werden können.

Ökofonds

griech. oikos = Haus; übertragene Bedeutung: Umwelt
franz. fonds = Gelder, Kapital

Bei den Ökofonds handelt es sich um Fördermittel, mit denen ökologisch und sozial ausgerichtete Projekte oder Betriebe unterstützt werden. Diese Fonds, bei denen es nicht – wie sonst üblich – um eine Kapitalanlageform mit dem Ziel einer möglichst hohen ► **Rendite** geht, wurden Anfang der 80er-Jahre von den Grünen ins Leben gerufen um ihre Umweltpolitik in Aktionen und Initiativen umzusetzen. Das Kapital stammt hauptsächlich von Spenden ökologisch engagierter Politiker, die dafür auf einen Teil ihrer Abgeordnetendiäten verzichten. Die Fonds werden beispielsweise von der 1988 gegründeten Ökobank mit Sitz in Frankfurt/Main angeboten. Diese hat sich zum Ziel gesetzt die Umwelt zu schützen und für Frieden und soziale Gerechtigkeit einzutreten. Sie ist als Genossenschaft organisiert, deren Mitglieder über die Verwendung des Anlegerkapitals entscheiden.

Ökologischer Landbau

In den letzten Jahrzehnten führten die Anbaumethoden der konventionellen Agrarwirtschaft, die zur Steigerung des Ernteertrags verstärkt Kunstdünger und chemische Schädlingsbekämpfungsmittel einsetzte sowie große Monokulturen betrieb, zu einer immer größeren Schadstoffbelastung des Erdreiches und zur Bodenerosion. Eine Alternative dazu

Die aus dem ökologischen Landbau stammenden Produkte werden oft in speziellen Bioläden verkauft.

stellt der ökologische Landbau dar, da er in starkem Maß die wechselseitigen Beziehungen der Pflanzen und Tiere in ihrem Lebensraum berücksichtigt. Sein Hauptanliegen ist es, bei der Nutzung der Agrarflächen künstliche Eingriffe weitgehend zu vermeiden um das ökologische Gleichgewicht und seine Fähigkeit zur Selbstregulation zu erhalten. Zu den biologischen Verfahren der Ökolandwirte gehören die natürliche Düngung mit Kompost sowie der vielfältig wechselnde Anbau von Feldfrüchten. Auf diese Weise lassen sich die Bodenqualität steigern und die Ausbreitung von Pflanzenkrankheiten verhindern. Statt chemischer Spritzmittel bedient man sich bei Schädlingsbefall natürlicher Feinde, die als Parasiten oder Krankheitserreger die Schädlinge vernichten; so werden beispielsweise gezielt Marienkäfer gegen Blattläuse eingesetzt. Da durch das umweltverträgliche Wirtschaften geringere Erntemengen erreicht werden, müssen die Ökobauern ihre Erzeugnisse teurer verkaufen um somit einen finanziellen Ausgleich für ihre hohen Produktionskosten zu erzielen bzw. einen angemessenen Gewinn zu erwirtschaften. Die bekanntesten Produkte aus ökologischem Anbau tragen die Markenbezeichnungen Demeter und Bioland. In Deutschland gab es im Jahr 1996 annähernd 2900 Bioland-Betriebe, deren Anteil an der landwirtschaftlichen Nutzfläche zu diesem Zeitpunkt etwa 2% betrug.

Ökomode

siehe S. 275

Ökosteuer

siehe S. 406

Onlinedienste

engl. online = in direkter Verbindung

Mit dem Siegeszug des ► **Internets** und des ► **World Wide Web** setzen sich auch zunehmend Onlinedienste durch. Darunter versteht man Gesellschaften, die ihren Kunden über ein Computernetz, meist Internet, Waren und Dienstleistungen anbieten. So kann man beispielsweise Informationen aus Datenbanken zahlreicher Länder abrufen, Bankgeschäfte (► **Homebanking**) abwickeln, Waren wie Musikkassetten, Videos, Spiele, Bekleidung, Möbel und Autos kaufen (► **Teleshopping**), Konzertkarten bestellen und Reisen buchen sowie ► **Software** direkt über das Rechnernetz auf den eigenen Computer laden. Bekannte Anbieter sind T-Online, Compuserve, AOL (American Online), MSN und Europe-Online. Ihre Angebote, die sich deutlich voneinander unterscheiden, werden zunehmend umfangreicher und vielfältiger. Alle bieten jedoch den Zugang zum Internet an, wodurch sich weitere Dienste weltweit nutzen lassen. Auf diese Weise kann man in Deutschland über Computer und Netze Waren in den USA oder Japan bestellen und erhält sofort eine Auftragsbestätigung.

Onlineredakteur

siehe S. 39

Open-Turnier

engl. open = offen

Im Golf und im Tennis werden für die Leistungssportler von vielen Vereinen und Verbänden nationale und internationale Wettbewerbe durchgeführt.

Im Golf sind bei Open-Turnieren Profis wie auch Amateure zugelassen.

Handelt es sich um ein so genanntes Open-Turnier, kann jeder Sportler daran teilnehmen, ob Amateur oder Berufsspieler. Voraussetzung ist jedoch, dass er seine Leistungsstärke durch einen guten Weltranglistenplatz oder in einer Qualifizierungsrunde nachgewiesen hat. Im Gegensatz dazu wählen bei Einladungsturnieren – dazu gehören z. B. die Tennisweltmeisterschaften – die Veranstalter die einzelnen Teilnehmer selbst aus, während bei Amateurmeisterschaften wiederum Berufsspieler nicht zugelassen sind. Derlei Unterscheidungen kamen erst auf, als Sportler ihr Hobby zum Beruf machten und damit ihren Lebensunterhalt verdienten. Open-Turniere im Tennis sind das Ergebnis lang anhaltender Auseinandersetzungen in den 50er- und 60er-Jahren zwischen den Mitgliedern berühmter Tennisklubs und den Profisportlern, da Letztere bei vielen nationalen und internationalen Wettbewerben nicht teilnehmen durften. Das erste für alle offene Tennisturnier fand 1968 im englischen Seebad Bornemouth statt. Die bedeutendsten Tennisveranstaltungen sind heutzutage die Australian, French und U.S. Open sowie die All England Championships von Wimbledon, die allesamt auch unter der Bezeichnung ► **Grand Slam Cup** bekannt und zudem mit hohen Preisgeldern ausgestattet sind. 1996 wurden z. B. bei den U.S. Open insgesamt 16 Mio. DM Prämien an die Bestplatzierten bezahlt. Die Sieger im Herren- und im Dameneinzel konnten einen Scheck über nahezu 900000 DM mit nach Hause nehmen. Im Golfsport sind ebenfalls alle wichtigen Wettbewerbe Open-Turniere, bei denen es auch um viel Geld geht. Hier wie im Tennis haben aber Amateure kaum noch eine Gewinnchance gegen die Berufssportler, die wesentlich mehr Zeit für das Training aufbringen können.

Operator

► siehe S. 39

Die Bahnen und Busse des ÖPNV haben im Stadtverkehr meist Vorfahrt.

ÖPNV

Alle Verkehrsmittel, die Ziele im Umkreis von bis zu 50 km anfahren und für jedermann gegen Entrichtung eines Fahrpreises zugänglich sind, gehören zum öffentlichen Personennahverkehr (ÖPNV). Dazu zählen Linienbusse, Straßenbahnen, U- und S-Bahnen sowie Personennahverkehrszüge der Deutschen Bahn AG, die sich vielerorts zu Tarif- und Verkehrsgemeinschaften zusammengeschlossen haben. In jüngster Zeit treffen Träger des ÖPNV auch mit Taxiunternehmen Vereinbarungen, dass diese die Fahrgäste als Zusatzservice von der Aussteigehaltestelle abholen und sie dann weiterbefördern. Seit 1988 steigt die Zahl der Bus- und Bahnreisenden stetig an. Die Wachstumsrate wird mit dem deutlich verbesserten Leistungsangebot, aber auch mit den zu Hauptverkehrszeiten teilweise völlig überlasteten Straßen begründet. Damit die Busse nicht im Stau stecken bleiben, werden zunehmend eigene Fahrspuren eingerichtet und ausgetüftelte Steuerungssysteme installiert, die den öffentlichen Verkehrsmitteln durch entsprechende Ampelschaltungen Vorrang einräumen. Viele Städte und Landkreise bemühen sich intensiv darum, den ÖPNV durch einheitliche Tarife, Übertragbarkeit von Fahrscheinen und Abstimmung von Fahrplänen noch attraktiver zu gestalten. Auf diese Weise soll der Individualverkehr, der die Umwelt durch Luftverschmutzung stark belastet, eingeschränkt werden. Zurzeit gilt Zürich als die Stadt mit dem besten Nahverkehrssystem Europas. Dort sind die Busfahrpläne genau auf die Ankunftszeiten der Züge abgestimmt, Bahnhöfe und Straßenbahnhaltestellen liegen nahe beisammen, der Fahrkartenverkauf ist einfach organisiert bzw. durch Abonnements überflüssig geworden. Vor allem aber verkehren Busse und Bahnen häufig und regelmäßig: in der Innenstadt im Dreiminutentakt, in den Außenbezirken und umliegenden Ortschaften in 20-Minuten-Abständen.

Options

engl. option = Wahl, Vorkaufsrecht

Wer an der Börse bestimmte Handelswaren oder Wertpapiere wie Aktien, Anleihen oder ► **Devisen** nicht sofort kaufen oder verkaufen will, aber dennoch sicherstellen möchte, dies zu einem späteren Termin nachholen zu können, hat die Möglichkeit gegen Zahlung einer Prämie so genannte Options zu erwerben. Diese berechtigen dazu, innerhalb einer festgelegten Frist das vorgesehene Geschäft zum Tageskurs des Optionskaufs abzuschließen. Das hat den Vorteil, dass sich das Risiko der Kursschwankungen für den Optionsnehmer reduziert. Steigt nämlich der Kurs, so kann dieser günstiger einkaufen; fällt der Kurs dagegen stark, kann der Optionsnehmer auf das Geschäft verzichten. Der Verlust beläuft sich also auf die Höhe der gezahlten Prämie. Die Sicherung einer Option bietet außerdem die Möglichkeit mit relativ geringem Kapitaleinsatz hohe Gewinne zu erzielen. Wenn ein Spekulant z. B. eine Option auf eine ► **Aktie** mit dem Wert von 100 DM für eine Prämie von 20 DM erwirbt, der Kurs dann auf 160 DM steigt und er zu diesem Preis wiederum einen Käufer findet, so beträgt der Gewinn 60 DM abzüglich 20 DM Optionsgebühr.

Indiens Organhandel floriert, da Spendernieren in Europas Transplantationszentren rar sind.

Organhandel

Die Transplantation von menschlichen Organen gehört heutzutage zur medizinischen Routine. Laut Statistik wurden 1995 in Deutschland 3360 solche Operationen durchgeführt. Im folgenden Jahr bemühten sich in der Bundesrepublik allein über 9000 Kranke um eine Spenderniere und jeweils 1000 um ein Herz oder eine Leber. Nach Schätzungen der Deutschen Stiftung Organtransplantation/Neu-Isenburg ist der Bedarf jedoch mehr als viermal so hoch wie das Angebot und zahlreiche Patienten, die oft jahrelang auf der Warteliste stehen, hoffen vergebens auf eine lebensrettende ► **Organspende**. Da der kommerzielle Handel mit menschlichen Organen in den westlichen Industriestaaten aus ethischen Gründen abgelehnt und strafrechtlich verfolgt wird, floriert seit Jahren das zweifelhafte Geschäft mit Ländern der Dritten Welt, wo dies nicht verboten ist. Clevere Klinikärzte oder aber kriminelle Organisationen in Afrika, Lateinamerika oder in Indien nutzen die wirtschaftliche Not ihrer Landsleute aus, indem sie diese durch materielle Anreize oder durch Ausüben von Druck zu einer Organentnahme bewegen. Für eine Niere erhalten die Spender dort in der Regel 1500 bis 5000 DM, eine aus europäischer Sicht recht gering anmutende Summe. In den Ländern der Dritten Welt übersteigt dieser Betrag jedoch häufig das Jahreseinkommen ganzer Familien. Von den Hilfe suchenden Patienten aus Europa verlangen die skrupellosen Vermittler für das begehrte Organ bis zu 30000 DM.

Organisierte Kriminalität

Kriminelle Vereinigungen, die ihre illegalen und meist internationalen Geschäfte mit Drogen, Waffen, Prostitution, Schutzgeldern, Glücksspiel u. a. nach dem Vorbild von Großfirmen strategisch planen und in professioneller Manier betreiben, gehörten bisher in erster Linie zur italienischen oder amerikanischen Mafia. Diese Verbrechersyndikate haben in den 90er-Jahren ebenbürtige Konkurrenz von der organisierten Kriminalität aus Russland und anderen osteuropäischen Ländern bekommen. Die russische Mafia, die bevorzugt in der ► **GUS** durch Korruption Einfluss auf Staat, Politik und Wirtschaft nimmt, nutzte Deutschland 1996 verstärkt als Drehscheibe für ihre Unternehmungen in aller Welt. Bei ihren kriminellen Aktivitäten profitierte sie bislang sowohl vom weitgehend ungehinderten Warenverkehr im westeuropäischen Binnenmarkt als auch vom Fortschritt in der Computertechnik. Die unzureichend gesicherten Staatsgrenzen in Osteuropa begünstigen vor allem den organisierten Autodiebstahl und erleichtern dem Großverbrechen zugleich den Schmuggel und Menschenhandel.

Organspende

Organentnahmen zum Zweck der Transplantation sind in den USA und in Europa strengen Gesetzen unterworfen. In der Regel werden solche medizinischen Eingriffe bei Verstorbenen vorgenommen; das geschieht aber nur, wenn diese zu Lebzeiten ihr Einverständnis dazu schriftlich erklären und notariell beglaubigen lassen oder wenn in einem Todesfall die Angehörigen ihre Einwilligung zur Organspende geben. In Deutschland sieht nun ein neuer Gesetzentwurf vor auch Lebendspenden zuzulassen – allerdings lediglich unter Verwandten oder zwischen Menschen mit einer engen persönlichen Bindung um somit einen kommerziellen ► **Organhandel** zu unterbinden. Für die Erfassung, Aufbewahrung und Zuteilung von menschlichen Gewebeteilen sind internationale Organbanken wie z. B. Eurotransplant in der niederländischen Stadt Leiden zuständig. Lebenswichtige Organe, darunter Herz, Niere und Leber, sind nur kurze Zeit konservierbar und werden deshalb sofort nach dem ► **Hirntod** oder Herztod des Spenders seinem Körper entnommen und nach anschließendem Kühltransport dem Empfänger so schnell wie möglich eingepflanzt. Entscheidend für den Erfolg der Transplantation ist, dass das fremde Organ vom operierten Patienten wie körpereigenes Gewebe toleriert wird. Dies passiert nur bei weitgehender Übereinstimmung der Antigene zwischen Spender und Empfänger, sonst kommt es zu Abwehrreaktionen, wodurch das eingepflanzte Gewebe zerstört wird. Aufgrund des Mangels an menschlichen Organspendern will man künftig mithilfe der ► **Gentechnik** auch Organe von Affen oder Schweinen auf den Menschen übertragen. Diese von Forschern zurzeit weltweit in Experimenten erprobte Möglichkeit wird Xenotransplantation genannt.

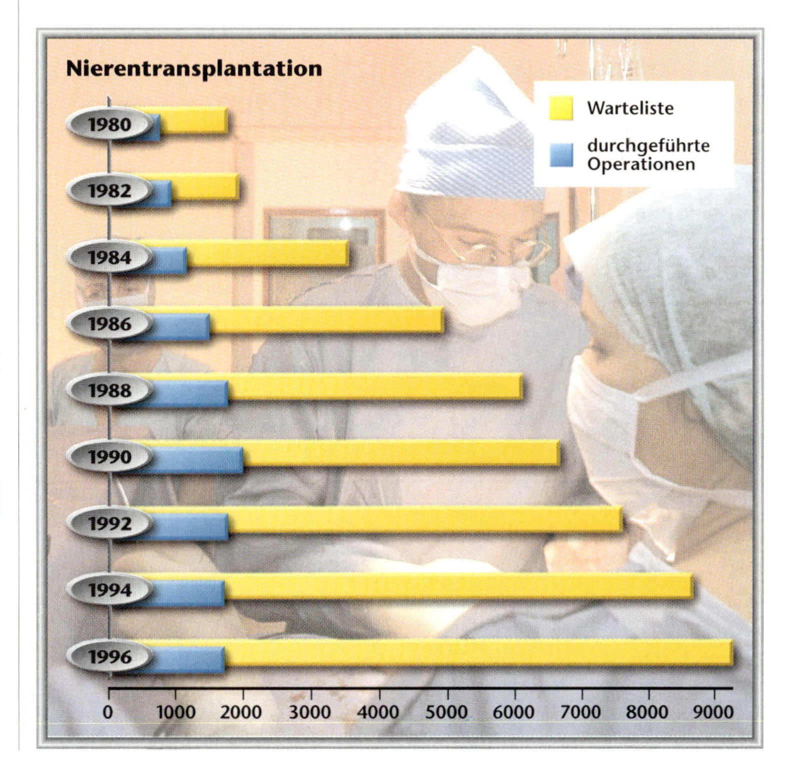

Orphan Drugs

engl. orphan = Waise
engl. drug = Medikament

Arzneimittelfirmen sind Wirtschaftsunternehmen, d.h., sie gehorchen dem Gesetz von Angebot und Nachfrage. Daher werden bevorzugt Medikamente hergestellt, die leicht Absatz finden, weil sie bei besonders häufig vorkommenden Beschwerden und Krankheiten anwendbar sind. Dazu gehören beispielsweise Schmerz- und Fiebermittel wie Aspirin oder Präparate gegen Husten und Schnupfen, gegen rheumatische Beschwerden, Kreislaufprobleme und Magendrücken. Bei solchen Arzneien machen sich die riesigen Entwicklungskosten bezahlt, die manchmal mehrere Hundert Millionen D-Mark pro Medikament betragen. Anders ist die Sachlage bei Präparaten gegen sehr seltene Krankheiten. Bei ihnen lohnt sich der Aufwand für Forschung und Produktion wirtschaftlich gesehen nicht und wenn Firmen sie trotzdem herstellen, sind sie immens teuer. Damit nun aber auch von solchen Erkrankungen betroffene Patienten medizinisch optimal versorgt sind, wird in den USA die Entwicklung von Medikamenten gegen Krankheiten, an denen jährlich nicht mehr als 200000 Menschen leiden, vom Staat mit Steuervorteilen und der Garantie des Marktmonopols subventioniert. Solche Präparate nennt man Orphan Drugs, die Waisenkinder unter den Medikamenten, und wegen der Fördermaßnahmen werden sie von den internationalen Pharmakonzernen hauptsächlich in den USA hergestellt. Wenn die Unternehmen mit den Orphan Drugs allerdings im Lauf der Zeit eine bestimmte Umsatzhöhe überschreiten, wird dem Präparat dieser Sonderstatus wieder aberkannt.

Osteoporose

griech. osteon = Knochen
griech. poros = Öffnung

Die Osteoporose, auch Knochenschwund genannt, ist eine Krankheit, bei der sich über das altersbedingte Maß hinaus Dichte und Stabilität der Knochenmasse verringern. Dadurch kann es bei den betroffenen Personen neben Rückenschmerzen leicht zu Knochenbrüchen kommen, vor allem im Oberschenkel- und Unterarmbereich. Die Osteoporose ist sehr weit verbreitet – allein in Deutschland leiden zwischen fünf und sieben Millionen Menschen daran – und sie führt in zahlreichen Fällen zu Gebrechlichkeit, Invalidität oder sogar Pflegebedürftigkeit. Am weitaus meisten tritt sie bei älteren Frauen nach den Wechseljahren auf, da ihr Körper die Produktion der Geschlechtshormone (▶ **Östrogen**) einstellt, die u.a. auch für den Erhalt der Knochenmasse sorgen. Weitere Ursachen können längere Bewegungslosigkeit, etwa durch eine Krankheit, kalziumarme Ernährung und die längere Einnahme bestimmter Medikamente wie Kortison sein. Die Diagnose des Knochenschwunds wird anhand des Röntgenbildes erstellt. Da es jedoch keine sicher wirkende Behandlungsmöglichkeit gibt, spielt die Prophylaxe eine besonders wichtige Rolle. Zu den vorbeugenden Maßnahmen gehört es, sich kalzium-, vitamin- und eiweißreich mit viel Milch und Milchprodukten zu ernähren, sich regelmäßige körperliche Bewegung zu verschaffen, sich häufig im Freien aufzuhalten, vorzugsweise bei Sonnenschein, auf Nikotin zu verzichten sowie den Kaffee- und Alkoholgenuss einzuschränken. Als besonders wirksam für Frauen in und nach den Wechseljahren hat sich eine mehrjährige Hormonersatztherapie erwiesen, bei der die Sexualhormone Östrogen und Gestagen verabreicht werden. Manche Ärzte raten dabei allerdings wegen eines eventuell erhöhten Krebs- und Thromboserisikos zur Vorsicht.

Ein durch Osteoporose geschädigter Knochen wird löchrig und verliert an Stabilität.

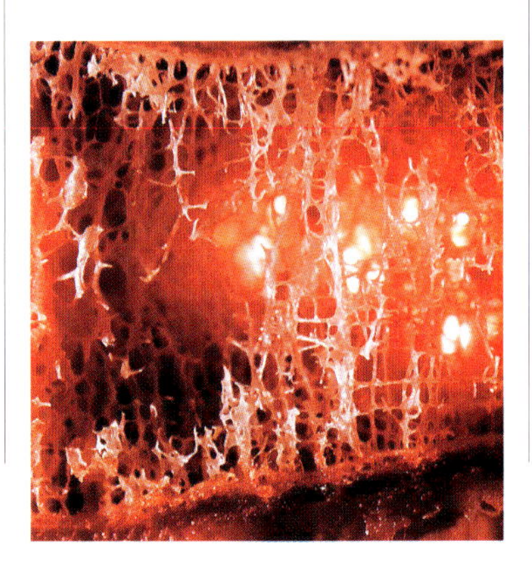

Östrogen

griech. oistros = Leidenschaft, Begierde

Wenn im menschlichen Körper alle Organe bestimmungsgemäß funktionieren, ist das zum großen Teil auf das Wirken der Hormone zurückzuführen, d.h. chemischer Substanzen, die von Drüsen produziert und im Blutstrom transportiert werden. Zu

ihnen gehören die Geschlechtshormone wie die Östrogene, die auch Liebes- oder Follikelhormon genannt werden und großen Einfluss auf den Lebensablauf jeder Frau haben. Sie werden in den Eierstöcken gebildet und sorgen dafür, dass sich in der Pubertät bei einem jungen Mädchen die weiblichen sekundären Geschlechtsmerkmale und damit die typischen weiblichen Formen bilden. Östrogene bewirken auch, dass Frauen eine zartere Haut und eine höhere Stimme als Männer haben, sie steuern das sexuelle Verlangen und beeinflussen zahlreiche Stoffwechselvorgänge sowie die Stimmungslage. Nach den Wechseljahren fällt der Östrogenspiegel wieder deutlich ab, weil die Eierstöcke das Hormon jetzt nur noch vermindert produzieren. Als Folge davon kommt es oft zu einer Reihe klimakterischer Beschwerden, die das körperliche und seelische Befinden vieler Frauen stark beeinträchtigen können. Aber die Östrogene üben ihre Wirkung nicht nur auf den weiblichen Teil der Menschheit aus, auch Männer haben sie im Blut, allerdings in sehr viel geringerem Maß. Östrogene werden auch in der Pharmazie eingesetzt. Beispielsweise sind sie Bestandteil der Hormonersatztherapie, mit der Wechseljahrsbeschwerden behandelt werden und der ► **Osteoporose** vorgebeugt wird. Auch im sichersten Verhütungsmittel, der so genannten Antibabypille, sind je nach Präparat verschieden hohe Dosen synthetischer Östrogene enthalten.

Touren durch unwegsames Gelände zu Fuß oder mit dem Fahrrad gehören zu den traditionellen Outdoor-Sportarten.

Outdoor

engl. outdoors = draußen

Aufgrund des gestiegenen Gesundheitsbewusstseins treiben heute viele Menschen in ihrer Freizeit Sport. Besonders beliebt sind dabei Tätigkeiten, bei deren Ausübung man sich im Freien aufhält, also die so genannten Outdoor-Sports, wie sie nach amerikanischem Vorbild genannt werden. Dazu gehören hierzulande vor allem Radfahren, Wandern, Surfen und Bergsteigen, aber auch viele Bewegungsspiele wie Fußball, Tennis oder Hockey, die man sowohl draußen als auch in der Halle (► **Indoor**) ausüben kann. Im Ursprungsland USA zählen so spezielle Sportarten wie Jagen, Fischen oder ► **Trekking**, also tagelange Wandertouren durch unwegsames Gelände, zu den traditionellen Outdoor-Sports und zu den spektakulärsten Outdoor- Ereignissen gehören die Hundeschlittenrennen in Alaska. Industrie und Handel haben sich auf den sportlichen Trend eingestellt. So wird aus hochmodernen ► **Hightech-stoffen** Bekleidung hergestellt, die Bewegungsfreiheit lässt und auch bei großer Kälte wärmt, und in den einschlägigen Trekkingläden bekommt man vom Südwester und der Isomatte bis zum wetterfesten Zelt alles für die notwendige Ausrüstung.

Bei der Love Parade im Sommer 1996 in Berlin bevorzugten manche Teilnehmer ein besonders schrilles Outfit.

Outfit

engl. = Ausrüstung

Wer das Modegeschehen aufmerksam verfolgt, trifft seit Beginn der 90er-Jahre häufig auf den Begriff Outfit. Da ist in Zeitschriften oder Modejournalen etwa von einem „klassischen Outfit“, einem „lässig wirkenden Outfit“ oder einem „jugendlichen Outfit“ zu lesen. Die aus dem Englischen übernommene Bezeichnung wird immer dann verwendet, wenn man das äußere Erscheinungsbild einer Person anhand der von ihr gewählten Garderobe und Frisur sowie, falls vorhanden, anhand von Schmuck, Make-up und Brillengestell o. Ä. charakterisieren will. Einer Frau, die in ihrer Kleidung z. B. strenge Kostüme, schlichte weiße Blusen und dezenten Schmuck bevorzugt, wird man ein klassisches Outfit bescheinigen; wer lieber Jeans, Sweatshirt und ► **Sneakers** trägt, dessen Outfit ist eher jugendlich oder lässig zu nennen. Da das Outfit zu den ersten Eindrücken zählt, die vermittelt werden, kann es in bestimmten Situationen wie bei einem Rendezvous oder bei einem Vorstellungsgespräch äußerst wichtig sein. Deshalb haben sich professionelle Outfit-Berater etabliert, bei denen man lernen kann, das Beste aus seinem Typ zu machen.

Outing

Im Vergleich zur ersten Hälfte unseres Jahrhunderts hat sich die Sexualmoral in den letzten Jahrzehnten deutlich gelockert. Dennoch war bis vor einigen Jahren eine Person, die sich öffentlich zu ihrer Homosexualität bekannte (► **Coming-out**), gesellschaftlich nahezu geächtet. Um diesen Personenkreis aus seiner Isolierung zu befreien verfielen Mitarbeiter des Homosexuellenmagazins *Outweek* in New York auf die Idee, allgemein bekannte Persönlichkeiten wie etwa Schauspieler oder beliebte Fernsehmoderatoren, die homosexuell waren, zu outen, d. h. deren sexuelle Neigungen gegen ihren Willen öffentlich bekannt zu machen. So standen eine Zeit lang fast täglich neue Namen mit entsprechenden Enthüllungen in vielen US-amerikanischen

Zeitungen. Zuerst waren die Betroffenen über diese Methode entsetzt, aber mit der Zeit führte sie tatsächlich zu einer größeren Toleranz. Auch in Deutschland gab es Fälle von Outing. Unter Betroffenen und Interessierten wurde heftig über das Für und Wider diskutiert, die Mehrheit lehnte es jedoch ab. Mittlerweile hat sich die Bedeutung des Begriffs outen erweitert, sie bezieht sich inhaltlich nicht mehr nur auf sexuelle Neigungen, sondern auch auf andere Eigenschaften oder Verhaltensweisen einer Person. Durch ein Outing kann also z.B. der Öffentlichkeit mitgeteilt werden, dass jemand Steuern hinterzogen oder Drogen genommen hat.

Outplacement

► siehe S. 39

Outsourcing

engl. out = außen
engl. source = Quelle

Wenn ein Wirtschaftsunternehmen die laufenden Kosten senken will, vergibt es häufig bis dahin betriebsinterne Dienstleistungen, die nichts mit dem eigentlichen Kerngeschäft zu tun haben, an externe Anbieter. Ein solcher Vorgang, den man als Auslagerung oder mit einem Fachbegriff als Outsourcing bezeichnet, kann sich auf Betriebsbereiche beziehen, die es in fast jedem mittleren und größeren Unternehmen gibt, z.B. die Buchhaltung. Darüber hinaus sind davon oft noch weitere Abteilungen und Positionen betroffen, die früher in vielen Großbetrieben vorhanden waren, etwa hauseigene Poststellen, Kfz-Werkstätten, Tischlereien, Bau- und Malertrupps, Putzkolonnen, Pförtner, Boten usw. Viele dieser Dienstleistungsbereiche, die meist in Wachstumsjahren entstanden sind, erweisen sich bei schlechter wirtschaftlicher Lage als wenig rentabel, besonders wenn die dort beschäftigten Angestellten und Arbeiter nicht voll ausgelastet sind. Daher überträgt man die jeweiligen Aufgaben heute oft auf fremde Firmen wie ► **Catering**-Betriebe, Werbeagenturen, Reinigungsfirmen usw. Für viele Unternehmen macht sich das Outsourcing bezahlt, Fachleute sprechen von Einsparungen bis zu 50%. Andere Betriebe jedoch lehnen es ab oder haben es mittlerweile wenigstens teilweise wieder rückgängig gemacht, weil sie neben dem Kerngeschäft noch über andere Sparten verfügen wollen, beispielsweise die Bewirtschaftung eines hauseigenen Cafés für die Kunden.

Overbooking

engl. over = über
engl. to book = buchen

Für alle Fluggesellschaften gilt der Grundsatz: Rentabel ist ein Flug nur dann, wenn das Flugzeug bestmöglich ausgelastet ist. Also ist jede Linie daran interessiert, dass möglichst viele Passagiere bei ihr buchen, damit nur wenige – oder gar keine – Plätze frei bleiben. Da aber in der Regel einige Kunden noch in letzter Minute den Flug stornieren, versucht man oft von vornherein mehr Passagiere für einen bestimmten Flug einzutragen, als eigentlich Plätze vorhanden sind, also zu überbuchen. In den meisten Fällen bringt das keine Probleme mit sich, denn entweder werden durch Absagen genügend Kapazitäten frei oder die Fluggesellschaft ist bei extremem Overbooking in der Lage, eine größere Maschine einzusetzen, oder die überzähligen Passagiere lassen sich darauf ein, ein später startendes Flugzeug zu nehmen. Ihre Bereitschaft zu so entgegenkommendem Verhalten wird häufig noch durch ein großzügiges Geldgeschenk im Wert von teilweise mehreren Hundert Dollar gefördert. Manchmal kommt es allerdings auch vor, dass ein Passagier Schadensersatz verlangt, wenn er keinen Platz mehr in einer Maschine erhält, obwohl er gebucht hat. Handelt es sich dabei um einen Geschäftsmann, dem dadurch ein lukrativer Auftrag verloren geht, kann die Überbuchung für die Fluggesellschaft sehr teuer werden. Overbooking gibt es auch im Hotelgewerbe. Meist kümmert sich dann der Hotelier darum, dass die überzähligen Gäste in einem anderen Haus am Ort unterkommen.

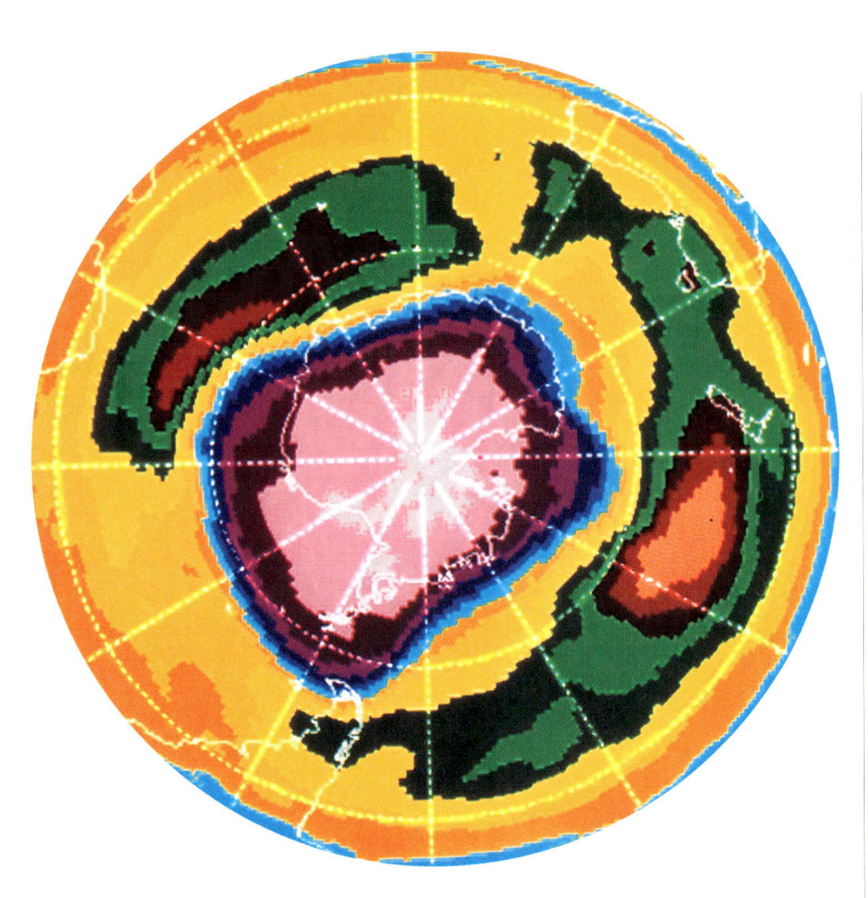

Auf dieser Grafik der Ozonkonzentration über der Antarktis von 1994 erkennt man in der Mitte das roségraue Ozonloch.

Ozonalarm

siehe S. 407

Ozonloch

griech. ozon = das Duftende

Ozon ist ein scharf riechendes Gas, das aus Sauerstoff unter Mitwirkung von Sonneneinstrahlung in rund 20 km Höhe in großen Mengen entsteht. Wie eine Art Schutzhülle hält es die für alle Lebewesen schädlichen ultravioletten Strahlen ab. Seit ungefähr 1980 registriert man, dass dieser Schutzschild dünner wird, zuerst nur über der Antarktis, in den letzten Jahren aber auch über der nördlichen Erdhalbkugel. Im Frühjahr 1996 z. B. wurde über manchen arktischen Regionen an einigen Tagen eine Verminderung der Ozonkonzentration um nahezu 50% gemessen. Als Ursache für das Ozonloch, wie man dieses Phänomen umgangssprachlich nennt, wurden künstlich hergestellte Chemikalien ausgemacht, die Fluorchlorkohlenwasserstoffe (▶ **FCKW**), die seit Jahren in Spraydosen, in Isoliermaterial sowie in Kühlschränken verwendet werden. Diese sehr stabilen Gase dringen bis in große Höhen vor und setzen dort in einem komplexen Prozess das Ozon in Sauerstoff um, der für UV-Strahlen durchlässig ist. Die Folgen sind gravierend: 1% weniger Ozon bedeutet 2% mehr UV-Strahlung und dadurch wiederum erhöht sich das Risiko, an Hautkrebs (▶ **Melanom**) zu erkranken, um 4–6%. Außerdem muss man mit einer Zunahme der Augenkrankheiten rechnen und auch auf die Ernteerträge wirkt sich die Zunahme der ultravioletten Strahlung negativ aus. Nachdem man die chemischen Zusammenhänge durchschaut hatte, verständigten sich die Industrienationen darauf, in Zukunft auf die Herstellung und Verwendung von FCKW zu verzichten um so wenigstens ein weiteres Anwachsen des Ozonlochs zu verhindern. Fachleute wiesen jedoch darauf hin, dass sich dies möglicherweise erst in einigen Jahrzehnten auswirken könne, da das schon in der Luft enthaltene Gas äußerst langlebig sei. Neuerdings melden sich aber auch hoffnungsvolle Stimmen zu Wort. Vor allem der niederländische Nobelpreisträger Paul Crutzen prophezeit, dass sich in rund 50 Jahren die Ozonschicht erholt haben wird.

Ozontherapie

siehe S. 283

Pacemaker

engl.= Schrittmacher

Wie der Name schon sagt, ist ein Pacemaker etwas oder jemand, das oder der das Tempo vorgibt. Auch der Taktgeber, der den regelmäßigen Herzschlag auslöst – der so genannte Sinusknoten im rechten Vorhof –, heißt Schrittmacher. Bei Menschen mit Herzrhythmusstörungen funktioniert dieses Reizzentrum nicht mehr richtig, für sie wurden in den 50er-Jahren künstliche Herzschrittmacher entwickelt, die das Herz durch elektrische Impulse zum gleichmäßigen Schlagen stimulieren. Die ersten Pacemaker waren noch so groß, dass sie außerhalb des Körpers getragen werden mussten. Diese externen Schrittmacher verwendet man noch heute zur akuten Hilfeleistung, in allen anderen Fällen wird der Pacemaker jedoch implantiert. Moderne Herzschrittmacher, bestehend aus Taktgeber, Impulsverstärker und Batterie, sind nur so groß wie ein Daumennagel und befinden sich in einem körperverträglichen Gehäuse. Dieses wird meist im Brustbereich eingepflanzt und von dort wird eine mit dem Gerät verbundene Elektrode über eine Vene ins Herz vorgeschoben und verankert. Man unterscheidet Schrittmacher mit fest eingestellter Frequenz oder Bedarfsschrittmacher, die nur dann einen Impuls abgeben, wenn der natürliche ausbleibt. Zehntausenden von Patienten konnte so schon geholfen werden. Mit Schrittmachern kann man auch Blasen-, Schließmuskel- und Atemfunktionen stimulieren. Im Sport gibt es ebenfalls Pacemaker. Beim Pferderennen ist es das führende Pferd, das das Tempo des Feldes bestimmt, im Radsport beim Steherrennen sind es Motorradfahrer. In der Leichtathletik werden die Pacemaker auch Hasen genannt. Sie geben bei Mittel- oder Langstreckenläufen eine Zeit lang ein hohes Tempo vor und steigen dann aus dem Rennen aus.

PALplus

engl.= Phase Alternation Line = zeilenweise Phasenveränderung

Breitbildfilme, die man bis vor wenigen Jahren nur im Kino anschauen konnte, laufen dank PALplus, einer Weiterentwicklung der Sendenorm PAL, nun auch auf entsprechenden Fernsehempfängern. Herkömmliche Apparate haben ein Seitenverhältnis von 4:3, also z.B. eine Bildschirmgröße von 40 × 30 cm, PALplus-Geräte dagegen von 16:9. Das Bild ist viel breiter und um etwa 30% größer. PALplus-Sendungen, die bislang analog über terrestrische Frequenzen übertragen werden, kann man auch auf 4:3-Bildschirmen ansehen, doch entsteht dabei oben und unten ein schwarzer Streifen. Während diese Mattscheiben von den übertragenen 576 Bildzeilen nur 432 Zeilen schreiben, ermöglicht ein Breitbildfernseher mit PALplus-Decoder die volle Bildauflösung, wodurch ein schärferes und kontrastreicheres Bild entsteht. Spezielle Filter verhindern Farbüberlagerungen wie etwa das Flimmern bei einem gemusterten Hemd. Im deutschen Fernsehen wurde 1993 der erste PALplus-Film gezeigt. Vor allem der ► **Pay-TV**-Sender Premiere, aber auch 3sat und ARD strahlen immer häufiger in der neuen Norm aus. Ob sie sich gegen das im Vormarsch befindliche ► **digitale Fernsehen** durchsetzen kann, bleibt abzuwarten. Um digitale Sendungen empfangen zu können benötigen auch PALplus-Fernseher einen ► **Decoder**. Der hohe Gerätepreis und die viel zu geringe Zahl der ausgestrahlten Programme schreckt viele Interessenten noch vom Kauf ab.

Paparazzi

Prinzessin Diana wird 24 Stunden am Tag von einem verfolgt. Das monegassische Fürstenhaus der Grimaldi ist umlagert von ihnen. Sie lauern in den berühmten Vierteln der Highsociety von Beverly Hills, in der Nachtklubszene von Rom, auf den internationalen Flughäfen dieser Welt. Paparazzi – die Bezeichnung kommt aus dem

Mit Spezialkameras machen Paparazzi Jagd auf Prinz Charles und seine Begleiterin.

Auch Behinderte können sportliche Höchstleistungen erbringen, wie sie z. B. bei Rollstuhlrennen und Volleyball beweisen.

enischen – sind äußerst dreiste, aufdringliche Pressefotografen, die ausschließlich hinter Stars und Berühmtheiten her sind. Nicht selten liegen sie in einem gut getarnten Versteck auf der Lauer um ihre Opfer, die sich unbeobachtet glauben, in möglichst privaten, delikaten und kompromittierenden Situationen abzulichten. Ihre Beute verkaufen sie an Boulevardblätter (► **Yellow Press**), die sich geradezu darum reißen. Schnappschüsse etwa von Prinzessin Diana beim Training im Fitnessstudio oder Fotos von untreuen Ehegatten können einen Paparazzo reich machen. Freilich lebt dieser Berufsstand gefährlich: Manch einer wurde von aufgebrachten Prominenten oder deren Bodyguards verprügelt und die Fotoausrüstung zerstört.

Paperback

engl. = Papierrücken

Wie der Name schon andeutet, besitzt ein solches Buch einen Buchrücken und Umschlag aus Karton oder Halbkarton. Der Buchblock wird ohne Vorsatzblatt mit einem Spezialleim in den Kartonumschlag eingeklebt und schließt auch mit diesem ab. Das Paperback unterscheidet sich damit vom gebundenen Buch mit festem Einbanddeckel, dem so genannten Hardcover. Bunte Muster oder Bilder auf dem Umschlag dienen als Blickfang. Das Paperback wird in der Regel in hohen Auflagen gedruckt und man kann es daher zu einem niedrigeren Preis verkaufen als das gebundene Buch. Veröffentlicht werden vor allem populäre Unterhaltungs- und Gebrauchsliteratur sowie ► **Bestseller**. Zu den Paperbacks zählt auch das Taschenbuch, das sich durch ein kleineres Format auszeichnet. Ein Nachteil von Paperbacks liegt darin, dass sie im Allgemeinen nicht so haltbar sind wie ein Hardcover, da der Rücken schnell brechen kann und dann einzelne Buchseiten herausfallen können.

Paragliding

→ siehe S. 398

Paralympics

Die Paralympics sind die Olympischen Spiele der Behinderten; der Begriff setzt sich zusammen aus dem lateinischen Wort für gelähmt *(paralyticus)* und dem englischen Wort für Olympiade. Sie werden alle vier Jahre im Anschluss an die Olympiade in der jeweiligen Gastgeberstadt ausgetragen. Teilnehmer sind Blinde, Sehbehinderte, Amputierte, Rollstuhlfahrer und Spastiker.
Die Teilnehmer wetteifern zehn Tage lang in 15 Disziplinen wie Basketball, Bogenschießen, Schwimmen, Leichtathletik, Tischtennis und Volleyball um die Medaillen. Die Bälle sind mit Klingeln versehen, sodass die blinden Sportler sie akustisch wahrnehmen können. Bei Wettläufen werden die Blinden von gesunden Läufern geführt, bei Ballspielen oder Tischtennis sitzen die Gelähmten in Rollstühlen. Bei den X. Paralympics in Atlanta im August 1996 waren 102 Nationen vertreten; die deutsche Rollstuhlfahrerin Marianne Buggenhagen holte eine Bronze- und zwei Goldmedaillen. In vier Demonstrations-

wettbewerben nahmen auch geistig Behinderte teil. Die Spiele geben den Teilnehmern die Gelegenheit zu beweisen, dass sie ebenso wie nicht Behinderte zu Spitzenleistungen fähig sind.

Parapsychologie

Wie der griechische Name nahe legt, ist dies eine Wissenschaft, die neben *(para)* der Psychologie existiert und sich als Teil davon versteht, wenngleich sie von dieser noch nicht richtig anerkannt ist. Bekannteste Forschungsstelle in Deutschland ist das Freiburger Institut für Grenzgebiete der Psychologie und Psychohygiene. Forschungsgegenstand der Parapsychologie sind geistige Phänomene, die mit der traditionellen Physik nicht zu erklären sind. Dazu gehören zum einen außersinnliche Wahrnehmungen (ASW) wie Hellsehen, ► **Telepathie**, Präkognition, d.h. das Vorhersehen von Ereignissen, und zum andern die Psychokinese (PK), also nicht physikalisch erklärbare Wirkungen auf die Materie wie etwa Klopfgeräusche und andere Spukphänomene. Als Ursache vermutet man eine psychische Kraft, die man Psi nennt. Außerkörperliche oder Nahtoderfahrungen sowie angebliche Kontakte zu Verstorbenen und Botschaften aus dem Jenseits (Spiritismus) werden ebenfalls erforscht. Überdies führen die Forscher Experimente im Labor durch, wobei sie streng darauf achten, dass die Ergebnisse nicht durch Täuschung, Betrug oder Zufall verfälscht werden. Sie untersuchen die Bedingungen, unter denen paranormale Phänomene verstärkt auftreten und welche Menschen besonders empfänglich sind. Eventuelle telepathische Fähigkeiten etwa werden mit dem Rhine-Kartentest ermittelt, bei dem eine Versuchsperson die Karten erraten muss, die eine zweite, für sie unsichtbare aufblättert. Veränderte Bewusstseinszustände wie Hypnose, Meditation, Ekstase usw. scheinen das Auftreten von Psi-Phänomenen zu begünstigen (► **Schamanismus**). Naturwissenschaftler stehen solchen Erscheinungen skeptisch gegenüber, da sie nicht in herkömmliche Ursache-Wirkung-Muster passen und sich auch nicht beliebig wiederholen und somit verifizieren lassen. Die moderne Quantenphysik (► **Quantensprung**) hat allerdings deutlich gemacht, dass man sie durchaus im Rahmen der Physik deuten kann.

Park and ride

engl.= parken und fahren

Als Bestandteil des Öffentlichen Personennahverkehrs (► **ÖPNV**) soll das Park-and-ride-System die Innenstädte vom Autoverkehr entlasten und Lärm und Luftverschmutzung reduzieren (► **autofreie Stadt**). Die Autofahrer werden über ein Verkehrsleitsystem an den Stadträndern auf große Parkplätze gelotst, wo sie ihre Fahrzeuge günstig, oft sogar kostenlos, abstellen und zur Weiterfahrt auf öffentliche Verkehrsmittel umsteigen können. Park-and-ride-Plätze gibt es auch in der Nähe von Bahnhöfen außerhalb der Großstadt; sie werden etwa von Berufspendlern genutzt, die ohne Stau und lästige Parkplatzsuche zur Arbeit gelangen wollen. Die Möglichkeiten des Park-and-ride-Systems werden allerdings von Umweltpolitikern leicht überschätzt, denn die Großparkplätze können nur einen kleinen Teil der Pendlerströme auffangen. Selbst die größten Anlagen fassen kaum mehr als 2000 Fahrzeuge, Hunderttausende pendeln aber täglich in die Citys.

Patchworkfamilie

engl. patchwork = Flickwerk

In der modernen Gesellschaft gibt es zwar noch die traditionelle Familie mit Vater, Mutter und einem oder mehreren leiblichen Kindern, doch bekommt sie als Folge immer häufigerer Scheidungen zusehends Konkurrenz von der so genannten Patchworkfamilie, die wie die gleichnamige Decke aus vielen, teilweise ganz unterschiedlichen Elementen zusammengefügt ist. So gehen oft zwei geschiedene Partner eine neue Beziehung ein, in die sie ihre Kinder aus erster Ehe mitbringen, und häufig werden in diese Familie dann weitere Kinder geboren. Noch komplizierter wird das Geflecht, wenn ein oder beide Elternteile Stiefkinder aus noch früheren Beziehungen mitbringen. Das Leben in der Patchworkfamilie kann äußerst bereichernd für die Beteiligten sein, oft treten aber größere Autoritäts- und Kommunikationsprobleme auf als gewöhnlich.

Paycard

Jeder kennt das Problem: Man muss am Automaten schnell ein Ticket für die S-Bahn ziehen, hat aber gerade nicht das passende Kleingeld zur Hand oder der Automat nimmt den Geldschein nicht an. Oder man muss von unterwegs telefonieren, hat jedoch keine Telefonkarte dabei. Für diese Fälle wurde 1996 zunächst testweise die Paycard – das englische Wort heißt wörtlich übersetzt Zahlkarte – von mehreren deutschen Verkehrsverbunden, der Bahn und der Telekom eingeführt. Ihr Besitzer kann damit erstens telefonieren, zweitens Tickets an den Fahrscheinautomaten lösen und drittens wird sie wie eine Kreditkarte als bargeldloses Zahlungsmittel akzeptiert. Anders als die Magnetstreifenkarte speichert sie einen Geldbetrag auf einem ► **Chip**. Man lässt die Paycard entweder von den Verkehrsbetrieben gegen Bargeld aufladen oder lädt sie selbst an einem Lesegerät auf, indem man den Betrag vom Girokonto abbucht.

Pay-TV

engl. to pay = zahlen

Einen der wichtigsten Grundsteine für das neue Fernsehen legt die digitale Programmübertragung (► **digitales Fernsehen**), mit deren Hilfe der Zuschauer bald mehrere Hundert Kanäle über Kabel und Satellit empfangen kann (► **Satellitenfernsehen**). Diese zahlreichen Sender und Programme lassen sich aber nicht mehr über Werbespots finanzieren, da die Werbeausgaben der Wirtschaft nicht entsprechend mitwachsen. Eine neue Einnahmequelle, die den öffentlich-rechtlichen Anstalten als Rundfunkgebühren längst zur Verfügung steht, bietet sich den Privatsendern in Form des Pay-TV. Der Zuschauer zahlt dabei eine Abonnementgebühr für ein Fernsehprogramm oder, beim so genannten Pay-per-View, eine einmalige Gebühr für eine Sendung. Der Zugriff auf die werbefreien Pay-TV-Programme ist nur über einen ► **Decoder** möglich, in den eine Chipkarte eingeführt wird (► **Chip**). In Deutschland war Premiere der erste Pay-TV-Kanal, 1996 folgte DF 1 der Kirch-Gruppe. Bis zum Jahr 2000 soll das Programmangebot trotz gewisser Anlaufschwierigkeiten deutlich ansteigen. Die Kirch-Gruppe will eigene ► **Spartenkanäle** für Kinder, Kinohits, Western, Geschichte und Musik etablieren, während sich andere Konzerne zurückhalten. Denn ob sich durch ein größeres Pay-TV-Angebot tatsächlich entsprechend viele Neuabonnenten werben lassen, ist fraglich, haben die meisten Haushalte doch über Kabel oder Satellit schon heute Zugriff auf über 30 gebührenfreie Kanäle.

Pc

→ siehe S. 100

PC-Card

Personalcomputer können nicht nur unterschiedliche Programme laden und so für wechselnde Aufgaben ausgerüstet werden (► **PC**). Wem die Grundausstattung seines Computers nicht mehr reicht, z. B. weil er ► **Multimedia**-Programme ausführen und dabei Musik hören und Videos sehen möchte, kann ihn mit entsprechenden Karten aufrüsten. Dabei handelt es sich um Kunststoffplatinen, auf denen elektronische Bauteile verankert und untereinander mittels Leiterbahnen verbunden sind. Sie haben jeweils eine bestimmte Funktion, eine ► **Fax**- oder ► **Modem**-Karte etwa sorgt für die Datenübertragung zwischen Computer und Telefonnetz. Sie sind in Größe und Anschlussbelegung genormt und heißen Steckkarten, weil sie in eigens dafür vorgesehene Buchsen gesteckt werden.
Die PC-Card ist eine besondere Variante, die meist in tragbaren, batteriebetriebenen ► **Laptops** und ► **Notebooks** zum Einsatz kommt, die nur über eine begrenzte Speicherkapazität verfügen. Sie ist so klein wie eine Scheckkarte, zwischen 3,3 und 10,5 mm dick, zeichnet sich durch einen geringen Stromverbrauch aus und hat entweder Programme gespeichert oder sie erweitert die Computerleistung. Man schiebt sie wie eine ► **Diskette** ins Laufwerk des Rechners. In diesem Format sind ebenfalls Fax-, Modem- und ► **Netzwerk**-Karten und sogar ► **Festplatten**-PC-Cards mit Kapazitäten bis zu derzeit 260 Megabyte (► **Bit**) auf dem Markt. Weltweit wurden bis Ende 1995 rund 14,5 Milliarden PC-Cards verkauft.

PCR

engl.= Polymerase Chain Reaction = Polymerase-Kettenreaktion

Dieses Laborverfahren der modernen ▶ **Gentechnik** wurde in den 80er-Jahren entwickelt. Polymere – das griechische Wort bedeutet viele Teile – sind riesige Kettenmoleküle, die sich aus vielen, sich ständig wiederholenden Bausteinen zusammensetzen. Polymerasen sind Enzyme, die komplizierte Reaktionen an diesen Polymeren beschleunigen oder gar erst möglich machen. Mit ihrer Hilfe wird die DNS aufgebaut, in der unsere gesamte Erbinformation gespeichert ist. Wollte man früher im Labor ein Gen kopieren um genügend Material für die genetische Analyse zu gewinnen, war das ein äußerst zeitraubender Vorgang, bei dem man einen Abschnitt aus der DNS-Kette abtrennen und ihn dann mühselig mithilfe des passenden Negativs, der RNS, immer wieder kopieren musste. Dank PCR geht dieser Vorgang heute viel schneller. Polymerasen machen das bei geeigneter Temperatur nämlich von allein. Sie werden im Reagenzglas mit dem abgetrennten DNS-Molekül gemischt, das man untersuchen möchte. Es verdoppelt sich und in einer Kettenreaktion wiederholt sich dieser Vorgang so lange, bis genügend DNS gewonnen ist. Auf diese Art lässt sich ein einziges Molekül millionenfach vervielfältigen und man erhält in wenigen Stunden eine Menge, die sogar mit dem Auge sichtbar ist. An ihr können dann Strukturuntersuchungen vorgenommen werden, wie dies derzeit im Human Genome Project (▶ **Genom**) geschieht , bei dem der komplette Satz der menschlichen Gene untersucht wird.
Mit dem Verfahren ist es auch möglich geworden gesunde oder fremde Gene in Viren einzupflanzen und diese in pflanzliche, tierische oder menschliche Zellen einzuschleusen, um defekte Gene zu ersetzen (▶ **Gentherapie**), neue Eigenschaften zu verankern oder z. B. Insulin oder Penizillin durch veränderte Bakterien herstellen zu lassen. Auch in der Gerichtsmedizin ist es eine große Hilfe. Aus kleinsten Mengen biologischen Materials können DNS-Fingerabdrücke (▶ **genetischer Fingerabdruck**) ermittelt und so etwa eine Vaterschaft festgestellt oder Verbrecher überführt werden. In Blutpräparaten kann man mit PCR Viren direkt nachweisen.

Peanuts

engl.= Erdnüsse

Der Fall Schneider war die bislang größte Immobilienpleite in der Geschichte der Bundesrepublik. Der Unternehmer Jürgen Schneider hatte durch Täuschung mehrerer Banken, darunter auch der Deutschen Bank, Millionenkredite erschwindelt und war kurz vor der Eröffnung des Konkursverfahrens im April 1994 untergetaucht. Für die Deutsche Bank waren die Verluste im Vergleich zu ihrem Geschäftsvolumen eine Kleinigkeit. In der angloamerikanischen Umgangssprache benutzt man für kleine, zu vernachlässigende Geldbeträge das Wort Peanuts. Ausgerechnet auf einer Pressekonferenz verwendete der damalige Vorstandssprecher der Deutschen Bank, Hilmar Kopper, diesen Ausdruck geringschätzig für den durch Schneider verursachten Schaden – angesichts der vielen kleineren und mittleren Handwerksbetriebe und Baufirmen, die auf ihre Forderungen verzichten mussten und dadurch teilweise in den Ruin getrieben wurden, weit mehr als eine Ungeschicklichkeit. Die Empörung über dieses als Arroganz der Macht bezeichnete Verhalten schlug aber schnell in Hohn und Spott um, mit denen sich nun die Deutsche Bank und Kopper in Form von satirischen Filmen oder einer Aktie der Copper-Bank – mit einer Erdnuss anstelle des Schrägstrichs im Emblem – konfrontiert sahen. Koppers Peanuts bescherten seiner Bank einen gewaltigen Imageverlust und sogar Bundeskanzler Helmut Kohl erinnerte sie an ihre gesellschaftspolitische Verantwortung. Peanuts wurde 1994 zum ▶ **Unwort des Jahres** gewählt.

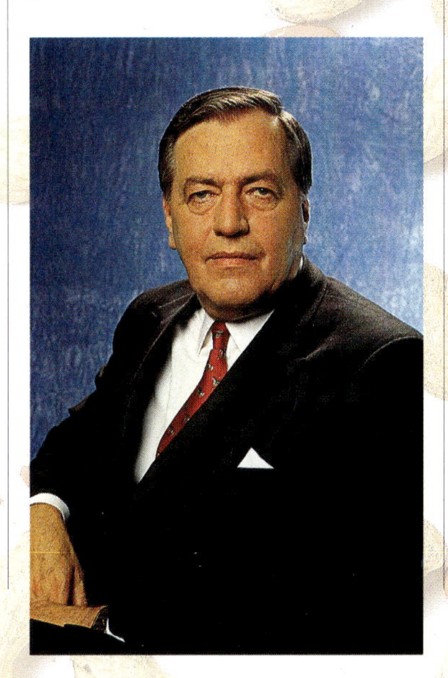

Hilmar Kopper hat viel für die Deutsche Bank geleistet, in der Öffentlichkeit jedoch ist er vor allem als „Herr der Nüsse" bekannt.

Pearl-Index

Mit dieser nach dem amerikanischen Biologen Raymond Pearl benannten statistischen Größe bewertet man die Zuverlässigkeit von empfängnisverhütenden Methoden. Der Pearl-Index wird aus der Zahl der ungewollten Schwangerschaften errechnet, die bei 100 Frauen in einem Jahr trotz fehlerfreier Anwendung der entsprechenden Verhütungsmethode auftreten. Sind von diesen 100 Frauen, die mit derselben Methode, etwa einem Scheidendiaphragma, verhütet haben, in einem Jahr fünf schwanger geworden, so ergibt sich ein Pearl-Index von 5. Die Versagerquote fällt je nach Methode unterschiedlich hoch aus. Den niedrigsten Index, nämlich 0,2–0,5, und damit die höchste Zuverlässigkeit haben Pille und Dreimonatsspritze. Die Spirale hat einen Pearl-Index von 1,5–2, das Diaphragma mit Spermizid von 0,7–4 und das Kondom von 3–4. Bei chemischen Mitteln wie Schaumsprays liegt die Versagerquote bei 0,8–5. Als unzuverlässig mit einem Index von 18–20 werden die reine Kalendermethode nach Knaus-Ogino und der Coitus interruptus (8–25) eingestuft.

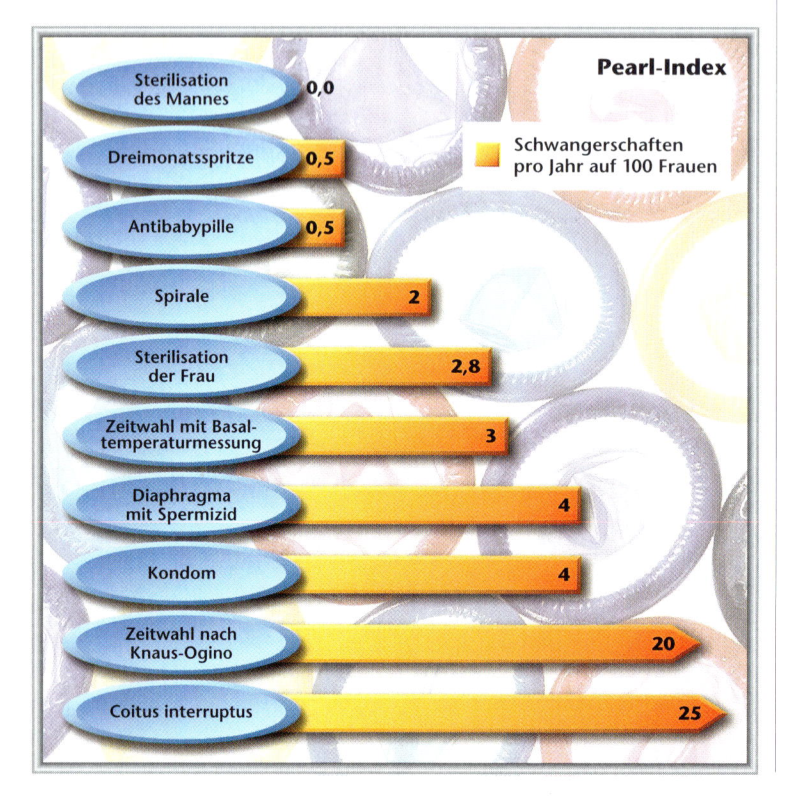

Peeling

engl. to peel = abschälen

Wer seinem fahlen, grobporigen oder unreinen Teint etwas Gutes tun will oder Verhornungen an Oberarmen, Ellbogen und Füßen entfernen möchte, kann seine Haut mit einer Peelingcreme behandeln, die die Haut wieder glatter und gepflegter machen soll. Diese Spezialcremes enthalten pflanzliche und synthetische Mikrokügelchen, natürliche Tonerde oder auch Mandelkleie, Seesand und Salz. Die Paste wird aufgetragen und mit kreisenden Bewegungen verrieben; dabei absorbieren die körnigen Bestandteile das Fett und schleifen wie allerfeinstes Schmirgelpapier die an der Hautoberfläche liegenden abgestorbenen Hornschüppchen ab. Die Rubbelprozedur bekommt aber nicht jedem Hauttyp. Während sie normaler oder fettiger Haut einmal pro Woche nicht schadet, sollten Menschen mit trockener und empfindlicher Haut eher ganz darauf verzichten.

Manche Kosmetikinstitute bieten ein biologisches Peeling mit Kräutern an, das mehrmals aufgetragen werden muss und auch Mitesser komplett entfernt. Das chemische Peeling darf dagegen nur von Ärzten durchgeführt werden. Dieses Verfahren der ► **plastischen Chirurgie** dient dazu, Altersfalten und Narben zu glätten und oberflächliche Pigmentflecken zu entfernen. Dabei wird eine stark säurehaltige Paste oder Lösung, etwa Karbolsäure, auf den Teint aufgetragen, die eine ätzende Wirkung entfaltet. Die Haut schwillt an, bildet Bläschen, verkrustet und löst sich schließlich ab.

Da die neue Haut nur langsam nachwächst, ist die behandelte Partie extrem empfindlich und erträgt auch nach der Heilung längere Zeit keine Sonne. Weniger belastend ist dagegen ein Peeling mit Vitamin-A-Säure oder mit Alphahydroxysäuren, das beispielsweise zur Nachbehandlung von Akne eingesetzt werden kann.

Dieses Plakat des PEN weist darauf hin, dass viele Schriftsteller zu Unrecht im Gefängnis einsitzen.

PEN-Club

Die englische Abkürzung PEN steht für *Poets Playwrights Essayists Editors and Novelists* – eine internationale Vereinigung von Lyrikern, Dramatikern, Essayisten, Herausgebern und Romanschriftstellern; zugleich bedeutet *pen* Schreibfeder. 1921 von der englischen Schriftstellerin Catherine Amy Dawson-Scott gegründet, hatte die Autorenvereinigung neben dem fachlichen Austausch und der weltweiten Verbreitung von Literatur von Anfang an auch eine politische Zielsetzung. Der PEN-Club, der heute in über 100 Ländern vertreten ist und sich als Vorkämpfer für die Presse- und Meinungsfreiheit versteht, wendet sich gegen jede Form von Diskriminierung, Rassismus und Unterdrückung und setzt sich für verfolgte Schriftsteller ein, zu Zeiten des Kalten Krieges etwa für Alexandr Solschenizyn und in jüngerer Zeit für den mit dem Tod bedrohten Iraner Salman Rushdie.
Der deutsche PEN-Club spaltete sich 1951 in ein Zentrum der Bundesrepublik und eines der Deutschen Demokratischen Republik. Jahre nach der Wiedervereinigung der beiden deutschen Staaten streben nun auch die beiden PEN-Clubs einen Zusammenschluss an. Im Zuge der Verhandlungen verließen allerdings namhafte Mitglieder wie Kritikerpapst Marcel Reich-Ranicki oder Ingrid Bacher den West-PEN. Sie hatten ihm vorgeworfen die Vereinigung zu unkritisch anzugehen und darauf verwiesen, dass man Autoren mit Stasivergangenheit nicht aufnehmen dürfte.

Pendolino

ital. pendere = sich neigen

Seit 1988 verkehrt auf dem italienischen Schienennetz der Hochgeschwindigkeitszug ETR 450, der als Pendolino bekannt ist. Der Triebwagen besitzt eine elektronische Steuerung, die den Wagenaufbau über Hydraulikzylinder in den Kurven – ähnlich wie ein Motorrad – zur Innenseite neigt. Durch diese Technik kann der Pendolino die Kurven wesentlich schneller befahren als ein gewöhnlicher Zug. Zwischenzeitlich wurden auch in anderen Ländern Neigezüge entwickelt, die im Volksmund ebenfalls Pendolino genannt werden, so in Schweden oder in Deutschland. Hier will man stufenweise über 40 solcher Züge für den Intercityverkehr und 50 für den Interregioverkehr einsetzen. Das neue IC-Modell mit Neigetechnik soll auf sehr kurvenreichen Strecken wie Stuttgart–Zürich 20 % weniger Fahrzeit benötigen. Im Regionalverkehr zwischen Heilbronn und Mannheim wurde im Herbst 1996 der Neigezug Neitech erprobt. Er erreicht eine Höchstgeschwindigkeit von 160 km/h und besitzt keine Hydraulik wie der italienische Pendolino, sondern wird von Elektromotoren geneigt. Der Zug machte jedoch wegen immer neuer technischer Pannen Negativschlagzeilen. Die Probleme hatten aber nichts mit der Neigetechnik zu tun.

Perestroika

russ. perestroit = umbauen

Der sowjetische Präsident Michail Gorbatschow prägte nach 1985 die Begriffe ► **Glasnost** und Perestroika, die meist in einem Atemzug genannt werden und sein Programm des Wandels umfassen. Perestroika steht für die Umgestaltung der sowjetischen Wirtschaft und Gesellschaft, die sich in einer tiefen Krise befanden. Die Planwirtschaft sollte innerhalb des bestehenden Systems in eine „regulierte" Marktwirtschaft übergeführt und damit effizienter und marktfähiger gemacht werden. In allen Bereichen des gesellschaftlichen Lebens strebte man eine demokratische Öffnung an. In der Tat lockerten sich die Strukturen, doch die Ironie des Schicksals wollte es, dass Gorbatschows Programm letztlich den Zerfall der UdSSR Ende 1991 herbeiführte.

Mehr als 30000 t Pestizide werden jährlich allein in Deutschland versprüht.

Pestizide

lat. pestis = Seuche, Pest
lat. cidere = töten

Alle chemischen Mittel, die verwendet werden um unerwünschte Pflanzen, Tiere oder Mikroorganismen fernzuhalten oder zu vernichten, fasst man unter dem Sammelbegriff Pestizide zusammen. Am häufigsten wird die chemische Keule eingesetzt um Nutzpflanzen zu schützen und möglichst hohe Erträge zu erhalten. Viele Pestizide stehen im Verdacht beim Menschen Krebs zu erregen oder das Erbgut zu schädigen. Daher ist vorgeschrieben, dass zwischen der letzten Behandlung von Nahrungspflanzen mit Pestiziden und der Ernte eine bestimmte Zeit verstreichen muss, damit die Mittel weitgehend abgebaut werden können. Ferner sind Höchstmengen für Pestizidrückstände in oder auf Lebensmitteln festgelegt. Aber auch für Natur und Umwelt hat der Einsatz von Pestiziden negative Folgen. Zum einen reichern sie sich im Boden an und gelangen damit ins Grundwasser. Zum andern wirken sie nicht nur gegen Schädlinge, sondern gefährden auch durchaus nützliche Wildtiere und -pflanzen. Und nicht zuletzt werden immer mehr Schädlinge gegen die chemischen Mittel resistent. Aus diesen Gründen versucht man mithilfe der ► **Gentechnik** Pflanzen zu entwickeln, die gegen Schädlinge immun sind.

PET

→ siehe S. 120

PET-Flasche

Da man sich an dem Begriff Polyäthylenterephthalat fast die Zunge abbricht, benutzt man meist nur die Kurzform PET um das Kunststoffmaterial für einen neuen Flaschentyp zu benennen. Die PET-Flasche, die Mitte der 80er-Jahre von einem amerikanischen Getränkehersteller auf dem Markt eingeführt wurde, hat gegenüber der herkömmlichen Glasflasche durchaus Vorteile. So ist eine 1,5-l-PET-Flasche zehnmal leichter als eine 1-l-Flasche aus Glas. Außerdem ist sie bruchsicher (laut Werbung „unkaputtbar") und kann ebenso wie die Glasflasche wieder verwendet werden. Einen Nachteil haben die leichten Mehrwegflaschen allerdings: Der Kunststoff ist nicht geschmacksneutral und aus diesem Grund für Mineralwasserflaschen ungeeignet. Bei Tafelwasser dagegen haben die PET-Flaschen schon längst den Siegeszug angetreten. Aber auch Limonaden und Fruchtsäfte werden zunehmend in die großen, leichten Flaschen abgefüllt. Ob die deutschen Verbraucher allerdings eine zukünftige Einführung der PET-Flasche für Bier akzeptieren ist noch sehr fraglich.

Kinderleicht zu tragen ist ein Kasten mit leeren 1,5-l-PET-Flaschen.

Pflegeversicherung

Sie ist neben der Kranken-, Renten- und Arbeitslosenversicherung die vierte Sozialversicherung und soll das finanzielle Risiko einer durch Krankheit oder Behinderung hervorgerufenen Pflegebedürftigkeit vor allem im Alter absichern. Das entsprechende Gesetz trat am 1. Januar 1995 in Kraft. Seit diesem Zeitpunkt zahlen Arbeitnehmer und Arbeitgeber jeweils 0,5% des Arbeitnehmerbruttoeinkommens in die Versicherung ein. Als Ausgleich für den Arbeitgeberanteil wurde der Buß- und Bettag als Feiertag gestrichen. (Ausnahme ist Sachsen: Hier blieb der Feiertag erhalten, dafür zahlen die Arbeitnehmer den Beitrag ganz.) Drei Monate später erhielten Pflegebedürftige erstmals Versicherungsleistungen für die häusliche Pflege. Dabei können die Betroffenen zwischen monatlichen Zuschüssen von 400–1300 DM oder Sachleistungen im Wert von 750–2800 DM wählen. Über den Grad der Pflegebedürftigkeit und die Höhe der Zahlungen entscheiden die medizinischen Dienste der Krankenkassen. Seit 1. Juli 1996 übernimmt die Pflegeversicherung auch Kosten für die stationäre Pflege in Heimen (zwischen 2500 und 3000 DM). Gleichzeitig wurde der Beitragssatz für die Pflegeversicherung auf 1,7% des Bruttoeinkommens (je 0,85% für Arbeitnehmer und Arbeitgeber) angehoben.

Phytotherapie

→ siehe S. 282

Piercing

engl. to pierce = durchbohren

Zu allen Zeiten und in allen Kulturen hatte der Mensch den Wunsch seinen Körper zu schmücken. Vor allem bei Naturvölkern ist der Brauch weit verbreitet Ohrläppchen, Nasenflügel oder Lippen zu durchbohren und sie dann mit aus Holz oder Knochen geformten Gebilden zu verschönern. In den westlichen Kulturen dagegen waren Ohrringe jahrhundertelang der einzige körperdurchbohrende Schmuck, bis in jüngster Zeit das Piercing

Zu einem schrillen Outfit gehört häufig ein auffallendes Piercing.

modern wurde. Als in den frühen 90er-Jahren der Popstar Madonna, der Rocksänger Axel Rose, das Model Naomi Campbell, der Basketballspieler Dennis Rodman von den Chicago Bulls und andere Prominenz der Öffentlichkeit stolz ihre gepiercten Körperpartien präsentierten, wurde es vor allem unter Jugendlichen schick sich Ohrläppchen, Nasenflügel, Augenbrauen, Lippen, Zunge, Wangen, Brustwarzen und Bauchnabel durchstechen zu lassen und mit einfachen Ringen und winzigen Hanteln aus Gold oder rostfreiem Stahl zu schmücken. Dabei geht es allerdings häufig nicht nur darum, die betreffenden Partien zu verzieren, vielmehr gilt das Piercing auch als eine Art Mutprobe und als Mittel der gesellschaftlichen Provokation.

Pilotfilm

Vor dem Start einer Fernsehserie wird seit einigen Jahren auch in Deutschland zunächst ein Pilotfilm gezeigt. Im Gegensatz zu den künftigen Serienhäppchen hat er Spielfilmlänge und dient dazu, alle wichtigen Charaktere, den Ort der Handlung und das Strickmuster der geplanten Serie vorzustellen. Meist wird der Pilotfilm mit wesentlich größerem Aufwand gedreht als die späteren Folgen, denn er soll vor allem das Interesse des Publikums wecken. In gewisser Weise testet man mit dem Pilotfilm auch, wie eine geplante Serie beim Publikum ankommt. Ist er erfolgreich, kann man von hohen ► **Einschaltquoten** ausgehen und auf eine lange Laufzeit hoffen. Wenn der Pilotfilm sich als Flop erweist, bestehen folgende Alternativen: In einem frühen Produktionsstadium kann man entsprechend der Zuschauerresonanz auf den Pilotfilm noch Korrekturen an ► **Plot**, Stil und Charakteren einer Serie vornehmen, um sie dem Publikumsgeschmack anzupassen. Oder man zeigt die bereits gedrehten Folgen und ändert die Machart der folgenden Serienstaffel. Als weitere Möglichkeit besteht der vollständige Verzicht auf die Ausstrahlung der Serie.

Demonstrierende Kurdinnen in Kassel schwenken die Fahne der PKK.

PKK

Nach dem Zusammenbruch des Osmanischen Reiches 1918 hatten die Kurden, ein Volk, das heute knapp zur Hälfte im Osten der Türkei lebt (die übrigen Kurden siedeln überwiegend im Iran und im Irak) vergeblich auf Unabhängigkeit gehofft. Die rigorosen Versuche der türkischen Regierung, die Kurden zu türkisieren und ihnen ihre kulturelle Eigenständigkeit zu nehmen, führten zu deren Radikalisierung. 1978 gründete Abdullah Öcalan die linksextremistische Partîya Kakerên Kurdistan (PKK; zu Deutsch: Arbeiterpartei Kurdistans), die ab 1984 für einen von der Türkei unabhängigen Staat kämpfte. 1994 gab die PKK diese Forderung auf und verlangt seitdem nur Autonomie und ethnische Gleichberechtigung der Kurden innerhalb des türkischen Staatsverbands. Seit 1987 gilt in der von den Kurden bewohnten Region der Ausnahmezustand und immer wieder kommt es zu militärischen Auseinandersetzungen zwischen den Befreiungskämpfern der PKK und türkischen Sicherheitskräften. Der Konflikt blieb nicht auf die Türkei beschränkt. Vor allem Deutschland, wo rund 500000 Kurden leben, war schon häufig Schauplatz für gewalttätige Demonstrationen und Anschläge der PKK auf türkische Einrichtungen. Nach Erkenntnissen des Verfassungsschutzes hat die seit 1993 in Deutschland verbotene PKK knapp 9000 Mitglieder.

Placebo

lat. placebo = ich werde gefallen

Dass Glaube Berge versetzt, ist ein altbekanntes Sprichwort, das auch in der Medizin Bestätigung findet, wenn Placebos, Scheinmedikamente ohne jeglichen Wirkstoff, einen Heileffekt haben. Placebos werden meist in so genannten Doppelblindstudien eingesetzt um die Wirksamkeit eines neuen Medikaments zu überprüfen. Dabei bekommt eine Hälfte der Patienten das echte Medikament, die andere ein Placebo. Weder Arzt noch Patient wissen, wer zu welcher Gruppe gehört. Nur der Medizinstatistiker, der den Versuch auswertet, kennt den Kode. Ist der Versuch abgeschlossen, erkennt er beim Wirkungsvergleich, ob das neue Präparat den erhofften Heilerfolg hat oder nicht. Allerdings wird diese Auswertung durch den berüchtigten Placeboeffekt erschwert, denn bei etwa einem Drittel der Patienten, die das Scheinmedikament erhalten haben, zeigt sich die Wirkung des echten Medikaments. Man hat dieses Phänomen mehrfach untersucht und festgestellt, dass der Effekt eng damit zusammenhängt, inwieweit ein Patient seinem Arzt vertraut und ob er Medikamenten grundsätzlich positiv gegenübersteht.

Plastikgeld

Anders als in Kindertagen hat es durchaus reale Folgen, wenn man als Erwachsener allzu ungehemmt mit Plastikgeld bezahlt. Denn jedesmal, wenn man seine Kredit- oder Bankkarte benutzt, verringert sich das Guthaben auf dem Konto. Die kleinen Plastikkarten erfreuen sich wachsender Beliebtheit und dienen hauptsächlich zum Geldabheben, zum bargeldlosen Einkauf und zum Bezahlen von

Die kleinen Plastikkarten dienen immer öfter als Zahlungsmittel.

Hotelrechnungen, Mietwagengebühren oder Restaurantbesuchen. Statt Bargeld aus der Tasche zu ziehen, reicht man die Karte. Verwendete man die Karte als Zahlungsmittel bisher vor allem bei größeren Beträgen, drängen jetzt auch so genannte Geldkarten auf den Markt. Sie funktionieren ähnlich wie die Telefonkarten, allerdings mit dem Unterschied, dass die Geldkarte immer wieder aufgeladen werden kann. Ob beim Bäcker, am Fahrkartenschalter oder am Zigarettenautomat, man steckt die Karte in einen Kassenautomat, der den entsprechenden Betrag abbucht. In Europa sind zurzeit die Franzosen die fleißigsten Nutzer des Plastikgeldes. Sie geben durchschnittlich etwa 800 DM im Monat à la Card aus. An zweiter Stelle stehen – wenn auch mit deutlichem Abstand – die Deutschen mit rund 650 DM monatlich.

Plastische Chirurgie

siehe S. 121

Play-off-Spiele

Beim Golf findet der englische Begriff für ein Entscheidungsspiel schon lange Verwendung. Inzwischen gibt es aber auch bei verschiedenen Mannschaftssportarten Play-off-Spiele, die für mehr Spannung sorgen sollen. So führte z. B. die Deutsche Eishockey-Liga (DEL) in der Saison 1996/97 Play-off-Spiele ein, bei denen nach Abschluss der normalen Hin- und Rückrunden die Meister sowie die Auf- und Absteiger ermittelt werden. Meist treten bei Play-off-Spielen die acht bestplatzierten Mannschaften gegeneinander an, wobei der Erste auf den Achtplatzierten, der Zweite auf den Siebtplatzierten, der Dritte auf den Sechstplatzierten und der Vierte auf den Fünftplatzierten trifft. Die nächste Runde erreicht jeweils die Mannschaft, die zuerst zwei (best of three = Bester von drei Spielen) oder drei Siege (best of five = Bester von fünf Spielen) errungen hat. Nach einem ähnlichen, dann allerdings Play-down genannten Verfahren werden unter den Mannschaften, die sich in den Hin- und Rückrunden nur für die hinteren Plätze qualifizieren konnten, die Absteiger ermittelt.

Play-off-Spiele sollen die Eishockeymeisterschaften spannender machen.

Plot

siehe S. 234

Plutonium

Das radioaktive Schwermetall, das in der Natur nur in sehr geringen Mengen in Uranerzen vorkommt, ist einer der gefährlichsten giftigen Stoffe. Selbst wenn nur wenige Mikrogramm Plutonium in den Organismus eindringen, ruft es dort tödliche Strahlungsschäden und Krebserkrankungen hervor. Erstmals wurde das Element 1940 künstlich erzeugt, indem man Uran mit Deuteronen beschoss. Heute wird Plutonium hauptsächlich in Brutreaktoren gewonnen, wo es als Abfallprodukt aus dem radioaktiven Zerfall von Uran entsteht. Vor allem das Plutoniumisotop Pu 239 dient wegen seiner guten Spaltbarkeit als Kernbrennstoff in bestimmten Reaktoren und ist neben Uran der meistverwendete Sprengsatz von Kernwaffen. Es hat eine Halbwertszeit von fast 25 000 Jahren, d. h., nach dieser Zeit ist die Hälfte des Ausgangsmaterials radioaktiv zerfallen. Ebenso wie Uran gewinnt man Plutonium aus abgebrannten Brennelementen zurück (► **Wiederaufbereitungsanlage**). Dabei wird zwischen kernwaffentauglichem und -untauglichem Plutonium unterschieden. Für Ersteres gilt, dass es auf dem Weltmarkt nicht frei gehandelt werden darf (► **Atomschmuggel**).

PMS

Manche Frauen leiden 7–10 Tage vor dem Einsetzen der Menstruation unter schmerzhaften Spannungen in der Brust, Wasseransammlungen im Gewebe, Essgelüsten, Hautproblemen, Verdauungsbeschwerden oder Hitzewallungen sowie unter Rücken- oder Kopfschmerzen. Auch das seelische Gleichgewicht ist oft gestört. Viele Frauen klagen in dieser Zeit über große Konzentrationsschwierigkeiten, extreme Antriebsschwäche, Schlaflosigkeit, Nervosität oder allgemeine Niedergeschlagenheit, die bis zu depressiven Zuständen reichen kann. Alle diese Erscheinungen fasst man unter dem Begriff prämenstruelles Syndrom, kurz PMS genannt, zusammen. Die Hauptursache sind hormonelle Schwankungen während des Menstruationszyklus. Gehäuft tritt das PMS bei Frauen über 30 Jahre auf. Glücklicherweise leiden nicht alle Frauen unter der ganzen Bandbreite der Symptome. Manche verspüren nur ein leichtes Unwohlsein, andere dagegen fühlen sich richtig krank. Einige haben zwar keine körperlichen Beschwerden, sind dafür aber reizbar und leiden unter starken Stimmungsschwankungen. Entsprechend den jeweiligen Symptomen und der Stärke ihres Auftretens muss eine Behandlung individuell abgestimmt werden.

Die begehrteste Startposition für Autorennen ist die Platzierung in der ersten Reihe, in der Poleposition.

Poleposition

engl. pole = Stange, Pfahl

Bei Berichten über Autorennen taucht immer wieder der Begriff Poleposition auf. Er bezeichnet die Startposition eines Rennfahrers in der vordersten Reihe. Woher dieser Begriff kommt, ist unklar. Möglicherweise stammt er aus dem Windhund- oder Pferderennsport, wo die Tiere mit einer Stange so lange zurückgehalten werden, bis das Startsignal erfolgt. Da die Poleposition für jeden Rennfahrer sehr erstrebenswert ist, wird in Probeläufen ermittelt, wer diesen Startplatz einnehmen darf. Bei Formel-1-Rennen ist es der Fahrer, der am Samstag zuvor beim Qualifikationstraining der schnellste war. Um das herauszufinden, müssen die Teilnehmer innerhalb einer Stunde ihre bestmögliche Rundenzeit fahren, wobei jeder Pilot maximal zwölf Runden fahren darf. Im eigentlichen

Rennen erreicht ein Pilot allerdings nur selten seine Bestzeit des Qualifikationstrainings, da während des Wettbewerbs die Bedingungen schlechter sind: Der Tank ist bis auf die Schlussphase des Rennens voller und macht den Wagen schwerer und die Reifen verlieren mit zunehmender Renndauer an Qualität. Rekordhalter für Starts aus der Poleposition in der Formel-1 ist nach wie vor der Brasilianer Ayrton Senna. Bis zu seinem tödlichen Unfall im Mai 1994 war er 61-mal von vorderster Position aus gestartet.

Political Correctness

engl. = politisch richtiges Verhalten

Der amerikanische Präsident Bill Clinton gilt als ein typischer Vertreter der Political Correctness, einer inneren Haltung oder Einstellung, die dazu führt, dass man Handlungen und Äußerungen vermeidet, die als abwertend empfunden werden können. Political Correctness soll vor allem dazu beitragen, die Diskriminierung von Minderheiten zu verhindern. In den USA kann es sich inzwischen kaum jemand, der im Licht der Öffentlichkeit steht, leisten, gegen die Regeln der Political Correctness zu verstoßen. Allerdings treibt dieser Trend manchmal seltsame Blüten, wenn man z. B. statt von Schwarzen von Afroamerikanern oder statt von Behinderten von körperlich Herausgeforderten spricht. In Deutschland wird zwar auch zunehmend die Forderung nach Political Correctness erhoben, doch hat der Begriff hier noch nicht das gleiche Gewicht wie in den USA. Häufig erschöpft sich die Political Correctness in Euphemismen, beispielsweise wenn man eine Putzfrau zur Raumpflegerin erhebt.

Politikverdrossenheit

Bei fast allen Landtagswahlen der letzten Jahre betrug die Wahlbeteiligung im Durchschnitt weniger als 70%. Aber auch bei Kommunal- und Bundestagswahlen wächst die Zahl derer, die auf die Ausübung ihres Wahlrechts verzichten. Das Meinungsforschungsinstitut EMNID führt die hohe Zahl der Nichtwähler darauf zurück, dass sich immer mehr Bürger von den etablierten Parteien abwenden. Sie haben das Gefühl, dass die Parteien nicht mehr ihre Interessen vertreten, weshalb man häufig statt von Politikverdrossenheit auch von Parteienverdrossenheit spricht. Dazu trägt der Umstand bei, dass die Unterschiede zwischen den Parteien immer mehr verschwimmen. Unter den Nichtwählern herrscht zum großen Teil die Einstellung: Die da oben machen doch sowieso, was sie wollen. Ursache für diese Haltung ist zum einen, dass politische Entscheidungsprozesse häufig undurchschaubar sind und der Bürger sich entsprechend ausgeliefert fühlt. Zum andern ist es in der Tat schwer einsehbar, dass Politiker von allen verlangen den Gürtel enger zu schnallen, ihre eigenen Diäten aber nahezu einstimmig erhöhen. Die Folge ist, dass sich immer mehr Menschen nur noch um ihre Belange kümmern und Politik nicht mehr als das verstehen, was sie ist, nämlich etwas, das alle Mitglieder einer Gesellschaft angeht.

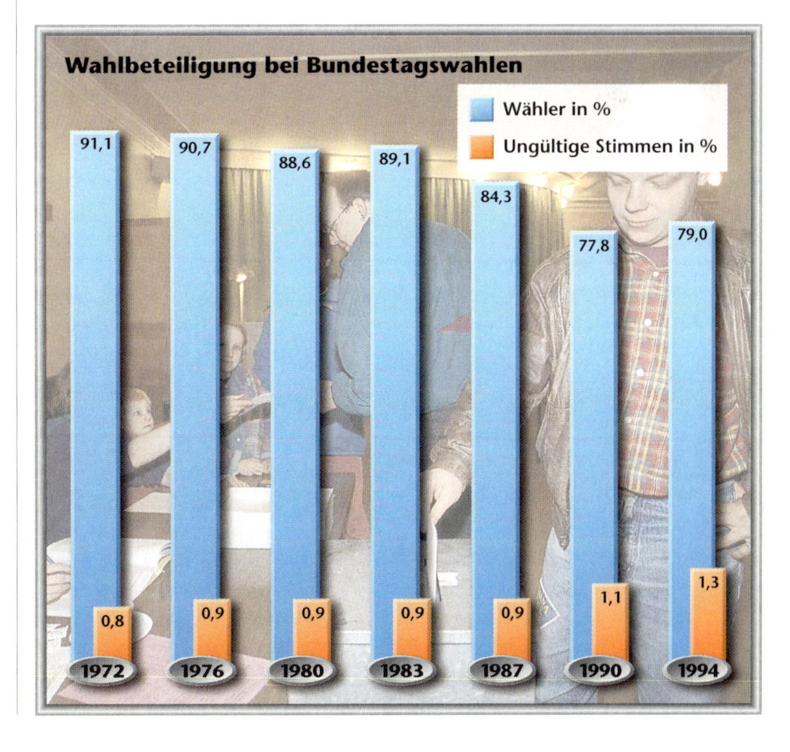

Pop & Co

Heiße Rhythmen für coole Kids

Die Fugees aus den USA zählen zu den erfolgreichsten Hip-Hop-Bands.

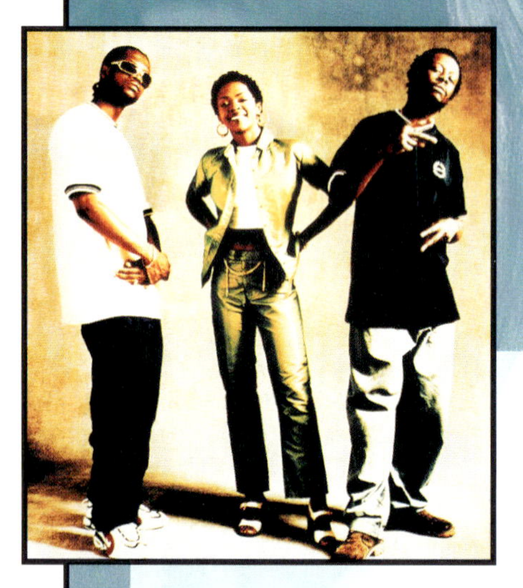

Hip-Hop

Dieser Musikstil, in dem u. a. **Rap**, Funk, elektronischer Rock, Calypso, **Salsa** und Rhythm and Blues miteinander verschmelzen, entstand in den 70er-Jahren als Teil einer afroamerikanischen Straßenkultur im New Yorker Stadtteil Bronx, der hauptsächlich von Farbigen bewohnt wird. Die Hip-Hop-Bewegung entwickelte Tanzformen wie den Breakdance, ihre Anhänger kreierten eine eigene Mode (**Clubwear**) und sie verständigen sich in einer für Außenstehende schwer verständlichen Sprache, in der Gettoelemente eine wesentliche Rolle spielen.

House

In den Chicagoer Musikklubs Warehouse und Playground entstand 1980 House, eine Musikrichtung, die von farbigen **DJ**s entwickelt wurde. Sie mischten aus bereits veröffentlichten Songs neue Stücke, die sich sehr gut zum Tanzen eignen, so genannte Dancemixes. Diese Aufnahmen sind von stark betonten Basslinien und dem hämmernden Rhythmus der Schlagzeugmaschine geprägt. Durch die Aneinanderreihung der immer wieder leicht abgewandelten Grundelemente entsteht ein Klangteppich, zu dem die **Kids** in den Diskotheken stundenlang tanzen. Eine Weiterentwicklung von House ist Acidhouse, bei dem die rhythmische Intensität noch gesteigert ist.

Techno

Die erfolgreichste neue Musikrichtung der 90er-Jahre, Techno, zeichnet sich durch ein im Vergleich zu den meisten anderen Musikstilen ungewöhnlich hohes Tempo aus, das man in **BPM** (engl.= *beats per minute* = Taktschläge pro Minute) misst. Techno wird von seinen Anhängern als Ablösung der Rockmusik gefeiert, die sie als veraltet ansehen. Das wichtigste „Instrument" der Technomusiker ist ein Computer, auf dem eine Vielzahl unterschiedlicher Klangelemente gespeichert ist. Die meist nur instrumentalen Stücke, die ihre Wirkung erst bei großer Lautstärke entfalten und sich daher eher für die Diskothek als für den Hausgebrauch eignen, ziehen die Hörer durch ihren hypnotisierenden Rhythmus in den Bann.

Mit ihren von zahlreichen Stilelementen geprägten Songs stürmten die Fantastischen Vier die Hitparaden.

Grunge

Im Unterschied zu Techno und House, die stark von Computereffekten geprägt sind, stehen beim Grunge (engl. = Dreck) raue Gitarrenklänge im Vordergrund. Ursprungsort dieser Musikrichtung, die an **Punk** und Heavymetal erinnert, ist die nordamerikanische Stadt Seattle, aus der einige der wichtigsten Grungebands stammen. Zu diesen Gruppen, deren Kleidung sich meist aus Holzfällerhemden, zerschlissenen Jeans und ausgetretenen Turnschuhen zusammensetzt, zählte Nirvana. Deren Sänger Kurt Cobain wurde zu einem Idol der **Generation X** und auch nach seinem Selbstmord im Jahr 1994 verehren ihn noch viele Fans. Der Erfolg von Nirvana, die Millionen von Platten und **CD**s verkauften, führte zu einer starken Vermarktung von Grunge, die viele der ursprünglichen Anhänger abschreckte, da sie darin eine Kommerzialisierung ihrer Musik sahen.

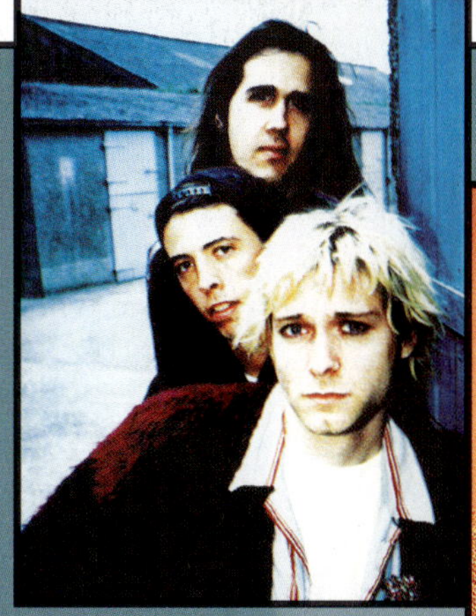

Keine andere Band hatte mit rauer Grungemusik so viel Erfolg wie Nirvana (oben links).

Die Songs der farbigen Sängerin Nicolette sind große Diskothekenhits (oben rechts).

Easy Listening

Diese Bezeichnung umfasst leichte eingängige Unterhaltungsmusik aus unterschiedlichen Stilbereichen der populären Musik. Easy Listening wird dem **Mainstream** zugerechnet und soll möglichst viele Hörer ansprechen. Früher galten die Stücke für die meisten Jugendlichen als anspruchslose kommerzielle Fahrstuhl- oder Kaufhausmusik, doch seit einigen Jahren erlebt Easy Listening auch in der Jugendszene einen spektakulären Boom und in vielen Städten finden große Easy-Listening-Partys statt.

DJ Marusha begeistert ihre zahlreichen Fans mit Technoklängen.

Ethnopop

Nicht nur bei Kleidung und Essgewohnheiten, sondern auch in der Musik gewinnt die Exotik immer mehr Einfluss. Besonders erfolgreich ist der so genannte Ethnopop, der bekannte Formen der Popmusik mit musikalischen Elementen aus fremden Kulturen verbindet. Die erfolgreichsten Interpreten dieser Stilrichtung sind meist Sänger aus den USA oder Europa, die wie z. B. Paul Simon mit Unterstützung von Musikern aus afrikanischen oder anderen exotischen Ländern Stücke aufnehmen, die durch ihre Verbindung von bekannten und fremden Sounds einen besonderen Reiz gewinnen.

Die Pollen von Löwenzahn (oben) und von Platanen (rechts) können allergische Reaktionen hervorrufen.

Pollenflugbericht

Allergiker spitzen im Frühjahr und Sommer morgens zwischen 6 und 8 Uhr die Ohren, wenn im Radio der Pollenflugbericht gesendet wird. Denn er gibt Auskunft, welche Blüten- oder Gräserpollen in welcher Menge an dem jeweiligen Tag in der Luft umherfliegen. Erstellt wird der Pollenflugbericht von den Biologen der Wetterämter. Sie fangen frühmorgens mithilfe aufgespannter Folien die Pollen aus der Luft ein, bestimmen unter dem Mikroskop ihre Herkunft und zählen sie aus. Diese Daten sind dann die Grundlage für den Pollenflugbericht, der zusammen mit dem Wetterbericht an die lokalen Sender geht. Früher, als es den Pollenflugbericht noch nicht gab und daher auch nicht genau bekannt war, welche Übeltäter gerade durch die Luft flogen, musste man die Medikamente, die häufig auch schwere Nebenwirkungen haben, regelmäßig oder auf Verdacht hin einnehmen. Andernfalls lief man Gefahr, dass man von heftigen Niesanfällen überrascht wurde. Dann half nur noch, schleunigst die rettenden Medikamente zu schlucken und sich für etwa eine Stunde in möglichst pollenfreies Gebiet zurückzuziehen, bis die Wirkung der Mittel einsetzte. Seit es den Pollenflugbericht gibt, ist es möglich sich wesentlich besser auf die Situation einzustellen. Fliegen nur wenige der Pollen, auf die man allergisch reagiert, kann man auf Medikamente weitgehend verzichten; sind jedoch viele der Pollen unterwegs, die den Allergiker zum Niesen und Husten bringen oder gar Asthmaanfälle auslösen, muss er ein schwereres Geschütz auffahren. Allerdings muss berücksichtigt werden, dass die Pollen im Lauf des Tages und wetterbedingt in unterschiedlichen Höhen fliegen. Erwärmt sich die Luft, steigen die mikroskopisch kleinen Teilchen mit ihr empor und sinken wieder ab, wenn es kühler wird. In den kühlen Morgenstunden sind sie daher in Bodennähe konzentriert vorhanden, während sie sich am heißen Nachmittag in die Höhe verteilen, ihre Konzentration in der bodennahen Luft also abnimmt. Bei hoher Luftfeuchtigkeit, vor allem vor Gewittern, sinken die Pollen ebenfalls ab und sammeln sich in Bodennähe. Und besonders viele Pollen werden durch die Luft gewirbelt, wenn es sehr windig und gleichzeitig trocken ist.

Portfolio

ital. portafoglio = Brieftasche

Als Portfolio oder auch Portefeuille bezeichnet man im Finanzwesen die Gesamtheit der Wertpapiere, die sich im Besitz einer Person befinden. Wichtig für den Anleger ist ein gutes Portfoliomanagement. Dabei werden die Wertpapiere so gewählt, dass sich eine optimale Zusammensetzung nach Kriterien wie Ertragsmaximierung und Risikostreuung ergibt. In den 50er-Jahren entwickelte der amerikanische Ökonom H. M. Markowitz die Grundlagen für eine wissenschaftliche Portfolioanalyse. Nach seiner Methode lassen sich über Variablen der Wahrscheinlichkeitsrechnung wie Erwartungswert und Standardabweichung die optimale Verzinsung des eingesetzten Kapitals errechnen und entsprechende Wertpapierbündel zusammenstellen. Die Portfolioanalyse wurde später auch auf andere Bereiche der Ökonomie übertragen.

Positivliste

Das Gesundheitsstrukturgesetz von 1993 sah vor, bis Mitte 1995 eine Positivliste zu erstellen, in der alle Medikamente aufgeführt werden sollten, die von den Krankenkassen bezahlt werden müssen, wenn ein Arzt sie verordnet. Für alle anderen Medikamente sollte der Patient selbst die Kosten tragen. Anlass für diese Kategorisierung aller auf dem deutschen Markt erhältlichen Arzneimittel war die Kostenexplosion im Gesundheitswesen. Denn nicht nur die immer besseren und damit oft teureren Möglichkeiten der Medizin, sondern auch die in Deutschland im internationalen Vergleich sehr hohen Preise für Arzneimittel und die Verordnung vieler in ihrer medizinischen Wirkung umstrittenen Medikamente führten zu finanziellen Belastungen der Krankenversicherungen. Die Folge waren steigende Beiträge, die jeweils zur Hälfte von Arbeitnehmern und Arbeitgebern aufgebracht werden müssen. Mithilfe der Positivliste, die das Institut für Arzneimittel in der Krankenversicherung (IAK), einem Gremium aus elf Wissenschaftlern, Pharmakologen und Ärzten, erarbeiten sollte, hoffte man die medikamentöse Behandlung sowohl wirtschaftlicher als auch wirkungsvoller gestalten zu können. Dieses Vorhaben rief vor allem bei den Arzneimittelherstellern Widerstand hervor. Natürlich hatte jeder von ihnen großes Interesse daran, dass seine Mittel auf die Positivliste kamen. Aber auch Patienten reagierten zunehmend verärgert, denn zunächst waren es vor allem die Naturheilmittel, die von der Positivliste ausgeschlossen wurden, da für diese Mittel ein wissenschaftlicher Wirkungsnachweis, wie er im Gesetz gefordert wird, oft nicht vorliegt. Zwar einigte sich Bundesgesundheitsminister Horst Seehofer mit den Ärzten und den Kassen im Mai 1995 auf eine Positivliste, sie war jedoch gegenüber dem ursprünglichen Vorhaben deutlich abgeschwächt und wurde bis heute auch nicht gesetzlich verabschiedet. Einige Politiker fordern dennoch weiterhin die Einführung einer solchen Liste, doch derzeit scheint die politische Umsetzung als sehr unwahrscheinlich. Sollte die Positivliste dennoch eingeführt werden, müsste niemand befürchten, dass er ein notwendiges Präparat nicht bekommt, da die Liste viele ► **Generika** enthält.

Postmoderne

lat. post = nach

Als Vater der Postmoderne gilt der Philosoph Friedrich Nietzsche, der bereits Ende des 19. Jh. eine Überwindung der Moderne forderte. Den Begriff Postmoderne selbst hat Nietzsche allerdings nie verwendet. Er tauchte in den 30er- und 40er-Jahren vor allem in der Literatur- und Kunsttheorie auf, wobei seine Bedeutung recht unscharf blieb. Klarer umrissen wurde er erst in den 70er-Jahren durch den Architekturtheoretiker C. Jencks, der sich in

Das Museum of Modern Art in San Francisco gilt als ein Musterbeispiel der postmodernen Architektur.

erster Linie gegen das Prinzip des reinen Funktionalismus wendete, der seit den 20er-Jahren das Bild der modernen Architektur prägte. Stattdessen fordert Jencks, Gebäude auch in Bezug zu ihrem historisch gewachsenen Umfeld und zu den Menschen, die darin leben, zu setzen. Heute gilt eine Abkehr von den Fortschritts- und Avantgardevorstellungen der Moderne, ein spielerischer Umgang mit den Formen früherer Epochen, die Reflexion des künstlerischen Mediums im Kunstwerk selbst sowie die Aufhebung der Grenzen zwischen Phantasie und Realität als charakteristisch für die Postmoderne . Allerdings wird der Begriff inzwischen für alles und jedes gebraucht, sodass er zunehmend an Aussagekraft verliert.

Powerwalking

→ siehe S. 160

PR

Hinter dieser Abkürzung für den englischen Begriff *public relations* (Öffentlichkeitsarbeit) verbergen sich alle Arten der Kommunikation zwischen einem Unternehmen, einer Institution oder einer Behörde und der Öffentlichkeit. Ziel dieser Kommunikation ist es, die Öffentlichkeit über Pläne, Maßnahmen und/oder Produkte zu informieren, ein bestimmtes Image zu vermitteln, Sympathien zu gewinnen und um Vertrauen zu werben. Diese Aufgabe wird meist von einer PR- oder – wie sie in Deutschland auch genannt wird – Presseabteilung wahrgenommen. Sie unterhält den Kontakt zu Presse, Funk und Fernsehen, gibt Informationsbroschüren heraus und organisiert Informationsveranstaltungen. Die PR-Abteilung ist allerdings auch umgekehrt der Ansprechpartner bei Fragen der Öffentlichkeit. Doch sie wirkt meist nicht nur nach außen, sondern ebenso nach innen, wo sie versucht durch Hauszeitschriften und andere Maßnahmen die Mitarbeiter zu motivieren und bei ihnen ein Wir-Gefühl zu erzeugen.

Pressing

engl. to press = drücken, drängen

Der Begriff taucht bei Mannschaftssportarten wie Basketball, Fußball und Eishockey auf. Beim Basketball versteht man unter Pressing eine scharfe Manndeckung, die entweder über das ganze Feld, nur in der eigenen Spielhälfte oder unmittelbar vor dem Korb angewandt werden kann. Durch das Pressing, auch Pressdeckung genannt, soll der Gegner an einem Korbwurf gehindert werden. Im Eishockey und Fußball bedeutet Pressing, das in diesen Sportarten ebenfalls als Powerplay bezeichnet wird, eine offensive Spielweise aus der Abwehr heraus über das ganze Feld hinweg bis heran an das gegnerische Tor. Durch diese Spielweise gerät der Gegner unter Druck und begeht schneller Fehler. Man spricht deshalb auch von einem Druckspiel.

Das Pressing, eine scharfe Manndeckung, hindert den Gegner am Korbwurf.

Prêt-à-porter

→ siehe S. 274

Primetime

→ siehe S. 235

Prionen

Sie gelten als die Erreger einer Reihe von Krankheiten des Zentralnervensystems, zu denen bei Tieren die Schafkrankheit Scrapie und der Rinderwahnsinn (► **BSE**), aber auch die ► **Creutzfeldt-Jakob-Krankheit** beim Menschen gehören. Sie sind ungeheuer widerstandsfähig und können weder durch Kochen, Hitze- oder Kältebehandlung noch durch UV-Strahlung und Desinfektionsmittel vernichtet werden. Aller Wahrscheinlichkeit nach handelt es sich bei diesen Erregern um Eiweiße mit infektiösen Eigenschaften. Der Begriff Prion ist ein von den Forschern

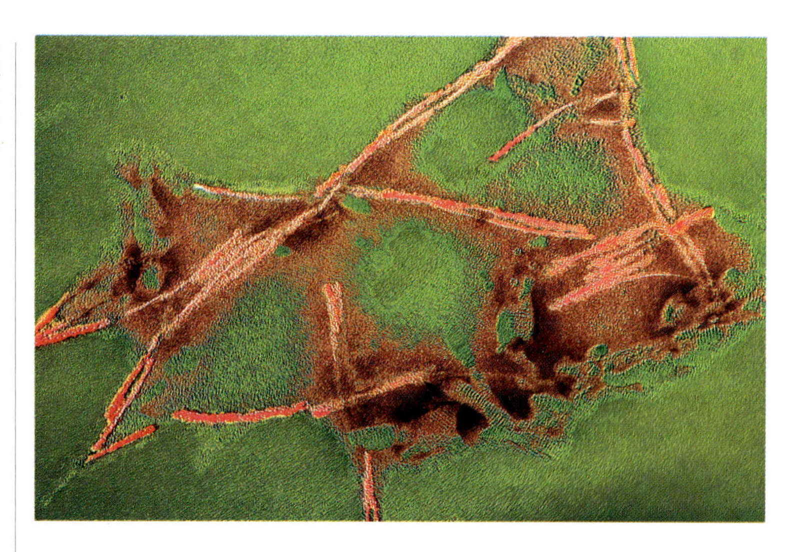

Die rötlichen Fasern im Gehirn eines an BSE erkrankten Rindes gelten als Ansammlungen von Prionen.

geschaffenes Kunstwort, das sich aus den Anfangsbuchstaben von Protein (Pr) und infektiös (i) zusammensetzt und durch die griechische Endung -on ergänzt wird. Bislang kannte man als Überträger von Krankheiten nur Bakterien, Viren oder Einzeller (Protozoen), die alle eine Eigenschaft gemeinsam haben: Sie enthalten Nukleinsäuren, also Erbträgersubstanzen, die es ihnen erlauben sich in irgendeiner Form zu vermehren. Prionen dagegen, und das ist das Rätselhafte an ihnen, verfügen über keinerlei Nukleinsäuren. Dennoch sind die winzigen, nur 100–500 Millionstel Millimeter großen Prionen in der Lage sich im Körper eines Lebewesens zu vermehren und sich in den Nervenzellen des Gehirns anzusammeln, bis diese absterben. Die Prionen ähneln einem Eiweiß, das alle höheren Organismen vor allem in den Nervenzellen des Gehirns produzieren. Das gesunde Eiweiß und das Prion unterscheiden sich lediglich in der räumlichen Anordnung der Eiweißkette. Daher vermutet man, dass ein Prion, wenn es mit dem gesunden Eiweiß in Kontakt kommt, dieses veranlasst die krankhafte Struktur zu übernehmen. Auf diese Weise vermehren sich die abnormen Eiweißmoleküle und rufen eine Art Kettenreaktion hervor, die das Gehirn wie eine Lawine überrollt und schließlich zerstört. Allerdings gilt diese Theorie als nicht endgültig bewiesen und ist unter Forschern bislang noch umstritten.

Private Arbeitsvermittlung

Arbeitsplätze vermitteln durfte in Deutschland bis vor einigen Jahren nur die Bundesanstalt für Arbeit. Private Firmen konnten Arbeitskräfte allenfalls ausleihen. Die steigende Arbeitslosigkeit bewog die Bundesregierung, 1994 das staatliche Monopol der Arbeitsvermittlung aufzuheben und auch privaten Unternehmen zu gestatten in diesem Bereich tätig zu werden. Bis Ende 1995 gab es bereits gut 3000 private Arbeitsvermittler, die für mehr als 200 000 Personen neue Arbeitsplätze fanden (zum Vergleich: Den Arbeitsämtern gelang es im gleichen Zeitraum, 3,3 Millionen Arbeit Suchenden eine Stelle zu verschaffen). Allerdings stellte sich bald heraus, dass die private Arbeitsvermittlung in Deutschland meist auf Spezialberufe beschränkt bleibt und bei weitem nicht den Umfang erreicht, den sie in anderen Ländern hat. So wurden beispielsweise 1994 in der Schweiz 86 % aller offenen Stellen durch private Arbeitsvermittler besetzt. Die Vermittlung einer Arbeitsstelle ist für den Arbeit Suchenden kostenlos, für das Unternehmen, das die Dienste des privaten Arbeitsvermittlers in Anspruch nimmt, fällt eine Gebühr an, die ein bis zwei Monatsgehälter oder 10–15 % des Jahreseinkommens der vermittelten Person beträgt.

Productplacement

→ siehe S. 423

Profitcenter

engl. profit = Gewinn
engl. center = Zentrum

Jedes Wirtschaftsunternehmen macht, als Ganzes gesehen, entweder Gewinn oder Verlust. Unabhängig davon gibt es aber auch innerhalb eines Unternehmens einzelne Bereiche, die mit Gewinn oder Verlust arbeiten. Einen solchen Unternehmensbereich, der zum betriebswirtschaftlichen Erfolg der Gesamtorganisation beiträgt, nennt man Profitcenter. Diese Profitcenter müssen einen gesonderten Erfolgsnachweis erbringen und erheben auch innerhalb des Unternehmens für ihre Dienstleistungen entsprechende Verrechnungspreise. Wenn ein Unternehmen Teilbereiche in Profitcenter umwandelt, hofft es mit dieser Maßnahme die Flexibilität zu erhöhen und durch eine weitgehende Selbstständigkeit der Bereiche bei wirtschaftlichen Entscheidungen die Motivation der Entscheidungsträger zu steigern. Von den Gewinnen eines Profitcenters müssen allerdings oft andere, weniger Gewinn bringende Abteilungen und Bereiche eines Unternehmens mitfinanziert werden. Deshalb gliedern manche Unternehmen gelegentlich verlustreiche oder keinen Gewinn abwerfende Abteilungen aus (► **Outsourcing**).

Programmiersprache

Will man jemanden zu einer bestimmten Handlung veranlassen, muss man ihn in einer Sprache ansprechen, die er versteht. Das gilt auch für Computer. Zwar kann der Endnutzer Programmfunktionen mit Tastatur und ► **Maus** abrufen, der Entwickler des Programms aber, das diesen Komfort bereitstellt, muss den Computer in dessen Sprache dazu bewegen, das gewünschte Programm auszuführen. Computer arbeiten mit einer so genannten Maschinensprache, die durch den ► **CPU-Prozessor** festgelegt ist. Weil diese Muttersprache des Computers nur Wörter beinhaltet, die aus Folgen von ► **Bits** bestehen, ein Text in dieser Sprache für Menschen aber unleserlich ist, greift man zu einem Trick: Man formuliert ein Programm in einer dem Menschen verständlichen Sprache und lässt es dann von einem besonderen Hilfsprogramm, dem Compiler, in ein maschinensprachliches übersetzen. In einer Programmiersprache werden Kommandos mit Wörtern gegeben. Von einer höheren Programmiersprache wird gesprochen, wenn eine einzige in ihr formulierte Anweisung sehr viele Einzelanweisungen in der Maschinensprache zusammenfasst. Man schätzt, dass bis heute mehr als 1000 Programmiersprachen entwickelt wurden. Neben Allzwecksprachen gibt es auch solche, die für bestimmte Problemstellungen (etwa das kaufmännische Rechnungswesen oder die ► **künstliche Intelligenz)** besonders geeignet sind.

Promotion

→ siehe S. 423

Prosecco

Schaumweine erfreuen sich zunehmender Beliebtheit. Das gilt auch für den italienischen Prosecco. Der Name bezeichnet eigentlich eine spät reifende weiße Traubensorte, die in der norditalienischen Region Friaul angebaut wird. Früher gewannen die Weinbauern aus den Prosecco-Trauben meist einen stillen und lieblichen Weißwein. Der Vater des vollschäumenden Prosecco ist Antonio Carpenè, der in dem italienischen Ort Conegliano das Champagnerverfahren einführte. Der moderne Prosecco, der in dieser Tradition steht, zeichnet sich durch einen trockenen und frischen Geschmack aus. In der Regel wird er durch Tankgärung gewonnen, bei der der Wein lange auf der Hefe ruht.

Protektionismus

lat. protectio = Schutz

Unter diesem Begriff fasst man alle staatlichen Maßnahmen zusammen, die dazu dienen, einheimische Wirtschaftsunternehmen vor ausländischer Konkurrenz zu schützen. Dabei kann es sich um Zölle handeln, die bei der Einfuhr ausländischer Produkte erhoben werden, aber auch um Mengenbeschränkungen und andere Bestimmungen, die den zwischenstaatlichen Handel behindern. Ziel protektionistischer Maßnahmen kann es sein, aus beschäftigungs- oder strukturpolitischen Gründen die inländische Produktion in nicht mehr konkurrenzfähigen Wirtschaftszweigen zu erhalten oder den Aufbau neuer, noch nicht wettbewerbsfähiger Industrien zu schützen. Da jede Form von Protektionismus den freien Handel auf dem Weltmarkt einschränkt, versucht man seit dem Zweiten Weltkrieg durch internationale Abkommen, bestehende Handelsschranken immer weiter abzubauen. Zu den protektionistischen Maßnahmen gehören aber auch Subventionen für bestimmte Wirtschaftsbereiche, um diese in die Lage zu versetzen ihre Produkte billiger anzubieten als die ausländische Konkurrenz. Das gilt besonders für die Landwirtschaft.

Provider

engl. to provide = versorgen

Nicht jeder Benutzer des ► **Internets** kann selbst einen Netzknoten betreiben – dafür sind die technischen Anforderungen zu hoch. Wer am Internet und insbesondere am ► **World Wide Web** teilnehmen möchte, schließt sich deshalb an einen Internetknoten an, den ein so genannter Provider bereitstellt. Für den Anschluss bezahlt man in der Regel eine Gebühr und erhält dafür neben der Möglichkeit, die Dienste des Internets zu nutzen, eine ► **E-Mail-**Adresse, über die man für jedermann im Internet erreichbar ist. Technisch wird die Verbindung zwischen Kunden- und Providercomputer über ein ► **Modem** oder über ► **ISDN**, d.h. letztlich über die Telefonleitung, hergestellt. Solange die Verbindung besteht, fallen deshalb Telefongebühren an. An den Provider muss man meist minuten- oder stundenweise einen weiteren Betrag entrichten. Manche Provider bieten monatlich einige Freistunden oder unterscheiden zwischen Geschäfts- und Privatkunden. Letztere zahlen niedrigere oder gar keine Gebühren, dürfen sich aber nur außerhalb der Hauptgeschäftszeiten zuschalten. Der indirekte Zugang zum Internet über den Provider schließt nicht aus, dass der Kunde einen eigenen ► **Webserver** mit einer eigenen ► **Homepage** einrichtet und so nicht nur als einfacher Teilnehmer, sondern auch als Anbieter im Internet auftritt. Neben reinen Internetprovidern bieten auch einige ► **Onlinedienste** den Zugang zum Internet an.

Pseudokrupp

Die Symptome der Krankheit, die vor allem bei Kleinkindern bis zum vierten Lebensjahr auftritt, ähneln dem echten Krupp, einer infektiösen Entzündung der Kehlkopfschleimhäute bei Diphtherie. Die Ursachen des Pseudokrupps sind jedoch andere. Unter diesem Begriff fasst man eine Reihe unterschiedlicher Atemwegserkrankungen zusammen, die alle mit Husten, Keuchen, schwerster Atemnot und Erstickungsanfällen einhergehen. Pseudokrupp kann durch Viren und Bakterien ausgelöst werden. Die häufigste Form ist jedoch der allergisch bedingte Pseudokrupp, der nach Auskunft der Kinderärzte deutlich zunimmt. Man vermutet daher, dass die steigende Luftverschmutzung eine der Hauptursachen ist. Ebenso gilt Zigarettenrauch als Auslöser. Deshalb sollten Eltern, deren Kinder an Pseudokrupp leiden, auf das Rauchen verzichten. Die Anfälle treten häufig nachts auf, wenn die Schadstoffe mit der kühleren Luft absinken, und arten oft in regelrechte Krämpfe aus. Die betroffenen Kinder müssen dann manchmal künstlich beatmet werden. Inhalationen und schleimhautabschwellende Mittel können lindernd wirken, in manchen Fällen hilft aber nur Kortison. Bringt man die Kinder in saubere Höhenluft, klingen die Anfälle ebenfalls ab. Da die gereizten Kehlkopfschleimhäute sehr anfällig sind, treten bei Pseudokrupp oft Sekundärinfektionen auf, die man mit Antibiotika bekämpft. Warum Kinder auf Luftverschmutzung und Rauch mit Pseudokrupp reagieren, ist noch nicht genau bekannt. Tatsache ist jedoch, dass die Atemwege eines Kleinkindes sehr viel empfindlicher als die eines Erwachsenen sind und ihr Durchmesser geringer ist, sodass es leichter zu Verengungen kommt. Außerdem ist das Immunsystem bei Kindern noch nicht voll ausgebildet.

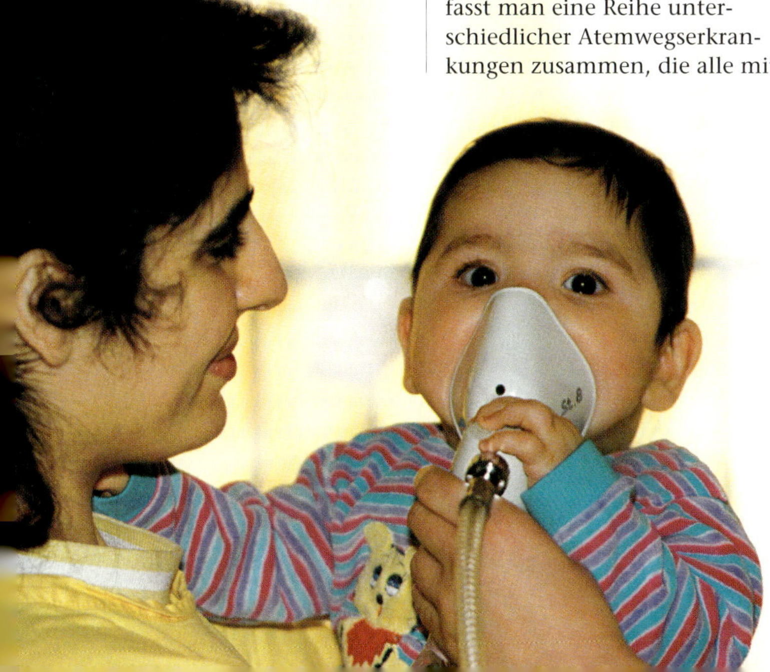

Bei heftigen Anfällen von Atemnot bei Pseudokrupp hilft oft nur künstliche Beatmung.

Psychosomatik

griech. psyche = Seele
griech. soma = Körper

Eine kranke Seele kann dazu führen, dass auch der Körper krank wird. Diese Tatsache, die für die Heilkundigen früherer Zeiten selbstverständlich war, trat mit den zunehmenden wissenschaftlichen Erkenntnissen der Medizin in den Hintergrund. Erst zu Beginn des 20. Jh. setzte eine Gegenbewegung ein, die in Deutschland zur Entwicklung einer eigenen medizinischen Disziplin, der Psychosomatik, führte, die neben den organischen auch seelische Faktoren bei der Entstehung und dem Verlauf von Krankheiten berücksichtigt. Inzwischen gilt als unumstritten, dass viele Prozesse im Körper durch die Psyche beeinflusst werden und dass eine Reihe von Krankheiten, die sich körperlich äußern, direkt durch seelische Störungen ausgelöst wird. Welche Mechanismen daran beteiligt sind, wird heute in Forschungsbereichen wie der Psychoneurologie und der Psychoimmunologie genauer untersucht. Dennoch passiert es immer noch häufig, dass Patienten, die an einer psychosomatischen Erkrankung leiden, erst zahlreiche fachärztliche Untersuchungen über sich ergehen lassen müssen, bevor sie an einen Arzt geraten, der die Zusammenhänge zwischen körperlichem und seelischem Leiden erkennt. Zwölffingerdarm- und Magengeschwüre, Asthma, vegetative Störungen des Herz-Kreislauf-Systems, Impotenz, Dickdarmentzündung und Arthritis sind lediglich einige der zahlreichen Krankheiten, die seelischen Ursprungs sein können. Eine Sonderstellung nehmen die ► **Bulimie** und die ► **Anorexie** ein, da hier die seelische Störung das Essverhalten in negativer Weise beeinflusst und erst die Mangelernährung zu körperlichen Erkrankungen führt. Zu den psychosomatischen Krankheiten gehören auch die so genannten Copingstörungen, bei denen körperliche Verletzungen und Erkrankungen seelisch nicht verarbeitet werden, was sich wiederum auf das körperliche Befinden auswirkt.

Punk

engl. = Abfall, Mist

Punks sorgen immer wieder für negative Schlagzeilen, vor allem in Hannover, wenn sie zu den dort einmal im Jahr stattfindenden ► **Chaostagen** zu Tausenden anreisen und durch die Stadt randalieren. Die Punkbewegung entstand in den 70er-Jahren als eine Form der jugendlichen Subkultur. Es waren meist arbeitslose Jugendliche aus den Unterschichten der Großstädte, die sich mit ihrem bewusst hässlichen Äußeren – grell bunt gefärbten Haaren und Irokesenschnitt – von den Normen der Gesellschaft absetzen und provozieren wollten. Anfang der 90er-Jahre lebte die Punkkultur wieder auf, wurde nun aber teilweise zu einer Modeerscheinung. Lederkleidung, Eisenketten und Sicherheitsnadeln sind die Attribute der neuen Punks. Auch die Musikbranche sprang auf diesen Zug auf und vermarktet die Songs der Punkbands aus den 70er-Jahren mit Erfolg neu.

Wo Punks auftreten, schockieren sie nicht nur durch ihr Äußeres, sondern provozieren oft auch durch ihr Verhalten.

Qi

Der Begriff Qi, „Tschi“ gesprochen, bedeutet auf Chinesisch Dunst oder Äther und spielt eine grundlegende Rolle in der chinesischen Philosophie und traditionellen Medizin. Man versteht darunter die Gestaltungs- und Umwandlungskräfte der belebten und unbelebten Natur. Beim Menschen steht Qi für die Lebensenergie, die auf den gegensätzlichen, aber sich ergänzenden Kräften ▶ **Yin und Yang** basiert. Sie fließt in den bioenergetischen Bahnen der Meridiane und auf ihrer Ausgewogenheit beruht die Gesundheit eines Menschen. Es gibt mehrere Methoden, die bei einem Ungleichgewicht von Qi im Organismus Abhilfe schaffen können, beispielsweise ▶ **Akupunktur** oder auch die Bewegungstechnik T'ai-Qi bzw. ▶ **Tai Chi**.

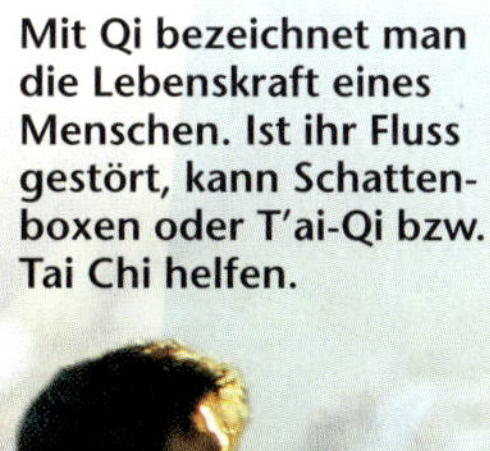

Mit Qi bezeichnet man die Lebenskraft eines Menschen. Ist ihr Fluss gestört, kann Schattenboxen oder T'ai-Qi bzw. Tai Chi helfen.

Qigong

siehe S. 147

Qualitätszirkel

Um bei industriell hergestellten Erzeugnissen einen gleich bleibend hohen Gütestandard zu gewährleisten, ist eine Qualitätskontrolle unabdingbar. Nach den Richtlinien der traditionellen Betriebswirtschaftslehre beruht sie auf dem Prinzip der Arbeitsteilung: Die einen produzieren, die anderen kontrollieren das fertige Produkt. Seit einigen Jahren wird jedoch nach japanischem Vorbild auch in Deutschland häufig dieser Grundsatz aufgegeben und das Instrument der Qualitätszirkel eingeführt. Darunter versteht man Gruppen von Arbeitnehmern, die sowohl einen Abschnitt der Produktion als auch Planungs- und Kontrollfunktionen übernehmen, d.h., sie fertigen ein Erzeugnis und überprüfen es. Darüber hinaus ersinnen sie Problemlösungen und Verbesserungen hinsichtlich des Arbeitsablaufs (▶ **KVP**). Außerdem überwachen sie die Einführung und Wirtschaftlichkeit der von ihnen empfohlenen Neuerungen, wenn diese von der Betriebsleitung genehmigt wurden. Damit die Kommunikation zwischen Management und Qualitätszirkeln reibungslos verläuft, werden in größeren Firmen oft so genannte Koordinatoren als Brückenbauer zwischen beiden Ebenen bestellt. Die Vorteile dieser modernen Firmenstruktur nützen sowohl dem Betrieb als auch der Belegschaft: Die Qualitätssicherung durch die Qualitätszirkel ist besonders effektiv, weil die Arbeitnehmer ihr Produkt am besten kennen, und die Beschäftigten werden im Betrieb aufgewertet und durch die übertragene Verantwortung motiviert.

Quantensprung

lat. quantum = wie groß, wie viel

Die Quantentheorie, die von dem deutschen Wissenschaftler Max Planck (1858–1947) entwickelt wurde, befasst sich mit den Vorgängen im mikrophysikalischen Bereich der Moleküle, Atome und Elementarteilchen. In diesem Bereich wird Energie nicht kontinuierlich weitergegeben, sondern sprunghaft in kleinen Portionen, den Quanten, wie man die kleinste Energiemenge nennt. Auch in der Biologie spricht man von Quantensprüngen; beispielsweise bezeichnet man die plötzliche Veränderung einer Erbanlage (Mutation) als Quantensprung des Genmoleküls. Neuerdings aber hat dieser Begriff auch in die Umgangssprache Einzug gehalten. Hier wird er jedoch nicht für sehr schnell ablaufende Vorgänge im Kleinen benutzt, sondern eher für das Gegenteil, nämlich einen großen Schritt in einem Entwicklungsverlauf, für den das einfache Wort Sprung nicht aussagekräftig genug scheint. So nennen Politiker z. B. eine Kehrtwendung in der Außenpolitik einen Quantensprung in den Beziehungen zu einem anderen Land oder Beamte des Bundeskriminalamtes sprachen im Zusammenhang mit dem Giftgasanschlag der Aum-Sekte auf die Tokioter U-Bahn 1995 von einem „Quantensprung in der Geschichte des Terrorismus".

Quarks

Wie man seit einigen Jahrzehnten weiß, sind die Atome trotz ihres Namens (von griech. *atomos* = unteilbar) nicht die kleinsten Bausteine der Welt. Vielmehr sind sie eine Art von winzigen Energieknäueln, die einen Kern aus Protonen und Neutronen besitzen, um den Elektronen herumschwirren. Neutronen und Protonen wiederum sind aus noch kleineren Elementarteilchen zusammengesetzt, den Quarks. Diese Partikel, deren merkwürdiger Name auf ein Wortspiel des irischen Dichters James Joyce zurückgeht, wurden 1963 von dem Physiker und späteren Nobelpreisträger Murray Gell-Mann am Technologischen Institut von Kalifornien eingeführt. Er schrieb ihnen bestimmte Eigenschaften zu, die als Klassifizierungsmerkmale dienen und *up* (aufwärts), *down* (abwärts) und *strange* (fremdartig) genannt werden. Nach seiner Theorie, die durch Experimente untermauert werden konnte, ist jede stabile Materie aus diesen drei Quark-Arten, zusammen mit den entsprechenden Antiquarks, aufgebaut. Später erwies es sich als wissenschaftlich notwendig, noch weitere Quarks zuzufügen, denen man die näheren Bezeichnungen *charm* (Reiz), *bottom* (Boden) und *top* (Spitze) gab. Tatsächlich gelang es im März 1995 Wissenschaftlern in Chicago die Existenz des Top-Quarks nachzuweisen. Doch auch damit hat man noch nicht die kleinsten Bausteine des Universums entdeckt, denn wie ebenfalls in Chicago im Herbst 1995 festgestellt wurde, sind auch die Quarks wahrscheinlich noch in kleinere Teilchen zerlegbar.

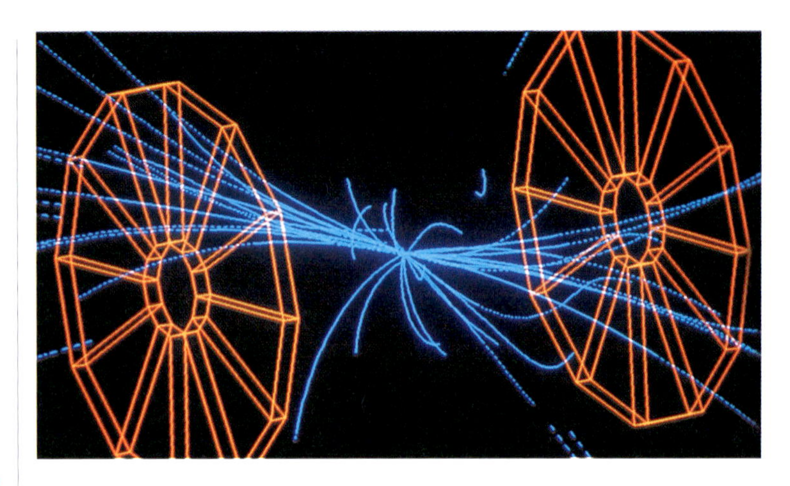

In einem Detektor werden nach einer Teilchenkollision die Spuren eines Quarks und eines Antiquarks (blau) sichtbar.

Quotendruck

lat. quotus = der Wievielte

Die privaten Fernsehsender finanzieren sich über die Werbung. Da die Werbewirtschaft größten Wert auf hohe ► **Einschaltquoten** legt, ist es für die Sender von existenzieller Wichtigkeit, dass möglichst viele Zuschauer ihr jeweiliges Programm ansehen. Entsprechend stark ist der Druck – also der Quotendruck –, unter dem die Produzenten und auch die Entertainer stehen. Häufig wird ihnen die Höhe des Publikumsanteils, den sie erreichen sollen, vorgeschrieben und wenn das nicht gelingt, dann droht der Sendung das Aus. Besonders hoch geschraubt sind die Erwartungen bei neuen Serien und Magazinen, die langfristig im Programm platziert werden sollen, sowie bei den verschiedenen ► **Gameshows**, mit denen man die Zuschauer vor den Bildschirm locken will. Aber auch bei den Öffentlich-Rechtlichen legt man Wert auf hohe Einschaltquoten. Beispielsweise machen einige dritte Programme für verschiedene Sendungen Reklame im Radio und das ZDF versucht mit quotenträchtiger Unterhaltung wie Talkshows und Quizspielen am Nachmittag neue Zuschauer zu gewinnen.

Radiästhesie

lat. radius = Strahl
griech. aisthesis = Empfindungsvermögen

Die wissenschaftlich nicht eindeutig zu klärende Fähigkeit bestimmter Personen, mithilfe von Wünschelruten oder Pendeln so genannte Erdstrahlen wahrzunehmen und auf diese Weise Wasseradern, Erzvorkommen oder Öllager aufzuspüren, wird Radiästhesie genannt. Man nimmt an, dass solche Rutengänger, von denen bereits in der Antike berichtet wurde, eine besonders ausgeprägte physische Sensibilität für Umgebungsreize besitzen. Jene Orte, die Bodenschätze bergen und im Fachjargon der Radiästhesie als unterirdische Reizzonen bezeichnet werden, lösen bei diesen Menschen offenbar eine unbewusste Körperreaktion aus, die dann zum Ausschlagen der in beiden Händen gehaltenen Wünschelrute bzw. des Pendels führt. Ursache für die Bewegung von Rute oder Pendel sollen Erdstrahlen sein, die jedoch physikalisch nicht nachzuweisen sind. In jüngster Zeit ist das Interesse an der Tätigkeit von Rutengängern und Pendlern durch den ► **Esoterik**-Boom wieder gestiegen. Wenn auch im Bereich der Radiästhesie zahlreiche Scharlatane und Betrüger ihr Unwesen treiben, ließen sich dennoch im Rahmen wissenschaftlicher Untersuchungen immer wieder hervorragende Erfolge von Einzelpersonen beobachten, die kaum durch Zufall zu erklären sind. Einige Rutengänger werden wegen ihrer hohen Treffsicherheit bei der Wassersuche sogar von großen Wirtschaftsunternehmen und staatlichen Behörden für solche Aufgaben eingesetzt. Daneben gibt es auch Rutengänger, die von sich behaupten krankheitserregende Erdstrahlen orten zu können. Bei Rheuma und anderen Beschwerden raten sie zur Veränderung des gewohnten Schlafplatzes, falls dieser auf einer angeblich gesundheitsschädlichen geobiologischen Reizzone liegen sollte.

Rafting

engl. raft = Floß

Zu den ► **Extremsportarten** gesellte sich in den letzten Jahren das Rafting. Für diese Wildwasserfahrten im Schlauchboot bieten z. B. die Flüsse der Alpen oder der Colorado River im Südwesten der USA hervorragende Bedingungen. Unter dem Kommando eines erfahrenen Bootsführers steuert die Mannschaft, ausgerüstet mit Paddeln, Schwimmwesten und Sturzhelmen, das Gummigefährt über Stromschnellen und kleine Wasserfälle. Aus dieser Sportart entwickelte sich bald als Variante das im Winter auf Skipisten betriebene Snowrafting (Schneefloßfahren). Körperliche Leistung ist hier weniger gefragt, denn die mit Nylon beschichteten Schlauchboote, die talabwärts Geschwindigkeiten bis zu 100 km/h erreichen können, lassen sich von den Insassen während der Abfahrt weder lenken noch bremsen. Daher kommt es häufiger zu Unfällen, die nicht selten Verletzungen an der Wirbelsäule zur Folge haben. Eine weitere riskante Spielart ist das so genannte Carrafting, bei dem sich jugendliche Rollschuhläufer (► **Inlineskating**) verbotenerweise an fahrende Autos hängen.

Rap

engl./amerik. rap = schlagen, voll quatschen

In den Schwarzengettos amerikanischer Großstädte entfaltete sich Mitte der 70er-Jahre mit Rap und ► **Hip-Hop** eine neue Popmusikrichtung. Typisch ist für den Rap der Sprechgesang, der meist mit einem einfachen Grundrhythmus von Bass und Schlagzeug unterlegt wird. Geburtsstätte dieses Musikstils ist New York, wo die schwarze Gettojugend ihre zuvor in Straßenkämpfen ausgetragenen Fehden auf eine friedlichere Ebene verlagerte, indem sie so genannte Blockpartys veranstaltete. Dort trafen sich die rivalisierenden Banden um den jeweiligen Gegner mit aggressiven, markigen und witzigen Sprüchen in Form rhythmischer Reime verbal zu schlagen. Daraus entstand die amerikanische Rap-Szene, die durch Gruppen wie Ice T oder Public Enemy international bekannt wurde. Heute ist die

Die Texte vieler Rapsongs befassen sich mit Problemen junger Schwarzer in den US-Großstädten.

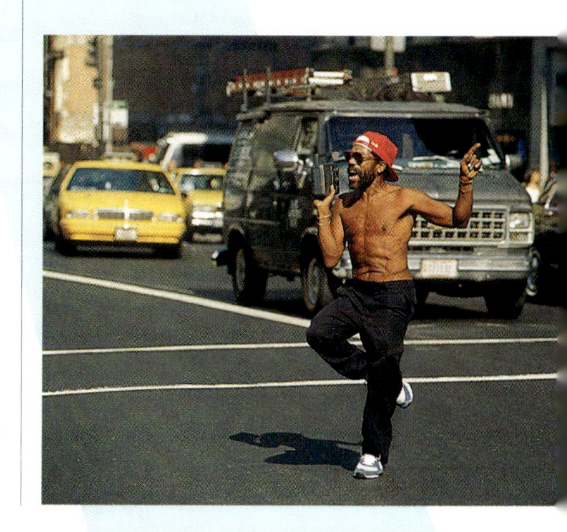

Mit dem Spaceshuttle *Atlantis* besuchten amerikanische Astronauten 1995 die russische Raumstation *Mir*.

Musikszene gespalten in so genannte Gangster-Rapper, die in ihren Songs die Gewalt verherrlichen, und in Gruppen, die den friedlichen Widerstand propagieren.

Raumstation

Mit der Stationierung von Raumflugkörpern im All begann die damalige Sowjetunion bereits 1971. Am bedeutendsten war für die Forschung bisher die russische Raumstation *Mir*, die im Februar 1986 begann die Erde zu umkreisen und schon viele Besatzungen, zum Teil mit internationaler Beteiligung, beherbergte. Im September 1996 dockte die US-amerikanische Raumfähre *Atlantis* an *Mir* an. Dieses Manöver, mit dem die unterschiedlichen Systeme der beiden Raumflugkörper auf gegenseitige Verträglichkeit hin getestet wurden, zählt bereits zur ersten Phase eines gigantischen internationalen Vorhabens. Ab 1997 soll damit begonnen werden, die Raumstation *International Space Station Alpha* (ISSA) in einer Erdumlaufbahn von 335 bis 460 km in der Schwerelosigkeit zu montieren. Um alle Teile des rund 400 t schweren Objekts, das eine Ausdehnung von 108 × 74 m besitzen soll, ins All zu befördern werden schätzungsweise 80 Transportflüge notwendig sein. Die endgültige Fertigstellung ist für das Jahr 2002 geplant. An dem Unternehmen beteiligen sich neben den USA und Russland auch Kanada, Japan und die 14 Mitgliedsstaaten der Europäischen Weltraumorganisation ESA, die das Forschungslabor *Columbus* und einen unbemannten Raumtransporter mit Kosten von über 5 Mrd. DM entwickelt. Die Bundesrepublik Deutschland trägt dabei 41 % der Kosten. Die Raumstation *Alpha* verfügt über mehrere voneinander unabhängige Arbeits- und Wohnbereiche, sodass sich das Personal bei technischen Problemen schnell in einen anderen, nicht betroffenen Bereich begeben kann. Für den Notfall stehen zwei russische *Sojus*-Kapseln an den Andockstellen für die Rückkehr zur Erde startbereit. Den für die Raumstation erforderlichen Sauerstoff liefern sowohl an Bord befindliche Tanks als auch eigens dafür entwickelte Bioplantagen. Den Nachschub an Trinkwasser und Lebensmitteln sichern Versorgungsschiffe.

Rave

Mit den laut hämmernden Klängen des ► **Techno** entstand in den 90-Jahren eine ganz eigene Partykultur. Was diese Musikszene hauptsächlich kennzeichnet, sind die Raves: So heißen in ihrem Spezialjargon die zumeist als Massenereignis organisierten Tanzveranstaltungen, bei denen die Diskjockeys (► **DJ**) hinter den Plattentellern als Idole gefeiert werden. Als Raver – der aus dem Englischen stammende Begriff bedeutet Raser oder Tober – bezeichnen sich die tanzwütigen Jugendlichen, denen kein Partyort zu ungewöhnlich oder zu weit entfernt erscheint. Mit der entsprechenden Kleidung ausstaffiert (► **Clubwear**) treffen sie sich nicht nur in Diskotheken, sondern verlegen ihre nächtlichen Tanzvergnügen auch in alte Fabrikhallen, verlassene U-Bahn-Schächte oder stillgelegte Güterbahnhöfe. Für einen ausgiebigen Rave, der sich ohne Unterbrechung über ein ganzes Wochenende hinziehen kann, reisen sie schon einmal nach London, New York oder nach Ibiza. Hunderttausende Raver pilgern jedes Jahr zur ► **Love Parade** nach Berlin um sich dort drei Tage und Nächte lang in Trance zu tanzen.

Reaktorsicherheit

Um die Betriebssicherheit von Kernkraftwerken, kurz Reaktorsicherheit genannt, zu gewährleisten haben die deutschen Behörden ein Atomgesetz mit zahlreichen Richtlinien erlassen. Für den Bau einer solchen Anlage muss ein umfangreiches und langwieriges Genehmigungsverfahren durchlaufen werden, bei dem u.a. die Eignung des Geländes und die Einhaltung vieler Sicherheitsvorschriften nachzuweisen sind. Der Gesetzgeber schreibt z.B. vor, dass jeder Reaktor ein ausgeklügeltes Computersteuerungssystem besitzen muss, das den Atommeiler im Fall eines schwerwiegenden technischen Defekts automatisch abschaltet. Im Zusammenhang mit den strengen Vorschriften wurde 1992 das Kernkraftwerk Brunsbüttel wegen Rissen im Rohrleitungssystem für fast drei Jahre außer Betrieb gesetzt. 1995 musste der Atommeiler Würgassen stillgelegt werden, als man Haarrisse im Kernmantel entdeckte, der die Brennstäbe umschließt. Deshalb entwickeln die Anlagenbauer ständig verbesserte Reaktortypen und raffiniertere Sicherheitssysteme. Zu diesen Neuerungen zählen mehrfach abgesicherte Verfahrenstechniken, die z.B. bei einem Leck im Kühlwasserkreislauf auf ein anderes, unabhängiges Kühlsystem umschalten. Als der auf menschliches Versagen zurückzuführende Störfall von ► **Tschernobyl** die Weltöffentlichkeit in Angst und Schrecken versetzte, wurde deutlich, dass die Reaktorsicherheit der Kernkraftwerke in den ► **GUS**-Staaten den internationalen Standards bei weitem nicht entsprach. Inzwischen haben jedoch russische Wissenschaftler schlüssige Konzepte für sichere Atommeiler vorgelegt, die bei westlichen Experten und bei der Internationalen Atomenergie-Agentur uneingeschränkt akzeptiert werden.

Reality-TV

► siehe S. 235

Rebirthing

► siehe S. 146

Rechtschreibreform

Deutschland, Österreich, die Schweiz und Liechtenstein unterzeichneten am 1. Juli 1996 in Wien ein Abkommen zur Reform der deutschen Rechtschreibung. Diese erste einheitliche Neuregelung der deutschen Orthografie seit 1901 tritt am 1. August 1998 in Kraft. In den darauf folgenden sieben Jahren gelten die bisherigen Schreibweisen zwar als überholt, aber nicht als falsch. Die Übergangsfrist endet am 31. Juli 2005, danach werden die neuen Regeln in Schulen und Behörden verbindlich. Ziel der Reform ist die Vereinfachung der deutschen Orthografie durch gemäßigte Änderungen. Von bislang 212 Rechtschreibregeln werden 100 entfallen und von 52 Kommaregeln verbleiben nur noch neun. Zu den wichtigsten Neuerungen gehört, dass künftig ß nach kurzen Vokalen durch ss (Fluss, Fass) ersetzt wird; das gilt auch für die Konjunktion daß (neu: dass). Drei gleiche Buchstaben hintereinander werden in Zukunft generell ausgeschrieben (Seeelefant, Flusssand). Bei der Eindeutschung von Fremdwörtern stellt die Reform Alternativschreibungen frei: So kann z.B. ph durch f (Asphalt, auch Asfalt), th durch t (Thunfisch, auch Tunfisch) oder c durch sch (Chicorée, auch Schikoree) ersetzt werden. Auf die Eindeutschung von Rhythmus, Philosophie oder Restaurant wurde jedoch verzichtet. Da sich die ursprünglich vorgeschlagene Kleinschreibung aller Substantive nicht durchsetzen ließ, fasst die neue Reform stattdessen bei der Großschreibung einige Regelungen klarer und versucht dadurch, bisherige Ungereimtheiten zu beseitigen. So ist künftig darauf zu achten, ob man vor das Wort einen Artikel stellen kann (alt: den kürzeren ziehen – neu: den Kürzeren ziehen; alt: im großen und ganzen – neu: im Großen und Ganzen). Gegner sehen in der Reform eine Verflachung der deutschen Schriftsprache und befürchten aufgrund der künftigen Alternativschreibungen ein orthografisches Verwirrspiel. Einige besonders heftige Kritiker, darunter auch Bundestagsabgeordnete, haben es sich zum Ziel gesetzt, die Reform wieder rückgängig zu machen.

Recycling

engl. to recycle = wieder aufbereiten

Mit der Verknappung von Rohstoffen und den anwachsenden Müllhalden gewann die Wiederverwertung von Abfällen, Reststoffen sowie verbrauchten Endprodukten zur Herstellung neuer Konsumgüter an Bedeutung. Diese Form der Wiederaufbereitung, Recycling genannt, ist bei der Stahlproduktion, wo dem Rohstoff Eisenerz in bestimmten Mischungsverhältnissen Eisenschrott beigefügt wird, schon lange üblich. Seit die Verpackungsverordnung 1991 in Kraft trat und das ► **duale System** seine Arbeit aufnahm, werden in Deutschland Materialien wie Glas, Papier, Kunststoffe und Metalle gesammelt, sortiert und zum größten Teil (1995 waren es 77%) wieder verwertet. 1996 vereinbarte der Gesetzgeber mit der Autoindustrie eine kostenlose Rücknahme von alten Kraftfahrzeugen um diese dem Recyclingprozess zuzuführen. Einzelne Bestandteile der ausrangierten Autos werden als Ersatzteile wieder aufbereitet, der Metallschrott wird eingeschmolzen und das Plastikmaterial zu neuem Kunststoff verarbeitet oder als Ölersatz zur Energiegewinnung verbrannt. Neue Probleme bereitet der Elektronikschrott, der jährlich bis zu 50% anwächst und dessen Recycling relativ teuer ist. Deshalb plant der Gesetzgeber die Einführung einer Rücknahmeverpflichtung von Altgeräten.

Reflexzonenmassage

lat. reflexus = Zurückbeugung

Fuß- und Handmassagen mit dem Behandlungsziel, die körpereigenen Heilkräfte des Menschen zu aktivieren, waren bereits vor Jahrtausenden in vielen alten Kulturen bekannt. Für die heute oft angewendete Reflexzonenmassage legte der amerikanische Arzt William Fitzgerald (1872–1942) das Fundament. Er studierte die uralten Heilmethoden der indianischen Volksmedizin und entwickelte aus diesem überlieferten Wissen eine

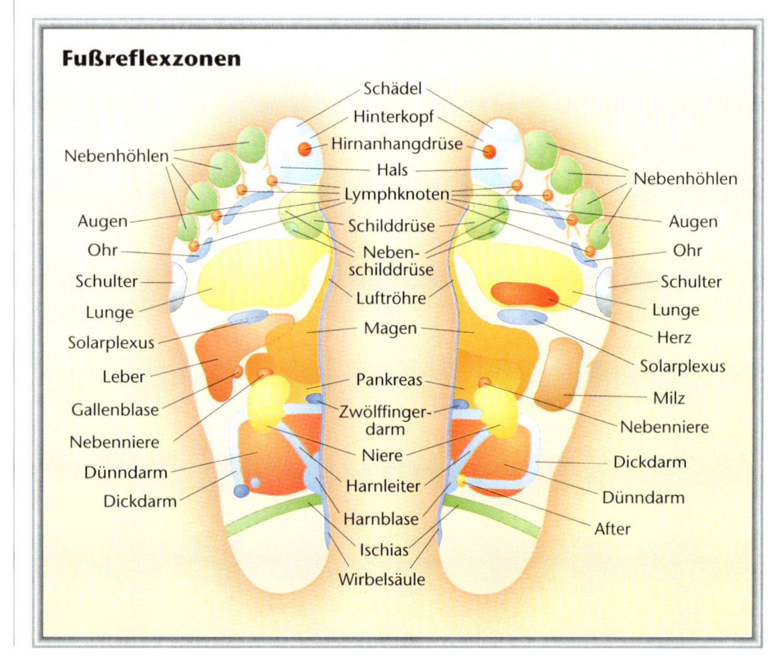

Systematik, die den menschlichen Körper in zehn Längszonen einteilt – jeweils fünf auf der linken und der rechten Körperhälfte. Dem von Fitzgerald festgelegten Körperraster, das auch die dazugehörigen Organe umfasst, werden genau entsprechende Reflexzonen an den Händen und Füßen zugeordnet. Das gilt ebenso für die drei Querzonen, die den Körper bzw. Hand und Fuß in Kopf-, Brust- und Bauchbereich gliedern. Werden bestimmte Stellen an Händen oder Füßen fachgerecht mit den Fingerkuppen massiert – dem gleichmäßigen Bewegungsrhythmus des Daumens kommt dabei die wichtigste Rolle zu –, rufen diese äußeren Reize in den jeweils zugeordneten Körperteilen Reaktionen hervor. Je nach gewählter Grifftechnik kann diese Behandlung, die Blockaden und Verspannungen löst, anregend oder beruhigend wirken. Die von Ärzten, Krankengymnasten und Naturheilpraktikern durchgeführte Reflexzonenmassage soll das seelische Wohlbefinden steigern, die Durchblutung fördern, Organfunktionen verbessern und zudem Schmerzen lindern. Bei Risikoschwangerschaften, schweren Infektionen, starken Depressionszuständen und hohem Fieber sollte jedoch auf diese naturheilkundliche Behandlungsmethode verzichtet werden.

Regenerative Energien

lat. regenerare = von neuem hervorbringen

Im Gegensatz zu den fossilen Naturschätzen wie Öl, Gas und Kohle, von denen es nur begrenzte Vorräte gibt, sind die so genannten regenerativen Energien unerschöpflich oder erneuern sich von selbst. Dazu zählen Sonnen-, Wasser- und Windenergie, die zunehmend wichtiger werden, weil sie bei der Stromerzeugung kaum Umweltbelastungen verursachen. Bislang werden die regenerativen Energien in Deutschland nur zu 5% für die Stromversorgung genutzt. Prognosen gehen jedoch davon aus, dass ihr Anteil bis zum Jahr 2020 auf 35% ansteigt. Wirtschaftlich bedeutend ist vor allem die Wasserkraft. Die Investitionen für den Bau von Staustufen und Staudämmen sind zwar hoch, dafür sind aber die Betriebskosten zur Stromerzeugung sehr gering. Besonders effektiv arbeiten Wasserkraftwerke, die doppelt so viel Energie in Strom umsetzen wie vergleichbare Kohlekraftwerke. Neuerdings versucht man verstärkt, die Gezeiten, die Wellenbewegungen und die Wassertemperaturen der Meere für die Energiegewinnung zu nutzen. Das

Wasserkraftwerke nutzen zur preiswerten Stromgewinnung erneuerbare Energie aus Flüssen.

Bundesland Schleswig-Holstein hat sich dagegen für die Nutzung von Windenergie entschieden und plant, damit bis zum Jahr 2020 rund ein Viertel seines Strombedarfs zu decken. Diese politische Entscheidung ist darauf zurückzuführen, dass in Deutschland Windkraftwerke in den 90er-Jahren durch sinkende Baukosten, ausgereiftere Techniken und vereinfachte Genehmigungsverfahren wirtschaftlich rentabler geworden sind. Sonnenkraftwerke, die heutzutage wegen ihrer hohen Produktionskosten noch als Zukunftstechnologie gelten, werden vereinzelt in südeuropäischen Ländern wie Italien oder Spanien betrieben.

Reiki

siehe S. 146

REM

engl. rapid eye movements = schnelle Augenbewegungen

Bei einem Schlafenden ist trotz geschlossener Lider zu beobachten, dass sich seine Augen zuweilen kräftig hin- und herbewegen. Das muss keineswegs nur mit Albträumen zu tun haben. In der Schlafforschung hat man mittels Messungen der Gehirnströme nachgewiesen, dass die schnellen Augenbewegungen typisch für alle Traumphasen sind. Insgesamt gliedert sich die Schlafperiode des Menschen in mehrere Abschnitte. Bald nach dem Einschlafen findet die erste und längste Tiefschlafphase statt, die etwa eine Stunde dauert und in der sich der Körper am besten erholt. Danach

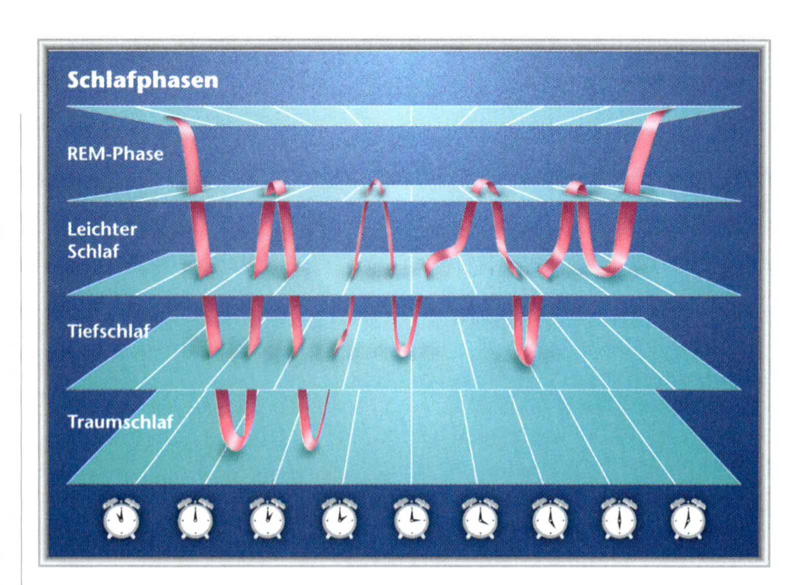

nimmt die Schlaftiefe rapide ab und der Mensch beginnt über einen Zeitraum von wenigen Minuten bis zu einer halben Stunde zu träumen. Dieser Wechsel findet pro Nacht etwa drei- bis sechsmal statt, wobei die Schlaftiefe gegen Morgen stark nachlässt. Äußerliche, zumeist akustische Reize fließen dann zunehmend in die Träume ein und tragen zum Wachwerden bei. In allen Traumphasen, die auch Leichtschlaf- oder REM-Phasen genannt werden, ist das Gehirn – ganz im Gegensatz zur Muskulatur – besonders aktiv und verarbeitet sowohl Ereignisse des Vortages als auch länger zurückliegende Begebenheiten. Die Ursache des hierbei zu beobachtenden Augenrollens vermutet man darin, dass das Unterbewusstsein die Augenmuskeln während des Träumens aktiviert, wie es das Gehirn auch im wachen Zustand tut. Die hektisch wirkenden Augenbewegungen spiegeln dabei die meist bizarren und chaotisch ablaufenden Träume wider, an deren Entstehung die Gehirnpartien der rechten Hemisphäre beteiligt sind, die das Zentrum für Emotionen und Kreativität beherbergen. Mit zunehmendem Alter nimmt der Anteil der REM-Phasen an der gesamten Schlafperiode ab, d.h., in jungen Jahren benötigt man nicht nur mehr Schlaf, man träumt auch deutlich länger als im Alter.

Remake

engl. to remake = wieder machen

Die Neuverfilmung eines Stoffes, der schon einmal erfolgreich im Kino oder im Fernsehen lief, bezeichnet man als Remake. Ein bekanntes Beispiel dafür sind die Abenteuer von Tarzan, die 1918 zum ersten Mal als Stummfilm auf der Leinwand zu sehen waren. Bis 1984 wurde die Titelfigur von insgesamt 17 Darstellern in über 40 Filmen verkörpert. Am populärsten machte den Dschungelhelden der amerikanische Schauspieler und Olympiasieger im Schwimmen Johnny Weissmüller, der den Beherrscher des Urwaldes zwischen 1932 und 1948 in einer langen Serie von Tarzan-Filmen mimte. Die Verwechslungskomödie *Charleys Tante*, die nach der

Vorlage eines englischen Theaterstücks 1925 erstmals verfilmt wurde, löste ebenfalls eine Flut von Remakes aus; in der deutschen Filmversion von 1955 brillierte der Schauspieler Heinz Rühmann in Frauenkleidern als reiche Tante aus Brasilien. Besonders im Bereich des klassischen Horrorfilms sind Remakes häufig anzutreffen. Neuverfilmungen der Abenteuer von King Kong, Frankenstein, Dracula und dem Werwolf erwiesen sich meist als Publikumsmagneten. Auch erfolgreiche Filmbearbeitungen von berühmten Werken der Weltliteratur ziehen oft Remakes nach sich. So existieren z. B. etliche Filmversionen von Victor Hugos Roman *Der Glöckner von Notre-Dame*: In der Adaption von 1939 spielte Charles Laughton die Hauptfigur des Quasimodo, in der Version von 1955 schlüpfte Anthony Quinn in die Rolle des Titelhelden.

Remix

engl. to remix = wieder mischen

Die Aufnahmestudios in der Musikindustrie sind seit vielen Jahren mit modernster Technik ausgerüstet. Diese macht es möglich, Tonaufnahmen, bevor sie auf Schallplatten, Musikkassetten und Compactdisks (► **CD**) produziert werden, je nach Bedarf „abzumischen“. Darunter versteht man die Veränderung von Lautstärke und Klangfarbe einzelner Musikinstrumente oder Stimmen um damit einen gewünschten, meist ausgewogenen Gesamtcharakter der Aufnahme zu erzielen. Werden schon früher einmal produzierte Musiktitel neu abgemischt – indem man etwa die veraltete Spielweise eines Schlagzeugs durch eine zeitgemäßere ersetzt oder aber eine zusätzliche Stimme einspielt –, spricht man von Remix. So erschien z. B. nach dem Tod von Nat King Cole eine Neuaufnahme eines seiner Hits, auf der der amerikanische Sänger entgegen der ursprünglichen Fassung mit seiner Tochter Nathalie im Duett zu hören ist. Im Gegensatz zu einer ► **Coverversion** baut ein Remix stets auf der Originalaufnahme eines Musiktitels auf.

Renaturierung

lat. re = wieder
lat. natura = Schöpfung

Der Ausbau von Verkehrswegen, die intensive Bewirtschaftung der Böden und die Ausdehnung von Siedlungsflächen und

Die Renaturierung der Rheinauen begünstigt die Artenvielfalt und soll vor Hochwasser schützen.

Industriearealen führten in den vergangenen Jahrzehnten zu einer erheblichen Veränderung des ökologischen Systems. Flussläufe wurden begradigt, die Ufer befestigt und teilweise betoniert. Bäche wurden streckenweise vollständig kanalisiert und Flussdämme gegen Hochwasser gebaut, um das umliegende Land wirtschaftlich nutzen zu können. Mit der Renaturierung, d.h. der Rückführung solcher von Menschenhand veränderten Landschaften in einen naturnahen Zustand, versucht man dem Aussterben von Tier- und Pflanzenarten, aber auch den immer häufiger auftretenden Naturkatastrophen wie etwa Hochwasser und Erdrutschen entgegenzuwirken. Dabei geht es nicht um die Wiederherstellung eines Urzustandes, der ohnehin nicht mehr erreicht werden kann, sondern um die Erholung des Ökosystems. Das in Deutschland wohl bekannteste Beispiel menschlicher Einwirkung in die Natur ist die Begradigung des Oberrheins und die dort zwischen 1950 und 1977 von Frankreich gebauten Staustufen zur Stromerzeugung. Die eng am Flusslauf gezogenen Dämme sollten die Überflutung größerer Flächen bei Hochwasser verhindern. Dadurch verschwanden zunehmend die für diese Region typischen Auen mit ihrer spezifischen Tier- und Pflanzenwelt. Umfangreiche ökologische Maßnahmen werden seit den 80er-Jahren im Rahmen des Integrierten Rheinprogramms durchgeführt. Die für den Hochwasserschutz geschaffenen Rückhalteräume werden auetypisch bepflanzt und gezielt überflutet um dort die Feuchtbiotope wiederherzustellen. Vielerorts sind die Kommunen dazu übergegangen, früher kanalisierte und ausbetonierte Bachläufe naturnah zurückzubauen. Entwässerten Hochmoorregionen wird zur Unterstützung der eigenen Regenerationskraft nährstoffarmes Regenwasser zugeführt und die durch Braunkohleabbau zerstörten Gelände werden durch landschaftliche Neugestaltung rekultiviert.

Rendite

ital. rendita = Einkommen, Gewinn

Das entscheidende Kriterium beim Kauf von Wertpapieren ist die Höhe der Rendite. Gemeint ist damit der Prozentsatz des Ertrages, den das angelegte Kapital im Zeitraum eines Jahres bringt. Die Rendite berechnet sich bei einer ► **Aktie** aus dem Verhältnis der ► **Dividende** zum Kurswert. Bei einer Anleihe ist sie vor allem vom Nominalzins, von der Laufzeit und vom Rückzahlungskurs abhängig. Die Rendite wird in der Regel benutzt um festzustellen, welche Kapitalanlage (► **Effektivzins**) vorteilhafter ist. Das ist aber nicht in jedem Fall eine Gewähr für tatsächliche Gewinne, denn diese lassen sich bei Fonds oder Aktien wegen des hohen Kursrisikos erst nach Verkauf und Abzug aller Gebühren und Steuern (► **Kapitalertragsteuer**) bestimmen. Heutzutage wird der Begriff Rendite auch bei anderen Anlageformen verwendet. Selbst bei Rationalisierungsinvestitionen kann eine solche Maßzahl bestimmt werden, wenn man das dafür eingesetzte Kapital ins Verhältnis zu Kosteneinsparungen und zu den zu erwartenden höheren Erträgen setzt.

Rentenausgleich

In der Bundesrepublik Deutschland wurde 1957 eine Dynamisierung der Renten eingeführt, nachdem sich die Einkommensverhältnisse und die Lebenshaltungskosten in den Jahren zuvor stark verändert hatten. Die Erhöhung der Rentenzahlungen richtete sich von da an nach den durchschnittlichen Bruttoarbeitsentgelten der erwerbstätigen Beitragszahler. Da jedoch im Lauf der Jahre die Beiträge zur Renten-, Kranken- und Arbeitslosenversicherung, die von den Arbeitnehmern zur Hälfte zu tragen sind, erhöht wurden, stiegen die Ruhegeldzahlungen schneller als die Nettoeinkommen. Aus diesem Grund verabschiedete der Deutsche Bundestag 1989 das im Jahr 1992 in Kraft getretene Rentenreformgesetz, dem zufolge für die Rentenanpassung die Entwicklung des durchschnittlichen Nettoarbeitsentgelts maßgebend ist. Die Erhöhung zum 1. Juli 1996 betrug für die alten Bundesländer 0,95%. Rechnet man aber den Eigenanteil der Rentner an der Kranken- und Pflegeversicherung mit ein, verbleiben nur noch 0,46%. In den neuen Bundesländern wurden erstmals zur Mitte des Jahres 1996 die Renten an die Nettoeinkommensentwicklung des Vorjahres angepasst und um 1,21 Prozentpunkte erhöht. Die zunehmenden Finanzierungsprobleme lassen jedoch zukünftig keine kontinuierliche Entwicklung mehr erwarten. Deswegen werden gegenwärtig im Zusammenhang mit einer weiteren ► **Rentenreform** verschiedene tief greifende Maßnahmen zur Sicherung der Ruhegeldzahlung diskutiert.

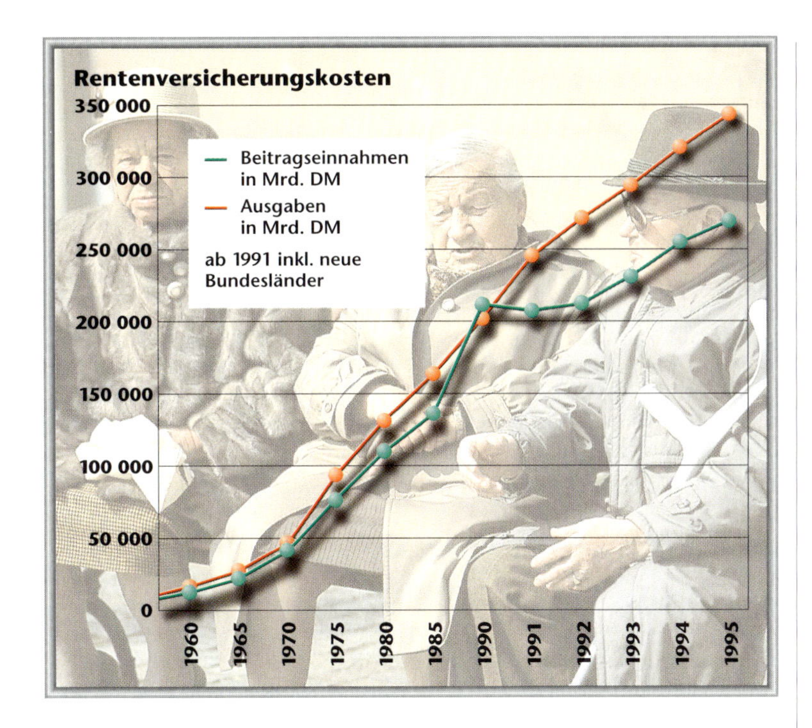

Rentenreform

Aufgrund der anhaltend niedrigen Geburtenrate wächst der Anteil der über 60-Jährigen im Verhältnis zur deutschen Gesamtbevölkerung überproportional an. Dieser Sachverhalt gefährdet die Grundlage des Rentensystems (▸ **Generationenvertrag**), zumal wegen der hohen und andauernden Arbeitslosigkeit weniger Geld in die Kassen kommt. Mit der 1992 in Kraft getretenen Rentenreform, die u.a. den auf den Nettolohn bezogenen ▸ **Rentenausgleich** regelt, wurde ein erster wichtiger Schritt getan um die zukünftige Finanzierung zu sichern. Ohne diese Gesetzesänderung hätte – Prognosen zufolge – der Beitragssatz bis zum Jahr 2030 auf etwa 40% (im Jahr 1995 waren es 18,6%) des zu versteuernden Einkommens ansteigen müssen um das derzeitige Rentenniveau zu halten. Dennoch reichen die beschlossenen Regelungen nicht aus. Im Zusammenhang mit neuerlichen Reformplänen präsentieren deshalb die politischen Parteien unterschiedliche Vorschläge und Modelle. So plädieren manche Politiker für ein ▸ **Bürgergeld** zur Sicherung einer Grundrente. Andere wiederum fordern, versicherungsfremde Leistungen wie z.B. Kriegsfolgelasten, Ausgleich von DDR-Unrecht sowie Frühverrentung infolge der Arbeitsmarktsituation nicht nur auf beitragspflichtige, sondern auf alle Steuerzahler zu verteilen. Bundesarbeitsminister Norbert Blüm hält jedoch am bisherigen System der beitragsfinanzierten Renten fest, das durch veränderte Regelungen wie die Erhöhung des Renteneintrittsalters und die Senkung des Rentenniveaus von 70 auf unter 65% des bisherigen Nettoeinkommens gesichert werden soll.

Restrisiko

Beim Umgang mit technischen Geräten oder Anlagen treten immer wieder Störungen und Unfälle auf, deren Ursachen entweder in menschlichem Fehlverhalten – das können Bedienungsfehler, unsachgemäße Behandlung oder sogar Sabotageakte sein – oder in der Technik selbst begründet sind. Wenn dabei eine Gefährdung für Mensch oder Umwelt entsteht, die trotz vorbeugender technischer oder organisatorischer Maßnahmen nicht mit absoluter Sicherheit zu vermeiden ist, spricht man von einem Restrisiko. Besonders im Zusammenhang mit der ▸ **Reaktorsicherheit** versucht man diese Größe mit statistischen Berechnungsverfahren zu bestimmen. Für die in Deutschland schon lange in Betrieb befindlichen Kernkraftwerke ist laut Statistik der größte anzunehmende Unfall, kurz GAU genannt, alle 20000–30000 Betriebsjahre wahrscheinlich. In den letzten Jahren haben Politik und Forschung hohe Anstrengungen unternommen neue und vorhandene Kernreaktoren sicherer als bisher zu machen. Verschärfte Vorschriften und Auflagen, technische Neuerungen sowie umfangreiche Sicherheits- und Störfallmaßnahmen konnten das Risiko deutlich vermindern, wenn auch nicht vollständig vermeiden. Das verbleibende Restrisiko muss von der Öffentlichkeit hingenommen werden, wenn diese nicht auf die Kernkrafttechnologie verzichten will. Die Bereitschaft dieses Wagnis einzugehen, wurde in Österreich von der Bevölkerung durch einen Volksentscheid abgelehnt.

Revival

engl. to revive = (etwas) neu beleben, wieder aufgreifen

Wenn ein Kleidungsstil, eine Musikrichtung, das Design eines Gebrauchsgegenstandes u. Ä. sehr beliebt und erfolgreich waren, verschwinden sie selten für immer von der Bildfläche. Erfahrungsgemäß tauchen sie mit großer Wahrscheinlichkeit irgendwann wieder aus der Versenkung auf, erleben also ein Revival, das zumeist systematisch von der Werbewirtschaft und der Industrie gesteuert wird, die auf die nostalgischen Gefühle der Verbraucher setzen. Ein Revival gibt es in zwei Varianten: Entweder erscheint der Publikumserfolg von einst unverändert in der alten Form oder er ist den Erfordernissen und Vorstellungen der neuen Zeit angepasst. Besonders augenfällig wird dieses Vorgehen in der Modebranche, wo in regelmäßigen Abständen Verkaufsschlager von früher nach einigen Jahren wieder in den Kollektionen erscheinen. So feierten Miniröcke, jetzt allerdings kürzer als ihre Vorgänger, sowie Hosen mit Schlag schon fröhliche Urständ. Auch der deutsche Schlager der 50er- und 60er-Jahre erlebte Mitte der 90er ein überraschendes Revival und in vielen Diskotheken werden Revival-Partys veranstaltet, die oft einzelnen früher sehr beliebten Sängern oder Gruppen gewidmet sind. Im Straßenverkehr gibt es ebenfalls Revivals: Die Erinnerungen an den Vespa-Kult der Nachkriegszeit führten rund 40 Jahre später zu eindrucksvollen Umsatzrekorden in der Motorrollerbranche und auch allen, die wehmütig an einen „Käfer“ denken, kann geholfen werden: Volkswagen wird noch vor der Jahrtausendwende die Serienproduktion eines modernen Autos mit der vertrauten Silhouette starten.

Risikofaktoren

ital. rischio = Gefahr, Wagnis
lat. factor = Macher

Der Volksmund sagt zwar: „Wer wagt, gewinnt“, aber wie manches andere Sprichwort ist auch dieser Satz nur teilweise richtig. Im Geschäftsleben mag es sich manchmal auszahlen, riskant zu handeln, doch wenn es um die Gesundheit geht, sind Risikofaktoren immer von Nachteil. Man versteht darunter verschiedene Einflüsse, die sich negativ auf das Befinden eines Menschen auswirken und die auf sein Verhalten, seine soziale Situation und bestimmte Umweltbedingungen sowie seine genetischen Anlagen zurückzuführen sind. Manche Risikofaktoren wie Rauchen, Übergewicht oder Drogenkonsum, die zur ersten Kategorie, also dem Verhalten eines Menschen gehören, kann man vermeiden, andere muss man oft hinnehmen wie beispielsweise die Umweltverschmutzung oder Probleme, die sich aus der sozialen bzw. familiären

Der VW-Käfer von einst erfährt ein Revival. Aber jetzt vereint er die unverwechselbare Silhouette mit modernster Technik.

Lage ergeben, wie etwa andauernde berufliche Anspannung oder eheliche Zerwürfnisse und Ärger mit den Kindern. Und den Risikofaktoren der dritten Gruppe, nämlich den ererbten Anlagen wie z.B. der Disposition zu Asthma, Depressionen oder bestimmten Krebsarten, kann man schon gar nicht entkommen. Folglich ist man im Leben immer irgendwelchen Risikofaktoren ausgesetzt und im Fall einer Erkrankung sind meist solche aus mehreren der genannten Kategorien daran beteiligt. Allerdings kann man, wenn einem eine bestimmte Veranlagung bekannt ist, das Risiko durch eine entsprechende Lebensweise gering zu halten versuchen. Es gibt eine eigene medizinische Disziplin, die so genannte Epidemiologie, die sich mit den gesundheitlichen Risiken sowie ihrer Einteilung und Bewertung befasst und groß angelegte Krankheits- und Sterbestatistiken der Bevölkerung erstellt. Auch Versicherungen sind an den Risikofaktoren, die auf die Versicherungsnehmer einwirken, interessiert. Immer wieder wird z.B. der Vorschlag gemacht, dass Raucher höhere Beiträge zahlen sollten.

Risikolebensversicherung

Die Lebensversicherung ist der bedeutendste Zweig der privaten Versicherungen. Sie sichert den Versicherungsnehmer gegen das finanzielle Risiko ab, das in der Ungewissheit der Lebensdauer begründet ist.
Bei der am häufigsten abgeschlossenen Art von Lebensversicherung wird im Vertrag festgelegt, dass der Versicherungsnehmer regelmäßig einen bestimmten Beitrag zu entrichten hat und dass im Gegenzug der Versicherer entweder beim Tod des Versicherten während der Laufzeit des Vertrages oder nach Ablauf des Vertrages, also im so genannten Erlebensfall, die vereinbarte Versicherungssumme sowie Gewinnanteile, die aus Zinsen entstehen, auszahlen muss. Eine solche Lebensversicherung bietet folglich zweierlei: einmal die Abdeckung des Risikos und zum andern einen langfristigen Sparvertrag. Demgegenüber wird bei der billigeren Risikolebensversicherung kein Geld angespart, sondern ausschließlich das finanzielle Risiko des vorzeitigen Todes während einer festgelegten Vertragsdauer abgesichert. Erlebt der Versicherte das Ablaufdatum, so bekommt er kein Geld, er erhält auch nicht die eingezahlten Beiträge zurück. Nur im Todesfall muss die Versicherungsgesellschaft den vereinbarten Betrag überweisen. Die Todesursache ist dabei unerheblich.

Das US-amerikanische Roadmovie *Thelma und Louise* mit Geena Davis und Susan Sarandon in den Hauptrollen lief auch in Deutschland erfolgreich.

Roadmovie

engl. road = Straße
engl. movie = Film

Zu den zahlreichen Filmgattungen, die aus den USA stammen, gehört das Roadmovie, der Landstraßenfilm. Der Aufschwung dieses Filmgenres, der Anfang der 50er-Jahre begann, fällt zusammen mit dem Niedergang des klassischen Westernkinos, von dem es typische Motive übernahm. Die Helden vieler Roadmovies fahren aus den unterschiedlichsten Anlässen durch die Weiten Nordamerikas, getrieben von der Sehnsucht nach Freiheit, Abenteuer und Selbstverwirklichung. Ihre ziellose Reise endet meist in der Selbstzerstörung; die Flucht aus der Zivilisation, die im Mittelpunkt von zahlreichen Roadmovies steht, gelingt den

Protagonisten nicht. Einer der ersten Vertreter der von vielen Actionelementen geprägten Filmgattung war der Film *The Wild One (Der Wilde),* in dem Marlon Brando 1953 die Hauptrolle spielte. Als weiterer Meilenstein der Roadmovies gilt *Easy Rider* (1969) mit Dennis Hopper und Peter Fonda. Im Zentrum der Handlung stehen zwei Motorradfreaks, die die USA mit ihren Maschinen durchqueren wollen. Ihr Unterfangen scheitert jedoch, da sie wegen ihres Außenseitertums von waffenfanatischen Spießern erschossen werden. Der Film, dessen ► **Soundtrack** von dynamischer Rockmusik geprägt ist, wurde zu einem Kultstreifen der Hippiebewegung, die sich in den Hauptdarstellern und ihrem Aufbegehren gegen eine durchorganisierte Gesellschaft wieder erkannte. Zu den bekanntesten zeitgenössischen Roadmovies gehört der Filmhit *Thelma und Louise* (1991), in dem entgegen der von Männern dominierten Genretradition zwei Frauen die Hauptrolle spielen.

Rollende Landstraße

► siehe S. 407

Rooming-in

engl. room = Zimmer

Kleine Kinder haben eine sehr enge Bindung an die Eltern und es schadet ihrer Entwicklung, wenn sie von der Mutter bzw. dem Vater getrennt werden, wie es etwa bei einer Einweisung ins Krankenhaus der Fall sein kann. Die durch diese Trennung und das Gefühl der Verlassenheit hervorgerufenen Störungen können sehr gravierend sein und sich u.a. durch Angst, Unruhe, Apathie, Schlafprobleme und Infektanfälligkeit äußern. Besonders belastend ist ein solches Ereignis für ein Kind in den ersten Lebensjahren, weil es die Notwendigkeit des Klinikaufenthalts noch nicht einsehen kann. Um Kindern solche Trennungsängste zu ersparen ist in vielen Krankenhäusern mittlerweile das so genannte Rooming-in üblich geworden. Das bedeutet, dass die Mutter oder der Vater ebenfalls ins Krankenhaus aufgenommmen und nach Möglichkeit mit dem Kind im selben Raum untergebracht wird. Die Eltern können auf diese Weise Tag und Nacht bei ihrem Kind sein und ihm helfen mit der ungewohnten Umgebung, den vielen fremden Menschen wie Ärzten und Schwestern sowie den belastenden Untersuchungen und Schmerzen fertig zu werden. Allerdings ist das Rooming-in relativ teuer. Wer einen Teil der Kosten erstattet haben möchte, kann bei seiner Krankenkasse einen entsprechenden Antrag stellen. Die Höhe des von der Kasse gezahlten Anteils hängt von mehreren Faktoren ab, u.a. von der Diagnose, die der Hausarzt bei der Einweisung ins Krankenhaus gestellt hat, von der Entfernung zwischen Elternhaus und Klinik sowie, nicht zuletzt, von der Persönlichkeit des Kindes. Das Rooming-in-Verfahren bezieht sich aber nicht nur auf kranke Kinder. Seit einigen Jahren legt man in nahezu allen Krankenhäusern auch die neugeborenen Babys zumindest tagsüber ins Zimmer der Mutter. Diese kann den Säugling dann jederzeit aufnehmen und durch den Körperkontakt eine enge Bindung aufbauen. Dem Kind, das dabei den von der Schwangerschaft her gewohnten Herzschlag der Mutter, ihre Stimme und ihren Geruch erkennt, fällt so die Eingewöhnung ins Leben leichter.

Mutter und Kind fühlen sich wohler, wenn beide während des Wochenbetts im selben Zimmer untergebracht sind.

Rote Liste

Schon 1966 hat die Internationale Union zur Erhaltung der Natur, die von der UNESCO – einer Sonderorganisation der Vereinten Nationen für Erziehung, Wissenschaft und Kultur – gegründet wurde, eine Liste der weltweit gefährdeten Tier- und Pflanzenarten veröffentlicht, die so genannten *Red Data Books*. Aus dieser Urform gingen die Roten Listen der einzelnen Staaten hervor, die ständig überarbeitet und erweitert werden. Die Rote Liste für die Bundesrepublik Deutschland enthält eine Übersicht von Tier- und Pflanzenarten, die nach dem Grad ihrer Gefährdung in „vom Aussterben bedroht“, „stark gefährdet“, „gefährdet“ und „potenziell gefährdet“ eingeteilt sind und unter besonderen Schutz gestellt wurden (► **Artenschutz**). Dieser Liste ist zu entnehmen, dass hierzulande von den ungefähr 45 000 Tierarten knapp die Hälfte der Säugetierarten, rund 40% der Vogel- und an die 70% der Fischarten sowie drei Viertel aller Kriechtierarten vom Aussterben bedroht sind und dass bei den Pflanzenarten nahezu die Hälfte gefährdet ist. Die Ursache für diese Tatsache ist die Zerstörung des Lebensraumes der jeweiligen Spezies durch den Menschen. Um für die Zukunft diese Gefahr einzuschränken wurde die ► **Umweltverträglichkeitsprüfung** eingeführt. Wird dabei festgestellt, dass durch ein geplantes Großprojekt wie etwa Autobahnen, Flughäfen o. Ä. die Lebensräume von Pflanzen- oder Tierarten aus der Roten Liste betroffen würden, kann das Bauvorhaben vereitelt werden.

Die meisten Großwildjäger beachten die Schutzvorschriften der Roten Liste, doch einige Trophäenjäger töten auch vom Aussterben bedrohte Tiere.

RSI

Wenn es um Krankheiten geht, die durch einseitige Abnutzungserscheinungen hervorgerufen werden, stellt man sich als Ursache meist Fließbandarbeit, bei der immer derselbe Handgriff getan wird, oder schwere körperliche Anstrengungen, wie sie etwa Möbelpacker zu leisten haben, vor. Neuerdings treten derartige Leiden, die man unter dem Begriff RSI – von englisch *repetitive strain injury*, Verletzung durch wiederholte Belastung – zusammenfasst, jedoch auch

vermehrt bei Vertretern ganz anderer Berufsgruppen auf, nämlich bei vielen, die regelmäßig mehrere Stunden täglich am Computer arbeiten, also z. B. bei ► **Datatypisten** oder Journalisten. Die Betroffenen klagen über Schwellungen und Schmerzen im Hand-, Arm-, Schulter- und Rückenbereich, die durch Reizungen und Entzündungen von Sehnen, Muskeln, Nerven und Gelenken ausgelöst werden. Ursache sind die immer gleichen Bewegungsabläufe bei der Dateneingabe in den ► **PC** und die damit zusammenhängende Überlastung einzelner Körperpartien. Häufig betroffen ist z. B. bei verkrampfter Haltung vor dem Bildschirm der Nacken oder der Finger, mit dem der Mausklick (► **Maus**) erfolgt. Wie aus medizinischen Statistiken zu ersehen ist, nimmt RSI gewaltig an Häufigkeit zu; in den USA soll es in manchen Berufen für die Hälfte der Ausfallzeiten verantwortlich sein. Da sie sehr schwer mit Erfolg zu behandeln ist, kommt der Vorbeugung große Bedeutung zu. Zu diesem Zweck versucht man, Arbeitsgeräte wie PC, Tastatur, Büromöbel usw. möglichst ► **ergonomisch** zu gestalten. Außerdem fordert man die betreffenden Berufstätigen auf, regelmäßige Pausen bei der Arbeit einzulegen und vor dem Bildschirm nicht immer dieselbe Haltung einzunehmen, sondern lieber öfter die Sitzposition zu verändern. Auch zahlreiche praktische Geräte helfen vorbeugen, u. a. ein Keilkissen, das beim Sitzen die Wirbelsäule entlastet, oder besonders geformte Schreibtischunterlagen, durch die beim Tippen Schultern und Nacken in der günstigsten Position gehalten werden.

In der Rückenschule stärken die Teilnehmer mit gymnastischen Übungen ihre Rückenmuskulatur.

Rückenschule

Wirbelsäulenleiden und Bandscheibenschäden gehören zu den am häufigsten auftretenden Zivilisationskrankheiten. Besonders anfällig für solche Beschwerden sind Menschen, die regelmäßig schwer heben bzw. tragen oder sich bücken müssen, wie etwa Krankenschwestern und -pfleger, oder Personen mit überwiegend sitzender Beschäftigung und sich ständig wiederholenden Tätigkeiten wie z. B. Büroangestellte (► **RSI**) oder Fernfahrer. Die Gesellschaft kommt die große Zahl der unter Rückenproblemen leidenden Menschen sehr teuer zu stehen: Der Großteil der Fehlzeiten in der Arbeitswelt wird dadurch verursacht, die Krankenkassen müssen allein in Deutschland für Rückenbeschwerden jährlich etwa 1 Mrd. DM an Krankenhauskosten zahlen und hinzu kommt noch einmal eine große Summe für Therapie und Krankengelder. Um diese Kosten einzudämmen und den betroffenen Menschen zu helfen wurden Mitte der 80er-Jahre die ersten so genannten Rückenschulen ins Leben gerufen, die sofort großen Anklang fanden. Es handelt sich dabei um Institutionen verschiedener Träger wie etwa der Krankenkassen, in denen Trainingsprogramme zur Stärkung der Rückenmuskulatur angeboten werden. Die Teilnehmer absolvieren in den Kursen u. a. spezielle gymnastische Übungen und erlernen bestimmte Hebetechniken und Sitzpositionen, die rückenschonend sind.

Runenorakel

→ siehe S. 147

Sabbatical

hebr. savat = ruhen

Wer würde nicht gern für eine begrenzte Zeit aus seinem Beruf aussteigen um etwas zu machen, für das der Alltagsstress keinen Raum lässt? Beispielsweise eine lange Reise unternehmen oder für ein Jahr ins Ausland gehen um eine fremde Sprache zu lernen. Vielleicht will man sich auch nur entspannen um dem ► **Burnt-out-Syndrom** entgegenzuwirken und wieder Energien für den Job zu sammeln. Diese Möglichkeit bietet das Sabbatical oder Sabbatjahr, ein aus den USA stammendes flexibles Arbeitszeitmodell, das dort besonders an Universitäten und in großen Konzernen angewendet wird. In Deutschland gibt es vor allem in einigen Bereichen des öffentlichen Dienstes die Möglichkeit ein Sabbatical zu nehmen. In einigen Bundesländern, darunter Rheinland-Pfalz, Bremen, Schleswig-Holstein, Berlin, Nordrhein-Westfalen und Hessen, können Lehrer und Angestellte nach einigen Berufsjahren für mehrere Monate oder ein ganzes Jahr vom Dienst freigestellt werden. Voraussetzung dafür ist der Verzicht auf einen Teil des Gehalts, d.h., wer beispielsweise nach vier Jahren ein Jahr aussetzt, verzichtet während der vier Arbeitsjahre jeweils auf 20% seines Einkommens, bezieht jedoch auch im Freistellungsjahr die gekürzten Bezüge. Von dem neuen Teilzeitmodell profitieren nicht nur die Arbeitnehmer, die es in Anspruch nehmen, durch Sabbaticals werden auch Haushaltsmittel freigesetzt, mit denen neue Stellen geschaffen werden können oder zumindest Personalabbau vermieden werden kann. Die Bereitschaft sich während des Sabbaticals fortzubilden erwarten viele internationale Großkonzerne von ihren Mitarbeitern. Einige ermöglichen jedoch auch einen befristeten Ausstieg aus dem Berufsalltag ohne mit diesem Angebot Forderungen zu verbinden. Sie hoffen darauf, dass ihre Angestellten nach dem Sabbatical zufrieden und erholt zurückkehren und ihre Arbeit mit neuer Motivation leisten.
Die Bezeichnung Sabbatical bzw. Sabbatjahr geht auf die Bibel zurück. Im Alten Testament verkündet Mose den Israeliten auf dem Berg Sinai, dass sie sechs Jahre lang arbeiten und im siebten Jahr, dem Sabbatjahr, die Felder brachliegen lassen sollen.

Safersex

Die Angst vor ► **Aids** hat viele Menschen zu einem tief greifenden Wandel ihrer sexuellen Gewohnheiten veranlasst. Das gilt vor allem für die Homosexuellen (► **Gay**), unter denen Aids überdurchschnittlich verbreitet ist und die daher ein besonderes Interesse an Safersex haben, d.h. an sicheren Sexualpraktiken ohne die Gefahr einer Infektion durch das HI-Virus (► **HIV**). Eine führende Rolle bei der Safersexkampagne spielen die USA und vor allem die Stadt San Francisco, wo in den Szenetreffs der Gays schon Mitte der 80er-Jahre Informationsveranstaltungen über Aids stattfanden. Klubs und Bäder für Homosexuelle, deren Personal besonders geschult ist, klären ihre Kunden über die Ansteckungsrisiken bei bestimmten sexuellen Praktiken auf und unterstützen die Bildung von ► **Selbsthilfegruppen** von bereits mit HIV infizierten Homosexuellen. Ausführliche Informationen über Vorsichtsmaßnahmen beim Geschlechtsverkehr bieten auch Selbsthilfegruppen in der Schweiz, Österreich und Deutschland, die Merkblätter zu dem Thema herausgegeben haben. Darüber hinaus gibt es von staatlicher Seite Bemühungen der Ausbreitung von Aids unter Gays und Heterosexuellen entgegenzuwirken, wobei vor allem die jahrelange durch zahlreiche Medien vermittelte Informationskampagne über Kondome Aufsehen erregt hat.

Salesmanager

→ siehe S. 39

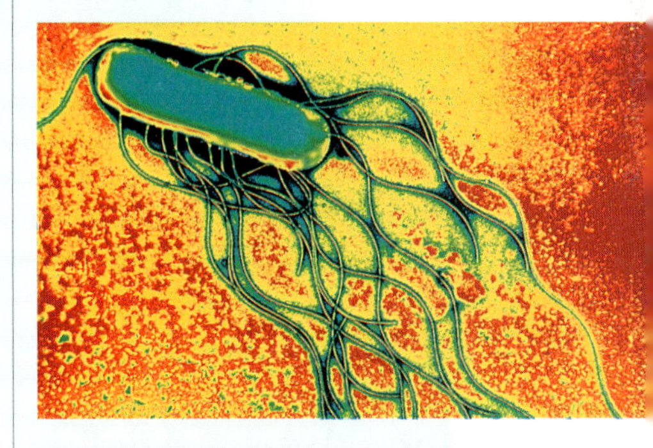

Salmonellen, eine Bakteriengattung mit mehreren Arten, verursachen Lebensmittelvergiftungen.

Salmonellen

Jedes Jahr erkranken in Deutschland rund zwei Millionen Menschen an Salmonellosen, durch Salmonellen hervorgerufene Infektionen. Die nach dem

amerikanischen Arzt Daniel Elmer Salmon (1850–1914) benannten Salmonellen, die zur Gattung der Enterobakterien gehören, vermehren sich vor allem in rohem oder halbrohem Geflügel- und Schweinefleisch. Besonders häufig kommen sie in rohen Eiern vor, sodass der Genuss von Majonäsen oder Süßspeisen, die mit Eiern zubereitet und gar nicht oder nur mäßig erhitzt werden, zu Salmonellosen führen kann. Da die winzigen, stäbchenförmigen Bakterien Wärme lieben, nehmen die Infektionen im Sommer zu. Nach dem Bundesseuchengesetzt muss die Erkrankung, die bei Nichtbehandlung häufig mit Schüttelfrost, Durchfall, Fieber und Erbrechen einhergeht und besonders für Kleinkinder und alte Menschen lebensgefährlich ist, vom Arzt an das Gesundheitsamt gemeldet werden.
Um Salmonellosen vorzubeugen empfiehlt es sich, Fleisch gut durchzubraten, weitgehend auf die Verwendung roher Eier zu verzichten sowie in der Küche und vor allem beim Umgang mit tierischen Lebensmitteln auf Sauberkeit zu achten.

Salsa

span. salsa = Soße, Würze

Eines der aufsehenerregendsten musikalischen ► **Revivals** der letzten Jahre feiert seit Mitte der 90er-Jahre der Salsa. In vielen Klubs werden regelmäßig Salsaveranstaltungen angeboten, in Tanzstudios und an Universitäten sind Kurse, in denen der Salsatanz gelehrt wird, schnell ausgebucht. Der Ursprung des Salsa liegt im Jahr 1965. Damals gründete der US-Amerikaner

Kubanische Lebensfreude: ein ausgelassener Tanz zu heißen Salsarhythmen

Jerry Masucci die Schallplattenfirma Fania Records und bezeichnete die Musik der kubanischen Exilmusiker, die er für seine Firma verpflichtete, als Salsa. Der *son cubano*, eine in Kuba entstandene Lied- und Tanzform, verschmolz dabei mit Elementen des Cha-Cha-Cha und der Rumba sowie Einflüssen des jamaikanischen Reggae, des karibischen Merengue und der amerikanischen Pop- und Rockmusik. Der 1970 von der Band Santana veröffentlichte Salsahit *Oye como va*, den Tito Puente, einer der seit Jahrzehnten populärsten Musiker Lateinamerikas, komponierte, verhalf dem Salsa zum Durchbruch in den USA. Stars wie Kid Creole, der mit seiner Band in den 80er-Jahren große Erfolge feierte, eroberten mit unüberhörbar vom Salsa inspirierter Musik die internationalen ► **Charts**. Danach verlor Salsa vorübergehend an kommerzieller Bedeutung, neue Musikrichtungen wie ► **Hip-Hop** und ► **Techno** brachten den Plattenfirmen größere Einnahmen.
Der aktuelle Salsaboom ist nicht auf die USA und Europa beschränkt, auch in Lateinamerika ist Salsa ausgesprochen populär. Dort haben traditionelle Formen mit geringerem US-amerikanischem Einfluss ebenfalls großen Erfolg.

Sampler

engl. sample = Probe

Zu den größten Verkaufsschlagern auf dem heiß umkämpften ► **CD**-Markt gehören die Sampler, Zusammenstellungen von Musikstücken, die ursprünglich auf verschiedenen Platten oder CDs erschienen sind. Die Auswahl der Titel kann nach mehreren Kriterien erfolgen. Häufig handelt es sich um die vermeintlich besten Aufnahmen eines Einzelinterpreten oder einer

Band. Solche Sampler wenden sich an Käufer, die nicht bereit sind alle CDs der betreffenden Musiker zu erwerben. Damit auch die Fans, die viele der auf dem Sampler enthaltenen Aufnahmen bereits besitzen, zum Kauf angeregt werden, ergänzen die Plattenfirmen die Auswahl der Wiederveröffentlichungen oft um zwei oder drei neue Stücke. Neben Produktionen, die einen Querschnitt erfolgreicher Hits von Solisten oder Gruppen bieten, gibt es Sampler, die eine möglichst repräsentative Darstellung einer bestimmten Musikrichtung anstreben. Dies können beispielsweise Zusammenstellungen von Bluesaufnahmen verschiedener Interpreten sein; angeboten werden auch Sampler mit der Rockmusik der 50er-Jahre und häufig sind die Erkennungsmelodien von Filmen auf einer CD zusammengefasst.

Sanfter Tourismus

Allein in den Staaten der Europäischen Union beträgt der Umsatz der Tourismusbranche jährlich mehr als 150 Mrd. DM und da immer mehr Menschen genügend Freizeit und Geld haben, sagen Fremdenverkehrsexperten für das Geschäft mit dem Urlaub enorme Zuwachsraten voraus. Die Zahl von derzeit jährlich rund 100 Millionen Besuchern der Mittelmeerküsten soll beispielsweise bis zum Jahr 2025 auf 250 Millionen Urlauber anwachsen. Mit dem Massentourismus gehen zahlreiche Missstände einher, die vor allem von Umweltexperten angeprangert werden: die Zersiedelung von Landschaften, die Zubetonierung ganzer Küstenstriche, die Zunahme des Individual- und des Flugverkehrs mit dem damit verbundenen Energieverbrauch und der Lärmbelästigung – die Liste der Kritikpunkte ist lang und umfasst auch die Zerstörung intakter Kulturen. Dieser Vorwurf wendet sich nicht zuletzt an die Anbieter so genannter Abenteuerexpeditionen, die eine Begegnung mit Naturvölkern versprechen.
Einige Tourismusfachleute, die in einem Massentourismus ohne Rücksicht auf ökologische und kulturelle Gegebenheiten langfristig eine Gefahr für ihre Branche sehen, versuchen Konzepte für einen alternativen oder sanften Tourismus zu entwickeln, der wirtschaftlichen Erfolg mit Umweltverträglichkeit verknüpfen soll. Überlegungen zur Begrenzung von Besucherzahlen für Städte wie das vom Untergang bedrohte Venedig, die weitgehende Einschränkung des motorisierten Verkehrs in historischen Stadtkernen oder beliebten Urlaubsgebieten wie der Seiser Alm in Südtirol sind viel versprechende Ansätze. Doch die Verfechter des sanften Tourismus sehen sich aufgrund wirtschaftlicher Interessen mit zahlreichen Widerständen konfrontiert. Besonders in Entwicklungsländern, die dem Tourismus den Großteil ihrer Deviseneinnahmen verdanken, weist man Überlegungen zu einer Begrenzung des Tourismus als Bevormundung zurück.

Ein Hotel in einem alten Speicher in Ksar Hadada (Tunesien) und die Küste im spanischen Benidorm – zwei Gesichter des modernen Tourismus

Sanfte Waffen

Der Begriff der sanften Waffen umfasst alle Arten von Waffen, die dazu dienen, Gegner auszuschalten ohne sie zu töten. Da der Einsatz einiger dieser Waffen zu dauerhaften körperlichen

Okkulte Zeremonien werden häufig dem Satanskult zugerechnet, obwohl diese Praktiken meist nur der Beschwörung kosmischer Kräfte dienen und nicht der des Teufels.

Schäden führen kann, ist die Bezeichnung nichttödliche Waffen (engl. *non-lethal weapons*) vorzuziehen. Bei den u.a. im Rahmen von UNO-Friedensmissionen, jedoch auch bei militärischen Konflikten wie dem Golf- oder Falklandkrieg eingesetzten Waffen werden mehrere Arten unterschieden: akustische und optische Waffen, Computerviren sowie chemische und biologische Substanzen. Letztere dienen vor allem der Zerstörung von Kriegsgerät, beispielsweise können mithilfe bestimmter Säuren Metalle angegriffen werden. Zu den optischen Mitteln gehört z.B. der Einsatz von Laserkanonen, die zur Erblindung des Gegners führen können.

Satanskult

hebr. satan = Widersacher

„Jugendliche feiern schwarze Messe", „Geheime Botschaften auf CD einer Satansrockband" – solche oder ähnliche Schlagzeilen erregen immer wieder Aufsehen. Während es sich dabei oft um geschickt lancierte Propaganda von Werbestrategen handelt, die eine Musikgruppe um jeden Preis im Gespräch halten wollen, haben manche der Meldungen einen realen Hintergrund. Tatsächlich fühlen sich besonders Jugendliche von satanistischen Praktiken angezogen. Im Vordergrund stehen dabei meist sexualmagische Riten, die nächtliche Anrufung des Teufels und Drogenmissbrauch. Die Ursprünge des Satanskultes gehen vermutlich auf die Gnosis zurück, eine esoterische Religionsbewegung, deren Blütezeit im 2./3. Jh. lag. Im Frankreich des 19. Jh. wurde der Satanskult im Zusammenhang mit der schwarzen Romantik betrieben; als Ahnherr der Satanisten des 20. Jh. gilt der legendäre Magier Aleister Crowley (1875–1947).

Mithilfe von Satellitenschüsseln können Rundfunk- und Fernsehprogramme aus aller Welt empfangen werden.

Satellitenfernsehen

Beim so genannten terrestrischen Fernsehen werden die Programme von Sendern ausgestrahlt, die am Boden stationiert sind, und über die Antennen der Fernsehtürme weiterverbreitet. Die Reichweite ist daher begrenzt und natürliche Hindernisse wie Berge oder Schlechtwetterlagen können den Empfang stören. Deshalb nutzen immer mehr Menschen das Angebot des Kabelfernsehens, das eine größere Programmvielfalt und einen besseren Empfang garantiert. Neben dem Kabelfernsehen gibt es jedoch dank der Raumfahrttechnik die Möglichkeit, sich mithilfe von Satellitenschüsseln eine Vielzahl von Programmen in die Wohnstube zu holen. Ein Vorteil gegenüber dem Kabelfernsehen ist die größere Zahl der Sender, die empfangen werden können. Die Schüsseln, die in der Regel auf Balkonen sowie an Hauswänden und auf Dächern installiert werden, müssen in Richtung des jeweiligen Satelliten ausgerichtet und genau justiert sein, damit eine optimale Bildqualität gewährleistet ist. Zu einer funktionstüchtigen Anlage gehört ein Receiver, ein Gerät, das das von der Satellitenantenne gelieferte Signal verstärkt und für Fernseher und Videorekorder aufbereitet. Beim Satellitenfernsehen, dessen Ausbreitung in Europa 1988 mit der ersten Generation der ► **Astra-Fernsehsatelliten** begann, hat man die Auswahl zwischen verschiedenen Satelliten, deren Senderangebote sich trotz gewisser Überschneidungen voneinander unterscheiden. Wer diese Satellitenvielfalt nutzen will, muss sich entweder eine motorbetriebene drehbare Antennenschüssel oder eine so genannte Multifeedanlage anschaffen, bei der der Receiver zwischen den Konvertern der Antenne hin- und herschaltet, um die Programme der verschiedenen Satelliten zu empfangen. Einen Receiver benötigt man auch für eine Schüssel, die nur auf einen einzigen Satelliten ausgerichtet ist, da die Fernsehapparate ohne speziell eingebauten Satellitenempfänger nicht in der Lage sind die von den Satelliten abgestrahlten Signale zu verarbeiten.

Saurer Regen

Als einer der wesentlichen Gründe für das ► **Waldsterben** gelten säurehaltige Niederschläge in Form von Schnee oder Regen. Die Ursache für ihre Entstehung ist die Verbrennung fossiler Energieträger wie Kohle, Erdöl und Erdgas, bei der Schwefeldioxid und Stickoxide freigesetzt werden. Wenn diese Substanzen in die Atmosphäre gelangen, reagieren sie mit Sauerstoff und Wasserdampf, wobei sich Schwefel- und Salpetersäure bilden. Saurer Regen ist besonders in hoch industrialisierten Gebieten eine große ökologische Bedrohung und der pH-Wert, der den Säuregehalt wässriger Lösungen angibt (je kleiner der pH-Wert, umso saurer ist die Lösung), beträgt in solchen Gegenden zwischen 4 und 4,5. Anfang der 50er-Jahre lag er in Deutschland noch bei 6. Der saure Regen ist kein lokales Umweltproblem der Ballungsgebiete. Windströmungen können die Säure bildenden Luftverunreinigungen Tausende von Kilometern weit tragen, sodass auch Gebiete mit geringer oder ohne Industrie wie die Arktis davon betroffen sind.

Saurer Regen trägt wesentlich zum Sterben der Bäume bei (Waldgebiet im Zentrum des nordböhmischen Braunkohlenreviers).

Lebensgefährlicher Nervenkitzel: S-Bahn-Surfen hat schon mehrere Todesopfer gefordert.

S-Bahn-Surfen

Ohne Risiko kein Spaß, so lautet die Übersetzung des englischen *no risk no fun*, das besonders bei Jugendlichen derzeit ein überaus populäres Schlagwort ist. Ein Höchstmaß an Spaß bei garantiertem Nervenkitzel versprechen die meisten ► **Extremsportarten**, die wie das ► **Bungeejumping** nicht zuletzt wegen ihres Gefahrenpotenzials eine große Anziehungskraft besitzen. Das Risiko schwerer Verletzungen und selbst die Gefahr das Leben zu verlieren werden dabei bewusst in Kauf genommen. Möglicherweise tragen die ► **Endorphine**, die Glücksgefühle hervorrufen und auch in Extremsituationen ausgeschüttet werden, zu diesem Phänomen bei. Zu den so genannten Extremsportarten gehört neben dem Sharkdiving, dem Reiten auf dem Rücken von Haien, oder dem Basejumping, bei dem man sich mit Fallschirmen von Hochhäusern stürzt, auch das seit einigen Jahren bekannte S-Bahn-Surfen, bei dem man sich an den Außenwänden oder auf den Dächern fahrender S-Bahnen festklammert. Dieses lebensgefährliche Treiben führte schon wiederholt zu schweren Unglücksfällen und einige Jugendliche starben infolge von Verletzungen, die sie sich beim Sturz von den Wagen oder beim Zusammenprall mit Signalbrücken zuzogen.

Scanner

engl. to scan = prüfen, absuchen, abtasten

Mit dem Computer kann man Texte, Grafiken und Bilder erstellen, die über einen Drucker ausgegeben werden. Mithilfe eines besonderen Lesegerätes, eines Scanners, ist es möglich, den umgekehrten Weg zu gehen und eine gedruckte Vorlage in den Computer einzugeben. Dazu wird ein schmales Sichtfenster über das Papier geführt, wobei ein Lichtstrahl das jeweilige Bild abtastet und ein optischer Sensor die Helligkeit und Farbe in einer Serie von ► **Bits** notiert und diese Informationen an den Rechner weiterleitet. Grafiker können die Vorlagen dann am Bildschirm bearbeiten, also beispielsweise Retuschen vornehmen.

Scanner gibt es in unterschiedlicher Bauweise und Qualität. Für die Bildwiedergabe entscheidend ist die Auflösung, die in Punkten pro Zoll (engl. *dots per inch*, abgekürzt dpi) gemessen wird. Während für das Einscannen von Texten meist 300–400 dpi ausreichen, benötigt man für die originalgetreue Wiedergabe von Fotos wesentlich höhere Auflösungen. Gute Ergebnisse erzielen Farbflachbettscanner, die bei Preisen unter 1000 DM ein Auflösungsvermögen von bis zu 1200 dpi bieten. Hochwertige Industriescanner gewährleisten bei etwa 2000 Punkten pro Zoll eine noch höhere Qualität. Flachbettscanner ähneln äußerlich einem Fotokopierer und können auch größere Seiten in einem Arbeitsgang erfassen. Für solche Vorlagen ungeeignet sind die kleinen Scanner, die von Hand geführt werden und nur schmale Spalten von etwa 10 cm Breite einlesen können. Nur einzelne oder einige wenige Zeilen nehmen Stiftscanner auf, die z. B. zum Lesen von ► **Barcodes** verwendet werden. Um mit einem Scanner arbeiten zu können benötigt man einen leistungsfähigen Rechner mit großem Arbeitsspeicher und einer großen ► **Festplatte**. Ein

Farbbild, das im Din-A4-Format eingelesen wird, braucht bei einer Auflösung von lediglich 300 dpi bereits 25 MB Speicherplatz.

Schamanismus

Sanskr. sramana = Bettelmönch

Vor allem in Sibirien und den arktischen Gebieten sowie in Ost- und Zentralasien ist der Schamanismus, eine der ältesten Religionsformen, unter einigen Naturvölkern verbreitet. Und auch im ► **Voodoo** und bei den australischen Aborigines spielt er eine wichtige Rolle. Schamanen sind Zauberpriester, die als Mittler zwischen dem Totenreich und der diesseitigen Welt dienen. Um mit den Geistern in Verbindung zu gelangen muss der Schamane in Trance fallen oder einen ekstatischen Bewusstseinszustand erreichen. Dies gelingt ihm durch den Genuss von Rauschmitteln und durch Fasten, zudem benutzt er Tänze und das Singen von Beschwörungsformeln um die Wirkung zu steigern. Ein Kennzeichen vieler Schamanen ist eine Trommel, aus der die Hilfsgeister sprechen, die ihn auf seiner Reise ins Totenreich begleiten und ihm helfen Kontakt mit den Geistern aufzunehmen. Diese sind gemäß dem Verständnis vieler Naturvölker häufig für Unglücksfälle, schlechte Ernten, mangelndes Jagdglück und Krankheiten verantwortlich. Gelingt es dem Schamanen, die Seelen der Ahnen günstig zu stimmen, wendet sich alles wieder zum Guten. Schamane wird man nicht aus freier Entscheidung, sondern durch Berufung durch die Geister, die oft gegen den eigenen Willen erfolgt. Als Anzeichen für die Besessenheit durch einen Geist gelten Visionen, plötzlich ausbrechende Krankheiten oder epileptische Anfälle. Wer dem Ruf der Geister folgt, wird durch einen erfahrenen Schamanen mit seinen Aufgaben vertraut gemacht. Das Schamanentum ist eine überwiegend männliche Angelegenheit, in einigen Kulturen werden jedoch auch Frauen Schamaninnen. Sie genießen allerdings meist nur sehr geringes Ansehen. Seit einigen Jahren wird dem Schamanismus von der modernen Psychologie verstärkte Aufmerksamkeit geschenkt, da ein enger Bezug von einigen schamanistischen Praktiken zu bestimmten Formen der Einzel- und Gruppentherapie sowie zu meditativen Techniken erkannt wurde.

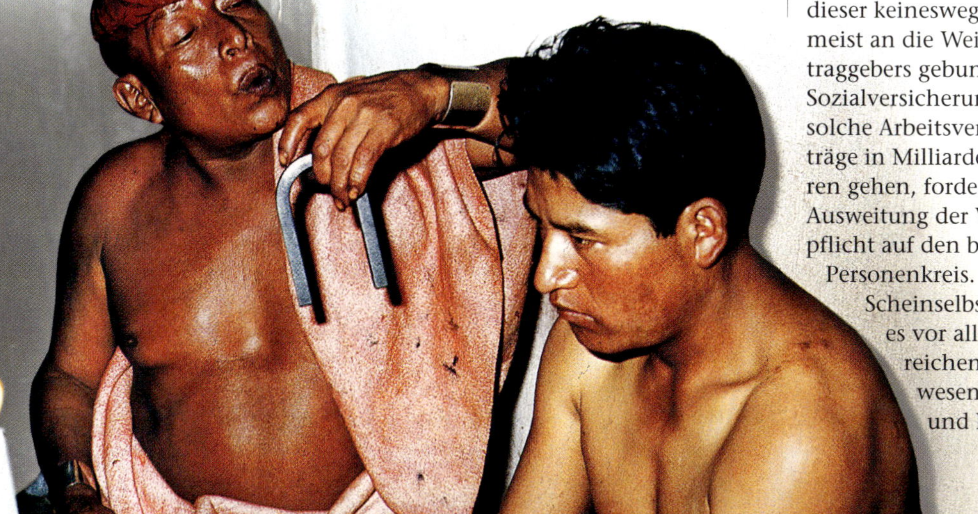

Mit einem Hufeisenmagneten versucht ein ecuadorianischer Schamane einen Besessenen von bösen Geistern zu befreien.

Scheinselbstständige

Zunehmender Stellenabbau und die verstärkte Ausgliederung von ganzen Bereichen aus einem Unternehmen (► **Outsourcing**) führen seit Mitte der 90er-Jahre zu einem raschen Anstieg der Zahl von Scheinselbstständigen. Dabei handelt es sich um Erwerbstätige, die wie beruflich Selbstständige auftreten, in Wirklichkeit aber regelmäßig für nur einen festen Auftraggeber arbeiten. Vorteil für diesen: Er zahlt für so beschäftigte Personen in der Regel keine Beiträge für die sozialrechtliche Absicherung. Und im Krankheitsfall ist er von einer ► **Lohnfortzahlung** an seinen freien Mitarbeiter entbunden. Dabei ist dieser keineswegs frei, sondern meist an die Weisungen des Auftraggebers gebunden. Da den Sozialversicherungen durch solche Arbeitsverhältnisse Beiträge in Milliardenhöhe verloren gehen, fordern sie die Ausweitung der Versicherungspflicht auf den betroffenen Personenkreis.

Scheinselbstständige gibt es vor allem in den Bereichen Spedition, Bauwesen, Informatik und Medienwesen.

Schlaflabor

Weltweit haben es sich Forscher – darunter Neurologen, Psychiater und Biologen – an bestimmten Universitätskliniken zur Aufgabe gemacht, das Schlafverhalten und die Träume des Menschen wissenschaftlich-experimentell zu ergründen. Dafür gibt es eigens mit Computermonitoren, Tomographen und speziellen Messgeräten ausgestattete Schlaflabors. Die dort nachts in Betten schlummernden Versuchspersonen stehen unter ständiger ärztlicher Aufsicht. Zur Aufzeichnung der Gehirnströme wird die Schädeldecke der Testschläfer mit elektrischen Leitungen verkabelt; meist haften auch an Brust, Armen und Beinen Elektroden, die zur Aufzeichnung der Herzbewegungen dienen. Nach dem Einschlafen erlischt das kontrollierte Bewusstsein, die Muskeln entspannen sich, der Blutdruck sinkt, ebenso Herz- und Atemfrequenz. Dieser Ruhezustand des Gesamtorganismus ist auf eine Umstellung der Gehirnfunktionen zurückzuführen. Mithilfe eines Elektroenzephalogramms (EEG) lassen sich Gehirnaktionsströme der jeweiligen Schlafstadien, die von leicht über mittelschwer bis tief reichen und während einer Nacht drei- bis fünfmal durchlaufen werden, anhand der Aufzeichnungen unterschiedlich verlaufender Kurvenbilder ablesen. Der tiefe Schlaf ist traumlos, der oberflächliche Schlaf wird von lebhaften Träumen begleitet. Äußere Kennzeichen der Traumtätigkeit sind rasche Augenbewegungen (► **REM**). Die nächtlichen Trauminhalte werden durch Tageserlebnisse bestimmt. Die bizarren Bildsegmente erscheinen jedoch gegenüber der Realität verzerrt, da das für Logik und kritisches Denken zuständige Vorderhirn beim Träumen fast abgeschaltet ist. Durch die radioaktive Markierung des Blutes von Testschläfern wurden Mitte der 90er-Jahre Röntgenschichtaufnahmen möglich, die während der Traumphasen besonders tätige Gehirnregionen sichtbar machen. Am aktivsten ist dabei die Amygdala, die im Wachzustand als Schaltstelle der Gefühle gilt. Neueste wissenschaftliche Erkenntnisse deuten darauf hin, dass dieser Nervenzellknoten im Schädelzentrum offenbar auch für die Steuerung der Träume verantwortlich ist. Mit schweren gesundheitlichen Schäden verbundene Schlafstörungen zählen ebenfalls zum Untersuchungsgegenstand in Schlaflabors. Ein Beispiel dafür ist die bei starken Schnarchern nicht selten auftretende Schlafapnoe, die beim Schlafen zum häufigen Aussetzen der Atmung führt.

Im Schlaflabor wird das Geheimnis der Träume wissenschaftlich erforscht.

Schlanker Staat

Verwaltungsvorgänge, die für den Bürger nicht mehr durchschaubar sind, Entscheidungsprozesse, die sich über Jahre hinziehen, sowie die behördliche Ausführung von Aufgaben, die keinen öffentlich-rechtlichen Charakter haben, sind nur einige Gründe dafür, warum der Ruf nach einem schlanken Staat seit Anfang der 90er-Jahre immer lauter wird. Angesichts leerer Staatskassen führen fast alle Bundesländer Verwaltungsreformen durch. Diese haben einen drastischen Stellenabbau im öffentlichen Dienst zur Folge, der in der Regel durch altersbedingtes oder freiwilliges Ausscheiden vollzogen wird. Darüber hinaus führt man vielerorts eine so genannte Kosten- und Leistungsrechnung ein, indem die Leistungen der Behörden wie z. B. die Bearbeitung von Anträgen, Stellungnahmen und Genehmigungen hinsichtlich der verursachten Personal- und Sachkosten bewertet werden. Daraus leiten sich die Gebühren für den Bürger ab. Ein weiterer wichtiger

Gesichtspunkt ist die Aufgabenkritik. Hier geht es darum, die eigentlichen hoheitlichen Aufgaben (► **Kernkompetenzen**), für die es eine gesetzliche Grundlage gibt, herauszuarbeiten, deren Verwaltungsabläufe zu straffen sowie durch Computersysteme zu unterstützen. Außerdem wird erwogen, bestimmte Aufgaben von privaten Unternehmen durchführen zu lassen.

Schlepperbanden

Durch das 1993 geänderte deutsche ► **Asylrecht** und die verstärkte Sicherung der Staatsgrenze ist die illegale Zuwanderung von Ausländern in die Bundesrepublik schwieriger geworden. 1995 wurden 29 600 Personen – die Mehrzahl an den Grenzen zu Polen und zur Tschechischen Republik – aufgegriffen, die versucht hatten ohne gültige Papiere nach Deutschland einzureisen. In jüngster Zeit vertrauen sich immer mehr Menschen, die die Armut aus ihrer Heimat treibt, professionell arbeitenden Schlepperbanden (► **organisierte Kriminalität**) an. Diese schleusen die Ausländer mithilfe falscher Pässe ins Land oder schmuggeln sie in Autos und Lastwagen versteckt über die Grenze. Ihre Transportdienste lassen sich die Schlepper von den illegal Einreisenden gut bezahlen. Häufig handeln sie auch im Auftrag zwielichtiger Geschäftsleute, die auf der Suche nach spottbilligen Arbeitskräften sind. Zahlreiche international agierende Schlepperringe haben sich auf den äußerst gewinnbringenden Frauenhandel spezialisiert. Sie werben ahnungslose junge Frauen besonders aus Osteuropa mit falschen Versprechungen an und vermitteln diese dann als Prostituierte an Zuhälter und Bordelle. Pro Mädchen kassieren die skrupellosen Menschenhändler bis zu 10 000 DM. Im Jahr 1995 nahm der deutsche Bundesgrenzschutz rund 2000 Schlepper fest.

Schlichtung

Wenn sich Arbeitgeber- und Arbeitnehmervertreter in einem Tarifkonflikt nicht einigen können, wird ein freiwilliges, im ► **Tarifvertrag** vereinbartes Schlichtungsverfahren eingeleitet, um einen Arbeitskampf abzuwenden. Daneben gibt es ein staatliches Ausgleichsverfahren, bei dem die Landesarbeitsbehörden auf Bitte eines Tarifpartners einen Vermittler beauftragen. Gelingt es diesem nicht, eine Einigung herbeizuführen, leitet man ein gesetzliches Schlichtungsverfahren ein, bei dem ein Schiedsausschuss einberufen wird, der paritätisch mit Arbeitgeber- und Arbeitnehmervertretern sowie einem unparteiischen Vorsitzenden besetzt ist. Der Schiedsspruch dieses Gremiums ist für die Tarifparteien nicht bindend. Stimmen sie ihm zu, ist der Konflikt beigelegt; andernfalls endet die Friedenspflicht, sodass beide Seiten Arbeitskampfmaßnahmen ergreifen können.

Schnäppchenführer

Kaufhäuser, Firmen und Geschäfte offerieren in Deutschland seit einigen Jahren verstärkt Niedrigpreisangebote mit dem Ziel den Umsatz zu steigern. So mancher Bundesbürger hat sich inzwischen auf günstige Gelegenheitskäufe spezialisiert und geht regelmäßig auf Schnäppchenjagd um Kleidung, Schuhe, Bücher, Hausrat u. a. zu

Schnäppchenführer bieten Informationshilfen für sparsame Konsumenten.

vorteilhaften Preisen zu ergattern. Besonders beliebt ist der Direktkauf ab Fabrik, wo man Markenartikel bis zu 50% unter den Einzelhandelspreisen erstehen kann. Auf diesen Trend reagierten in letzter Zeit einige Verlage mit der Herausgabe von so genannten Schnäppchenführern. Diese bieten dem sparsamen Konsumenten anhand von Adressensammlungen, die meist nach Städten, Regionen oder Ländern aufgelistet sind, einen Überblick, wo man in Deutschland, Österreich oder in der Schweiz billig an hochwertige Markenware kommt.

Schneeballsystem

Wenn sich der Käufer eines Produkts oder einer sonstigen Leistung verpflichtet einen Teil des Kaufpreises durch die Vermittlung neuer Kunden zu begleichen, die ihrerseits die gleichen Bedingungen zu erfüllen haben, spricht man von Schneeballsystem. Dieses Verkaufsverfahren gilt als unlauterer Wettbewerb und ist strafbar. Nach dem Schneeballprinzip funktionieren auch die derzeit in Deutschland üblichen dubiosen Kettenspiele, bei denen in der Regel nur die Organisatoren verdienen. Auf Spezialveranstaltungen werden mit versprochenen Riesengewinnen Spieler geworben, die einen Einstiegspreis von 4500 bis 6500 DM zu zahlen haben. Diese werben weitere Mitspieler an; für jedes neu gewonnene Kettenmitglied erhalten sie eine Provision. Vor dem Zusammenbruch des Spiels tauchen die Initiatoren unter, während die später eingestiegenen Mitspieler die Geschädigten sind.

Der schnelle Brüter bei Kalkar wird in einen Freizeitpark umgewandelt.

Schnellbahnnetz

In Europa wird zurzeit ein neues Schienennetz gebaut, das für Hochgeschwindigkeitszüge (► **ICE**), die bis 300km/h erreichen, geeignet ist. Dieses Schnellbahnnetz mit einer Gesamtlänge von rund 35000 km soll bis zum Jahr 2015 fertiggestellt sein und alle europäischen Großstädte miteinander verbinden. Die Baukosten werden auf etwa 600 Mrd. DM geschätzt.
In Deutschland sind von den geplanten 3250km langen Schnellbahntrassen bereits 1000km fertig gestellt, darunter die Strecke zwischen Hannover und Würzburg. Die vorgesehene neue Streckenführung von Köln nach Frankfurt am Main wird 45km kürzer als die bisherige Bahnlinie sein und die Fahrzeit mit dem ICE mehr als halbieren. Das neue europäische Schnellbahnnetz soll bewirken, dass Reisende vom Auto oder Flugzeug auf die umweltfreundlichere Bahn umsteigen. Um das Ziel der deutlich kürzeren Reisezeiten mit den schnellen Zügen tatsächlich zu erreichen, ist geplant, auf den neuen Gleisen keine Güter- und Personennahverkehrszüge fahren zu lassen, da diese zu Störungen und Verzögerungen im Fernverkehr führen können.

Schneller Brüter

Reaktortypen, die mehr spaltbares Material erzeugen, als sie zur Energiegewinnung verbrauchen, werden Brutreaktoren genannt. Diese Atomtechnik ist äußerst effektiv, wenn man bei der Kernspaltung durch Neutronen das Uran 235 verwendet, weil dadurch besonders viel spaltbares Plutonium entsteht. Daher spricht man in einem solchen Fall von einem schnellen Brutreaktor oder von einem schnellen Brüter. 1973 wurde nahe dem Städtchen Kalkar mit dem ersten und einzigen Bau eines Atomkraftwerkes dieser Art in Deutschland begonnen. Die Errichtungsphase wurde von heftigen Protesten begleitet, da die Bruttechnologie wegen des hochgiftigen Plutoniums und des Kühlmittels Natrium, das bei Kontakt mit Luft und Wasser verbrennt oder explodiert, sehr umstritten ist. Wirtschaftliche Gründe und sicherheitstechnische Bedenken waren ausschlaggebend dafür, dass die Betreiber schließlich auf die Inbetriebnahme verzichteten und die Anlage 1991 stilllegten. Pläne zum Abriss des Kernkraftwerks wurden aufgrund der hohen Kosten von etwa 150 Mio. DM verworfen. Daher verkauften die Eigentümer 1995 das Bauwerk mit Gelände für etwa 3 Mio. DM an einen niederländischen Unternehmer, der daraus einen Freizeitpark mit Hotel, Diskothek, Rummelplätzen, Sport- und Spielstätten gestalten will. Den schnellen Brütern, die eine bis zu 100fach höhere Energieausbeute als andere Reaktortypen erreichen, war auch international kein Erfolg beschieden. Lediglich in Japan ging ein solches Kraftwerk zur kommerziellen Stromerzeugung ans Netz. Doch schon nach zwei Monaten Betriebszeit musste der Reaktor im Dezember 1995 wegen eines Lecks im Kühlsystem für voraussichtlich zwei Jahre abgeschaltet werden.

Schnittstelle

In der Computerbranche versteht man unter einer Schnittstelle den Übergang von einem ► **Hardware**- oder ► **Software**system zu einem anderen. Hardwareschnittstellen sind elektronische Einheiten, mit denen Peripheriegeräte wie beispielsweise Bildschirm, Drucker, ► **Festplatte**, ► **Maus** oder ► **CD-ROM** an einen Computer angeschlossen werden können um Informationen ein- oder auszugeben. Auch zur Anbindung eines Rechners an ein Netzwerk (► **Internet**) benötigt man eine geeignete Schnittstelle (► **ISDN**). Solche elektronische Komponenten sind meist gerätespezifisch ausgelegt und durch internationale Normen standardisiert. Viele auf dem Markt angebotene Drucker lassen sich daher an einer Standardschnittstelle des ► **PC** anschließen. Dann braucht man nur noch einen so genannten Treiber (systemnahes Steuerungsprogramm), der die Besonderheiten des jeweiligen Druckertyps berücksichtigt. Zwischen verschiedenen Computerprogrammen (Software) gibt es ebenfalls Schnittstellen, damit Texte, Daten oder Grafiken zwischen Programmsystemen wie z.B. Textverarbeitung, Tabellenkalkulation und grafischen Zeichenprogrammen (► **CAD**) problemlos ausgetauscht werden können. Hier haben sich besonders auf dem Kleinrechnermarkt internationale Standards herausgebildet – nicht zuletzt wegen des außergewöhnlichen Erfolgs der Firma Microsoft, an deren vorgegebene Software-Schnittstellen sich andere Hersteller mit ihren Produkten anpassen. Für den Anwender selbst ist die Benutzerschnittstelle von größter Bedeutung, denn je komfortabler diese gestaltet ist, umso leichter kann man Programme bedienen, Daten eingeben oder Informationen anzeigen lassen. Die grafische Benutzeroberfläche ► **Windows** zählt dabei zu den bekanntesten und am weitesten verbreiteten Schnittstellen zum Anwender.

Schönheitsfarm

In den meist in reizvoller Landschaft gelegenen Schönheitsfarmen können sich Alltagsgestresste fern von Trubel und gewohnten Pflichten ganz auf sich besinnen, indem sie zwischen unterschiedlichen Kosmetik- und Bewegungsprogrammen wählen, die auf das Bedürfnis des Einzelnen abgestimmt werden. Auf den meisten Farmen kümmert man sich nicht nur um das körperliche, sondern auch um das seelische Wohlbefinden seiner Kunden. Außer Gesichtspflege, Maniküre, ► **Peeling** und Make-up-Tips erwarten den Gast je nach Programmpalette des gewählten Hauses auch Massagen, Saunabesuche, Fitnesstraining, ► **Aquagymnastik**, Schwimmen, Ernährungsberatung, Schlankheitskuren, Heilfasten, ► **Yoga**, Meditation, ► **autogenes Training**, ► **Aromatherapie** und Selbsterfahrungskurse. In Deutschland wurden die ersten Schönheitsfarmen, die damals vor allem für Haus- und Karrierefrauen gedacht waren, Ende der 50er-Jahre nach amerikanischem Vorbild eingeführt. Mit der aus den USA importierten Gesundheits- und Fitnesswelle erhielten diese Einrichtungen hierzulande seit den 70er-Jahren verstärkten Zulauf. Der Großteil der Schönheitsfarmen öffnet seine Türen nach wie vor nur für Damen, doch hie und da sind mittlerweile auch stressgeplagte Männer als Kunden willkommen.

Schutzgelder

Eine der vielen illegalen Einnahmequellen der italienischen, russischen und chinesischen Mafia (► **organisierte Kriminalität**) ist das Eintreiben von Schutzgeldern. Unter Gewaltandrohung fordern die Verbrechersyndikate von Firmenchefs, Geschäfts- und Gaststättenbesitzern regelmäßig Geldsummen und bieten dafür im Gegenzug an, sie zu schützen, d.h., sie in Ruhe zu lassen. Wer sich weigert zu bezahlen, wird durch Einschüchterung gefügig gemacht. Zu den gängigen erpresserischen Methoden gehören das Demolieren von Geschäftseinrichtungen, das Legen von Bränden und die körperliche Bedrohung naher Familienmitglieder. Derzeit entrichten schätzungsweise drei Viertel der in Russland tätigen Firmen Schutzgelder an die Mafia.

Schweinepest

In den letzten Jahren tauchen in den Medien immer wieder neue Berichte über hormonbehandeltes Kalbfleisch, Hühnerseuche, Rinderwahn und Schweinepest auf, die in Deutschland zu einem sinkenden Fleischkonsum führen. 1994 trat die Schweinepest in Niedersachsen, im Bodenseegebiet und im Schweizer Kanton Bern auf, 1995 im Bundesland Brandenburg und Anfang 1997 war die sich unter den Hausschweinen rasch ausbreitende Epidemie in Nordrhein-Westfalen erneut auf dem Vormarsch. Im Gegensatz zur ► **BSE**-Rinderseuche, die wahrscheinlich eine der ► **Creutzfeldt-Jakob-Krankheit** verwandte Erkrankung auslöst, ist die Schweinepest auf den Menschen nicht übertragbar. Bei den Schweinen ruft die meist tödlich verlaufende Viruserkrankung Fieber, Durchfall, Hautblutungen, später pockenartige Ausschläge und Lähmungen hervor. In Deutschland werden derzeit 24 Millionen Schweine in Massentierzucht gehalten, wobei laut EU-Richtlinie einer mittelgroßen Sau nur 0,67 m^2 Stallfläche zusteht. Wegen des hohen Ausbreitungsrisikos ist die Schweinepest meldepflichtig. Bei den Bekämpfungsmaßnahmen spielen die Empfehlungen des Veterinärausschusses der Brüsseler EU-Kommission eine wesentliche Rolle. Ist die Schweinepest ausgebrochen, werden die Tierbestände in den gefährdeten Bezirken radikal isoliert, zudem Exportverbote und die Notschlachtung Tausender seuchenverdächtiger Schweine angeordnet. Die betroffenen Landwirte erhalten von der Europäischen Union bzw. vom Staat eine finanzielle Entschädigung.

Schwellenländer

Entwicklungsländer, die wegen ihres besonders hohen wirtschaftlichen Wachstums erwarten lassen, dass sie in absehbarer Zeit zu den Industriestaaten gehören, bezeichnet man als Schwellenländer. Eine einheitliche Definition gibt es allerdings nicht. Die UNO rechnet einen Staat zu den Schwellenländern, wenn das Bruttoinlandsprodukt je Einwohner 2000 Dollar im Jahr übersteigt und mindestens 30 % davon aus industrieller Produktion erwirtschaftet werden. Für die Weltbank dagegen ist das durchschnittliche Jahreseinkommen pro Kopf von 1000 Dollar maßgebend, die Europäische Union berücksichtigt zudem soziale und ökonomische Strukturmerkmale wie etwa den Anteil der Exporterlöse am Bruttoinlandsprodukt. Im Jahr 1995 wiesen im ostasiatischen Raum die so genannten ► **Tigerstaaten** Hongkong, Südkorea, Taiwan und Singapur ein besonders hohes Wirtschaftswachstum mit etwa 7,1% auf, während es die Industrieländer im gleichen Zeitraum lediglich auf 2,4 % brachten. Daneben zählen auch einige Staaten in Lateinamerika zu den Schwellenländern: Seit Jahren verzeichnen Argentinien, Mexiko und Brasilien eine hohe Wachstumsrate und befinden sich daher auf dem Weg zu Industriestaaten. Ursache für deren wirtschaftliche Entwicklung sind vor allem niedrige Löhne und die Ansiedlung neuer Industrien wie die Elektrotechnik. Dieser ► **Boom** hat jedoch einen erhöhten Finanzbedarf zur Folge, der meist nur durch ausländische Geldgeber gedeckt werden kann. Problematisch ist für die Schwellenländer allerdings, dass die politische und soziale Entwicklung mit dem schnellen Wirtschaftswachstum oft nicht Schritt halten kann.

Scratching

engl. to scratch = kratzen

Seit in der New Yorker Diskoszene Ende der 70er-Jahre der Musikstil ► **Rap** in Mode kam, hat sich der Beruf des ► **DJ**, der sich früher als Plattenaufleger mit flotten Sprüchen betrachtete, grundlegend verändert. Zu dem rasanten Sprechgesang des Rap mischen die sich heute als Tonkünstler verstehenden Diskjockeys Musikfragmente vom Plattenteller, indem sie mit den Händen die Schallplatte rhythmisch vorwärts und rückwärts drehen. Bei dieser Technik, die man Scratching nennt, wird die Platte mit Filz unterlegt, damit sie leicht beweglich ist. Es gehören viel Übung und Fingerspitzengefühl dazu, die durch Scratching erzeugten Geräusche immer wieder harmonisch mit dem eigentlichen Originalmusiktitel abzuwechseln. Geübte DJs benutzen zum Scratching zwei Plattenspieler und schaffen durch Kombination verschiedener Musiktitel ein völlig anderes und dadurch eigenständiges musikalisches Werk.

Mit der Scratching-Technik erzeugen DJs Geräuschfragmente, die mit den Klängen von Rapmusik abwechseln.

Security-Check

engl. = Sicherheitskontrolle

Der Terrorismus, der seit den 70er-Jahren weltweit zugenommen hat, machte auch vor dem Luftverkehr keinen Halt. Immer öfter wurden Flugzeuge entführt oder Bombenattentate verübt. Deshalb haben sich die Sicherheitskontrollen auf internationalen und meist auch nationalen Flughäfen drastisch verschärft. Jeder Fluggast muss einen so genannten Security-Check über sich ergehen lassen, bevor er den Flugsteig betreten darf (► **Boarding**). In Deutschland und in vielen anderen Staaten führt das Kontrollpersonal am Körper des Passagiers eine Magnetsonde entlang, die metallische Gegenstände mit einem Piepston meldet. Mancherorts müssen die Flugreisenden durch ein Tor gehen, das mit akustischen Signalen auf Metall reagiert. Das Handgepäck wird in einer Sicherheitsschleuse durchleuchtet, sodass das Kontrollpersonal den Inhalt an einem Bildschirm überprüfen kann. Bei nicht identifizierbaren Gegenständen muss der Fluggast seinen Bordkoffer öffnen. So will man sicherstellen, dass keine Waffen oder Sprengkörper in die Flugkabine gelangen.

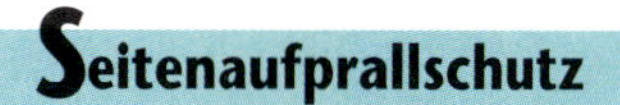

Seitenaufprallschutz

Bei rund einem Viertel aller schweren Verkehrsunfälle werden Fahrzeuge von der Seite gerammt. Deshalb hat die Autoindustrie enorme Anstrengungen unternommen, die Insassen vor Verletzungen durch einen seitlichen Aufprall zu schützen. Zu diesen neuen Entwicklungen zählt der Seiten-► **Airbag**, der in Fahrzeugen der gehobenen Klasse oft schon zur Serienausstattung gehört. Den Seitenaufprallschutz zeichnet aber vor allem eine ausgeklügelte Karosseriekonstruktion aus, bei der die Aufprallenergie von den Seitenflächen auf andere Teile abgeleitet wird. Dadurch wirken auf die Seitenflächen des Kraftfahrzeugs geringere Kräfte. So werden die Türen weniger eingedrückt, wodurch sich die Verletzungsgefahr reduziert.

Sektenbeauftragter

Immer mehr Menschen suchen geistigen und seelischen Halt bei Sekten (► **Jugendsekten**) oder so genannten Psychogruppen. Um dieser Herausforderung besser begegnen zu können haben die evangelische und die katholische Kirche hauptberufliche Weltanschauungsbeauftragte – umgangssprachlich Sektenbeauftragte genannt – eingesetzt, deren Aufgabe es ist, sich einen Überblick über die Verbreitung und die Programme solcher Gemeinschaften zu verschaffen. Auch von den meisten Bundesländern wurden Sektenbeauftragte ernannt, die u. a. das Material über die einzelnen Gruppierungen auswerten, Landtage sowie Öffentlichkeit darüber informieren und, falls sie darum ersucht werden, Kontakte zu Stellen und Personen vermitteln, bei denen man in konkreten Fällen Hilfe findet.

Selbsthilfegruppe

Eine Krankheit oder ein persönliches Problem lässt sich besser ertragen oder überwinden, wenn man sich mit Menschen zusammentut, die das Gleiche durchmachen oder durchgemacht haben. Diese schon uralte menschliche Erkenntnis führte in den 70er-Jahren zur Gründung der ersten Selbsthilfegruppen, deren Beispiel schnell Schule machte. Mittlerweile gibt es in Deutschland viele Tausende solcher Gemeinschaften, in denen sich Menschen mit ähnlichen Problemen regelmäßig über ihre Sorgen und Erfahrungen austauschen und wechselweise Ratschläge zur Bewältigung des Alltags geben. Die meisten werden von Personen, die an einer bestimmten Krankheit, z. B. Krebs, leiden oder gelitten haben, gegründet bzw. in Anspruch genommen, andere bieten Unterstützung bei psychischen Störungen oder Suchtproblemen und in wieder anderen Gruppen finden sich Menschen mit alltäglicheren Sorgen zusammen, z. B. Eltern, die gleich gelagerte Schwierigkeiten bei der Kindererziehung oder im Umgang mit ihrem jugendlichen Nachwuchs haben.

Senioren

lat. senior = der Ältere

Medizinischer Fortschritt und ein relativ hoher Lebensstandard haben dazu geführt, dass die Menschen in Deutschland wie in den meisten westlichen Industrienationen älter werden als früher. Während die Lebenserwartung Ende des vorigen Jahrhunderts noch für Frauen

Viele Senioren von heute sind unternehmungslustig und genießen das Leben.

rund 44 und für Männer ungefähr 40 Jahre betrug, liegt sie heute für Frauen bei 80 und für Männer bei 73 Jahren (► **Alterspyramide**). Das bringt es mit sich, dass im Jahr 2030 über ein Drittel der Bevölkerung über 60 Jahre alt sein wird. Aber nicht nur die Anzahl der älteren Mitbürger ändert sich, auch hinsichtlich ihres Lebensgefühls unterscheiden sich die Senioren, wie man alle Betagten heute beschönigend nennt, deutlich von den Alten vorheriger Generationen. Während diese noch das Altern mit Abhängigkeit und Gebrechlichkeit gleichsetzten, bezeichnen heute über zwei Drittel der Senioren ihre Lebenssituation als zufriedenstellend und halten sich für körperlich rüstig, geistig rege, kontaktfreudig und unternehmungslustig. Nach einer Umfrage fühlen sich die meisten zehn Jahre jünger, als sie in Wirklichkeit sind, und tatsächlich betreiben viele noch Sportarten wie Tennis, Schwimmen oder Waldlauf. Andere belegen Tanzkurse für Ältere, engagieren sich politisch oder sozial, viele reisen gern oder bilden sich an speziellen Seniorenakademien weiter. Für die meisten Senioren ist es von größter Wichtigkeit, ihr Leben, so lange es geht, selbstständig zu gestalten, und deshalb sind spezielle Wohnungen mit Serviceangeboten vom einfachen Notruftelefon bis zu stundenweiser Betreuung sehr gefragt. Auch Wohngemeinschaften für Senioren erfreuen sich großer Beliebtheit. Wirtschaftlich gesehen geht es der überwiegenden Zahl der so genannten jungen Alten gut, ihnen stehen insgesamt pro Monat 15 Mrd. DM zur Verfügung und ihr Geldvermögen wird durch Erbe und fällige Lebensversicherungen in Zukunft überproportional steigen. Handel und Werbung nutzen diesen Trend und wenden sich vermehrt an diese Konsumentengruppe.

Set

siehe S. 234

Sexual Harassment

engl. = sexuelle Belästigung

Nach einer Umfrage sind mindestens sieben von zehn berufstätigen Frauen in Deutschland schon einmal in ihrem Leben an ihrem Arbeitsplatz von männlichen Kollegen oder Vorgesetzten sexuell belästigt worden. Oft geschieht dies durch eindeutige Berührungen (Busengrapschen), noch häufiger aber verbal, nämlich durch anzügliche oder auch unzweideutige Bemerkungen. Die seelischen Auswirkungen bei den Opfern des Sexual Harassment – die Bezeichnung stammt aus den USA – lassen sich statistisch nicht erfassen, aber nach Angaben der Internationalen Arbeitsorganisation in Genf führen sie dazu, dass die Betroffenen häufiger von der Arbeit fernbleiben. Um die Frauen bei der Abwehr sexueller Belästigungen rechtlich zu unterstützen wurde 1994 in Deutschland im Rahmen des Zweiten Gleichberechtigungsgesetzes das so genannte Beschäftigtenschutzgesetz erlassen, nach dem jedes vorsätzliche, sexuell bestimmte Verhalten, das die Würde eines anderen Menschen verletzt, arbeits- bzw. dienstrechtlich bestraft werden kann, und zwar durch Ermahnung, Abmahnung, Versetzung oder im härtesten Fall auch Kündigung. Das Gesetz verpflichtet die Arbeitgeber entsprechenden Beschwerden von Frauen und auch Männern nachzugehen. In größeren Betrieben oder staatlichen Institutionen wie Universitäten wird meist eine Vertrauensperson als Beschwerdeinstanz eingesetzt.

Shareholdervalue

engl. shareholder = Anteilseigner
engl. value = Wert

Neben ► **Benchmarking**, ► **KVP** und ► **Lean Production** gehört auch der Shareholdervalue zu den Begriffen, die zurzeit in der Wirtschaftswelt oft zu hören sind. Mit Shareholdervalue bezeichnet man ein Konzept, das 1986 der US-amerikanische Professor der Betriebswirtschaftslehre Alfred Rappaport vorgestellt hat. Es besagt, dass die vordringliche Aufgabe von Unternehmensleitern und Managern großer ► **Aktiengesellschaften** darin bestehe, eine ► **Rendite** zu erwirtschaften, die mindestens der Höhe des normalen Zinssatzes entspreche – zuzüglich einer Art Risikozuschlag, denn ein Aktionär habe sein Geld ja nicht so sicher angelegt wie jemand, der festverzinsliche Wertpapiere erworben hat. Man misst also den Erfolg einer Firma ausschließlich am Aktienkurs und am Ertragswert, den sie den Eigentümern bringt, sowie an der Aussicht auf weiterhin hohe Rendite in der Zukunft. Während der Shareholdervalue folglich für die Aktionäre nur Vorteile mit sich bringt, wirkt er sich für die Arbeitnehmer oft nachteilig aus.

Da der Ertragswert für alle Sparten eines Unternehmens eindeutig ermittelt werden kann, lässt sich nämlich leicht feststellen, welcher Betriebszweig rentabel arbeitet und welcher nicht. Und häufig werden in solchen Fällen zugunsten des Shareholdervalue die betreffenden Unternehmensbereiche aufgelöst, verkauft oder zumindest verkleinert, und das bedeutet für die dort Beschäftigten meist die Entlassung.

Shareware

engl. to share = gemeinsam nutzen

Der Begriff Shareware hat in der Welt der modernen Medien zwei verschiedene Bedeutungen. Zum einen bezieht er sich auf einen Handel, an dem drei Parteien beteiligt sind, nämlich Werbeleiter produzierender Firmen, private Anbieter von Fernsehprogrammen und deren Konsumenten. Die drei ziehen gemeinsam Nutzen aus demselben Geschäft: Der Programmanbieter sendet Werbeblöcke und erhält dafür von den Werbung treibenden Firmen Geld; der Zuschauer sieht sich die Reklamespots an und darf dafür kostenlos die Fernsehsendungen des entsprechenden Anbieters genießen; und die Wirtschaftsunternehmen hoffen, dass sich ihre Investition gelohnt hat und die angepriesenen Produkte gut abgesetzt werden. Die zweite Bedeutung des Begriffs Shareware bezieht sich auf den Kauf von Computerprogrammen (► **Software**). Manche Hersteller geben ihr Produkt kostenlos her und verlangen vom Kunden nur dann den Kaufpreis, wenn dieser Gefallen daran findet und es intensiv nutzen will. Diese Methode hat sowohl für den Produzenten als auch für den Anwender beträchtliche Vorteile: Der Kunde riskiert keinen Fehlkauf und der Hersteller hat die Chance sein Programm auf dem Markt bekannt zu machen. Allerdings ist die Zahlungsmoral vieler Kunden schlecht und deshalb findet man unter diesen Shareware-Anbietern auch keine Namen von Weltfirmen.

Shiatsu

jap. = Druck mit den Fingern

Shiatsu ist eine fernöstliche Massagetechnik, die eng mit der ► **Akupressur** verwandt ist, und gehört zu den zurzeit sehr geschätzten sanften Therapieformen. Man presst dabei mit Fingern, Daumen, Handflächen und Handballen bestimmte Hautpunkte entlang den Meridianen, durch die die Körperenergie strömt um so den Energiefluss anzuregen und das Kräftegleichgewicht im Organismus zu stabilisieren. Shiatsu wird häufig in der alternativen Heilkunst eingesetzt, teilweise aber auch von Schulmedizinern anerkannt. Es ist hilfreich bei verschiedenen Befindlichkeitsstörungen wie Kopfschmerzen, Schlaflosigkeit und Rückenbeschwerden und soll sich darüber hinaus auch bei Verdauungsproblemen, Stress, Depressionen und manchen Sportverletzungen bewährt haben. Die positive Wirkung ist möglicherweise darauf zurückzuführen, dass der Körper, angeregt durch die Druckmassage, vermehrt so genannte Glückshormone, ► **Endorphine,** produziert.

Beim Shiatsu werden Energiepunkte auf der Haut mit den Fingern massiert.

Die süddeutsche Popgruppe Fool's Garden gehört zu den Shootingstars des Jahres 1996.

Shootingstar

engl. to shoot = schießen, sich rasch bewegen
engl. star = Stern

Vergleichbar einer Sternschnuppe – wie *shootingstar* auf Deutsch heißt –, die plötzlich am nächtlichen Himmel auftaucht und eine leuchtende Bahn zieht, erstrahlt manchmal in der Glitzerwelt von Film- und Showgeschäft unvermittelt ein neuer Star, ein Künstler, der sozusagen über Nacht Karriere gemacht hat. In der Filmbranche zählt dazu z. B. Nina Hoss, die Hauptdarstellerin des Films *Das Mädchen Rosemarie*, und in der Musikszene wurden die Mitglieder der Popgruppe Fool's Garden mit ihrem Hit *Lemon Tree* die Shootingstars der Saison 1996. Wenn es jedoch nicht gelingt den Erfolg zu festigen, dann verschwindet mancher Shootingstar genauso schnell, wie eine Sternschnuppe erlischt, wieder aus dem Rampenlicht.

Showview

engl. to show = zeigen
engl. to view = sehen

In manchen Familien beherrschen nur die Kinder die Kunst, einen Videorekorder zu programmieren. Um diese Technik zu vereinfachen wurde das so genannte Showview entwickelt, ein Verfahren, das auf einem Zahlenkode basiert, der in den Fernsehprogrammzeitschriften hinter jedem Programmangebot angegeben ist. Wenn man eine bestimmte Sendung aufnehmen will und über einen Showview-Schnellprogrammierer verfügt, muss man nicht mehr wie früher exakt Uhrzeit und Programm in den Videorekorder eingeben, sondern kann einfach den Zahlenkode in das Zusatzgerät eintippen. Der Videorekorder weiß dann genau, wann er sich zu welcher Sendung einschalten muss. Damit die verschiedenen Sender auseinandergehalten werden können, wurde jedem eine eigene dreistellige Zahl (z. B. ARD 001, ZDF 002, SAT.1 005, RTL 004, Premiere 117 usw.) zugeordnet, die man dem Showview-Gerät einmal – bei der ersten Benutzung – eingeben muss. Jede Sendung in jedem Programm hat täglich eine andere Showview-Nummer, auch ständig wiederkehrende Sendungen wie beispielsweise die Tagesschau werden stets mit neuen Zahlen versehen.

Shuttle

engl. shuttle = Weberschiffchen, Fähre

Während man früher nur das Wort ► **Spaceshuttle** kannte, hat sich in den letzten Jahren der englische Begriff *shuttle* auch im deutschen Sprachraum als Bezeichnung für alle möglichen Arten von Pendelverkehr eingebürgert. Allerdings bezieht er sich meist nur auf Beförderungsangebote, die erst in jüngster Zeit entstanden sind, und nicht

An allen größeren Flughäfen gibt es einen Shuttleservice für die Passagiere.

auf schon lange existierende Verkehrseinrichtungen wie etwa Vorortzüge oder Fähren. Beispielsweise gibt es heute auf jedem größeren Flughafen einen Shuttledienst, der die Passagiere von einem Flugsteig zum anderen transportiert. In der Regel werden dafür Busse eingesetzt, in Frankfurt am Main pendelt jedoch eine vollautomatische führerlose Hochbahn zwischen den Terminals hin und her. Auch durch den ► **Eurotunnel** werden Menschen und Material mit einem Shuttle befördert, und zwar Personen mit einem Eurostarzug und Autos oder Motorräder auf speziellen Verladewaggons. Ebenfalls als Shuttle bezeichnet man Autos, die im Auftrag eines Reiseveranstalters oder Hotels Personen vom Bahnhof oder Flughafen abholen und zum Hotel bringen.

Silicon Valley

engl. silicone = Silizium
engl. valley = Tal

Ein Tal im Westen der USA, südlich von San Francisco, wo früher Rinderherden weideten, wurde zum Inbegriff für den Start ins Computerzeitalter. Im Silicon Valley – so benannt nach dem Element Silizium, aus dem Mikrochips (► **Chip**) hergestellt werden – haben zahlreiche amerikanische Großunternehmen aus der Hightechbranche einmal klein angefangen. Beispielsweise entwickelten hier 1938 zwei Techniker mit Namen Bill Hewlett und David Packard einen Apparat, der auf akustische Signale reagierte, und 1976 baute Stephen Wozniak in einer Garage den Computer Apple I. Beide Ereignisse, die die Geburtsstunde von Weltfirmen einläuteten, werden in Museen dokumentiert. Aber das Silicon Valley, das zum Einzugsgebiet der Stanford-Universität gehört, ist keineswegs nur ein geschichtsträchtiger Ort. Nach wie vor stehen hier auf relativ engem Raum die Forschungslabors und Verwaltungszentren fast aller großen US-amerikanischen Computer- und ► **Software**hersteller.

Silikonimplantat

Als Silikon bezeichnet man einen Kunststoff, der hauptsächlich aus Siliziumatomen (von lat. *silex* = Kiesel) und Sauerstoffatomen aufgebaut ist. Er wird in fester, flüssiger sowie kautschukähnlicher Beschaffenheit hergestellt und vielfach in der Industrie eingesetzt, z.B. als Isoliermaterial für Transformatoren, in öliger Form als Lackzusatz oder Salbengrundlage und in gummiartiger Konsistenz als Material für Reifen und Schläuche. Ab den 50er-Jahren verwendete man Silikon, von dem angenommen wurde, dass es sich gut mit dem menschlichen Gewebe verträgt, auch in der ► **plastischen Chirurgie** als Implantat (neulateinisch für Einpflanzung); beispielsweise wird es in flüssiger Form bei kosmetischen Gesichtskorrekturen eingespritzt. Anfang der 60er-Jahre wurde dann eine Methode entwickelt, mit Silikoneinlagen die weibliche Brust zu vergrößern. Viele Frauen, die unter ihrem vermeintlich zu kleinen Busen litten, ließen diesen Eingriff vornehmen, unter ihnen laut der ► **Yellow Press** auch einige bekannte Filmstars. Darüber hinaus wurde Silikon dazu verwendet, Patientinnen nach einer Krebsoperation eine neue Brust zu modellieren. Heutzutage gibt es schätzungsweise rund 100000 Frauen in Deutschland, die Silikonimplantate tragen. In den letzten Jahren ist das Material allerdings wegen möglicher Folgeschäden ins Gerede gekommen. Nach Brustvergrößerungen traten häufig Komplikationen auf, es bildeten sich um das Silikonkissen Bindegewebswucherungen, die sich verhärteten. Außerdem besteht nach Ansicht mancher Ärzte die Gefahr, dass das bei älteren, durchlässigen Implantaten aussickernde Silikongel rheumatische Erkrankungen hervorrufen kann. Und nach Gesichtsoperationen, bei denen Silikon eingespritzt wurde, kam es manchmal zu entzündlichen Reaktionen, die erneute Eingriffe erforderlich machten.

Single

engl. = einzeln

Während die Single, nämlich eine Schallplatte mit nur einem Titel auf jeder Seite, ein Auslaufmodell ist, liegt der Single – wie man heute Alleinstehende oder Junggesellen nennt – mit seiner Lebensführung voll im Trend. Neueren Erhebungen zufolge beträgt die Zahl der Einpersonenhaushalte in einigen Großstädten schon gut 50% und nach einer Schätzung werden zur Jahrtausendwende rund 37% aller Deutschen Singles sein. Die Gründe dafür sind unterschiedlich: Während viele Menschen ganz bewusst ungebunden leben wollen und darauf verzichten, eine Familie zu gründen, sind andere, vor allem Ältere und Geschiedene, oft unfreiwillig allein. Die deutsche Wirtschaft hat sich mittlerweile auf diesen Trend eingestellt; vor allem die jüngeren Singles zwischen 20 und 45, die häufig über ein relativ hohes Einkommen verfügen, werden von Handel und Werbung bevorzugt angesprochen. Auch im Wohnungsbau wurden Konsequenzen gezogen: Die Zahl der kleineren Wohnungen nimmt überproportional zu.

Sitcom

Mit Sitcom, einem Kunstwort aus den englischen Begriffen *sit(uation)* und *com(edy)*, Komödie, bezeichnen Fernseh- und Programmzeitschriften Serien von lustigen Fernsehgeschichten, deren einzelne Folgen inhaltlich nicht zusammenhängen müssen, in denen aber immer dieselben Personen oder Figuren vorkommen. Meist spielen sich die Szenen innerhalb einer Familie – wie beispielsweise bei *Adams Family* oder *Mein Vater ist ein Außerirdischer* – oder in verschiedenen Arbeitsbereichen wie etwa einem Büro, Hotel oder Flughafen ab. Alle Rollen sind mit simplen und durchschaubaren Charakteren besetzt und im Lauf der von Missgeschicken durchzogenen Handlung werden die Beteiligten immer wieder in neue Schwierigkeiten verwickelt. Zu den bis heute weltweit erfolgreichsten Sitcom-Stars gehört eine Puppe, die aus einem Maskenbildnerstudio in den USA stammt. Sie stellt den gutmütigen und gewitzten Außerirdischen *Alf* dar, der statt einer Nase einen Rüssel hat und am liebsten Katzen frisst.

Die Streiche des Außerirdischen Alf aus der gleichnamigen Sitcom-Serie amüsieren seit Jahren Fernsehzuschauer in aller Welt.

Für Anhänger der Slowfood-Bewegung ist jede Mahlzeit ein Genuss.

Slowfood

engl. slow = langsam
engl. food = Essen

Als Antwort auf die US-amerikanische ► **Fastfood**-Welle breitete sich in den letzten Jahren eine europäische Gegenbewegung aus, die Slowfood propagiert. Sie nahm in Italien ihren Anfang und vertritt ähnliche Grundsätze wie die französische ► **Nouvelle Cuisine.** Ihre Anhänger bevorzugen erlesene Gerichte, die aus frischen Produkten der Region sorgfältig zubereitet werden. Am liebsten nimmt man die Mahlzeiten im Kreis der Familie oder mit Freunden ein, man gönnt sich viel Zeit dazu und legt Wert auf eine gepflegte Umgebung, denn gemäß der traditionellen südeuropäischen Kultur dient das Essen nicht nur der Nahrungsaufnahme, sondern ist auch eine Form der Geselligkeit und Ausdruck von Lebensfreude.

Slowmotion

engl. slow = langsam
engl. motion = Bewegung

Slowmotion, auch kurz Slomo genannt, ist das englische Wort für Zeitlupe. Damit bezeichnet man ein filmisches Verfahren, mit dem schnell ablaufende Bewegungen, denen das menschliche Auge kaum oder gar nicht mehr folgen kann, verlangsamt dargestellt werden. Um solche Aufzeichnungen herzustellen filmt man einen Vorgang mit einer hohen Anzahl von Bildern pro Sekunde und spielt sie mit normaler Frequenz ab, wodurch der Effekt der Zeitdehnung entsteht. Entwickelt wurde die Zeitlupe schon in den 30er-Jahren zu wissenschaftlichen Zwecken; man kann damit beispielsweise Bewegungsabläufe bei Sprüngen von Tieren studieren. Aber auch die Bewegungen von Menschen lassen sich mit der Slowmotion genau beobachten – eine Tatsache, die vor allem die Produzenten von Sportsendungen im Fernsehen weidlich nutzen. Bei Übertragungen aus deutschen Fußballstadien werden die jeweiligen Strafräume mit speziellen Slowmotionkameras überwacht, sodass jedes Foul, jeder Ballkontakt, jede Torwartparade später minutiös zerlegt werden kann. Schon manche Schiedsrichterentscheidung wurde dadurch als falsch entlarvt. Das technische Gegenteil der Zeitlupe heißt Zeitraffer oder Fastmotion, also schnelle Bewegung. Dabei werden nur wenige Bilder pro Sekunde (unter 16) aufgenommen und wenn man diese dann mit normaler Frequenz abspielt, erscheint der gefilmte Vorgang dem Zuschauer schneller als normal.

Das kleine Smart-Auto eignet sich besonders gut für Fahrten in der Stadt.

Smart-Auto

engl. smart = gewitzt, schlau

Autofahrer wissen, wie schwierig es ist in Städten einen Parkplatz zu finden. Da wirkt es sich vorteilhaft aus, wenn man ein kleineres Auto fährt, das auch in enge Parklücken hineinpasst. Das Smart-Auto, von Fachleuten Mikro-Kompakt-Auto genannt, wird derzeit als ein speziell für Stadtverhältnisse geeigneter Wagen gebaut. Er wurde gemeinsam von dem Schweizer Swatch-Uhren-Produzenten SMH und dem deutschen Automobilhersteller Mercedes-Benz AG entwickelt und wird ab 1998 im lothringischen Hambach produziert. Das zweisitzige Smart-Auto ist nur 2,5 m lang und 1,4 m breit. Sein Kofferraum ist so ausgelegt, dass man zumindest eine Getränkekiste darin transportieren kann. Auch hinsichtlich des Kraftstoffverbrauchs nimmt es sich bescheiden aus: Geplant ist entweder ein Benzinmotor, der 3–4 l pro 100 km benötigt (► **Dreiliterauto**), ein Dieselmotor mit etwa 3 l Verbrauch pro 100 km oder eine Kombination aus Diesel- und Elektromotor, also ein so genannter Hybridantrieb (► **Hybridfahrzeug**). Außerdem wird das Smart-Auto den neuesten Sicherheitsstandards entsprechen.

Smartcard

engl. smart = gewitzt, schlau
engl. card = Karte

Plastikkarten gibt es heutzutage jede Menge – Bahnkarten, Kantinenkarten, Kreditkarten, Scheckkarten, Telefonkarten, Versichertenkarten usw. –, wobei die meisten davon noch mit einem Magnetstreifen versehen sind, auf dem sich nur relativ wenige Daten speichern lassen. Bei den Karten der neuen Generation, den so genannten Smartcards, ist das anders. Sie haben zwar auch noch die gewohnten Ausmaße: 0,75 mm Dicke, 85,6 mm Länge und 54 mm Breite, aber ihr „Gedächtnis“ besteht aus einem in den Kunststoff eingelassenen Mikrochip aus Silizium, der u.a. in der Lage ist über

100 000 Befehle in der Sekunde zu verarbeiten. Die Anwendungsbereiche der Smartcards sind vielfältig: Als ► **Paycard** stellen sie eine Art nachfüllbare elektronische Geldbörse dar, als Patientenkarte enthalten sie alle gesundheitlich wichtigen Daten eines Menschen, einschließlich beispielsweise seiner Röntgenaufnahmen, als so genannte Autocard dienen sie u.a. zur Abbuchung von Mautgebühren.

Sneakers

engl. to sneak = schleichen

Herkömmliches Schuhwerk tragen die meisten jungen Leute heutzutage nur noch zum Tanzen oder an hohen Feiertagen; ihre alltägliche Fußbekleidung sind Turnschuhe. Allerdings ist diese Bezeichnung höchst ungebräuchlich, fast immer werden die Schuhe Sneakers, also Schleicher, genannt; ein Begriff, der erstmals um 1880 in England für neuartige Segeltuchschuhe mit dicken, leisen Sohlen aufkam. Während man diese und ähnliche Schuhe damals und auch noch viele Jahrzehnte danach ausschließlich auf dem Tennisplatz, der Aschenbahn oder in der Turnhalle trug, setzten sich die Sneakers ungefähr ab den 60er-Jahren allmählich als normale Fußbekleidung für junge Leute durch. Und seit Ende der 70er-Jahre, als die Markenwaren ihren Siegeszug antraten, entwickelten sich die einstmals billigen Turnschuhe, jetzt allerdings in Design und Material deutlich verändert, für die Jugendlichen sogar zu einer Art Statussymbol. Leisetreter von Adidas, Puma, Nike und Reebok wurden zu einem Muss für alle, die in sein wollten. Besonders die äußerst teuren Hightechmodelle mit aufwendigem Zubehör wie etwa superelastischen Luftkissensohlen, die eigentlich nur Spitzensportler brauchen, sind in Teenagerkreisen heiß begehrte Prestigeobjekte. Sie vermitteln ihren Trägern das Gefühl am sportlichen Erfolg der Athleten teilzuhaben – eine Illusion, die von der Werbung noch verstärkt wird.

Sneakpreview

engl. sneaking = geheim
engl. preview = Vorschau

Hollywoodfilme, deren Produktion sehr teuer war, lässt man oft in Previews oder Probeaufführungen testen um die Publikumsreaktionen zu erforschen. Gegebenenfalls werden danach Teile der Filmhandlung noch abgeändert (► **Testscreening**), z.B. wird der unglückliche Ausgang der Story in ein Happyend verwandelt oder umgekehrt. Eine Variante solcher Vorabaufführungen ist die von findigen Kinobetreibern ersonnene Sneakpreview, bei der neue Filme vor dem offiziellen Programmstart gezeigt werden. Diese sind allerdings schon vollständig fertig gedreht und liegen bereits in hundertfacher Kopie vor. Dennoch ist es für die Teilnehmer einer solchen Veranstaltung eine besondere Attraktion, einen Film früher als das normale Publikum gesehen zu haben. Um diesen Reiz noch zu erhöhen wird bis zum Beginn des Films nicht bekannt gegeben, welcher Streifen gezeigt wird – die Zuschauer erwerben mit der Eintrittskarte eine Art cineastisches Überraschungspaket.

Snowboarding

→ siehe S. 398

Soap-Opera

engl. soap = Seife
engl. opera = Oper

Im Nachmittagsprogramm US-amerikanischer Fernsehsender wurden nach dem Vorbild von Radiosendungen schon in den 50er-Jahren die ersten Serien,

Nur mit Sneakers an den Füßen fühlen sich Jugendliche heutzutage richtig angezogen.

also sich ständig fortsetzende Geschichten, ausgestrahlt. Sie erschienen in der Regel einmal wöchentlich auf dem Bildschirm und in ihrem Mittelpunkt stand meist eine Familie oder ein Familienunternehmen, deren Höhen und Tiefen spannend dargeboten wurden. Die Hauptperson war in vielen Fällen eine Frau, weil diese Serien sich bevorzugt an (Haus-)Frauen richteten, die am Nachmittag Zeit zum Fernsehen hatten.

Ursprünglich wurden solche Sendungen in den USA meist von Waschmittelherstellern finanziert und seither nennt man sie *Soap-Opera*, zu Deutsch Seifenoper (► **Daily Soap**). Die international erfolgreichsten Beispiele dieses Genres sind *Dallas* und *Denver Clan*, die auch hierzulande ein Millionenpublikum fanden. Umgekehrt gibt es einige deutsche Seifenopern wie *Schwarzwaldklinik*, die im Ausland ebenfalls beliebt sind.

Softdrink

engl. soft = weich
engl. drink = Getränk

Als Folge des gestiegenen Gesundheitsbewusstseins findet man heute auf den Getränkekarten der meisten Bars neben Bier, Wein und einer großen Auswahl an Spirituosen verschiedene Säfte sowie Cocktails ohne Alkohol und auch in der Gastronomie und in den Privat-

haushalten liegen Softdrinks, also alkoholfreie Erfrischungsgetränke, voll im Trend. Das Supermarktangebot an Mineralwässern, Frucht- und Gemüsesäften, Limonaden, ► **Energydrinks** oder Milchmixgetränken wächst beständig und ergänzt wird die Palette noch durch verschiedene ► **Light-Produkte**, die meist weniger Zucker oder künstliche Süßstoffe enthalten. Die Vorteile der alkoholfreien Getränke liegen auf der Hand: Viele sind kalorienärmer als Alkoholika und man behält bei ihrem Genuss einen klaren Kopf. Wegen ihres Vitamin- und Mineralstoffgehalts sind manche Softdrinks darüber hinaus nicht nur wohlschmeckende Durstlöscher, sondern versorgen den Körper auch mit wichtigen Nährstoffen; allerdings enthalten manche Saftgetränke und Limonaden große Mengen Zucker und künstliche Aromastoffe.

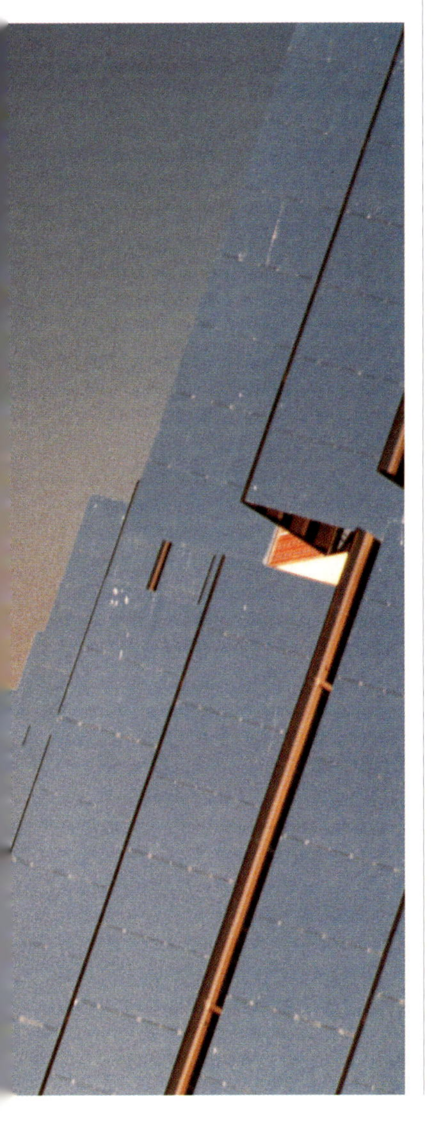

Mithilfe von großen Spiegeln werden in Solarkraftwerken die Sonnenstrahlen konzentriert.

Software

siehe S. 101

Solarenergie

lat. solaris = zur Sonne gehörig
griech. energeia = Kraft, Wirksamkeit

Da die fossilen Brennstoffe nicht in unbegrenzten Mengen vorrätig sind, ist es notwendig die Entwicklung der Energiegewinnung aus erneuerbaren Kraftquellen voranzutreiben. Eine der wichtigsten ► **alternativen Energien** ist die Solarenergie, die kostenlos und reichlich zur Verfügung steht – knapp 80 % der gesamten Energie auf der Erde stammen von der Sonne, das entspricht der unvorstellbaren Menge von jährlich 220000000 Mrd. kWh. Dieses ungeheure Energiepotenzial lässt sich auf verschiedene Weise nutzen. Einmal kann man daraus für Privathaushalte mithilfe von Sonnenkollektoren Wärme gewinnen. Bei diesem Verfahren wird die Sonnenwärme meist von Absorbern aus Aluminium oder Kupfer, die auf dem Hausdach angebracht werden, aufgenommen und in das Heiz- und Warmwasseraufbereitungssystem des Hauses eingespeist. Auch zur Stromgewinnung lässt sich die Solarenergie verwerten. Solarzellen (► **Fotovoltaik**) setzen das Sonnenlicht direkt in Strom um, während in Solarkraftwerken die Sonneneinstrahlung erst konzentriert und dann meist dazu benutzt wird, Turbinen anzutreiben. Obwohl alle genannten Verfahren technisch schon hoch entwickelt sind, ist in Deutschland, im Gegensatz zu vielen anderen Ländern wie beispielsweise den USA, Japan oder Israel, die Nutzung der Solarenergie noch nicht sehr weit verbreitet. Zwar wächst die Zahl der Häuser, auf deren Dächern sich Sonnenkollektoren befinden, beständig, aber insgesamt ist der Anteil der so ausgestatteten Wohneinheiten noch sehr gering, obgleich der Staat die Installation privater Anlagen finanziell fördert. Auch die Stromgewinnung aus Solarenergie führt auf dem hiesigen Energiemarkt noch ein Schattendasein, denn die aus Sonnenschein hergestellte Elektrizität ist gut zehnmal teurer als Strom, der in herkömmlichen Kraftwerken produziert wird. Fachleute machen dafür den Umstand verantwortlich, dass die Anfertigung der für die Solartechnik benötigten Apparaturen noch in den Kinderschuhen stecke, und setzen sich für eine automatisierte Produktion ein. Europaweit, so rechnet man, wird bis zum Jahr 2000 der Solarenergieanteil bei der Stromversorgung 5–10 % erreichen.

Solidarbeitrag

franz. solidaire = gegenseitig verpflichtet

Damit neben den schon erbrachten finanziellen Transferleistungen aus öffentlichen Mitteln noch zusätzliches Geld für den wirtschaftlichen Aufbau Ostdeutschlands (► **Aufschwung Ost**) bereitgestellt werden kann, wird seit dem 1. Januar 1995 der so genannte Solidarbeitrag bzw. Solidaritätszuschlag erhoben. Bei diesem „Soli", wie er in den Medien oft verniedlichend tituliert wird, handelt es sich um eine zusätzliche Abgabe zur Lohn-, Einkommens- und Körperschaftssteuer, die von allen Steuerpflichtigen in Deutschland, also auch den Bewohnern der ehemaligen DDR, entrichtet wird. Er beträgt 7,5 % der jeweiligen Steuerschuld; das ergab beispielsweise im Jahr seiner Einführung einen Betrag von gut 26 Mrd. DM. Von Anfang an kam es über Höhe und Dauer der Zuschlagserhebung zu Meinungsverschiedenheiten unter den Parteien. Im Sommer 1996 forderten Politiker aus der SPD eine Erhöhung auf 10 % bei all den Bürgern, die so viel wie oder mehr als ein Bundestagsabgeordneter verdienen, später verlangten sie eine Befristung. Die FDP setzte sich dafür ein, den Solidarbeitrag möglichst bald zu verringern, und erreichte, dass die Spitzenpolitiker der Koalition sich darauf einigten, die Abgabe ab dem 1. Januar 1998 um zwei Prozentpunkte auf 5,5 % zu senken. Auf dieser Basis wird der Zuschlag, dessen Erhebung jährlich überprüft werden muss, nach Ansicht führender CDU/CSU-Politiker noch einige Zeit bestehen bleiben.

Der Verkehr auf der A6 war beim Ozonversuch auf 60 km/h beschränkt.

Sommersmog

engl. smoke = Rauch
engl. fog = Nebel

Fast alljährlich versinken in der warmen Jahreszeit Großstädte und Ballungsräume im Sommersmog – so bezeichnet man die Luftverschmutzung, die hauptsächlich durch das Gas Ozon hervorgerufen wird. Ozon entsteht in der Stratosphäre in rund 20 km Höhe auf natürliche Weise, wenn ultraviolette Strahlen auf Sauerstoffmoleküle treffen (► **Ozonloch**). Es kommt zwar auch in Bodennähe vor, wird dort aber schnell durch natürliche Prozesse zerstört. Anders ist es bei dem unter menschlicher Mitwirkung entstandenen Ozon. Dieses bildet sich in Bodennähe durch Sonneneinstrahlung aus den Vorläuferstoffen Stickoxid und Kohlenwasserstoff, die zum größten Teil aus Autoabgasen (► **Abgasgrenzwerte**) stammen. Da Ozon ein Reizgas ist, das zu Atembeschwerden und Immunschwächen führen kann, wurde 1995 ein Gesetz erlassen, nach dem ab einer Konzentration von 240 µg/m³ ► **Ozonalarm** ausgerufen wird, bei dem u. a. Autos ohne geregelten ► **Katalysator** Fahrverbot erhalten. Nach Ansicht von Kritikern ist der Schwellenwert jedoch zu hoch angesetzt. Um Erkenntnisse über die Auswirkungen lokal und zeitlich begrenzter Fahrverbote und -beschränkungen zu gewinnen hatte das Land Baden-Württemberg schon im Juni 1994 einen Ozongroßversuch im Raum Neckarsulm/Heilbronn gestartet. Damals wurden neben Fahrverboten Geschwindigkeitsbeschränkungen auf den Landstraßen der Umgebung von 70 km/h bzw. auf den nahen Autobahnabschnitten von 60 km/h erlassen. Die ermittelten Messergebnisse belegten, dass sich dadurch einerseits die Ozonspitzenkonzentrationen nur geringfügig änderten, dass sich andererseits jedoch die gesamte Luftverschmutzung in diesem Raum verringert hatte.

Sondermülldeponie

lat. deponere = ablegen

Im Bundesabfallgesetz wird Sondermüll als Abfall definiert, der „nach Art, Beschaffenheit oder Menge in besonderem Maße gesundheits-, luft- oder wassergefährdend, explosiv oder brennbar (ist) oder Erreger übertragbarer Krankheiten enthalten oder hervorbringen" kann. Folglich ist die Bandbreite der Sonderabfälle groß: Sie reicht von Fotochemikalien über Motorenaltöl und kommunalen Klärschlamm bis hin zu mit Eiter verschmutzten Mullbinden aus dem Krankenhaus. All diese Problemstoffe dürfen – teilweise erst nach einer chemischen, physikalischen oder biologischen Vorbehandlung – nur unter strengen Auflagen entsorgt werden. Neben der

▶ **thermischen Abfallverwertung** kommt dafür die Lagerung in Sondermülldeponien infrage. Ein Teil dieser Lagerstätten, die in den Zuständigkeitsbereich der Bundesländer fallen, befindet sich unter Tage in stillgelegten Salzstöcken; dort werden z.B. stark wasserlösliche Stoffe wie Chlorkalk oder Salze, aber auch Produktionsabfälle von Pflanzenschutz- und Schädlingsbekämpfungsmitteln, in Fässer verpackt, deponiert. Andere Substanzen lagert man in Übertagedeponien, die streng auf Dichtigkeit kontrolliert werden um die geforderte Langzeitsicherheit zu garantieren. Beispielsweise wird an ▶ **Bioindikatoren** wie Graskulturen oder Flechtentafeln mehrmals im Jahr untersucht, ob eventuelle Emissionen die Pflanzenwelt der Umgebung belasten, und die Qualität des Grundwassers wird in Kontrollbrunnen und anderen Messschächten regelmäßig überprüft.

Sonnenbrandwarndienst

1994 lud das Deutsche Bundesamt für Strahlenschutz eine Gruppe internationaler Experten ein um über die Möglichkeiten eines globalen Sonnenbrandwarndienstes zu beraten. Man kam dabei überein, einen rund um den Erdball einheitlich berechneten Ultraviolett-Strahlen-Index, kurz UVI genannt, einzuführen, der über die Intensität der UV-Strahlung und die damit verbundene Gefahr eines Sonnenbrandes Auskunft gibt. Er wird in Deutschland zwischen den Monaten April und September/Oktober für die UVI-Vorhersage ermittelt und bei Nachfrage an Zeitungen oder Fensehsender weitergegeben, die ihn dann zusammen mit dem Wetterbericht veröffentlichen. Die Skala des UVI reicht von 1 bis 12; hierzulande beispielsweise liegen im Sommer die höchsten Werte bei etwa 9. Generell gilt: je höher die Zahl, desto größer das Risiko eines Sonnenbrandes und desto wichtiger also die Vorsorge mit einem Sonnenschutzpräparat mit hohem ▶ **Lichtschutzfaktor**.

Sonographie

lat. sonus = Klang, Schall
griech. graphein = schreiben

Neben der ▶ **Endoskopie** und der ▶ **Computertomographie** gehört die ungefähr Ende der 70er-Jahre eingeführte Sonographie zu den modernen ärztlichen Diagnoseverfahren. Man stellt dabei mithilfe von Ultraschall, also hochfrequenten Tönen, die jenseits des Hörbereichs eines Menschen liegen, genaue Bilder des menschlichen Gewebes her. Grundlage dieser Technik, die sowohl im Krankenhaus als auch ambulant in Praxen eingesetzt wird, ist eine Art Echolotung: Der Arzt führt ein Gerät, das Schallwellen erzeugt, an den zu untersuchenden Körperpartien des Patienten entlang. Das Körpergewebe reflektiert die akustischen Signale, die nun umgekehrt von demselben Gerät empfangen und dann auf einem angeschlossenen Bildschirm aufgezeichnet werden. Das so entstandene Ultraschall-

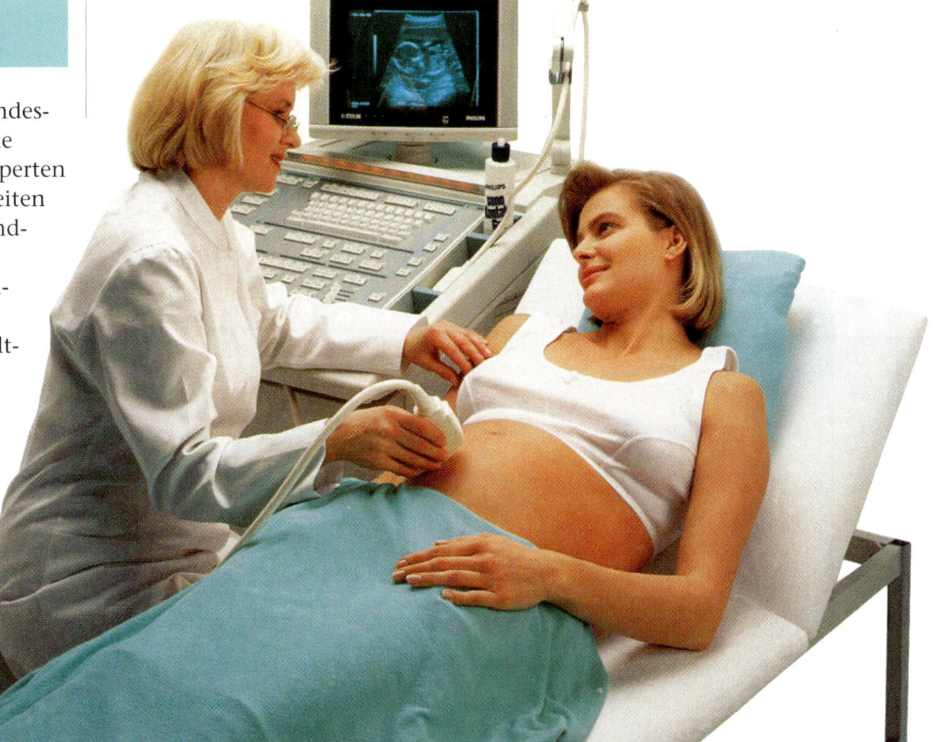

Die Sonographie wird zu Diagnosezwecken, aber auch zur Überwachung einer Schwangerschaft eingesetzt.

bild spiegelt die verschieden starke Reflexionsfähigkeit der unterschiedlichen Gewebearten wider: Knochen beispielsweise werfen viele Wellen zurück und erscheinen deshalb weiß, weiches Gewebe reflektiert weniger stark und sieht darum grau aus. Die Sonographie, die schmerzlos ist, keinerlei Nebenwirkungen hat und den Körper weder mit Chemikalien noch mit Strahlen belastet, kommt in vielen medizinischen Fachgebieten zum Einsatz: Vor einer Staroperation wird damit die Linse des Patienten vermessen; der Arzt kann mithilfe von Ultraschall während einer Schwangerschaft das Wachsen des Kindes im Mutterleib überwachen; man kann die Funktionstüchtigkeit innerer Organe wie Nieren oder Blase untersuchen und Tumoren aufspüren; und mit speziellen Techniken lässt sich sogar die Geschwindigkeit des Blutflusses im Blutgefäßsystem überprüfen oder eine Verengung in den Adern feststellen. Bei der so genannten Endosonographie wird der Kopf des Ultraschallgerätes ins Körperinnere eingeführt und lokalisiert dort z.B. in der Darm- oder Speiseröhrenwand sonst unsichtbare Tumoren.

Soundkarte

engl. sound = Geräusch, Ton

Damit Computer für die Anforderungen multimedialer Programme (► **Multimedia**) gerüstet sind, die neben Bildern und Videos auch gesprochene Sprache und Musik präsentieren, müssen sie mit einer Soundkarte ausgestattet sein. Das ist eine so genannte Steckkarte (► **PC-Card**), die mit elektronischen Bauteilen bestückt ist und an einem dafür vorgesehenen Steckplatz auf dem ► **Motherboard** eines Computers untergebracht wird. Eine Reihe von ► **Schnittstellen** verbindet sie nicht nur mit dem Computer und seinen Programmen, sondern erlaubt auch ihren Anschluss an Lautsprecher, Mikrofon, Mischpult, Hi-Fi-Anlage oder eine Klaviertastatur. Mithilfe der Soundkarte kann man sich deshalb also nicht nur die vorgefertigten Inhalte von Programmen zu Gehör bringen, sondern man kann sie auch zur Eingabe selbst aufgenommener oder ausgeübter Musik, als Synthesizer – d.h. als Gerät zur Herstellung künstlicher oder zur Verfremdung natürlicher Klänge – und mit entsprechender ► **Software** als Kompositionswerkzeug benutzen. Anfangs wurden Soundkarten vor allem bei Computerspielen eingesetzt um die passenden Hintergrundgeräusche zu liefern, mittlerweile verwendet man sie auch in Sprachlehrgängen, zum Anspielen von Musiktiteln in multimedialen Lexika oder als Hilfsmittel für Blinde, die sich damit Texte vorlesen lassen können.

Beliebte Soundtracks moderner Filme werden auch als CDs verkauft.

Soundtrack

engl. sound = Geräusch, Ton
engl. track = Spur

Schon seit Jahren gibt es Filme, die nicht nur wegen ihres Inhalts und der Leistung von Regisseur, Schauspielern und Designern in Erinnerung bleiben, sondern auch wegen des Soundtracks, wie man heute die Filmmusik oder einen besonders eingängigen Teil daraus nennt. Beispiele für berühmt gewordene Soundtracks stammen u.a. aus dem Melodram *Doktor Schiwago*, aus den Western-Klassikern *Zwölf Uhr mittags* und *Spiel mir das Lied vom Tod*, aus James-Bond-Thrillern wie *Goldfinger* oder den Filmen *Der Clou* und *Easy Rider*. In den 60er- und 70er-Jahren, als diese Streifen gedreht wurden, spielte das

► **Merchandising** jedoch eine wesentlich geringere Rolle als heute und die Soundtracks wurden trotz einiger herausragender Verkaufserfolge nicht in demselben Maß vermarktet. Inzwischen hat bei manchen Filmen, die sich an ein überwiegend jugendliches Publikum wenden, die Zusammenstellung des Soundtracks eine ebenso große Bedeutung wie die Arbeit am Drehbuch. So ist z.B. der Erfolg des Films *Bodyguard* (1993), in dem die amerikanische Popsängerin Whitney Houston die weibliche Hauptrolle spielt, weniger ihrem schauspielerischen Talent als den von ihr während des Films gesungenen Liedern zu verdanken.

Sozialabbau

Der Begriff sozial stammt aus dem Lateinischen und bedeutete ursprünglich so viel wie kameradschaftlich. Im modernen Sprachgebrauch bezeichnet er Eigenschaften oder Verhaltensweisen, die der Gesellschaft – und darin besonders den Bedürftigen – dienlich sind. Ein in diesem Zusammenhang stehender negativer Begriff ist das in letzter Zeit häufig verwendete neue Wort Sozialabbau – eine Kurzform für Abbau sozialer Leistungen –, das 1993 sogar von der Gesellschaft für deutsche Sprache zum Wort des Jahres gekürt wurde. Vermutlich hat sich dieser knapp und drastisch klingende Ausdruck deshalb sprachlich so stark durchgesetzt, weil sich viele Menschen durch eine Schmälerung der sozialen Leistungen getroffen fühlen, da diese sich negativ auf ihre finanzielle Situation auswirkt. Das hohe Niveau der sozialen Sicherheitssysteme in Deutschland war für die meisten geradezu selbstverständlich geworden. Tatsächlich hatte über lange Zeit eher der gegenteilige Vorgang, nämlich ein Sozialaufbau, stattgefunden, der schon im vorigen Jahrhundert mit der Einführung von Arbeitsschutz und Kranken-, Unfall-, Arbeitslosen- sowie Rentenversicherung begann und mit Unterbrechungen bis in die Jahre des Wirtschaftswunders nach dem Zweiten Weltkrieg währte. In jüngster Zeit aber sehen sich nun die Politiker der regierenden Parteien in Deutschland, wie schon zuvor u.a. in den Niederlanden und Schweden, durch mehrere Umstände wie die veränderte Altersstruktur der Bevölkerung (► **Alterspyramide**), die schlechte wirtschaftliche Lage und die hohe Arbeitslosigkeit gezwungen einige soziale Leistungen einzuschränken, beispielsweise die ► **Lohnfortzahlung** im Krankheitsfall oder bestimmte Leistungen der gesetzlichen Krankenkassen (► **Gesundheitsreform**, ► **Kostendämpfung**). Auch eine höhere Besteuerung der Renten sowie ein langsamerer Anstieg von Renten und Pensionen ist im Gespräch. Je nach politischem Standort werden solche Sparmaßnahmen als längst überfällig begrüßt oder als unausgewogen und unsozial abgelehnt.

Sozialcharta

lat. socialis = kameradschaftlich
franz. charte = Urkunde

Die Teilnehmerstaaten der EG erkannten schon früh, dass die europäische Integration nur gelingen kann, wenn die sozialen Verhältnisse in den Mitgliedsstaaten nicht zu unterschiedlich sind, wenn Europa also auch zu einer Sozialunion zusammenwächst. Folglich wurde schon im EWG-Vertrag von 1964 beschlossen ein sozialpolitisches Konzept zu entwickeln, das u.a. auf eine Harmonisierung des Tarifvertragsrechts (► **Tarifvertrag**) und auf die politische und soziale Gleichstellung ausländischer Beschäftigter mit Einheimischen hinarbeitete. Auf der Basis einer dadurch erreichten sozialen Annäherung verabschiedete die EG 1989 dann die so genannte Sozialcharta. Nach ihr hat jeder Bürger der EU das Recht seinen Beruf und den Mitgliedsstaat, in dem er arbeiten will, frei zu wählen, außerdem das Recht auf sozialen Schutz und gesundheitliche Versorgung. Dazu kommen das Recht von Frauen und Männern auf Gleichberechtigung, das Recht älterer Menschen auf einen angemessenen Lebensstandard, der Kinder- und Jugendschutz sowie die Förderung der sozialen und beruflichen Eingliederung von Behinderten. Diese Sozialcharta bestimmte die europäische Sozialpolitik der letzten Jahre und auch das 1995 verabschiedete neue sozialpolitische Aktionsprogramm der Europäischen Kommission, deren Aufgabe es ist, darüber zu wachen, dass EU-Recht eingehalten wird.

Sozialplan

Wenn dieser Begriff oft in den Zeitungen steht, verheißt das nichts Gutes für die wirtschaftliche Entwicklung eines Landes. Ein Sozialplan ist immer dann im Gespräch, wenn in einem Unternehmen Änderungen bevorstehen, die sich für die Arbeitnehmer nachteilig auswirken. Dabei kann es sich um eine Stilllegung (► **Abwicklung**) handeln, um die Verlegung von Produktionsstätten, um eine ► **Fusion** oder auch einen Konkurs (► **Anschlusskonkurs**) und die jeweils dadurch bedingten Entlassungen oder Arbeitsplatzverlegungen. Häufig wird bei den betreffenden Firmen versucht nach § 112 des Betriebsverfassungsgesetzes einen Sozialplan zu erstellen um die negativen wirtschaftlichen Folgen der Änderungen für die Belegschaft zu mildern. Ausgehandelt wird dieser Plan zwischen der Betriebsführung und dem Betriebsrat und er kann vom Betriebsrat sogar gegen den Willen der Unternehmensleitung erzwungen werden, wenn ein bestimmter Prozentsatz bzw. eine Mindestzahl von Arbeitnehmern entlassen wird. Meist wird im Sozialplan die Höhe der ► **Abfindung** sowie die vorzeitige Zahlung einer eventuellen Betriebsrente festgeschrieben. Die wichtigsten Kriterien dabei sind das bisherige Gehalt, die Dauer der Betriebszugehörigkeit sowie Alter und Familienstand der Betroffenen. Wenn nur ein Wechsel des Arbeitsplatzes ansteht, werden bei Einkommenseinbußen auch Ausgleichszahlungen vereinbart. Der Sozialplan gilt jedoch nicht für leitende Angestellte. Kommt es zu keiner Einigung, so wird eine Schiedsstelle eingerichtet, die zu gleichen Teilen mit Vertretern von Arbeitgebern und Arbeitnehmern besetzt ist und von einem unparteiischen Vorsitzenden geleitet wird. Ihr Votum ist verbindlich.

1994 umrundeten sechs Astronauten an Bord des Spaceshuttles *Atlantis* elf Tage lang die Erde.

Spaceshuttle

engl. space = Weltraum
engl. shuttle = Weberschiffchen

Da man es für Materialverschwendung hielt für jeden Raumflug immer wieder neue Raketen zu bauen, entwickelte die US-amerikanische Raumfahrtbehörde NASA zu Beginn der 80er-Jahre eine wieder verwendbare bemannte Raumfähre. Man nennt ein solches Gefährt Shuttle, weil es wie ein Weberschiffchen zwischen Erde und Umlaufbahn hin- und herfliegen soll. Die Aufgaben der Shuttles sind vielseitig: Sie dienen Astronauten als Raumlabors für wissenschaftliche Experimente im All, sie transportieren Satelliten für die verschiedensten Zwecke auf eine Erdumlaufbahn, sie testen technische Geräte unter Weltraumbedingungen, sie führen Reparaturmissionen aus wie für das ► **Hubble-Weltraumteleskop** und sie unternehmen Versorgungsflüge zur russischen Raumstation *Mir*, an die sie sogar andocken können. Wenn ein Shuttle, der durch mehrstufige Trägerraketen in die Erdumlaufbahn gebracht wird, seine Mission im Weltraum beendet hat, verlangsamt er mithilfe von Brems- und Steuerungsdüsen seine Geschwindigkeit und taucht dadurch wieder in die Erdatmosphäre ein. Dort wird er durch den zunehmenden Luftwiderstand immer mehr abgebremst – ein Schutzschild aus Keramikplatten verhindert dabei Schäden durch die Reibungshitze – und schließlich steuert er im Gleitflug eine der speziell dafür in Florida bzw. Kalifornien angelegten Landebahnen an. Dabei sind in begrenztem Ausmaß Kurskorrekturen möglich. Da Flüge mit einem Shuttle dieser ersten Generation sehr kostspielig sind, hat man in den USA für zukünftige Aufgaben im Weltraum einen neuen, preiswerter arbeitenden Typ, den

► **VentureStar**, entwickelt. Auch die Europäer planen den Bau eines Shuttles. Im Sommer 1996 erhielt die Daimler-Benz Aerospace AG (DASA) von der europäischen Raumfahrtorganisation ESA den Auftrag verschiedene Konzepte zu untersuchen. Der europäische Raumtransporter soll ohne Trägerraketen ins All gelangen und daher ähnlich kostengünstig sein wie die neue amerikanische Version.

Spartenkanal

Bei den Druckerzeugnissen ist es schon lange üblich mit verschiedenen Produkten bestimmte Interessentengruppen anzusprechen: Frauenzeitschriften, Heftchen für Kinder, Sportzeitungen, Tiermagazine, Filmillustrierte usw. haben jeweils ein ganz spezielles Lesepublikum. In der Fernsehlandschaft war dieses gezielte Angebot jedoch bis 1995 äußerst spärlich und nur mit einigen Sport- und Nachrichtenkanälen oder den Musikkanälen MTV und VIVA vertreten. Erst als man im Zusammenhang mit der Einführung des ► **digitalen Fernsehens** 1996 das große Geschäft witterte, kam es hierzulande zu einem Boom der Spartenkanäle. Schon 1995 startete der private ► **Kinderkanal** Nickelodeon, es folgten der Frauenkanal TM 3, der Musikkanal VH-1 und der ► **Teleshopping**-Kanal H.O.T. Weitere Projekte sind u.a. ein Wetterkanal, ein Countrymusic-Kanal und ein Game-Show-Kanal. Alle diese Spartensender finanzieren sich hauptsächlich durch Werbung und sind über Satellit oder Kabel zu empfangen. Seit 1997 mischen auch die öffentlich-rechtlichen Sender mit: Im Januar gab der Kinderkanal von ARD und ZDF sein Debüt und der von diesen beiden Institutionen getragene Parlaments- und Ereigniskanal Phönix präsentiert sich als Forum für Berichte von Parteitagen, Übertragungen aus dem Bundestag und politische Dokumentationen. Beide öffentlich-rechtlichen Spartenkanäle werden aus Gebühren finanziert.

Mit Special Effects wird im Film *Independence Day* ein Angriff aufs Weiße Haus in Washington simuliert.

Special Effects

engl. special = besonders
engl. effect = Wirkung

Schon seit dem Beginn der Filmgeschichte gibt es Filme, die nicht wegen ihres Inhalts oder der künstlerischen Leistung der Schauspieler Furore machen, sondern wegen ihrer Special Effects. Dies sind technische Tricks, mit deren Hilfe Katastrophen wahr werden, Raumschiffe ferne Sterne erreichen, gigantische Bauwerke oder nie gesehene Landschaften entstehen. Zahlreiche atemberaubende Beispiele für fast alle gängigen Techniken bietet der 1996 in den Kinos angelaufene Hollywood-► **Blockbuster** *Independence Day* des deutschen Regisseurs Roland Emmerich, der weltweit Millionen Menschen in die Kinos lockte. Ebenfalls Meisterwerke dieses Genres waren *Metropolis* (1927), *King Kong und die weiße Frau* (1933), *2002: Odyssee im Weltraum* (1968), *Krieg der Sterne* (1977), *Terminator II* (1991) und *Jurassic Park* (1993). Seit ein paar Jahren stehen den modernen Illusionisten neben den vielen klassischen Special Effects-Verfahren wie z.B. dem Modelltrick, der Stop-Motion-Animation mit Einzelbildern, der ► **Bluescreen**-Technik oder den Aufnahmen mit der computergesteuerten Motion-Control Kamera, auch noch die revolutionäre ► **Computeranimation** zur Verfügung.

Speedgliding

siehe S. 398

Speicherkapazität

lat. capacitas = Raum, Umfang

Die wichtigsten Bauteile eines Computers sind sein Prozessor, in dem Daten in Form elektronischer Impulse verarbeitet werden, und seine Speicher. Bei den letztgenannten Teilen muss man zwei verschiedene Arten unterscheiden, nämlich den Haupt- oder Arbeitsspeicher und die externen oder peripheren Speicher. Der Hauptspeicher ist ein in den Computer integriertes Element. Dahinein lädt man die Programme, damit sie ausgeführt werden können, und ebenso die Daten, die bearbeitet werden sollen. Dieser Speicher verliert seinen Inhalt, wenn der Strom abgeschaltet wird. Demgegenüber behalten die externen Speicher, die nur als Depot für Programme und Daten dienen und zu denen die im Computer befindliche ► **Festplatte**, aber auch die außerhalb des Computers aufzubewahrenden ► **Disketten**, ► **CD-ROMs** und ► **Cartridges** gehören, ihren Inhalt auch in den Ruhepausen der Anlage. Die Kapazität von Computerspeichern misst man in Bytes (► **Bit**) und für größere Mengen werden als Zusätze die griechischen Bezeichnungen Kilo, Mega und Giga verwendet. Damit sind allerdings nicht die runden Dezimalzahlen Tausend, Million bzw. Milliarde gemeint, sondern wegen des im Computerwesen üblichen Binär- oder Zweiersystems die etwas höher liegenden Werte 2^{10}, 2^{20} und 2^{30}.

Ein typischer ► **PC** hat heute einen Hauptspeicher mit 8, 16, 32 oder mehr Megabyte Kapazität, eine Festplatte mit 1 Gigabyte und je ein Laufwerk für 1,44-Megabyte-Disketten sowie CD-ROMs mit etwa 680 Megabyte, dazu oft noch ein Laufwerk für Cartridges, in denen mehrere Gigabyte Platz finden. Die Datenanzahl, die sich damit speichern lässt, ist riesig: Allein in 1 Megabyte kann man die Datenmenge unterbringen, die ausgedruckt etwa 400 Schreibmaschinenseiten füllt. In letzter Zeit sind wegen der immer aufwendiger gestalteten ► **Benutzeroberflächen** die Programme laufend umfangreicher geworden. Damit die Speicherkapazität ausreicht, wird oft durch spezielle Verfahren der Umfang von Dateien verlustfrei verringert und der für Bilder nötige Platz z. B. bis auf ein Zwanzigstel reduziert. Solche Kompressionsprogramme sind häufig in das ► **Betriebssystem** eingebaut, wo sie ihre Arbeit verrichten, indem sie Dateien beim Speichern verkleinern und fürs Lesen wieder auf Normalgröße bringen.

Spekulation

lat. speculatio = Vorausschau

Schon der berühmte englische Nationalökonom John Maynard Keynes (1883–1946) hielt es für sinnvoll, wenn Wirtschaftsunternehmen nicht nur Rücklagen für eventuell fällig werdende Zusatzkosten anlegen, sondern auch Gelder für Spekulationen bereitstellen. Darunter versteht man Kauf und Verkauf von ► **Aktien**, ► **Devisen**, Immobilien und bestimmten Gütern, die man nicht nutzen möchte, sondern mit denen man nur auf der Basis von erhofften Preisschwankungen innerhalb eines bestimmten Zeitraumes Gewinne erzielen will. Solche risikoreichen Geschäfte, zu denen u. a. ► **Options** und ► **Futures** gehören, haben einen ähnlichen Charakter wie Wetten; man setzt sozusagen auf die

Der Baulöwe Jürgen Schneider hatte mit seinen Immobilienspekulationen kein Glück und verlor Riesensummen.

bestimmte Entwicklung einer Anlage. Hinsichtlich der Besteuerung macht der Gesetzgeber genaue zeitliche Angaben: Private Spekulationsgewinne sind steuerfrei, wenn zwischen An- und Verkauf eine bestimmte festgesetzte Zeitspanne vergeht, für Wertpapiere beispielsweise bislang mindestens sechs Monate; denn wer die Papiere länger hält, gilt als Anleger und nicht mehr als Spekulant. In Deutschland stehen Spekulationen bei einem großen Teil der Bevölkerung nicht hoch im Ansehen, sie sind aber völlig legal. Kriminell werden solche Geschäfte nur dann, wenn sie sich mit unlauteren Methoden paaren. In diesem Zusammenhang sorgte der Fall des Immobilienspekulanten Jürgen Schneider für Schlagzeilen. Er gründete mithilfe von Krediten ein riesiges Bauimperium, doch dann soll er betrügerisch Bankrott gemacht und bei seinem Rückzug ins Ausland Schulden in Milliardenhöhe hinterlassen haben.

Spitzensteuersatz

Neben der ► **Mehrwertsteuer** ist die Lohn- bzw. Einkommenssteuer für den Staat am einträglichsten. Bislang hat man in Deutschland, verglichen mit vielen anderen Industriestaaten, relativ hohe Steuersätze festgelegt. Nach einem nicht zu versteuernden Grundfreibetrag von 12095 DM für Alleinstehende und 24191 DM für Verheiratete wird der Eingangssteuersatz von 25,9% erhoben. Der Spitzensteuersatz beträgt 53% und ist ab einem Einkommen von 120042 bzw. 240084 DM gültig. Dabei muss man allerdings berücksichtigen, dass dieser hohe Steuersatz nicht auf das gesamte Einkommen angerechnet wird, sondern nur auf den Betrag, der über 120042 bzw. 240084 DM liegt. Bei den darunter liegenden Beträgen wird die Steuer nach steigenden Sätzen (► **Steuerprogression**) abgeführt, die man der Steuertabelle entnehmen kann.

So ergibt sich ein deutlich niedrigerer Durchschnittssteuersatz, der z. B. bei einem zu versteuernden Jahreseinkommen von 125000 DM rund 35% beträgt. Da sich hohe Steuern nachteilig auf die wirtschaftliche Entwicklung, etwa die Investitionsbereitschaft, auswirken, plante die Regierungskoalition Anfang 1997 im Zuge einer Steuerreform den Eingangssatz auf 15% zu verringern und den Spitzensteuersatz für private und für gewerbliche Einkünfte deutlich zu senken.

Wer die Olympiade 1996 in Atlanta gesponsert hat, kann man auf diesem Foto unschwer erkennen.

Sponsoring

engl. to sponsor = unterstützen

Wie viele andere zündende Einfälle aus dem Bereich der Wirtschaft kam auch das Sponsoring ursprünglich aus den USA. Dort stellten einige Firmen fest, dass es keineswegs immer notwendig ist, selbst Werbung zu betreiben, wenn man für sich Reklame machen will, sondern dass man auch andere dafür einspannen kann. Die Methode funktionierte folgendermaßen: Manche

Unternehmen unterstützten Vereine, Veranstaltungen, Rundfunk- und Fernsehsendungen usw. finanziell oder durch Sachleistungen und verlangten dafür umgekehrt, dass diese Unterstützung werbewirksam bekannt gemacht wurde. Mit der Zeit erwies sich diese Methode, durch die die sponsernden Firmen einen Sympathiegewinn und in der Folge auch bessere Verkaufsergebnisse verbuchen konnten, als erfolgreich und heute wird sie in allen Industrieländern praktiziert. Als wichtigstes Feld für das Sponsoring bot sich der Sport an; schon Ende der 80er-Jahre wurden in der Bundesrepublik Deutschland von der Industrie über 700 Millionen DM dafür in die verschiedenen Sportarten vom Fußball bis zum Radfahren investiert. Besonders beliebt ist das TV-Sponsoring, weil Sportsendungen in den attraktiven Sportarten hohe Einschaltquoten versprechen. Neben dem Sport wird seit Anfang der 90er-Jahre auch vermehrt ► **Kultursponsoring**, Sozialsponsoring und Ökosponsoring betrieben. Unter Sozialsponsoring versteht man den werbeträchtigen Einsatz mancher Firmen für soziale Einrichtungen bzw. gesellschaftliche Randgruppen oder auch Zeitungskampagnen gegen gesellschaftliche Übel wie etwa Rassismus oder kriegerische Auseinandersetzungen. Das Ökosponsoring bildet zurzeit noch das Schlusslicht unter den verschiedenen Bereichen, die der Werbewirtschaft unterstützungswürdig erscheinen. Es beschränkt sich im Wesentlichen noch auf Anzeigenserien, die zu Umweltproblemen Stellung nehmen; man rechnet aber damit, dass dieser Markt noch wächst. Über den volkswirtschaftlichen Aspekt hinaus hat das Verb sponsern Eingang in die Umgangssprache gefunden; beispielsweise sponsern Eltern ihre Kinder, indem sie ihnen den Besuch einer Musikschule, eine Sportausbildung oder ein Studium ermöglichen.

Spracherkennungssoftware

Schon lange arbeiten Informatiker an der Entwicklung verschiedener Arten von Spracherkennungssoftware, die einen Computer in den Stand versetzt, buchstäblich aufs Wort zu gehorchen. Der Benutzer eines solchen Gerätes wäre also nicht mehr auf Tastatur und ► **Maus** angewiesen, sondern könnte dem Computer gesprochene Befehle übermitteln, ihm also beispielsweise sagen, er solle eine bestimmte Datei öffnen. Darüber hinaus wird an äußerst komplizierten Programmen getüftelt, denen man einen Text diktieren kann, sodass das lästige Eintippen entfällt, sowie an Sprachcomputern mit Übersetzungsprogrammen. Beide Arten gibt es im Prinzip schon, aber sie sind noch nicht ganz ausgereift. Grundlage für Diktier- und Übersetzungscomputer sind jeweils ein Lexikon, das einen Basissprachschatz von mehreren Tausend Wörtern beinhaltet, sowie eine umfangreiche Sammlung von Grammatikdaten. Beim Diktieren muss der Benutzer einige Regeln beachten, damit sein maschineller Sekretär alles versteht: Er muss klar und deutlich sprechen, seine Sprache sollte nicht zu stark dialektgefärbt sein und er muss kleine Pausen zwischen den einzelnen Wörtern einlegen. Umgekehrt ist auch der Computer lernfähig und gewöhnt sich sozusagen an die sprachlichen Eigenheiten seines Chefs. An einen Übersetzungcomputer werden sogar noch höhere Anforderungen gestellt: Er muss eine bestimmte menschliche Sprache nicht nur verstehen, sondern sie noch in eine andere übertragen. Durch den Einsatz eines solchen Gerätes könnten sich beispielsweise am Telefon zwei Personen, die verschiedene Sprachen sprechen, ganz normal unterhalten. Der zwischengeschaltete Rechner würde das Gesprochene jeweils simultan übersetzen – wobei er sich durch Geräusche wie Husten oder Lachen nicht verwirren lassen darf.

Sprayer

engl. to spray = sprühen

In fast allen Städten gehören heute bemalte Wände, beispielsweise in U-Bahn-Schächten und Unterführungen, an Bushaltestellen, öffentlichen Gebäuden, Denkmälern o. Ä., zum alltäglichen Erscheinungsbild. Die meisten dieser als ► **Graffiti** bezeichneten Malereien, die, wenn sie unerlaubt angebracht wurden, als Sachbeschädigung gelten, sind mithilfe einer einfachen Farbspraydose entstanden und man nennt ihre Urheber folglich Sprayer. Die Palette dieser Mach- oder Kunstwerke ist groß, sie reicht von schlichten Schmierereien über sinnige und unsinnige Sprüche in gezackten oder ballonähnlich aufgeblähten Schriftzügen bis zu Comicfiguren und gekonnten witzigen Zeichnungen. Der

Ursprungsort dieser Kunstrichtung ist New York, wo Ende der 60er-Jahre der erste Sprayer sein Pseudonym SuperCool großflächig an Betonwände sprühte. Angeregt durch dieses Vorbild und unterstützt durch einschlägige Kultfilme wie *Wild Style* und *Style Wars* machten dann mit der Zeit auch in der Alten Welt die Sprayer von sich reden. Zu den Meistern dieser Zunft gehören der Züricher Urs Naegeli, der sich zwischen 1977 und 1984 in vielen Städten verewigte und einige publikumswirksame Gerichtsprozesse zu bestehen hatte, sowie der 1990 verstorbene US-Amerikaner Keith Haring, dessen Graffiti u.a. auf der documenta in Kassel zu sehen waren.

Staatsverschuldung

Der Begriff Staatsverschuldung bezeichnet die Kreditaufnahme der öffentlichen Haushalte – also der von Bund, Ländern und Gemeinden – und damit die Summe aller staatlichen Verbindlichkeiten, die nicht durch Steuern, Gebühren usw. abgedeckt sind. Nahezu alle Länder der Welt haben Schulden, so auch die Bundesrepublik. Mit den Jahren hat der deutsche Schuldenberg gewaltige Ausmaße angenommen – er beträgt mittlerweile über 2 Billionen DM – und das, obwohl die Verfassung den Schuldenumfang einzuschränken versucht, indem sie vorschreibt, dass die Nettokreditaufnahme die Ausgaben für die im Haushalt veranschlagten Investitionen nicht überschreiten darf. Diese gesetzliche Vorgabe kann jedoch umgangen werden, u.a. durch die Schaffung von so genannten Sondervermögen, die kein Bestandteil des offiziellen Haushalts sind. Dazu gehört beispielsweise der Erblastentilgungsfonds, der für die Schulden der ehemaligen DDR aufkommt. Eine sehr hohe Staatsverschuldung ist in mehrerer Hinsicht problematisch. Einmal schränkt sie den politischen Handlungsspielraum beträchtlich ein – 1998 wird schon jede vierte Mark, die der Staat durch Steuern einnimmt, zum Schuldendienst benötigt. Zum andern können sich Schwierigkeiten durch die Einführung des ► **Euro** (► **EWWU**) ergeben. Im Vertrag von Maastricht hat man festgeschrieben, dass nur die EU-Länder den Euro einführen dürfen, deren Staatsverschuldung nicht mehr als 60% des Bruttoinlandsproduktes ausmacht, und in den letzten Jahren lag Deutschland nur sehr knapp unter diesem Grenzwert.

Stagediving

engl. stage = Bühne
engl. to dive = tauchen

Rock- und Popmusiker, die ihre Fans in Ekstase versetzen wollen, haben sich auf der Bühne schon immer etwas Besonderes einfallen lassen müssen. Während es bei Elvis Presley und Frank Sinatra noch reichte, ein verschwitztes Halstuch in die Menge zu werfen, hat Little Richard schon seine Pianos demoliert und Pete Townshend von The Who Gitarren zertrümmert. Von Punk- oder Heavy-Metal-Gruppen wird heutzutage sogar oft wagemutiger sportlicher Einsatz verlangt, nämlich der Kopfsprung von der Bühne ins Publikum, im Fachjargon Stagediving genannt. Die Fans

Bei einem Konzert in Essen werden Stagediver auf Händen getragen.

fangen den bäuchlings landenden Helden dann auf und stemmen ihn mit ausgestreckten Armen über ihre Köpfe hinweg quer durch den Saal. Wenn sich auch die Zuschauer als Stagediver betätigen, wird dies in vielen Fällen von den Saalordnern unterbunden.

Stand-by

engl. to stand by = wartend bereitstehen

Moderne elektronische Unterhaltungsgeräte wie Fernseher, Videorekorder und Stereoanlagen besitzen in der Regel eine Fernbedienung und eine so genannte Stand-by-Schaltung. Diese versetzt das Gerät in einen Energie sparenden Zustand, in dem jedoch alle Funktionen so weit in Betrieb bleiben, dass sie jederzeit mit einem Knopfdruck auf die Fernbedienung wieder aktiviert werden können. Das ist für den Konsumenten zwar sehr bequem, weil er vom Sessel aus ein Fernseh- oder Radioprogramm einschalten kann, sich also den Weg zum Gerät erspart, aber es hat auch einen bedeutenden Nachteil: Stand-by verbraucht nämlich relativ viel Strom. Ein auf Stand-by geschalteter Fernsehapparat verschlingt mehr als 10 Watt, ein Videorekorder sogar 15 Watt pro Stunde. Nach Auskunft des Umweltbundesamtes werden allein durch den Stand-by-Betrieb von Fernsehern in der Bundesrepublik Deutschland jährlich rund 1 Mrd. kWh Strom verbraucht; das entspricht der Menge, die eine Großstadt mit rund 200000 Einwohnern jährlich benötigt. Während das Stand-by bei den Besitzern von Elektrogeräten zur Geldverschwendung führen kann, soll es im Tourismus eher sparen helfen. Hier versteht man darunter eine Art ► **Last-Minute-Reise,** bei der man keinen bestimmten Flug bucht, sondern mit dem Gepäck am Flughafen bereitsteht und ein Flugzeug nimmt, in dem noch ein Platz frei ist.

Standortdebatte

Der Begriff Standort bezieht sich in der Betriebswirtschaftslehre eigentlich auf den Einzelhandel. Für jeden, der einen Laden eröffnen will, ist u.a. die Frage des Standortes entscheidend. In jüngerer Zeit fällt dieser Begriff allerdings immer häufiger in Debatten über die Ursachen der schlechten wirtschaftlichen Lage hierzulande. Der Industriestandort Deutschland sei, so heißt es oft, nicht mehr attraktiv, und das trotz einiger positiver Faktoren wie einer qualifizierten Arbeitnehmerschaft und einer niedrigen Inflationsrate. Als Beweis dafür wird angeführt, dass zahlreiche deutsche Unternehmen ihre Produktion ins Ausland (► **Billiglohnland**) verlegen und weniger ausländische Investoren nach Deutschland kommen. Nach Meinung vieler Fachleute gibt es dafür mehrere Gründe: In Deutschland sind die Steuern höher als in zahlreichen anderen Industrieländern (► **Spitzensteuersatz**) und die Lohnnebenkosten liegen fast so hoch wie der direkte Lohn. Demgegenüber sind die Arbeitszeiten jedoch sehr kurz: Während beispielsweise in der Schweiz und in den USA jährlich über 1800 Stunden gearbeitet wird, kommt man in Deutschland nur auf knapp 1600 Stunden; während ein deutscher Arbeitnehmer rund 40 Urlaubs- und Feiertage hat, gibt es für seinen Kollegen in Großbritannien oder der Schweiz nur 30–34 und für den in den USA sogar nur 23 Tage. Was die Laufzeiten der Maschinen anbelangt, so bildet Deutschland innerhalb der EU mit 60 Stunden pro Woche das Schlusslicht; der EU-Durchschnitt liegt bei 69 und in Luxemburg sogar bei über 100. Die Bundesregierung versucht mit mehreren Maßnahmen den Standort Deutschland wieder aufzuwerten. Dazu gehören u.a. die Senkung der Lohnnebenkosten durch Begrenzung der ► **Lohnfortzahlung** im Krankheitsfall, die Neuregelung des ► **Ladenschlussgesetzes**, die den privaten Konsum fördern und so die Wirtschaft ankurbeln soll, und die geplante Steuerreform, die zu einer deutlichen Senkung der Steuersätze führen soll.

Star Trek

engl. star = Stern
afrikaans trek = Wanderung

Die Fernsehserie *Star Trek,* die in den USA erstmals zwischen 1966 und 1969 lief, erreichte bei der Wiederholung der Sendungen höhere Einschaltquoten als bei der Erstausstrahlung. Auch in Deutschland gewann die Serie, die hier unter dem Titel *Raumschiff Enterprise* gezeigt wurde, zahllose Anhänger, die sich teilweise sogar in Fanklubs organisierten. Anknüpfend an diesen Erfolg drehte man ab 1979 eine bisher achtteilige Spielfilmserie und seit 1987 drei weitere *Star-Trek*-Fernsehserien, die beim Publikum sogar noch besser ankamen als die ersten Folgen. Die bisher neueste Serie heißt *Star Trek – Raumschiff Voyager* und zum ersten Mal in der Geschichte des Weltraummärchens führt eine Frau das Kommando über die Astronautencrew.

Gefasst sieht die Astronautencrew der *Enterprise* aus der Fernsehserie *Star Trek* ihren Weltraumabenteuern entgegen.

START-Vertrag

Nach den Jahren des Kalten Krieges und des Wettrüstens verhandelten gegen Ende der 80er-Jahre die Spitzenpolitiker der USA und der damaligen Sowjetunion, US-Präsident Ronald Reagan und der russische Staats- und Parteichef Michail Gorbatschow, erstmals über die Begrenzung der Anzahl strategischer Atomwaffen. Diese Abrüstungsgespräche gipfelten im START-I-Vertrag – engl. *Strategical Arms Reduction Talks* = Gespräche über die Reduzierung strategischer Waffen –, der am 31. Juli 1991 zwischen den beiden Supermächten abgeschlossen und 1994 wirksam wurde. Beide Länder verpflichteten sich darin u.a. die Zahl der Trägersysteme – Interkontinentalraketen, mit Atomwaffen bestückte Kampfbomber und U-Boote – auf maximal 1600 und die der Sprengköpfe auf 6000 zu reduzieren. Nach dem Zusammenbruch der UdSSR wurde der START-Vertrag von den Nachfolgestaaten übernommen. Weißrussland, die Ukraine und Kasachstan, auf deren Boden ebenso wie in Russland Kernwaffen stationiert waren, beschlossen jedoch ihr Atompotenzial Russland zur Verschrottung zu übergeben. Im Januar 1993 wurde zwischen den USA und Russland, das nun als einziger Staat auf dem Territorium der ehemaligen Sowjetunion den Rang einer Atommacht innehatte, der START-II-Vertrag abgeschlossen. Darin ist die weitere schrittweise Reduzierung der Sprengköpfe auf maximal 3500 für jede Seite innerhalb der nächsten zehn Jahre festgeschrieben. Und im März 1997 beim Gipfeltreffen in Helsinki einigte man sich auf eine noch weiter gehende Verringerung der Anzahl der Sprengköpfe auf jeweils 2000. Bis zum Anfang des Jahres 1996 war rund ein Viertel der überzähligen Sprengköpfe, die teilweise zu Brennmaterial für Kernkraftwerke umgewandelt werden, auf beiden Seiten abgerüstet worden. Die Kosten für das gesamte Unternehmen werden auf annähernd 100 Mrd. Dollar geschätzt.

US-Präsident Bush und das russische Staatsoberhaupt Jelzin feierten 1993 den START-II-Vertrag, der die Verschrottung von Atomwaffen vorsieht.

Der Arzt Julius Hackethal setzt sich dafür ein, dass Todkranken auf Wunsch Sterbehilfe geleistet werden darf.

Sterbehilfe

Im hippokratischen Eid schwört jeder Arzt sich stets dafür einzusetzen, das Leben eines Menschen zu erhalten. Aber im Zeitalter der modernen Intensivmedizin ist eine solche Einstellung möglicherweise nicht immer im Sinne des Patienten. Mancher Todkranke, für den keine Hoffnung mehr besteht, sieht nämlich in einer Lebensverlängerung nur eine Verlängerung seiner Leiden und bittet den Arzt sogar um Sterbehilfe. Auch die Angehörigen eines lange Zeit im Koma liegenden Kranken bedrängen Mediziner manchmal mit einem solchen Ansinnen. Viele Ärzte fühlen sich in einer derartigen Situation überfordert. Sie respektieren einerseits den Wunsch des Patienten, fürchten aber andererseits die juristischen Auswirkungen, denn in Deutschland ist wie in vielen anderen Ländern die Tötung auf Verlangen, etwa durch die Verabreichung von Gift, strafbar. Nicht strafbar ist hingegen die Beihilfe zur Selbsttötung – wenn man dem Betreffenden z. B. einen Giftbecher bereitstellt, den dieser dann selbstständig, also eigenverantwortlich, leert. Die öffentliche Diskussion über dieses Thema (► **Bioethik**) wird hierzulande eher verhalten geführt, weil in der NS-Zeit unter der Bezeichnung Euthanasie (griech. schöner Tod) zahllose schwere Verbrechen begangen wurden. In unserem Nachbarland, den Niederlanden, ist die Lage anders; dort wird seit den 80er-Jahren – nach einer ausführlichen Debatte über das Thema – die Sterbehilfe auf Verlangen geduldet, sollte aber von den betreffenden Ärzten der zuständigen Staatsanwaltschaft gemeldet werden. Dass dieses Problem jedoch auch die deutsche Bevölkerung sehr stark berührt, ist aus der wachsenden Zahl der vorsorglich abgefassten Patientenverfügungen ersichtlich. In einem solchen Papier verlangt man vom behandelnden Arzt, dass er, falls man sich selbst aufgrund einer tödlichen Krankheit nicht mehr äußern kann, davon absehen soll, das Leben um jeden Preis zu verlängern, und auch dann schmerzstillende Medikamente verabreichen soll, wenn dies den Eintritt des Todes beschleunigen könnte.

Stereogramme

griech. stereos = räumlich
griech. gramma = Schriftzeichen

Bei gewöhnlichen Fotos oder gedruckten Bildern kann man sich Tiefen und Höhen von Räumlichkeiten und Landschaften nur anhand der Perspektive vorstellen, bei Stereogrammen jedoch entsteht durch längeres Betrachten ein plastischer Eindruck. Es handelt sich dabei um farbige Illusionsbilder, die zwar auch auf ganz normalem Papier gedruckt

Mit Geduld und etwas Übung erkennt man auf dem Stereogramm in der Bildmitte ein Reh.

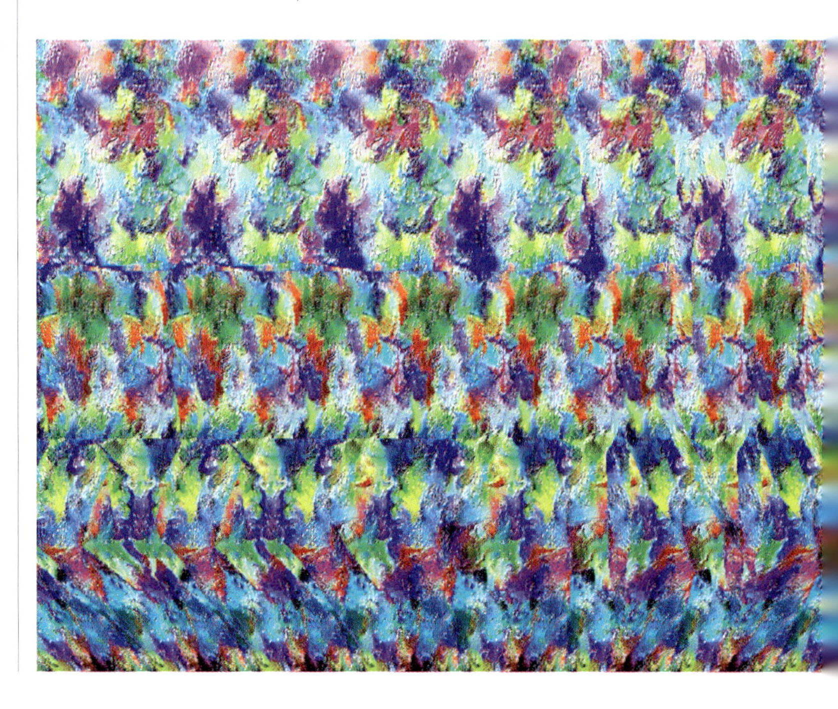

sind, aber mithilfe eines Computers so manipuliert wurden, dass sie wie eine gestaffelt aufgebaute Bühnenkulisse dreidimensional wirken. Sie bestehen aus einem Grundbild und einem oder mehreren vorgelagerten Objekten, die man aber nur mit einer ganz speziellen Blicktechnik erkennen kann; und zwar muss man durch das Grundbild hindurch einen weiter entfernten, imaginären Punkt anpeilen. Die Augen sehen dadurch die im Blickfeld liegenden Bildpunkte aus geringfügig abweichenden Blickwinkeln. Diese optischen Informationen werden an das Gehirn geleitet und dieses wiederum verbindet sie zu einem Gesamtbild mit einem dreidimensionalen Effekt. 1994 kamen die ersten Bücher mit „magischen Bildern" auf den Markt und erreichten bald Auflagen in Millionenhöhe. Allerdings war das Prinzip des „Stereoblicks" gar nicht so neu, denn schon zu Beginn des 20. Jh. führten so genannte Stereoskope zu ähnlichen optischen Effekten. Sie hatten die Form übergroßer Brillen und boten dem Auge zwei leicht gegeneinander verschobene Abbildungen eines Objekts dar. Dabei war das eine Bild nur vor dem rechten, das andere nur vor dem linken Auge sichtbar. Das Gehirn aber, dadurch irregeführt, lieferte dem Betrachter ein räumliches Bild.

Steueroase

Das aus dem Altägyptischen stammende Wort Oase bezeichnet eine Wasserstelle und Vegetationsinsel in der Wüste und bedeutet im übertragenen Sinn einen Platz, an dem man trotz einer unwirtlichen Umgebung gut leben kann. Kombiniert mit dem Begriff Steuern versteht man darunter Länder mit besonders niedrigen Steuersätzen, wie sie beispielsweise in Belgien, Österreich, der Schweiz, den britischen Kanalinseln und den Bermudas erhoben werden. Diese Länder dienen zahlreichen betuchten Zeitgenossen, die den hohen Abgaben entrinnen möchten, als Zufluchtsort. Neben Inseln wie den Bermudas sind zurzeit die deutschsprachigen Alpenländer als Steueroasen beliebt. Sie bieten Deutschen über die niedrige Besteuerung hinaus weitere Vorteile: Sie sind politisch stabil; man kann sich darauf verlassen, dass dort das Bankgeheimnis gewahrt wird; sie sind nicht allzu weit entfernt vom Heimatland und Kultur sowie Mentalität der Bevölkerung sind relativ vertraut. Es bringt also keine Unannehmlichkeiten mit sich, den geforderten Mindestaufenthalt pro Jahr in der Steueroase zu verbringen. Dem Fiskus gehen auf diese Weise größere Summen verloren, aber eine solches Vorgehen ist völlig legal, jedermann kann den Ort seines ersten Wohnsitzes frei wählen, vorausgesetzt das Gastland nimmt ihn auf.

Steuerprogression

lat. progressio = Steigerung

Wie jeder andere Staat erhebt Deutschland Steuern um damit die öffentlichen Ausgaben finanzieren zu können. Diese Steuern werden nicht nach einem einzigen Satz berechnet, der für alle Einkommen gleich hoch ist, sondern der zu entrichtende Prozentsatz wächst mit der Höhe des Einkommens, ist also progressiv. Zurzeit beträgt der Eingangssteuersatz, der nach einem Grundfreibetrag von 12095 DM jährlich pro Person erhoben wird, 25,9%. Der ► **Spitzensteuersatz** liegt bei 53% und gilt erst für Einkommensbeträge, die die Summe von 120042 DM übersteigen. Die Steuersätze für die dazwischenliegenden Einkommen werden nach der Steuertabelle berechnet. Die Begründung für die Anwendung der einkommensabhängigen Staffelung der Steuersätze liegt in der sozialen Gerechtigkeit. Es wird argumentiert, dass Personen mit hohem Einkommen finanziell belastbarer sind und trotz der Steuern noch ihren Lebensunterhalt bestreiten und für das Alter vorsorgen können. Zwar gibt es einige Gegner der Progression, die diese Art der Besteuerung für leistungsfeindlich halten, aber dennoch wird sie in nahezu allen Staaten mit marktwirtschaftlichem System angewandt, zumal viele legale Möglichkeiten der Steuerersparnis bestehen.

Stichwahl

Im öffentlichen Leben finden in den verschiedensten Bereichen Wahlen zur Vergabe eines bestimmten Postens statt: Wahlen zum (Ober-)Bürgermeister, zum Vereinsvorsitzenden, zum Klassensprecher usw. Häufig besteht dabei die Vorschrift, dass der Sieger die absolute Mehrheit der Stimmen auf sich vereinigt haben muss. Gelingt dies keinem der Kandidaten, dann kommt es entweder zu einem erneuten Wahlgang, an dem wieder alle Kandidaten teilnehmen können und nach dessen Ende derjenige gewinnt, der die relative Mehrheit erreicht hat, oder es kommt zur Stichwahl zwischen den beiden Kandidaten, die beim ersten Mal am besten abgeschnitten haben. Bei den Präsidentschaftswahlen in Russland im Sommer 1996 z.B. erhielten Boris Jelzin und sein Kontrahent Gennadij Sjuganow beide nur 35 bzw. 32% und erst aus der anschließenden Stichwahl konnte Jelzin als Sieger hervorgehen. Auch bei den französischen Präsidentschaftswahlen sind Stichwahlen die Regel, während es bei (Ober-)Bürgermeisterwahlen in Deutschland wie beispielsweise im Herbst 1996 in Stuttgart häufig nur zu einem zweiten Wahlgang mit denselben oder sogar noch zusätzlichen Kandidaten kommt.

Stonewashed

engl. stone = Stein
engl. washed = gewaschen

Schon seit über drei Jahrzehnten behaupten sich die Mitte des vorigen Jahrhunderts in der Zeit des Goldrauschs in den USA aufgekommenen Bluejeans unangefochten in der Mode. Die mit Steppnähten und Nieten versehenen Hosen aus robustem Baumwollgewebe gelten weltweit als Symbol moderner und ungezwungener Lebensart und werden inzwischen erstaunlicherweise in allen Altersgruppen und Bevölkerungsschichten gleichermaßen getragen. Ob die Jeans beim Kauf tiefblau oder verwaschen sein sollen, entscheidet der persönliche Geschmack und nicht zuletzt die gerade aktuelle Mode. Als sich in den 70er-Jahren im Gegenzug zur statusorientierten Kleidung der Erwachsenen bei den Jugendlichen der so genannte Gammellook durchsetzte, schrubbte man die neu erworbenen Hosen mit Bürsten und ätzenden Waschmitteln um ihnen durch diese Prozedur ein gebrauchtes Aussehen zu verleihen. Bald schon entwickelte die Bekleidungsindustrie unterschiedlichste Verfahren, um auf alt getrimmte Hosen anbieten zu können, u.a. auch die beliebten stonewashed Jeans. Sie werden zusammen mit Bimssteinen und chlorhaltigen Bleichmitteln in großen Trommeln gewaschen, damit sie bereits beim Kauf gebraucht aussehen.

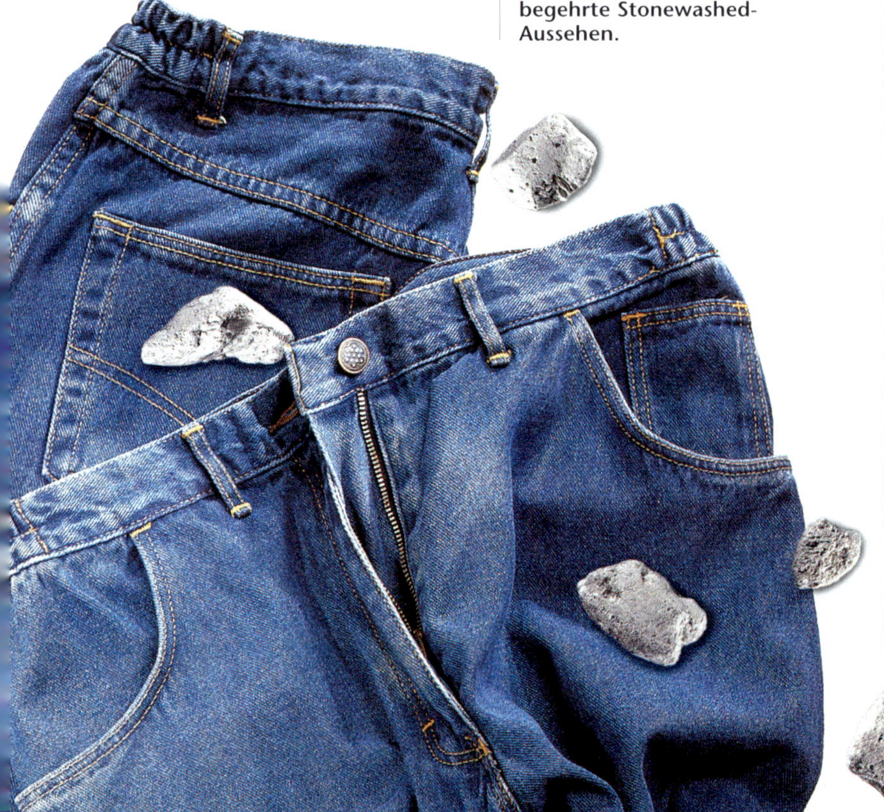

Durch die Behandlung mit Bleichmitteln und Bimssteinen erhalten Jeans das begehrte Stonewashed-Aussehen.

Storyboarding

engl. story = Geschichte
engl. board = Brett, Tafel

Angeblich hat der berühmte Filmregisseur Alfred Hitchcock alle Filmszenen gezeichnet, bevor er sie abdrehte. Auf diese Weise sei bei ihm jedes Detail wie etwa Kameraeinstellung oder Perspektive schon zuvor genau festgelegt worden. Doch er war keineswegs der Erfinder des Storyboards, wie man eine solche zeichnerische Version des Drehbuchs nennt, bei der in der Art eines Comicstrips die einzelnen Einstellungen entworfen werden. Bereits in den 20er-Jahren wurde dieses Verfahren bei Fritz Langs *Metropolis* eingesetzt. Zu den normalen Arbeitsabläufen beim Filmen gehört das Storyboarding jedoch erst seit jüngerer Zeit, und zwar versuchen die Studios vor allem bei den teuren Hollywoodstreifen mit Spezialeffekten (► **Special Effects**) dadurch Geld einzusparen. Sie lassen pro Film mehrere Hundert Zeichnungen anfertigen, mit deren Hilfe die technische Durchführbarkeit und der finanzielle Aufwand für einzelne Szenen besser abgeschätzt werden können. Hollywoods begehrtester Storyboarder ist Carl Aldana, der u.a. Clint Eastwoods Verfolgungsjagd über die Dächer von New York in *In the Line of Fire* oder das durch Las Vegas stampfende Monsterkind in *Liebling, jetzt haben wir ein Riesenbaby* vorgezeichnet hat. Die meist schwarzweiß angefertigten Storyboards sind inzwischen auch zu begehrten Sammlerraritäten geworden. Eine Skizze zu Ridley Scotts *Blade Runner* hat bei einer Auktion in Los Angeles bereits 1700 Dollar eingebracht.

Strahlentherapie

Im Kampf gegen den Krebs werden verschiedene Behandlungsmethoden einzeln oder kombiniert eingesetzt: die Operation, die ►**Chemotherapie** und die Radio- oder Strahlentherapie. Bei der letztgenannten Behandlung macht man sich den Umstand zunutze, dass Krebszellen besonders strahlenempfindlich reagieren. Der Grund: Sie teilen sich sehr schnell und es sind vor allem die hochaktiven und daher instabilen Verbindungen im Zellkern, also die die Zellteilung steuernden Enzyme und Gene, die unter dem Bombardement der harten Röntgen- oder Gammastrahlen leiden. Die Folge einer solchen Behandlung ist also, dass die Krebszellen sich nicht mehr teilen können. Leider treffen die energiereichen Strahlen aber auch gesundes Gewebe, das dadurch ebenfalls in Mitleidenschaft gezogen wird. Beispielsweise ist häufig die Blutbildung im Knochenmark beeinträchtigt. Um die umliegenden gesunden Körperpartien weitgehend zu schonen ist es wichtig, die Strahlung so präzise wie möglich zu platzieren. Man setzt dabei modernste Computertechnik ein. So helfen Rechner, die genaue Richtung der Strahlen und die optimale Dosis zu ermitteln. Auch besteht inzwischen mit speziellen Programmen die Möglichkeit, die Strahlung so zu variieren, dass sie erst direkt am Tumor wirksam wird, auf dem Weg durch den Körper zum Zielort also sozusagen entschärft ist. Manchmal wird eine Krebsgeschwulst auch aus verschiedenen Richtungen attackiert, wobei die Energien der jeweiligen Strahlungen an der Geschwulst gebündelt werden. In anderen Fällen wird strahlendes Material in den Körper eingeführt, damit es an Ort und Stelle wirksam werden kann.

Die Straßenkinder von São Paulo fürchten sich vor Gewalttaten und schließen sich deshalb zu Gruppen zusammen.

Straßenkinder

Wachsende Armut und die Zunahme schwieriger Familienverhältnisse führen dazu, dass auch in Deutschland immer mehr Kinder und Jugendliche ihr Leben auf der Straße fristen. Nach Schätzungen sind es rund 5000–7000 junge Menschen, die ohne Obdach und regelmäßiges Einkommen in den Hauptbahnhöfen großer Städte, in U-Bahn-Schächten oder verfallenen Häusern kampieren und sich mit Gelegenheitsarbeiten, Betteln, Diebstahl, Drogenhandel und Prostitution durchschlagen. Die meisten von ihnen sind von zu Hause ausgerissen, weil ihre Eltern sich nicht um sie gekümmert oder sie sogar misshandelt haben, und viele haben schon eine Zeit lang in Jugendheimen gelebt, wo sie sich nicht einfügen konnten oder wollten. Manche der Betroffenen schließen sich zu Banden zusammen um sich gemeinsam ihren Lebensunterhalt zu verschaffen, in der Regel herrschen unter ihnen jedoch Misstrauen und Gewalt. Die Jugendhilfe versucht zwar, über ► **Streetworker** Kontakte mit den Straßenkindern aufzunehmen, aber die meisten lehnen alle Hilfsangebote, die ihnen gemacht werden, ab. Nach Angaben der UNICEF, des Kinderhilfswerks der UNO, gibt es weltweit über 100 Millionen Straßenkinder, der Großteil davon in der Dritten Welt. Allein in den südamerikanischen Großstädten leben 35 Millionen. In ► **Megastädten** wie Rio de Janeiro sind sie besonders gefährdet, denn dort haben in der letzten Zeit gedungene Mörder jährlich an die Hundert dieser Kinder umgebracht. In Schwarzafrika wächst das Problem der obdachlosen Kinder durch die stetig steigende Zahl der Waisen, deren Eltern an ► **Aids** gestorben sind.

Streetball

→ siehe S. 399

Streetworker

engl. street = Straße
engl. worker = Arbeiter

Viele Angehörige bestimmter Problemgruppen wie Obdachlose oder Drogensüchtige meiden, auch wenn sie Hilfe brauchen, Kontakt mit Behörden. Das gilt ganz besonders für Kinder und Jugendliche unter den Betroffenen (► **Straßenkinder**). Damit ihnen geholfen werden kann, hat man – zuerst in den USA, dann ebenfalls in zahlreichen europäischen Ländern – den Beruf des Streetworkers geschaffen. Das sind Mitarbeiter der Sozialämter, Jugendämter und anderer sozialer Einrichtungen, die versuchen die Jugendlichen zu erreichen, indem sie sich in ihr Milieu begeben. Meist sind sie selbst noch jung und unterscheiden sich äußerlich, etwa in ihrer Kleidung, nur wenig von ihren Schützlingen. Mancher Streetworker litt sogar unter ähnlichen Problemen und kann den Straßenkindern deshalb als verständnisvoller Gesprächspartner entgegentreten. Er ist für seine Schutzbefohlenen eine Art Familienersatz und sieht eine seiner Hauptaufgaben darin, den Jugendlichen dabei zu helfen, Probleme in ihrer Gruppe gewaltlos zu lösen. In der Regel bemüht er sich keinen der ihm Anvertrauten unter Druck zu setzen, sondern nur dann Ratschläge zu erteilen, wenn er darum gebeten wird. Erst wenn eine solide Vertrauensbasis besteht, ermutigt er seinen Schutzbefohlenen einen Ausstieg aus seinem bisherigen Leben zu erwägen und ist ihm bei seinen Bemühungen um einen Neuanfang behilflich.

Stretching

→ siehe S. 160

Stunt

Mit diesem englischen Wort für Kunststück bezeichnet man gefährliche Szenen im Film, also etwa Verfolgungsjagden mit dem Auto, Stürze oder auch Schlägereien, die vor allem in ► **Actionthrillern** gehäuft vorkommen. Stunts gibt es in verschiedenen Schwierigkeitsgraden – vom eher routinemäßig durchgeführten Überschlag mit dem Auto oder dem Sturz vom Pferd bis hin zu extrem gefahrvollen Einsätzen wie beispielsweise dem Absturz mit einem Flugzeug oder Hubschrauber. Nur selten werden solche halsbrecherischen Szenen von den Darstellern selbst gespielt. Meist tritt ein so genannter Stuntman an ihre Stelle, ein mutiger und durchtrainierter „Prügelknabe“, der zwar gutes Geld für seine Leistungen verdient, selten aber allgemein bekannt wird. Eine Ausnahme von dieser Regel war der legendäre Stuntman Yakima Canutt, der 1966 für alle von ihm ausgeführten Stunts und für die Sicherheitsvorkehrungen, die er für seinen Berufsstand entwickelt hatte, einen Oscar erhielt. Es gibt allerdings auch einige wenige Stars, die auf ein Double verzichten und ihre Stunts selbst drehen. Patrick Swayze etwa sprang in *Gefährliche Brandung* ein Dutzend Mal mit dem Fallschirm ab. Jean Paul Belmondo, Charles Bronson und in Deutschland Götz George waren und sind bekannt dafür, dass sie gern selbst bei gefährlichen

Bei diesem Stunt aus *Cliffhanger* mit Sylvester Stallone droht dem Helden der Sturz in den Abgrund.

Szenen mitmischen. Im weiteren Sinn gehören zu den Stunts auch heikle Nackt- und Liebesszenen, bei denen sich mancher Star ebenfalls lieber doubeln lässt als selbst vor der Kamera tätig zu werden.

Subsidiaritätsprinzip

lat. subsidium = Beistand
lat. principium = Grundlage

Dieser Begriff stammt ursprünglich aus der katholischen Soziallehre und besagt, dass eine größere Gemeinschaft erst dann eine bestimmte Aufgabe übernehmen soll, wenn der Einzelne oder die kleinere (untergeordnete) Gemeinschaft damit überfordert ist. Kann sich also eine Kirchengemeinde bei einem Problem selbst helfen, dann braucht nicht das Bistum tätig zu werden. Auch in der Politik ist die Subsidiarität ein wichtiger Grundsatz, der sogar in den ► **Maastrichter Verträgen** festgeschrieben ist. Hier besagt er, dass die EU nur dann eingreifen soll, wenn Maßnahmen der untergeordneten Institutionen nicht zum erwünschten Ziel führen. Diese Bestimmung soll dem Zentralismus entgegenwirken und mehr Bürgernähe schaffen. Zuständig für ihre Verwirklichung ist der 1993 gegründete Regionalausschuss, der in der EU die Interessen der Regionen vertritt. Er ist in regionalen Fragen anzuhören und hat Beratungsrechte u.a. in der Bildungspolitik, beim Gesundheitswesen und dem Ausbau europäischer Verkehrsnetze. In jüngster Zeit wird der Begriff Subsidiarität auch häufig im Zusammenhang mit der Finanzierbarkeit der sozialen Sicherungssysteme erwähnt. Manche Fachleute verlangen, dass dieses Prinzip im Sozialstaat wieder mehr Gewicht haben müsse, dass also der Einzelne geringere Leistungen von der Solidargemeinschaft erhalten solle, wenn er selbst ausreichend Mittel zur Verfügung hat, und dass nur dem wirklich Bedürftigen geholfen wird.

Subvention

lat. subvenire = zu Hilfe kommen, beistehen

Unter den Ausgaben im Bundeshaushalt finden sich regelmäßig hohe Summen, mit denen der Staat bestimmte Bereiche der Volkswirtschaft unterstützt. Solche Zahlungen, für die keine Gegenleistungen erbracht werden müssen, nennt man Subventionen. Sie fließen beispielsweise in die Landwirtschaft, den Bergbau, den Schiffbau oder den Wohnungsbau und sollen in diesen Bereichen die wirtschaftliche Entwicklung fördern oder strukturelle und soziale Schwierigkeiten verringern. Subventionen werden entweder direkt durch Zuzahlungen gewährt oder indirekt durch Steuerbegünstigungen und die Gewährung von Krediten zu Vorzugszinssätzen. Die gesamten Subventionsausgaben des Bundes betrugen 1996 über 35 Mrd. DM. In Zeiten knapper Kassen – wie heutzutage – wird immer wieder der

Ruf nach Subventionsabbau laut. Aber dieser Schritt fällt keiner Regierung leicht, weil man damit eventuell Wähler verliert. Welche Probleme die Ankündigung einer Subventionskürzung mit sich bringen kann, zeigte sich im Frühjahr 1997, als beschlossen wurde die Beihilfen für den Steinkohlebergbau zu verringern. Tausende Kumpel von Ruhr und Saar, die zwar wissen, dass viele Zechen geschlossen werden müssen und dass jeder Arbeitsplatz unter Tage jährlich mit rund 100000 DM aus Steuermitteln unterstützt wird, zogen dennoch aus Sorge vor betriebsbedingten Kündigungen nach Bonn. Die Folge ihres Auftritts war ein Kompromiss zwischen der Regierung, der IG Bergbau sowie dem Land Nordrhein-Westfalen und dem Saarland. Neben dem Bund der Steuerzahler, der in vielen Subventionen eine Geldverschwendung sieht, wachen auch internationale Institutionen über die Subventionspolitik um zu verhindern, dass durch die Beihilfen der freie Wettbewerb zu stark verzerrt wird. Beispielsweise kritisiert die Welthandelsorganisation (► **WTO**) die Europäische Union, weil diese die Landwirtschaft sehr großzügig mit Zuzahlungen bedenkt. Und die EU wiederum ging im Sommer 1996 mit dem Bundesland Sachsen auf Konfrontationskurs, weil die sächsische Regierung das dort investierende Volkswagenwerk entgegen den Brüsseler Regeln mit Millionenbeträgen unterstützen wollte.

Superbike

engl. bicycle, Abk. bike = (Fahr)rad

Superbike hieß ursprünglich eine Mitte der 70er-Jahre in den USA ins Leben gerufene Serie von Motorradrennen. Es handelte sich dabei um einigermaßen preiswerte Rennveranstaltungen mit frisierten Serienmaschinen. Die Betreiber hofften auf regen Zulauf, da die Zuschauer nicht wie bei anderen Rennen die an den Start gehenden Motorradtypen nur kannten, sondern möglicherweise sogar selbst besaßen. Laut Ernst Gschwender, dem deutschen Superbike-Meister, kostet ein solches Fahrzeug mit durchschnittlich 103 kW und 165 kg Gewicht rund 100000 DM pro Saison, das sind deutlich weniger als die 1,2 Mio. DM für eine normale Rennmaschine. Da die amerikanische Rennserie tatsächlich gut ankam, folgten ihr die Superbike-Weltmeisterschaft, u.a. mit Rennen auf dem berühmten Hockenheimring, und 1990 die Europameisterschaft. Die Reglements von Superbike-Rennen werden, ähnlich wie beim Autorennsport, den gefahrenen Zeiten und der technischen Entwicklung angepasst. Seit den Anfängen der Rennserie entwickeln sich die umgebauten Motorräder immer mehr zu reinen Rennmaschinen. 1996 hatten viele Superbikes schon zwischen 750 und 1000 cm^3 Hubraum. Allerdings werden auch andere, eher leichtere Motorräder mit modernen Fahrwerken oft Superbikes genannt. Die Basis eines jeden Superbikes muss jedoch stets ein Serienmotorrad sein. Für die Umbauten, die zahlreiche Superbiker in Eigenarbeit anfertigen, liefert die Industrie sämtliche benötigten Teile, von kompletten Bausätzen bis zu ausgefallenen Cockpit-Verkleidungen. Besonders beliebt sind seit einigen Jahren die breiten Aluminiumlenker.

Damit sich auch weniger betuchte Privatfahrer eine Rennmaschine leisten können, wurden die erschwinglichen Superbikes entwickelt.

Superjumbo

Nach Prognosen wird in den nächsten Jahren nicht nur der Straßenverkehr zunehmen (► **Verkehrsinfarkt**), sondern auch beim Luftverkehr stellt man sich auf Wachstum und damit auf eventuelle Engpässe bei den Beförderungskapazitäten ein. Um derartigen Problemen vorzubeugen machte man sich bei den Flugzeugherstellern bereits seit einiger Zeit Gedanken darüber, Superjumbos mit bis zu 1000 Sitzplätzen zu entwickeln und auf den Markt zu bringen. Mit solchen Großraumflugzeugen wäre man dem Ansturm der Passagiere gewachsen und außerdem würden dadurch der Treibstoffverbrauch und die Organisationskosten insgesamt gesenkt werden. Bei zwei Firmen sind die Pläne für Superjumbos schon weit gediehen. Das Herstellerkonsortium ► **Airbus** projektiert derzeit die Entwicklung des Megaliners A3XX, der über 700 Fluggästen Platz bieten und im Jahr 2003 startklar sein soll. Auch die Firma Boeing will um die Jahrtausendwende ein neues Großraumflugzeug herausbringen, das den Jumbojet an Größe und Sitzplatzkapazität übertrifft. Geplant ist das Langstreckenflugzeug 747–500/600, das zwischen 450 und 545 Plätze aufweisen soll. Dieser Megaliner, der eine Weiterentwicklung der 747-Familie darstellt, wird dem Vernehmen nach trotz deutlich höherer Flugmasse sowohl gute Flugeigenschaften im relativ langsamen Bereich haben als auch eine dem Jumbojet vergleichbare Reisegeschwindigkeit erreichen können. Ein Problem sehen Fachleute allerdings darin, dass die Flughäfen durch die neuen Superjumbos nicht entlastet, sondern eher noch stärker belastet werden. Beispielsweise wäre es nötig, die Infrastruktur den neuen Größenordnungen anzupassen. Außerdem entstehen beim Abflug so riesiger Maschinen starke Luftwirbel, sodass für die nachfolgenden Flugzeuge längere Wartezeiten als bisher vorgeschrieben werden müssten.

Die Therapeuten der anthroposophischen Klinik Herdecke diskutieren bei einer Supervisionssitzung über berufliche Fragen.

Supermodel

► siehe S. 274

Supervision

engl. to supervise = beaufsichtigen

Obwohl die wörtliche Übersetzung des Begriffs so lautet, hat die Supervision nichts mit einer Aufsicht zu tun; sie ist eher ein Verfahren, das dazu dient, Übersicht zu gewinnen. Unter Supervision versteht man eine Art von beruflicher Fortbildung, an der die Mitarbeiter eines Unternehmens, eines Krankenhauses, einer Schule o.Ä. teilnehmen. Sie findet in regelmäßigen Sitzungen statt, bei denen man über aktuelle Probleme diskutiert und nach Lösungsmöglichkeiten sucht. In manchen Fällen halten die Mitarbeiter die Sitzungen in eigener Regie ab, öfter aber übernimmt ein Supervisor, der über psychologische Kenntnisse verfügen sollte, die Leitung. Dieser arbeitet entweder freiberuflich oder, bei größeren Firmen, auch als Angestellter. Führungskräfte erhalten in Supervisionssitzungen ebenfalls Ratschläge für den Umgang mit Untergebenen. In Deutschland gibt es seit 1989 als Berufsverband die Deutsche Gesellschaft für Supervision.

Surfer

► siehe S. 217

Der Survival-Experte Rüdiger Nehberg bei einem Überlebenstraining in der Wüste

Survival

lat. supervivere = überleben

Bürger zivilisierter Länder lernen den „Kampf ums Dasein" nur in Ausnahmesituationen kennen, etwa im Zusammenhang mit schweren Erkrankungen oder einer Gewalttat. Die Sorge um das tägliche Überleben bleibt ihnen weitgehend erspart. Da derartig verwöhnte Menschen ohne Übung kaum die Kraft und Fähigkeit hätten, z.B. nach einer Notlandung mit dem Flugzeug in unwirtlichem Gelände zu überleben, führte eine Abteilung der US-Armee während des Zweiten Weltkrieges für ihre fliegenden Besatzungen Survivalkurse ein. Bei dieser besonderen Art von Training wurden die Soldaten in der unwegsamen Landschaft von Nevada ausgesetzt und mussten sich ohne spezielle Ausrüstung zu einem weit entfernten Zielpunkt durchschlagen. Unterwegs diente als Nahrung, was sich gerade fand: Larven, Käfer, Mäuse, Kaktuswasser usw. Andere Waffengattungen übernahmen diese Kurse. In den 80er-Jahren wurden sie auch in Deutschland populär, hier allerdings für abenteuerlustige Zivilisten. Vor allem fanden die Gruppen- oder Einmannunternehmungen bei Managern, die wohl ohnehin die Herausforderung lieben, großen Anklang. Einer der bekanntesten Überlebensexperten in Deutschland ist Rüdiger Nehberg, der schon einige gewagte Einmannexpeditionen erfolgreich durchgeführt hat.

Sushi

Unter den Oberbegriff ► **Ethnofood** fällt auch eine japanische Spezialität, die zurzeit in vielen Städten Deutschlands und anderer europäischer Länder sehr gern gegessen wird: Sushi. Diese Speise, deren Schriftzeichen sich aus den Begriffen für Fisch und wohlschmeckend zusammensetzt, besteht aus pikant gesäuerten Reisbällchen, die mit einer Scheibe rohen Fisches oder mit Meeresfrüchten belegt sind. Man kann sie in japanischen Restaurants oder in so genannten Sushi-Bars bestellen. Meist werden sie zusammen mit in Seetang eingewickeltem Reis und Gemüse wie Gurkenscheibchen oder Kürbisstreifen serviert und zuvor gibt es in der Regel eine Suppe. Bei der nobelsten – und kostspieligsten – Art, Sushi zu essen, sucht man sich das Gericht nicht auf der Speisekarte aus, sondern überlässt dem Koch die Auswahl der Fischhäppchen, die frisch zubereitet als Überraschungsgericht serviert werden.

Synergie

griech. synergia = Mitarbeit

Auf der Suche nach Auswegen aus der wirtschaftlichen Misere erfanden Manager und Betriebswirte u.a. die Zauberformel von der Synergie. Das klang vielversprechender als die bis dahin üblichen Begriffe wie Zusammenarbeit oder Teamwork, bedeutet aber eigentlich nichts anderes, nämlich dass alle einzelnen Abteilungen einer Firma für die gemeinsame Sache tätig sind. Die Abteilungen sollen so zusammenwirken, dass eine von der anderen profitiert und dadurch zusätzliche Kräfte frei werden. So gesehen ist die Auswirkung der Synergie, also der viel zitierte Synergieeffekt, auch ein beschönigender Ausdruck für die Streichung von Arbeitsplätzen.

Tai Chi

siehe S. 147

Tandemspringen

lat. tandem = endlich, zuletzt

Der ursprünglich für ein zweisitziges Fahrrad benutzte Begriff Tandem wurde vor einigen Jahren auch im Fallschirmsport übernommen. Da immer mehr Menschen das besondere Abenteuer suchen, haben viele Luftsportschulen neuerdings das Tandemspringen in ihrem Programm. Dieses Angebot richtet sich an all diejenigen, die einmal das Gefühl verspüren möchten aus 3000–4000 m Höhe am geöffneten Fallschirm auf die Erde zu schweben, aber keine entsprechenden Vorkenntnisse besitzen. Die Teilnehmer, die bequeme Freizeitkleidung und Turnschuhe mit glatten Sohlen tragen sollten, müssen über 14 Jahre alt und körperlich einigermaßen fit sein und dürfen nicht mehr als 85 kg wiegen. Die Kosten für einen Tandemsprung betragen etwa 300 DM. Nach einer kurzen Einweisung springt der Neuling, am Bauchgurt eines staatlich geprüften Tandemmasters angeschnallt, aus dem Flugzeug. Nach etwa 45 Sekunden freiem Fall mit Geschwindigkeiten bis zu 200 km/h bremst der extragroße Spezialgleitschirm das Tandemteam in 1500 m Höhe sanft ab. Beide Springer schweben noch einige Minuten über dem Flugplatz, bevor sie dann weich am Boden landen. Zur Sicherheit ist ein erfahrener Tandempilot mit einer computergesteuerten Notauslösevorrichtung ausgestattet.

Tantrismus

sanskr. tantra = Gewebe, System, Lehre

Die religiösen Lehren und Praktiken des Tantrismus, der indirekt durch die östlichen Meditationstechniken (► **TM**) der modernen ► **Esoterik** in den westlichen Industrieländern Verbreitung fand, beruhen auf indischen Schriften mystisch-magischen Inhalts. Diese als Tantras bezeichneten Texte, die seit dem 5. Jh. entstanden und meist in Sanskrit verfasst wurden, übten einen großen Einfluss auf Hinduismus und Buddhismus aus. Nach der Auffassung des Tantrismus gibt es eine ursprüngliche Einheit von Mensch und göttlicher Schöpfungsmacht. Diese Einheit wird jedoch durch den illusionären Charakter der sichtbaren Welt behindert. Ziel des tantrischen Heilsweges ist es, die Übereinstimmung von individueller Seele und Universum wiederherzustellen, indem der Mensch durch einen Prozess der Läuterung die kosmische Kraft in sich selbst erweckt und zu beherrschen lernt. Im Tantrismus wird außerdem der Unterschied zwischen den Kasten und Geschlechtern aufgegeben. Bei der angestrebten Vereinigung von männlichem und weiblichem Prinzip kommt den Kräften der tantrischen Göttinnen eine besondere Rolle zu. Erlösung und höchste Vollkommenheit versprechen sich die Anhänger dieser religiösen Strömung durch das Zelebrieren magischer, mitunter auch orgiastischer Rituale. Dazu gehören die Rezitation mystischer Silben und Zaubersprüche (Mantras), bestimmte ► **Yoga**-Übungen und die rituelle Hingabe an die fünf mit M beginnenden Genüsse: Mada (Wein), Matsja (Fisch), Mamsa (Fleisch), Mudra (Getreidekörner) und Maithuna (körperliche Liebe).

Taoismus

Als Begründer des Taoismus gilt der chinesische Philosoph Laotse, der im 6. Jh. v. Chr. lebte und seine Lehre in dem Buch *Tao-te-king* niederschrieb. Neben Konfuzianismus und Buddhismus ist der sich mit dem Urgrund des Seins beschäftigende Taoismus eine der drei maßgeblichen östlichen Weltanschauungen. Im Zentrum dieser religiös-philosophischen Richtung steht der Begriff Tao, den man mit Weg, Sinn, Intelligenz, Vernunft oder Naturgesetz übersetzen kann. Tao bezeichnet das unfassbare Absolute; es ist ein metaphysisches Prinzip, das keinen Namen und keine Gestalt hat. Nach Auffassung des Taoismus, der die Harmonie zwischen Mensch und Universum anstrebt, besteht die ethische Norm menschlichen Handelns im Nichttun, d. h. im bedingungslosen Annehmen der eigenen Natur. Da das allgegenwärtige und unvergängliche Tao sich selbst nicht ändert und doch als Ursache aller Veränderungen gilt, ist das Höchste, was der Mensch erkennen kann, die Gewissheit des Nichtwissens. Wer sich der Natur hingibt und sich durch Meditation innerlich von allem befreit, was den Weg zum Tao verstellt, kann mit dem Universum eins werden und durch die Erhaltung des Kosmos unsterblich werden. Zu den philosophischen Grundlagen des Taoismus gehört auch die

Naturlehre von den zwei Grundkräften ► **Yin und Yang**. Die mit dem Taoismus verbundenen Körperübungen, Atemtechniken, Diäten und magischen Praktiken sind heutzutage in vielfältig abgewandelter Form in der modernen ► **Esoterik** und der ► **Ganzheitsmedizin** anzutreffen.

Tapas

In der spanischen Esskultur spielen Tapas eine zentrale Rolle. Diese Appetithäppchen werden auf der Iberischen Halbinsel bevorzugt in Bars zu alkoholischen Getränken angeboten. Das zur spanischen Lebensart gehörende Ritual des Tapas-Essens beruht auf jahrhundertelanger Tradition. Ursprünglich wurden die Häppchen besonders zu trockenem Sherry, einer andalusischen Spezialität, gereicht. Das Sherryglas deckte man damals mit einer Scheibe Weißbrot oder einer Scheibe luftgetrocknetem Serranoschinken zu, damit keine Fliegen hineinfielen. So entstand der Name, denn *tapa* heißt zu Deutsch Deckel. Im Lauf der Zeit trat die ursprüngliche Bedeutung in den Hintergrund und man reichte Salzmandeln, Oliven, eingelegte Pfefferschoten, Salate und in Rädchen aufgeschnittene Pfefferwürste (*chorizos*), überdies kleine warme Mahlzeiten – darunter frittierte Fischchen, Krabben, Muscheln, Tintenfischstreifen, gegrillte Maiskolben, Suppen, Tortillas und andere Eiergerichte. Mittlerweile versteht man unter Tapas sämtliche landestypischen Vorspeisen. Viele Spanier begeben sich täglich auf ein Plauderstündchen, ein Glas Sherry oder Wein sowie auf einen kleinen Imbiss in ihre bevorzugte Bar. Je nach Phantasie des Wirts stehen auf der Kneipentheke bis zu 30 Vorspeisen für den Gast bereit.

Tarifautonomie

franz. tarif = Preisverzeichnis
griech. auttonomos = unabhängig

In Deutschland gehört zu den durch die Verfassung geschützten Grundrechten, dass Löhne und Gehälter ebenso wie Arbeits- und Wirtschaftsbedingungen zwischen Vertretern von Arbeitgebern und Vertretern von Arbeitnehmern frei verhandelt werden können. Falls sich die Tarifparteien nicht einig werden, wird oft ein von beiden Seiten akzeptierter Schlichter bestimmt, der die Meinungsverschiedenheiten überwinden hilft. Die erzielten Vereinbarungen werden schriftlich in einem ► **Tarifvertrag** niedergelegt. Vertragsparteien, häufig auch Tarif- oder Sozialpartner genannt, können einzelne Personen, Personengruppen oder Verbände sein, die die Interessen ihrer Mitglieder vertreten. In der Praxis sind dies auf Arbeitnehmerseite die Gewerkschaften, die fast immer regional und branchenbezogen organisiert sind. Die meisten von ihnen sind Mitglied im Dachverband, d. h. im Deutschen Gewerkschaftsbund. Auch die Arbeitgeber haben ihre Interessensvertretungen, die jeweils einzelne Wirtschaftszweige repräsentieren und in überregionalen Bundesverbänden zusammengeschlossen sind. Mit der Tarifautonomie will der Gesetzgeber erreichen, dass weder der Staat noch die politischen Parteien unmittelbaren Einfluss auf die Verhandlungsergebnisse der Sozialpartner nehmen können, da gesetzliche Regelungen ohnehin nicht die notwendige Flexibilität bieten, auf betriebliche, regionale oder branchentypische Besonderheiten Rücksicht zu nehmen. Dem Staat kommt vielmehr die Aufgabe zu, zum einen der deutschen Wirtschaft die internationale Wettbewerbsfähigkeit zu erhalten, zum andern muss er die Arbeitnehmer durch Gesetze in punkto Arbeitssicherheit, Mindesturlaub und maximale Arbeitszeit gegen drohende Gesundheitsschäden schützen.

Tarifvertrag

franz. tarif = Preisverzeichnis

Arbeitgeberverbände und Gewerkschaften legen die Ergebnisse ihrer Verhandlungen über die Arbeitsbedingungen schriftlich in einem Tarifvertrag fest. Darin werden sowohl die Mindestentgelte aller Tarifgruppen für eine in der Regel zwölfmonatige Laufzeit vereinbart als auch die Länge der Arbeitszeit und ihre Unterbrechungen durch Pausen festgeschrieben. Regelungen, die selten Änderungen unterliegen wie z. B. der Umfang des Urlaubsanspruchs und die inhaltliche Beschreibung der Lohngruppen, werden in so genannten Manteltarifverträgen festgehalten, deren Laufzeit zwischen zwei und sechs Jahren beträgt. Der räumliche Geltungsbereich von Tarifverträgen wird unterschiedlich gehandhabt. Zumeist erstreckt er sich auf einzelne Bundesländer, damit die regionalen wirtschaftlichen und sozialpolitischen Besonderheiten berücksichtigt werden können.

Vereinzelt werden aber auch Flächentarifverträge abgeschlossen, die im gesamten Bundesgebiet gültig sind. An die Vertragswerke sind jeweils die Mitglieder der Tarifparteien gebunden – das sind auf Arbeitgeberseite alle Firmen, die dem jeweiligen branchenbezogenen Verband angehören (Metallindustrie, Handel, Banken und Versicherungen oder der öffentliche Dienst); auf der Arbeitnehmerseite sind das die Mitglieder der entsprechenden Gewerkschaften (IG Metall, DAG oder die ÖTV). Dennoch kommen auch Mitarbeiter eines vertragsgebundenen Unternehmens, die nicht Gewerkschaftsmitglieder sind, in den Genuss der tariflichen Vereinbarungen, da die Arbeitgeber in der Regel keine Kenntnis über die Zugehörigkeit Einzelner zu den Interessenvertretungen besitzen. Während der vereinbarten Vertragsdauer herrscht zwischen den Tarifparteien Friedenspflicht, d.h., die Arbeitnehmer dürfen nicht streiken und die Arbeitgeber nicht aussperren.

Tarot

siehe S. 147

Taskforce

engl. task = Aufgabe
engl. force = Truppe

Aus der Erkenntnis, dass man für schwierige Sonderaufgaben Spezialisten braucht, wurde die Idee der Taskforce geboren. Dabei handelt es sich um eine Gruppe von Experten, die zur Lösung eines dringlich anstehenden Problems aus verschiedenen Abteilungen und Bereichen zusammengestellt wird. Genau genommen ist die Taskforce eine Art aktiver Krisenstab, der weder verwaltet noch delegiert, sondern schnell handelt. Für die Dauer seiner Arbeit ist er mit besonderen Vollmachten ausgestattet. Derart können Verfahrenswege auf ein Minimum verkürzt werden. Soll beim Militär beispielsweise eine Sondermission durchgeführt werden, stellt man dafür in der Regel eine Taskforce zusammen. Die Polizei bildet ebenfalls Spezialgruppen, wenn sie ein Kapitalverbrechen möglichst rasch aufklären möchte. Ist die Aufgabe erledigt, wird die Taskforce wieder aufgelöst und die einzelnen Mitglieder kehren in ihren normalen Arbeitsbereich zurück.

Tattoo

Schon in der Antike war es in verschiedenen Kulturkreisen üblich, den Körper zu schmücken, indem man kunstvolle Muster in die Haut ritzte und sie dann mit Pigmenten färbte. Diese schmerzhafte Prozedur hatte ihren Ursprung in religiösen und kultischen Riten. In Japan dienten Tätowierungen einst dazu, Gesetzesbrecher auf Lebenszeit zu brandmarken. Später wurden die fein schattierten und über den ganzen Körper verteilten Hautgemälde der japanischen Meister weltweit berühmt. Die heute in den Industrieländern geläufigen Techniken der Tätowierung, die der britische Weltumsegler James Cook im Jahr 1769 auf seiner ersten Forschungsreise entdeckte und nach Europa mitbrachte, stammen aus Tahiti. Von dem tahitischen Wort *tatau*, das sich mit Zeichen oder Malerei übersetzen lässt, leitet sich der englische Begriff *tattoo* ab, der jetzt die deutsche Ableitung Tätowierung verdrängt hat. Eine um 1890 in Amerika erfundene elektrische Tattoomaschine löste in den westlichen Ländern den ersten großen Tätowierungsboom aus, der damals vor allem die

Phantasievoll gestaltete Tattoos sind gegenwärtig auch bei jungen Frauen groß in Mode.

Männerwelt begeisterte. In jüngster Zeit erlebten Tattoos, die bislang hauptsächlich das Markenzeichen von Seeleuten, Rockern und Strafgefangenen waren, abermals eine Hochkonjunktur und sind neuerdings sogar bei Frauen gesellschaftsfähig geworden. Seit den frühen 90er-Jahren liegt der sowohl aus ästhetischen Gründen als auch aus stillem Protest getragene Hautschmuck vor allem bei der europäischen und der amerikanischen Jugend voll im Trend.

Teambuilding

engl. team = Mannschaft
engl. to build = bauen, errichten

Viele Unternehmen suchen nach Möglichkeiten, die Gruppenarbeit in ihrem Betrieb zu fördern. Der zunehmende Konkurrenzdruck zwingt dazu, so effektiv wie möglich zu arbeiten, Probleme schnell zu lösen und die Kreativität der Belegschaft zu nutzen. Doch ist es nicht allein damit getan, Aufgaben einem Team statt einzelnen Mitarbeitern zu übertragen. Es müssen vielmehr altgewohnte Hierarchien und Führungsverhaltensweisen über Bord geworfen werden. Große Erfolge kann man erzielen, wenn der Vorgesetzte mit allen Gruppenmitgliedern beim so genannten Teambuilding gemeinsam die zu erreichenden Ziele erarbeitet. Dies fördert nicht nur die Motivation, sondern vor allem das unternehmerische Denken und Handeln in der Gruppe. Erfahrungen haben gezeigt, dass es selten sachbezogene Schwierigkeiten sind, die erfolgreiches Arbeiten behindern, sondern zwischenmenschliche Probleme und mangelnde Kommunikation im Team. Daher gehen Firmen zunehmend dazu über, ihre Angestellten gezielt für die in der Teamarbeit notwendigen sozialen Fähigkeiten zu schulen. Deshalb haben moderne Führungskräfte heutzutage vor allem die Aufgabe zu vermitteln und zu ► **coachen**, d.h., die Mitarbeiter in ihren fachlichen Aufgaben zu fördern und im sozialen Verhalten kompetent zu machen.

Techno

→ siehe S. 316

Technologiepark

Die Erforschung und Entwicklung neuer Technologien ist für viele kleine und mittlere Unternehmen zu kostspielig. Das umfangreiche an den Universitäten verfügbare Wissen wird von ihnen oft nicht genutzt, da es ihrer Ansicht nach für die direkte Verwertung nicht praxisnah genug ist. Daher werden in Deutschland seit den 80er-Jahren Technologieparks nach dem Vorbild von ► **Silicon Valley** gegründet. Sie sollen den ► **Technologietransfer** möglichst ungehindert sicherstellen und neuen innovativen Firmen günstige organisatorische und betriebswirtschaftliche Rahmenbedingungen geben. Diese in Hochschulnähe errichteten Zentren bestehen meist aus privatwirtschaftlichen oder öffentlich-rechtlichen Kleinunternehmen, die ihrer Hightechprodukte wegen intensive Forschung betreiben. In den Technologieparks gibt es für alle beteiligten Betriebe gemeinsame Einrichtungen und Dienste wie z.B. Rezeption, Poststelle, Informationstechnologie, Managementberatung sowie Schulungs- und Besprechungsräume. Die besonderen Vorteile der konzentrierten Unternehmensansiedlungen sind: Senkung der Gemeinkosten, leichterer Zugang zu Förderprogrammen, Kontakte zu

Silicon Valley war Vorbild für die in Deutschland errichteten Technologieparks.

qualifizierten Forschern und Studenten, Hilfe bei Vermarktungsproblemen und Unterstützung im Umgang mit Behörden. Mancherorts konnte sich jedoch das ursprüngliche Konzept des Technologieparks nicht erhalten. An die Stelle einiger zahlungsunfähiger Technologieunternehmen traten zunehmend renommierte, alteingesessene Firmen, die lediglich die günstigen organisatorischen Gegebenheiten nutzen und keine Forschungsarbeit leisten.

Technologietransfer

engl. transfer = Weitergabe, Übertragung

Der Austausch von Forschungs- und Entwicklungsergebnissen bzw. von technologischen Kenntnissen zwischen verschiedenen Organisationen ist die entscheidende Grundlage für die Innovationsfähigkeit (► **Innovationsdruck**) vieler Firmen. Dieser Technologietransfer findet in der Regel zwischen Hochschulen bzw. Großforschungseinrichtungen und den Wirtschaftsunternehmen statt, die das aktuelle Wissen nutzen können um neue oder verbesserte Produkte auf den Markt zu bringen oder um wirtschaftlicher fertigen zu können. Die Universitäten haben zu diesem Zweck spezielle Stellen eingerichtet, wo sich die Vertreter der Wirtschaft von Professoren und Dozenten beraten lassen können. Bei den Großforschungseinrichtungen nehmen diese Aufgabe so genannte Technologietransferbeauftragte wahr. Für die Übertragung von Know-how zwischen den einzelnen Firmen sorgen die Technologieberater der Industrie- und Handelskammern, die in diesem Zusammenhang auch bei der Beantragung von staatlichen Fördermitteln behilflich sind. Ein wichtiges Bindeglied zwischen Theorie und Praxis sind z. B. die Fraunhofer-Gesellschaft zur Förderung der angewandten Forschung und die Max-Planck-Gesellschaft zur Förderung der Wissenschaften; beides sind gemeinnützige Organisationen, die teilweise mit öffentlichen Mitteln finanziert werden. Die Steinbeisstiftung, die ähnlichen Aufgaben verpflichtet ist, kommt hingegen ganz ohne staatliche Unterstützung aus. Die zunehmende Konkurrenz aus Südostasien führte in Deutschland bereits seit den 80er-Jahren zur Gründung von Technologiezentren (► **Technologiepark**). Um der dennoch nachlassenden Innovationsfähigkeit der Unternehmen zu begegnen richtete die Bundesregierung 1994 einen Rat für Technologie und Innovation ein, der Empfehlungen für eine gute Zusammenarbeit zwischen Wirtschaft und Forschungseinrichtungen geben soll.

TED

Wer Wettkönig in Deutschlands beliebter Fernsehshow *Wetten dass ...?* wird, bestimmen jeweils am Ende der Sendung die Zuschauer per TED. Das Kürzel steht für Teledialogeinrichtung. Diese macht es möglich, die Anrufer unter einer bestimmten Telefonnummer zahlenmäßig zu registrieren. Auf diese Weise können Fernsehzuschauer oder Radiohörer per Telefon an Abstimmungen teilnehmen. In den Sendungen werden verschiedene Rufnummern, die jeweils eine Meinung repräsentieren, angeboten. Wer sein Urteil per TED abgeben möchte, wählt dann die seinem Abstimmungswunsch entsprechende Nummer. Da sich das Ergebnis der Umfrage mithilfe des Teledialogsystems innerhalb kürzester Zeit ermitteln lässt, kann es noch in der laufenden Sendung bekannt gegeben werden. Das Televotum per TED hat in den letzten Jahren starken Anklang beim Publikum gefunden und ist mittlerweile aus der Medienlandschaft nicht mehr wegzudenken. Auf diese Weise werden z. B. im Rundfunk musikalische Hitparaden zusammengestellt. Im Fernsehen lassen einige Politmagazine das potenzielle Wahlverhalten des deutschen Bürgers über TED

Ohne TED gäbe es keinen Wettkönig in der ZDF-Show *Wetten, dass ...?*

ermitteln. In der Diskussionsrunde *Pro und Contra* holt man über Teledialog die Zuschauermeinung zu aktuellen Themen ein, während sich das Fernsehpublikum in der Sendung *Wie würden Sie entscheiden?* per TED-Abstimmung zu strittigen Rechtsfällen äußern kann. Bei den TED-Umfragen zahlt der Anrufer Telefongebühren, die inzwischen zu einer sprudelnden Einnahmequelle für die Telekom geworden sind.

Teilzeitarbeit

Wer ein Dauerarbeitsverhältnis mit kürzeren Arbeitszeiten als die tariflich oder betrieblich vereinbarte Regelarbeitszeit hat, leistet Teilzeitarbeit, die anders als die ► **geringfügige Beschäftigung** sozialversicherungspflichtig ist. In Deutschland waren 1996 über fünf Millionen Personen teilzeitbeschäftigt, die meisten davon Frauen (94%). Angesichts zunehmender Arbeitslosigkeit sind sich Politiker, Unternehmer und Gewerkschaften einig, Teilzeitarbeit zu fördern, z. B. durch einmalige finanzielle Beihilfen für jeden, der von Vollarbeit auf Teilzeitarbeit umsteigt. Seit Mitte 1996 wird auch die Beschäftigung von Erwerbstätigen in ► **Altersteilzeit** gefördert um der ► **Frühverrentung** entgegenzuwirken und den Übergang in den Ruhestand zu erleichtern. Außerdem erhofft man sich dadurch die Schaffung neuer Arbeitsplätze. Die Gewerkschaften fordern indessen eine Verbesserung der sozialen Absicherung von Teilzeitbeschäftigten sowie gleiche Aufstiegs- und Weiterbildungsmöglichkeiten wie für die Kollegen mit Regelarbeitszeit.

Telearbeit

griech. tele = fern, weit

Die moderne Technik der ► **Telekommunikation** macht es möglich, dass Angestellte ihre Tätigkeiten am Bildschirm zu Hause ausüben können. Dabei ist das Sichtgerät oder der Personalcomputer (► **PC**) über das öffentliche oder private Telefonnetz bzw. über die ► **Datenautobahn** mit einem Computer des Arbeitgebers verbunden. Bei der Telearbeit übernimmt die Firma des Angestellten meist die Kosten für die technische Ausstattung und beteiligt sich auch an der Wohnungsmiete. So können sich die Unternehmen die Anmietung neuer Bürobauten ersparen. Für die Mitarbeiter hat diese Form der Heimarbeit ebenfalls Vorteile, da die Fahrtzeiten zwischen Wohnung und Arbeitsstätte entfallen, was wiederum dem Umweltschutz zugute kommt. Einer 1995 erstellten Studie zufolge bewerteten die meisten Befragten ihre Tätigkeit zu Hause überwiegend positiv, da sie geschäftliche und private Verpflichtungen besser miteinander koordinieren und überdies effizienter arbeiten könnten. Als Nachteil wurde genannt, dass der soziale Kontakt der Belegschaft untereinander verloren gehe. Die Gewerkschaften hingegen befürchten, dass die Arbeitgeber den mit ihnen ausgehandelten ► **Tarifvertrag** aushöhlen könnten, indem die Angestellten in die Scheinselbstständigkeit entlassen werden und danach die gesamte Last der sozialen Absicherung selbst zu tragen haben. In Europa befindet sich die Entwicklung der Telearbeit erst in den Anfängen. 1996 zählte man in der Europäischen Union 1,8 Millionen Erwerbstätige mit Telearbeitsplatz, die Hälfte davon in Großbritannien. In Deutschland – wo laut Bundesforschungsministerium etwa 2,8 Millionen Arbeitsplätze dafür geeignet sind – waren weniger als 200000 Telearbeiter angestellt.

Bei der Telearbeit wird ein Teil der Wohnung zum modernen Büro.

Telekommunikation

griech. tele = fern, weit
lat. communicatio = Mitteilung

Die Übertragung von Informationen (Sprache, Texte, Daten oder Bilder) über größere Entfernungen mittels technischer Einrichtungen wird Telekommunikation genannt. Dazu braucht man geeignete Geräte wie Telefon, Telefax, Computer sowie nachrichtentechnische Kommunikationsträger wie etwa das öffentliche oder private Telefonnetz, Richtfunk, Satelliten oder die ► **Datenautobahn**. Neue Techniken (► **ISDN**) erlauben es heutzutage, alle Informationsarten über dasselbe Kommunikationsnetz mit hoher Geschwindigkeit zu übertragen. Dadurch bieten sich den Wirtschaftsunternehmen völlig neue Möglichkeiten. Einerseits werden Produktions- und Dienstleistungsprozesse dezentralisiert – Zeitungen werden beispielsweise elektronisch in alle Erdteile verschickt und erst dort gedruckt –, andererseits eröffnet sich ein riesiger Markt für Anbieter von Telekommunikationsartikeln (► **Multimedia**). Experten gehen davon aus, dass die Telekommunikation in den kommenden Jahren zu einer der bedeutendsten Branchen und mehr noch zum entscheidenden Wachstumsmotor der Weltwirtschaft wird. Die ersten großen Kommunikationsnetze wurden meist von staatlichen Postgesellschaften entwickelt und betrieben. Damit es zukünftig nicht zu einer Monopolbildung kommt, haben sich die Regierungen der Europäischen Union daraufhin verständigt, den Markt in den Mitgliedsländern ab 1998 für alle Anbieter zu öffnen.

Telelearning

griech. tele = fern, weit
engl. to learn = lernen

Das altbekannte Telekolleg, das der Bayerische Rundfunk 1967 einführte, diente vorwiegend der Erwachsenenbildung. Durch Lernangebote im Fernsehen wurde Studierenden die Möglichkeit gegeben einen mittleren oder höheren Schulabschluss nachzuholen. Mittlerweile wird durch die Tele-Akademie sogar ein Fernstudium mit Hochschulabschluss angeboten. Die neueste Entwicklung des Telelearning verzichtet auf den Fernsehschirm und setzt nun auf Computervernetzung. So wird in einem Berliner Pilotprojekt namens *Comenius* ein Aus- und Weiterbildungsprogramm erprobt. Dort bieten mehrere Schulen zusammen mit der Landesbildstelle multimediale Dienste über das Telefonnetz an. Die Schüler können sich über ► **ISDN** Zugriff zu historischem Filmmaterial verschaffen, am Unterricht in Form von Videokonferenzen teilnehmen und mit ihrem Lehrer per Telefon kommunizieren. Telelearning wird als Wachstumsmarkt angesehen. Bis zum Jahr 2000 wird in dem Sektor mit Umsätzen von über 100 Mio. DM gerechnet.

Telepathie

griech. tele = fern, weit
griech. pathos = Leid, Schmerz

Es gibt Menschen, die scheinbar über fernwirkende Seelenkräfte verfügen. Ihre angebliche Fähigkeit, Empfindungen, Gefühle oder Gedanken einer anderen Person ohne vorherige sprachliche oder körperliche Mitteilung zu erfassen, wird Telepathie genannt. Diese Form der außersinnlichen Wahrnehmung, die von der Wissenschaft skeptisch beurteilt wird und für die man bisher keine befriedigende Erklärung fand, wird von der ► **Parapsychologie** untersucht. Sie unterscheidet dabei die aktive Telepathie – die Gedankenübertragung – von der passiven, dem Gedankenlesen. Mithilfe eines nach dem amerikanischen Parapsychologen Joseph Banks Rhine benannten Kartentests wird nachgeprüft, ob eine Person tatsächlich telepathisch veranlagt ist. Bei dem Experiment muss die Testperson Spielkarten erkennen, die – für sie unsichtbar – hinter einer Wand nach und nach aufgedeckt werden.

Gedanken oder Empfindungen sollen bestimmte Menschen selbst über große Entfernungen empfangen können.

Teleshopping

engl. = am Bildschirm bestellen

Der erste deutsche Teleshopping-Kanal namens H.O.T. ging im Oktober 1995 im Rahmen eines Pilotversuchs auf Sendung. Rund um die Uhr wird eine Vielzahl von Artikeln angeboten, die hauptsächlich aus dem Sortiment eines Versandhauses stammen. In Werbespots präsentiert der Sender Schmuck, Mode, Sportartikel und Elektronikgeräte für den Hausgebrauch, die der Fernsehzuschauer per Telefon bestellen kann. H.O.T. ist ein Gemeinschaftsunternehmen, an dem Quelle, die Kirch-Gruppe und der Pro-7-Geschäftsführer Georg Kofler beteiligt sind. Im ersten Jahr seiner Ausstrahlung erreichte H.O.T., dessen Sendungen *Schnäppchen, Bingo*, *Fundgrube* und *Erlebniskauf* heißen, etwa drei Millionen Zuschauer. Der in den USA bereits weit verbreitete Einkauf am Bildschirm stößt in Deutschland bislang noch auf juristische Hindernisse, da der Rundfunkstaatsvertrag Teleshopping lediglich eine Stunde pro Tag zulässt. Die Ministerpräsidenten der Bundesländer planen jedoch diesbezüglich eine Änderung des Vertrags.

Termingeschäfte

siehe S. 79

Testscreening

In der Filmindustrie verwendet man den englischen Fachbegriff *screen test* für eine Probeaufnahme, mit Testscreening dagegen wird eine Probevorführung bezeichnet. Bevor in den USA ein neuer Streifen in die Kinos kommt, erkunden Hollywoods ► **Marketingmanager** häufig mithilfe von Testscreenings die Reaktionen eines Publikums, das die vom Film angesprochenen Zielgruppen repräsentiert. Solche Probevorführungen und die anschließenden Zuschauerbefragungen, die verkaufsstrategischen Erwägungen dienen, finden besonders bei teuren Kinoproduktionen statt und können sich auf den Filminhalt niederschlagen: Nach mehrheitlichen Wünschen der Testzuschauer werden Filmschnitte durch andere ersetzt und nachträglich gedrehte Filmszenen eingefügt. Dem Einspruch des Testpublikums verdankt die erfolgreiche amerikanische Filmkomödie *Pretty Woman* von 1990, in der sich ein smarter Millionär in eine charmante junge Prostituierte verliebt, ihr märchenhaftes Happyend. In der ursprünglichen Version sollte die sympathische Hure von dem vermögenden Geschäftsmann am Ende lediglich mit einem Nerzmantel abgefunden werden – ein recht unromantischer und obendrein außerordentlich zynischer Schluss, der den meisten Testzuschauern missfiel.

TGV

franz. train à grande vitesse = Hochgeschwindigkeitszug

In Frankreich verkehren schon seit 1981 Hochgeschwindigkeitszüge auf einem eigens dafür gebauten Schienennetz. Sie fahren auf der 425 km langen Strecke zwischen Paris und Lyon mit einer Plangeschwindigkeit von 270 km/h, zwischen Paris und Rennes sogar mit 300 km/h. Auf einer Testfahrt im Jahr 1990 stellte der TGV mit 515 km/h einen heute noch gültigen Weltrekord auf. Damit der TGV bei diesen hohen Geschwindigkeiten auch über die notwendige Stabilität verfügt, sind seine Wagenglieder niedriger und kürzer als die sonst üblichen Eisenbahnwagen. Darüber hinaus sind die beiden Elektrotriebköpfe an den Zugenden aerodynamisch geformt. Das französische Schnellbahnnetz umfasst zurzeit rund 2000 km und soll bis zum Jahr 2010 auf 5000 km erweitert werden. Dieser rasche Ausbau ist durch die Nutzung der schon bestehenden Schienennetze möglich. Wegen seiner kurzen Reisezeiten erfreut sich der TGV wachsender Beliebtheit und die Fahrgäste müssen rechtzeitig einen Sitzplatz reservieren.

Hochgeschwindigkeitszüge wie der TGV werden bald alle Hauptstädte der EU anfahren können.

Thalassotherapie

siehe S. 282

Thermische Abfallverwertung

Obwohl das ► **duale System** zu einer verstärkten Wiederverwertung des Abfalls führte, muss dennoch der weitaus größere Anteil des Mülls beseitigt werden. Das geschieht entweder durch Entsorgung auf Deponien oder durch Verbrennung in thermischen Abfallverwertungsanlagen. Letzteres Verfahren bietet zwei Vorteile: Zum einen wird dadurch Energie – darunter Fernwärme – gewonnen; zum andern müssen nur noch Asche und Schlacke auf den überquellenden Mülldeponien gelagert werden. Die bei der Verbrennung entstehenden Rauchgase werden zunächst über Filteranlagen gereinigt und dann in die Atmosphäre geleitet. Dennoch sind Müllverbrennungsanlagen umweltpolitisch umstritten, da trotz Filter giftige Abgase – wenn auch in geringeren Mengen – in die Luft gelangen. Mitte der 90er-Jahre kam aus Italien ein neues Verfahren mit der Bezeichnung Thermo-Select auf den Markt, von dem man sich erheblich geringere Umweltbelastungen verspricht. Bei diesem System wird der Müll nicht mehr im herkömmlichen Sinn verbrannt, sondern mit hohen Temperaturen so behandelt, dass dabei wieder verwertbare Mineralstoffe, Metalle, Gase und Wasser ausgeschieden werden. In Deutschland haben sich einige Landkreise für diese Technik entschieden.

Mit thermischer Abfallverwertung wird auch Wärmeenergie gewonnen.

Thermographie

siehe S. 120

Thermotherapie

siehe S. 283

Thymuspräparate

Die hinter dem Brustbein gelegene Thymusdrüse nimmt eine Schlüsselstellung im Immunsystem des Menschen ein, da sie aufgrund ihrer stark lymphozytenhaltigen Rinde wesentlich an der Bildung der Körperabwehrstoffe beteiligt ist. In der Jugend spielt der Thymus bei den Wachstumsvorgängen eine wichtige Rolle; nach der Pubertät beginnt er sich zurückzubilden und in Fettgewebe umzuwandeln. Bestimmte Naturheilverfahren wie die Organotherapie setzen zur Behandlung von Infektanfälligkeiten, Immunschwäche (► **Aids**), ► **Allergien**, Heuschnupfen, Rheuma, Asthma und chronischer Bronchitis Thymuspräparate ein, die die körpereigenen Selbstheilungskräfte anregen sollen. Die Verwendung dieser aus den Thymusdrüsen junger Kälber und Schafe gewonnenen Extrakte ist heftig umstritten, da die tierischen Eiweißgewebe beim Menschen schwerste Abwehrreaktionen bis hin zum tödlichen anaphylaktischen Schock (allergische Reaktion des Organismus) auslösen können.

Tigerstaaten

In Südostasien haben sich in den 90er-Jahren einige Staaten wirtschaftlich besonders stark entwickelt – allen voran die vier Länder Hongkong, Südkorea, Singapur und Taiwan, die man die kleinen Tigerstaaten nennt. Diese konnten Schätzungen der Weltbank zufolge 1994 im Durchschnitt 9,3% und 1995 7.1% wirtschaftliches Wachstum vorweisen. Da die kleinen Tigerstaaten erwarten lassen in absehbarer Zeit die Voraussetzungen für ein industriell entwickeltes Land zu erfüllen, gelten sie als ► **Schwellenländer**. Zum Kreis der Tigerstaaten gehören außerdem die Länder Brunei, Indonesien, Malaysia, Philippinen, Singapur, Thailand und Vietnam. Diese haben sich zum Ziel gesetzt ihre wirtschaftliche Zusammenarbeit zu vertiefen, um im internationalen Wettbewerb besser bestehen zu können. Da die Tigerstaaten eine wachsende Wirtschaftsmacht mit einem interessanten Markt darstellen, kam es im März 1996 zum ersten asiatisch-europäischen Gipfel, auf dem die Teilnehmer eine engere wirtschaftliche, wissenschaftliche und kulturelle Zusammenarbeit vereinbarten. In jüngster Zeit gibt es jedoch Anzeichen, dass das bisher ungebremste Wachstum in den Tigerstaaten zu Ende geht: Zunehmende Auslandsverschuldung, sinkendes Exportvolumen, geringere Gewinne der Unternehmen bei steigenden Lohnkosten und Streiks zählen zu den Vorboten eines Umschwungs.

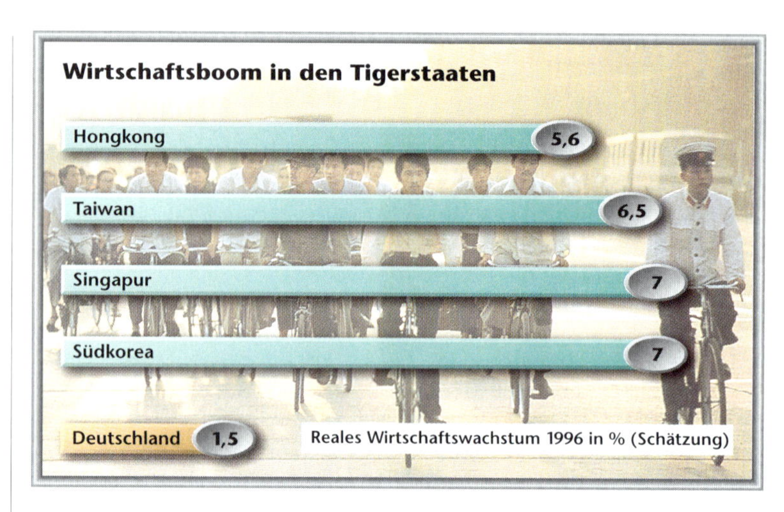

Tilgung

Wer ein Darlehen aufnimmt, begleicht die Schuld durch Zahlung von Zinsen und Tilgung, wobei unterschiedliche Vereinbarungen getroffen werden können. So ist es möglich, die Schuld entweder in einem Betrag nach der festgesetzten Zeit zurückzubezahlen oder aber in regelmäßigen gleich hohen Tilgungsraten. Dabei reduzieren sich die Zinszahlungen entsprechend der Abnahme der Darlehenshöhe. Die Gesamtrate nimmt daher kontinuierlich ab. Eine dritte Möglichkeit ist die so genannte Annuität, bei der eine gleich bleibende Rate aus Zins und Tilgung bezahlt wird. Bei dieser Form der Darlehensrückzahlung verringert sich der Zinsanteil von Rate zu Rate, da die Schuld abnimmt; die Tilgung hingegen nimmt um den gleichen Betrag zu.

Timesharing-Immobilien

engl. time = Zeit
engl. to share = teilen

Als Alternative zur eigenen Ferienwohnung, die meist nur während der Urlaubswochen genutzt wird und sonst leer steht, bieten einige Gesellschaften

Timesharing-Immobilien an. Der Interessent kann hierbei den Anteil einer Immobilie für eine einmalige Zahlung von z.B. 20000 DM erstehen. In diesem Fall erwirbt der Käufer aber keinen Besitz, sondern lediglich Ferienwohnrechte auf Lebenszeit. Die Urlaubskoordination übernimmt die Immobiliengesellschaft für die so genannten Anteilseigner. Wenn zeitliche Überschneidungen eintreten sollten, werden als Ersatz komfortable Hotels oder gleichwertige Wohnungen angeboten, die am selben Ort oder auch in ganz anderen Urlaubsregionen liegen können. Obwohl diese Vereinbarungen zumeist in den abgeschlossenen Verträgen schriftlich zugesichert werden, berichten die Medien immer wieder über Firmen, die mit unlauteren Tricks Interessenten anlocken und dann die versprochenen Leistungen nicht erbringen.

Tiramisu

Die ursprünglich aus der italienischen Region Venetien stammende Süßspeise Tiramisu erfreut sich hierzulande seit den 80er-Jahren großer Beliebtheit. Der Name Tiramisu, der ins Deutsche übersetzt „Zieh mich hoch“ bedeutet, charakterisiert bildhaft die Zubereitungsweise. Hergestellt wird das Dessert aus Löffelbiskuits, die man kurz in eine Mischung aus kaltem Espresso und Weinbrand taucht, bevor man sie dann abwechselnd mit einer schaumig geschlagenen Creme aus Eigelb, Zucker und Mascarpone, einem italienischen Doppelrahm-Frischkäse, in einer flachen Schüssel aufschichtet und zuletzt mit Kakaopulver bestäubt. Am besten schmeckt die Süßspeise, wenn man sie mehrere Stunden im Kühlschrank ziehen lässt. Tiramisu hat allerdings wegen der in den letzten Jahren immer wieder auftauchenden Gefahr salmonellenverseuchter Eier etwas von seiner Popularität eingebüßt. Zu schweren bakteriellen Lebensmittelvergiftungen kann auch der im Tiramisu verarbeitete Mascarpone führen, falls dieser verdorben ist.

TM

Der indische Mönch Maharishi Mahesh Yogi begründete 1958 in Madras eine Meditationsbewegung, die durch das Überschreiten der eigenen Bewusstseinsgrenzen den Weg zur Erkenntnis sucht und daher Transzendentale Meditation (abgekürzt TM) genannt wird. Diese Versenkungsmethode, die sich mit wissenschaftlichem Anspruch dem Übersinnlichen zuwendet, fand während der 60er- und 70er-Jahre vor allem unter den Hippies in den westlichen Industrieländern zahlreiche Anhänger. Für ihre Ziele setzt die aus dem Hinduismus hervorgegangene TM Praktiken des ► **Tantrismus** ein. Mithilfe einer mystischen Meditationssilbe, auf die sich die Yogi-Jünger konzentrieren, sollen höhere Bewusstseinszustände und übernatürliche Fähigkeiten wie die Aufhebung der Schwerkraft erreicht, Stress abgebaut und eine in der Tiefe des Seins ruhende „kreative Intelligenz“ freigesetzt werden. Die ursprünglich rein philosophisch-religiösen Denkweisen der TM führten im Lauf der Zeit zu einer totalitären Gesinnung vieler Anhänger, die hinter der äußeren Fassade für sich insgeheim eine politische Weltherrschaft anstreben. Im Jahr 1992 gründeten etwa 2000 Yogi-Jünger die so genannte Naturschutzpartei, die zwei Jahre später – mit geringem Erfolg – bei den Europa-, Bundestags- und Landtagswahlen mit dem Versprechen antrat, die Probleme der Arbeitslosigkeit, Kriminalität sowie des Umweltschutzes zu lösen.

Einigen Anhängern der TM gelingt das Kunststück, aus dem Schneidersitz hochzuspringen.

Tourismusabgabe

In deutschen Kurorten müssen die Gäste eine Gebühr entrichten, mit der Kureinrichtungen finanziert werden. Nach einer Untersuchung von 1996 umgeht in Norddeutschland rund ein Drittel aller Gäste die Zahlung der Kurtaxe. Stattdessen fordern Lokalpolitiker nun eine Tourismusabgabe, die von den Gemeinden jährlich bei den ortsansässigen Hotels, Pensionen und Zimmervermietern eingetrieben werden soll. Die Hoteliers haben ihrerseits die Möglichkeit diese Gebühr indirekt von ihren Gästen zu verlangen, indem sie die Übernachtungspreise entsprechend erhöhen.

TQM

engl. Abk. für total quality management = umfassendes Qualitätsmanagement

Die angestrebte Qualität von Dienstleistungen und Produkten entsteht nicht durch die Prüfung, sondern durch die detaillierte Planung aller Arbeitsschritte. Diese Erkenntnis ist der Kerngedanke des TQM, das für seine Ziele alle Bereiche und Mitarbeiter eines Betriebs mit einbezieht. Qualität wird zur Chefsache erklärt – damit ist gemeint, dass die Unternehmensführung ebenso wie für den wirtschaftlichen Erfolg auch für die Einhaltung eines Regelwerkes zur Qualitätssicherung zuständig ist. Alle Beschäftigten sind aufgefordert zu einem kontinuierlichen Verbesserungsprozess (► **KVP**) beizutragen. Fehler sollen nicht nur im Einzelfall behoben werden, es gilt vielmehr die Ursachen dafür zu ermitteln und zu beseitigen, damit künftig gleiche Fehler nicht mehr auftreten. Das kann zu einer erheblichen Kostenreduzierung führen, da Planabweichungen frühzeitig erkannt werden. Insgesamt geht es jedoch nicht darum, unbedingt höchsten Qualitätsansprüchen zu genügen, sondern ein angemessenes Preis-Leistungs-Verhältnis zu finden, auf das sich die Kunden verlassen können.

Trailer

engl. trailer = Anhänger, (Film-)Vorschau

Einen kurzen, werbewirksamen Zusammenschnitt aus Szenen eines Films nennt man in Fachkreisen Trailer. Dieser dient als Vorschau, mit der Reklame für den demnächst zu spielenden Hauptfilm gemacht wird. Damit sich die Werbung gut einprägt, werden für den Trailer einige Höhepunkte des Films, seien es spannende Actionszenen oder originelle Textdialoge, zusammengestellt. Für den Film *Apollo 13,* der den vorzeitigen Abbruch des bemannten amerikanischen Mondfluges im März 1970 wegen eines Raumschiffdefekts zum Thema hat, wählte man als Trailer einen Satz aus der Schlüsselszene. „Hallo, Huston, ich glaube, wir haben ein Problem" tönte es bereits Wochen vor der Filmpremiere in Kino-, Fernseh- und Radiotrailern.

Mit Trailern werben Fernsehsender für ihre Programme.

Der früher ausschließlich in der Filmindustrie übliche Trailer wird seit einiger Zeit auch in den privaten sowie öffentlich-rechtlichen Rundfunk- und Fernsehanstalten zu Reklamezwecken eingesetzt, um auf den Sender oder ein spezielles Programm hinzuweisen.

Trainee

engl. to train = ausbilden

Wenn Unternehmen Hochschulabsolventen mit dem Ziel einstellen, ihnen baldmöglichst Führungsaufgaben zu übertragen, dann stellen sie ein spezielles Trainee-Programm zusammen. Bei dieser Ausbildung durchlaufen die so genannten Trainees alle wichtigen Firmenabteilungen, in denen sie der jeweiligen Führungskraft des Geschäftsbereichs persönlich unterstellt werden. Auf diese Weise werden die Trainees mit allen betrieblichen Abläufen und Arbeitsinhalten vertraut gemacht. Das Ausbildungsprogramm dauert in der Regel etwa 1–2 Jahre. Anschließend können die Nachwuchskräfte eine geeignete Position mit Karrierechancen im Betrieb übernehmen.

Trance Musik

Zu den vielen neuen Musikrichtungen der letzten Jahre zählt auch die Trance Musik. Ihre sphärischen Klänge sollen den Zuhörer in einen meditativen Zustand der Entrückung versetzen. Sie ist vor allem für junge Leute gedacht, die harte Disko-Tanzrhythmen genossen haben und sich danach entspannen wollen. Nach ► **Techno**-Veranstaltungen kann man häufig als Ausgleich in einem ► **Chill-out-room** Trance Musik hören. Ein bekannter Vertreter dieses sphärischen Musikstils, der synthetisch produziert wird und daher ohne Interpreten auskommt, ist Mijk van Dijk mit seinem Tranceprojekt *Cosmic Baby*.

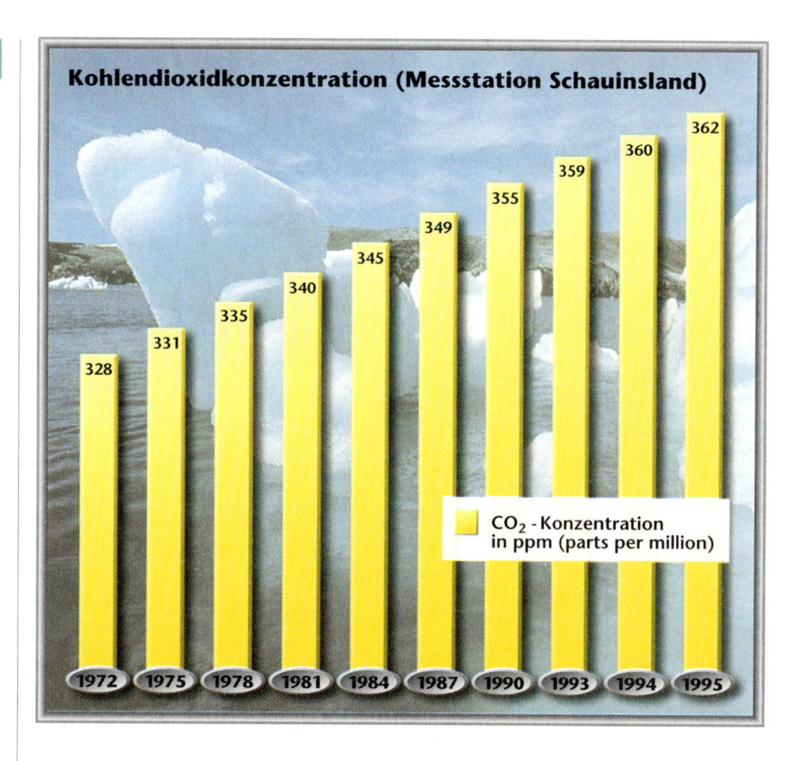

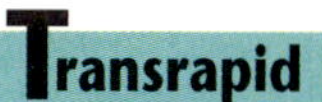

Transrapid

Der deutsche Bundestag hat im Mai 1996 dem Bau einer Magnetschwebebahnstrecke zwischen Hamburg und Berlin zugestimmt, auf der die Hochgeschwindigkeitsbahn Transrapid verkehren soll. Mit dem Bau der 292 km langen Fahrstrecke soll 1998 begonnen werden, mit ihrer Fertigstellung rechnet man im Jahr 2005. An den Kosten von 8,9 Mrd. DM beteiligt sich der Staat mit 5,6 Mrd. DM, der Rest soll von der Industrie investiert werden. Der zukünftig auf einem Magnetfeld über einer Stahlschiene schwebende Transrapid kann Geschwindigkeiten bis zu 500 km/h erreichen, so dass die Fahrzeit zwischen Berlin und Hamburg weniger als eine Stunde betragen wird. Kritiker zweifeln jedoch an der Notwendigkeit des Transrapid, da Hochgeschwindigkeitszüge wie der ► **ICE** fast genauso schnell sind. Zudem wird von vielen Skeptikern die Wirtschaftlichkeit des Transrapid in Frage gestellt. Dennoch wurde nach langen Anlaufschwierigkeiten im April 1997 beschlossen, das Hightech-projekt zu verwirklichen. Nach einem Gutachten müssen mehr als zwölf Millionen Fahrgäste die Strecke zurücklegen, um in die Gewinnzone zu kommen.

Treibhauseffekt

Wissenschaftler gehen davon aus, dass sich bis zum Jahr 2100 das Weltklima um etwa 3,5° C erwärmen wird. Schuld daran sind ihrer Ansicht nach die Treibhausgase – darunter Kohlendioxid, Methan, Stickstoffoxid und Fluorchlorwasserstoffe (► **FCKW**). Diese werden von der Industrie, dem Verkehr, der Landwirtschaft und den Privathaushalten vor allem durch Verbrennen fossiler Rohstoffe freigesetzt. Die Treibhausgase bilden in der Atmosphäre eine Schicht, die die von der Erdoberfläche aufsteigenden Infrarotstrahlen reflektiert. Auf diese Weise staut sich die Wärmeenergie, so dass die durchschnittliche Temperatur der Atmosphäre kontinuierlich erhöht wird. Dieser Treibhauseffekt kann eine erhebliche ► **Klimaveränderung** zur Folge haben. Mit Modellrechnungen versuchen Forscher die Auswirkungen abzuschätzen. Bis zum Jahr 2100 erwartet man einen Anstieg des Meeresspiegels um etwa 1 m. Nach dieser Prognose werden zahlreiche Küstenländer wie z. B. Florida, die Niederlande und Bangladesch ebenso wie die Inseln im pazifischen Raum von verheerenden Überschwemmungen bedroht sein.

TRENDSPORTARTEN

Höher – schneller – weiter

Ohne Bergsteigerausrüstung erklimmt ein durch ein Seil gesicherter Freeclimber eine Steilwand.

Paragliding

Den alten Menschheitstraum vom freien Fliegen verwirklichen die Paraglider oder Gleitschirmflieger, wenn sie bei günstigen Windverhältnissen von Hügeln oder Bergen schweben. Zum Starten laufen sie hangabwärts, wobei sich der Schirm vollständig mit Luft füllen muss, bevor der Flug beginnen kann. Um die Richtung zu ändern werden wie bei der Landung Steuerleinen benutzt. Eine gründliche Ausbildung ist Voraussetzung für ungetrübtes Flugvergnügen.

Speedgliding

Bei dieser spektakulären Form des Gleitschirmfliegens können sehr hohe Geschwindigkeiten erzielt werden, indem man sich an ein Rennboot oder ein anderes Motorfahrzeug anhängt. Speedglider treten oft in Wettbewerben Mann gegen Mann an.

Snowboarding

In den internationalen Skigebieten sieht man immer häufiger jugendliche Snowboardfahrer. Auf ihren langen Gleitbrettern rasen sie die Pisten hinunter und vollführen dabei Kunststücke wie Sprünge, Pirouetten oder sogar Salti. Da bei den Abfahrten Geschwindigkeiten von bis zu 100 km/h erreicht werden können, ist eine perfekte Beherrschung des Sportgerätes notwendig um andere Snowboarder oder alpine Skisportler nicht zu gefährden. Viele der weltweit mehr als drei Millionen Anhänger des Snowboardings benutzen – ähnlich wie beim Windsurfing – in flachem Gelände ein Segel.

Freeclimbing

Das Freiklettern, vor kurzem noch eine Randsportart, erlebt in den letzten Jahren einen wahren **Boom** und wird in Deutschland von rund 300000 Anhängern betrieben. Gesichert durch ein Seil erklimmen die Extremsportler ohne die übliche Bergausrüstung Steilwände, wobei sie mit Fingern und Zehen an winzigen Spalten und Vorsprüngen Halt suchen. Im Winter trainieren Freeclimber in Kletterhallen an künstlichen Wänden mit unterschiedlichen Schwierigkeitsgraden.

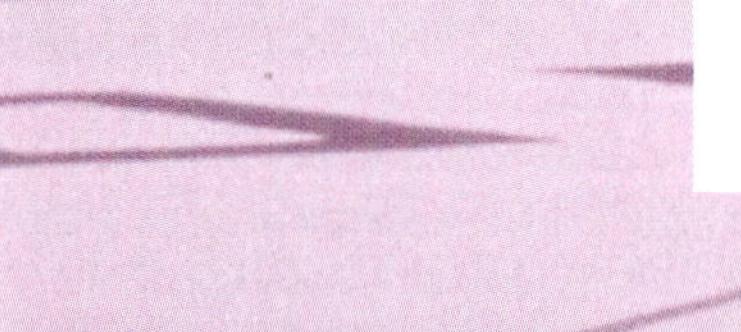

Beim Heliskiing lassen sich die Skifans von Hubschraubern im Hochgebirge absetzen (rechts oben).

Ein Snowboarder vollführt einen spektakulären Sprung.

Heliskiing

Die Freunde des Heliskiing lassen sich von einem Helikopter auf Hochplateaus oder Hängen mit Neuschnee absetzen. Die Wintersportler sind hier unter sich und kaum eine fremde Spur stört die Illusion einer unberührten Natur. Heliskiing ist besonders in den Weiten der amerikanischen Rocky Mountains populär, aber auch in der Schweiz, Österreich und Deutschland hat es begeisterte Anhänger.

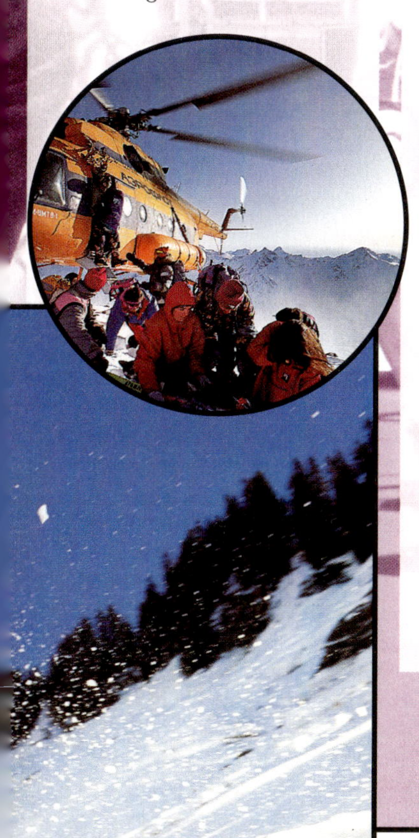

Calcetto

Einige der besten Fußballspieler lernten ihre ersten Tricks beim Straßenfußball, dessen moderne Form als Calcetto (von ital. *calcio* = Fußball) oder Streetsoccer (engl. = Straßenfußball) bezeichnet wird. Angesehene Fußballvereine fördern Calcettoturniere, die auf kleinen Plätzen ausgetragen werden. Für die Stimmung während der Spiele sorgt häufig laute Popmusik.

Streetball

Das Auftreten des US-amerikanischen Basketball-Dreamteams bei den Olympischen Spielen 1992 und 1996 und der Gewinn der Europameisterschaft durch die deutsche Nationalmannschaft 1993 führten zu einem Basketballboom in Deutschland. Dies gilt weniger für Basketball in der Halle als für Streetball, das Spiel auf der Straße und auf Plätzen nach vereinfachten Regeln. Zwei Teams von je drei Spielern kämpfen dabei um den Sieg. Jeder erzielte Korb innerhalb des Weitwurfkreises, der einen Durchmesser von 6,25 m aufweist, zählt einen Punkt, Treffer aus der Distanz werden mit zwei Punkten belohnt. Ein Streetballspiel endet nach 20 Minuten oder wenn eine Mannschaft 15 Punkte erzielt hat und mindestens zwei Punkte Vorsprung besitzt.

Technische Feinheiten erlernte so mancher Topspieler beim Straßenfußball oder Calcetto (ganz oben).

In unwegsamem Gelände fühlen sich Crosscountry-Sportler wie diese Mountainbiker in ihrem Element (oben).

Crosscountry

Sportarten, bei denen es querfeldein geht, werden auch als Crosscountry bezeichnet. Unter diesen Oberbegriff fallen Geländeläufe ebenso wie Fahrten mit dem **Mountainbike**. Ungepflasterte Wege, Pfade oder einfach ein Stück freie Natur kommen für Crosscountry-Sportarten infrage.

Für ihre Extremtouren benötigen Trekker eine spezielle Wanderausrüstung.

Trekking

afrikaans trek = reisen, ziehen

Da in letzter Zeit immer mehr Menschen die sportliche Herausforderung in der Natur suchen, bieten Reiseunternehmen seit einigen Jahren verstärkt Trekkingurlaube mit erfahrenen Geländeführern an. Diese extremen Wandertouren, bei denen es teilweise große Höhenunterschiede zu bewältigen gilt, fordern von den meist querfeldein oder auf schmalen Pfaden marschierenden Teilnehmern eine überdurchschnittlich gute Körperkondition. Zudem führen die anstrengenden Etappen oft tagelang durch einsame, unbewohnte Gebirgsgegenden, sodass die Gruppe währenddessen ganz auf sich allein angewiesen ist. In europäischen Breitengraden ist Trekking z.B. in Finnland oder Schweden möglich. Für Extremwanderer, die es in ferne Länder zieht, werden Trekkingtouren in den Anden, im Himalaya oder in den Ausläufern der Sahara durchgeführt. Für all das, was ein richtiger Trekker auf Reisen braucht, halten spezielle Ausstattungsgeschäfte Checklisten bereit. Rucksack, Zelt und ► **Survival**-Päckchen gehören ebenso zur Ausrüstung wie Kartenmaterial und Kompass. Wichtig ist vor allem das passende Schuhwerk, das keinesfalls neu, sondern bereits eingelaufen sein sollte, damit es unterwegs keine schmerzhaften Blasen gibt.

Trendscout

engl. trend = Richtung, Strömung
engl. scout = Kundschafter

Was gerade in oder aus der Mode ist, bestimmen gesellschaftliche Trends. Da diese immer rascher wechseln, setzen Werbeagenturen, Modeunternehmen und viele andere Produzenten neuerdings Trendscouts ein, deren Aufgabe es ist, aktuelle Entwicklungstendenzen frühzeitig aufzuspüren. In Diskotheken, Geschäften, Supermärkten, auf Partys und auf der Straße beobachten die Scouts Verhaltensweisen und das damit verbundene Lebensgefühl moderner Konsumenten um herauszufinden, was zu einem massenwirksamen Trend werden könnte. Vor allem in den Weltmetropolen New York, Tokio, London, Paris, aber auch in Berlin, Köln und München kundschaften sie aus, was augenblicklich in der Jugendszene ankommt – seien es Vorlieben in der Musik, bei der Kleidung oder beim Essen und Trinken. Diese Informationen werten Trendagenturen und Trendforscher für mögliche Marktstrategien aus. Die Analyse der Trendhinweise soll Aufschluss darüber geben, welche Kleidung, welche Duftnote, welches Möbel- und Autodesign in Zukunft längerfristig Konjunktur haben könnten.

Trennkost

Die von dem amerikanischen Arzt William Howard Hay (1866–1940) entwickelte Trennkost erfreut sich seit einigen Jahren wieder großer Beliebtheit. Hauptmerkmal dieser Ernährungsform ist – wie es der Name schon andeutet – die Trennung von eiweißreichen und kohlenhydrathaltigen Nahrungsmitteln. Nach diesem Konzept dürfen Fleisch, Geflügel, Fisch, Eier, Milch und Käse, die zur Eiweißgruppe zählen, innerhalb einer Mahlzeit nicht zusammen mit Vollkorngetreide, Kartoffeln, Reis, Nudeln und Brot, die den Kohlenhydraten zuzuordnen sind, verzehrt werden. Das Trennungsprinzip begründet Hay damit, dass der Verdauungsapparat des Menschen Eiweiß und Stärke nicht gleichzeitig verarbeiten könne – eine Auffassung, die heutzutage weder bei Ärzten noch bei Ernährungsexperten Zustimmung findet. Darüber hinaus empfiehlt Hay, bevorzugt Basen bildende Lebensmittel zu essen, um damit der Übersäuerung des Körpers vorzubeugen. Gemüse, Salate und Obst sollen seiner Ansicht nach die hauptsächlichen Bestandteile der Gerichte sein, während Fleisch, Fisch, Kohlenhydrate und Zitrusfrüchte, da sie zu den Säurebildnern zählen, nur in begrenzten Mengen einzunehmen sind. Obwohl die haysche Trennkost in vielerlei Hinsicht als wissenschaftlich überholt gilt, ist sie dennoch nützlich, wenn man von schlechten Essgewohnheiten auf eine gesündere Ernährungsweise umstellen möchte. Ihre ballastreiche und fettarme Speisenzusammenstellung fördert das allgemeine

Wohlbefinden und verspricht ganz konkret Besserung bei Verdauungsproblemen, vor allem bei Verstopfung.

Treuhand

Handelt eine Person oder eine Firma im eigenen Namen, wenn sie Vermögen anderer verwaltet oder deren Rechte vertritt, so spricht man von einer Treuhand. Die weltweit größte Gesellschaft, die treuhänderisch handelte, war die im März 1990 gegründete und im Dezember 1994 planmäßig wieder aufgelöste Treuhandanstalt. Dieser Institution des öffentlichen Rechts wurde die Aufgabe übertragen, die früheren volkseigenen Betriebe und Kombinate der DDR zu privatisieren, zu sanieren oder gegebenenfalls stillzulegen. Von den fast 14000 ostdeutschen Unternehmen, die etwa vier Millionen Menschen beschäftigten, konnten über 6000 privatisiert werden, während nahezu 4000 in Konkurs gingen. Weitere 2000 Unternehmen wurden den ehemaligen Eigentümern zurückgegeben oder den Kommunen übertragen. In den viereinhalb Jahren ihrer Existenz summierten sich die Gesamtausgaben der zunächst von Detlev Karsten Rohwedder, später von Birgit Breuel geleiteten Treuhandanstalt auf über 340 Mrd. DM, denen Einnahmen von rund 75 Mrd. DM gegenüberstanden. Die hinterlassenen Schulden wurden durch den Erblastentilgungsfond des Bundes gedeckt. Mit dem im April 1994 verabschiedeten Treuhand-Strukturgesetz wurde die Anstalt in drei Nachfolgeorganisationen überführt. Diese haben seit Anfang 1995 die Aufgabe übernommen, zum einen die Privatisierungsverträge zu überwachen, zum anderen die von der Treuhandanstalt noch nicht verkauften Unternehmen zu veräußern sowie Interessenten für die restlichen Grundstücke zu finden.

Triathlon

griech. triathlon = Dreikampf

Sportliche Mehrkämpfe stellen besonders hohe Anforderungen an die Athleten. Dazu gehört das

Der Triathlonwettbewerb im fränkischen Roth ist alljährlich ein sportlicher Höhepunkt.

Triathlon mit seinen drei recht unterschiedlichen Disziplinen. Zunächst zeigen die Sportler ihre Leistungen beim Freistilschwimmen, bevor sie dann ihre Kräfte in einem Straßenradrennen messen. Der Wettkampf endet schließlich mit einem Langstreckenlauf. Da zwischen den Disziplinen keine Verschnaufpausen zugelassen sind, müssen die Athleten beim Triathlon über eine außergewöhnlich gute Kondition verfügen um die je nach Austragungsort unterschiedlich langen Strecken bewältigen zu können. Vor allem beim weltberühmten, auf Hawaii stattfindenden ► **Ironman** gilt es für die Wettkampfteilnehmer, all ihre Kraft aufzubieten um 3,8 km Schwimmen, 180 km Radfahren und zuletzt den Marathonlauf über 42,2 km zu absolvieren. In der Regel werden jedoch kürzere Strecken bevorzugt. Bei der ersten Europameisterschaft, die 1985 im Allgäu veranstaltet wurde, folgte dem 1300 m langen Schwimmwettbewerb ein Radrennen über 59,2 km. Der abschließende Langstreckenlauf war auf 12,3 km beschränkt. Die Deutsche Triathlon Union organisiert jährlich eine Wettkampfserie von elf Veranstaltungen, die Deutsche Meisterschaft eingeschlossen, bei denen die besten Dreikämpfer ermittelt werden. Neuerdings bieten Veranstalter auch Varianten an, bei denen einzelne Disziplinen gegen andere ausgetauscht werden, wie z. B. Radfahren gegen einen Skilanglauf beim Seawolf Triathlon in Alaska. Bei den Olympischen Spielen 2000 in Sydney, Australien, wird der Triathlon erstmals ins Programm aufgenommen.

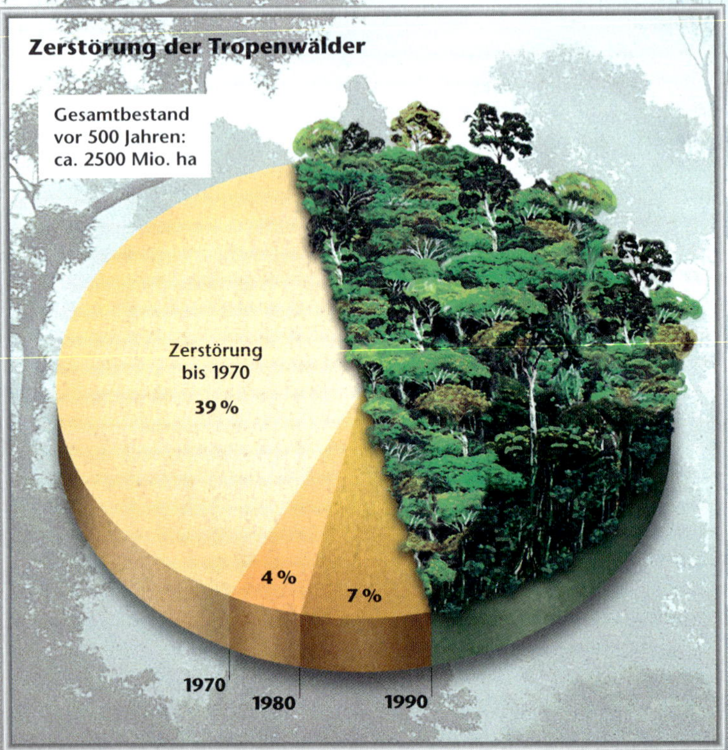

Zerstörung der Tropenwälder

Trickski

Als ► **Freestyle**-Sportart kam Anfang der 70er-Jahre das Trickskifahren mit den Disziplinen Sprung, Buckelpistenfahren und Skiballett auf. Um die geforderten Schrittkombinationen, artistischen Schwünge, Salti und Schrauben auszuführen braucht man spezielle Skibretter, die sich von denen der alpinen Skisportarten unterscheiden. Die Akrobaten verwenden einen recht elastischen und äußerst drehfreudigen Trickski, der mit 1,3–1,4 m extrem kurz ist. Sein meist aus Holz bestehender Kern ist von einem Kunststoffmantel umgeben; eine Metallschicht auf der Oberseite sorgt für die notwendige Drehstabilität. Die Skistöcke reichen bis Schulterhöhe. Skibindung und Schuhwerk unterscheiden sich hingegen nicht von der sonst üblichen alpinen Skiausrüstung.

Trip

→ siehe S. 225

Tropenwälder

Entlang dem Äquator, wo das Klima ganzjährig feuchtheiß ist, erstrecken sich die tropischen Regenwälder. Diese riesigen immergrünen Waldgebiete, die rund 6% der Erdoberfläche bedecken, breiten sich inselartig in Mittel- und Südamerika, Afrika, Asien und als schmaler Saum in Australien aus. Zusammen ergeben sie etwa ein Drittel der gesamten Waldfläche der Erde.

Charakteristisch für die Tropenwälder ist ihre Gliederung in meist drei, nur selten fünf Baumstockwerke: Die oberste Etage bilden bis zu 60 m hohe Urwaldriesen, die das geschlossene Blätterdach der niedrigeren Baumschichten überragen. Die Regenwälder beherbergen etwa 40% aller bekannten Tier- und Pflanzenarten und bilden so die artenreichste Lebensgemeinschaft auf dem Globus. Die Verdunstung über den Tropenwäldern, die für reichlich Niederschläge sorgt, ist eine wesentliche Voraussetzung für das klimatische Gleichgewicht der Erde. Einen weiteren positiven Beitrag für das weltweite Klima leisten die Regenwälder, indem sie das in der Atmosphäre vorhandene Kohlendioxid in großen Mengen aufnehmen und an sich binden und dadurch dem ▶ **Treibhauseffekt** entgegenwirken. Durch großflächige Brandrodungen und durch übermäßiges Abholzen sind die Regenwälder jedoch zunehmend bedroht. Zwischen 1985 und 1995 wurden auf diese Weise über 150 Mio. ha Tropenwald vernichtet. Da sich in den abgeholzten Regionen der Boden bereits nach wenigen Jahren in eine unfruchtbare Kruste verwandelt, deren landwirtschaftliche Nutzung nicht mehr lohnt, werden immer wieder neue Waldgebiete gerodet. Dieser Raubbau hat Überschwemmungen, Bodenerosion und Versteppung zur Folge und trägt langfristig zur globalen ▶ **Klimaveränderung** sowie in weiten Gegenden zu ▶ **Wasserknappheit** bei. Wenn das Roden in gleichem Maß wie bisher weitergeht, werden die Tropenwälder voraussichtlich in den nächsten 50 Jahren verschwinden und mit ihnen mindestens 500000 Tier- und Pflanzenarten. In Thailand, Malaysia, Vietnam, West- und Ostafrika, auf Madagaskar und den Philippinen rechnet man bereits zur Jahrtausendwende mit der vollständigen Vernichtung der Urwaldbestände. Die Abholzung der Waldgebiete Amazoniens wird dort von einigen südamerikanischen Regierungen sogar noch gefördert. Brasilien, Costa Rica und Panama z.B. gewähren den Großgrundbesitzern und Bauern Steuervergünstigungen oder verbilligte Kredite, wenn sie Teile des Tropenwaldes roden und in Viehweiden umwandeln. Um die Regenwälder zu erhalten entwickelten FAO (Food and Agricultural Organization) und UNDP (United Nations Development Programme) – beides Sonderorganisationen der UNO – 1985 das Tropen-Aktionsprogramm. Dieses soll Staaten, die über tropischen Regenwald verfügen, motivieren wirksame Forstwirtschaftskonzepte zu erarbeiten. Für die Realisierung der Pläne wird ihnen technische und finanzielle Unterstützung zugesichert.

Trotteur

franz. trotteur = Traber, Wanderer

Man dachte wohl an die beschleunigte Gangart trabender Pferde oder an den zügigen Schritt tüchtiger Wanderer, als man in der Mode nach einem passenden Sammelbegriff für praktische, sportliche Bekleidungsstücke suchte und sich dann für Trotteur entschied. Die jeweilige Kleidung musste für einen längeren Spaziergang geeignet sein und dabei Bewegungsfreiheit gewähren, damit sie den französischen Beinamen Trotteurhut, Trotteurkostüm, Trotteurschuh usw. erhielt. Abgeleitet vom Fremdwort bürgerte sich im Deutschen auch die Ausdrucksweise Laufhut, Laufkostüm oder Laufschuh ein. Das war früher einmal, denn im heutigen Sprachgebrauch wird Trotteur nur noch als Bezeichnung für bequeme Straßenschuhe mit sportlich-elegantem Charakter verwendet. Typisch für Trotteurs sind ihre kräftigen, blockigen Absatzformen, die je nach Modellgestaltung niedrig oder mittelhoch sein können. Die häufig noch den Knöchel bedeckenden Halbschuhe sind oft geschnürt oder mit einem Schnallenverschluss versehen um einen guten Sitz und festen Halt zu garantieren.

Tschernobyl

Der größte und folgenschwerste Unfall in der Geschichte der zivilen Kernenergienutzung ereignete sich am 26. Mai 1986. Während die Ingenieure den Block vier des Kernkraftwerkes nahe der ukrainischen Stadt Tschernobyl zwecks routinemäßigen Überholungsarbeiten abschalteten, führten sie gleichzeitig einen riskanten Test an den Turbogeneratoren durch. Ihre groben Bedienungsfehler verursachten einen sprunghaften und nicht mehr kontrollierbaren Leistungsanstieg des damals schon als technisch veraltet und unsicher eingestuften Druckröhrenreaktors (▶ **Reaktorsicherheit**). Durch die Überhitzung der Brennstäbe kam es zu einer Reihe heftiger Wasserstoffexplosionen, die zunächst den einzigen Kühlkreislauf, dann den schützenden Betonmantel des Reaktorgebäudes zerstörten. Trotz des fieberhaften Einsatzes von Rettungsmannschaften, die den Unglücksort mit rund 5000 t Sand, Stahl und Beton zuschütteten, entwich etwa die dreifache Menge an Radioaktivität wie beim Zünden der Atombombe über Hiroshima. Während in einem Umkreis von 30 km 135000 Menschen evakuiert wurden – darunter alle 45000 Einwohner der Stadt Pripjet –, breitete sich bereits eine radioaktive Wolke über Finnland, Schweden, Polen, Rumänien, Österreich, Deutschland und Frankreich aus. Durch die bald darauf folgenden Niederschläge wurde zwar die Luft teilweise ausgewaschen, dafür aber die Böden weiter Regionen verseucht und somit auch die dort angebauten landwirtschaftlichen Erzeugnisse. Experten gehen heute davon aus, dass mindestens 600000 Menschen durch die Folgen der Katastrophe stark strahlenbelastet sind und dadurch ein erhöhtes Gesundheitsrisiko tragen. In der Ukraine und Weißrussland hat man in den letzten Jahren eine deutliche Zunahme von Leukämie und Schilddrüsenkrebs beobachtet. Besonders bei Kindern, die in einem Umkreis bis zu 200 km von Tschernobyl entfernt leben, stellten amerikanische Wissenschaftler bereits zehn Jahre nach dem Unglücksfall auffällig oft Veränderungen des Erbgutes fest. Deshalb befürchtet man, dass die Folgen der radioaktiven Belastung über mehrere Generationen hinweg spürbar sein werden. Bis heute gibt es jedoch keine genauen Zahlen darüber, wie viele Menschen an den direkten Folgen des Unfalls starben. In der Ukraine wurden 1800 Todesfälle registriert, bei denen die Reaktorkatastrophe als Ursache anerkannt ist. Trotz der verseuchten Region um Tschernobyl wurden die verbleibenden drei Blöcke des Kernkraftwerkes weiter betrieben. Im Jahr 1991 brach schließlich in Block zwei ein Feuer aus, das zum Abschalten dieses Anlagenteils führte. Erst unter internationalem Druck willigte die ukrainische Regierung 1995 ein, alle Kraftwerksblöcke bis zum Jahr 2000 vom Netz zu nehmen. Im Gegenzug stellen die ► **G7** und die Staaten der Europäischen Union eine Finanzhilfe in Höhe von 2,3 Mrd. DM für die Modernisierung von Kohlekraftwerken in Aussicht. Die Ukraine plant dennoch, Block zwei 1997 wieder in Betrieb zu nehmen.

Turboentzug

lat. turbo = Wirbel, Kreis

Wird bei einem Drogenabhängigen (► **Junkie**) das Suchtmittel abrupt abgesetzt, kommt es meist zu dramatischen, mitunter tödlichen Entzugserscheinungen, die in der Drogenszene auch als ► **Cold Turkey** bezeichnet werden. Dieser Zustand, bei dem Psychosen, Krampfanfälle, optische Halluzinationen, starke Depressionen sowie lebensbedrohendes Herz- und Kreislaufversagen auftreten können, dauert ungefähr 4–6 Wochen an. Um die Leidenszeit des Süchtigen während der körperlichen Entwöhnung abzukürzen und zugleich die Gefahr eines Rückfalls zu vermeiden, hat man im Jahr 1995 in Israel eine neue Methode entwickelt, die den Drogenentzug in nur vier Stunden – daher auch der Name Turboentzug – unter Narkose durchführt. In diesem Zeitraum erhält der Patient durch Infusion spezielle Medikamente, deren hohe Dosierung sein Körper im Wachzustand nicht verkraften würde. Wenn der so Behandelte nach der Narkose zu sich kommt, muss er noch 12–24 Stunden mit deliriumartigen Bewusstseinstrübungen rechnen; hinterher sind die rein körperlichen Entzugserscheinungen beseitigt. Nach dem Verlassen der Klinik braucht der Patient zur psychischen Entwöhnung von der Droge möglichst eine qualifizierte Nachbetreuung. Zum Turboentzug, der inzwischen auch in der Schweiz und in Deutschland angewendet wird, eignen sich nur Süchtige, die ausschließlich Opiate, d.h. Heroin oder ► **Methadon**, konsumieren. Daher kommen für den Entzug unter Narkose nicht mehr als 5% der Drogenkranken infrage.

Ein guter Fang: Prall gefüllte Reusen erfreuen jeden Fischer.

Überfischung

Die Seefischerei leistet nach wie vor einen wichtigen Beitrag zur Welternährung. Die Zukunft dieses Wirtschaftszweiges ist aber durch Überfischung zunehmend gefährdet. Wurden 1948 etwa 20 Mio. t Fisch aus dem Meer gewonnen, so steigerten sich dank hochmoderner Fangflotten und immer ausgefeilterer Technik die Erträge bis 1989 auf rund 86 Mio. t. In den 90er-Jahren haben sich jedoch die Fischbestände in nahezu zwei Dritteln der Weltmeere deutlich verringert, da sie sich wegen der übermäßigen Ausbeutung oft nicht mehr ausreichend regenerieren können. Vor allem der inzwischen übliche Einsatz von trichterförmigen Schleppnetzen, die in größeren Tiefen über dem Meeresboden gezogen werden, bedroht nicht nur die gewerbsmäßig genutzten Bestände von Kabeljau, Schellfisch, Scholle, Hering und Thunfisch, sondern auch Haie und Delphine. Nach dem Völkerrecht ist auf hoher See der Fischfang jedermann gestattet, während im küstennahen Meer die jeweiligen Uferstaaten den Umfang und die Ausübung der Fischerei per Gesetz bestimmen. Um die Fischvorkommen zu schützen haben einige Küstenländer in neuerer Zeit ihre Fischereigrenze weiter ins Meer hinaus verlegt. Einseitige Regelungen einzelner Staaten führen oft zu Fischereistreitigkeiten um Fangrechte und Fangquoten, die es auf internationaler Ebene durch Sonderabmachungen beizulegen gilt.

UI-Cup

Abk. für UEFA-Intertoto-Cup

Als Ersatz für die im Profifußball bedeutungslos gewordene Intertotorunde schufen die europäischen Totogesellschaften den UI-Cup, um den erstmals 1995 gespielt wurde. Dieser neue Wettbewerb bietet Vereinen aller Verbände Europas die Möglichkeit sich für den UEFA-Pokal zu qualifizieren. Die Anzahl der teilnahmeberechtigten Teams ist nach einem vom Europäischen Fußballverband (UEFA) festgelegten Schlüssel geregelt. Leistungsstarke Verbände wie Italien oder Deutschland dürfen vier Teilnehmer melden, schwächere müssen sich mit weniger Mannschaften begnügen. Insgesamt beteiligen sich während der Sommerpause 60 Teams beim UI-Cup, von denen die besten drei in die finanziell attraktive UEFA-Pokalrunde aufsteigen. Die Trainer befürchten jedoch, dass sich die Spieler nicht ausreichend erholen können, da sie auf den Urlaub vor der Wintersaison verzichten müssen.

Umweltmedizin

In den Industriestaaten verunreinigen immer mehr Schadstoffe Wasser, Boden oder Luft und gefährden dadurch die Gesundheit des Menschen. Nach und nach stellte man fest, dass zahlreiche Krankheiten, darunter ► **Pseudokrupp**, das bösartige ► **Melanom** und das ► **Holzschutzmittelsyndrom**, auf umweltbelastende Faktoren zurückzuführen sind. In diesem Zusammenhang entwickelte sich in den letzten zwei Jahrzehnten das neue, fächerübergreifende Spezialgebiet der Umweltmedizin. Mit der Unterstützung vieler anderer Wissenschaften untersucht dieser medizinische Sonderbereich den Einfluss von giftigen Umweltchemikalien auf die verschiedenen Ökosysteme und die Rückwirkung auf den menschlichen Organismus. Darüber hinaus befasst sich die Umweltmedizin mit den

Umweltschutz

Im Dienst der Natur

Klimagipfel

Die internationale Umweltpolitik wird in den letzten Jahren zunehmend von der Erkenntnis geprägt, dass die Erde ein einheitliches globales Ökosystem ist. **Saurer Regen**, **Treibhauseffekt** und viele andere Umweltprobleme belasten nicht nur die Länder, die aufgrund hoher Schadstoffemissionen wesentliche Verantwortung für sie tragen. Die Einsicht, dass nur eine koordinierte internationale Zusammenarbeit zu einer Verbesserung der weltweiten Umweltsituation beitragen kann, führte 1992 zu einer von den Vereinten Nationen einberufenen internationalen Konferenz in Rio de Janeiro, die von den Medien als Erdgipfel oder präziser Klimagipfel bezeichnet wurde. Die Konferenz von Rio brachte nur wenig Konkretes und auch bei weiteren Klimaschutzkonferenzen (1995 in Berlin und 1996 in Genf) überschatteten die Streitigkeiten der Teilnehmer die Ergebnisse, die sich meist auf reine Willenserklärungen ohne jeden bindenden Charakter beschränkten. Einer der Hauptkonfliktpunkte ist die unterschiedliche Auffassung von Industrienationen und Entwicklungsländern über die Verminderung des Kohlendioxids, das entscheidenden Anteil am Treibhauseffekt trägt.

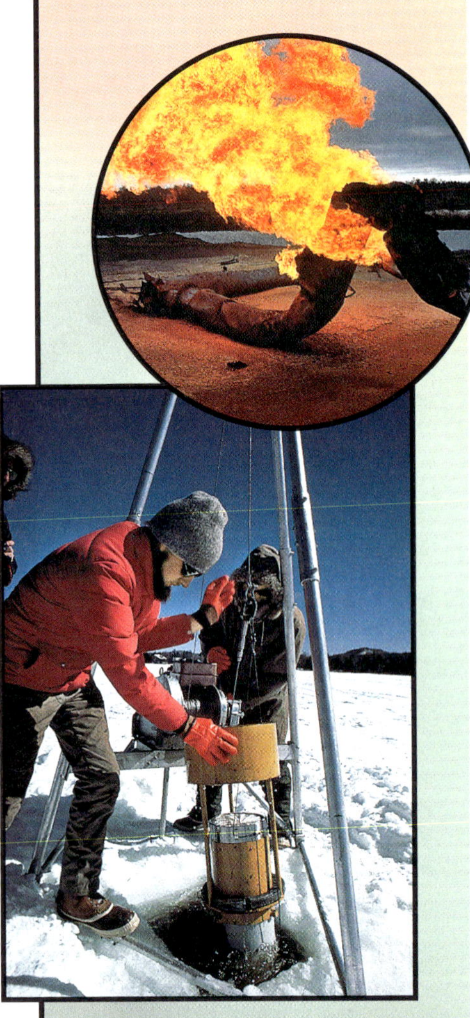

Luftverschmutzung durch Gasverbrennung in Sibirien (ganz oben)

Saurer Regen: Forscher messen den pH-Wert eines nordamerikanischen Sees (oben).

Ökosteuer

Um den Umweltschutz zu finanzieren wird eine Ökosteuer vorgeschlagen, die z. B. von den Verursachern hoher Schadstoffemissionen gezahlt werden muss. In einigen skandinavischen Ländern wird eine solche Steuer bereits erhoben, während sich in Deutschland die Parteien noch nicht über die Modalitäten einer derartigen Abgabe einigen konnten. Manche Politiker betrachten die Ökosteuer als wesentlichen Bestandteil einer ökologischen Steuerreform.

Verpackungssteuer

Eine Steuer, die auf Verpackungen erhoben wird, soll die Verwendung umweltschädlicher Verpackungen begrenzen. Bisher muss diese Steuer jedoch nur in einigen Kommunen bezahlt werden, da die Kosten für den Verwaltungsaufwand meist zu hoch sind.

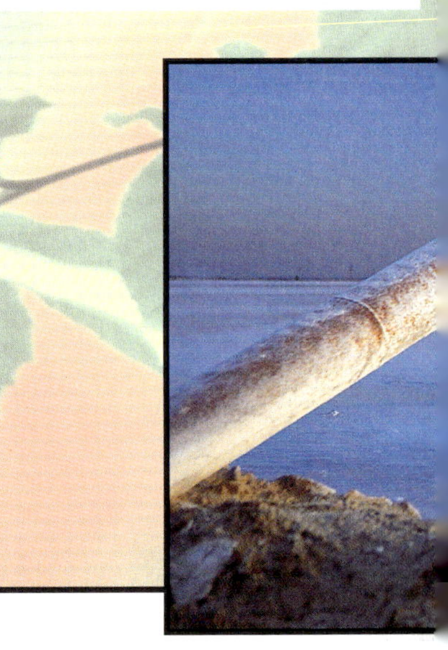

Grüner Punkt

Die Verpackungsindustrie begegnet der Forderung nach einer Verpackungssteuer mit dem Hinweis auf den grünen Punkt, das Symbol, mit dem die Hersteller ihre Verpackungen kennzeichnen. Dafür bezahlen sie eine Gebühr an die Duales System Deutschland GmbH, eine Gesellschaft, die sie selbst ins Leben gerufen haben und die die Gebühreneinnahmen dafür verwendet, dass der vorschriftsmäßig gekennzeichnete Verpackungsabfall getrennt eingesammelt und einer Wiederverwertung zugeführt wird. Der Staat setzt Quoten fest, welcher Anteil an der Gesamtmenge des Verpackungsmülls recycelt werden muß.

Der Großteil des Verpackungsmülls muss aufgrund gesetzlicher Vorschriften recycelt werden.

Rollende Landstraße

Als Teil des **kombinierten Verkehrs** ist das auch als Huckepackverkehr bezeichnete Transportmodell der rollenden Landstraße ein Beitrag zur Reduzierung des Lkw-Verkehrs und der damit verbundenen Luftverschmutzung. Ein mit Transportgütern beladener Lkw mit oder ohne Anhänger wird bei diesem System ohne umladen zu müssen auf einem Niederflurwagen der Deutschen Bahn AG befördert. Dieser bringt den Lkw möglichst nahe an seinen Bestimmungsort. Am Zielbahnhof fährt er über eine Rampe wieder auf die Straße und weiter zum Empfänger der Ware.

Ozonalarm

Unter Einwirkung von starker Sonnenstrahlung entsteht durch die Spaltung von Stickstoffdioxiden das Sauerstoffmolekül Ozon in gesundheitsgefährdenden Mengen. Wenn sich aufgrund von hoher Abgasentwicklung besonders in Ballungsräumen **Sommersmog** bildet, kann bei Überschreitung der gesetzlichen Grenzwerte pro Kubikmeter Luft Ozonalarm verhängt werden. Autos ohne Katalysator dürfen in einem solchen Fall nicht fahren und werden bei Verstößen gegen das Fahrverbot mit einer Geldbuße belegt.

Elektroauto

Aus ökologischer Sicht könnten mit **Solarenergie** betriebene Elektroautos zumindest im Stadtverkehr eine Alternative zu Fahrzeugen mit Benzinmotor werden, falls die Weiterentwicklung der bisherigen Modelle entscheidende Fortschritte macht. Kritiker bemängeln derzeit, dass die Aufladezeit der Batterien mehrere Stunden beträgt und dass die Reichweite der Elektroautos unter 100 km liegt.

Angriff auf die Umwelt: Die Einleitung von schadstoffhaltigen Industrieabwässern bedroht zahlreiche Gewässer.

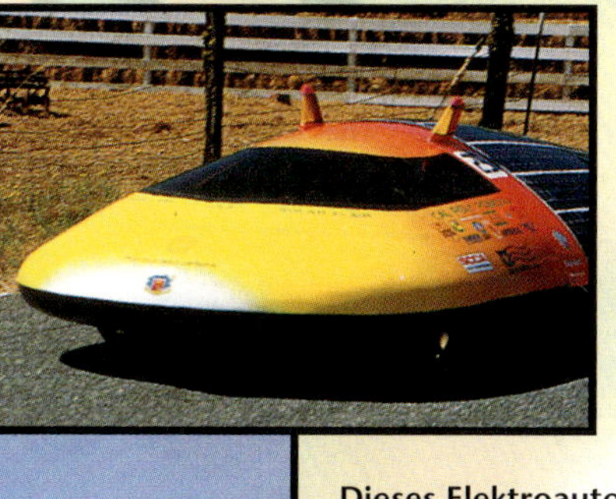

Dieses Elektroauto darf auch bei Ozonalarm fahren.

gesundheitsgefährdenden Auswirkungen, die vom ► **Elektrosmog** und der UV-Sonnenstrahlung ausgehen. Als weiterer Störfaktor für das körperliche Wohlbefinden gilt die durch Verkehr, Industrie und Luftfahrt verursachte Lärmbelästigung, die auf Dauer nicht nur das Gehör schädigen, sondern auch zu Schlafstörungen, Herzleiden und anderen Krankheiten führen kann.

Undercover-Agent

engl. under cover = verdeckt

In dem Anfang 1996 erstmals ausgestrahlten Fernsehfilm *Der Schattenmann* erschleicht sich der verdeckt ermittelnde Polizist Charly Held als vermeintlicher Freund das Vertrauen eines einflussreichen Mafiabosses um einen besseren Einblick in dessen kriminelle Machenschaften zu gewinnen und ihn so überführen zu können. Als Grundlage für das Drehbuch verwendete der Regisseur Dieter Wedel Gesprächsprotokolle mit einem ehemaligen Undercover-Agenten. Darunter versteht man Polizeibeamte, die eine Zeit lang ihre wahre Identität aufgeben und unter falschem Namen in eine andere Rolle schlüpfen um sich so in den näheren Umkreis tatverdächtiger Personen einzuschleusen. Meist werden die Undercover-Agenten zur Drogenbekämpfung eingesetzt; ein weiteres Aufgabengebiet ist die ► **organisierte Kriminalität**. Für den verdeckten Ermittler gilt als oberstes Gebot, dass er die verdächtigen Personen nur beobachten, aber nicht zu strafbaren Handlungen motivieren darf. In jüngster Zeit geriet der umstrittene Geheimagent Werner Mauss in die Schlagzeilen, der jahrzehntelang mit Unterstützung deutscher Geheimdienste weltweit agierte. Nachdem dieser eine deutsche Managergattin durch Freikauf aus den Händen kolumbianischer Guerilleros befreit hatte, wurde er im November 1996 bei dem Versuch, das Land mit falschen Papieren zu verlassen, von den dortigen Behörden verhaftet und enttarnt.

Unisex

→ siehe S. 275

Unplugged

engl. to unplug = ausstöpseln

In der Popmusikszene entwickelte sich Anfang der 90er-Jahre ein Stil, bei dem die Künstler sich wieder auf die natürlichen Klänge konventioneller Instrumente zurückbesannen und auf jegliche elektronische Ausstattung wie z. B. E-Gitarre, E-Piano, Hammondorgel oder Synthesizer verzichteten. Diese Musikrichtung, die die individuelle künstlerische Leistung des Interpreten unverfälscht zum Ausdruck bringt, wurde unplugged genannt. Sie bildet ein Gegengewicht zur ► **Techno**-Musik, die auf völliger Computerisierung beruht. Popularität erlangte der Trend durch den berühmten Bluesgitarristen Eric Clapton, als dieser sein Album *Unplugged* auf den Markt brachte. Bei der Aufnahme der Musiktitel wurde nicht nur auf elektronische Verstärkung, sondern auch auf die nachträgliche Bearbeitung des Klangbildes verzichtet. Gefördert wird diese Musikrichtung außerdem durch die private Fernsehstation MTV, die seit 1992 eine Sendung namens *Unplugged* ausstrahlt. Dort treten internationale Pop- und Rockstars wie Sting, Joe Cocker und Bob Dylan sowie der deutsche Sänger Herbert Grönemeyer ohne das heutzutage übliche technische Bühnenspektakel auf.

Neuerdings zeigen bekannte Popstars wie der Gitarrist Lenny Kravitz unplugged ihr Können.

UN-Sicherheitsrat

engl. Abk. für United Nations = Vereinte Nationen

Eines der sechs Hauptorgane der Vereinten Nationen ist der Sicherheitsrat, der in erster Linie für die Aufrechterhaltung des Weltfriedens verantwortlich ist. Er besteht aus den fünf ständigen Mitgliedern China, Frankreich, USA, Russland und Großbritannien sowie zehn nichtständigen Vertretungen, die alle zwei Jahre von der UN-Generalversammlung neu gewählt

Die Generalversammlung und der Sicherheitsrat gehören zu den wichtigsten Organen der Vereinten Nationen.

werden. Gegenwärtig ist die Erweiterung der ständigen Sitze für Staaten wie Deutschland, Japan, Indien und Brasilien im Gespräch. Auf Antrag eines Mitglieds kann der Sicherheitsrat jederzeit einberufen werden. Wenn eine Resolution verabschiedet werden soll, muss die Mehrheit zustimmen, wobei die ständigen Vertreter ein Vetorecht besitzen. Stellt das Sicherheitsorgan eine Bedrohung des Weltfriedens fest, so kann es die UN-Streitkräfte sowie Hilfeleistungen der Mitgliedsstaaten anfordern um den Ausbruch von kriegerischen Auseinandersetzungen zu verhindern oder aber einen Waffenstillstand aufrechtzuerhalten. Der Einsatz der ► **Blauhelme** ist jedoch nicht immer von Erfolg gekrönt. Während des ► **Balkankonflikts** im ehemaligen Jugoslawien standen die Blauhelmsoldaten zwischen den Fronten und mussten zeitweilig sogar um ihr Leben fürchten. Erst die Bildung einer schnellen Eingreiftruppe im Mai 1995 konnte die Gefahr für die UN-Soldaten abwenden.

Unwort des Jahres

Neben dem Wort des Jahres präsentiert die Gesellschaft für deutsche Sprache seit 1991 den Bundesbürgern auch das Unwort des Jahres. Angeprangert wird alljährlich ein in der Politik oder in den Medien neu geprägter Begriff, der entweder einen Sachverhalt beschönigend herunterspielt oder aber das Denken der Bevölkerung in eine menschenfeindliche Richtung lenkt. Das können ungewollte sprachliche Entgleisungen oder bedachte Propagandaformeln sein. Zu den Unwörtern der letzten Jahre gehören „ethnische Säuberung" (1992), „Überfremdung" (1993) und ► **Peanuts** (1994). 1995 wählte das aus Sprachwissenschaftlern, Journalisten und Schriftstellern zusammengesetzte Gremium ► **Diätenanpassung** zum Unwort des Jahres. Gerügt wurde daran der Versuch die Diätenerhöhung für Bundestagsabgeordnete verharmlosend mit dem Begriff Anpassung zu umschreiben und somit die Öffentlichkeit durch die sprachliche Verschleierung des wahren Sachverhalts bewusst zu täuschen. 1996 kürte man „Rentnerschwemme" zum Unwort des Jahres, da dieser Begriff die ansteigende Zahl von alten Menschen als eine die Gesellschaft bedrohende Naturkatastrophe erscheinen lasse und sie auf diese Weise indirekt diskriminiere.

Update

engl. to update = auf den aktuellen Stand bringen

Computerprogramme werden ständig weiterentwickelt und verbessert, indem Fehler (► **Bugs**) ausgemerzt und neue Funktionen hinzugefügt werden. Der Ersatz eines Programms – im weiteren Sinn auch einer beliebigen Datei – durch eine neuere Version wird in der Computerbranche Update genannt. Handelt es sich jedoch um einschneidende Änderungen, spricht man auch von einem Upgrade. Das ist der Fall, wenn die ► **Software** auf einen neuen technischen Stand gebracht oder um zahlreiche Funktionen erweitert wurde. Mit dem Kauf eines Produkts erhält man in der Regel eine Lizenznummer, die beim Hersteller registriert wird. Damit ist meist auch das Recht verbunden, Updates sehr preiswert zu erwerben. Einige Anbieter empfehlen einen Wartungsvertrag abzuschließen, der die

Lieferung aller künftigen Updates einschließt. Andere Firmen gehen den umgekehrten Weg, indem sie einem Neukunden die Einstiegsversion sehr preisgünstig, in Verbindung mit ► **Hardware** kostenlos anbieten. Sie hoffen, den Kunden damit an ihr Produkt zu binden, sodass sie später am Verkauf von Updates verdienen können. Eine neue Version, die auch als Release (engl. = Freigabe) bezeichnet wird, kann das komplette Programm umfassen, manchmal werden aber nur die geänderten Programmteile oder die zusätzlichen Funktionen ausgeliefert.

Urintherapie

Urin ist ein uraltes, in vielen Kulturen bekanntes Volksheilmittel, das jedoch in den westlichen Industrieländern lange in Vergessenheit geraten war. Einige Heilmethoden der ► **Ganzheitsmedizin** wie z.B. das ► **Ayurveda** und ferner das 1993 erschienene Buch *Ein ganz besonderer Saft – Urin* der Rundfunkjournalistin Carmen Thomas erweckten in Deutschland in jüngster Zeit ein reges Interesse an der wieder entdeckten Harntherapie. Die Eigenurinbehandlung basiert auf dem Prinzip Gleiches mit Gleichem zu heilen, da die körpereigene Ausscheidungsflüssigkeit Endprodukte des Eiweißstoffwechsels enthält, die auch die jeweiligen Krankheitserreger sowie deren Antigene einschließen. Die innerlich wie äußerlich angewendete Urintherapie, der man auch eine vorbeugende Wirkung zuspricht, wird von ihren Anhängern bei vielerlei Beschwerden eingesetzt. Durch Urineinreibungen soll es möglich sein, Arthrose zu lindern und Hautleiden, darunter Akne, Ekzeme und ► **Neurodermitis**, zu kurieren.

User

engl. = Benutzer

Anders als in den Anfängen der Computerentwicklung, als Rechenanlagen nur von Spezialisten bedient werden konnten, steht heute die Benutzerfreundlichkeit von Programmen und Systemen im Vordergrund, damit möglichst viele Menschen auch ohne spezifische Computerkenntnisse damit arbeiten können. Deshalb wurden in den 80er-Jahren grafische Benutzeroberflächen (► **Windows**) entwickelt, die leicht verständliche Symbole verwenden. Größere Rechnersysteme, die von vielen Anwendern genutzt werden, besitzen ein umfangreiches Verwaltungssystem, in dem die Namen aller Personen verzeichnet sind, die mit der Anlage arbeiten dürfen. Dabei wird unterschieden, welche Programme ein einzelner User bedienen und auf welche Daten er zugreifen darf.

UV-Filter

Mit Bedacht genossen fördert die Licht und Wärme spendende Sonne die Gesundheit des Menschen. Wer sich jedoch übermäßig in der Sonne bräunt, muss mit möglichen Hautschäden rechnen. Verantwortlich ist dafür aber nicht das mit dem Auge wahrnehmbare Sonnenlicht, sondern seine für den Menschen unsichtbare ultraviolette Strahlung, kurz UV-Strahlung genannt. Je nach ihrer Wellenlänge teilt man die ultraviolette Strahlung in drei Arten ein: UV-A-Strahlen, UV-B-Strahlen und UV-C-Strahlen. Die kürzesten und gefährlichsten sind die UV-C-Strahlen. Sie werden aber zum größten Teil durch die Ozonschicht (► **Ozonloch**) der Erdatmosphäre zurückgehalten und können daher der Haut normalerweise nicht schaden. Die mittelwelligen UV-B-Strahlen gelangen bis in die Hornschicht der Haut. Sie rufen den Sonnenbrand hervor und begünstigen bei allzu intensivem Sonnenbaden die Entstehung von Hautkrebs. Die langwelligen UV-A-Strahlen bewirken die eigentliche Bräunung. Allerdings sind auch sie nicht risikolos, da sie bis in die Lederhaut und ins Bindegewebe dringen und dadurch Faltenbildung und Hautalterung beschleunigen können. Die aus chemischen Substanzen bestehenden UV-Filter, wie sie in Sonnenschutzmitteln enthalten sind, schlucken die gefährliche ultraviolette Strahlung und neutralisieren ihre Energie. Viele Lichtschutzpräparate verwenden inzwischen kombinierte UV-B- und UV-A-Filter um einen optimalen Effekt zu erzielen. In welchem Maß die Filter wirken, gibt der ► **Lichtschutzfaktor** an.

Vaporisateur

franz. vaporiser = verdampfen lassen

Zu den kosmetischen Verfahren, die in Schönheitssalons angewendet werden, gehört auch die Behandlung der Haut mit Wasserdampf. Mithilfe eines Vaporisateurs – so heißt das Gerät, das den Dampf erzeugt und dosiert – wird das Gesicht der Kundin oder des Kunden umnebelt. Durch das Dampfbad quillt die Hornschicht der Haut auf, die Poren erweitern sich und es kommt zu einer vermehrten Schweißabsonderung. Die Haut wird dadurch nicht nur stärker durchblutet, sondern auch aufnahmefähiger für nachfolgende Pflegebehandlungen, vor allem für Packungen, Masken oder ein ► **Peeling**. Manchmal setzt man dem Wasserdampf Kräuterextrakte oder ätherische Öle zu, deren duftende Inhaltsstoffe wohltuend und entspannend wirken. Allerdings kann nicht jeder die Behandlung mit einem Vaporisateur vertragen. Menschen mit besonders trockener und empfindlicher Haut, ebenso Herz- und Kreislaufkranke sowie Personen, die unter Asthma leiden, legen stattdessen zur Pflege der Haut feuchtwarme Kompressen auf.

Vegetarismus

lat. vegetabilis = pflanzlich

Heutzutage entschließen sich viele Menschen vegetarisch zu leben. Dabei gibt es drei Abstufungen des Vegetarismus: Die strengen Vegetarier, die auch Veganer genannt werden, verzehren ausschließlich pflanzliche Lebensmittel; bei den so genannten Lakto-Vegetariern stehen außerdem noch Milch (lat. = *lac*) und Milchprodukte auf dem Speisezettel und die Ovo-Lakto-Vegetarier verzichten zwar auf Fleisch und Wurstwaren und häufig auch auf Fisch, nehmen aber Milch sowie Milchprodukte und Eier (lat. = *ovum*) zu sich. Prinzipiell ist es möglich, sich mit allen drei Kostformen gesund zu ernähren; die Veganer, die beispielsweise auch keinen Käse und keinen Honig verzehren, müssen jedoch bei der Auswahl ihrer Speisen besonders umsichtig verfahren, damit sie sich ausreichend Nährstoffe zuführen. Die Gründe, warum zahlreiche Menschen vegetarisch leben, sind vielfältig: Die einen sprechen sich aus ethischen Gründen gegen die Tötung von Tieren aus; andere protestieren damit gegen die Massentierhaltung und ihre Folgen wie beispielsweise die Umweltschäden durch die Ausscheidungen der riesigen Tierherden. Eine weitere Gruppe hat Angst vor Schadstoffen im Fleisch wie Hormonen, Antibiotika, ► **Salmonellen** oder dem Erreger von ► **BSE**. Die meisten aber sind einfach davon überzeugt, dass es der Gesundheit zuträglicher ist, beim Essen auf Fleisch zu verzichten. Und medizinische Erkenntnisse scheinen ihnen Recht zu geben: Angeblich ist bei Vegetariern die Krebsrate nur etwa halb so groß wie bei den Fleisch essenden Zeitgenossen und auch die Anzahl der Herz- und Kreislauferkrankungen soll bei ihnen deutlich niedriger liegen. In Zukunft werden aufgrund der steigenden Weltbevölkerung (► **Bevölkerungsexplosion**) immer größere Anteile der Nahrung aus Pflanzen gedeckt werden müssen, da die Fleischerzeugung hinsichtlich des Energie- und Landverbrauchs sehr aufwendig ist: Zur Herstellung von 1 kg tierischem Eiweiß werden 5–10 kg Pflanzeneiweiß als Futtermittel benötigt.

VentureStar

engl. venture = Wagnis, Unternehmen
engl. star = Stern

Im Juli 1996 erhielt die US-Flugzeugfirma Lockheed Martin den Auftrag für die Entwicklung eines neuen ► **Spaceshuttles**. Der Entwurf für den Flugkörper mit keilförmigen Tragflächen wird *VentureStar* genannt. Das Projekt trägt den Kodenamen X-33 und stellt die zweite Generation der Weltraumfähren dar. Wie die Shuttles der ersten Generation wird *VentureStar* senkrecht starten und horizontal landen, doch im Gegensatz dazu erfolgt der Start nicht auf einer Trägerrakete und mithilfe externer, abwerfbarer Feststoffraketen (Booster). Vielmehr besitzt *VentureStar* ähnlich wie ein Flugzeug ein eingebautes wieder verwendbares Triebwerk. Als Treibstoff dienen Wasserstoff und flüssiger Sauerstoff. Nach Ansicht der Experten von der NASA kann *VentureStar* nach einer Mission schon in wenigen Tagen wieder startklar sein und für die Startvorbereitungen sind nicht wie bei den alten Shuttles Tausende von Helfern, sondern nur ein paar Dutzend Mitarbeiter nötig. Dadurch wird der finanzielle Aufwand für den Transport von Nutzlast in eine Umlaufbahn um fast 90% reduziert.

Vergleich

Der Vergleich ist ein Begriff aus dem Rechtswesen und bezeichnet einen Vertrag, in welchem zwei streitende Parteien niederlegen, dass sie sich gütlich einigen, indem beide Seiten in bestimmten Punkten nachgeben. Im Bereich der Betriebswirtschaft versteht man darunter eine Sanierungsmaßnahme eines verschuldeten Unternehmens, an der ebenfalls zwei Parteien, nämlich die Firmeneigentümer und die Gläubiger, beteiligt sind. Beide treffen Verabredungen über einen Zahlungsaufschub oder kommen überein, dass die Firma den Gläubigern den Mindestsatz von 35% ihrer Forderungen gewährt und dass die Gläubiger sich damit zufrieden geben und auf den Rest des ihnen eigentlich zustehenden Geldes verzichten. Dieser Vergleichsvertrag verhindert einen Konkurs und das hat für beide Seiten Vorteile: Die Firma existiert weiter und die Gläubiger erhalten einen höheren Anteil bzw. werden schneller befriedigt als im Konkursfall. Außerdem besteht häufig die Hoffnung, dass das Unternehmen wieder Gewinn bringend arbeitet und die Gläubiger dann erneut gute Geschäfte machen können. Ein solcher Vergleich kann sowohl vor Gericht als auch außergerichtlich erfolgen. Bei einer außergerichtlichen Einigung wird die schlechte Finanzlage des Unternehmens nicht allgemein bekannt, was sich für die Gläubiger positiv auswirken kann, da eventuelle Auftraggeber keinen Grund sehen, Aufträge zu stornieren. Andererseits besteht bei einem solchen frei gestalteten Vergleichsvertrag aber eine größere Rechtsunsicherheit als bei dem gesetzlich geregelten Verfahren. Wenn sich Schuldner und Gläubiger nicht einigen können und die Verhandlungen scheitern, kommt es zum ► **Anschlusskonkurs**.

Verkehrsberuhigung

In den ersten zwei Jahrzehnten nach dem Ende des Zweiten Weltkrieges gewährten die Stadtplaner, die die im Krieg zerstörten Städte wieder aufbauten, beim Straßenbau dem ungestörten Fluss des wachsenden Individualverkehrs absoluten Vorrang. Erst im Lauf der 60er- und 70er-Jahre begann man langsam umzudenken und den Menschen wieder in den Mittelpunkt der Stadt- und Gemeindeplanung zu stellen. Als Folge dieser veränderten Ansichten wurden – zuerst in den Niederlanden und dann auch in Deutschland – die ersten Konzepte zur Verkehrsberuhigung entwickelt, durch die die Sicherheit der Straßenanlieger erhöht und die

In verkehrsberuhigten Zonen haben spielende Kinder Vorfahrt.

Belästigungen durch den Autoverkehr wie Lärm und Abgase vermindert werden sollten. Zu den Maßnahmen, die ergriffen wurden und die heutzutage im ganzen Land weit verbreitet sind, gehören die Herabsetzung der innerörtlichen Geschwindigkeit auf 30 km/h, die Ausweisung von Einbahnstraßen, Park- und Halteverbote sowie die Verengung der Fahrbahnen und Verbreiterung der Gehwege. Außerdem ging man in vielen Städten und Gemeinden dazu über, auch größere Straßen mit Blumenkübeln, Pollern, Pflasterschwellen, Bauminseln o. Ä. zu versehen, um den Verkehrsfluss zu behindern, und Seitenstraßen zu Spielstraßen zu erklären, in denen nur Schritttempo gefahren werden darf. In manchen Städten besitzen ganze Wohngebiete den Status einer verkehrsberuhigten Zone. Statistiken haben ergeben, dass in solchen Regionen Anzahl und Schwere der Verkehrsunfälle deutlich zurückgegangen sind.

Verkehrsinfarkt

von lat. infarcire = verstopfen

In Deutschland waren Ende 1995 rund 40,5 Millionen Pkw angemeldet – auf jeden zweiten Einwohner, Säuglinge und Greise mitgerechnet, kam also ein Auto – und diese haben insgesamt knapp 800 Mrd. km zurückgelegt. Nach Prognosen sind diese Zahlen noch im Steigen begriffen, da immer mehr Menschen beruflich und in der Freizeit mit dem Pkw immer weitere Wege zurücklegen werden. Angesichts solcher Zahlen ist es nicht verwunderlich, dass schon jetzt während der Stoßzeiten in den Städten oder auf den Autobahnen Verkehrsinfarkte auftreten, dass also infolge zu hohen Verkehrsaufkommens für mehrere Stunden der gesamte Autoverkehr zum Erliegen kommt. Um der Entstehung so chaotischer Situationen vorzubeugen, die in Zukunft vermehrt eintreten könnten, werden ausgefeilte Verkehrsleitsysteme entwickelt und eingesetzt. Autofahrer können mit ihrer Hilfe die günstigste Route erfahren, über die sie ohne Stau ans Ziel kommen.

Verkehrsverbund

Seit den 70er-Jahren haben sich in den meisten deutschen Ballungsgebieten die einzelnen dort tätigen Verkehrsunternehmen zu Verbünden zusammengeschlossen. Diese Maßnahme sollte die Attraktivität des öffentlichen Personennahverkehrs (► **ÖPNV**) erhöhen und sie bietet dem Fahrgast tatsächlich einige Vorteile: Er braucht nicht mehr für jedes öffentliche Verkehrsmittel einen eigenen Fahrschein zu lösen, sondern kann innerhalb des Verbunds zu einem einheitlichen Tarif mit einem einzigen Ticket Busse, U-Bahnen, Straßenbahnen und Züge der Deutschen Bahn benutzen. Durch die einheitlichen Tarife sind die Beförderungskosten für den Kunden gesunken und durch den Zusammenschluss staatlicher, städtischer und privater Verkehrsunternehmen lassen sich die Fahrpläne besser aufeinander abstimmen.

Vernissage

von franz. vernir = lackieren, firnissen

Die Pariser Maler des 19. Jh. pflegten ihre Bilder am Eröffnungstag einer Ausstellung oder am Tag davor noch einmal zu firnissen und luden bei der Gelegenheit oft Freunde und andere Gäste zu einer ersten Besichtigung ein. So entstand der Brauch der Vernissage, einer Vorbesichtigung also, bei der der Künstler vor der offiziellen Ausstellungseröffnung im kleinen Rahmen einem geladenen Publikum seine Bilder erläuterte. In den letzten Jahren hat sich die Bedeutung des Begriffs jedoch leicht verändert, heute nennt man ganz allgemein die Eröffnung einer Ausstellung Vernissage. Als Gegenstück dazu gibt es seit einiger Zeit auch die Finissage (nach dem französischen Wort *finir* für beenden), eine spezielle Veranstaltung am Ende einer Kunstausstellung.

Verpackungssteuer

► siehe S. 406

Videoclip

lat. video = ich sehe
engl. clip = Filmausschnitt

Früher konnten die Schlagerstars selbst nur relativ wenig zur Vermarktung ihrer Produkte beitragen. Meist ließen sie sich nach

Mit dem Computer erstellter Videoclip von SNAP

der Schallplattenaufnahme bei einem Fotografen ablichten und ihr Konterfei auf den Plattenhüllen genügte dann als Reklame. Heute dagegen müssen Popstars bei der Werbung für ihre Werke häufig schauspielerische Talente einsetzen, denn zu vielen neuen Rocksongs werden Videoclips gedreht. Darunter versteht man kurze Musikfilme, die den Gesangstitel in Szenen untermalen. Während es sich dabei anfangs nur um einfache Streifen handelte, in denen die Band oder der Einzelinterpret vorgestellt und bei der Arbeit gezeigt wurde, haben sich die Videoclips inzwischen zu einer eigenen Kunstgattung gemausert. Ihnen liegt in manchen Fällen ein überaus kompliziertes Drehbuch mit einer verwickelten Handlung zugrunde und sie werden oft mit großem finanziellem und künstlerischem Aufwand hergestellt. Beispiele dafür sind der Kurzfilm *Thriller* von Michael Jackson, der von dem bekannten Regisseur John Landis gedreht wurde und mehrere Millionen Dollar verschlang, sowie *Sledge Hammer* von Peter Gabriel. Besonders beliebt war auch der Videoclip *Land of Confusion* von der Gruppe Genesis, in dem Plastikpuppen auftraten. Diese Kurzfilme beinhalten zwar keine direkte Aufforderung zum Kauf einer bestimmten ► **CD**, aber sie stellen dennoch eine der wirksamsten Werbemethoden auf dem Unterhaltungssektor dar. Ausgestrahlt wurden Videoclips früher in den Hitparaden verschiedener Fernsehsender, heute laufen sie nahezu ununterbrochen auf den speziellen Musikkanälen MTV und Viva. Präsentiert werden sie in der Regel von so genannten Videojockeys (► **VJ**).

Videoinstallation

lat. video = ich sehe
neulat. installare = einbauen

Die Videoinstallation ist eine Form der modernen Medienkunst, die sich zeitgenössischer Kommunikationsmittel bedient. Zu ihr gehören sowohl die künstlerisch gestaltete Anordnung einzelner Monitoren als auch die Filme, die auf den Bildschirmen zu sehen sind. Einer der bedeutendsten Vertreter dieser Kunstgattung ist der Koreaner Nam June Paik, dessen Werke bereits auf der Kasseler documenta 1977 ausgestellt waren. Besonders beeindruckend ist eine Videoinstallation des amerikanischen Künstlers Bill Viola. Er hat in extremer Verlangsamung unter Wasser mit einer auf den Kopf gestellten Videokamera das Absinken einer bekleideten Person aufgezeichnet und damit Albtraumvisionen vom freien Fall nachgestellt.

Der Koreaner Nam June Paik schuf 1995 die Videoinstallationen *Gedächtnisduett* und *Miss Arkansas 1952* (rechts).

Videokonferenz

Wenn große Unternehmen ihre Führungskräfte zu regelmäßigen Sitzungen zusammenrufen, kann das sehr teuer werden. Da viele Teilnehmer sich in Niederlassungen in anderen Städten oder gar im Ausland aufhalten, werden hohe Reisekosten fällig und dazu kommen noch die Aufwendungen für Übernachtungen und Verpflegung. Dank der Möglichkeit der Videokonferenz kann man heute bei solchen Tagungen viel Geld sparen, denn für eine derartige Videozusammenkunft brauchen die einzelnen Personen nicht im gleichen Raum, ja nicht einmal mehr am selben Ort zu sein. Sie werden einfach über ► **Bildtelefone** oder Fernsehkameras und Bildschirme zusammengeschaltet, ähnlich wie das bei Nachrichtensendungen im Fernsehen geschieht. Durch den Einsatz von Fernsehsatelliten (► **Astra**) gelingt das sogar über Kontinente hinweg. Bei den ersten Videokonferenzen amerikanischer und japanischer Großunternehmen wurden für die Dauer der Veranstaltung noch entsprechend ausgerüstete Studios in oder nahe den verschiedenen Aufenthaltsorten der Teilnehmer angemietet. Im Zeitalter von ► **Multimedia**, ► **Telearbeit** und ► **virtueller Firma** können die Mitwirkenden jedoch von ihrem individuellen Arbeitsplatz aus an der Gesprächsrunde teilnehmen, wobei eine zentrale Regiestelle für die entsprechenden Schaltungen sorgt.

Video-on-Demand

engl. = Video auf Abruf

Dieser Begriff bezeichnet eine Form des ► **Homevideos**, also der Möglichkeit Filme zu Hause auf dem Bildschirm des Fernsehgeräts anzuschauen; allerdings ist die Voraussetzung dafür das ► **digitale Fernsehen**. Der Kunde, der Video-on-Demand in Anspruch nehmen will, muss über den Computer eines Zentralarchivs den gewünschten Film elektronisch abrufen. Dieser wird dann gegen eine Gebühr über die ► **Datenautobahn,** d.h. die Telefonleitung oder das Kabelnetz, an eine am Fernsehapparat zugeschaltete Entschlüsselungsbox (Set-Top-Box) übertragen, wo die ► **digitalen** Signale in analoge Signale umgewandelt werden. Die Box dient auch als Zwischenspeicher, sodass der Kunde den Film nicht sofort anschauen muss, sondern das auf einen späteren Zeitpunkt verschieben kann. Außerdem kann er den Streifen auch unterbrechen oder zurückspulen. In Deutschland ist Video-on-Demand noch nicht sehr weit verbreitet, man verspricht sich aber von dieser Form des ► **interaktiven Fernsehens** für die Zukunft Gewinne, während die Videotheken Verluste fürchten.

Viertagewoche

1996 trat das neue ► **Ladenschlussgesetz** in Kraft und im Zusammenhang damit wurde über veränderte Arbeitszeiten beim Einzelhandel diskutiert. Ein Modell sieht für das Ladenpersonal die Viertagewoche vor, bei der unter bestimmten Voraussetzungen in Wechselschicht die Arbeitszeit pro Tag auf zehn Stunden angehoben werden kann. In einem solchen Fall müsste die Verkäuferin oder der Verkäufer vier Tage hintereinander arbeiten und hätte dann ein langes Wochenende frei, etwa von Freitag bis Montag oder von Samstag bis Dienstag. Ursprünglich wurde die Viertagewoche jedoch als ein Mittel zur Arbeitsplatzerhaltung auch in konjunkturell schlechten Zeiten erfunden und sie bedeutet in der Praxis weniger Arbeit mit Verzicht auf Lohnausgleich. In Deutschland wird sie seit Ende des Jahres 1993 vereinzelt praktiziert. Beispielsweise vereinbarten das Volkswagenwerk und die Industriegewerkschaft Metall Anfang 1994, dass der Automobilhersteller in allen Unternehmensbereichen für eine befristete Zeit die Zahl der Wochenarbeitsstunden von 36 auf durchschnittlich 28,8 herunterfahren durfte. Der Wochenlohn der Beschäftigten verringerte sich dadurch um 18,3%. Kritiker dieser Regelung beklagen u.a., dass die niedrigeren Löhne eine Senkung der individuellen Renten zur Folge haben.

In der VIP-Lounge von Werder Bremen beobachtet man bei gutem Essen und einem gepflegten Bier die Fußballspiele.

VIP-Lounge

engl. very important person = sehr wichtige Person
engl. lounge = Salon

Manchen Zeitgenossen gefällt es nicht, als einfache Zuschauer unter vielen anderen einen sportlichen Wettkampf mitzuerleben, sie wollen aus der sportlichen Veranstaltung ein exklusives Ereignis machen. Um diesem Wunsch zu genügen haben viele Sportvereine eine VIP-Lounge eingerichtet. Das ist in der Regel ein separater Raum in der jeweiligen Sporthalle oder dem Stadion, in dem besonders wichtige Sportanhänger wie etwa Sportmanager, Spielervermittler, Sponsoren, Prominente oder gute Freunde des Vereins unter sich sein können. Hier haben sie die Möglichkeit sich in der Pause oder auch während des sportlichen Ereignisses an einem kalten Buffet zu stärken oder sich auch zu einem Gespräch zurückzuziehen. Bei außergewöhnlichen Sportveranstaltungen werden Delikatessen wie Austern, Kaviar und Champagner gereicht. In modernen Stadien sind die VIP-Lounges in die

Haupttribüne integriert, sodass die VIPs das sportliche Geschehen vom Tisch aus verfolgen können. Natürlich hat ein solcher Luxus seinen Preis und Besucher, die nicht geladen wurden, sondern das Ticket bezahlen, das zur Benutzung der VIP-Lounge berechtigt, müssen tief in die Tasche greifen.

Virtuelle Firma

franz. virtuel = scheinbar vorhanden

Im Zeitalter der ► **virtuellen Realität** gibt es auch virtuelle Firmen, die aber trotz ihres Namens ganz real sind. Es handelt sich dabei um Unternehmen, die sich hinsichtlich ihrer Organisationsform die modernsten Hilfsmittel und Methoden wie ► **Netzwerk** oder ► **Telearbeit** zunutze machen. Eine solche Firma verzichtet in bestimmten Betriebsbereichen auf eigene, oft personalaufwendige Abteilungen – hat also in der Regel ein sehr geringes Stammpersonal – und schließt sich stattdessen über Computer mit unterschiedlichen, unabhängig voneinander arbeitenden Partnern zusammen wie etwa Zulieferern, Kunden, Herstellern oder auch einzelnen freien Mitarbeitern. Die Dauer der Zusammenarbeit wird dabei der jeweiligen Auftragslage angepasst. Managementexperten halten die virtuellen Firmen, von denen es nach Schätzungen zurzeit weltweit rund 250000 gibt, für ein wichtiges Modell zukünftiger Unternehmensorganisation. Sie sehen vor allem zwei Vorteile: einmal die außerordentliche Flexibilität, denn in einem solchen Betrieb werden langfristige Arbeitsverträge auch für Führungskräfte eine Seltenheit sein, sodass sich starre Verwaltungsstrukturen gar nicht erst entwickeln können. Und zum Zweiten sind virtuelle Firmen in der Lage billiger als andere zu produzieren, da sie z. B. keine großen Gebäude mehr brauchen. Wenn sich die Anzahl der virtuellen Firmen bis zur Jahrtausendwende verfünffacht, wie manche Fachleute meinen, kann das auch Auswirkungen auf das öffentliche Leben zeitigen; beispielsweise wird sich der Verbrauch an Treibstoff oder Baumaterialien dadurch möglicherweise verringern.

Virtuelle Realität

lat. = scheinbare Wirklichkeit

Immer schon konnten phantasiebegabte Menschen sich gedanklich in andere Welten versetzen, aber erst durch die Entwicklung sehr leistungsfähiger Computer und fortgeschrittener ► **Software**-Technik ist es möglich geworden, sich tatsächlich in simulierten Räumen zu bewegen. Mit der virtuellen Realität wird dem Menschen die perfekte Illusion einer dreidimensionalen Umgebung dargeboten, sodass er auch körperlich in die Scheinwelt einzutauchen meint. Als einzige Ausrüstung für diese Reise in die Irrealität braucht man einen Datenhelm, wie er auch für den Eintritt in den ► **Cyberspace** notwendig ist. Während mit dem Cyberspace meist der spielerische Einsatz dieser Computertechniken verbunden wird, bezieht sich die virtuelle Realität auf eine Reihe von ernsthaften Anwendungsgebieten: So werden Piloten mit Flugsimulatoren ausgebildet, an denen sie schwierige Flugmanöver sehr realistisch üben können ohne ihr Leben zu gefährden. Architekten können Häuser in der virtuellen Realität entwerfen und dem Bauherrn schon in der Planungsphase Gelegenheit geben, das Gebäude zu „betreten". Beim Bau von Kindertagesstätten kann man dank dieser Technik beispielsweise vorab die Räumlichkeiten aus der Perspektive kleiner Kinder in Augenschein nehmen. Und auch als Werkzeug in der Hand des Chirurgen, der sich damit Operationsfelder veranschaulichen und schwierige Eingriffe üben kann, leistet die virtuelle Realität gute Dienste.

VJ

Während in der Diskothek der Diskjockey (► **DJ**) die Platten auflegt, spielt im Fernsehen der Videojockey, abgekürzt VJ, die ► **Videoclips** ein. Zu seinen Aufgaben gehört es außerdem, die Zuschauer und Zuhörer jeweils auf die nächste Nummer einzustimmen, beispielsweise indem er Hintergrundberichte und Anekdoten zu den einzelnen Musikvideos liefert oder Interviews mit anwesenden Stars führt. Der Prototyp des deutschen Videojockeys war Ilja Richter, der in den 70er-Jahren Musikfilme im deutschen Fernsehen ansagte. Mit dem Aufkommen der professionellen privaten Musiksender wie Viva und MTV, die, nur von Werbung unterbrochen, ausschließlich Videoclips ausstrahlen, stiegen jedoch die Anforderungen an solche Moderatoren und damit war der neue Berufszweig des VJ geboren. Manche Vertreterin und mancher Vertreter dieser Branche, die in der Regel nicht viel älter als ihre jugendlichen Zuschauer sind, werden vom Publikum genauso angehimmelt wie die Popstars selbst.

Voicerecorder

engl. voice = Stimme
engl. to record = aufzeichnen

Um den Standard der Flugsicherheit zu verbessern ist es von höchster Wichtigkeit, dass man bei einem eventuellen Flugzeugabsturz den Hergang des Unfalls rekonstruieren kann. Aus diesem Grund besteht die Vorschrift, dass Passagierflugzeuge Flugschreiber (► **Blackbox**) an Bord haben müssen. Dazu gehört neben dem Flugdatenschreiber, der bis zu 200 Flugstunden speichert, der so genannte Voicerecorder, der auf einem Endlosband alle Geräusche und Gespräche der jeweils letzten 30 Flugminuten aufzeichnet. Es handelt sich dabei um einen zumeist grell orange gespritzten Kasten von knapp 14 kg Gewicht, rund 50 cm Länge und 20 cm Höhe. Er ist mit einem Peilsender versehen, der das Auffinden erleichtern soll. Die Wandungen des mehrfach isolierten Voicerecorders bestehen aus einige Millimeter dickem Edelstahl und sind fast unzerstörbar. Über eine halbe Stunde lang halten sie Temperaturen von über 1000 °C sowie enorme Beschleunigungskräfte aus, wie sie beispielsweise auftreten, wenn ein Flugzeug an einem Berg zerschellt. Eine Art Stoßdämpfer verhindert, dass das Aufzeichnungsgerät im Innern beim Aufprall allzu stark in Mitleidenschaft gezogen wird und folglich bei einem Absturz auch nicht abschaltet. Die zum Voicerecorder gehörigen Mikrofone befinden sich im Cockpit über den Sitzen und werden durch einen geheimen Kode aktiviert. Nach einer normalen Landung löscht der Flugkapitän das Band durch einen einfachen Schalterdruck. Im Fall eines Absturzes wird der „eiserne Zeuge" in speziellen Labors von nationalen Behörden desjenigen Landes, in dem sich der Unfall ereignet hat, ausgewertet. In Deutschland finden solche Untersuchungen beim Bundesluftfahrtamt in Braunschweig statt. Die ersten Voicerecorder wurden Ende der 60er-Jahre von der US-amerikanischen Flugüberwachungsbehörde installiert – zum Leidwesen vieler Piloten, die sich durch diese Maßnahme belauscht fühlten. Um diesem Einwand Rechnung zu tragen veröffentlichen die Behörden nur in wenigen Ausnahmefällen die letzten Äußerungen der Cockpitbesatzung.

Vollwertkost

Eine gesunde Ernährung sorgt dafür, dass die lebenswichtigen Vorgänge im menschlichen Körper wie Stoffwechsel, Kreislauf und die Abwehrkräfte gegen Krankheiten bestimmungsgemäß funktionieren, während eine ungesunde Ernährung diese Prozesse stören kann. Aus dieser Erkenntnis heraus propagierten Naturheilkundler wie Werner Kollath (1892–1970), Maximilian Bircher-Benner (1867–1939) oder der 1910 geborene Max Bruker, die die Essgewohnheiten vieler Menschen für reformbedürftig hielten, die so genannte Vollwertkost. Darunter versteht man Nahrung aus möglichst naturbelassenen, hauptsächlich pflanzlichen Lebensmitteln (► **Vegetarismus**), die den Körper mit einer ausreichenden Menge an Nährstoffen, Vitaminen und Spurenelementen versorgen. Sie sollten vorzugsweise aus ► **ökologischem Landbau** stammen

Der regelmäßige Verzehr von Vollwertkost aus Obst, Gemüse und Vollkornprodukten macht fit und hält gesund.

um Schadstoffbelastungen zu vermeiden. Nahrungsmittel wie Getreideflocken, Obst und Gemüse soll man möglichst roh verzehren; diese sollten täglich auf dem Speiseplan stehen. Alles, was einer Behandlung bedarf, etwa Hülsenfrüchte, Kartoffeln, geringe Mengen Fleisch oder Fisch, muss möglichst schonend gegart werden. Außerdem ist es ratsam, wenn man sich mit Vollwertkost ernähren will, bestimmte Speisen zu meiden, beispielsweise Produkte aus Auszugsmehl oder raffinierten Zucker. Nach Ansicht von Fachleuten erreicht man mit dieser Form der Ernährung nicht nur ein gesteigertes Wohlbefinden und eine größere Leistungsfähigkeit, sondern kann sogar gezielt manchen Zivilisationskrankheiten wie Herzerkrankungen, Krebs oder Arthritis vorbeugen. Vor allem ist es nach Meinung der Experten wichtig, Kinder schon früh an eine gesunde Ernährungsweise heranzuführen, damit sie sich gar nicht erst an ► **Fastfood** oder stark gesüßte Speisen gewöhnen.

Die Voodoo-Meister versuchen mit Tierblut, Zauberkräutern, Tänzen und Beschwörungsformeln die Götter zu beeinflussen.

Voodoo

aus der afrikan. Fon-Sprache = Gottheit

Mit Voodoo oder Wodu bezeichnet man eine so genannte animistische Naturreligion, einen Götterglauben, für dessen Anhänger die ganze Umwelt mit geheimnisvollen seelischen Kräften ausgestattet ist. Ursprünglich stammt diese Religion aus Westafrika; durch den Sklavenhandel verbreitete sie sich aber auch in der Karibik und in Südamerika, wo sie mit dem Katholizismus in Berührung kam und einige Elemente davon übernahm. Das Pantheon des karibischen Voodoo-Anhängers bevölkern deshalb nicht nur Naturgeister, sondern auch Heilige und Engel. Kennzeichnend für den Voodoo-Glauben ist die Überzeugung, die übernatürlichen Mächte gnädig stimmen zu können, und zwar durch ekstatische Tänze, bei denen die Gläubigen schnell in Trance verfallen, oder durch magische Beschwörungsformeln, die mündlich über die Generationen weitergegeben werden – aus diesem Grund sind auch fast alle Voodoo-Meister als Heiler tätig. Weiterhin kann man die Götter durch Tieropfer besänftigen, vorzugsweise durch Hühner und Ziegen, oder mithilfe von Fetischen wie etwa mannshohen Tonfiguren, die am Wegesrand aufgestellt und wie Lebende gegrüßt werden und denen man Speisen darbietet. Ein wichtiger Bestandteil des Voodoo ist der Ahnenkult; die Seelen der Verstorbenen werden verehrt und symbolisch in Form eiserner Stäbe nahe dem Hausaltar aufbewahrt. Der Voodoo-Glaube, der von den Kolonialherren als heidnisch verboten wurde und nur als Geheimkult überlebte, wird in seinem Verbreitungsgebiet von Personen aller Gesellschaftsschichten praktiziert; auch der frühere marxistisch-leninistische Staatspräsident von Benin hatte nicht nur Mediziner und Wachpersonal neben sich, sondern darüber hinaus seinen speziellen Voodoo-Hexenmeister.

Wahlfreiheit

In den letzten Jahren war Wahlfreiheit in zwei wichtigen gesellschaftspolitischen Bereichen ein häufig diskutiertes Thema. Der erste Bereich ist die Sozialpolitik, genauer die ► **Kostendämpfung** im Gesundheitswesen. Seit 1996 haben alle in der gesetzlichen Krankenversicherung (GKV) Versicherten in Deutschland die Möglichkeit ihre Krankenkasse frei zu wählen – das betrifft die Pflichtversicherten, deren monatliches Einkommen unter der Beitragsbemessungsgrenze liegt, sowie die freiwillig Versicherten, die einen höheren Verdienst aufweisen können.
Pflichtversicherte, die von dieser Wahlfreiheit Gebrauch machen wollen, müssen sich bis Ende September eines Jahres bei ihrer alten Kasse abmelden und bei der neuen anmelden und sind dann ab dem 1. Januar des darauf folgenden Jahres Mitglied bei der Kasse ihrer Wahl; freiwillig Versicherte brauchen sich nicht an diese Jahresfrist zu halten, sondern können jederzeit die Mitgliedschaft in ihrer bisherigen Kasse aufkündigen. Sie sind dann nach Ablauf des übernächsten Monats in der neuen Kasse versichert. Mit dieser Änderung will der Gesetzgeber für eine gewisse Konkurrenz unter den Kassen sorgen, wovon er sich sowohl eine bremsende als auch eine ausgleichende Wirkung auf die Höhe der Beitragssätze verspricht.
Die zweite Wahlmöglichkeit bezieht sich auf den Bereich der Schule. 1996 haben die Kultusminister der Bundesländer im Rahmen einer Oberstufenreform beschlossen im gesamten Bundesgebiet die bis dahin in vielen Ländern relativ großzügig gehandhabte Wahlfreiheit der Gymnasiasten hinsichtlich ihrer Grund- und Leistungskurse zu beschränken. Nach dem Beschluss müssen ab dem Schuljahr 1998/99 alle Schüler – ähnlich wie jetzt schon in Bayern und Baden-Württemberg – Kernfächer wie Mathematik, Deutsch und eine Fremdsprache bis zum Abitur belegen.

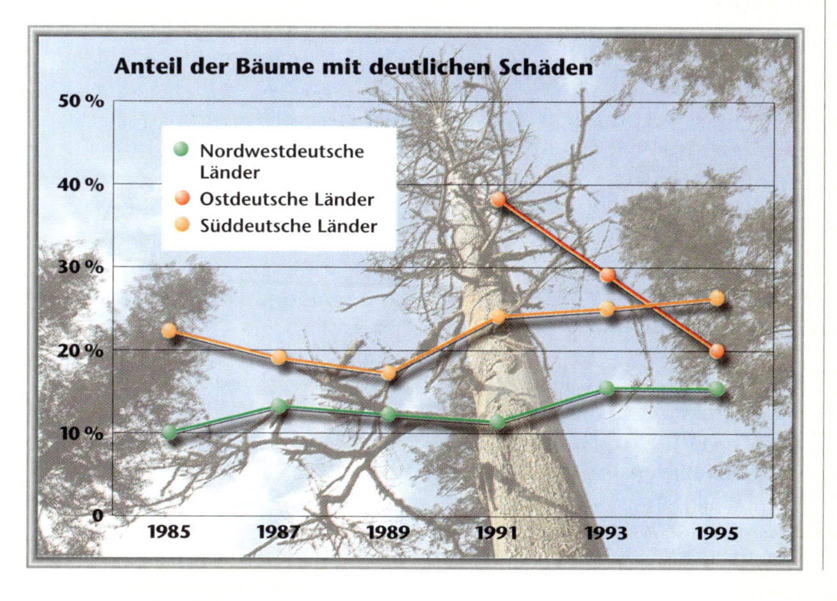

Waldsterben

Ab Mitte der 70er-Jahre beobachteten Forstexperten in Europa gehäuft auftretende Baumkrankheiten und dadurch entstandene großflächige Waldschäden, die zuerst nur in den Hochlagen der Mittelgebirge festzustellen waren und ausschließlich Nadelbäume betrafen. Später setzten sie sich bis in die Tallagen fort und griffen auch auf Laubbäume über, bis es ungefähr ab Mitte der 80er-Jahre keine in Wäldern vorkommende Baumart mehr gab, die nicht betroffen war. Die Baumkrankheiten, die sich im Verlust der Nadeln und Blätter sowie einer Verkümmerung der Krone und des Wurzelwerkes äußern, werden hauptsächlich durch den ► **sauren Regen** verursacht, der auf das Schwefeldioxid aus der Verfeuerung fossiler Brennstoffe zurückzuführen ist; andere Faktoren sind noch die durch Kraftfahrzeuge hervorgerufenen Schadstoffe (► **Abgasgrenzwerte**), aber auch extreme Klimaverhältnisse, Schädlinge, Pilze, Bakterien und Viren. Um das Ausmaß des Waldsterbens abschätzen zu können werden regelmäßig Waldzustandsberichte erstellt. Laut diesen Untersuchungen hat sich der Wald im Osten Deutschlands und in Bayern erholt, in den meisten westlichen Bundesländern dagegen sind Schadenszuwächse zu verzeichnen, z. B. in Schleswig-Holstein 8%, in Hessen 1% und in Rheinland Pfalz 3%. Insgesamt sind in Deutschland über 50% aller Bäume mehr oder weniger geschädigt, vor allem Buchen, Eichen, Fichten und Kiefern sind betroffen. Merkwürdigerweise macht man parallel zu dieser

Entwicklung die Beobachtung, dass die Bäume in letzter Zeit deutlich schneller wachsen als früher. Zu den Gegenmaßnahmen, mit denen man den Baumkrankheiten zu Leibe rücken will, gehören u.a. das Aussprühen von Kalk, um den übersäuerten Waldboden zu neutralisieren, und die Ausweisung von Bannwäldern, d.h. Waldflächen, die im natürlichen Zustand belassen und nicht genutzt werden dürfen.

Wall Street

► siehe S. 78

Wasserknappheit

Ohne Wasser kann der Mensch nicht leben – es ist das wichtigste Lebensmittel überhaupt. Ein Blick auf den Globus zeigt, dass es auf der Erde genügend davon gibt, aber nur 2,5% der irdischen Wassermassen sind für den Menschen nutzbares Süßwasser und hiervon sind noch einmal zwischen 60 und 70% in den Polkappen und Gletschern eingefroren. Der Anteil des nutzbaren Wasservorrats, der hauptsächlich aus Flüssen und Seen stammt, liegt also unter 1%, und selbst davon wird weltweit nur rund die Hälfte ausgenutzt. Ebenso wie andere Naturschätze ist auch das Trinkwasser sehr unterschiedlich auf der Erde verteilt. Während es in Deutschland und den meisten anderen Industriestaaten ausreichend davon gibt, ist es in zahlreichen Regionen der Welt ein rares Gut. In manchen Ländern Afrikas wie beispielsweise in Kenia haben 70–80% der Bevölkerung keinen direkten Zugang zur Wasserversorgung und müssen täglich kilometerweite Wege zurücklegen um sich mit Vorräten einzudecken. Fachleute meinen, dass die Wasserknappheit in Zukunft eines der brisantesten Probleme der Menschheit sein wird und dass in wasserarmen Gegenden wie im Nahen Osten schon im nächsten Jahrhundert kriegerische Auseinandersetzungen um die Verteilung des kostbaren Gutes ausbrechen könnten. Auch in den Ballungsgebieten wie beispielsweise im indischen Bombay oder dem ägyptischen Kairo (► **Megastädte**), wo immer mehr Menschen Wasser verbrauchen und verschmutzen, wird es möglicherweise bereits bald zu ernsthaften Engpässen in der Versorgung kommen. Die UN-Ernährungs- und Landwirtschaftsorganisation FAO informiert die Staaten deshalb schon jetzt über Methoden Wasser zu sparen. Dazu gehört u.a. die Modernisierung alter Bewässerungssysteme oder die Wiederaufbereitung von Brauchwasser.

Wassermann-Zeitalter

Die Astrologie teilt den Ablauf der Erd- und Menschheitsgeschichte in lange, gleich große Zeitabschnitte ein, nämlich die jeweils rund 26000 Erdenjahre dauernden Weltenjahre, in denen das Sonnensystem die Galaxis einmal umrundet. Da in dieser Zeit auch der gesamte Tierkreis durchlaufen wird, umfasst ein solches Weltenjahr entsprechend den zwölf Tierkreiszeichen zwölf kürzere Zeitalter von je etwa 2100 Jahren. In der ► **Esoterik** sieht man einen engen Zusammenhang zwischen diesen Zeitaltern und der Menschheitsgeschichte, denn die dem entsprechenden Tierkreiszeichen zugeordneten Eigenschaften sollen die Entwicklungen in der jeweiligen Periode bestimmen. Gegenwärtig leben wir in einer astrologischen Übergangsphase, und zwar geht das Zeitalter der Fische zu Ende und das des Wassermanns beginnt. Die Esoteriker versprechen sich von dem Eintritt in ein neues Zeitalter (► **New Age**) eine Wende zum Besseren, denn das vom Verstand dominierte Zeitalter der Fische war geprägt von Kriegen, Auseinandersetzungen und der Entfremdung von der Natur. Im Wassermann-Zeitalter soll demgegenüber die Spiritualität im Vordergrund stehen; der Mensch soll eine höhere Bewusstseinsstufe erreichen und es soll eine neue Harmonie zwischen Mensch und Natur begründet werden.

Webbrowser

► siehe S. 217

Webserver

► siehe S. 217

Wegfahrsperre

Zwischen 1989 und 1993 stieg in Deutschland die Zahl der Autodiebstähle um über 180% auf den Höchststand von 144057 Fällen an. Um den Dieben das Handwerk zu legen forderten die Versicherungen den Einbau elektronischer Wegfahrsperren. Diese funktionieren je nach Fabrikat entweder über eine Tastatur, über Fernsteuerung mit wechselndem Kode, über einen zusätzlichen elektronischen Schlüssel oder über einen mit ► **Chip** ausgerüsteten Fahrzeugschlüssel und werden in den meisten Fällen automatisch nach dem Abschließen des Wagens wirksam. Seit 1995 werden diese Sicherungen serienmäßig in viele Autos, vor allem teure Modelle, eingebaut. Der Erfolg war durchschlagend, die Zahl der Autodiebstähle hat sich deutlich verringert. Zwar wurden auch Autos mit Wegfahrsperre als gestohlen gemeldet, aber es konnte nachgewiesen werden, dass der Diebstahl entweder nur vorgetäuscht oder der Wagen abgeschleppt bzw. der Fahrzeugschlüssel entwendet worden war. 1996 allerdings ist ein Fall bekannt geworden, in dem die elektronische Sperre geknackt wurde – die Diebe hatten die gesamten elektronischen Bauteile ausgebaut und durch neue ersetzt.

Wellness

→ siehe S. 161

Weltkulturerbe

Um einzigartige Naturschönheiten und von Menschenhand geschaffene Baudenkmäler vor Verfall oder Zerstörung zu schützen hat die UNESCO, die für Wissenschaft und Kultur zuständige Organisation der Vereinten Nationen, 1972 eine Internationale Konvention für das Kultur- und Naturerbe der Menschheit ins Leben gerufen. Die Unterzeichnerstaaten führten eine Liste ein, in der Objekte Aufnahme finden, die nach gründlicher Prüfung als erhaltenswert gelten und für deren Konservierung aus UN-Mitteln Zuschüsse gezahlt werden. Bis Ende 1996 wurden darin weltweit fast 500 berühmte, aber auch unbekannte Namen ausgewiesen, u. a. die Überreste von Karthago in Nordafrika, Machu Picchu, die in über 2000 m Höhe gelegene Inkastadt in Peru, das Kloster St. Gallen in der Schweiz und als eine der weltweit größten noch im Naturzustand belassenen Nadelwaldregionen die Komi-Taiga im äußersten Nordosten Europas. Besonders spektakulär war 1995 mitten im ► **Balkankonflikt** die Ernennung der Stadt Dubrovnik zum Weltkulturerbe, denn damals waren die

Zum Weltkulturerbe zählen der Mont-St-Michel in der Normandie (links oben), die Tempelstadt Angkor Wat in Kambodscha und Venedig (unten).

WERBUNG

Klappern gehört zum Handwerk

Harry Wijnvoord moderiert eine Folge der Gameshow *Der Preis ist heiß.*

Advertainment

Diese Form der Reklame verbindet Werbung (engl. = *advertising*) mit Unterhaltung (engl. = *entertainment*). Im Rahmen von **Gameshows** werden Produkte als Preise angeboten und auf diese Weise dem Kunden bekannt gemacht. Eine der erfolgreichsten Advertainmentshows war jahrelang die Sendung *Der Preis ist heiß* mit dem niederländischen Moderator Harry Wijnvoord.

Dialogmarketing

Der Informationsaustausch zwischen Anbieter und Konsument ist die Grundlage des Dialogmarketing. Der Kunde beantwortet Fragebogen zu neuen oder geplanten Produkten und vermittelt so aufschlussreiche Erkenntnisse über seine Wünsche. Die Verbraucherbefragung kann auch über eine Telefon-**Hotline** erfolgen.

Flyer

Diese Flugblätter werden meist dort verteilt, wo viele Menschen zusammenkommen, also bei Popkonzerten, Fußballspielen oder in Fußgängerzonen. Oft findet man sie auch an Windschutzscheiben oder als so genannte Wurfsendungen im Briefkasten.

Directmail

Bei dieser Verkaufsmethode bekommt der Kunde das Angebot direkt per Post ins Haus geschickt. Oft wird er persönlich angesprochen und häufig besteht auch die Möglichkeit an einem Preisausschreiben oder einer Verlosung teilzunehmen.

DRTV

Diese Abkürzung steht für *direct response television*, d. h. für Fernsehen mit der Möglichkeit zur direkten Antwort. Dabei wird während des Werbespots eine Telefonnummer eingeblendet, sodass der Kunde das vorgestellte Produkt sofort bestellen kann. In den USA werden mit DRTV bereits Millionengeschäfte gemacht und auch in Deutschland werben immer mehr Anbieter mit dieser Methode.

Ein spektakulärer Event: die Vorstellung eines neuen VW mit Musik der Rolling Stones

Event

Neue Produkte oder Marken werden dem Publikum häufig durch möglichst spektakuläre Veranstaltungen mit großer Medienwirkung, so genannte Events (Ereignisse), bekannt gemacht. Besondere Aufmerksamkeit für die Produktpräsentationen erreicht man durch die Teilnahme von Prominenten.

Hype

Wenn die **CD** einer neuen Musikgruppe, ein neuer Film oder ein anderes Produkt durch übersteigerte Werbung bekannt gemacht werden soll, spricht man von einem Hype.

Infomercial

Bei dieser Form von Fernsehwerbung verzichtet man auf die üblichen eingängigen Slogans und setzt stattdessen auf scheinbar sachliche, meist von seriös gekleideten Moderatoren vermittelte Produktinformation. Der Begriff Infomercial leitet sich her von *information* und *commercial* (Werbespot).

Auf der Werberolle von Cannes sind prämierte Spots zu sehen.

Productplacement

Viele Filme werden heute teilweise durch Productplacement finanziert, eine Werbemethode, bei der u. a. Zigaretten, alkoholische Getränke oder Autos im Verlauf eines Films häufig zu sehen sind, ohne dass der Zuschauer bemerkt, dass für die jeweiligen Produkte gezielt geworben wird. So ist es beispielsweise kein Zufall, wenn James Bond alias Pierce Brosnan einen BMW fährt.

Promotion

Alle Formen von Werbung werden unter dem Oberbegriff Promotion zusammengefasst.

Werberolle

Jedes Jahr werden auf dem Filmfestival von Cannes in Südfrankreich die besten Werbespots aus aller Welt gewählt. Die so genannte Werbe(film)rolle mit den originellsten und witzigsten Beiträgen ist danach vor allem in Programmkinos zu sehen und lockt nicht zuletzt solche Zuschauer an, die die herkömmliche Werbung banal und einfallslos finden.

James Bond bevorzugt Autos von BMW, ein Productplacement, mit dem die Firma vor allem junge Kunden ansprechen will (ganz oben).

Bei jedem großen Skiwettbewerb dabei: die lila Kuh von Milka (oben)

Commercial

Die Privatsender finanzieren ihr Programm mit Commercials, d. h. Werbespots, die die Sendungen mehrfach für einige Minuten unterbrechen. Die Länge dieser Werbepausen hängt von der Dauer eines Films ab und ist nach einem bestimmten Schlüssel festgelegt. Falls die zu-lässige Höchstdauer überschritten wird, muss der jeweilige Sender hohe Strafen zahlen. Die nichtkommerziellen Sender, die sich zum Großteil aus Gebühren finanzieren, senden die Spots als Block ohne die Filme zu unterbrechen.

Kriegsparteien gerade dabei, die „Perle der Adria“ in Schutt und Asche zu legen. In Deutschland gibt es mittlerweile 15 in die Liste aufgenommene Kultur- und Naturdenkmäler, darunter Kirchen wie der Aachener Dom, der Speyrer Dom, Dom und Michaelskirche in Hildesheim und die bayerische Wieskirche; Altstädte wie die von Bamberg, Goslar, Lübeck und Quedlinburg; Schlösser, Parks und Residenzen in Berlin, im nordrhein-westfälischen Brühl und in Würzburg. Die zuletzt ausgewiesenen Denkmäler hierzulande waren das Kloster Maulbronn in Baden-Württemberg, die vor rund zehn Jahren geschlossene Eisenhütte Völklingen im Saarland und die Grube Messel in Hessen, in der zahlreiche Fossilien aus vergangenen Erdzeitaltern erhalten sind.

Weltsozialgipfel

Seit dem Ende des Kalten Krieges befassen sich viele internationale Organisationen mit einem zwar nicht neuen, aber ebenfalls den Weltfrieden bedrohenden Problem, nämlich der äußerst angespannten sozialen Lage der Menschen in zahlreichen Ländern der Erde. Weltweit leben derzeit 1,3 Milliarden Personen, d.h. jeder fünfte Erdbewohner, in tiefer Armut. Um ein Forum zu schaffen, in dem über Lösungsansätze für dieses drängende Problem diskutiert wird, berief die UNO im März 1995 in Kopenhagen den ersten Weltgipfel für soziale Entwicklung ein. Auf dem Tagesprogramm standen als Hauptthemen die Bekämpfung von Armut und Arbeitslosigkeit sowie die Förderung sozialer Gerechtigkeit. Die Teilnehmer, die aus den 185 Mitgliedsstaaten der UNO kamen, äußerten die Überzeugung, dass durch die Ausweitung von Hilfsmaßnahmen innerhalb von zehn Jahren für alle Menschen eine Grundversorgung hinsichtlich Gesundheit, Ernährung und Bildung geschaffen werden könnte, aber sie waren nicht in der Lage, völkerrechtlich verbindliche Beschlüsse zu fassen. Vertreter privater Hilfsorganisationen, die dem Treffen beiwohnten, kritisierten deshalb die Arbeit des Weltsozialgipfels.

Werberolle

→ siehe S. 423

Whalewatching

engl. whale = Wal
engl. to watch = beobachten

Für viele Menschen sind Wale ganz besonders interessante Tiere. Sie haben zwar ein fischähnliches Aussehen und leben im Meer, sind aber dennoch Säugetiere, die lebende Junge zur Welt bringen. Zu ihnen gehören die Giganten der Tierwelt, nämlich die Blauwale, die über 30m lang werden können. Bis vor einigen Jahren hatten nur wenige Menschen Gelegenheit, Tiere dieser Gattung lebend zu Gesicht zu bekommen, doch jetzt gehören an der West- und Ostküste Kanadas und der USA Schiffsausflüge, bei denen man Wale beobachten kann, zu den Touristenattraktionen. Die kleinen Boote suchen Wasserregionen auf, in denen sich in der Regel Schulen von Zwerg-, Finn- oder sogar Buckelwalen tummeln, und mit etwas Glück sieht man die typischen waagrecht stehenden Schwanzflossen, prustende Fontänen, schwarz glänzende Rückenpartien oder sogar einen gewaltigen Kopf aus dem Wasser auftauchen.

Wenn ein Wal in der Nähe eines kleinen Bootes auftaucht, kann Whalewatching zum gefährlichen Abenteuer werden.

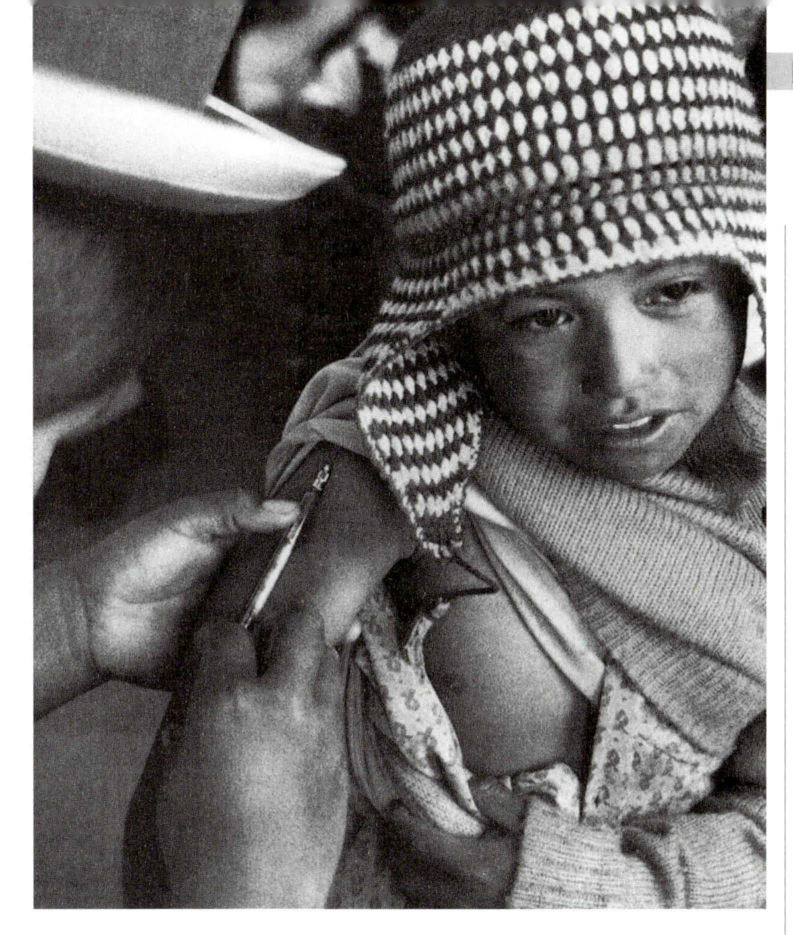

Impfprogramme für die Dritte Welt gehören zu den Aufgaben der WHO.

WHO

engl. World Health Organization = Weltgesundheitsorganisation

1948 wurde in Genf die Weltgesundheitsorganisation (WHO) als Sonderorganisation der Vereinten Nationen gegründet. Ihre Aufgabe ist die Entwicklung des Gesundheitswesens auf der Erde, soweit dies nicht in den Bereich der nationalen Gesundheitsbehörden fällt, und sie hat das erklärte Ziel den „bestmöglichen Gesundheitszustand aller Völker" herbeizuführen. In diesem Sinn setzt sich die Organisation, der heute 190 Mitgliedsstaaten angehören, für die Bekämpfung von Massenkrankheiten wie ► **Malaria**, Pocken oder Tuberkulose ein; sie legt Richtlinien für Umwelthygiene – also für sauberes Trinkwasser, den Standard sanitärer Einrichtungen o. Ä. – fest; sie erstellt internationale Normen für Arzneimittel, sie hilft auf Antrag einzelnen Regierungen beim Aufbau eines nationalen Gesundheitsdienstes, bildet medizinisches Personal vor allem in den Entwicklungsländern aus und fördert den internationalen Erfahrungsaustausch sowie die Fortbildung durch Konferenzen, Tagungen und Seminare. In regelmäßigen Abständen werden Berichte der WHO veröffentlicht, in denen Stellung zu aktuellen Gesundheitsfragen genommen wird. 1995 etwa war dem WHO-Bericht zu entnehmen, dass jeder dritte Mensch auf der Erde krank und ebenfalls ein Drittel aller Kinder unterernährt ist. Im Bericht vom Mai 1996 gab die WHO ihrer Befürchtung Ausdruck, dass es durch die drastische Zunahme von Infektionskrankheiten und die gleichzeitig auftretende ► **Antibiotikaresistenz** zu einer globalen Krise kommen könne.

Widerspruchslösung

Im Zusammenhang mit Organtransplantationen erheben sich nicht nur medizinische und organisatorische Probleme, sondern in vielen Fällen müssen auch grundlegende juristische Fragen geklärt werden. Dazu gehört die genaue Definition der rechtlichen Voraussetzungen, unter denen Verstorbenen (► **Hirntod**) Organe entnommen werden dürfen. Juristisch unproblematisch ist der Fall, wenn der Spender zu Lebzeiten seine Bereitschaft zur ► **Organspende** bekundet und etwa in einem Organspenderausweis schriftlich niedergelegt hat. Auch ein späterer Einspruch von Angehörigen kann diese Zustimmung nicht mehr aufheben. Schwierigkeiten können jedoch immer dann auftreten, wenn diese Willenserklärung des Verstorbenen fehlt. Meist überlässt man in dem Fall den nächsten Angehörigen die Entscheidung, die in der Regel nicht übergangen werden darf. 1996 brachte die SPD eine andere Vorgehensweise ins Gespräch, die so genannte Widerspruchslösung. Danach soll eine Organentnahme gestattet sein, wenn der Verstorbene dem zu Lebzeiten nicht ausdrücklich widersprochen hat. In der daraufhin entfachten und noch anhaltenden öffentlichen Diskussion stieß dieser Vorschlag jedoch bei der Mehrheit der Bevölkerung auf Ablehnung.

Wiederaufbereitungsanlage

Abgebrannte Brennelemente aus Kernkraftwerken enthalten noch spaltbares Material, das wieder verwendet werden kann. Dazu müssen die Brennelemente verarbeitet werden, ohne dass radioaktive Strahlung entweicht. In Wiederaufbereitungsanlagen wird das verbrauchte Material in einzelne Brennstäbe zerlegt. Mit Salpetersäure lässt sich der Inhalt der Stäbe auflösen, der Mantel bleibt dagegen erhalten. Aus der Lösung werden Uran und ► **Plutonium** gewonnen. Diese Materialien dienen der Herstellung neuer Brennelemente wie auch der Produktion von Atomwaffen. Bei diesem Vorgang entstehen hoch radioaktive Abfälle, die jahrelang gekühlt aufbewahrt werden müssen, bevor man sie einer Endlagerung zuführen kann. Wegen technischer Schwierigkeiten und hoher Sicherheitsanforderungen wurden in Europa bisher nur wenige Wiederaufbereitungsanlagen gebaut. In Deutschland nahm lediglich die Modellanlage in Karlsruhe den Betrieb auf. In Wackersdorf kam es zu einem Baustopp, als der Bayerische Verwaltungsgerichtshof 1987 die erste Teilerrichtungsgenehmigung aufhob. Diese juristische Entscheidung sowie Proteste von Gegnern dieses Vorhabens führten 1989 zum Beschluss auf die Wiederaufbereitungsanlage ganz zu verzichten. Abgebrannte Brennelemente deutscher Atomreaktoren werden deshalb in einem Werk in La Hague, Frankreich, wieder aufbereitet; der radioaktive Abfall geht zur Endlagerung nach Deutschland zurück.

Windenergie

In Deutschland gewinnen ► **regenerative Energien** zunehmend an Bedeutung. Die größten Zuwachsraten verzeichnet dabei die Windenergie. Der Marktanteil ist zwar mit 0,5% im gesamten Bundesgebiet noch bescheiden, doch erwartet man, dass Windkraftanlagen demnächst schon 1% des deutschen Strombedarfs decken werden. Vor allem in küstennahen Gebieten, wo der Wind das ganze Jahr über kräftig weht, entstehen neuerdings immer mehr Windenergieparks mit Dutzenden von Rotoren. Das Bundesland Schleswig-Holstein, das bereits 1995 auf diese Weise seinen Strombedarf zu 7,8% deckte, plant einen weiteren Ausbau der Windenergieversorgung. Schon im Jahr 2010 soll sich dort der Anteil der Stromgewinnung aus Windkraft auf 25% erhöht haben. Die Bundesrepublik ist heute schon Europas größter Produzent von Strom aus Windenergie und wird weltweit nur von den USA übertroffen. In Deutschland gewinnt diese Energieform sowohl durch sinkende Baukosten als auch durch öffentliche Fördermittel und durch vereinfachte Genehmigungsverfahren (seit 1996) an wirtschaftlicher Attraktivität. Einen weiteren finanziellen Anreiz für das Betreiben von Windanlagen lieferte das 1991 in Kraft getretene Stromeinspeisungsgesetz: Danach bekamen die Windenergieproduzenten 1995 für die Stromabgabe etwa 17 Pfennig pro kWh vergütet, während der Erzeugerpreis für Windenergie nur knapp 11 Pfennig pro kWh betrug. Derart entwickelten sich die Windkraftwerke in den letzten Jahren zu einem lukrativen Wirtschaftszweig, durch den viele Arbeitsplätze geschaffen wurden. Die Zukunftschancen stehen gut, da sich die Leistungsfähigkeit der Anlagen noch wesentlich steigern lässt.

Die Nordseeküste mit stets kräftig wehender Brise eignet sich hervorragend für Windenergieanlagen.

Windows

engl. window = Fenster

Als die Personalcomputer (► **PC**) auf den Markt kamen, waren sie mit dem recht einfachen und wenig bedienerfreundlichen ► **Betriebssystem** DOS ausgestattet. Die Firma Microsoft entwickelte daraufhin eine komfortable ► **Benutzeroberfläche** und brachte sie 1985 unter dem Namen Windows auf den Markt. Für dieses System ist charakteristisch, dass die Bedienung von Programmen – d. h. die Ein- und Ausgabe von Daten – innerhalb von Fenstern erfolgt. Aufbau und Aussehen dieser Bildschirmausschnitte sind stets gleichartig. Sie haben einen Rahmen und zwei Rollbalken, mit denen man den Fensterinhalt verschieben kann. Auch die Größe und die Position der Fenster lassen sich verändern, sodass auf einer Bildschirmseite mehrere nebeneinander stehen oder sich überlappen können. Kennzeichnend für Windows ist außerdem, dass Programme und Funktionen mit einer ► **Maus** durch Anwahl des entsprechenden Symbols gestartet werden können. Dadurch erübrigt sich die Eingabe von Befehlen über die Tastatur. Wesentlicher Bestandteil von Windows ist die Systemverwaltung und die Dateiorganisation, mit der der Festplattenspeicher strukturiert werden kann. Beim Kauf der Benutzeroberfläche Windows werden zudem eine Textverarbeitung, ein Zeichenprogramm sowie einige Spiele mitgeliefert. Seinen großen Erfolg verdankt Windows vor allem dem Umstand, dass inzwischen viele Softwarefirmen ihre jeweiligen Programme in der Bedienungsweise an diese Benutzeroberfläche angepasst haben. Die zunehmende Leistungsfähigkeit der Anwenderprogramme verlangte bessere PC und damit auch ein verbessertes Windows: Die Nachfolger Windows NT und Windows 95, beides Betriebssysteme mit einheitlicher Benutzeroberfläche, ermöglichen u. a. die parallele Ausführung mehrerer Programme und die effektive Nutzung großer Speicherkapazitäten.

Wirtschaftssanktionen

lat. sancire = bestrafen

Hat ein Staat gegen das Völkerrecht verstoßen, ist der ► **UN-Sicherheitsrat** befugt, darauf mit Wirtschaftssanktionen zu reagieren. Nach solch einem Beschluss ist es den UN-Mitgliedsstaaten untersagt, Waren in das wirtschaftlich geächtete Land zu liefern oder von dort zu beziehen. Diese Zwangsmaßnahmen sollen die völkerrechtswidrig handelnde Nation zu einer politischen Kurskorrektur bewegen. Die Strategie, ein Land durch Verweigerung lebenswichtiger Güter – darunter Nahrungsmittel, Rohstoffe, medizinische Geräte, Arznei – gefügig zu machen, wird auch Wirtschaftsblockade oder Handelsembargo genannt. Im Friedensvertrag von Dayton, der im November 1996 den vier Jahre andauernden ► **Balkankonflikt** im ehemaligen Jugoslawien beendete, wurden die gegen die Kriegsaggressoren Serbien und Montenegro verhängten Wirtschaftssanktionen von der UNO aufgehoben. Nach dem Golfkrieg entstanden dem diktatorischen Regime des Irak aufgrund eines internationalen Handelsembargos große wirtschaftliche Probleme. Voraussetzung für die Aufhebung der 1990 über den arabischen Ölstaat verhängten und bis heute anhaltenden UN-Sanktionen ist, dass dieser eine langfristige Rüstungskontrolle akzeptiert und alle Massenvernichtungswaffen beseitigt. Die USA verschärften ihre bereits seit 1960 bestehende Wirtschaftsblockade gegen Kuba, nachdem die Luftwaffe der kommunistischen Inselrepublik im Februar 1996 zwei Flugzeuge einer exilkubanischen Fluchthilfeorganisation abgeschossen hatte. Das vom amerikanischen Präsidenten Bill Clinton verabschiedete Helms-Burton-Gesetz will künftig alle Staaten und ausländische Firmen, die auf Kuba investieren, mit Strafe belegen. Die Folgen derartiger Handelsblockaden bekommt die Bevölkerung, die unter dem wirtschaftlichen Mangel leidet, besonders hart zu spüren. Sie hat jedoch meist keinen Einfluss auf die Regierungspolitik.

Wohngifte

Wenn Menschen unter Augenstechen, ► **Allergien**, Atembeschwerden oder ständigen Kopfschmerzen leiden, könnte dies unter Umständen daran liegen, dass in ihren Wohnräumen bisher nicht entdeckte Schadstoffe vorhanden sind, die die Gesundheit beeinträchtigen. Der Nachweis solcher Wohngifte ist allerdings recht schwierig, da es über 60000 chemische Substanzen im Handel gibt, deren gesundheitliche Auswirkungen wissenschaftlich nur zum Teil geklärt sind. In diesem Zusammenhang legte die Innungskrankenkasse 1996 eine Studie vor, nach der nur in 2 % der insgesamt 2000 untersuchten Fälle tatsächlich Wohnraumgifte als Auslöser von Krankheiten ermittelt werden konnten. Für Aufregung sorgten die Warnungen von Umwelt- und Verbraucherverbänden, die in manchen Teppichböden gesundheitsgefährdende Zusätze wie ▶ **Asbest** und ▶ **Formaldehyd** sowie das Schwindelgefühle hervorrufende Vinylazetat und das Krebs erregende Vinylchlorid entdeckten. Schadstoffbelastungen ergeben sich auch durch Bodenkleber, falls diese organische Lösungsmittel enthalten. In vielen Wohnungen und Häusern, die von 1960 bis Anfang der 80er-Jahre gebaut wurden, versteckt sich noch immer die Krebs auslösende Mineralfaser Asbest. Sie wurde in jener Zeit u. a. für Abflussrohre sowie für Fugenverdichtungen an Fenstern und Türen verwendet. Zu den verbreitetsten Wohngiften zählt Formaldehyd, das vor allem in Spanplatten, Kunststoffen und Lacken anzutreffen ist. Als gesundheitsschädlich gelten auch bestimmte, bis in die 70er-Jahre eingesetzte Holzschutzmittel. Sie enthielten die Stoffe Pentachlorphenol (PCP) und Lindan, die teilweise heute noch giftige Dämpfe abgeben.

Wok

Zu den wichtigsten Kochutensilien der chinesischen Küche (▶ **Ethnofood**) gehört der Wok. Dieser pfannenartig gewölbte Topf, der meist aus Gusseisen ist, wird in China schon seit vielen Jahrhunderten für die Zubereitung der leicht bekömmlichen Landesspeisen verwendet. Durch die tiefe und zugleich breite

In einem Wok lassen sich chinesische Gerichte in nur kurzer Garzeit zubereiten.

Form des Wok, der ursprünglich nur auf offenem Feuer benutzt wurde, verteilt sich die Hitze rasch und gleichmäßig an den Seitenwänden, sodass sich die Poren von fein geschnittenem Fleisch oder Gemüse innerhalb kürzester Zeit schließen. Auf diese Weise bewahren die Kochzutaten ihr schmackhaftes Aroma und die Vitamine bleiben größtenteils erhalten. Seit einiger Zeit ist der vielseitig einsetzbare Wok, mit dem man auf dem Gas- oder Elektroherd braten, schmoren, dämpfen und sogar frittieren kann, auch im europäischen Handel zu haben. Für den chinesischen Universalkochtopf gibt es spezielle Einsätze, darunter einen aus Bambusfasern geflochtenen Korb. Dieser erlaubt es, unterschiedliche Esswaren in mehreren Lagen übereinander zu schichten, um sie dann in siedendem Wasser zu dämpfen. Für ein chinesisches Fondue wird der Wok mit heißer klarer Brühe auf einen Spiritusbrenner oder elektrischen Rechaud in die Mitte des Tisches gestellt. Jeder Gast erhält ein kleines Sieb, das er mit den angerichteten Zutaten füllt – das können hauchdünne Fleisch-, Geflügel- oder Fischstücke sowie mundgerecht zerkleinerte Gemüsesorten sein – und dann in die kochende Brühe hängt, bis die Häppchen gar sind.

Wonderbra

Der amerikanische Wäschehersteller Playtex startete 1994 in Deutschland eine groß angelegte

Der Wonderbra täuscht durch seine Polsterung eine üppigere Oberweite vor.

Werbekampagne, indem er auf Plakaten und in Modemagazinen das blonde ► **Supermodel** Eva Herzigova in einem betörenden schwarzen BH mit stark nach oben hebendem Effekt präsentierte. Wonderbra nannte die Miederfirma den die Illusion eines üppigen Dekolletés zaubernden Wunderbüstenhalter, der inzwischen weltweit millionenfach verkauft wurde. Frauen, denen es an Oberweite mangelt, verspricht der Wonderbra durch seine raffinierte Polsterung Fülle an der richtigen Stelle. Die kleinen Kissen an der Innenseite der Büstenschalen sind herausnehmbar, sodass die Trägerin je nach Laune mal mehr, mal weniger Busen zeigen kann. Die genaue Konstruktion des Wunderbüstenhalters, der aus mehr als 40 Einzelteilen besteht, bleibt ein Firmengeheimnis.

Workaholic

Ebenso wie Alkohol kann auch Arbeit zu einer Droge werden. Für das Phänomen des Arbeitssüchtigen haben amerikanische Psychologen den Begriff Workaholic geprägt. Für solche Menschen nimmt der Beruf die wichtigste Rolle im Leben ein. Sie hetzen von Termin zu Termin und nehmen am Feierabend noch Akten mit nach Hause. Arbeit ist das Einzige, was sie befriedigt, zwanghaft streben sie nach höchster Leistung und größtem Erfolg. Da Workaholics wie andere Drogenabhängige ihre Sucht nicht steuern können, verlieren sie nach und nach den Bezug zu ihrer nächsten Umgebung – zur Familie, zu Freunden und auch zu Arbeitskollegen. Workaholics, die meist vor anderen Problemen in die Arbeit fliehen, sind in allen Berufssparten anzutreffen. Man findet sie jedoch bevorzugt unter Managern, Ärzten, Architekten und Journalisten. Als Folgen der Arbeitssucht können gesundheitliche Probleme wie Schlaflosigkeit, Kopfschmerzen und Magen-Darm-Beschwerden auftreten. Meist sind Workaholics erst dann bereit in eine Psychotherapie zu gehen, wenn sie körperlich und nervlich am Ende sind (► **Karoshi**).

Workshop

In der Theaterwelt spricht man von Workshop, zu Deutsch Werkstatt, wenn es sich um eine intensive Form experimenteller Zusammenarbeit oder aber um kurze, kompakte Ausbildungskurse für Schauspieler handelt. Zunächst wurde der Begriff vornehmlich für Arbeitsgruppen mit künstlerischer oder literarischer Aufgabenstellung verwendet. Heute bezeichnet man mit Workshops, die inzwischen auch in vielen Unternehmen üblich sind, Kurse oder Seminare, in denen die verschiedensten Themen in freier Diskussion erörtert werden. Ziel eines Workshops ist, dass die Teilnehmer zu einer bestimmten Thematik ihre Ideen bzw. Erfahrungen austauschen und darüber hinaus entsprechende Lösungen für ein gemeinsames Problem erarbeiten.

Workstation

Zwischen der obersten Leistungsklasse von Computern, die überwiegend von Rechenzentren betrieben werden, und den Personalcomputern (► **PC**), die als Einzelplatzrechner für die private und berufliche Nutzung entwickelt wurden, liegt die Klasse der Workstations. Das sind Arbeitsplatzrechner vor allem für Ingenieure und Wissenschaftler, auf denen besonders anspruchsvolle Programmsysteme laufen. Diese sind meist sehr rechenintensiv und arbeiten mit aufwendigen grafischen Darstellungen (► **CAD**). Eine Workstation, bei der oft das ► **Betriebssystem** UNIX eingesetzt wird, verfügt mindestens über eine eigene ► **Festplatte**, einen hoch auflösenden großen Farbgrafikbildschirm sowie über einen umfangreichen Arbeitsspeicher und einen Prozessor. In der Regel werden Workstations autonom betrieben, damit der Anwender alle Ressourcen (Rechenzeit und Speicherplatz) nutzen kann ohne von anderen Benutzern beeinträchtigt zu werden. Dennoch sind diese Rechner meist in Unternehmensnetze eingebunden, damit Daten mit anderen Computersystemen ausgetauscht werden können. Die typische Workstation verliert jedoch seit einiger Zeit zunehmend an Bedeutung. Hohe Rechenleistungen, riesige Arbeitsspeicher und Festplattenkapazitäten bietet heute auch der Personalcomputer, aber zu einem wesentlich günstigeren Preis. Die komplexen Programmsysteme der Workstations lassen sich nun auch auf leistungsstarke Kleinrechner übertragen und dort ausführen.

World Wide Web

→ siehe S. 216

Beim Wrestling inszenieren Ringkämpfer für das Publikum Showeinlagen.

Wrestling

engl. to wrestle = ringen

Aus den Catcherveranstaltungen der 50er-Jahre entwickelte sich – zunächst in den USA und Kanada – eine Kampfsportart, die nur noch entfernt an den klassischen Ringkampf erinnert. Wrestling ist vielmehr ein medienwirksames Spektakel, bei dem die Kämpfer mit zahlreichen Showeinlagen ihr Publikum begeistern. Einige Fernsehanstalten haben die Wrestlingschaukämpfe in ihr Programm aufgenommen und erzielen mit ihnen seit Jahren hohe ► **Einschaltquoten**. Meist treten in den von Privatsendern übertragenen Wettkämpfen acht Wrestler in zwei Teams gegeneinander an. Erst wenn alle Akteure einer Mannschaft besiegt sind, wird die andere Riege zum Sieger ausgerufen. Für zusätzliches Vergnügen sorgt auch die äußere Erscheinung. Die einst üblichen Sporttrikots sind heute oft schillernden Kostümierungen (z. B. Tiger- oder Mongolenlook) gewichen. Ein einträgliches Geschäft ist dieser Kampfsport nur für die Stars, die ein Antrittsgeld von etwa 4000 DM erhalten. Die meisten Wrestler müssen sich mit einer Abendgage von ein paar Hundert DM begnügen.

WTO

engl. World Trade Organisation = Welthandelsorganisation

Zur Förderung und Überwachung des Welthandels gründete die UNO Anfang 1995 die Welthandelsorganisation WTO, die das Allgemeine Zoll- und Handelsabkommen GATT (General Agreement on Tariffs and Trade) ablöste. Sitz der neuen Gesellschaft ist Genf. 125 Staaten sind bisher Mitglied, weitere 30 Länder haben eine Aufnahme in die Organisation beantragt. Ihre wichtigste Aufgabe sieht die WTO in der drastischen Senkung von Zöllen um für möglichst viele Waren und Dienstleistungen einen ungehinderten Welthandel zu erreichen. Darüber hinaus überwacht sie die Einhaltung internationaler Handelsregeln und Verträge sowie die Abkommen zum Schutz von Patenten und sonstigen geistigen Eigentumsrechten. Die Mitgliedsstaaten verfolgen jedoch in Einzelfragen recht unterschiedliche Interessen. Das wurde auf der ersten Ministerkonferenz der WTO in Singapur im Dezember 1996 deutlich. Dort forderten westliche Industriestaaten beispielsweise die internationale Einhaltung von Sozialstandards wie z. B. das Verbot von Kinderarbeit und die Zahlung von Mindestlöhnen. Mitglieder aus ärmeren Ländern sahen darin jedoch die Absicht, den Weltmarkt gegen Produkte aus Staaten der Dritten Welt abzuschotten. Ein ähnliches Verhalten ist bei Umweltschutzthemen zu beobachten. Westliche Umweltorganisationen wollen erreichen, dass die Abkommen zum ► **Artenschutz**, zur Beschränkung des Giftmüllexports und zum Verbot des Treibgases ► **FCKW** auch von der WTO überwacht werden. Dagegen wehren sich die Dritte-Welt-Länder, da sie sich um die Konkurrenzfähigkeit ihrer Industrie sorgen. Auf der ersten Ministerkonferenz konnte man sich deshalb nur auf allgemeine Absichtserklärungen verständigen.

Yellow Press

engl. yellow = gelb
engl. press = Presse

In den Zeitschriftenläden und Kiosken nimmt neben Tages- und Wochenzeitungen, Fachzeitschriften und seriösen Magazinen die so genannte Yellow Press großen Raum ein. Darunter versteht man Erzeugnisse des Boulevardjournalismus, die unter dem Oberbegriff Freizeit- und Frauenzeitschriften zusammengefasst werden können.
Meist handelt es sich dabei um wöchentlich erscheinende illustrierte Blätter, in denen man neben Klatsch und Tratsch über Prominente auch Sensationsberichte über Naturkatastrophen, Erlebnisse mit Tieren, Schilderungen von zu Herzen gehenden persönlichen Schicksalen, bunte Meldungen aus dem Sport, Nachrichten über Neuigkeiten aus dem Bereich der Medizin und Artikel über Lebenshilfe lesen kann. Titel wie *Bild der Frau, Neue Post, Tina, Freizeit Revue* und *Das Neue Blatt* gehören zu den am stärksten vertretenen Exemplaren dieser journalistischen Gattung, die hierzulande auch Regenbogenpresse oder Soraya-Zeitungen genannt wird – nach einer Gattin des früheren Schahs von Persien, über die häufig in solchen Zeitschriften geschrieben wurde. Während die Auflagen in den 70er-Jahren kräftig gestiegen waren, haben die Blätter heute große Verluste zu verzeichnen. Eine wesentlich reißerischere Ausprägung als die eher betulich wirkenden deutschen Regenbogenblätter weist die angelsächsische Yellow Press auf. Hier werden von manchen Zeitschriften in Text und Fotos (► **Paparazzi**) die Grenzen des guten Geschmacks deutlich überschritten, wie beispielsweise im Oktober 1996, als Videoaufnahmen veröffentlicht wurden, die angeblich Prinzessin Diana mit ihrem Liebhaber zeigten. Sie entpuppten sich aber schnell als Fälschung. Der Begriff Yellow Press entstand Ende des vorigen Jahrhunderts in New York. Die zwei konkurrierenden Verleger Joseph Pulitzer (1847–1911) und William Randolph Hearst (1863–1951) druckten in ihren jeweiligen Zeitungen regelmäßig karikaturistische Comiczeichnungen, die schon damals gelb koloriert waren.

Yin und Yang

chin. yin = Schattenseite des Berges
chin. yang = Lichtseite des Berges

Durch das Gedankengut der ► **Esoterik** hat die altchinesische Lehre von Yin und Yang (► **I Ging**) auch in Deutschland Anhänger gefunden. Diese Philosophie geht davon aus, dass alles Bestehende von den zwei entgegengesetzten Urkräften Yin und Yang geprägt wird.
Sie repräsentieren die beiden gegensätzlichen und sich ergänzenden Seiten aller Dinge und werden bildlich als ein Kreis dargestellt, der durch eine S-förmig geschwungene Linie in eine dunkle und eine helle Hälfte geteilt wird. Die dunkle Hälfte verkörpert dabei das Yin, das passive und erhaltende Element, das für das Weibliche, die Erde, das Ruhende, Empfangende, Weiche und Feuchte steht. Das Yang, die helle Hälfte, ist demgegenüber das aktive und zielgerichtete Element, das alles Männliche, den Himmel, das Bewegliche, Gebende, Harte und Trockene symbolisiert. Alles Seiende befindet sich in einem dauernden Wechselspiel zwischen diesen beiden Polen, die immer wieder abwechselnd die Oberhand gewinnen: Die dunkle Nacht weicht dem hellen Tag und umgekehrt. Diese Überzeugung von der ausgleichenden Harmonie aller Dinge kommt auch im ► **Taoismus** zum Ausdruck. Da Yin und Yang gemeinsam die Lebenskraft ► **Qi** bilden und folglich in allem Lebendigen wirksam sind, spielen sie nach Ansicht der Anhänger dieser Lehre auch eine entscheidende Rolle bei der Befindlichkeit eines Menschen. Nur wenn beide Kräfte in Harmonie sind, ist man gesund. Wenn das Gleichgewicht zwischen ihnen gestört ist, wird der Mensch krank. Bei der Behandlung muss also versucht werden dieses Gleichgewicht wiederherzustellen, etwa indem man durch ► **Akupunktur**, ► **Akupressur** oder ► **Shiatsu** bestimmte Punkte auf den Energie leitenden Kanälen im Körper, den Meridianen, stimuliert. Auch die aus dem Fernen Osten stammende Bewegungstechnik ► **Tai Chi** dient diesem Ziel.
Es gibt sogar eine spezielle Ernährungsweise, die das Gleichgewicht von Yin und Yang fördern soll. Diese Makrobiotik genannte Kostform basiert auf der Vorstellung, dass auch Nahrungsmittel durch diese zwei Elemente geprägt sind, und wer an einem Ungleichgewicht leidet, sollte bevorzugt Lebensmittel mit den Eigenschaften der fehlenden Kraft zu sich nehmen. Wenn Yin und Yang sich trennen, stirbt der Mensch.

Yoga

sanskrit. = Joch, Vereinigung

Yoga ist eine altindische philosophische Lehre, die eigentlich das „Anschirren" der Seele an Gott bedeutet und deren Wurzeln einige Jahrtausende zurückreichen. Um 300 v. Chr. legte der indische Philosoph und Yogi Patanjali eine in acht Stufen eingeteilte Systematik des Yoga dar. Dieser Gliederung zufolge beziehen sich die ersten zwei Stufen auf eine sittliche Lebensführung und das Streben nach Güte und Reinheit, die nächsten zwei befassen sich mit den Auswirkungen des Yoga auf den Körper und beinhalten verschiedene Übungen. Die letzten vier Stufen sind den geistigen und spirituellen Eigenschaften des Menschen gewidmet, dessen Seele durch die letzte Stufe zu höchster Erkenntnis gelangen soll. Jahrhundertelang waren Lehre und Übungen nur auf wenige Eingeweihte beschränkt. Erst im 20. Jh. verbreitete sich Yoga weit über Indien hinaus und seit einigen Jahren ist er im Westen als Meditations- und Entspannungstechnik sehr beliebt. Zu der hier am meisten praktizierten Form des so genannten Hatha-Yoga, des Yoga der Körperbeherrschung, gehören bestimmte Körperhaltungen wie beispielsweise der Fersensitz, der Schulterstand, der Liegestütz, die Kerze oder die Brücke. Der berühmte Lotossitz, bei dem man mit gekreuzten Beinen die Füße auf die Oberschenkel legt, ist schon etwas für Fortgeschrittene. Alle Übungen sollten ohne Hast ausgeführt und alle Stellungen mehrere Minuten lang eingehalten werden, um das Gefühl für den Körper zu steigern. Sehr wichtig ist beim Yoga auch die richtige Atemtechnik, die ebenso wie die Übungen zum geistigen und körperlichen Wohlbefinden beiträgt.

Yuppie

Eine der markantesten Gruppen der Gesellschaft waren in den 80er-Jahren die so genannten Yuppies. Diese Bezeichnung stammt aus dem Amerikanischen und leitet sich von der Abkürzung *young urban professional* her, die auf Deutsch etwa junger Großstädter mit gehobenem Beruf bedeutet. New York war die Heimat der Yuppies, aber mit der Zeit gab es sie auch in Deutschland, vornehmlich in Frankfurt am Main. Der typische Yuppie arbeitete bei einer Bank oder einem großen Unternehmen, an der Börse oder als Anwalt. Er war jung, dynamisch und erfolgreich, verdiente gut, lebte meist als ► **Single** und legte Wert auf ein schnelles Auto und eine luxuriöse Wohnung. Seine Kleidung war modisch und teuer; früher als spießig angesehene Accessoires wie Sockenhalter und Krawattennadeln galten als Statussymbol und unterstrichen die gesellschaftliche Stellung, ebenso die bunten Hosenträger, die denen der Broker an der ► **Wall Street** nachempfunden waren. Anders als in den USA waren die Yuppies in Deutschland als eigene gesellschaftliche Gruppe jedoch nicht sehr lange vertreten; seit Beginn der 90er-Jahre ist die Bezeichnung überholt. Heute geht der Trend eher wieder zu Zurückhaltung und Understatement – ebenso wie in den USA und Großbritannien.

Yoga ist hilfreich bei körperlichen und seelischen Verspannungen. Anfänger sollten jedoch mit leichten Übungen beginnen.

Zappen

engl. to zap = abknallen, schnell bewegen, umschalten

Die Einführung des Privatfernsehens in Deutschland brachte den Zuschauern ein stetig zunehmendes Programmangebot, das durch das ► **Satellitenfernsehen** mit seiner unüberschaubaren Vielfalt an internationalen Kanälen noch erweitert wird. Mit den immer schneller zunehmenden Auswahlmöglichkeiten – fast jeden Monat kommen neue Programme dazu – haben sich auch die Fernsehgewohnheiten der Zuschauer gewandelt. Wenn sie von einer Sendung nicht sofort gut unterhalten werden, zappen sie weiter, d. h., sie wechseln mit der Fernbedienung in ein anderes Programm. Besonders häufig wird gezappt, wenn Werbeeinblendungen eine Sendung unterbrechen. Da dies für die aus Werbeeinnahmen finanzierten Privatsender ein großes Problem darstellt, versuchen sie die Werbeblöcke so zu platzieren, dass es dem Zuschauer schwer fällt umzuschalten: Ein Krimi wird meist dann unterbrochen, wenn die Spannung am größten ist, oder in einer Talkshow wird ein prominenter Gast angekündigt, bevor der erste Werbespot ausgestrahlt wird. Zappen ist ein derart verbreitetes Phänomen, dass sich sogar die Wissenschaft damit befasst. So untersuchten amerikanische Ernährungswissenschaftler den Energieverbrauch beim Zappen und fanden heraus, dass er mit durchschnittlich 390 Joule (93 Kalorien) pro Stunde rund 20% höher liegt als beim Nichtstun im Bett. Sensoren berechneten jede Bewegung und den Kalorienverbrauch.

Zeitarbeit

Arbeitsrecht und Kündigungsschutzgesetze, die eine flexible Stellenbesetzung erschweren, sowie eine kurzfristig erhöhte Auftragslage veranlassen manche Unternehmen dazu, einen Teil ihrer Stellen mit so genannten Zeitarbeitern zu besetzen. Diese Arbeitskräfte werden von Zeitarbeitsfirmen für einen begrenzten Zeitraum ausgeliehen. Die Zeitarbeiter erhalten einen geringeren Lohn als die fest angestellten Kollegen in dem Unternehmen, an das sie ausgeliehen wurden. Die Differenz bekommen die Zeitarbeitsfirmen, die dafür alle Sozialabgaben tragen und die Lohnfortzahlung im Krankheitsfall gewährleisten müssen. Zeitarbeitnehmer dürfen nicht unbefristet an ein Unternehmen ausgeliehen werden, die Höchstdauer eines Einsatzes beträgt neun Monate. Nachdem sie mehrere Wochen bei einer anderen Firma gearbeitet haben, ist eine Rückkehr an den vorherigen Arbeitsplatz möglich. In den letzten Jahren erlebt die Zeitarbeitsbranche aufgrund der Umstrukturierung des Arbeitsmarktes auf internationaler Ebene einen großen Aufschwung. Das ► **Outsourcing**, d. h. das Auslagern ganzer Unternehmensbereiche, hat den Bedarf an nur vorübergehend beschäftigten Arbeitskräften stark erhöht. Im Unterschied zu früher werden nicht mehr überwiegend Sekretärinnen, Pflegepersonal und Hilfskräfte befristet beschäftigt. Der Bedarf an Zeitarbeitskräften erstreckt sich heute auf eine Vielzahl von Berufen und auch qualifizierte Fachleute wie Computerspezialisten, Techniker und selbst Rechtsanwälte werden von Zeitarbeitsunternehmen vermittelt. Für Arbeitslose, die Schwierigkeiten haben, auf dem Arbeitsmarkt Fuß zu fassen, bedeutet die Zeitarbeit eine Chance auch langfristig eine angemessen bezahlte Tätigkeit zu finden. Wenn sie sich in der Firma, an die sie ausgeliehen wurden, durch besonderes Engagement und überdurchschnittliche Leistung bewähren, werden sie häufig in ein unbefristetes Arbeitsverhältnis übernommen.

Zeitmanagement

Nicht nur gestresste Manager oder berufstätige Mütter klagen darüber, dass der Tag zu wenig Stunden hat – Zeitmangel ist ein allgemein verbreitetes Problem, das vielen Menschen zu schaffen macht. Abhilfe versprechen professionelle Anbieter von Zeitmanagementkursen, in denen die Teilnehmer lernen sollen nach selbst bestimmten Prioritäten planvoll zu handeln, statt nur zu reagieren und sich zu Sklaven von Terminen und anderen Verpflichtungen zu machen. Zu einem vernünftigen Zeitmanagement gehören eine durchdachte Organisation, das Delegieren von Aufgaben und Verantwortung und die Fähigkeit sich gezielt zu motivieren um Arbeiten effektiver erledigen zu können. In Zeitmanagementkursen wird häufig empfohlen die ansteheden Aufgaben und den geschätzten Zeitaufwand schriftlich festzuhalten. Dies erleichtert eine sinnvollere Einteilung der anfallenden Arbeit, hilft bei der Selbstkontrolle und macht Fehleinschätzungen deutlich.

Meditation ist die Grundlage des japanischen Zen-Buddhismus.

Zellulite

Ein typisch weibliches Schönheitsproblem sind die im Volksmund als Orangenhaut und fachsprachlich als Zellulite bezeichneten kleinen Dellen und Einbuchtungen an Gesäß, Hüfte, Bauch sowie an den Schenkeln. Die Hauterscheinungen, die unabhängig vom Körpergewicht sind, treten vor allem bei Frauen auf, die sich in den Wechseljahren befinden. Dennoch gibt es auch jüngere Frauen, die unter ihnen leiden. Über die Ursachen für Zellulite herrschen unterschiedliche Auffassungen. Manche Naturheilkundler vertreten die Theorie, eine Ernährung mit zu wenig Obst und Gemüse und zu vielen industriell verarbeiteten Lebensmitteln führe im Körpergewebe zur Ansammlung von Abfallprodukten, die für die Zellulite verantwortlich seien. Viele Ärzte gehen jedoch davon aus, dass die Hauterscheinungen mit dem Hormon ► **Östrogen** zusammenhängen, das für die Fettdepots in den weiblichen Problemzonen sorgt. Wenn in diesen Bereichen die oberste Hautschicht an Spannkraft verliert, wird die Zellulite zunehmend sichtbar. Sportliche Betätigung und eine fettarme Ernährung tragen dazu bei, der Zellulite vorzubeugen und sie zu bekämpfen. Auch durchblutungsfördernde Bürstenmassagen und Wechselduschen können helfen.

Zen

jap. zen = Selbstversenkung, Nachsinnen

Fernöstliche Religionen haben in den letzten Jahren in den westlichen Ländern immer mehr Anhänger gewonnen und auch die Ideen des ► **New Age** beruhen zum Teil auf Lehren, die im fernöstlichen Kulturkreis verwurzelt sind. Besonders einflussreich ist der Buddhismus, der im 6. Jh. v. Chr. in Indien entstand und dessen japanische Form als Zen bekannt ist. Ein wesentliches Element ist die stets im Sitzen durchgeführte Meditation, die mittels einer plötzlich eintretenden Erleuchtung zur Erkenntnis der Einheit allen Seins führen soll. Darüber hinaus ist ständige Selbstdisziplin ein entscheidendes Merkmal des Zen-Buddhismus. Das Wesen des Zen ist nach der Ansicht von Daisetz Teitaro Suzuki, einem der bekanntesten Zen-Gelehrten, nicht zu beschreiben, es kann nur erfahren werden.
Die Ursprünge dieser Form des Buddhismus liegen vermutlich im frühen 6. Jh. Damals soll der Mönch Bodhidharma eine Lehre entwickelt haben, in der durch Meditation das vernunftmäßige Denken unterdrückt und durch verblüffende, oft paradoxe Rätselfragen der Weg zur Erleuchtung gewiesen werden sollte.
Im 12./13. Jh. gelangte der Zen-Buddhismus dann im Gefolge des ► **Taoismus** nach Japan, wo seine strengen Meditationsübungen vom Kriegeradel der Samurai genutzt wurden um sich selbst zu disziplinieren. Auch im

modernen Japan ist Zen von großer Bedeutung und prägt weite Teile des kulturellen Lebens. Das No-Theater, die Teezeremonie, die Anlage der Landschaftsgärten, die Ikebana genannte Kunst des Blumensteckens und die Malerei sind tief vom Zen durchdrungen, das auch Sportarten wie das Bogenschießen und Schwertfechten sowie einige Kampfsportarten beeinflusst.
Im Westen hat der Zen-Buddhismus bei Menschen, darunter vielen Jugendlichen, besonderen Anklang gefunden, die von der immer stärker werdenden Selbstbezogenheit in den modernen Industriegesellschaften abgestoßen sind. Sie hoffen durch die Meditationsübungen zu einer höheren Weisheit zu gelangen, die ihnen hilft die Probleme des Alltags besser zu bewältigen.

Zweite Miete

Obwohl sich der rasante Mietanstieg der letzten Jahre abzuschwächen beginnt und teilweise sogar schon ein leichter Rückgang der Grundmieten einsetzt, hat die Belastung der Mieter durch eine Reihe von Nebenkosten, die so genannte zweite Miete, deutlich zugenommen. Zwischen 1985 und 1995 stiegen in Deutschland aufgrund ständig verschärfter Umweltauflagen die Gebühren für Müllabfuhr, Abwasser, Straßenreinigung und Schornsteinfegen um bis zu 150% an. Weitere Gebührenerhöhungen sind zu erwarten, da fast alle Kommunen große finanzielle Probleme haben und alle Einnahmequellen ausschöpfen wollen.

Zweiter Arbeitsmarkt

Durch die zunehmende Arbeitslosigkeit hat in Deutschland der so genannte zweite Arbeitsmarkt eine immer größere Bedeutung gewonnen. Es handelt sich dabei um staatlich finanzierte Maßnahmen wie beispielsweise ► **ABM.** Dadurch soll die produktive Beschäftigung gefördert werden, die Vorrang vor der Finanzierung der Arbeitslosigkeit hat. Gleichzeitig hofft man über den zweiten Arbeitsmarkt Arbeitslosen den Einstieg oder die Rückkehr ins normale Berufsleben zu erleichtern. Mit den Fördermitteln werden nach Möglichkeit Projekte unterstützt, die nicht in Konkurrenz zum normalen Arbeitsmarkt stehen. Das können u.a. Aufgaben im Umweltschutz oder in der Jugendbetreuung sein. Dennoch gibt es vonseiten mancher Arbeitgeber Kritik an der Subventionierung des zweiten Arbeitsmarktes, da ihnen die Abgrenzung zur Privatwirtschaft nicht immer deutlich genug ist und sie befürchten, dass ihnen Aufträge verloren gehen. Auch von gewerkschaftlicher Seite sind teilweise kritische Stimmen zu hören. Vor allem wird bemängelt, dass der zweite Arbeitsmarkt nicht an Tariflöhne gebunden ist.

Zwischenlager

Die ► **Entsorgung** ausgebrannter Brennelemente aus Atomkraftwerken nach dem deutschen Atomgesetz umfasst neben der ► **Wiederaufbereitung** und der ► **Endlagerung** auch die vorübergehende, maximal 40–50 Jahre dauernde Zwischenlagerung des verbrauchten Kernbrennstoffs. Eine Zwischenlagerung ist notwendig, da die alten Brennstäbe wegen der starken Wärmeentwicklung einiger hoch radioaktiver Spaltprodukte nicht sofort endgelagert werden können. Im Zwischenlager zerfallen diese Substanzen, sodass die Brennelemente schließlich in ein Endlager überführt werden können. Deutschland verfügt über sieben atomare Zwischenlager; das bekannteste liegt in Gorleben (Niedersachsen), wo auch eine Endlagerstätte geplant ist. Derzeit gibt es jedoch weltweit noch keine Anlage zur unbefristeten Endlagerung hoch radioaktiver Abfälle (rund 40 Lagerstätten für schwach und mittel radioaktive Abfälle sind in Betrieb) und ihre Einrichtung ist in vielen Ländern politisch umstritten. Eine Lösung muss bald gefunden werden, denn in Deutschland beispielsweise reichen die Zwischenlagerkapazitäten nach aktuellen Berechnungen höchstens bis ins Jahr 2008. Atomkraftgegner kritisieren die ihrer Meinung nach ungenügenden Sicherheitsstandards der Zwischenlager und verweisen auf die Gefahren, die vom Transport (► **CASTOR**) radioaktiven Materials ausgehen.

Die **fett** gedruckten Seitenzahlen verweisen auf einen Haupteintrag, die *kursiv* gedruckten Seitenzahlen verweisen auf eine Grafik oder ein Bild.

A

B

C

S

Cover: 1. Reihe von links nach rechts: Masterfile/ZEFA, Benelux Press/Bavaria · 2. Reihe von links nach rechts: A. Ramella/Transglobe Agency, Comnet/IFA-Bilderteam, Stock Imagery/Bavaria

Innenteil: 9 r. Christopher Morris/Das Fotoarchiv; 10 l. Allsport USA/action press; 10 r. Glyn Kirk/Agentur Focus; 10 u. Carl Skalak/Agentur Focus; 11 Milan Horacek/Bilderberg; 12 Jochen Tack/Das Fotoarchiv; 13 o. dpa; 13 u. Bildarchiv Engelmeier; 14 Vandystadt/Agentur Focus; 15 Bruce Ayres/ Tony Stone Bilderwelten; 16 SPL/Agentur Focus; 17 Vandystadt/Agentur Focus; 18 o. SDP/Mauritius; 18 u. Bruno Barbey/Magnum/Agentur Focus; 19 Christo and Jeanne-Claude, Wrapped Reichstag, Berlin 1971–95, Wolfgang Volz/Bilderberg; 20 Zigy Kaluzny/Tony Stone Bilderwelten; 21 o. Phil Jude/SPL/Agentur Focus; 21 r. Damien Lovegrove/SPL/Agentur Focus; 22 Hintergrund: Ulli Seer/LOOK; 23 Tony Stone Bilderwelten; 24 Hintergrund: Jean Pragen/Tony Stone Bilderwelten; 25 M. Rick Falco/Das Fotoarchiv; 25 u. Larry Downing/Agentur Focus; 26 dpa; 27 Lennart Nilsson; 28 l. Jim Merrithew/Picture Group/Agentur Focus; 28 o. Tom Stoddart/Katz/Agentur Focus; 29 Paul Schirnhofer/Agentur Focus; 30 Henry Sathananthan/Tony Stone Bilderwelten; 31 Milan Horacek/Bilderberg; 32 o.r. Archiv für Kunst und Geschichte, Berlin; 32 M. Toma Babovic/Das Fotoarchiv; 32 u. dpa; 33 Manfred P. Kage/Okapia; 34 Gideon Mendel/Network/Agentur Focus; 35 o. Antoine Devouard/Rea/laif; 35 u. H. Müller-Elsner/Agentur Focus; 36 Voigt/ZEFA; 37 o. David Parker for ESA/CNES/Arianespace/SPL/Agentur Focus; 37 u. Thomas Mayer/Das Fotoarchiv; 38/39 Hintergrund: Donovan Reese/Tony Stone Bilderwelten; 38 o.l. Kay Chernush/ The Image Bank; 38 u.r. Ernie S./IFA-Bilderteam; 39 o. Real Life/The Image Bank; 39 M. dpa; 40 o. Wolfgang Volz/Bilderberg; 40 u. Christian Grzimek/Okapia; 41 o.r. Dr. Jeremy Burgess/SPL/Agentur Focus; 41 M. Robert Chasin/Das Fotoarchiv; 42 Societé Europeenne des satellites; 43 o. VDB; 43 u. Hintergrund: Rolf Nobel/VISUM; 45 Thomas Raupach/Argus/Agentur Focus; 46 Keystone Pressedienst; 47 Cinetext; 48 l. SKN-Bildarchiv; 48 o.r. Hans Peter Merten/Tony Stone Bilderwelten; 49 Sebastian Bolesch/Das Fotoarchiv; 50 Knut Müller/Das Fotoarchiv; 51 o. Marty Katz/Agentur Focus; 51 u. Marty Katz/Agentur Focus; 52 Marlen Unger-Raabe; 53 Andy Cox/Tony Stone Bilderwelten; 54 dpa; 55 Dan McCoy/Rainbow/OKAPIA; 56 l. William Whitehurst/The StockMarket; 56 o.r. Bernd-Christian Möller/Agentur Focus; 57 Elan Sun Star/Tony Stone Bilderwelten; 58 Herman J. Kokojan/Das Fotoarchiv; 59 M. IVB-Report; 59 u. David Chambers/Tony Stone Bilderwelten; 60 u.l. Hanser-Verlag; 60 u.M. dpa; 61 Archiv für Kunst und Geschichte, Berlin; 62 Dornier/Deutsche Aerospace; 63 Hintergrund: William Taufic/The StockMarket; 64 Rainer Binder/Helga Lade Fotoagentur; 65 J. Watney/PR ScienceSc/OKAPIA; 66 T. Kevin Smyth/The StockMarket; 67 Ernesto Bazan/Agenzia Contrasto/Agentur Focus; 68 Tony Stone Bilderwelten; 70 M. dpa; 70 u.l. dpa; 71 o. Georg Fischer/Bilderberg; 72 Markus Matzel/Das Fotoarchiv; 73 SPL/Agentur Focus; 74 Superstock/ Mauritius; 75 Patricio Estay/Cosmos/Agentur Focus; 76 Sanders Nicolson/Tony Stone Bilderwelten; 77 M. VDB; 77 u.r. action press; 78/79 Hintergrund: Tim Flach/Tony Stone Bilderwelten; 78 o.l. Hartmut Schwarzbach/argus-Fotoarchiv GmbH; 78 u.r. ICS/IFA-Bilderteam; 79 o. dpa; 79 r. Birgit Koch/IFA-Bilderteam; 79 u. P.M. Pfahler; 80 J.M. Zaorski/Rapho/Agentur Focus; 81 K. Ehmer-Kraus; 83 M. Nigel Dickinson/Still-Pictures/argus-Fotoarchiv GmbH; 83 u.l. Hermine Oberück/argus-Fotoarchiv GmbH; 84 Jörg Müller/VISUM; 85 P. Witt/Rapho/Agentur Focus; 86 TRIUMPH International; 87 Michael Rosenfeld/Tony Stone Bilderwelten; 89 o. Rupert Oberhäuser/Das Fotoarchiv; 89 u. Carsten Peter/VISUM; 91 l. Sebastian Bolesch/Das Fotoarchiv; 91 r. Mike Schröder/argus-Fotoarchiv GmbH; 92 o.r. Henning Christoph/Das Fotoarchiv; 92 l. Wolfgang Steche/VISUM; 93 StockFood Eising; 94 o.r. Rainer Dröse; 94 u. Bongarts; 95 Wolfgang Volz/Bilderberg; 97 o. Price/IFA-Bilderteam; 97 u. Rupert Oberhäuser/Das Fotoarchiv; 98 J.C. Revy/Agentur Focus; 99 u.l. Karstadt; 99 o. William Sallaz/The Image Bank; 100/101 Hintergrund: Astrid and Hanns-Frieder Michler/SPL/Agentur Focus; 100 o.l. Siemens; 100 M. IBM; 100 u.r. CEBIT Presse; 101 o.r. Karsten Schöne/ZEITENSPIEGEL; 101 o.M. Fritz Schmidt/ IFA-Bilderteam; 103 RTL; 104 o.r. Jörg Meyer/Das Fotoarchiv; 104 u. Cinetext; 106 l. Rob Nelson/Das Fotoarchiv; 106 r. Photri Inc./OKAPIA; 107 Frank Herboldt/Tony Stone Bilderwelten; 108 l. C. Blankenhorn/Das Fotoarchiv; 108 r. Maillao/Rea/laif; 109 J. Edelstein/Katz Pictures/Agentur Focus; 110 Georg Fischer/Bilderberg; 112 Pictor International; 113 WDR; 114 Int. Stock/IFA-Bilderteam; 115 o. Hans Praefke/action press; 115 u. Allard/Rea/laif; 116 Gerd Ludwig/VISUM; 117 Wolfgang Volz/Bilderberg; 119 Fernseher: Blaupunkt; 119 l. ATP; 119 M. ATP; 119 M. u. Larkin/ATP; 119 o.r. Reck/ATP; 119 u.r. Reck/ATP; 120/121 Hintergrund: Black Star/ZEFA; 120 o.l. Geoff Tompkinson/SPL/Agentur Focus; 120 u.r. Voigt/ZEFA; 121 o.M. P.-E. Kämmer/Kaempre; 121 o.r. Kaempre; 121 u.l. David Parker/SPL/Agentur Focus; 122 dpa; 123 VISUM; 124 u.l. Jon Riley/Tony Stone Bilderwelten; 124 M. Michael Schwerberger/Das Fotoarchiv; 125 Langenscheidt; 126 dpa; 127 o. dpa; 128 Superstock/Mauritius; 129 Sebastian Bolesch/Das Fotoarchiv; 130 u. Sebastian Bolesch/Das Fotoarchiv; 131 M. Manfred Scharnberg/VISUM; 132 AGE/Mauritius; 133 SPL/Agentur Focus; 134 Markus Matzel/Das Fotoarchiv; 135 Lutz Fischmann/VISUM; 137 Int. Stock/IFA-Bilderteam; 138 Aberham/IFA-Bilderteam; 139 dpa; 140 John Greim/SPL/Agentur Focus; 141 u.l. Andreas Riedmiller/Das Fotoarchiv 141 u.r. Thomas Mayer/Das Fotoarchiv; 142 Horst von Irmer; 143 L. Willatt, East Anglian Regional Genetics Service/SPL/Agentur Focus; 144 dpa; 146/147 Hintergrund: Superstock/Mauritius; 146 u.l. Michael Wolf/VISUM; 146 u.r. Michael Wolf/VISUM; 147 o.r. Hermine Oberück/argus-Fotoarchiv GmbH; 147 o.M. Picture Press; 147 u.l. Urs Kluyver/Agentur Focus; 148 Reuters; 149 o. Eberhard Grames/Bilderberg; 149 u. James Jackson/Tony Stone Bilderwelten; 150 access/Siebmann; 151 Wolfgang Volz/Bilderberg; 152 Hintergrund: Andreas Rudolf/Tony Stone Bilderwelten; 153 dpa; 154 Ventura/IFA-Bilderteam; 155 Rainer Drexel/Bilderberg; 156 u.l. Stefan Noll/FREUNDIN/Report-Bilderdienst; 156 o.r. Cinetext; 158 Frieder Blickle/Bilderberg; 160/161 Hintergrund: StockMarket; 160 l. Leland Bobbe/Tony Stone Bilderwelten; 160 u.r. TCL/Bavaria; 161 o.M. Heiltherme Bad Waltersdorf; 161 o.r. Hotel „Traube" in Tonbach/Schwarzwald; 162 dpa; 165 dpa; 166 o.l. Jack Baker/The Image Bank; 166 o.r. Jack Baker/The Image Bank; 167 The Image Bank; 168 Günter Beer/VISUM; 169 u.l. Romilly Lockyer/The Image Bank; 169 u.r. Rick Rusing/Tony Stone Bilderwelten; 171 M. von Graffenried/VISUM; 173 Coll/Mauritius; 174 Josef Polleross/Katz Pictures/Agentur Focus; 175 Michael Nichols/ Magnum/ Agentur Focus; 176 Hintergrund: Superstock/Mauritius; 177 o.M. action press; 177 o.r. Aufbau-Verlag; 178 M. James Kamp/Das Fotoarchiv; 178 M.r. James Kamp/Das Fotoarchiv; 179 VDB; 180 o.l. Ganet/MCR/Gamma/Studio X; 180 u.r. Wolfgang Volz/Bilderberg; 182 Hintergrund: Mark Ferri/The StockMarket; 183 Phototake/Mauritius; 184 dpa; 185 o.r. Greg Pease/Tony Stone Bilderwelten; 185 M.r. Dambach-Werke; 186 dpa; 187 Gore & Associates GmbH; 188 H. J. Schunk/Okapia; 189 o.r. Mick Rock Cephas/StockFood; 189 M.r. Günter Beer/VISUM; 190 l. van der Veer/Greenpeace; 190 r. dpa; 191 Gherardo Milanesi/Agentur Focus; 193 o.l. Walter Schmidt/NOVUM; 193 u.r. Dome; 194 u.l. Budge/Liaison/Gamma/Studio X; 194 o.r. Erica Lansner/ Das Fotoarchiv; 196 Hintergrund: Habel/Mauritius; 197 r. P. Hawtin, University of Southampton/SPL/Agentur Focus; 198 Harald Sund/The Image Bank; 199 Jean-Luc Ducloux/ Gamma/Studio X; 200 Universität Freiburg; 201 o.r. AP Photo; 201 M.r. dpa; 204 V. Steger; 205 Vidler/Mauritius; 206 dpa; 207 NASA/Astrofoto; 209 o.r. Eric Meola/The Image Bank; 209 M.r. David J. Sams/Tony Stone Bilderwelten; 210 u. IMAX Corporation; 211 J.M. Loubat/Vandystadt/ Agentur Focus; 212 o.M. David M. Phillips/NAS/Okapia; 212 o.r. Dr. Tony Brain/SPL/Agentur Focus; 213 Tanja Rieser/Pro7; 214 Mitterer/Mauritius; 215 Dirk Reinartz/VISUM;

216/217 Hintergrund: AGE/Mauritius; 216 o.l. David Parker/SPL/Agentur Focus; 216 M.l. dpa; 218 Hintergrund: Ake Lindau/Okapia; 218 o. Nuridsany & Perennou/Okapia; 218 u. WHM/Bildagentur Geduldig; 219 Stefan Pielow/ Dupe/ Agentur Focus; 220 Thierry Deketelaere/Vandystadt/Agentur Focus; 222 Bildagentur Geduldig; 223 M. Bergland-Pharma; 224/225 Hintergrund: B. P./Bavaria; 224 u.l. Dorothea Schmid/Bilderberg; 224 u. Günther Menn/Agentur Focus; 225 o.M. Markus Matzel/Das Fotoarchiv; 225 o.r. Mathias Woltmann/argus-Fotoarchiv GmbH; 226 Milan Horacek/Bilderberg; 227 Wolfgang Volz/Bilderberg; 231 dpa; 232 S. Camazine/OSF/Okapia; 233 u.l. Lacz/Mauritius; 233 M. Heinz-J. Schlüter/HR; 233 u.r. Grafik Friedrich Streich/Repro WDR; 234/235 Hintergrund: Michael Salas/The Image Bank; 234 o.l. dpa; 234 u.r. Bildarchiv Peter W. Engelmeier; 235 o.M. Bildarchiv Peter W. Engelmeier; 235 o.r. Bildarchiv Peter W. Engelmeier; 235 M. Bildarchiv Peter W. Engelmeier; 235 u.l. Jürgens/SAT.1; 236 dpa; 237 Cinetext; 238 Deutsche Bahn AG; 240 dpa; 241 M. Maik Schuck; 241 u.l. Messerschmidt/ Mauritius; 243 Andreas Dannenberg/Agentur Focus; 245 Peter Menzel/Agentur Focus; 246 o.r. U.S. Dept. of Energy/ SPL/Agentur Focus; 246 u.l. Peter Turnley/Das Fotoarchiv; 247 Mike Schröder/argus-Fotoarchiv; 248 aus STERN 1/48; 249 Superstock/Mauritius; 250 o. Kaempre; 250 r. Walter Schmidt/NOVUM; 251 Camerapress; 252 Klaus Bossemeyer/Bilderberg; 253 1. Reihe von links nach rechts:; MTV Networks; BMW; Oficina de Turismo Espanola, München; 253 2. Reihe von links nach rechts: Steiff, Coca-Cola, WMF; 253 3. Reihe von links nach rechts: IWS, Apple, Bayer; 254 Hartmut Müller-Stauffenberg/Ullstein-Bilderdienst; 255 Bildarchiv Peter W. Engelmeier; 256 Zecke: dpa; 256 Wald: Werner Dieterich; 258 Roger M. Gill; 259 o.r. Oliver Meckes/ EOS/Agentur Focus; 260 dpa; 261 u.l. NR-Verlag Norman Rentrop; 261 r. Hartmut Schwarzbach/argus-Fotoarchiv GmbH; 262 u.l. U.S.G.S, Flagstaff, Arizona-STARLIGHT/ Agentur Focus; 262 u.M. Dt. Forschungsinstitut für Luft- und Raumfahrt e.V., Berlin; 263 John Maramas/Woodfin Camp/Agentur Focus; 264 Von links nach rechts: Walter Schmidt/NOVUM, Mark Richards/DOTAgentur Focus; dpa, Walter Schmidt/NOVUM; 265 Hintergrund: Rainer Drexel/Bilderberg; 266 Ernie S./IFA-Bilderteam; 267 M.r. Mosaik Verlag; 267 M.r.u. TH Foto-Werbung/Silvestris; 268 Coppenrath Verlag, München; 269 Wolfgang Kunz/Bilderberg; 270 Heine/Silvestris; 271 Matschie/NBL-Boldt; 272 Manfred P. Kage/Okapia; 273 Roger M. Gill; 274/275 Hintergrund: access/Siebmann; 274 o.l. dpa; 274 M. Outline/inter-TOPICS; 274 u.r. Mike Schröder/argus-Fotoarchiv GmbH; 275 o.r. access/Siebmann; 275 M.r. JOURNAL für die Frau/Axel Springer Verlag; 276 Ludwig-Verlag; 277 David Madison/Tony Stone Bilderwelten; 278 u.l. dpa; 278 o.r. Thomas Cojaniz/ VISUM; 281 Oliver Benn/Tony Stone Bilderwelten; 282/283 Hintergrund: Andreas Riedmiller/Das Fotoarchiv; 282 o.l. Andreas Riedmiller/Das Fotoarchiv; 282 M.l. Pratt-Pries/ Schapowalow; 282 u.r. Thermes Marins St. Jean de Monts; 283 o.M. Thermes Marins St. Jean de Monts; 283 o.r. Ed Kashi/Agentur Focus; 283 u.M. Hermine Oberück/argus-Fotoarchiv GmbH; 284 o.M. Erik Viktor/SPL/Agentur Focus; 284 u.r. Hans-J. Ellerbrock/Bilderberg; 285 Blaupunkt; 287 Chip Mitchell/Picture Group/Agentur Focus; 288 ROPI; 291 F. Pacha/Slide/Bilder Pur; 293 o. Andreas Riedmiller/Das Fotoarchiv; 293 M. Wisckow/ZEFA; 294 Lutz Bongarts/Bongarts; 295 M. Bernhard Nimtsch/Das Fotoarchiv; 295 u.r. Stuttgarter Straßenbahn AG; 296 o.M. Olympia/Gamma/Studio X; 296 o.r. Mike Schröder/argus-Fotoarchiv GmbH; 297 Superstock/Mauritius; 298 Lennart Nilsson; 299 Dugald Bremner/Tony Stone Bilderwelten; 300 Wolfgang Schmidt/ Das Fotoarchiv; 302 NASA/SPL/Agentur Focus; 303 Massimo Sestini; 304 Rüdiger Fessel/Bongarts; 305 Kohlhas/ZEFA; 307 u.M. dpa; 307 u. G. Neumann; 308 Uwe Rattay; 309 P.E.N. Zentrum Bundesrepublik Deutschland; 310 o.l. Hans-Jürgen Burkard/Bilderberg; 310 u.M. Gerolsteiner Brunnen; 311 Hermine Oberück/argus-Fotoarchiv GmbH; 312 o.l. dpa; 312 u. Gerhard Stief/Bilder Pur; 313 Bernd Lauter/Bongarts; 314 MPI; 315 Sebastian Bolesch/Das Fotoarchiv; 316/317 Hintergrund: Rupert Oberhäuser/Das Fotoarchiv; 316 o.l. Sony Music; 316 u. Heeg/Photostation; 317 o.M. Retna/Steve Pyke/PhotoSelection; 317 o.r. Retna/Adrian Green/PhotoSelection; 317 u.M. Ramirez/S.e.t.; 318 o.l. Oliver Meckes/ EOS/Agentur Focus; 318 o.r. Andrew Syred/SPL/Agentur Focus; 319 Werner Dieterich; 320 Rainer Martini/LOOK; 321 EM Unit, VLA/SPL/Agentur Focus; 323 Paul Ernst Kämmer/ KAEMPRE; 324 Mike Schröder/argus-Fotoarchiv GmbH; 325 Philippe Platilly/Eurolios/SPL/Agentur Focus; 326 Damm/ ZEFA; 327 Svenja-Foto/ZEFA; 328 o. NASA; 328 M.l. ESA; 331 David Parker/SPL/Agentur Focus; 333 u.l. Business Picture/ ULLSTEIN-Bilderdienst; 333 u.r. Svenja-Foto/ZEFA; 335 Andreas Riedmiller/Das Fotoarchiv; 336 u.l. MPI; 336 u.r. Volkswagen; 337 Bildarchiv Peter W. Engelmeier; 338 Nomi Baumgartl/Bilderberg; 339 Martin Wendler/Okapia; 340 Günther Bauer/WDV; 341 USDA/PR Science Source/Okapia; 342 Cupak/Mauritius; 343 M.l. Peter Blok/Bilderberg; 343 u.l. Koni Nordmann/Agentur Focus; 344 o.l. John Drysale/ Agentur Focus; 344 o.r. Klaus Andrews/argus-Fotoarchiv GmbH; 345 Oliver Strewe/Tony Stone Bilderwelten; 346 Bernd Euler/Das Fotoarchiv; 347 dpa; 348 Louie Psihoyos Matrix/Agentur Focus; 350 R. Janke/Argus/Agentur Focus; 353 aus Zeitschrift „Meier"; 354 Bruce Ayres/Tony Stone Bilderwelten; 356 Eddison Sadd; 357 o. Intercord Tonträger; 357 u.r. Flughafen Stuttgart GmbH; 359 u.l. Transglobe Agency; 359 o.r. Nathan Benn/Agentur Focus; 360 Micro Compact Car AG/René Staud Studios; 361 ADIDAS; 362 Pictor International; 364 Joachim E. Röttgers; 365 Kaempre; 366 Von links nach rechts: Kurt Krieger/Wolfram/Intercord Tonträger,; Buena Vista/Intercord Tonträger, Roger M. Gill, Roger M. Gill; 368 NASA; 369 Twentieth Century Fox of Germany; 370 u.l. Thomas Raupach/argus-Fotoarchiv GmbH; 370 u.r. dpa; 371 o.l. Ernie S./IFA-Bilderteam; 371 r. Rainer Martini/LOOK; 373 Yavuz Arslan/Das Fotoarchiv; 374 SAT.1; 375 o.l. dpa; 375 o.r. Jürgens Ost u. Europa-Photo; 376 o.l. dpa; 376 u.r. 1994 ars edition, München/1993 N.E. Thing Enterprises; 378 Wartenberg/ZEFA; 378 Steine: Fotostudio Loster; 379 Hans-Jürgen Burkard/Bilderberg; 381 Columbia/Engelmeier; 382 MPI; 383 Thomas Ernsting/Bilderberg; 384 J. Meyer, Rüdiger Nehberg/Transglobe Agency; 387 Mi Seitelman/Woodfin Camp & Associates/Agentur Focus; 388 Rick Browne/Picture Group/Agentur Focus; 389 ZDF; 390 Thuillier/REA/IAIF; 391 Oscar Burriel/Lattin Stock/SPL/Agentur Focus; 392 P. Zachmann/Magnum/Agentur Focus; 393 Thomas Pflaum/VISUM; 394 Hintergrund: Rainer Martini/LOOK; 395 dpa; 396 ZDF; 397 Hintergrund: JM Charles/Rapho/Agentur Focus; 398/399 Hintergrund: G. Schiffmann/Bongarts; 398 o.l. Rüdiger Fessel/Bongarts; 398 u.r. Oliver Spies/LOOK; 399 o.M. Bongarts; 399 o.r. Trölenberg/Schapowalow; 399 u.l. Heinz Endler/LOOK; 400 Bongarts; 401 A. Hassenstein/Bongarts; 402 Martin Harvey/The Wildlife Collection; 405 Wolfgang Kunz/Bilderberg; 406/407 Hintergrund: Superstock/Mauritius; 406 o.l. Hans-Jürgen Burkard/Bilderberg; 406 M.u. Ted Spiegel/Das Fotoarchiv; 406 u.r. Reinhard Janke/argus-Fotoarchiv GmbH; 407 o. Rob Crandall/Agentur Focus ; 407 u. Chromosohm/IFA-Bilderteam; 408 MTV Networks; 409 o.l. Doug Armand/Tony Stone Bilderwelten; 409 o.M. Eli Reed/Magnum/Agentur Focus; 412 Kirsten Neumann/Das Fotoarchiv; 413 BMG Ariola-München; 414 Egbert Trogemann/Achenbach Kunsthandel; 415 Bongarts; 417 G + J Fotoservice; 418 Henning Christoph/Das Fotoarchiv; 419 Frieder Blickle/Bilderberg; 421 M.l. Jörg Modrow/VISUM; 421 u.l. Klaus-D. Francke/Bilderberg; 421 u.r. Thomas Ernsting/Bilderberg; 422/423 Hintergrund: Bordis – Deuter/Bavaria; 422 o.l. RTL; 422 u.r. Volkswagen; 423 o.M. MPI; 423 M.r. Kraft/Jacobs/Suchard; 423 u.l. VBD Communication Graphique – France; 424 Angel/Gamma/Studio X; 425 WHO/OPS Photo by D. Downie; 426 Wolfgang Steche/VISUM; 428 o.M. G + J Fotoservice; 428 u. TRIUMPH International; 430 Marcus Brandt/Bongarts; 432 Jochen Semler/VISUM; 434 Eberhard Grames/Bilderberg.

Karikaturen: Manfred Wössner

Infografiken: Peter Faßhauer

ABFALLTOURISMUS ABM ABS ADVERTAINMENT AFTER-HOU
ERSPYRAMIDE AMALGAM AMNIOZENTESE ANABOLIKA ANC
AROMATHERAPIE ARTDIRECTOR AUTISMUS AUTOPILOT AYU
BEACHVOLLEYBALL BENCHMARKING BEUTEKUNST BIG-MAC
BLOCKBUSTER BLUESCREEN BODY-MASS-INDEX BODYSTYLING
NDRAIN BROKER BSE BUG BUNGEEJUMPING BÜRGERGELD
CALL-BACK CANDIDA CANNABIS CARSHARING CARTRIDGE
UT-ROOM CLUBWEAR COCOONING CORPORATE IDENTITY C
AHN DAX DECODER DESIGNERDROGEN DIGITALES FERNSE
ITERAUTO EBOLA-VIRUS E-CASH ECSTASY EDELSTEINTHER
IGENZ EMPOWERMENT ENDLAGERUNG ENDORPHINE ENDO
OMIE ETA ETHNOFOOD EURO EVENT EWWU EXPO FA
LATTE FIXING FRAKTAL FREECLIMBING FSF FUTURES FUZZ
RUCK GENOM GENPALÄONTOLOGIE GEOMANTIE GIRLIES G
HAIREXTENSIONS HALFPIPE HAMAS HARDWARE HDTV HE
HOMÖOPATHIE HOOLIGAN HOTLINE HOTSHOT HOUSE HUM
NDOOR INFOMERCIAL INFOTAINMENT INLINESKATING INSID
ING JOINTVENTURE JO-JO-EFFEKT JOYSTICK JUNGLE JUST-IN
KLIMAGIPFEL KLONEN KÜNSTLICHE INTELLIGENZ KVP LASE
ADE LUFTTAXI MAGNETBAHN MAILBOX MAINSTREAM M
MOBILES BÜRO MOBILFUNK MODEM MONDKALENDER MO
ECHNOLOGIE NAVIGATIONSLEITSYSTEM NEUE NOMADEN N
ÖKO-AUDIT ÖKOBILANZ ONLINEDIENSTE OPTIONS ORGAN
OOKING OZONLOCH PARAGLIDING PARALYMPICS PATCHWO
ING PLOT PMS POLEPOSITION POLITICAL CORRECTNESS
EMENT PROFITCENTER PROVIDER QI QIGONG QUARKS QU
CHREIBREFORM REGENERATIVE ENERGIEN REIKI REM RE